荆楚文庫

〔順治〕遠安縣志
〔清〕安可願 修　曾宗孔 纂

〔咸豐〕遠安縣志
〔清〕趙廣恩 朱錫綬 修
〔清〕劉子垣 纂

〔同治〕遠安縣志
〔清〕鄭燡林 修　周葆恩 纂

荆楚文庫編纂出版委員會
崇文書局

荊楚文庫

〔順治〕遠安縣志
SHUNZHI YUANAN XIANZHI
〔咸豐〕遠安縣志
XIANFENG YUANAN XIANZHI
〔同治〕遠安縣志
TONGZHI YUANAN XIANZHI

圖書在版編目（CIP）數據

〔順治〕遠安縣志 /〔清〕安可願修 ;〔清〕曾宗孔纂.
〔咸豐〕遠安縣志 /〔清〕趙廣恩,〔清〕朱錫綬修 ;〔清〕劉子垣纂.
〔同治〕遠安縣志 /〔清〕鄭燡林修 ;〔清〕周葆恩纂. --
武漢 : 崇文書局, 2022.10
（荆楚文庫. 方志編）
ISBN 978-7-5403-7027-5

Ⅰ. ①順… ②咸… ③同… Ⅱ. ①安… ②趙… ③朱…
④鄭… ⑤曾… ⑥劉… ⑦周… Ⅲ. ①遠安縣－地方志－清代 Ⅳ. ① K296.34

中國版本圖書館 CIP 數據核字（2022）第 202226 號

責任編輯：胡　欽　薛緒勒　陳金鑫
整體設計：范漢成　曾顯惠　思　蒙
責任校對：董　穎
責任印製：田偉根
出版發行：崇文書局有限公司（中國・武漢）
地址：武漢市雄楚大道 268 號 C 座
電話：（027）87677133　郵政編碼：430070
録排：武漢鑫偉創圖文設計有限公司
印刷：湖北新華印務有限公司
開本：787mm×1092mm　1/16
印張：39.5
版次：2022 年 10 月第 1 版　2022 年 10 月第 1 次印刷
定價：198.00 元

ISBN 978-7-5403-7027-5

出版説明

湖北乃九省通衢，北學南學交會融通之地，文明昌盛，歷代文獻豐厚。守望傳統，編纂荆楚文獻，湖北淵源有自。清同治年間設立官書局，以整理鄉邦文獻爲旨趣。光緒年間張之洞督鄂後，以崇文書局推進典籍集成，湖北鄉賢身體力行之，編纂《湖北文徵》，集元明清三代湖北先哲遺作，收兩千七百餘作者文八千餘篇，洋洋六百萬言。盧氏兄弟輯録湖北先賢之作而成《湖北先正遺書》。至當代，武漢多所大學、圖書館在鄉邦典籍整理方面亦多所用力。爲傳承和弘揚優秀傳統文化，湖北省委、省政府決定編纂大型歷史文獻叢書《荆楚文庫》。

《荆楚文庫》以『搶救、保護、整理、出版』湖北文獻爲宗旨，分三編集藏。

甲、文獻編。收録歷代鄂籍人士著述，長期寓居湖北人士著述，省外人士探究湖北著述。包括傳世文獻、出土文獻和民間文獻。

乙、方志編。收録歷代省志、府縣志等。

丙、研究編。收録今人研究評述荆楚人物、史地、風物的學術著作和工具書及圖册。

文獻編、方志編録籍以一九四九年爲下限。

研究編簡體横排，文獻編繁體横排，方志編影印或點校出版。

《荆楚文庫》編纂出版委員會

二〇一五年十一月

總目録

荆楚文库

〔順治〕遠安縣志

〔清〕安可願 修
〔清〕曾宗孔 纂

《荆楚文庫·方志編》編纂組

組　　長：陽海清（執行）

副組長：劉傑民（執行）　王　濤　謝春枝　郝　敏　嚴繼東

范志毅（執行）

參編人員（以姓氏筆畫爲序）：

王　濤　李云超　宋澤宇　范志毅　郝　敏　柳　巍　馬盛南

陳建勛　夏漢群　梅　琳　陽海清　彭余焕　彭筱澂　楊　萍

楊愛華　雷　静　劉水清　劉偉成　劉傑民　謝春枝　戴　波

嚴繼東

編　　審：周　榮

顧　　問：沈乃文　李國慶　吴　格

前言

《〔順治〕遠安縣志》八卷，清安可願修，清曾宗孔等纂，清順治十八年（一六六一）刻本。

安可願，清陝西耀州（今陝西銅川）人，拔貢，順治十四年（一六五七）任遠安知縣，後任薊州知州。曾宗孔，邑人，庠生，康熙五年（一六六六）舉人。

遠安縣始置於北周武成元年（五五九），《郡縣釋名》曰：『以其地近瑶而遠置之，故云遠安。』隋屬夷陵郡，唐屬峽州，元屬峽州路，明屬夷陵州，崇禎十三年（一六四〇）遷今治。清初屬荆州府，後屬荆門直隸州。

邑志創修於明初邑令劉英，繼修於王綽，皆未付梓。至萬曆間知縣劉順時始匯編成帙，其後有孫自强『廣搜博採』之志。此二志雖經刊行，然遭明末兵燹，孫志散佚，僅存劉志。清初時，有邑令周會隆續補縣志，然其藏板毁於順治十一年（一六五四）水災。順治十八年，有纂修之檄下發至邑，安可願作爲時任縣令，乃延請曾宗孔等鄉紳，以舊志爲基礎，删冗序淆，補缺辨異，終成書八卷，同年付梓。

志分十綱：輿地、賦役、職官、祀典、宫室、祥異、方外、武備、人物、藝文，凡五十餘目，卷一前有序、跋、目録、歷修姓氏、重修姓氏、凡例。其志仿史紀事，綱目條例則從府志，每綱前有小引，略叙是志意義。輿地志内容有取之舊志者，其條目末以小字記明。賦役志以新訂《賦役全書》爲依據，并以『稽明萬曆辛卯劉君順時所修縣志載』標注引用内容，以區分新舊時制，存在互異者，皆附於其後以備參考。武備志之舊弁存舊志所載款目，新弁戰功則詳明要害。職官志、人物志所續補者，俱遵事久論定之例。因邑少有隱逸之士，是志改舊志『隱逸』爲『高誼』，以符其實。藝文志依文、詩體裁分上下兩卷，删繁就簡，選粹遺平，以免影響全志質量。

安可願於序中自稱『前志主壯麗，而今志取簡當也』，《〔同治〕遠安縣志》之凡例有贊曰：『安志仿劉志，編次語簡而眉目甚清……今遵安志之序。』則是志體量雖小，綱目明晰，實爲後世遠邑志書之基礎。

據《中國地方志聯合目録》，國家圖書館、故宫博物館、中國第一歷史檔案館、臺灣圖書館藏有該志。本次以國家圖書館藏清順治十八年刻本爲底本影印（卷七葉八闕）。（彭筱溦）

目録

遠安縣志

重脩遠安縣志序

著述之道從古難已詞翰惟
所為得失尚爾難掩矧夫筆削
存乎千禩儀式聽于一言偶或
失當動關風教非筆如董狐才

遠安縣志序

若班馬何能勝任而愉快故雖
宣尼之聖而作春秋猶然罪
我自任況其下焉者歟且修志
難于論古而尤難于衡今何
世風日卑保無私為毀[illegible]

保無臆為去取乎予未敢知而
揆情察理要之不離乎古者為
是不辭乎罪者追公遠安邑志
前代無聞已粵自明初邑令劉
公英纂輯之繼而王公綽增補

遠安縣志序

之皆未授之梓也至萬歷間劉
公順時始彙成帙孫公自強廣
搜博採較昔稱倫二志俱經刊
行明末兵火之後孫志散失殆
一劉志僅存句非

清興周公會隆來宰是邑旁求遺志
於殘缺之餘則縣志湮沒而無
傳矣且周公當搶攘之秋外治
武備內脩文事可謂憂憂乎難
之亡何甲午之水沒其藏板令

周公數載苦心付之東流惜哉
余自丁酉夏奉
命來邑詢知其故欲依原本録之奈
邑甫經蹂躪創痍未起紆籌未
清竟是謀興除圖修舉曰不

給有志而未逮者四年于茲
矣幸今歲辛丑
督學王　下纂脩之檄乃集紳
士而議焉得操觚者數人共襄
厥事一切以古本爲準惟冗者

刪之遺者序之缺者補之時異
事殊者商榷而辨論之大抵前
志主壯麗而今志取簡當也若
夫繼起之宦蹟行業節孝隱逸
未經詳核者不敢稍有冒濫

以公道難泯而罪無審辭也則斯志之刪補序辨皆諸士功余何力之有不過瞻筆札命剞劂已耳登梓日諸士請一言弁諸首故直書以自明非敢云史也

旹

大清順治之辛丑仲夏望日遠安縣知縣陞任順天府薊州知州陝西耀州安可願謹題

遠安縣志跋

邑之有志如十五國之有風列代之有史其間徭賦戶口必志人物山川必志以及事績之奇異男女之貞烈必志則又如貢

道之有書水經之有註山海之有經也但取予不嚴考核未精猶非纂脩至意邑侯

安公來蒞茲土渡沮水登亭子山望高安故址繼復遊鹿苑歷

青谿訪鬼谷子讀易處塵蓋所
謂胸中已識一部全書五閱歲
云艱繼新涖於聽政之暇復遂
安舊志縱而筆削之亹亹手一
切繁言之務去采訪之必實志

遂安縣志跋　二

竣屬予弁數言予何能贊一詞
昔歐陽文忠公編集歷代史輒
累日去取不能決遂至夜分
睡而所集覽以歐陽公傳今
閱數月而始布刊他日不至

落如泰山碑廣陵散公之有功
於文獻也豈淺鮮哉
旹
辛丑仲夏吉日遂安
縣儒學署教諭事舉人蕭貫
盥手拜書

遂安縣志跋　二

蕭貫

遠安縣志目録

遠安縣志歷脩姓氏

明知縣會稽劉　英

王　綽

貴陽劉順時

高淳孫自强

皇清知縣濮州周會隆　纂脩

典　史趙　琚　督刊

邑門人孫開祚　張禮維

鄧孔進　李本先

孫枝榮　簡　惺　纂集

鄒毓祚　廖明儒

張鴻業　孫　惺

張宿輝　仝訂

黄　衮　向在中

張千英　徐秉龍　校正

重修遠安縣志姓氏

遠安縣知縣耀州安可願

典　史穆登先　督刊

邑庠生曾宗孔　簡　惺

孫傳文　張千英　彙集

張垣維　楊嘉桂

李樹異　徐秉龍　参訂

黄維清　談繼孔

傅作礪　洪世傑　編次

李觀生　孫　愉

游應捷　游應升

陳大璋　張宿輝　校正

縣志凡例

一縣志做史紀事務在征實期垂久也
一綱目條例悉準府志從其同也
一山川有附詩贊品題者著勝槩也
一賦役開載悉照新訂全書遵時制也間有互異
并附於末備參考也
一祀典首載
文廟尊
先聖也

遠安縣志　卷

一釋異獨詳天戒示克謹也
一武備舊弁款目仍存新弁戰功必詳明要害也
一職官人物采訪續補俱遵事後論定之例已往
而賢者立傳親炙者有待遠嫌也
一遠邑鮮探隱逸世之士其家居古處若雖無徵
聘著作可紀然亦不可磨滅爲志列之隱逸今
改爲高誼著其實也
一藝文刪繁就簡選粹擇平明以織疵累全璧也
一歷朝纂修縣志邑侯姓名現之志前重所自也

遠安縣志卷之一

輿地志

攷古名山大川城其間者每士秀發而民康樂
即楚會弁諸郡邑大率麗名勝居多列在屬邑
豈有外焉我遠安邑治在萬山之中爲四固之
地谿谷險阻沮漳流通載在府志其大略也邑
西鳳山尤稱名勝兵火之餘縣治頹廢沚茲土
者恒切遼闊之憂邑侯周　爰爲申請建茲新
城其碁置繡錯可容千家雖依山爲據非平衍
之土鑿石爲居鮮殷庶之室賴我　邑侯安

遠安縣志　卷一　一

多方保聚當此逆孽逼處構難隄防有特此雲
堞劍壘而無恐者矣以是東望雲臺南眺青谿
玉陽荊門讓其險西縈鹿苑北列淇恩峽州漳
水遜其奇且也觸目平疇俯而下勸農之令登
高作賦近而與謀士之條萬一小醜跳梁負嵎
可坐而辨去來可望而知識哉士民興利當興
兩全也故備紀之以俟後之君子因時量執而
審擇焉若夫山川之麗人物之美賦役之供則

遠之蹟載在各條班班可考已

分野　遠安本荆州屬邑上應翼軫當鶉尾之次○天文曰自張十七度至軫十一度爲鶉尾於辰在巳楚之分野屬荆州

建置沿革　漢武帝置臨沮隸南郡晋析臨沮爲高安縣隸襄陽郡南北朝後周改高安爲遠安屬峽州隋以遠安隸夷陵郡唐乾元初復夷陵爲峽州屬山南道遠安屬峽州宋乾德仍以遠安屬峽州隸荆湖北路元陞峽州爲路仍領遠安隸河南行省

明初以峽州爲府洪武九年改爲夷陵州領遠安縣隸荆州府

因明制以遠安屬彝陵隸荆州府

疆域　遠安在荆郡西北夷陵州東北○東西廣一百五十五里南北袤一百八十里○東至荆門界歐家山七十里至州城二百里○南至當陽縣界界山十五里至縣城七十里○西至夷陵州界峽口鋪五十里至州城一百八十里○北至南漳紫山嵯峨嶺一百里至縣城四百二十里○自縣治東南至本府二百四十里至布政司水行一千二百九十里陸行一千二百七十里

形勝　遠安東接荆陽西通巴蜀山谷險隘沮漳流通在萬山之中爲四固之地　府志　沮江龍洞二水滙流於東南鳴鳳鹿溪二山鼎峙於西北左傳云江漢沮漳楚之望也　舊志　縣眞巉險用武之地　周洪謨學記

風俗　遠安其風樸畧民俗儉陋敬鬼重祠刀耕火種　府志　僻處深山主客相半以今觀之士尚廉恥而厭奔競民務農桑而禁賭博漸次歸厚庶幾太古

之遺風但連年寇亂流移烏合不無習染今幸宣

諭敎化風俗漸淳矣

城池　古臨沮在南漳縣界漢建基於羅漢峪晋遷於亭子山爲高安累土爲城元達魯花赤沙班遷於亭子山下元末兵燬明洪武初邑侯大有修復天順七年邑侯何盤重修　有記　成化丙戌劉千斤石和尚作亂戊子命尚書白圭討平之還治東莊坪砌以磚石後大臣奏允分撥荆州衛千戶所守禦之崇禎甲戌寇至城陷丙子邑侯王立德申請還治

鳳山來果展厥邑侯周乃洪仍理前請題允建立
其時憑高爲險城堞未備癸未署篆姚通方都司
方應星協守闖賊數萬騎攻陷
國朝順治四年邑侯周會隆涖任露處山麓請動上
憲周酉兒復申請修城節奉
各院批允率士孫開祚李本先鄧珖祚等民議太
孝何人龍談仲科程忠等修飾雉堞環列因河爲
池爲門四東曰景和西曰宣詔南曰觀羽北曰遵
義甲午溪水暴漲東北城盡崩邑侯盧運昌營築

未幾戊戌復大水城仍崩　邑侯安　布德招徠
中衆倸禦捐俸重修遂成金湯是年冬建安遠樓
下城之東門己亥春建朝闕樓于城之北廂
新城贊曰有石磷磷有水濺濺闤垣環繞包羅萬
千澄潭氷徹綢齒比連松聲鶯囀日鏡懸月白
風清別是一天舊志
邑侯安新城定論曰新城踞山帶河險峻可恃誠
四固之地也向非周君移治于此縣治廢置久矣
遠邑廢玉陽荆門必隨之藩籬既撤荆郢何所恃

以無恐則新城之建非獨利一邑實兩郡利也然
孤城保聚無幾非得防兵輪戍則村落洞砦蠶食
無寧日安在其能保民固圉哉顧駐防無定所士
卒復寡弱丁酉春之失所自來矣余之請設將增
兵亦云急此務也幸
督部李　巡邊至止爰定厥議建木城於舊治之
陽創造營房以爲久駐計嗣是羣寇不敢輕犯蓋
新城木城犄角之力也然新城險狹營造苟簡可
變而不可常可暫而不可久一旦興歸蕩平舊城

之復在所不免但閭閻虛耗非生聚多載不可後
之君子盍審所從焉
【鄉都】遠安縣原編户二里曰甘泉在北曰豐泉在南
俱舊民後又增六里曰近悅曰尚義曰崇仁曰移
風曰易俗曰安民俱新民雜居
清初併爲五里遞年消耗丁糧不一後邑侯安奉
旨均季併爲三里曰甘泉里曰豐泉里曰仁義里輸納
稱便矣
縣東十五里至茅坪鋪三十里至泥水鋪三十里

至福河寺三十里至青竹山○縣南十五里至跋馬舖三十里至木瓜舖五十里至青溪舖○縣西十五里至後砦舖二十里至寶華寺三十里至中坪四十里至石橋坪○縣北五里至安洋坪十二里至鹿溪十五里至舊縣市二十里至什塚坪二十里至許家庄二十五里至傅家坪三十五里至白土坪五十里至洋坪市六十里至佈園七十里至筧口七十五里至下晉八十五里至上晉九十里至西河九十五里至郝家橋

坊市

澄清坊（分司前）　宣化坊（縣左）　承流坊（縣右）　育材坊（學左）　敷教坊（學右）　掇科坊（為張武）　龍翔坊（為何史訓）　鳳翥坊（為蕭體高）　中書坊（為何紋）　應憲坊（為計澄）　亞魁坊（為李膺）　雙桂坊（為王孫衍）　滄海騰蛟坊（為楊綦）　丹山起鳳坊（為胡顯）　雙節坊（為[illegible]孫氏[illegible]陶氏）　貞節坊（為汪宗妻張氏）　栢舟坊（為冷祖妻鄧氏）　貞節坊（為[illegible]澤銓妻談氏）　以上俱在舊城今俱廢○新城市（舊城所移）○洪恩市（洋坪所移）　二市俱邑侯安賁本興復

津梁

縣東東門橋（徐桓建）　濟民橋（趙邑侯建氏孫海）　深水橋（談湛所建）　吳家橋（吳崇德建）　縣南黃家橋（黃金募建）　迎恩橋（李正與史羅攸建劉旺脩）　王公橋（王邑侯建）　賈家橋　孫公橋（孫邑侯建）　晏公橋（李顯建）　青溪橋（徐景昂傅公推周昱同建）　縣西西門橋（尹孜建鄒承魯修）　縣北北門橋　普濟橋（許傳詔建）　延壽橋（徐景昂建）　新橋（何緣建）　金公橋（傅公推建）　高橋（徐禎建）　白土橋（劉旺建）　火燒橋　談家橋（談[illegible]建孫祿中重修）○李家渡（縣南）　永濟渡（縣西）　談家渡（縣北）　三渡俱官設船今邑侯安捐俸修造　什塚渡　洋坪渡

附錄偏橋（縣岩半山横一石徑狀如橋故名）

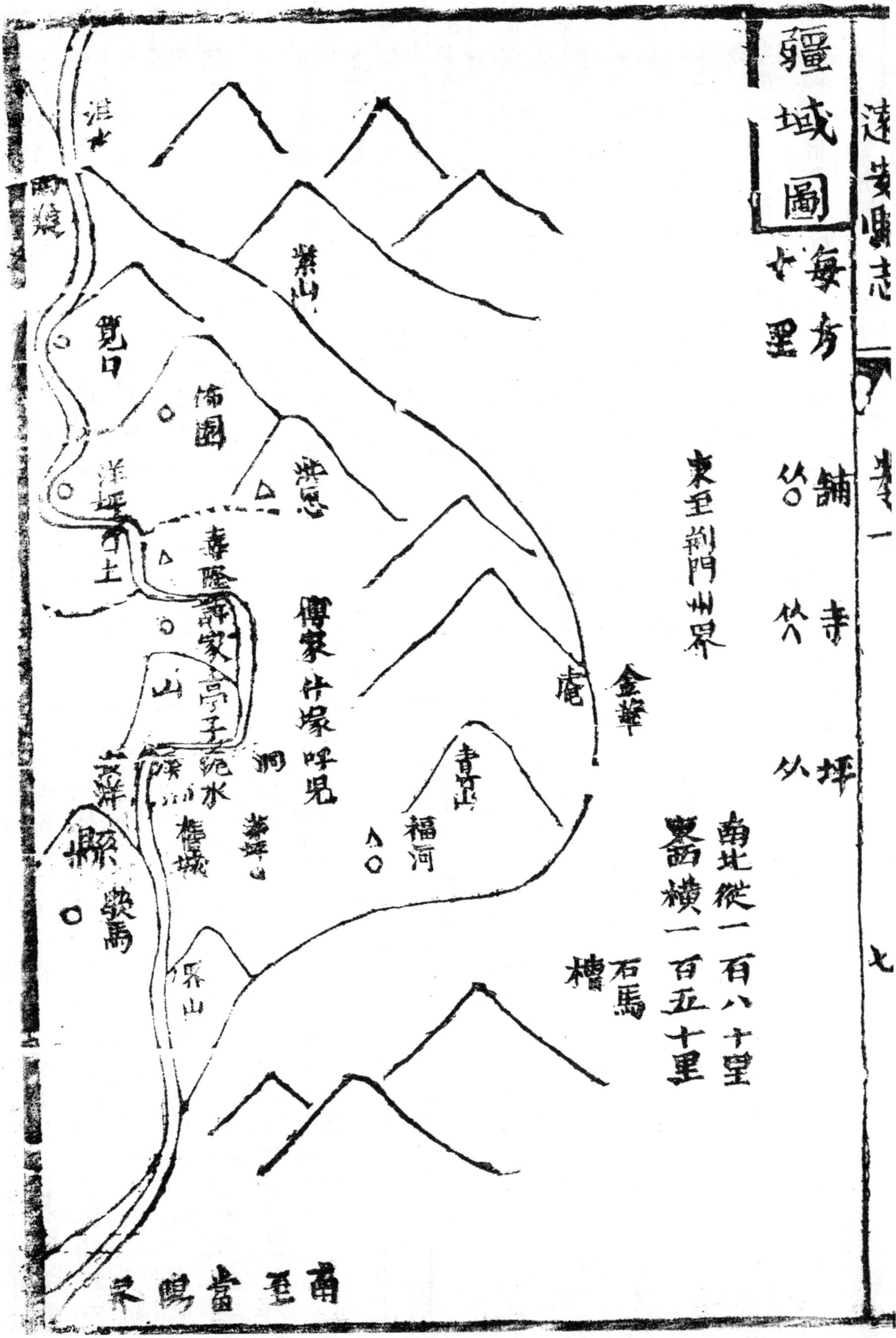
遠安縣志 卷一 七
疆域圖
每方十里
鋪
寺
坪
東至荊門州界
南北從一百八十里
東西橫一百五十里
南至當陽界
金華
石馬
槽
庵
青山
福河
傅家
呼兒
洞
紫山
覺口
洋坪
界山
舊城
縣
歇馬
山
亭子
絕水

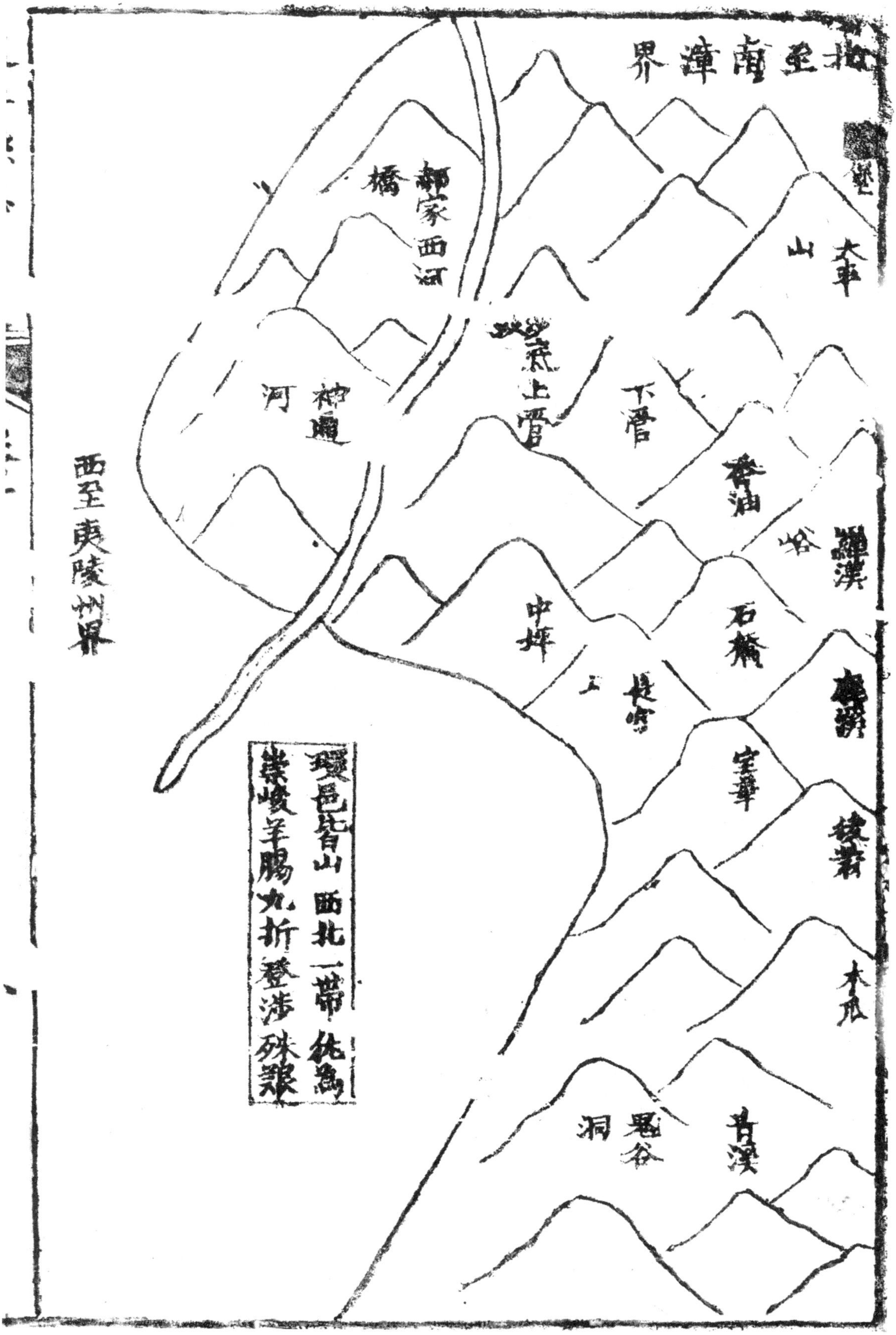
北至南漳界
郝家西河橋
太平山
神龍河
上營
下營
香油
羅漢
中坪
石橋
宝華
青溪
洞
西至夷陵州界
環邑皆山西北一帶統爲
巉峻羊腸九折登涉殊艱

新城圖
寶華寺
西宣詔門
縣署
九蓮溪門
城隍廟
雲棲庵
遠安縣志
卷一

遂安縣志
卷之一
清溪寺
文昌祠
關廟
常平倉
觀音閣
縣署

岬一鳴鳳山峰巒特異秀麗甲諸山上有石泉清冽可愛山半有石狀若龜蛇相傳宋宝祐間有鳳鳴男新之讖故名又云邑令侯鳴鳳于此避亂因以名山先年邑中多火災成化間立元武祠于上災始息祠上有殿又有玉皇閣三清觀関帝廟遺公臺及和合石聚仙橋諸勝蹟鑿石通道孰出天半入比之武當仙山麓有觀音洞明月閣清風亭今建新城邑侯安復建朝闕楼安遠楼址詳見百雉補錯矣城側　水中有奇石三疊邑侯安鑿池其上

栽蓮甚盛名曰濂溪小景亦奇景也有紀有詩
鳳山贊曰山之麓鳳之室何必棲于梧桐山之霞
鳳之粒何必餐乎竹實鳳兮鳳兮現宰官身說法
而來儀舊志
仙女洞縣東十里泉出丸子溪歲旱祈禱輒應
老龍洞縣東十五里龍洞庵右水經舊城東南入沮
呼兒洞縣東北三十里相傳張果老呼兒處甚高
峻深不可量明季土人避亂其中賊圍十餘日無
水土人執火深入見石壁上有詩又有井記上人

照記掘之水湧出可飲千餘人民賴以安
雲夢山縣西南六十里崔巍高拔上有演武峽召
將臺諸古蹟與青溪鬼谷洞相連
法琳洞在青溪寺側法琳誦經處也後卧雲居之
又名卧雲洞詳見仙釋
鬼谷洞青溪寺迤西十里洞門高闊進數步有石
龕相傳鬼谷子講易之所洞深不可測内有層池
如蓮洞前有玉皇閣三間久廢守備孫光哲過此
偈摘重脩李白傳云余聞乳窟近青溪諸山仙洞
往往窟中多玉泉交流有白蝙蝠如鴉千年之後
身如白玉蓋由飲乳水而長生也今鬼谷有玉泉
蝙蝠意即乳窟也　贊曰古藤迷徑石乳滴池蝙
蝠車輪千百盈室先生晏然研硃點易門外縱横
先生不知舊志
通天樓洞距縣西三十里洞最高圓如鏡内有潭
靈異庚子秋旱邑侯安命縣尉穆誥登先諸洞請
水土人執笮而入寒氣逼人捧水既出陰雲即起
邑侯安率邑人步迎雨隨水至四野霑足歲乃有秋

觀音洞縣西十五里石壁聳峙奇拔可愛
丼霧洞縣西二十里有泉東流過新城北又東流
爲石洋河又東入沮水
鹿溪縣西北十五里山皆鹿蹤又名雲門山粱荆
山居士陸法和過此云著脚名山多矣未有如此
幽邃者遂棲隱焉中有鹿苑寺寺有八景曰絶品
茶招仙岩千年芝腰帶水松風亭皆竹溪石柱山
法華臺明季僧了機居招仙洞中三年仙去有傳
戊戌年季春邑侯安勸課農桑登法華臺見爲題

踏要害辛丑孟夏建亭于上亭成邑侯安往觀之
多士從游間及茶艾僧言土人採伐鮮有存者且
見前山右一壁如屏左山頂有危石如羅漢遂更
定八景一曰錦屏一峰一曰玉帶七曲一曰松亭
呼風一曰危岩招仙一曰石柱冲霄一曰羅漢點
頭一曰法華古臺一曰苦竹幽谿邑侯安有法華臺記
贊曰丹青為屏翡翠作城置諸几筵片石亦珍今
則八景總是一輪千年不磨法和先生後有作者
指石訂盟舊志

百井山又名太平山縣西北一百里極高廣多井
有鉄瓦殿聖水井結庵諸蹟山半有太平寺今俱
荒廢山逸西深壑茂林每小飄潛伏亦要地也
撞兒峪縣西北五十里俗傳張果老于此撞兒故名
鳳凰山縣北十五里相傳唐常旱為令有美政鳳
集此山故名周洪謨詠鳳台秋月云見說唐有常
旱者當時曾作遠安宰治成鸑鳳自天來見長陽志
雲飛洞縣北五十里○磨臍洞縣北五十里
紅岩洞縣北五十里紅岩寺後洞中有泉灌田千

餘頃○寺隆寺後洞深一里歲旱取水有應○白
馬山縣北三十里山有白石狀如馬故名山阿有
漢高帝廟旱久雲出其顛則雨山高領峻逼近西
北賊每出沒其間○羅漢峪縣西北五十里岩上
有石如羅漢峪內有溪源出石孔土人因以灌田
半峪中有洞奇險旁多蘭蕙閒產甚名曰芝蘭洞
明末人多避亂于此藺子惺結草舍洞前爲陶菴
邑侯周過之題曰水石居諦洞西有瀑布高百
丈有魚泉相傳源本峨嵋又西有司馬坡關夫子

司馬處石上有跡若馬蹄
沮水紀略沮水出漢中房陵縣淮水東南過臨沮
縣界○沮水出東汶陽郡沮陽縣西北景山即荆
山首也高峰霞舉峻埓層雲山海經云金玉是出
亦沮水之所導故淮南子曰沮出荆山○沮水南
經臨沮縣西青谿水注之青谿水出縣西青山山
之東有濫泉即青谿之源也口徑數丈其深不測
其泉甚靈潔至于炎陽有亢陰雨時以微物投之
輒能暴雨其水導源東流以源出青山故以青谿

爲名尋源浮溪奇爲深峭盛宏之云稠木傍生寺空交合危樓傾岳恒有落蓺風泉流響於青林之下巖猿流聲於白雲之上游者若目不周玩情不給賞故林徒棲託雲客宅心泉側多結道士精廬焉今有谿又東流於沮水沮水又東南經當陽縣北又南經楚昭王墓又南與漳水相合焉○石洋河源出甘霖洞東經新城西又經城北環城曲折三里許東入於沮○泥水溪縣東三十里源出石孔中○靈水溪在舊城西北十里源出洞中有深潭

以石投之似鑼鼓聲東至談家渡與沮水合○白龍溪縣東十五里水出石穴中○筧水口縣北八十里源出雞頭山石穴中土人作筧引水灌田南流入於沮○香橋湖縣西六十里源出百井山○宮湖舊縣一里○龍潭縣西南十餘里桃李溪山下禱雨有應○仰天池在真淨寺○義井舊城縣前○劉公井舊縣衙內前尹劉英鑿○葉公井舊縣治大門內

水利　東庄坪堰○石洋河堰○後砦堰○觀音寺堰○白馬峪堰○憂家庄堰○安洋坪堰○塚坪堰○上許家庄堰○馬家坪堰○鹿茈寺堰○下許家庄堰○茅坪堰○福河堰○下茅坪堰○白土堰○霖水洞堰○壽隆寺堰○鹿溪堰○筧口長灘堰○青谿堰○上馬家塤塘○上佈園堰○下佈園塘○上筧口塘○傅家坪塘○土門啞塘○鄧家灣堰○淨音寺塘○桃李溪塘○中筧口塘○羅漢峪堰○桑坪堰○南襄城塘○油溪河堰○佈園紅岩塘○以上俱荒圮邑侯安多方申飭修浚

物產　穀類　黍、粟、稷、麥、豆、麻、蕎○蔬類　葍、蕨、竹、筍、葱、蒜

韭、芋、茄、瓜、蘿蔔、油菜○果類　核桃、銀杏、栗、梨、柿、柑、橘、梅、桃、李、杏、櫻桃、枇杷、花紅、石榴○花類　牡丹、芍藥、桂花、海棠、萱草、蘭、蕙、薔薇、玉簪、金鳳、紫荊、月桂、[illegible]菊○藥類　川芎、半夏、黃柏、厚朴、五加皮、香薷、仙茅、大黃、前胡、枳殼、柴胡、百合、忍冬、升麻、蒼朮、桔梗、[illegible]荷、澤蘭、地榆、蓖麻、紫蘇、荊芥、茱萸、菖蒲、蒼耳、車前、香附、天門冬、麥門冬、天南星、旱蓮、益母草、天花粉、何首烏、黑牽牛、山梔子、青木香、莵絲草、地骨皮、天葵○貨類　棉花、布、線、絲、綢、油、龍鬚、椒、苧蔴、紫草

草丑信子○木類梓檀櫧桐楓桑椅柳楊橡梳樹
楮黄楊烏臼荼甫○禽類野鷄鴛鴦鸕鷀百舌鶩
鳩鴿鶉鴣鵲鷄鵰鷹鶴鷺山鷄○獸類虎豹麞
鹿兔獺狐猿野猪○鱗介類鯉鯿鯽鱔鯖鰱鱉龜
鰻

遠安縣志卷之二

賦役志

粵稽賦法肇自禹貢三代立名雖殊皆以什一為準而井田之制千古稱善迨魯稅履畝秦開阡陌嗣後咸行貢法而井田不可復問矣荆州厥田惟下中厥賦上下賦加田五等者地闊而人工修也若荆屬遠安則不然治居萬山石多土少地瘠力疎故田較他邑獨寡若夫役法肇於周禮先王以時使民公歲三日初未嘗以力疲民而後稍繁苦也自宋王安石顧役法行而至今沿之良以計丁輸錢民獲肆力於農事稱至便也遠邑土著寥寥戶口無幾故丁亦頗少使地非巖險盜賊不叢則開墾生聚原額之[illegible]役輸納何難無如自古迄今治亂迭見無惟予其消耗固故也然惟正之供軍國重務何可緩也推收詭增減之害不貽之閭閻撫字招徠之術常講於司牧易知之單預給清審之法加嚴賦弗加而後弗擾則三代之美意可再見於今

矣爰括户口田賦條編爲一志

户口　明成化捌年户叁百貳拾陸口貳千壹百貳拾
宏治拾伍年户捌百叁拾零貳口陸千壹拾正德
柒年户玖百肆拾貳口伍千柒百肆拾貳嘉靖元
年户玖百伍拾肆口伍千玖百拾肆隆慶陸年户
玖百柒拾貳口陸千叁百肆拾陸萬歷叁拾陸年
户捌百壹拾口貳千伍百貳拾崇禎拾貳年户柒
百玖拾伍口貳千零壹拾
順治肆年户柒百玖拾伍口壹千肆百伍拾順

治拾捌年户　明萬歷叁拾陸年人丁壹千玖百
伍拾捌丁崇禎拾貳年人丁
順治肆年人丁壹千叁百捌拾貳丁順治柒年
人丁壹千柒百貳拾玖丁玖分伍釐順治拾年人
丁壹千柒百陸拾捌丁伍分伍釐順治拾貳年人
丁壹千柒百玖拾貳丁叁分壹釐順治拾肆年人
丁壹千捌百叁拾叁丁〇優免原額人丁玖拾玖
丁當年優免捌拾貳丁

田賦　明成化捌年田地塘壹百零貳頃柒拾伍畝[illegible]
稅壹百石伍斗伍升秋糧伍百壹拾伍石肆斗肆
升正德陸年田地塘壹百貳拾伍頃捌拾叁畝夏
稅壹百壹拾玖石玖斗柒升零秋糧伍百玖拾玖
石壹斗陸升嘉靖元年田地塘壹百貳拾伍頃貳
拾伍畝夏稅壹百壹拾玖石柒斗捌升秋糧伍百
玖拾伍石壹斗捌升萬歷玖年田柒百捌頃壹拾
陸畝壹分地山水鄉淤洲河壩柴木山共叁千伍
拾玖頃貳拾肆畝玖分塘壹拾肆頃叁畝陸分夏
稅壹百叁拾柒石陸斗陸升零秋糧伍百伍拾玖

石貳斗肆升零萬歷叁拾陸年田地塘山水鄉河
壩淤洲柴木山貳千柒百柒拾頃捌拾陸畝夏稅
壹百叁拾柒石陸斗陸升捌合秋糧伍百伍拾玖
石貳斗肆升崇禎拾貳年田地塘山水鄉淤洲河
壩柴木山共壹千柒百玖拾壹頃壹拾柒畝肆分
夏稅壹百叁拾柒石陸斗陸升捌合零秋糧伍百
伍拾玖石貳斗肆升零
國朝順治肆年田地塘山水鄉淤洲河壩壹千捌拾
貳頃伍拾肆畝伍分夏稅陸拾捌石肆斗捌升壹

合秋糧叁百貳拾玖石捌斗玖升玖合肆勺零又
丈過荒田地柒百零陸頃玖拾陸畝肆分柒釐零
夏稅伍石陸斗陸升柒合玖勺零秋糧貳拾捌石
肆斗陸升玖合零尚缺原額田地等則玖百捌拾
頃叁拾肆畝柒分貳釐夏稅陸拾叁石伍斗壹升
玖合零秋糧貳百石捌斗柒升捌合陸勺零邑侯
陳會隆因畝數不合原額遂虛設老荒名色係有
畝數之名無田地之實
順治拾年田地塘山水鄉淤洲河壩壹千柒百

遂安縣志　卷二　四

頃伍拾壹畝夏稅柒拾叁石貳斗柒升貳合零秋
糧叁拾捌石叁斗陸升壹合陸勺零時奉
湖廣興屯道郭　查遂安有老荒之名遂發屯本
到縣合邑士民不願興屯自認叁年開墾補足原
額控訴
各部院司道府批允邑侯盧運昌未與清查聽其
自認開報遂自拾年起至拾肆年止虛報新墾畝
數將米麥滚加熟田之上以足原額每熟米壹石
外滚加陸斗每熟麥壹石外滚加玖斗陸升多寡

不均自拾伍年邑侯安　清查後每石
糧叁升玖合肆勺伍抄每石麥減去稅柒升
壹勺又先年借除荒之說派城工銀兩止以編銀
壹千兩為準嗣沿以為例偏苦殊甚自拾伍年清
查後除真正優免外當差編銀貳千兩有奇雜糧
方獲均平矣○附管見讀賦役全書確有成憲可
遵矣但遂安地瘠民貧使始無老荒虛名繼無滚
糧實害經制煌煌遵行尤易耳亡何前人貽謀未
周竟以湯火餘生認納全熟肖經巳丈之荒而認

遂安縣志　卷二　五

熟者有因去比舊之荒詭言虛老荒滚加者有本
無老荒而忽受滚加之害者有既恐受滚加之害
而復代賠西北之缺糧者致令荒熟淆亂多寡參
差種種弊端由是滋矣倘非繼起者惻怛神明興
所當興革所當革煢煢孑遺不幾鳥獸散哉幸邑
侯安　莅任目擊四野凋殘倫脊累年疾苦下車
之日即以狀　上聞於焉遵均平里甲之
旨審戶口虛實清滚糧多寡釐城工之奸剔飛詭之
弊勤紮釐飭保甲以及請裁腳馬免鄉保斗級歷

不均自拾伍年邑侯安清查後每石米減去糧叁
升玖合肆勺伍抄每石麥減去糧米升壹合壹勺
又先年借除荒之說派城工銀兩止以編銀壹千
两爲準嗣治以爲例偏苦殊甚自拾伍年清查後
除真正優免外當差編銀貳千兩有奇雜徭方獲
均平矣

條編　稽明萬歷辛卯劉公順時所修縣志載該縣錢
糧條編起運撥運存留通共貳千叁百零陸兩叁
分至崇禎庚辰荆南兵備道王公諱永祚清核各

遠安縣志　卷二　五 六

屬錢糧刋刻出入相準册須行本縣按册内明末
新加壹千有奇邑侯周遵奉
恩旨照萬歷之初年起派其明末所加不載全書外查
其所載舊額出數共貳千叁百肆拾陸兩壹錢伍
分較舊志已多肆拾兩壹錢貳分且雖有額數内
多荒絶止實征三分之二順治拾年實徵熟銀壹
千陸百叁拾叁兩陸錢伍分零無征荒銀柒百叁
拾叁兩肆錢玖分零至邑侯安蒞任遵奉新訂全
書載正丁糧銀貳千叁百伍拾肆兩玖錢壹分□

規譜凡有益於民□□□□□□□行要皆有以
濟賦役之窮而惻怛出之者也流亡安輯賦税無
逋職是故耳惜乎全書原額已經
題達減荒擬躰難以驟改冀當事者加意遵部允清
丈之議俾邑侯優畝經理分别荒熟於賦無加而
於民實利其惠澤寧有窮哉

稽明萬曆辛卯劉君順時所修縣志載該縣錢
糧條編起運撥運存留通共貳千叁百零陸兩叁
分至崇禎庚辰荆南兵備道王公諱永祚清核各

遠安縣志　卷二　六

屬錢糧刋刻出入相準册須行本縣按册内明末
新加壹千有奇邑侯周　遵奉
恩旨照萬曆初年起派其明末所加不載全書外查
其所載舊額出數共貳千叁百肆拾陸兩壹錢伍
分較舊志已多肆拾兩壹錢貳分且雖有額數内
多荒絶止實征三分之二順治拾年實徵熟銀壹
千陸百叁拾叁兩陸錢伍分零無征荒銀柒百叁
拾叁兩肆錢玖分零至邑侯安蒞任遵奉新訂全
書載正丁糧銀貳千叁百伍拾肆兩玖錢壹分□

內除逃缺丁銀叁拾肆兩叁錢叁分玖釐外拾肆年奉文新加顏料蠟茶等銀叁拾壹兩柒錢肆分連前拾年內奉文外派新加玖釐地畝遼餉照米麥攤派征餉銀貳百陸拾玖兩柒錢零通共丁糧新加顏料餉銀貳千陸百貳拾貳兩貳分零除逃缺丁銀在外較舊志竟多叁百壹拾肆兩玖錢玖分矣今將新訂全書額載起撥存留款項開列於後○起運撥運共銀壹千壹百貳拾玖兩肆錢捌分零○存留銀壹千肆百玖拾貳兩伍錢叁分零

○原額田地山塘共貳千柒百柒拾頃捌拾伍畝柒分貳釐肆毫伍絲○載夏稅壹百叁拾柒石陸斗陸升捌合零○載秋糧伍百伍拾玖石貳斗肆升零內有免秋糧玖拾肆石肆斗玖升○原額人丁壹千玖百伍拾捌丁內有免丁玖拾玖丁順治拾捌年人丁壹千捌百叁拾叁丁內有免人丁捌拾貳丁○玖釐地畝餉銀貳百陸拾玖兩柒錢叁釐伍毫○田地山塘人丁餉銀并新加顏料通共貳千[illegible]百伍拾陸兩叁錢伍分玖釐[illegible]壹絲陸

錢柒微六塵九纖柒渺內除逃亡人丁銀叁拾肆兩叁錢叁分玖釐實徵銀貳千陸百貳拾貳兩貳分陸毫壹絲陸忽柒微陸塵玖纖柒渺○外優免糧銀貳百貳拾貳兩柒錢叁分伍釐陸毫柒忽陸微順治拾肆年奉文裁扣充餉○每斗夏稅徵銀壹錢壹分伍釐玖毫柒絲捌忽貳塵捌纖壹渺玖漠○無免秋糧每斗徵銀叁錢叁分柒釐貳毫肆絲伍忽柒微捌塵壹纖伍渺○有免秋糧每斗徵銀壹錢壹釐伍毫壹絲陸忽伍微柒纖捌塵壹渺

叁漠○有免秋糧每斗免銀貳錢叁分伍釐柒毫貳絲玖忽貳微叁纖叁渺柒漠○無免丁每丁徵銀貳錢玖分捌釐壹毫貳絲貳忽捌微玖塵陸纖○優免每丁免銀貳錢捌釐○優免每丁徵銀玖分壹毫貳絲貳忽捌微玖塵陸纖○餉銀照夏稅秋糧派筭每斗徵銀叁分捌釐柒毫

起運

戶部項下解南農桑絹價正摃共銀壹兩肆錢壹分捌釐貳毫（新議解官盤費銀柒分玖釐）○京庫本折銀壹拾壹兩零壹分捌釐貳毫柒絲（新議解官盤費銀貳錢貳分[illegible]）

曆○解南户口鈔正損帶閏共銀貳拾柒兩零叁分陸釐壹毫壹絲捌忽貳微陸塵玖纖柒渺解費銀伍錢貳分肆厘○淺船銀伍兩零肆分玖釐貳毫○宗祿折色銀伍拾玖兩叁錢伍分捌釐玖毫捌絲伍忽玖微解費銀貳錢陸分玖厘陸毫○民校等役工食銀捌拾肆兩貳錢○茶價雜用等銀壹拾捌兩陸錢叁分捌釐壹毫貳絲叁忽損銀貳錢伍分柒厘○地畝玖釐餉銀貳百陸拾玖兩柒錢叁釐伍毫

禮部項下北京藥味正損共銀壹兩柒錢伍分伍

釐解費銀叁分伍厘壹毫

工部項下沽鹿鈔正損共銀捌錢零柒釐貳毫解費銀壹分陸厘壹毫○虞衡司料正損共銀貳拾陸兩柒錢壹分壹釐貳毫伍絲柒忽解費銀伍錢叁分肆厘貳毫○白硝鹿皮正損共銀壹拾貳兩解費銀貳錢肆分軍器銀捌兩貳錢肆分玖釐柒毫壹絲陸忽解費銀壹錢陸分肆厘伍毫○綾紗紙價銀壹拾肆兩叁錢肆分貳釐叁毫陸絲壹忽候部文到之年方派不必每年帶徵此項舊志未載

光祿寺項下甲丁庫供應等銀正損共叁拾伍兩柒錢解費銀柒錢壹分肆厘○新加顏料蠟茶等銀叁拾壹兩柒錢肆分壹釐伍毫此項舊志未載

存留經費正官俸銀每年貳拾柒兩肆錢玖分○薪銀叁拾陸兩順治拾肆年裁壹拾捌兩肆錢玖分○心紅紙張銀貳拾兩○油燭銀壹拾兩順治拾肆年奉文全裁○修宅家伙銀貳拾兩順治玖年會議全裁○迎送上司傘扇銀壹拾兩順治拾肆年奉文全裁○吏書拾貳名每名歲支銀壹拾兩捌錢共銀壹百貳拾玖兩陸錢順治九年每名會裁肆兩捌錢○門子貳名每名歲支柒兩貳錢共銀壹拾肆兩

肆錢○皂隸壹拾陸名每名歲支銀柒兩貳錢共銀壹百壹拾伍兩貳錢○燈夫四名每名歲支銀柒兩貳錢共銀貳拾捌兩捌錢以上叁項順治九年每名會裁壹兩貳錢○馬快捌名每名歲支壹拾捌兩共銀壹百肆拾肆兩順治九年會裁除草料不加每名裁銀壹兩貳錢○看監禁卒捌名每名歲支銀柒兩貳錢共銀伍拾柒兩陸錢○民壯伍拾名每名歲支銀柒兩貳錢共銀叁百陸拾兩以上叁項順治九年每名會裁壹兩弍錢○修理監倉銀貳拾兩○轎傘扇夫柒名每名歲支銀柒兩貳錢共銀伍拾兩

肆錢順治九年每名會裁壹兩貳錢○學書壹名歲支銀壹拾壹
兩順治九年會裁陸兩○庫子肆名每名歲支銀柒兩貳錢
共銀貳拾捌兩捌錢順治九年每名會裁壹兩弍錢○倉書壹名
歲支銀壹拾貳兩順治九年會裁陸兩○斗級肆名每名支
銀柒兩貳錢共銀貳拾捌兩捌錢順治九年每名會裁壹兩弍錢
典史俸銀每年叁拾壹兩伍錢貳分○書辦壹名
歲支銀柒兩貳錢○門子壹名歲支銀柒兩貳錢
皂隸肆名每名歲支銀柒兩貳錢共銀貳拾兩捌
錢○馬夫壹名歲支銀柒兩貳錢以上書辦自馬夫四項順治九

年每名會裁壹兩弍錢○儒學教諭俸銀每年叁拾壹兩
伍錢貳分○齋夫叁名每名工食銀壹拾貳兩共
銀叁拾陸兩○膳夫貳名歲支銀貳拾兩共銀肆
拾兩順治十四年奉文裁叁分之一○門子叁名每名歲支柒兩
貳錢共銀貳拾壹兩陸錢○書辦壹名歲支銀柒
兩貳錢○喂馬草料銀壹拾貳兩○　儒學訓導
俸銀每年叁拾壹兩伍錢貳分舊志未載○齋夫叁名
每名工食壹拾貳兩共銀叁拾陸兩○門子貳名
每名工食柒兩貳錢共銀壹拾肆兩肆錢舊志未載○

喂馬草料銀壹拾貳兩舊志未載○以上四項順治拾肆年奉文全裁
撥運歷日銀貳兩柒錢柒分貳釐捌毫解費銀伍分伍釐[illegible]
毫伍絲陸忽○科舉銀叁兩陸錢貳分捌釐解費銀[illegible]分弍釐[illegible]
毫肆絲肆忽○布政司表夫銀壹兩陸錢順治十四年奉文裁半
驛站長沙通運所修船銀貳兩舊志未載○白沙驛紅
夫銀叁拾叁兩伍錢伍分○白沙驛馬價銀壹百
貳拾肆兩陸分捌釐○建平驛馬價銀壹百壹兩
陸錢陸分陸釐○本驛支應銀壹拾陸兩、
均徭興山縣高鷄寨巡司弓兵銀貳拾伍兩肆錢

壹分陸釐柒毫順治十四年奉文裁半　舖司兵徭編玖
名工食共銀貳拾柒兩肆兩肆錢伍分○各河渡
夫叁名工食共銀柒兩玖錢叁分順治十四年奉文裁半○
各渡修船銀叁兩一二年一修每年該銀壹兩伍錢順治十年
[illegible]奉文[illegible]
走遞夫馬原額排夫壹拾陸名每名銀伍兩帶閏銀捌分叁釐叁毫
共銀捌拾壹兩叁錢叁分叁釐內扣陸名入實在縣抵經制外
銀伍拾兩捌錢叁分叁釐○腳馬陸匹共銀陸拾
壹兩[illegible]

（存留祭祀）龍亭儀仗修理銀壹兩
文廟貳祭共銀肆拾兩
啟聖祠貳祭共銀柒兩○名宦鄉賢貳祭共銀柒兩
山川壇貳祭共銀壹拾貳兩
社稷壇貳祭共銀拾兩○邑厲壇叁祭共銀拾貳兩
○看守門子貳名共銀叁兩捌錢陸分叁釐叁毫
○歲貢生員花紅旗扁等銀每年陸兩伍錢○本
縣應　朝盤纏銀壹拾叁兩（順治十四年奉文裁叁分之貳）○新

舊舉人會試長夫銀每年帶徵銀捌兩○科舉生
員盤纏花紅等銀每年壹拾叁兩叁錢叁分肆釐
○鄉飲貳次共銀捌兩○提學道歲科考銀貳拾兩
（二項順治十四年奉文裁半）○廩生糧銀壹百肆拾肆兩（順治十四年裁三分之二）○歲貢
盤纏壹拾伍兩（舊志未載）香燭米折銀壹兩貳錢陸分○
門神桃符春牛芒神等銀肆兩○孤老九名口米折
銀壹拾陸兩貳錢花布銀貳兩柒錢○供應銀陸兩
陸錢（以上三項順治十四年奉文全裁舊志未載）○協用銀肆拾伍兩（內除正官明快）
轎傘銀壹拾貳兩陸
錢入裁補經制外　實存銀叁拾貳兩肆錢

以上通共該解支銀貳千陸百柒拾丙兩柒錢貳
分貳釐柒毫柒絲柒忽柒微陸塵玖纖柒渺內
有逃丁併不敷經制銀共肆拾捌兩柒錢貳釐
壹毫陸絲壹忽

（租田款項）湘陰租田上中下山水鄉共玖頃玖拾
玖畝肆分柒釐陸毫　額租銀壹拾貳兩柒錢貳
分柒釐肆毫捌絲貳忽伍微玖釐餉銀壹兩伍錢
貳分玖釐玖毫陸絲貳忽叁微貳塵

（舊志原載）　按院公費銀捌兩　守道供應銀貳

拾兩　巡道供應銀貳拾貳兩○本府心紅銀壹
拾壹兩肆錢○本府捕糧廳民壯工食銀壹拾肆
兩肆錢○新任祭儀門猪羊銀肆兩○執事銀貳
兩○刷卷銀壹兩○本府照磨馬夫銀肆兩
以上款項俱裁併別項解支姑附之以備考外
附管見于左
王府祿米茶價民較工食舊額共銀壹百伍拾兩
壹錢叁分玖釐伍毫　明時封建繁耗相仍處
安苦累仰屋以故於遠安驛稅中抽撥銀兩分

遂安縣志卷之五

職官志

攷古雲鳥紀官自九命以至一命品秩不一而親民之官莫如縣令有天下者固必致重焉昔者周有縣正故傳云上大夫受縣漢興因秦制凡縣萬戶以上為令減萬戶為長秩亦如之逮晉宋以後令長皆如漢制唐則以京都所治為赤縣京之旁邑為畿縣其餘則以戶口多少資地美惡為差曰望曰緊曰上曰中曰下至今猶

因之由是以觀有天下者何一不致重哉我遂安僻處山陬邑治不敵上中而司保障之任膺社稷之寄者其報最必居上中之右而登膴羶數歷歷可稽焉自唐以來或擢為牧守或選為銓曹或仕歷公卿而進爵為諸侯王讀史者嘆其榮遇非常要其初則皆肇造於茲邑也我邑侯安　治縣將五年其懋德殊勳口碑具在行將鳴韋公之鳳樹召伯之棠爰是著昔賢之宦績見發祥之有自於以知輝映後先其

施正來有重也其大縣尉呼為少府三公兆闕鱧堂從來不乏英彥要之以承流宣化造就譽髦者為可尊而可傳獨是宋有主簿未詳裁於何時學有司訓無何廢於明季仍志之以備攷云

唐　萃臯有傳

宋　楊大異有傳　董俊明　程崧鄉

元　遂魯花赤沙班　藍時溫　畢遜有傳

明　大有洪武四年任修舉呼廢墜撫民有力　卣洪武年任馭民有道　戴仲

璦洪武年任　薛　東永樂三年任精吏事尤工文稱為文章大尹　劉　豫正統

元年任　林伯疇正統四年任　張　淵正統八年任除苛禁暴興滯補弊　張

竑上人　饒　張　忠　羅　期保昌人　何　磬有傳　朱　敏

保昌舉人成化六年任　郭　信有傳　雷　濬宣化人成化十三年任

劉　英有傳　蕭　淵貴池人宏治元年任　王　鑑貴縣人宏治三年任　宏　趙

麟有傳　鄭　毅鄞縣舉人宏治十五年任　李　緯南陽舉人正德元年任　正　王

謐漳浦舉人正德七年任　曾　恒番禺舉人正德十三年任　黎士翹有傳

文　時星舉人　常時亨雲南人嘉靖年任　王　緯嘉靖年任　程　典

有傳　何其恳　鮑艮守寧國人嘉靖十二年任　歷　劉順時貴陽人

九年任　鄭大成閩人　秦[illegible]廣州舉人[illegible]

十三年任 孫自強 有傳 王建中 浙江選貢 蔡夢麐 廣西白峰人 施澤
民 四川彭縣人貢士天啟二年任 王與化 江西雩都人貢士天啟九年任 魏國輔
陝西寧羌人貢士崇禎二年任 汪允貞 南直嘉定人貢士崇禎五年任 毛呈鳳 廣西
舉人崇禎八年任 魏紹夔 江西南昌舉人崇禎七年任 王立德 江西安福人貢
士崇禎十年任 周乃淡 有傳
周會隆 有傳 盧運昌 山東陽縣人由進士順治九年任政尚寬和尤能作養士類
安可願 陝西羅州人由拔貢順治十四年任陞順天府薊州知州
廳職 宋主簿 程鵬萬
典史 明 胡其栩 高夢達 羅憲 湯建章

遂安縣志　卷三　三

廖同峯 林有聲 福建人 潘思舜 楊守義 康士
節 鄭厚先 梁勝安 魏經 浙江人 羅士翰
趙琚 翁光岳 穆登先 三原縣人
教職 教諭 元 鄭崇錫 泰定元年任 明 蕭荘 陳世昭
王蘭 張錫 周儒 蔡仲韓 復州舉人萬曆六年
任 鄭繼緒 全州舉人萬曆十九年任 黃坦 田三錫 應城舉人 舒
有翼 舉人 祝以成 舉人 翟潤物 李化龍 荆門舉人 亢承訓
臨海人 胡以貫 長沙人 楊日崇 鮑尚友 歙縣人 何文
林一貫 莆田人

國朝 靖乃獻 黃岡人 蕭貴 沔陽舉人
訓導 明 劉志熙 謝傑 永樂年任 李崧 正統年任 黃素
何卿 何判 成化年任 李欽 成化十三年任 王紀
宏治十三年任 陳 曾 何雲覽 楊彧 成都人正德年任 李
錫 河內人 伍暘 鄧祥 諸文範 雲南人嘉靖年任 易
書 劉衡 李季尹 賈思讓 彭山人嘉靖年任 何淳
華陽人 楊正邦 保寧人陞階州學正 龐希顏 涪州人陞汝南諭 仲化
蓬溪人隆慶年任有賢聲 謝謹 息縣人萬歷元年任陞延長縣諭 楊棐
西安人萬歷八年任陞嘉魚諭 董以道 普安舉人陞永年縣令 張二和 巴陵人

遂安縣志　卷三　四

湯聰 邵陽人 張寵 黃可齋 燕有臺 丁檜
士彤 講 李莘
訓導 裁

宦蹟 邑侯 唐韋皋京兆萬年人有美政致鳳集相傳
鳳山之號始此後累官檢校司徒兼中書令封南
康郡王鎮守全蜀後贈太師邑人立祠祀之後鮑
邑侯請入名宦劉邑侯又建二賢祠于縣門內祀
之 按唐傳韋皋君無任遂安事或某耳
宋 楊大異 醴陵人博學篤行才兼文武從胡穎

春秋登嘉定進士授衡陽主簿有惠政陞高安令時洞寇擾民公以一僕自隨入洞諭降進四川制置司參議元兵寇成都又從制使丁黼巷戰被創復甦以功封醴陵男後召對極言時政進直秘閣迨宋末與弟太齋隱郡之小洋坪遂家焉今子姓繁衍前泰秀權令嘉桂嘉楨嘉樹近聖齊聖皆其後裔

元

[illegible]遷化奸撫良興學校成禮俗多有惠政萬民懷之祀二賢祠後鮑邑侯請入名宦

明

何盤四川珙縣人由舉人天順二年任忠信明決見義必為諸凡建置悉出自捐不傷財不害民有足紀者

郭信江西上饒人由舉人成化八年任時本縣稅粮撥運施州水路險阻民苦之公白於當道存留本縣邑民感之

劉英浙江會稽人由舉人成化十五年任時縣治新遷百事草創公為修葺始纂縣志巨細畢舉暇輒題咏提學副使稱枳棘甲棲牛刀小試鮑邑侯請入名宦

趙麟貴池人由監生宏治七年任裁抑豪強撫納新附凡公署學校多所葺治先是民苦飢公多積穀歲歉有備

黎士麒廣東南海人由舉人蒞政清慎抑強扶弱惜未竟其所施耳

孫崇德泰和舉人嘉靖十年任質直愷悌有守有為政脩學宮士民德之陞大名府判軍民遠送

葉儒福建松溪人由舉人嘉靖癸卯年任古貌古

心善政善教蒞任七載遠近感懷

田時雍貴州思南人嘉靖二十八年任蒞政清慎撫字心勞未竟厥施

孫志四川渠縣人由舉人嘉靖四十四年任節省里甲勤慎清明柏臺有琴堂書靜之譽陞平涼判

程典號五江四川江津舉人蒞任日攝輿從減儉慈祥明斷清慎廉平遐哉不可及矣遠邑賦初無成規條編一法自公始利賴民生豈且

陞判泗州泣送盈道

蘇大成號時所江西寧都人由舉人以理學高第出宰遠邑愛民禮士置義倉以備飢饉諸不便民間者輒與蠲免斷獄無冤舉孝弟旌節義有古循良之風欽簡李曹咸頌神明當時口碑至今猶令人景慕焉

孫自強江南高淳人明經起家侯莅遠時有大盜数人結連川湖不肖輩互為兎窟屢年逋逃以計捕獲民害以除萬歷九年奉旨清丈親履阡陌[illegible]

賦均平集諸生纂脩邑志文章事業俱足不朽至今尸祝遺址猶存在舊城南門外橋側

周乃浹號伯霖萊之即墨人由明經強毅有為多謀能斷遠邑一二刁悍每倚宗藩肆虐侯力治之民乃獲安堵侯奉旨清丈正經界以均賦稅功與孫侯等流冦猖獗兵馬絡繹如織侯應接有方民間不擾後流冦十三家約数萬犯境侯率民[illegible]鳳山賊不敢窺民賴以安厥功大矣陞黄州府丞監紀衆兵臨行卧轍者衆

清周會隆山東曹州人由一榜於

清運鼎新之日御

命莅茲邑不避險不辭難晋請兵討平周酉兒修新城練鄉勇胡叚賊數千犯境侯發兵擊敗之生擒百餘人侯慈仁明斷撫字凋殘誠爲循良第一時學宫傾廢人輕詩書乃建學立社課士有禮士氣大振如侯者洵所謂文能附衆武能威敵者與尤好學退食必讀書吟詩纂修佚志雅意山水暇日率課農桑逮老稚而勞來之恰如也性廉潔囊底

無長物陞建昌府丞去之日語士民曰余待罪遠安無他失獨老荒恐遺民累士民攀轅不能舍口碑一如峴山至今志思無窮也

遠安縣志卷之四

祀典志

嘗讀詩至古公遷岐廼立冢土未嘗不嘆曰古人雖荒忽奔竄祀典弗替也如此今日者尹兹新邑雖地址積隘乎亦必首修文廟於河干立櫺星門於其前建明倫堂於其後周木為柵環水為泮即未必壯麗精工而規模宛如舊制矣詎弟循故事餙觀美已哉亦念兹彈丸斗邑幾經危急存亡所賴倡明大義翼贊邑侯以保固

封疆者要非文教不為功享祀之隆烏可忽諸他如標燎血祭諸凡載在祀典者罔不修舉惟謹外此金頂之元帝舊城之關聖特為修葺廟祠而餘不遑及何哉一則錫祉弭災一則厲世振俗於以裨益士民豈淺鮮與昔狄梁公奏毀淫祠千七百所獨存太伯輩四祠其此意也夫

文廟 舊在亭子山下明洪武初大有重建天順改元傾圮五年邑侯何盤重建成化十七年遷東莊坪邑侯劉英鑄造銅鑪祭器邑侯鄭毅用官價貿擴而大之崇禎辛巳邑侯周乃浹修城遷都指揮分司舊址後亂未竟厥功縣廢學宮鞠為茂草我

大清御極首重學校邑侯周會隆卜築於新城東門外建聖殿三間神棹三張甲午水暴漲傾圮丁酉邑侯安　蒞任重修文廟造四配十哲兩廡神龕供棹建櫺星門三間明倫堂三間制度一新

壇壝 社稷壇縣北門外山麓　山川壇縣東門外山麓　邑厲壇縣西門外山上

廟祠 城隍廟在北門外山麓邑侯周　建庚子邑侯安　建拜殿三間　土地祠在城

隍廟內　土穀廟即五土五穀之神在舊縣北門外橋東　旗纛廟千戶所後即陽千戶李正建所廢廟亦廢　玄帝廟在新城鳴鳳主山金頂上　文昌祠在新城鳳山上　關帝廟一在新城鳳山上一在舊縣西門庚子邑侯安捐俸重建　二賢祠舊治儀門內唐縣令韋皐元縣令畢遜俱有美政因立祠塑像祀之縣廢祠亦廢邑侯周卜築南門山麓建祠三間

擴而大之崇禎辛巳邑侯周召淡修城遷都指揮分司舊址後亂未竟厥功縣廢學宮鞠爲茂草我
聖朝以來首重學校邑侯周會隆卜築於新城東門之外建
聖殿三間神棹三張甲午水暴漲傾圮丁酉邑侯安菘任重修
文廟造
西配
十哲两廡神龕供棹建櫺星門三間明倫堂三間制度一新

遠安縣志　卷四

壇壝　社稷壇縣北門外山麓　山川壇縣[illegible]外山[illegible]山上　[illegible]壇縣西門外

祠廟　城隍廟在北門外[illegible]侯周建[illegible]三間　土地祠在城隍廟內　土穀廟即五土五穀神舊縣北門[illegible]在　旗纛廟千戶所後鄖陽千戶所　李正[illegible]所廢廟[illegible]　元帝[illegible]頂上鳳[illegible]　文昌祠在新城山上　關帝廟一在新城[illegible]山上一在舊縣西門庚子邑侯安捐俸重建　二賢祠舊縣治侯[illegible]門內唐縣令韋皐元縣令畢邈俱有美政因立祠塑像祀之縣廢祠亦廢邑侯周卜築南門山麓建祠三[illegible]

宮室志

上古穴居野處民物相奸聖人教之以巢[illegible]木處而顛土處而病聖人教以編楗緝蘿塡[illegible]茨翦屋廬於是乎始焉至黃帝時乃廣宮室之制作合宮以布政教然猶茅茨樸桷不堊色後代崇尚壯麗因而僭侈無度靡財耗力土木遂為民患矣此上下之等貴賤之差不可不辨也遠邑在昔承平公私舍宇犁然畢備爰有官室之志今雖移治新城百事草剏官署廨舍規模

遠安縣志　卷四　三

狹隘聊蔽風雨然彫敝之餘物力維艱動費匱畫一椽一瓦罔非出自捐設舉凡剏造增修幾經苦心而後成後之蒙業者未覩當日情形鮮不狹小其制不知時埶各異難以執一論也故表而志之以俟異日變通云

公署　縣正堂三間頭門一座書吏房一間庫房一間皂隸房二間以上甲午俱水崩圮　高樓一座衙舍九間大西關樓一座小西關門樓一座北關舖樓三間附倉一所以上俱侯周建　[illegible]甲午[illegible]邑侯盧復修[illegible]

三間圓堂一間丁酉岙邑候安 建安遠楼三
間儀門一座書吏房三間庫房一間皂隸房二
間朝關楼一座宅門三間○捕衙廳事三間縣
舍三間書房一間廚房一間縣尉稜登先建○儒學堂
一間衙舍小樓三間署教諭萬貴建
學校 明倫堂三間邑候安建○儀社原在舊城書院內今
廢邑候周 復建於新城南關內○東庠小學
之廢久矣邑候周 復設於學宮內立師訓蒙
每朔望奬賜置學租以資燈油

積貯 預備倉一所在新城內邑候安重建○常平倉一所邑候安建
于文昌閣下另修城垣 ○軍器庫一間在新城內邑候安建○養濟
院一所在東門外
郵傳 縣前鋪縣前 歇馬舖縣南十五里 木瓜舖縣南二十里成化庚子副
使馬宸檄知縣劉英添設 青谿舖縣西南五十里通西陵縣道
古蹟 舊縣治在東莊坪離新城十里廟祠公署民舍
盡毀○古舊縣治縣北二十五里亭子山下今
城隍廟猶存民舍僅存什一縣地分給居民辦
納學租○南襄城縣北九十里漢將軍關壯繆

屯兵之地去南襄壘半里許置祀倫倉於內廢
○臨沮廢城漢邑名在南漳縣界○高安故城
晉邑名在亭子山高處後周遷于山下以其近
徑而遠置之故名遠安○石馬槽縣東三十里
漢關壯繆屯兵于此鑿石為槽故云○大漢口
小漢口縣北三十五里高岩絕壁下有小徑通
荊門相傳關公屯兵于此以拒曹操○准提庵
在舊縣北門外張公岩藏書處○無量庵在
舊縣北城舊址李公石帆藏書處○白馬祠在

古舊縣一里白馬山下俗傳昔有白馬遇夜觸
食田間禾稼莫能禁久之或見馬往西山因立
廟祠之自是雅不作○賈尚書宅廢○張果老
墳舊縣西北○向王墓○賈尚書墳縣西今不
知所在

祥異志

祥異之事難言也以為不足信耶圖出洛呈

游鳳儀以迨虎渡河蝗隨車史不絕書矣以

足信耶九年水七年旱又胡以稱焉豈以禎

固足昭德而災異亦足做聖哉雖然偶然出於

長者修省乃其至理慎勿徒任數而不講人

也敢爰志祥異以示勸懲寧第紀怪誕以供

塵典

唐鳳集於壽隆寺山詳見山川及各留註

明嘉靖七年大旱蝗虫蔽天十七年民舍皆災

鵲啣火燬民廬舍東嶽西焚經月不息二十七年

西泰門災四十二年虎近城市搏獲之四十五年

天雨虫寸許色黑草木盡食○萬歷元年七月

水衝城郭沒民舍歲大歉十二年大旱十三年

月水七月甚大風拔樹饑民逃亡十六七年皆

四十七年蝗蔽天○崇禎六年地震十二年蝗

三年蝗

順治元年饑斗米值銀錢二兩二年饑米價愈增五年大

方外志

夫人無所逃於天地則君臣上下之方皆所不

踰也胡為乎外之曰否事不可類推語不可同

日當其掉背弗顧侶烟霞而友白雲其心豈復

有世事哉問其人讀其書非度關之元言則西

來之直指也我魯聖人不與焉傳曰漢明帝夢

金人帶弓挾矢求寸土而處此佛寺所自昉也

莊子曰藐姑射之山有神人居焉肌膚若氷雪

綽約若處子斯二說者我不知何以自處也殆

所謂方外也夫

寺觀

慶壽寺舊縣南門外邑侯劉英建○鹿苑寺舊縣西北

十五里鹿溪山下宋寶慶元年建有八景見山川志○青谿寺舊

縣西南五十里雲夢山旁有龍女祠宋時建詳見古蹟○

寶華寺舊縣西三十里茸霖洞旁宋龍興間敕寺有八景曰龍洞曉雲曰象山夕照曰筠林烟雨曰花塢暗嵐曰石澗春雷曰筆峰夜月曰谷口飛泉曰禪房古柏○壽

隆寺舊縣東北三十里鳳凰山前元大德丁酉建明正統三年重修

○白鶴觀在什塚坪山狀如鶴故名○福洲寺舊

縣東北四十里宋泰定四年建明天順元年增修○北溪寺舊縣

北七十里古名海會寺今廢尚有址◎太平寺百

丈山半（古寺在山頂明宣德間僧孤峰建）◎瀘溪寺舊縣北六十

五里蟠龍山下（元至正間建）◎蟠龍寺廢◎眞靜寺舊

縣西北一百三十里（元延祐間建）◎定林寺舊縣北一

百二十里（元至正間建峰和尚居此）◎龍洞庵舊縣東一十

五里◎回龍觀舊縣北四十里◎白岩寺舊縣

西南五十里廢

仙釋

周 鬼谷子春秋魯平公時人姓王名詡居青谿之鬼谷洞嘗入雲夢山採藥得道顏如童子相傳蘇秦張儀來此問道師事三年辭去鬼谷子曰輕喬松之永壽貴一旦之浮榮惜哉鬼谷子處人間數百歲後不知其所之

邑侯安 有曰鬼谷子葢抱濟世之畧而高隱不仕者也觀蘇張事可槩見爲不然者二子功名之士耳胡爲乎遠遊師事哉謹按廣輿記所載爲晉平公時人而縣志爲魯平公時人誤矣葢廣輿載入河南與王子喬并傳當是時周晉皆通二公相去年頗遠鬼谷子先儀秦而生其爲晉平公時人無疑矣又河南登封亦有鬼谷乃蘇秦受書處鬼谷子所由名也青谿鬼谷洞又先生栖隱地因人名之耳疑蘇張未必來此故附辨焉

宋 法琳大師居青谿山右石洞閉關誦經有道行時一女日來獻食詰之曰汝何氏女對曰龍女也來居峨嵋聞師誦經功大特來供獻師曰巖泉聒耳女曰易爲耳遂辭去忽一日水從岩下流後人建龍女祠於旁歲旱禱雨輒應迄今石洞在法琳洞之左岩壁間闊六尺許去地二丈水痕猶存

元 卧雲禪師姓陳名道安彝吾郡人卧雲其別號也至元丙子居嶧山法華院大德壬寅入青谿法琳洞居之有道行晝日一飡窮冬一衲貌不加瘁神思安恬越八年至正乙酉右丞相楠齋嘉之大書卧雲洞扁其岩憲副朶兒赤公薦剡交馳欽蒙聖眷特賜金襴袈裟王國器詩云禪老青谿卧白雲胸中一掃蕩無塵

福海金川人居眞靜寺三十餘年專誦法華經能致群猿獻果野鹿啣花後坐化事在至正七年

月也碑碣猶存
明千峰懷潭人嘗居定林寺有道術能前知禍福
時朝廷聞其名賜象牙犀角拂箒袈裟金鉢等物
天順間應詔至南畿圓寂仲讀周洪謨贊其像曰
這老和尚是活如來其身常居十種琉璃之境其
心常懸九層明鏡之臺動時節神驚鬼愁靜時節
枯木冷灰錢塘江上會乘無底船賣風弄月少室
山中却把無形杖擊電轟雷
朱風子不知何許人類顛者人問輒曰我天瀆也

因稱朱風子云天啟年間居青谿言人禍福多奇
中時行乞有餘咸給衆乞蓬首垢面人亦以此忽
之或有飲酒者風子至命之坐即坐而談笑自若
或卧數日弗食亦無異也一日卧灘上俄而水
漲人以為隨陽侯去矣水退而風子起衆益奇之
竟陵譚元春聞之不遠數百里來謁前程風子以
兩手團而示之後譚中楚元一日風子謂土人吾
且死幸瘞吾衆允之居歲餘復有見風子尚於
行衆大駭共發塚空穴而已

了機形類僧自云從終南山來初居崔家洞一年
及游鹿苑見怪仙岩洞居之謂土人曰但為我洞
前搆半厦日給麻棗六七枚厦成於來路築一垣
以絕往來曰予有願三年不言有訪緊不見衛公
諱而可者訪之亦不見投以詩久之亦荅以詩卒
不見如是居歲餘忽謂人曰吾閉關幸為塞垣穴
七七日土人如其言俄一朝岩罩濃雲須臾闢門
洞開衆大駭乃相與攀岩開垣穴入洞視之不見
了機唯蒲團草履存焉

遠安縣志卷之五

武備志

稽古文武合一故入爲卿士出爲侯伯兵民不分故無事荷鋤有事執戈厥制誠善矣然時移勢殊而經畫亦異明成化間土兔劉千斤石和尚出沒當遠當事者以遠邑爲要害地置守禦千户所揀三衛材官精兵駐鎮亦唐府兵遺意也迨承平日久武備廢弛經寇賊之變費敗不能復振是以明季又有遠洋营之設方今

王猷允塞四海歸心貔貅虎賁實逼處此劳我荆鎮兩营戍守豈止固我殘邑且爲荆陽屏障焉故備記其歷年戰功并存明初舊制以爲觀鑒

數秩　明指揮一員蔡　溥

千户五員宋　璽　朱　綱　蕭　綱

蘇　懋　李　瑄

鎮撫二員吳　瑛　麗　清

百户十四員杭懋　李　俊　陸　榮

姜　雄　韓　能　胡　俊

傅　通　龍　瑀　汪　禎

侯　善　謝　綱　常　安

蘇　縞　張　忠

戍武　明成化戊子撥旗軍壹千柒拾餘名守禦後調叁百名防守竹山縣又歷年逃故甚多萬歷間實在旗軍叁百伍拾捌名内輪戍南襄紅沙壹百貳拾有叁守城操備僅貳百叁拾伍名今經兵火逃亡殆盡

屯賦　明屯田計原納子粒米柒百捌拾壹石伍斗壹

升陸合後加增至捌百壹拾壹石伍斗伍升貳合有零田俱在江陵宜都枝江松滋當陽等縣地方

軍需　明遠安縣倉小麥壹百叁拾柒石陸斗陸升捌合柒勺○監利縣米陸百壹拾玖石○彝陵州米壹千石○宜都縣米壹百壹拾石零○興山縣米壹百伍拾肆石○巴東縣米壹百玖拾玖石俱折色

兵署　明遠安守禦千户所在舊城内西南隅今廢○都指揮分司在舊城今廢○教場在舊城南門外計周圍貳百貳拾丈○預備倉二　一在舊城所治

[illegible]當[illegible]內今供
[illegible]襄堡[illegible]北九十里去古南襄城半里通巴
[illegible]襄等[illegible]沒其地一要害也漢關將軍
當年屯[illegible]此明成化四年建堡周圍有垣南北
有門輪撥本處官一員旗軍壹百名戍守今廢

攷格 明五歲一攷選本所掌印兼管屯局馬政
官一員佐貳清軍城操官一員巡捕兼理刑官一
員十百户所掌印百户各一員或以能者兼之今廢

附遠洋營事實

明方應星者武昌庠生也以武舉

爲督撫朱公諱一鶴所擢官以都司授精兵三百
防守遠安號遠洋營闖賊據襄陽招降不從遣虎
賊數萬騎攻城三日不下降丁甦自強開南門應
之城陷星被執不肯跪講以僞職不從大罵死之噫
若星者可謂能死其職矣當其平常無事跡其所
爲一酒色之徒耳及其臨變勇敢抗敵慷慨授命
全家與難而不顧何其烈也以視夫全軀保妻子
者不大相逕庭哉○附歷年戰功

順治三年虎賊攻圍荆州 貝勒王兵至賊潰奔
遠安據呼兒洞山 官兵復追擊又大破之賊北
遁○六年王賊犯境 荆鎮總兵鄭公四維進勦
賊敗遊擊呂騰蛟深入沒於陣○九年虎賊入寇
邑侯盧 請鎮兵勦殺賊潰遊擊汪 吉當先遇
伏死之○十年春虎賊犯境遊擊白可愛將兵擊
之殺賊百餘生擒二十餘名又五月賊復犯境愛
將兵擊之追至西河口賊遁先是鹿溪一帶賊潛
伏難測自擊敗後畏其智勇不敢伏草邊境賴之
由是始也○十二年虎賊夜襲新城迷道及天明

列營向家坡搦戰遊擊趙克仁出戰新城鄉勇於
四山樹旗幟爲疑兵賊將授首生擒百餘時賊衆
我寡力戰破之可謂健將○十四年春遊擊黃名
世屯兵向家坡夜半賊入營世被執守備劉
戰死之○十四年增戍兵兩營○十五年設立木
城駐札防兵○附管見遠安爲荆楚門户當明季
時闖逆獻逆及十三家賊無一不出沒其間兵防
顧可忽乎哉但前此猶時來時去西北居民恃其
高山深谷較東南差少擄掠之慘追至順治九年

虎嘯蠻蹤興歸西北通近巘穴遣其屠戮者半逃
亡者半昔之上著無一存者所賴　荆鎮各營將
領努力危疆保護孑遺良非淺鮮然各營屢立戰
功而貴營不免失利士民日遭荼毒何也以防兵
單弱賊衆我寡也且營壘無寨栅可據而往來之
奸細未盡絕也幸邑侯安　瀧任首請增兵蒙
部院李　面諭曰遠安信荆楚門戶增兵非止為
遠計爰從其請更番戍守每歲兩營而兵執振矣
建設木城而營壘堅矣于是編保甲練鄉勇謹偵

信之砲嚴譏察之令而奸宄屏息士民始有固志
所以遠安自丁酉以迄於今雖逼門庭不敢輕犯
其大效不亦可覩哉然此其禦變之懸著耳若乃
遷葬芟除與歸克復則修舊治敎城守當事者自
有經久之策焉

補遺　右卷俱補遺而武備獨反覆詳言豈溢美哉
遠安小邑受賊害較慘即武臣之戰封疆安危繫
黎生死係焉至重也故復訪實詳紀其功云

順治六年二月姚黄王二王三等賊萬餘出犯荆
坪荆鎮中營遊擊武君相奮勇擊之活擒偽副將
張有才偽叅將李學等偽守備王自登等賊一百
餘名獲騾馬旗幟器械無数又守備龍英生擒高
照劉大漢賊大奔潰○九年賊犯高荒嶺君相追
斬偽百總李大廷生擒無数賊遁又十月郝賊犯
廻水岩遊擊武君仕當先殺賊百餘生擒二十餘
名賊遁○十一年李賊出犯十八彎守備涂鎧殺
賊多級活擒数十賊遁又十月李賊遣党賊等盤
踞北砦一帶砦民李春元六兒等順賊遊擊崔文

元同守備閔陞領兵撲勦賊遁招撫春元等釋之
○十八年新任遊擊沈應宗輪守賊不入境四野
晏安

遠安縣志卷之六

人物志

惟楚有材古記之矣誰謂地不以人傳哉遠邑在荆之西北高峰插天清流見底靈氣所鍾代不乏人自宋元以迄於今或由周之書升或由漢之辟舉或由唐之進士其中行業著聞者非當身具遠大之器必祖若宗多清白之修揆厥由來洵足以光茲簡册供人則效矣亟於賢進一途間有表表當時者何可泯焉矧夫顯榮盛

事不數見故封蔭則悉志之而優老爲歲舉之典亦間志之豈第嘉養年已乎乃若古布衣行誼湮没不見太史公爲之嘆矣故採諸輿論期於可傳要必有所長非苟而已也獨是子以孝稱婦以節著又人不自邀之名亦人不樂有之遇爲人上者每亟爲崇奬以告夫爲人子爲人婦者良以百行之原風化之本古今人物之所從出不可不加之意焉耳外此僑寓法得附載益以昭茲名勝云

進士

□張之才字天錫歷官至運使　韓當　明計　潑甲□

登鄂寬榜撫興史陸廣西副使　何史訓有傳　張斗樞有傳

鄉舉

明張武有傳　王弼　孫衍戶部員外○以上俱永樂辛卯科

胡瀕順天府學訓　楊恭紹帶不仕○以上永樂甲子科　蕭體高銅梁彭山知縣成化癸卯科　李昇開縣知縣宏治壬子科　蕭廷節嘉靖丙午科

蘇萬民嘉靖甲子科初任青陽後任貴州御史　周師道萬歷癸酉科潛山縣知縣

簡而可有傳　游一清萬歷辛卯科任四川邛州知州　張大受有傳　李□文

蘭有傳　李如玉有傳

國朝楊正芳甲午科

明經

明張睦蕘加知縣　夏儀吉安府照磨　程銘翰林知州　鄧茂南溪知縣　黃忠九江通判隆寧府長史以上俱洪武　郭琦廣西布政理問

戴昇普安州同陞知州　杜欽懷集知縣　徐禎　牟林

青州所吏目　鄭禎彰德知事　李茂太仕以上俱永樂　陳謨戊吏目

李伯玉　李繼宗　張守順　楊志　望子成以上俱宣德

何憲　牟善　唐時　□田　廣

董旻　楊儀以上俱正統　何魁　劉璉　□誼

理　蕭憲　周法之　楊禧以上景泰　劉恂　一

楊琏　任顯大興主簿　徐璟以上□　張實□州

馬禎　王佐太平府照磨　冷□　楷□□　傑□
栢亭　楊秀上游知縣　楊淳以上俱成化間任　鄭□
壇江安知縣　劉禧豐山主簿　蕭山宣城知縣　覃永歷石□□
縣　李昇慈谿主簿　張翀南溪主簿　王安之永寧府經歷　徐□
鍾安寧學正　胡祥按察司照磨　張宣衛經歷以上俱宏治　魏□
宜興縣丞　蕭雲端韶州府照磨　任璉上海縣丞　冷儒吉水縣丞　□
忠　李聰　傳公仁　談鎧桂林府推官以上俱正德　□
仁壽州同知　黃金貴武定府同知　楊金慈谿訓導　歐陽威山陰縣□
胡鑾有傳　傳公朝有傳　胡金　王偉江安訓導　井□

遠安縣志　卷六　三

孟縣知縣　向鑾衛知事　鄧光濟南陽府授　談玨嘉鄞知縣　蕭□
式江陰訓導　蕭永陵任知縣　劉安酆都教諭　陳欽墊江以上教諭
嘉靖　李槩有傳　向儒通任巴縣遷南京東城副兵馬居官清慎輿論嘖嘖公有丈
夫子三才俱儒治年九十二目擊四代元孫俱列邑庠　蕭瑗巴縣訓以上俱隆慶
鄒天榮義縣教諭　游春霽廣安學正　朱炳景陵縣諭　吳綵
馬湖府授純一無偽有古人風　周世用順天府授奏修學宮韓城諭置祭器陞龍安府授
學政孟修　翟言有傳　翟詔新淦縣丞　孫尚志　蘇萬方□□
知縣　周師文選貢潛山知縣　翟鳳羽筠連知縣　游春澤嘉魚訓　向前
應城訓　冷鳳陽寶應知縣　江一麟　翟諡　鄧淳有傳

張崇文有傳　陳隆治佐介□陽府授遷□士時□□節□知□□□□
游一書建始訓　楊權漵浦訓導黃州府授　汪如川　郭鏜
興德縣主簿　杭應宗　王佐才南安府訓　廖應斗長沙府授
張崇慶初貴陽推官後南安知州　俞於義安邑主簿　游一孝字學富經所
史望重當時秉鐸湘陰湖澤武昌三庠成多造就膺薦當選因病告歸課子士道其孫應昇食廩會
孫九鵬列庠　張希堯　談燦巴陵縣訓以上俱萬歷　孫尚信有傳
蘇井雨會昌知縣　談堯中宣化知縣　敖良儒　彭嘉觀　尹
任　孫詵俱天啟　張斗辰上虞縣丞　孫誠　孫諳
有傳　鄒生孟傳學宏詞屢弁諸生考州判未任卒　張斗台　楊應早

遠安縣志　卷六　四

楊宗孟嘉魚訓制行端方署嘉魚縣事拒賊城守有功題補東安知縣
孫開祚恩選初任河東鹽運判　黃家隨州訓轉巴陵諭遷長沙授陞良鄉縣丞
鄒毓祚黃州府訓陞黃陂諭　劉怡襄陽訓　李本先恩選教習考授知縣
孫基舉黃陂縣訓　孫㒄　向閎中辛丑恩選　陳大璉辛丑

薦舉
明　周仁永樂中以人材薦舉授延檢後陞邑令
游啟運滕縣令轉赤城通判後任蘄州知州

貢進
明　彭鎰富順縣丞　冷愈奇寧州吏目　傅崇説南陵主簿　翟諒
彭明□主簿　翟詮開州吏目　李宗膺福□□□清溪明允□海丞□□□有蹟□

□□□□□封　鄭承羅　孫訪　□生李本元　萬

崇德　冷逢亨　馬從乾　授檢校陞鴻臚　萬世望

□漳州府　萬大望　懷遠　萬一江　□□□□　興史　鄭承恩　王汝

臣　欽州吏目　王國選　照磨馬湖府　張斗奎　字燦垣長業儒族中莫能及者六八

□□　□□□貴授職漳州巡司聞寇亂念母在堂泣控上臺告假歸省朝夕承歡盡子職有勸其復任者

一君不答課子干英食餼孫炳芳列庠　徐正　字斗璇黎平吏目課子桑龍列庠　望寰

蒲州吏目課子　君獻列庠　傳擧說　字尚商業儒未就折節為吏信義服人慷慨任俠授

□□會昌尉轉福建晉江巡檢辭歸養親　以孝稱課子作礪食餼　張斗墟

字太都生平言規行矩恂恂自如孝友篤于家　庭謙和著于閭里課子宮輝列庠　程

忠

明

何史訓　景泰時□□部□階朝列大夫　張淪　崇慶父萬歷時誥封南安

簡學　爾可父萬歷□□□州府　張崇文　斗拒父萬歷時誥封承城知縣

游春震　一清父萬歷時□□□州知州　李向春　友蘭父天啟時誥封金州知州後初

李膺　□王父崇禎時誥封戶部員外郎　□寶應縣知縣　○蘇懋成　時誥

蕭虎　正德時誥贈武德□□□　蕭寶　虎之子正德時誥

□龍勝　正德時誥□□□□　蘇偉　懋之子正德時誥贈武德將軍

清　□□□□□□□

何敏　□□史訓子□□中書舍□□□□□□□

明　張武圃　山隱君子後造才□少有文名登洪

武甲子鄉薦授廣陽府丞時閩撫公佐治精勤居

官有冰蘗聲傳家以儉性耿介然也卒于官邸

蕭條事上聞明太祖嘉其勤諭道有司歸喪還里

○徐禎　永樂間由歲貢擢滑縣知縣陞翼城時上

親征邊境禎隨征有功陞雲南霑益州同知時毋

總管與夫土知州構隙地方騷動禎親詣貴州水

西宣慰安民二年方解釋夷民感悅後致政還鄉

○何史訓　宣德癸丑登曹鼐榜初授行人景泰間

山東山西二省賦租訓奉命催督事竣陞戶部員

外郎總浙江糧儲出使遠域不辱王命辭疾歸奉

詔進階朝列大夫邑丈鮑請入鄉賢祠祀之後裔

入龍明季實授都司勦禦有功閣部

任湖廣撫院來標下火器營參調統

○錢旺先　入本縣學後由都吏陞金鄉衛經歷持

身[illegible]慈恤政廉平

○胡鑾　生平多德量盛儀度居家友愛祖產讓諸

弟由選貢初授吳江簿後補山陰陞新城縣丞□

政公平有廉幹聲轉南直督府經歷未踰月致仕
年七十五卒于家之嗣人皆為公憾邑父鮑請入
鄉賢祠祀之
傅公朝行讓學冨由歲貢授萬年縣丞居官清潔
署篆廉平惟一僕自隨卒於官橐無餘錢喪具蕭
然百姓哀之
李聚宇斗池性敏博學善屬文尤喜讀眉山集以
數奇艱于一第膺里選入北監為成均高公諱拱
者器重屢弁諸生已而高公掌銓部公謁選授蜀

之開縣常決滯獄多所平反恒自負不毀方取容
致政歸不置田宅識者知公之後必大
翟言宇養默淳德人也登里選授冨順令遷瓊州
別駕時海寇竊發身入寇營招撫郡賴以安乃歸
里端靜自持偶有無知詈辱之公杜門無慍色詩
云時人欲識胸襟否彭蠡秋連萬里汪先生有焉
○鄧淳宇廉川天懷風雅夙抱經濟以明經秉鐸
犂感造就士多知名遷鄖諭亦然所入俸半與士
作登山賦飲資公嗜酒吟詩豪曠不羈殆高陽之

徒與課子孔進列庠
張崇文宇在吾少年以資應貢有嶌其軌已者挽
勿就試即止後以選士對公車歷彭澤祥符兩庠
師多士祖其文章諸當道競入薦剡遷貴之清平
衛經歷生平規行矩步不逢世以機耄年猶披咏
不輟長子斗樞成進士次斗宸恩選斗台歲薦斗
垣貲進孫宿輝鴻業千喆鴻圖俱列庠
張斗樞字天都崇文長子也少有鴻才讀書不輟
寒暑萬歷癸卯亞魁登丁未黃士俊榜筮仕魯山

地多輿草公買犢給墾歲凶廣設饘粥請捐上供
民賴以不飢調永城尤勤課士有秀水利爨宵左
畔公濬之即鷄蔫四人壬子分校豫闈得蕭曰蘭
七十公清介率稜凜二執政以此擢天下廉幹第
一遷南銓部主事居曹喜校書欽假省親未幾病
卒子鴻業列庠
孫尚信字復所節婦談氏遺腹子也幼讀書遭[illegible]
義方每奉顏色喜愁随之溫謹太十載子姪發出
乃第延石帆李先生為師一時名藉庠內蠱

十八侍子姪甚嚴喜交遊嗜書不談俗事中懷洒
如也明天啟里選未仕而卒子五人謐譔詥俱增
生誠諳貢生孫開祚貢生開文開先開來俱庠生
元孫惺貢生愉恒俱庠生
簡而可字敬所父諱學江右人游學于楚籍興山
生公二妙齡以里選入北監戊子中王繇山榜初
公北上過邑之洋坪遂卜居焉筮仕豫之密縣教
甲午分校滇闈丁酉分校南畿得顧起元等九人
已而遍籍金閨者七人執政以此知公擢翰林孔

目歷司務員外郎中出知粵之潯州府公清介本
善事上被謫改滇之安寧州牧遷府丞補姚安府
太守復忤權貴罷歸居家恒如寒素惟喜讀書性
嗜酒醉後多感賦訓戒子甚嚴非公事未嘗謁邑
侯客有請遊者即命駕或自日不及先是封君四
十後始生公後封君九十八甩兩沐恩綸得申孝
思恒以此有餘喜甲戌賊起公欲練兵堵勦未果
遇賊憤罵遂與難焉壽七十四子九人長子惇登
歲薦恍恔恂惺憻孫燾宅三朋元孫淑俱列庠

張大受字海若廉吏張武後也性敦敏尚節義讀
書一目數行屬文千萬言立就年十九丁酉登熊
廷弼榜讀史斷以己意訂訛拾遺有裨後學良多
筮仕新安廣文所入俸火半償書價聞民間子弟
讀書聲輒召父兄禮之且為貧者助已而計偕遷
蓬萊令新安祀先生于黌宮蒞蓬萊朞月以病乞
告歸居家著述將付剞劂值亂未果邑中嗜古士
多咨先生癸未之變與難不屈而死節義文章堪
足不朽子禮維垣維俱食餼

李友蘭字君帆豪俠不羈在諸生中即為荊南蘇
三楚器重為之擇良配井貧讀書恬如也屢艱小
試豪志不衰萬歷己酉以遺才戰捷楚闈筮仕吳
川縣令陞全州守鳩工起運以功擢取南民部榷
北新關著有經世格言西湖勝槩日供游覽丁艱
歸無意復出治錦浪園日與社友盤桓其中建書
院為邑子弟課藝之所闖賊入城公不屈死子逢
年列庠
李如玉字振華槩之孫喜選勝處覓友讀書學[illegible]

冠軍才名籍甚為郎□治臺黄公諱紀賢者器重□
龍門書院館餼肄業□歷己酉登王特化榜五上
公車數奇未第授維揚寳應令決寃獄通水利漕
艘安瀾三藩王就國□公經營有方民賴不困吳人
為公作八賓政畧官□業至今不磨也公性狷介塵
視軒冕解組歸居家端嚴有禮課子勤勉長子本
元北監次本先明經孫觀生食餼
孫諳字九石尚信季子□也髮未燥即善屬文讀書
日下雨行小試輒冠軍七戰棘圍竟艱一第公遂

輕舉子業上究星躔數下搜黄輿山海感慨之
懷寄于行吟年未彊仕登歲薦嘗占星紀曰不出
十年翼軫分次當有大變遂決意隱林鑿鑿石室
于絕壁為避難計著書立言未能行世病卒□□
憐其才

優老

國朝陳晃山中樸叟也人傳年百餘歲邑侯聞而
奇之召見養于□庠月給以米免其雜役
鄭仲□字三省性□□朴謹年七十□行益篤□

明鄒宗孟字養醇列庠事繼母以孝稱愛弱弟
祖産多義讓學憲両舉優行庚子中副榜子毓祚
歲薦
廖說字舉吾列庠昆弟三人事二親不委諸弟値
亂父年九十隨侍未敢輕離子明儒食餼孫國珍
列庠
廖仲儒性孳厚家貧竭力養親母疾割股療之邑
父王旌其孝月給粟以助母養
廖士弘事親色養備至常以不愧屋漏為孝教人

亦如之父卒哀毀踰禮廬墓蔬食三年染疾不瘳
以未終母養悲痛卒年三十四歲雍正九年
旌子宗乾歲薦選麻城司訓孫岳慶列庠鍾慶食廩
餼

節婦

明孫氏縣民劉大達妻年二十餘夫卒遺孤甫二歲孫守志撫琰成立後琰卒無子妻陶氏紡織紝以養姑幾三十年孫逾九十陶年六十四姑婦節孝並稱嘉靖間邑侯孫申請題旌坊曰雙節

○白氏縣民彭九成妻白年二十餘二孤俱幼有志不渝有欲奪其節者白矢之曰吾不能撫孤日何面目見夫地下孀居四十年卒

王氏縣民陽庶明妻明卒望年二十五一孤述尚幼望守節後述蹇卒望又撫孤孫訓迪數十年氷操無雙

張氏邑庠廩生汪寶妻寶卒張年二十二一子尚叔勸改適張輒赴溺人不敢奪志嘉靖間邑侯申請題旌坊曰貞節

鄧氏縣民冷琦妻琦卒鄧年一十七歲孀居克守貞節與張氏一同奏請表其坊曰柏舟

盧氏陳瑞妻瑞卒盧年二十有六即欲同死姑亦恐失養姑卒兄憐其貧而乏嗣勸之嫁閉門自縊本學訓導龐感貞烈旌其墓

張氏董麟妻麟卒張年二十餘遺二孤甘貧守節姑令改嫁張指石自誓至死不變子良相成立以孝聞隆慶間邑侯龔申請旌其門曰節孝

談氏孫銓妻銓卒談年一十八歲苦節七十六年教子尚信尚智俱明經九十四歲壽終萬歷戊戌間按院徐題允邑父蘇奉旨建坊曰貞節

陳氏庠廩鄒承先妻廩生陳潤吾女先卒陳年二十有五守柩三年預營後事畢閉門七日自盡與先合葬萬歷間邑侯蘇嘉其就義從容立碑于祭

瓮橋志之

狄氏庠生王廷卿妻卿卒未葬先是狄誓三年服滿當與同穴及期果餓死並葬邑父王旌之

周氏庠生李如琦妻琦卒周守節三十餘年崇禎末賊破砦墜岩死

張氏庠廩簡恂妻天都先生女幼時能讀父書通詩文事夫相對如賓恂卒守志三十餘年貞操凛如

李氏庠生張鴻業妻振華先生女素有淑德崇禎

高誼 宋張崇貴家還山數世同爨積穀贍族人周貧乏邑人咸仰其義號團山居士贊曰皇宋之時有人如玉隱居團山義名遠布同居贍饑公藝同步

元徵應辰善屬文尤長於吟咏才名特重不樂仕進自號臨沮散人

明孫誕字九變別號長嘯道人今椶笠蒲團往來山水間嘗製康節像自隨系云安樂子長子開祚應恩貢孫惺應歲貢倫列庠嘗自贊行樂圖云一箪食一瓢飲人問誰氏之徒我拜康節之門獨寤寤歌兮永矢弗告悠悠蒼天此何人哉

向日紅字元池性孝友其父講義有齒德邑侯蘇為請冠帶于禮部諸子以貧辭獨紅毅然任之弟兄列庠者四家貧咸藉其資助有成甲戌賊變避鳳山惟紅捐資修關隘衆賴保聚莫不高其義今縣治二關遺蹟尚存舍旁建長松軒日與諸子姪課文賦詩于其中時稱為長松居士長子在中補庠次子閔中恩貢庠生大年其孫也

高隱 戰國蘇秦洛陽人聞鬼谷子在雲夢山採藥得道乃從遊洞中師事三年後合從之說行相六國

張儀世居河東嘗與蘇秦同遊雲夢山學鬼谷之術後相秦遂破合從而連衡以事秦

梁陸法和初隱居枝江百里洲號荊山居士有道行能前知禍福後隱於遠安紫石山今鹿苑寺乃其憩第也嘗在青谿與南郡朱元英論侯景告[illegible]事未幾景果遣將任約擊湘東王於江陵法和乃率蠻兵敗約擒之封江陵縣公法和慮梁室日衰

嘗大聚兵艦欲襲襄陽元帝使止之乃還州堊其城門麻衣常坐及聞梁元帝敗滅衰服終身贊曰和值梁末方其棲隱鹿苑自號居士似無意當世者及觀豪鎮一面救湘東擒任約梁敗衰服其才其節豈方外石隱者流與

藝文志上

文字者才人精神寓之也碩著作之家其累栽不一大抵慷慨風流多形諸長歌短吟[illegible]摛藻每發諸論詞汎篇曰詩曰文槩括畧盡第詩自三百篇以下莫盛於青蓮拾遺諸公自典謨而後莫盛於左莊屈宋班馬諸人然韻盡詩文之[illegible]我遂安鳳山鍾秀鹿苑呈都人士以及宦游諸君子撫景興懷攬勝[illegible]其間之才情有[illegible]格有虛實手筆有[illegible]種種變體各[illegible]機杼而運會之隆風氣[illegible]盛山川之靈秀[illegible]之脩舉咸於此見焉爰[illegible]之以俟輶軒采[illegible]山搜瀆者

文

宋翰林學士朱震靈惠廟記

宋政和四年荊門[illegible]旱稱苗不立者三之一鄉[illegible]波上李公適禱[illegible]形應乃遣僚屬請雨於昭靈祠下迎像返水[illegible]紫泉之上雨隨像至屬縣呈公狀其事詔易廟號曰靈觀是歲冬迄於明年三月不雨公再命當陽請雨於靈觀如初禮雲霧勃興像返雨如注公復請加神秩是秋又旱公再命禱於靈觀如三月而雨不絕者二日公康舉前奏至於再三部使者從之有詔封通惠順濟夫人公謂震曰青谿龍女祠舊矣義倅峽州行縣至遂安縣謁其祠見田旱者予默禱之輒應因遣吏迎於高澤沛然乃欲抗章請封是時神像服縫袍高髻飾佩如王者一日僧清偉自言兩夢女子靚粧麗服立於丈室前既覺猶記其目光如日清偉持戒嚴不妄語予遂以龍女請為此昭靈之初襄也詔既下寺以緜為韶樓具鐃鼓奉引寓樓於州之東山寺僧元皎復夢女子徘徊於樓下俄而風雷至有物飛去鱗鬣可指數予是州人以清偉之夢為誠然而盡易舊像矣予其為辭以記之震拱手起唯踰月而未及書也[illegible]日公又謂震曰荊門自是或雨暘愆期禱祠莫應彼神龍之宅不可以不祠予所以供獻粢盛制幣者益起[illegible]

聽也震治朗然而悟曰吾侯愛民之心至矣愛之真則憂之深故越疆而祝祈躬而請雖得于傳聞夢寐之際苟可以從民之欲者無不爲也無不至也是以事行而民悅氣和而雨降可不書之使吾侯之心昭然白於後世乎宋皇帝勅曰靡神不宗有廟所不廢不惟思所以慰民望亦可以見百神之受職與否也爾慈惠正直惟人是依迺者農畝告病郡縣吏若民率請命于神〻多降福有司多此靈施顯益崇封朕惟縉紳大夫允有功于民者雖高官大爵有所不吝而况於神乎哉可特封爲通惠順濟夫人神其嘉惠益懋厥施以福元元

明

○侍讀周洪謨重修遠安縣記

遠安在萬山間南距夷陵東接當陽西連三峽之境荒落尤甚達官巨人終歲不一至其地邑小民寡固不難治但以地多閑曠流逋日集嚚悍多訟爲奸爲宄而欲使之各得其所則亦不爲易爲予同郡友何君磐之爲宰也甫及三年威惠並行土著之民既皆悅服而又脩敝政飭文治首廟學次社稷壇壝次城隍神祠既又飭其治所前則廳後則堂廳之前左右爲屋各十楹以爲諸吏分理案牘之所又其前爲麗譙樓既畢其士庶父老介太學生周法之來金陵求予言鐫之石以識歲月予惟何君事神治民皆盡其道以至治所之葺豈徒爲自奉計蓋所以正其冠尊其瞻視脩己以安百姓者將於是乎在也豈見世之宰小邑者往〻以無力爲辭而舍茅茨之下至于廟學社稷之類傾圮不葺蕪穢不治何以施政而慰民望哉觀何君爲之有方咸著厥績財出於公民不告勞誠可嘉也已故爲識其本末之大略以爲記

○全州舉人署教諭鄭銘續舊刻縣志叙

貴陽劉公持檄令遠安之三年政通人和百廢俱興其駿績鴻猷班〻刺人耳目已遒復謀及縣志而言曰志也者所以志邑山川人物戶口賦役宦蹟賢良貢舉節孝傳紀事以昭將來四海九州與郡邑無之今沮陽自洪開設來近百餘禩而志則闕如間有抄錄者亦[illegible]言其[illegible]計自古迄今不

特爲長夜乎余甚悼焉因搜羅舊牒論譔其倣府志凡例而編次爲志成剞劂屬敘不佞不佞竊惟古者列國有史若乘檮杌春秋可稽也自秦易封建而郡邑則守令即古有國之屬而志即史之遺意也魯史經孔聖筆削故華袞斧鉞萬世[illegible]然有關于教化風俗者甚鉅要之其慮遠其義[illegible]童習而皓首之猶不能窺其藩籬萬之一今觀之纂是志也內秉諸鑑衡外參諸輿論無溢美無隱詞據事直書即田畯之輩猶能誦而曉此其

世礪鈍有裨于教化風俗者又豈渺小哉語曰不習爲吏觀已成事又曰未有鼓之而不舞者也故人雖神聖一行作吏詎能纖與渫葫蘆而悉曙之人雖下愚未有不樂美名而忌泯滅者惟觸之以其機爾今志具在也凡宦于斯者手是篇而目之視戶口幾何賦役幾何必思所以撫字催科之術山川人物幾何必思所以保障興起之方覩宦蹟則慨然曰某也良某也廉某也名宦有祠某也去思有碑某某之徒其名籍而無可紀則必翻然省勸

然思條其綱紀存其法度[illegible]有以渝清議口恐無以當寸管書兢兢焉曰乾乾夕惕不至墮沉異代不已也其生于斯者手是篇而讀之見賦役有定規則後時以逃供上者易慮見節孝必當用則犯上以扞文罔者改弦見科貢賢良則赧然曰某某均若人也胡爲學顯當今名垂後世某某均若士也胡爲行表閭閈崇祀學宮士則奮發於其身民則勸勉其子弟人懷長厚户溢絃歌不至劣武前賢不已也今而後循良繼起吾皆公之芳躅比屋可

封者皆公之化導志在一時功在一時志在萬世功在萬世即所稱春秋者無不盡少遷其變貶而其功用寔亦可以左券索也不然徒曰紀時事也耳誌爵位也耳猶二無所裨益是豈公纂刻之意抑豈纂是志者之所爲乎然余不才忝司學政因能以敦教化斯邑今獲敘是志附贅不朽匪厚幸也夫匪厚幸也夫

〇鄭繼緒續刻縣志後敘

余嘗讀史而嘆乎地理志則知志之來也有自矣

朝英宗睿皇帝亦有大明一統志以紀星宿分野山川物産益知志之係也圖所以紀前起後考古證今爲往鑑是圖以垂不朽來鑑是圖以鏡當年其關係信非末務也第析圭擔爵者流不以經世務爲專門則以傳超遷爲傳舍其視志之廢墜或歎于才而不能脩或惜于費而不肯脩不肯者與不能者合則邑之頹者朿者鉅者細者與書名青字者悉散佚而無所考矣夫後之人闕見極慘舊當考信于典籍典籍既缺則清議之口奚足憑也

嗟乎志可少乎哉余初不知遠安之有志與否萬曆庚寅冬始受命司訓于斯乃知遠安東接荊陽西通巴蜀諸凡疆域形勝風俗人物一一可紀錄焉奈此志有未鐫甚不足爲傳後具幽成化甲辰邑令劉君名英始纂其緊嘉靖戊戌王君名綷復增補之三公寓意良殷卒未登之梓戊子貴陽劉侯來知縣事甫下車舉邑之大綱小紀興廢利害若燭照數計錙銖不爽越三年辛卯政通人和風移俗易一日案牘俱畢圖書滿座閣有鶴影風[illegible]

一字則曰侯之心盡也舉一篇則曰侯之全旨也不數於才不惜於費而慨然即此盛舉則吾之鄉紳大人父老子弟以及後之宦游于斯者睹志考古證今資于耳目也將尚友古人正身踐德庶幾流芳史籍爲沮陽增重者駸駸乎未艾矣是志也其所關係者甚大也不將與孟班之地理志我朝之一統志相爲並傳也乎哉

○侍讀周洪謨重脩儒學記

昔者言游以禮樂宰武城夫子悅之先儒疑武城

爲巖險用武之地而子游能治以文予嘗過其故墟而見其皆平原曠野非巖險用武而不可文治者也夷陵爲楚西塞在三峽之口歐陽子稽其[illegible]僻而貧至所領遠安縣又其北二百餘里大山[illegible]谷荒險尤甚其土著之民[illegible]室而河洛秦楚流[illegible]民之集殆倍蓰焉是以往往[illegible]賊姦宄嚚悍難[illegible]巖險用武之地較之武城可用文治者固[illegible]也吾同郡友何侯磐宰之三年[illegible]能如言游[illegible]治治焉以明學乃禮樂教化之[illegible]而廟

先聖先師隘陋弗治何以妥
聖靈而美風教於是捐俸鳩工伐材赤陶瓦甓首葺
大成殿兩廡重門及明倫堂博文約禮二齋宏敞偉
麗美於舊規以至倉庫庖膳之屋靡不畢備朔望
率諸生謁拜春秋丁祀籩豆弗懈優禮諸生而飭
之學是以鄉民知侯篤意學政有所向慕而士之
游其間者亦加奮勵遂使遐陋闃寂之鄉皆知尚
禮樂文物之懿侯可謂達其本者矣謂君子學道
則愛人者侯其庶幾哉撫綏流民一視如子而爲

興社學以訓其子弟使皆誦詩讀書而遵孝親弟
長之義且擇其秀者以爲泮宮弟子則遠安學政
細大畢舉又何頑之不可化陋之不可文學官歐
陽漸多侯之功介貢士周法之復來南雍爲具其
事之本末使求記於予予故嘉其所已能而推其
所未至云

〇侍讀周洪謨城隍廟記

城隍之制肇自神農黃帝而古禮載百神之祀則
無其文自李唐以来始祀於吳越至宋則通祀於
天下入於
至聖朝凡天下屬縣必以城隍主之由是天下郡縣莫
不皆有城隍祠也然而禮雖先王未之有而以義
起者其城隍之祀乎或曰郡邑有城隍而祀之可
也其無城隍而祀之者遵成制耳予曰不然城有
因山陵以爲城者隍有因江河以爲隍者其無山
陵江河之險然後加築而鑿焉其依山陵江河以
爲之者豈山陵江河之神之外又別有所謂城隍
之神哉蓋雖無城隍而封疆之界足以域民山谿

之險足以固國者亦城隍之謂也夷陵遠安之無
城隍而祀城隍者是已祠在縣治南一里年久彌
敝予同郡友何公磐之爲宰也百廢俱興乃重建
城隍祠既完且美乃遣人來金陵屬予筆其事於
石載歸樹之祠下庶後之繼官茲土者嗣葺之使
不壞嗚呼幽而事神明而治民有司職也神安其
棲民安其所職斯舉也何公其可謂無愧於此者
祠成於天順六年冬十月而石鐫於明年之夏六
月云

○知縣劉菼修建守禦千戶所記

武備所以保障國家安民禦患也其要在乎選擇必其有文武才諳曉軍機者然後能統兵守禦以寧其地詩曰赳赳武夫公侯干城是已按荊襄與蜀接境遠安南漳竹房一帶西陵三峽皆深山叢林地多曠閑先是冬處乾旱水溢流民於此就食又有亂逋盜賊藏匿其間蜂屯蟻聚在在有之成化二年石和尚盜起襄陽烏合此巢其應如響已而遂致劉千斤作亂大肆倡亂事聞皇上迺命太

監唐公慎尚書白公圭撫寧伯朱公勇將兵擊之斬獲渠魁獻俘于朝事寧班師大臣會議遠安路當衝要宜設兵備禦奏設於荊州三衛分撥官軍蘇懋宋璽蔡灣鎮撫吳傑麗清百戶胡俊游能杭懋傅通姜雄龍傑蕭綱李俊陶綱江禎常安張忠陸榮蘇緒一十九員旗軍七百名時參議翁僉事湯都指揮黃貴荊州府通判王儁相城于縣南名曰東莊坪開設守禦千戶所工力浩繁久未就緒巡撫都御史劉公來視而嘆曰此非細事匪才力超卓練達有為之士曷克任其責耶乃詢於衆得荊州衛副千戶朱綱薦之俾掌所事果能夙夜匪懈竭力經營修城鑿池俶立所治城高一丈二尺周圍八百餘丈闢四門初則指揮李政張高許英戴昇共贊之城樓則遵奉欽差太監韋命令儆焱均州體式其所治大門儀門正廳後堂東西兩廊十百戶所神廟營房次第俱備仍局匠以造兵器有倉舍以藏弓甲城外築長堤以防水患凡材木物料之費則巡撫都御史楊公發府庫餘積以充其

用初始于成化丙戌畢功于己丑歲於是嚴號令操士卒振威揚武一方晏然規模氣象倍昔蓋二矣撥厥所自蓋由為國計者處置得宜為備禦者官稱任使故也紀綱軍政者正千戶朱鑑尤能恪恭職位修闕補略乃謀於衆曰城完而守固矣可無言以紀其事乎來請予為直書其實俾刻於石庶後者有所考云

○提學副使薛綱重修廟學記

遠安縣新遷儒學規制廟[illegible]學皆[illegible]縣[illegible]

規模雖新材木則舊不三五年輒頹圮益由是時興作紛然才力不給以歷年舊物遷移改作孰必速敝無恠乎其然也成化十三年秋八月予督學至縣見其傾圮之甚乃嘆曰安得振挍有為之士來宰是邑而興是廢墜乎越二年吾浙之會稽劉君英除知遠安縣事予喜曰事濟矣劉君與余為同里才高而名著初為湖州學人稱其為蘇湖為廣昌縣人稱其為召杜以往者驗之知其濟事也必矣居無何果不能以興舉廢墜為心顧瞻廟學獸

然興悲輒欲新之自度官無餘貲民無可歛逡巡未舉者三年迨是縣治既緒奮然曰是不可以終止也乃商度財用命醫訓向學董其事一竹一木必曰某山可伐某商可易也一瓦一甓必曰某土可陶某匠可用也計力而償量值而給錙銖不爽毫譏不興由是庶民勠力百藝勸工首葺大成殿四廡粧塑聖賢像鑄造鑪鬲祭器次作欞星戟門次明倫堂進德修業二齋以至泮亭射圃庖膳倉庫典學官廨舍循序而舉靡不堅且華備是役也創

始於成化甲辰冬十月落成於丙午冬十有二月而民不知勞官不知費一出於劉公經營措置故文廟舊祇行釋菜劉公以舊縣址給人佃種每歲納其租以供春秋二祭諸生學荒于嬉又乏科目公親督課業改授經義癸卯庠生蕭體高即以詩經中式鄉人謂之破天荒於戲劉公信有為能濟事者非徒廟學由之而新凡祭祀科目亦賴之以始也但惜乎邑小民貧孰難為又值新遷草創之後時難為時孰之難為者能為之况易為者乎於乎槩

舉畢猶牛刀小試予雖有激揚之任而力不能薦也落成之日適予再至師生合辭以文請予特識其事之顛末以為記諸生游其間者則李白袁州學記可規矣故不俟予之贅云

○邑人何史訓縣治記

語曰盤根錯節可別利器循政之學可知良吏夫大曰政小曰事為政所當舉也苟有所遺缺非良吏為之嗜耶遠安荊屬邑僻在深山舊治亭子山下成化丙戌石和尚劉千斤召聚朝廷徵兵討之

尚書白圭等建議以不可無軍控御具奏擇地興
之東莊築城鑿池創立守禦所遷轄治并居城内
時人民避亂竄逃止餘里半既為招集流民内附
增為八里久之所司因循舊者日就腐朽新者力
不能致成化己亥會稽劉公英來知縣事召吏
民諭之曰縣廳政令之所出六房簿書文案之所
存儀門譙樓縣之壯觀又所以儆夜省衆吾今增
修不費爾民財但用爾民力令爾民歡趍之于是
伐木埴磚陶瓦工善吏勤並手偕作不逾年工畢

規模閎闊煥然一新吏舍倉庫亦為脩治外則儒
學祠寺察院布按分司又各新葺此事之立也且
教民樹藝力本自盡而衣食足摘發奸伏如神而
爭訟息刑施凌暴之徒德薰鄙薄之俗而民翕然
從治又作興文學勉勵生徒蕭公體高講經授題
尤得其要旨遂登鄉試第舊學廟止行釋菜今則
易以全祭此政之修也然則政事舉而道化行風
俗易謂為治之良也非與今以縣治落成吏民耆
舊詣予徵言以紀德政予慕公之為人樂其治行
故不辭而與之言夫仁愛及民謂之德正己廉
謂之政柳子曰賢者與之劉公宜乎當此矣遂
之俾鑱石以為繼今者勸且知縣治之新實自
始也

○襄慶知府五龍何瑋永濟渡記

遠安古臨沮也而沮水之源發自襄陽之南漳
縣時每春夏雨集石澗漂壑飛濤走浪一夕
至遂世為民患舊治南設李家渡北設譚家
衙邑治西灘湧水急險惟尤甚前宰是邑者往

泛不加意茲渡竟未有設致往來之人冒險徒
有陷溺而莫知拯救者適龍泉常侯來令茲邑
然以康濟斯民為心以修舉廢墜為任以興利
害為急即無暇更僕數如聿新學校文教振矣
立城樓武備肅矣展儀公署官箴飭矣諸凡事
國是動切民隱者悉矢心勵志次第振舉之獨
西河公渡未設為闕典丙戌午冬應征力役始
其事建白郡守津南陳公呈請司院諸大老暨
允廼編戶設渡噫嘻前此偶深濟蘊民用

吾不知其幾矣茲渡既設則復險若夷利涉若徑稱快便者亦不知其幾矣邑父老某等請予道咸美欲得一言以志之予惟芳陂之利孫教開之功江之輪曾德裕建之迹今思論功德者不衰然則茲之制萬世利也侯之惠澤斯民名存後世與江流同其悠久而他日大川舟楫之濟此其基乎予故樂而記之且為之歌曰瞻彼沮陽流澤洋洋濟通險阻德配無疆記之日嘉靖己未五月吉也

○薛綱青谿寺禪僧傳

遠安有青谿寺寺之西有一洞洞之前有庵屋數楹宋之時僧法琳居之遂名法琳洞元之時卧雲居之遂名卧雲洞自後□結禪去衲往往有焉不能知其名也成化十有二年冬十月有僧名祖遇來自金陵自稱慈悔身之徒入洞而禪跏趺而坐足跡未嘗及山下久服不齋不粒食如此者四十有九日每歲率以為常十有五年秋八月予督學至遠安宿青谿寺聞游洞中祖遇出而拜迎予問之曰洞岩僻寂非人所居何乃自苦如此祖遇曰不

如此不能成覺乎曰人七日不食則死聞汝不齋四十九日何術致然耶祖遇曰吾傳吾師之教無他術也但先三五日為飢火所燒體熱而倦力不能支越六七日後水透徹覺清爽如常時予聞其言知心靜而元固得不死觀其形奄奄然若卧病之餘終非久生者也十有八年冬十月予再過焉祖遇尚無恙見庵之西楹為岩之墜石所致去禪所僅丈餘許予詰之曰汝能先知岩石之墜而不懼乎曰不知也予諭之曰石無慧眼汝非金身一夕再墜汝其虀粉矣予聖賢有戒知命者不立乎巖墻之下汝其識之慎之祖遇微笑而不答意有佛力護持未必然也至二十有二年冬仲月予又過而問焉祖遇亡久矣詢其故人云五月二日夜半雷雨大作岩石亂墜其聲震地僧然火往視之祖遇已在岩中左股壓而糜爛矣急掘岩石而出之舁至山下即死年纔四十嗚呼生而信佛未有如是之篤死而受禍亦未有如是之慘是蓋禪陷之也佛陷之也使其能了悟禪機必能先[illegible]

免矣使其迷惑稍淺移信佛之心信予之言切二
乎聖賢巖墻之戒亦必知雷雨之至岩石必墜擇
所處而避之矣安有覆壓之禍哉噫佛之教以慈
悲救苦難為急世之人然一香設一供尚冀其舍
慈悲救苦難求種種福田利益顧於信佛尤篤者
獨吝慈悲坐視其苦嗇其益而豐其禍佛果足信
乎信佛果有益乎慈悲救苦之力果足恃乎

〇鄭繼緒劉侯修學記

晋吳公稱治平天下第一吏著其薦洛陽一人賈

生其他績不少概見豈作興人材為吏道一義也
鄉乎學校人材所出能作興而培植之其聲稱又
當何如哉遠安舊學在亭子山自成化年間遷邑
變與縣治並易於此始面南尋以科第不茂改面
西焉然歲久時移且屢經遷革故殿堂廡壁門墻
之類或傾或腐頹然不足觀即官師朔望行香春
秋釋奠亦凜然恐或墜而不敢久也其所謂教諭
廨舍說者謂廢之將百年俱儳居民舍云萬歷戊
子劉侯來令茲邑顧瞻徬徨慨然興葺修之心命
司訓張公二和議欲募諸鄉縉紳先生與民之殷
實者徙置於此角樓間侯不然曰修學有司職也
奈何煩民爲且此與彼地相若度之不過尺丈間
豈有利有不利也卒寢焉明年八月不佞承乏邑
博寓居社學中侯爲不佞言曰此非爾所居也余
晝之素矣幸待之越明年侯下令曰日某修
文廟建廨舍某材木某山所取也某磚甓某工匠所埏
埴也無一有擾於諸民民毋指予修建故漁獵於
鄉也乃鳩工聚材不一月而舊者新廢者舉凡殿

堂廡壁門墻之類與
聖諸祠併神之牌位無不一一鼎革而丹漆之其不佞
之廨舍亦不終月而就居焉落成之日邑之父老
子弟鄉之縉紳先生咸駭然曰何壯麗也何向之
無而今之有也何有此與作而若輩罔聞也殆其
神哉殆其神哉余竊謂物之廢者非一日而廢廈
之傾者非一旦而傾其所由來者漸矣自成化迄
今尹茲邑者不知凡幾率傳舍其官幸得朝夕代
云不以公事爲事至侯而始修建修建而民不知

嘗不知賢侯之政越度前人遠矣哉不寧惟是繕
賓館修城池開洩河增社塾善政種種未易殫述
獨是修學之舉羣弟子朝夕課誦之有漢吳公薦
賈生之風然作興人材不止于一人已也今諸弟
子感恩思奮抱賈生材未可量而以劉侯之政之
必信令之吳公無疑已劉侯為誰諱順時號龍陽
貴陽丙子科鄉進士也贊其事於始者司訓岳州
張公二和司幕閩中林公鑄觀其成于終者司訓
衡陽湯公聰司幕鄖邑夏公師且不佞繼緒賓覆

庇不淺也故樂而記之言俾游于斯與後之居于
斯者知所感且有所考已

○當陽邑侯區懷瑞游青谿秀壁山記

臨沮西有青谿秀壁其地入遠安境去玉陽三十
里每於城北延眺高峰插天翡翠一片若挹若注
若竦若蹴不可方物幽異瑰瑋見述異記與盛宏
之荆州記足令神往其于玉泉隴阜相接經隧相
屬探奇之每窮究焉出玉陽溯沮西北為乾谿白
石齒齒皆枯磵也循谿西行越小嶺出玉陽境則
歛厓壘嶂空綠黯黯常撲馬首忽如千層碧浪涌
溢少海始信玉陽西北山谿別作世界路轉紆仄
山轉幽峭行三里有石橋則青谿注沮東出也聲
噴薄如雷聽泉數里淙泌神骨又數里入青谿古
寺機括數十圍皆百年物佛廬東為古方丈西有
泉竇甚夥皆石壁下迸珠濺雪浡沸之執何但萬
斛水之色聲氣味與人相宜不知從何置品而袁
小脩游記以為水色正碧凡峯水皆不得其形似總
見一端其味淡而不苦平而不冽盤螭蜒不腥泳

潛鱗不混其氣四時皆秋或激石縫或迸沙礫跳
波散沫恒高數尺渟碧十餘畝澎湃千狀袁志盖
未建也又西龍女祠祠左方上為臥雲洞即雲光
法師寫經處又上有大士洞桃花洞循青谿西數
麓更越高領從領下得幽磵蹴踏嵌巖石稜每胃
衣袂入行磵底望兩厓烟扉蘿磴懔藤引蔓古木
番繆冊翠斑駁乍開乍合真應接不暇左右多結
道士精廬今惟雲鳥逢迎即野衲不可得曲折數
里始達鬼谷洞扉戶丈許兩壁及洞底恒作波濤

紋洞口祀鬼谷子轉入百餘武皆衣滓滑凡十餘折約里許穿窿處時窺天一隙蝙蝠大如金驚翅往來如織又折而入有石田石潭有方廣石如碁枰遊者或得黑白石碁子是行也得青谿龍湫足消煩暑鄧地鮮巖壑得石竇如甕牖纔容几案便詭奇絕或加推鑿而鬼谷窈窕隱深鬼斧不施天巧自然狙接蝸緣杳冥無際百里內嶔空抗雲此爲寥儔宏之所記不我欺也

國朝○邑侯周會隆修縣志序

丁亥春不佞受遠安事時則逆孽眈眈風鶴草木皆兵邑人士共圖綢繆間有暇日相與游詠登眺見其山水秀曲松竹蒼翠人物彬雅慨然有洋洋大國之風因詢訪邑志欲一披全縣邑人士告予曰噫噫邑之有志舊矣一修於劉君順時再修於孫君自強兵燹以來俱付祖龍之餘燼矣繼起者非爲力創始者難爲功卽欲奮筆丹黃類事采緝而異日粉本而流風闕如文安從得乎嗣是二志往來于予閫中者再易歲一日有持家藏劉君志

一冊見示者喟然曰先賢風流之不墜其賴茲一線也乎及覆展玩分門標旨條理井然而襄予評隲皆合乎大道第間或搜羅未廣闡揚未備且劉志迄今數十年矣其間山川不改興廢頓異治績行業炳耀千古節義文章照人顏色及夫高人逸士遺世獨立竊聞下風猶增嚮往聽其久而淪落簡冊無光是有司之罪也夫是有司之罪也夫與二三知名士謀之而二三知名士皆握如椽筆爲著作巨手因析舊目褎然爲予任之稽古道準與情其攷證也詳其取材也博其立心也恕其持論也嚴要一揆于聖人作春秋之旨期於久而可傳也稿成示予予間有商確遂登諸梓又歷歲始告竣用心可謂勤矣因憶吾濮之志成於伯承李先生先生在明嘉靖朝以名進士任符卿一時詩文聲滿海內自李于鱗王元美董咸推轂之故其作志洋洋灑灑直欲自成一家言識者有龍門扶風之目今二三君子才藻雲霞氣吞河漢將來文名固可媲美於吾伯承而不佞以固陋竊分其譽聞

弁數言俾後之覽者知茲志之成皆二三知名士
功焉若夫勸戒之義則猶俟評之不待不佞之贅
及也

○邑侯安可願濂溪小島目記

余雅慕周濂溪之爲人每於蓮獨契好志各有在
也宰遠之三年化行民安遂於城東北隅署側搆
一樓扁曰朝闕公餘讀書課子其上俯視溪水曲
流碧潭澄徹錦鱗泳游一快事也其中豎一石高
二丈許闊如之恠異特挺望之若龜踞乎城左當

水暴漲輙作砥柱余深奇之巳亥孟夏爰命鑿池
栽蓮時正當炎蒸議者咸謂明年方花而是歲孟
秋花發數莖矣邑人士莫不詫爲清廉所感舉呼
爲蓮臺余因題曰濂溪小島慶志之有成也顧其
臺有三層尚可植花卉而邑當兵燹之餘又安從
得乎忽有奇其臺而以牡丹進者亦衆情也又命
植之其年亦花余乃憬然曰茲石也雄峙水中不
知幾千萬載其與凡石何異一經開鑿便成勝覽
且花卉亦若樂吾臺而慰吾志以此知花石皆以

類應而立志之不可不篤也於是乎記

○邑侯安可願法華臺松風亭記

聞陸法和居士嘗稱鹿溪甚幽邃余恒冀一遊覽
焉丁酉來遠安邑人亦盛道之越三年巳亥春予
勸農過之有孫公開祚率子惺愉偕庠生曾生宗
孔輩邀言曰此鹿溪也盍少憩焉予曰唯唯按轡
而前山色秀麗水埶瀠洄誠哉兩壁山争翠一灣
水競曲也行數里許有古刹曰鹿苑刹之右側一
峰軒舉其狀若臺客曰此梁居士講法華處也予

與客攝衣而上蒼松凌霄清風拂袖前眺石柱後
瞻層峰左頓仙岩右聆錦屏花卉繽紛烟霞飛舞
俯仰迴環應接不暇曩云幽邃其梗槩耳予廼心
曠神怡喟然嘆曰美哉松風云胡不亭客曰昔之
盛時仙客騷人多遊于茲有亭曰松風袁小脩輩
嘗流連之適者諸逆出沒亥成畏途僕等托君侯
之庇獲遊於此亦空谷足音也亭于何存予于是
毅然欲搆之庀材于是歲之冬落成于辛丑之春
越月孟夏余復偕向子闇中輩登臨其上但見山

水如故亭臺一新峯巒之草木蓊鬱溪田之麥黍偏反薰風徐來微凉漸生主客列坐塵襟悉滌工焉或談道德而精一之宗遂或話治平而康衢之盛觀或論黄白而九轉還丹之旨明或談色空而而萬法歸寂之妙見且也觀松而起赤松之思聽風而興長風之志出世入世惟我所欲則斯亭也地雖容膝别有世界快哉耶超然耶蘭亭耶不是過矣後之君子詎可忽視乎哉余于此又有感焉巳亥之遊時則有若孫氏父子而今則宦遊矣今

日者多士濟濟余附其中如逆旅之在傳舍耳古人秉燭夜遊良有謂與嗟嗟芳辰易邁盛會難期撫時興懷烏可以不記記之者誰愛蓮縣令安可傾也同遊者誰先後姓字列左也

○安邑侯創建常平倉記　李德裕

士當誦讀草茅結志自期僉曰壽改身許國須修悉民隱以蘇蒼生之望至其執銅章綰黄綬敲朴喧囂犯其慮牒訴倥傯裝其懷一朝尊榮反覆見有比比然矣如我邑侯安公則有異公自泣茲土也其為興除便民者不一而足安撫遠邑僻處嵎歷經兵燹蹂躪無遺山之西北現為諸蠻[illegible]地瘠民疲室如懸磬又無長江巨流舟楫之通[illegible]值歲歉展轉流離逆無不免吁嗟危矣哉于是[illegible]政之三年卜地營倉于山之麓名曰常平隨捐[illegible]勸諭積儲其中又令里社各建義倉輸穀實之[illegible]脩水旱不數月乃告成焉彼鄰人士欣然起色[illegible]安全之有賴也噫嘻昔禹稷之饑溺由己范文[illegible]公先天下之憂後天下之樂悉此故也太史公[illegible]

倉廩實而知禮義衣食足而知榮辱公之舉廢近之嗚呼世之都三公位享萬鍾祿其邸第之[illegible]車輿之飾聲色之多妻孥之富止乎一己而已其為小民謀及身家綢繆於陰雨之先者寧幾人哉公之先勞在朝廷恩膏及編户聲名播異世豈止誇一邑傳一時而已乎抑又思之莫為之先雖美啟後繼起之績易於更始後之君子不沒公之[illegible]嗣而繼之斯三年九年之蓄陳陳相因時凶歲恃此以不恐時豐殷富可甲諸邑矣千載而下

公之義頌公之德寧有既哉余於公之緒樂其專

之有成也因銘諸石以誌不朽云

○安遠樓記　　　　　　　　　　簡惺

嘗思古之偉人未出則抱安天下之心既出則[illegible]

安天下之事故處係蒼生之望者行膺藩屏之任

非苟而已也不幸斯世當阽危之日亟賴斯人宣

何如引領聊我邑侯安　奉

命蒞遠邑見斗大山城滿目凋殘惻然痛之共思所

以安集之者志彌深而心彌切越明年政化大行

諸事脩舉于農隙之暇建樓于縣治之前負山臨

水題曰安遠富哉言乎夫司牧民之責念一邑哀

鴻未安思所以安之既安益思所以安之其功猶

易言也乃事在一邑而功不止一邑安之功甚大

安之事甚難其功豈易言哉蓋荆郢為全楚西北

門戶遠安為荆郢西北門戶荆郢安則全楚安遠

邑安則荆郢安執固然也近日虎賊盤踞秭歸閶

歲出寇掠遠邑適當其衝而兵火子遺[illegible]二數家

呻吟未息則外固封疆內蘇憔悴不亦甚難也

我邑侯以長才偉畧任事其間游刃有餘請增戍

兵團練鄉勇以禦侵暴諭輸義穀賑濟困貧以哀

煢獨宣

聖諭以勵風俗均里甲以定畫一而且折獄如神民自

不冤強者服而弱者悅雖古韓范召杜何以加焉

不獨循良稱最而已於是向日之阽危者不啻登

春臺而卧袵席焉乃遠邑獲安而荆郢近郊昔之

頻遭寇暴亦俱有寧宇所謂事在一邑而功不止

一邑者此也侯之功豈易言哉斯樓與鳳山沮水

共湛不朽侯之功與斯樓共湛不朽則登斯樓也

知為遠人之厚幸實為荆郢之厚幸也夫所謂偉

人其侯之謂與

遠安縣志卷之八

藝文志下

詩

晉〇游青谿詩　郭璞

青谿千餘仞中有一道士雲生梁棟間風出窗戶裏借問此阿誰云是鬼谷子翹跡企穎陽臨河思洗耳閶闔自南來潛波渙鱗起靈妃顧我笑粲然啟玉齒蹇修時不存要之將誰使

唐〇青谿寺步虛詞　高駢

青谿道士人不識上天下地鶴一隻洞門深鎖碧

窗寒滴露研硃點周易

明〇遠安舊城　顧祿

群山繞郭遠一徑小烟霞高崦通民舍平坡罷吏衙翠交千歲栢紅綴四時花老我神仙境何勞問及瓜

〇游雲夢山　鄧林 通判

十載懷游雲夢山輕車此日到山間聽僧漫說留年事撫景俄成半日閒洞裏泉流龍出見岩前松

鶴飛還殘碑零落文磨滅老眼摩娑認蘚斑

〇絕品茶　宋端 教諭

誰識雲門別有春金芽帶露摘來新鵶山入譜香難並烏嘴虛名味敢倫數片謾煎消酒渴一甌輕泛沁詩神我來受罷山僧供兩腋清風欲奮身

〇游青谿寺　馬震 副使

萬木叢中隱磬聲經過此地暫怡情溪泉流處波文細野鳥歌時絃管清碑碣尚遺前代事石橋猶記昔時名何年脫卻塵羈事幸與先生結舊盟

〇游青谿　許英

可愛青谿古梵宮一灣流水數株松半岩晴日裁雲衲十里山風送曉鐘道士昔乘天上鶴老僧曾見鉢中龍停驂坐聽談元處香裊花飛燭影重

〇法琳[illegible]　朱王 千戶

老僧入定[illegible]門幽巖上曾移水下流欲拭殘碑尋往事[illegible]幾千秋

〇石馬[illegible]　劉英 知縣

秣馬從[illegible]血汗汗至今風雨夜聲似嘶[illegible]

鎖

○分司有感　韋商臣 河南僉

一徑通雲窩繞城傍水限山光排闥至草色逼墻來秋曉幽禽沸峰晴積雪開聖朝多雨露何地不春回

○視南襄　鮑良守 知縣

均田乘隙視南襄環堵瀟疎武庫涼士卒漫勞棲野塞干城自足倚封疆風吹畫角披芳草雲帶旌旗捲夕陽最美便宜充國策兵藏耒耜隱金湯

○三月三日登鳴鳳山　向儒道

三月山城花亂開友于携我上仙臺凝眸覽處乾坤小索筆題詩思興來紅樹枝頭懸日影碧沙洞裏隔塵埃徘徊不盡登臨趣回首東風一快哉

○后柱山吟　薛東

根在乾坤未判前不施斧鑿自天然峰巔峯葎孤擎月山執嵯峨半插天冬雪凝寒排玉筍曉霞綸綵簇金蓮可憐臺榭常興廢惟有兹山不記年

○分司校士　張勲

江城無著秋初老庭院風清玉宇涼桃李已經春前茂桂花猶待月華香奎星聯璧天邊燦彩鳳群鳴雲外翔山水精靈回氣運會看英俊醉笙簧

○青谿有感　田登 僉憲

禪房清碧枕鶩濤秋盡天空萬木號吟罷晚鐘歸鳥寂一輪明月西山高

○游鳴鳳　雷思沛 太史 夷陵

一孤磴陡峻七盤水一月看山獨有此劈取峨嵋半腰雲釋卻堆藍與蒼紫

○游青谿

十里青谿水一條碧玉東月光童子室西極化人宮身似冰壺裏心如石鏡中朝朝騰白氣細細盒長空

○游青谿　袁中道 禮部 公安

初曦明嶺路草木有餘欣曲曲貯秋水山山學夏雲亂橋縈澗脈丸子繫峰紋已過緋桃洞仙凡自此分

○又

儘有幽棲地，堪怡草木年。逢巖思結屋，愛水欲求
田。白雲石溪淨，青螺壁影妍。飛禽不到處，猶自有
樵煙。
○鬼谷洞
鬼洞裏珠城，重門取次行。千峰凝雪隱，一炬煥[illegible]
明。溜乳盤空變，冰蓮蹴地縈。仙源知不遠，流水問
蓬瀛。
○鳴鳳山
繡嶺重重裏，深流曲曲環。撲天沙翠色，拔地[illegible]

山。石上桃花麗，壇邊鶴使閑。鶴頭乘興往，且往莫
愁還。
○鹿苑山
鹿苑繞六眼，匝地擁雲迎。七度桃花水，十重[illegible]
城。安能營數畝，便可老餘生。[illegible]
證盟。
○謙節婦談氏建坊　李驥
蓬首雪霜飛，短鬢精腸血淚[illegible]
鳴冷機斷動，深雨鳳飛[illegible]

叢帶遊牌勒銘，已動如椽筆奏，請還闕出帝畿。
○登鬼姑洞感賦　張斗樞
倦來小試登山屐，古栢蒼蒼蔭欲移。興到不須頻
索筆，碧紗掩盡幾人詩。
○驛試忘亭
御墨淋漓動紫宸，鴛鴦亦復點冠紳。摘髭愧說年
來夢，剖璞誰非席上珍。雨露瀰天真浩蕩，乾坤惟
我自嶙峋。開函尚有然藜筆，推轂何人引鳳麟。
○宮袍

昔詡犨珍久，今看錦繡圍。著來疑彩石，紉處是仙
機。蕩漾春生袖，翩躚香染衣。文章堪補袞，初願莫
教違。
○青谿秋夜
敢愛科頭出，偏宜秉燭遊。天開一鏡月，雨送半窗
秋。洗菊催花綻，裁詩定酒籌。夜深雙鶴下，有字寄
浮邱。
○聞李濵陽年兄曹南牡丹絶盛
繞君春色萬人家，種得河陽滿縣花。可但園金[illegible]

舊譜更同蟬玉長新葩三千自應無顏色十里何
妨鼎鼐終[illegible]風流自太傅能無分艷到官衙

○鹿苑道中聞門人登第志喜　　簡而可

分校陪京幾歲來後先竹箭上金臺而今走馬看
朝報又喜登龍屬俊才九德升庸豐強半千秋衡
鑑共誰開須將八報國心無恨長嘯山林亦快哉

○九日登鳴鳳山遲王明府明府諱興化

使君為政是循良九日登高思繼茱斗氣近占周
柱石風流邁憶漢田郎下方雞犬寧清夜絕頂山

花鳥異香若是棲遲仍倒著須知此地即襄陽

○宿鳴鳳山大古閣李孝廉諱如玉見訪

客子愛岑寂尋幽到石林兀峰曾鳳吹湍瀨自龍
吟地靜巖花盛山深古樹陰杯池堪飲鹿幡幌[illegible]
驚禽一線通樵徑孤僧響梵音因參般若偈誰識
妙明心得趣欲探韵含情欲問琴忽逢衣白者遠
景倍蕭森

○送李明府如玉官寶應

送君捧檄莫淹留淮海分符擁上游製錦應知[illegible]

色謫還珠可信夜光浮此時赤舄飛仙令異日黃
麻龍阜候須念東南民力竭揚州想亦似荊州

○賀即墨周邑侯監紀　　張大受

神君此日向南征壯氣森二細柳營錦色製成戰
鎧色琴鳴餘作角弓鳴丹山隊二旌旗回綠樹歷
二戈戟明除暴治民無二法巨鯨化入小鮮烹

○錦浪園賞菊　　李友蘭

種菊多開徑怡情與轉饒蓝因零露吐葉豈薄霜
凋彩筆成孤嘯白衣破寂寥東籬如有酒花下不

須招

○維揚高淳孫老師　　李如玉

十年姓字賦秋聲猶記蓬生有自萌楚國神君恩
召父吳門下吏拜康成籠烟貯月江南映冷石清
霜淮北生茲日何緣親錦里幸航一葦奉籌觴

○咏庭桂訓諸子　　孫尚信

森三庭桂著花蓝萬點香飄遍後先布葉深重擬
世永分枝悠遠似瓜備偏從茂密承繁露蚕向瓊
宮趣色如緇史空慙竇氏訓月華勤采供芸編

○怒飛軒示子　孫詒

風捲棠花慘淡歸孤芳情爾自菲薇首奉丙春難消恨三世綸封快振衣竹裏隨時飄吟韵窓前猶自愛餘暉行看鼓翼乘風去莫效鶴鶉搶地飛

○辟悉山居寄長姪肇敏　孫詒

驚傳賊婚蔽東籬蟋蟀淒吟候已移猛獸豈堪狹曠野鶴駊聊且擇叢枝雲生白月低窺戶山高喬天大似其回首家園未教遠細論鐏酒定何時

國朝○山城閙警　周會隆 知縣

警書連夕報傍晚屯雲低于野棲鴻雁中宵鬧鼓聲傳呼雲外響置堠望中迷遥憶西陵月空城哀笳淒

○其二

蜀寇屯江邊孤城抱月眠寶刀鳴夜壁画角起遥天青犢何時滅蘇甲應不還風塵雙鬢改莫謾計歸年

○卜築巖羽門官舍將歲

塵事山城少閒尋竹徑深画圖看劍壘風俗問

耕木杪分樵路人家有澗聲背泉官舍靜好去聽新鶯

○題簡生惺水石居

五日画一石十日画一水誰知水石趣羅列在戶庭冷冷雲鐸中稜稜波光底珠疑入戶濺雲常觸衣起月照石如雪風來水似綺陶陶水石間兀然一君子

○蓮臺　安可願 知縣

誰教五丁劈中流似漸臺鑿池思鏡遠紉馥愛蓮開看花無十丈登級有三台莫道違時好是地即蓬萊

○贈儒醫鄭伊概介者有感

愁心說口統餘生終日參苓計未成肘後方從處得無弯日占一身輕

○頌周父師德政　孫詒

才堪治亂古今難善政酌施猛與寬去暴應如去莠盡勸農秖是勸民安鐸中六論吹仁藹風動八鄉顧影寒城社不知何以净珠明東海燦金壇

○新城初建志喜　孫開祐

嶙〻繡壁壯峰巔群頌斯干祝萬年千仞巍峩[illegible]
峭骨一輪氷鏡照寒〻泉雲中次比誅茅徧闤界[illegible]
鱗背指聯從此狼烟掃卻盡家〻畊勸鑄詩傳

○頌周父師下車課士　匡李本先

十年虎賁綫征裘文社浮沉笑海鷗詞翰喜親陶
令案圖書廋載米家舟變材石室邀榮遇駿骨金
臺賴重収絕甕應知勤問字龍門早巳別薰蕕

○周父師新春　張千英

東風散入霞城天細草霏〻承舊年素梢幾回[illegible]
蝶夢喬株此日聽鶯遷森〻柳色縈芳佩馥〻[illegible]
花度曉烟鼠喜蘭室愛日近春暉有意照青漣

○鳳山遠眺　簡惺

斗大山城別有天晚〻巉巖險阻屬荆邊石田幾點知
暮布峻領千層似浪連地僻惟知農事好景奇時
有異人旋鼠憐瑞鳳曾經此常頌神明勝昔賢

○陶菴

幾疊溪山圖畫開奇花古木映翠齋瑤琴彈罷香
烟靄生看青雲天外來

○鹿苑　孫惺

每到勝遊先問水但逢墨客畏懲斯澗深紫氣來
驪興亭去薰風聽鼓吹鶯轉幽溪送曲譜霞飛丹
幛動旌旗山僧欲識阿羅意聆取和公面壁時

○錦屏一峯　張千英

天然一幅翠屏開面〻仙峯峻上台異草奇花凝
五色清吟常待主人來

○玉帶七曲　魯宗孔

倏遶西山七曲來山門玉帶水徘徊蘇公留鎮原
如此碧色溶〻映水隈

○松亭呼風　談繼孔

松門薜蘿日陰〻岩畔空亭鎖茂林習靜深山風
色冷此中無限梵王音

○危岩招仙　孫愉

千岩萬壑護仙山〻自白雲洞口還誰是主人招
得至循留棧閣在人間

○石柱沖霄　孫傳文

亭亭石柱稱千山只去蒼穹咫尺間一日青雲

頂上天山相接許誰攀

○羅漢點頭　　談維孔

片片石嶙峋似面壁山中常共白雲浮禪心直指忘

今古頓憶當年石點頭

○法華古臺　　張千英

環山翠擁是經臺傳自法和講法來臺上至今雲

色靄晴光日日映蒼苔

○苦竹幽谿

竹谿幽逕絕逢迎勁節拂雲入眼青遙憐馬跡車

塵地風景何如此味清

○濂溪小島　　黃維清

濂溪島上鑿蓮池蓮發千層香倍奇下里巴人堪

屬和甘棠詩後續蓮詩

○安遠樓　　楊嘉桂

高樓列峙聳雲端山巍崔巍水巍湍乘月豈同庾

亮興隨風常憶韋公歡西看氣盡遠對虎東望釋

開來鳳鸞莫道嵯峨山邑小金湖相擬與同歡

○蓮臺　　張垣維

溪流如帶遶城邊石上鑿池愛種蓮幄蓋常懸夏

日永翠房每逐秋風圓香迎君子味偏釀花伴高

人色更鮮謾想當年周茂叔賞心豈獨在顏妍

○二月侍安父師游鬼谷　　陳大埴

碧水源西山徑開引人勝地更紆回尋溪疑是捕

魚入泝谷渾同採藥來霧散風生迎皂蓋花開鳥

語鬧蒼苔當年二士豈輕壽羞傍喬松隱異才

○庚子秋旱安父師禱雨有應志喜　　游應升

西疇枯槁殊憔悴甘雨隨車沛澤溶十里龜田潤

綠色一城蛙沼洛花容隨風似穀籠平埜逐霧如

絲過遠峯自是陽春原有腳甘棠幾處快陰濃

○鳴鳳山　　傅作礪

峭壁中天峙凌空玉宇開清風生足底曉日出庭

陔似浪千峯湧如銀一水回誰云枳棘地未許鳳

凰來

○庚子春日侍安父師游青谿　　李樹異

暇日尋幽境澄清一水流八瀨隔霧遠山色出林

浮松光堪棲雀壑深任隱鷗喜瞻仙凫至是地[illegible]

丹邱

口朝闕樓　　游應捷

丹山如畫錦屏開水閣無塵絕世埃北望雲深鳳闕遠西瞻氣散虎邱嵬常思毓俊積書志還憶登高獻賦才最愛倚闌香氣馥荷花數朵聚蓮臺

口朝闕樓　　李觀生

登高身踞白雲隈萬里風生靜九垓頻倚南樓望

聖王謾開東閣禮賢才水流似帶窓前繞山列如笏户

外堆更喜蓮臺花色艷清香時送入簾來

荆楚文库

〔咸豐〕遠安縣志

〔清〕趙廣恩　朱錫綬　修

〔清〕劉子垣　纂

《荊楚文庫·方志編》編纂組

組　　長：陽海清（執行）

副 組 長：劉傑民（執行）　王　濤　謝春枝　范志毅（執行）

參編人員（以姓氏筆畫爲序）：

王　濤　李云超　宋澤宇　范志毅　柳　巍　馬盛南　陳建勛

梅　琳　張　晨　張雅俐　陽海清　彭余焕　彭筱灖　劉傑民

謝春枝　嚴繼東

編　　審：周　榮

顧　　問：沈乃文　李國慶　吴　格

前言

《（咸豐）遠安縣志》八卷，清趙廣恩、朱錫綬修，清劉子垣纂，清咸豐八年（一八五八）刻本。牌記鐫『咸豐八年重刊 遠安縣志 板存十塚坪陳宅』。

趙廣恩，洛陽人，舉人，清咸豐六年（一八五六）官遠安知縣。朱錫綬，江蘇太倉人，舉人，歷任枝江知縣、遠安知縣。劉子垣，字占五，天門人，道光五年（一八二五）舉人，儒學教諭。

邑之前志成於順治十八年（一六六一）邑令安可願任，其後一百九十餘年未有再修，一邑之政事、人物等待編紀者甚多。劉子垣耗費十載時間，『博採群書，旁搜諸志』，有關遠邑者『筆之於紙』，又有各鄉紳協助采訪收集，合舊志編輯成書。其時朱錫綬在任，因經費不足，志書未及刊刻即離任而去。趙廣恩繼任，索取志書閱之，以爲善，即行付梓。

志分七綱：輿地、祀典、宫室、政典、職官、人物、藝文，共三十餘目。卷首列序、舊序、纂修人員名單、凡例、目録與劉子垣纂《遠安爲古臨沮考》一篇。體例以順治安志爲基礎，稍作變動。如合并前志『賦役』『武備』『祥異』三綱爲『政典』，將原『方外』綱歸入『人物』，而『藝文』上部與安志相同，分詩、文體裁，下部則增設『青谿』一目，獨立成卷，以其爲遠安第一名勝，文人墨客題咏甚多之故。安志僅部分門類前有小序，是志節録府志、州志補全，以符合志例。

安志内容簡潔，是志則多有新增。較之安志，時制變化頗爲明顯。如祀典所載内容，依照《大清通禮》編載。户口、賦役悉照新訂《賦役全書》，僅保留所裁款目附於書後。鄉飲等内容取之《大清通禮》，而仿《湖北通志》編入邑志。其餘如疆域變動、城池新舊、官署興廢等，皆直陳二百年來之變遷。其收録原則依凡例所叙，有以彰顯邑之勝概爲目的者，如一一標注邑中古蹟，詳載一邑之特産，『以見山鄉不與澤鄉異産』等。又有以教化爲目的者，如孝悌之人未足全德亦備列之、特表高誼之人、列女之忠貞守節者必録等。藝文凡舊志所載者照原稿發刊，又擇取有關遠安事迹且可存者增之。

據《中國地方志聯合目録》，是志存於上海圖書館、南京圖書館等館。本次據清咸豐八年刻本影印，有字迹不清者，以南京圖書館藏同版刻本相應葉替補。（彭筱溦）

目録

遠安縣志

咸豐八年重刊

遠安縣志

板存十塚坪陳宅

遠安縣志八卷，教諭劉君古五修輯。劉君竟陵人，其為文辭有鄉先正風。司鐸是邑垂十餘年，汲汲以誘掖闡揚為務，邑人士翕然宗之。初邑令安君亦願輯縣志，規劃簡當，為時推許。邇今二百年矣，其間改易沿革，人物振興，數倍

於疇昔，得劉君扶幽闡潛，閱一紀始付剞劂，其慎重周至為何如也！余以咸豐七年夏來攝縣事，得與劉君朝夕過從，上下其議論。時刊志且竣，亟索誦之，曉然潤然，如飲醇醪，如聞陶匏。余何間乎？顧遠安僻處萬山，雖戶口充殷富，教待興，襟

帶孤嶠而高壤，無瘠土，敦古處而厚重少文，商賈鮮通，科目未盛，冠昏喪祭、鄉飲諸禮，節略而未舉，此則有司之責也。余之來也，距襄陽土匪之擾，纔三四月。是時　文廟燬於火，縣署圮壞，斷磚零甓，不可終日。既而　文廟鳩工閱半載，殿廡

煥然，則劉君之力為多。余名因陋就簡，豈治縣署自儀門至大堂次第落成，湛劉君志也。爰與振士風，修饗因舉廢興，剛鍾乃壇華設，有君子睹明於是志，有取乎？爰識數言於簡末。

咸豐八年二月五日　侖山宋錫綬跋

重修遠安縣志序

丙辰之春奉檄來遠甫下車索縣志閱之乃順治辛丑知縣事安公可願纂刻也凡例周詳文詞簡潔猶見我
朝鼎新風規計至今歷一百九十餘

年矣承魯魚傳訛不免鍾靈毓秀繼起良多而蹟判古今時經常變參差異同可編而紀者尤難更僕數也不重修之何以傳久覽原序當時因板沒於水依存本重錄剞劂印成帙賴邑諸紳士力克成厥功余擬有以開其先必有以繼其後可復與紳士謀之既晤司鐸詹五先生談及之乃告余曰重修志事成謀久矣謀士之暇嘗於舊志所載備加訂正其未及載者為忠為孝為節採訪多方

若科名若官守若藝文錄登以次分門別類踵舊增新手加刪定纔為成書前欲付梓以經費有待未果也余即求對本覽之大為快賞次第井井不濫不遺洵足以繼美原刻而後先輝映也閱是

役工資仍由諸紳士籌畫丕成不費色喜曰善哉固知有以開其先必有以繼其後矣稿既定且屬余何敢贊一詞即付剞劂手而惟忝膺民社得與聞何可自外謹弁數語以為序

咸豐六年歲次丙辰良月之吉

知遠安縣事涇陽晉齋氏

趙廣恩謹序

序　三

纂修遠安縣志序

江淹有云作史之難莫難於志非作志之難作志而有其才有其學有其識之為難也伊呂言之志有其體要才則不閑深志有其辭要學則不華瞻志有褒貶要識則是非謬於聖人縣志亦志也豈易言作乎不知余之欲修遠安縣志非作也述也即間有增訂皆畧諸史傳與父老之傳聞諸生之採訪亦猶然述也

自叙　一

述則體沿於舊雖要其才而閎深知故也辭取其新雖彝丌學而華贍自知也不自爲褒貶雖要其識何至是非謬于聖人也且遠安縣志之宜修久矣自順治辛丑安侯于

願重修已來垂百九十餘年其間山川如故人事日新凡忠孝節義名宦科第文事武功諸類其有待於補輯者不可勝數而歷年既久文獻要徵即前梁侯鳳翔久經祀入

名宦欲求其佚事不可得而此外又要論矣余來遠之始披閱舊志而悼前百數十年吏蹟之彝傳也因於課讀之餘博採羣書旁搜諸志苟有關於遠安者筆之于紙迄今

十載纂輯遂尋延復賴各鄉紳士採訪得收集思廣益之功合舊志編之分門別類繕寫成書得若干卷前祝仲申明府見之目爲遠安縣志久已當修得是編足爲善本二

百年事可不湮沒如長夜也
進邑人士裔之將梓以續前
志旋因公任未果丙辰冬雖
陽趙侯晉盦至索稿觀之亦
以爲善促付剞劂氏　垣俯而
自思生平於文字無能爲役

自叙　四

雖惓惓不忍前事就湮之心
乎質諸世而終不敢自以爲
是也開雕之日復敦請邑之
秦君文名者同心參訂正其
舛訛辨其疑似幸能匡所不
逮俾無失乎傳信不傳疑之

旨則述之中尤甚賴君將伯
之助爲刻既竣爰綴數語以
誌其緣起如此

旹

咸豐七年桂月朔日乙酉科
鄉進士遠安縣儒學教

自叙　五

諭竟陵劉子垣占五氏
自序於寓盦之敬弋亭

劉子垣印

占五氏

舊序

鄭繼緒

貴陽劉公捧檄令遠安之三年政通人和百廢俱興其駿績鴻猷班班剌人耳目已廼復謀及縣志而言曰志也者所以志一邑山川人物戶口賦役宦蹟賢良貢舉節孝傳往事以昭將來四海九州何郡邑無之今沮陽自漢開設來近千餘禩而志則闕如間有抄録者亦十亡五六計自古迄今不將爲長夜乎余甚悼焉因搜羅舊牒詢謀耆長摩倣府志凡例而編次焉志成剞劂屬敘不佞不佞竊惟古者列國有史若乘檮杌春秋可稽也自秦易封建而郡邑則守令

即古有國之屬而志即史之遺意也曾史經孔子筆削故華袞斧鉞萬世凜然有關於教化風俗者甚鉅要之其慮遠其義微童習而皓首之猶不能窺其藩籬萬之一今觀公之纂是志也內秉諸鑑衡外參諸輿論無溢美無隱詞據事直書即田畯之輩猶能誦而曉此其砥世礪鈍有裨於教化風俗者又豈渺小哉語曰不習爲吏觀已成事又曰未有鼓之而不舞者也故人雖神聖一行作吏詎能徹奧漢蔀屋而悉睹之人雖下愚未有不樂美名而忌泯滅者惟觸之無其機耳今志俱在也凡宦於斯者手是篇而目之覩戶口幾何賦役幾何必思所以撫字催科之術山川人物幾何必思所以保障興起之方覩宦蹟則瞿然曰某也良某也廉某也名宦有祠某也去思有碑某某徒具名籍而無可紀則必翻然省勃然思條其綱紀齊其法度懼有以滋清議口恐無以當寸管書兢兢焉日乾夕惕不至聲流異代不已也其生於斯者手是篇而讀之見賦役有定規則後時以逃供上者易慮見節孝昭簡册則犯上以扞文罔者改弦見科貢賢良則赧然曰某某均若人也胡爲榮顯當今名垂後世某某均若士也胡爲行表閭閈崇祀學宮

士則奮發於其身民則勸勉其子弟人懷長厚戶溢絃歌不至步武前賢不已也今而後循良繼起者皆公之芳躅比屋可封者皆公之化導志在一時功在一時志在萬世功在萬世即所稱春秋者雖不無稍遜其褒貶而其功用豈不可以左劵索哉不然徒曰紀時事已耳誌爵位已耳循循無所裨益是豈公纂刻之意抑豈善觀志者之所爲乎媿余不才忝司學政無能以教化倡斯邑今獲敘是志附驥不朽非厚幸也夫非厚幸也夫

周會隆

原序

丁亥春不佞受遠安事時則逆孽耽耽風鶴草木日與邑人士共圖綢繆間有暇日相與游詠登眺見夫山水秀曲松竹蒼翠人物彬雅慨然有洋洋大國之風因詢訪邑志欲一披全概邑人士告予曰嗟嗟邑之有志舊矣一修於劉君順時再修於孫君自强兵燹以來俱付祖龍之餘焰矣繼起者易爲力創始者難爲功即欲奮筆丹黄頗事采緝爲異日粉本而流風聞如又安從得乎嗣是二志往來於予胸中者再易歲一日有持家藏劉君志一册見示者喔然曰先賢風流之不墜其賴兹一線也乎反覆展玩分門標

旨條理井然而褒予評騭皆合乎大道第聞或搜羅未廣闡揚未備且劉志迄今數十年矣其間山川不改興廢頓異治績行業炳耀千古節義文章照人顔色及夫高人逸士遺世獨立竊聞下風猶増嚮往聽其久而淪落簡册無光是有司之罪也夫是有司之罪也夫與二三知名士謀之而二三知名士皆握如椽筆爲著作巨手因析舊目縠然爲予任之稽古道準輿情其考証也詳其取材也博其立心也恕其持論也嚴要一揆於聖人作春秋之旨期於久而可傳也稿成示予予間有商確遂登諸梓又歴歲始告竣用心可謂勤矣因憶吾濮之志成於伯承李先生先生在明嘉靖朝以名進士任符鄉一時詩文聲滿海内自李于鱗王元美輩咸推轂之故其作志洋洋灑灑直欲自成一家言識者有龍門扶風之目今二三君子才蒸雲霞氣吞河漢將來文名固可媲美於吾伯承而不佞以固陋竊分其譽用弁數言俾後之覽者知兹志之成皆二三知名士功焉若夫勸戒之義則舊序詳之不待不佞之贅及也

安可願

原序

著述之道從古難已詞翰惟我所爲得失尚爾難掩矧夫筆削存於千禩褒貶聽於一言偶或失當動關風敎非筆如董狐才若班馬何能勝任而愉快故雖以宣尼之聖而作春秋猶然罪我自任況其下焉者歟且修志既難於論古而尤難於衡今何也世風日卑保無私爲毁譽乎保無臆爲去取乎予未敢知而揆情察理要之不離乎古者近是不辭乎罪者近公

遠安邑志前代無聞已考自明初邑令劉公英纂輯之繼而王公綽增補之皆未授之梓也至萬歷間劉公順時始彙成帖孫公自强廣搜博採較昔稱備二志俱經刊行明末兵火之後孫志散失獨一劉志僅

存向非周公會隆來宰是邑旁求遺志於殘缺之餘則縣志湮沒而無傳矣且周公當搶攘之秋外治武備內修文事可謂戛戛乎難之亡何甲午之水沒其藏板令周公數載苦心付之東流惜哉余自丁酉夏奉

命來邑詢知其故欲依原本鋟之奈邑甫經蹂躪創痍未起奸弊未清爰是謀與除圖修舉日不暇給有志而未逮者四年於茲矣幸今歲辛丑

督學王　下纂修之檄乃集紳士而議焉得操觚者數人共襄厥事一切以古本爲準惟冗者刪之淆者

序之缺者補之時異事殊者商確而辨論之大抵前志主壯麗而今志取簡當也若夫繼起之宦蹟行業節孝隱逸未經詳核者不敢稍有冒濫良以公道難泯而罪無容辭也則斯志之刪補序辨皆諸士功余何力之有不過贍筆札命剞劂已耳登梓日諸士請一言弁諸首故直書以自明非敢云史也

原跋　　蕭　賁

邑之有志如十五國之有風列代之有史其間徭賦戶口必志人物山川必志以及事蹟之奇異男女之貞烈必志則又如貢道之有書水經之有註山海之有經也但取乎不嚴考核未精猶非纂修至意邑侯安公來涖茲土渡沮水登亭子山望高安故址繼復遊鹿苑歷青谿訪鬼谷子讀易處麾蓋所臨胸中已成一部全書五閱歲去弊維新乃於聽政之暇搜遠安舊志從而筆削之戛戛乎一切繁言之務去釆訪之必實志竣屬乎弁數言乎何能贊一詞昔歐陽文忠公編集歷代史輒累日去取不能決遂至夜分忘睡而所集竟以歐陽公傳今公閱數月而始布刊他日不至剝落如泰山碑廣陵散公之有功於文獻也豈淺鮮哉

歷修姓氏

纂修

明　遠安縣知縣劉英

王綍

劉順時

孫自强

清　周會隆

安可願

督刊

周刻　遠安縣典史趙珺

安刻　穆登先

纂集

周刻　邑庠孫開祚　張禮維　鄧孔進　李本先

孫枝榮　簡　惺

安刻　曾宗孔　簡　惺　孫傳文　張千英

參訂

周刻　鄒毓祚　廖明儒　張鴻業　孫　惺

張宿輝

安刻　張恒維　楊嘉桂　李樹異　徐秉龍

黃維清　談繼孔　傅作礪　洪世傑

校正

周刻　黃　衮　向在中　張千英　徐秉龍

安刻　李觀生　孫　愉　游應捷　游應升

陳大璋　張宿輝

遠安縣志重修姓氏

纂修

前署遠安縣知縣洛陽趙廣恩

欽加同知銜署遠安縣知縣鎮洋朱錫綬

編纂

遠安縣教諭竟陵劉子垣

同纂

遠安縣訓導孝感黃庚

督刊

遠安縣典史江甯鄭維周

紹興倪炯

參訂

候選教職貢生周維翰

候選訓導廪貢生覃仙根

揀選知縣舉人周汝珩

恩貢生杜志學

廪生徐甲孚

廪貢生熊應兆

拔貢生李時彥

貢生劉為鏊

貢生談修來

附貢生鄒席珍

廪生陳敎壎

廪生楊汝平

廪生陳敎塏

庠生談尚樂

庠生王殿英

庠生程廷平

採訪

貢生朱日桂

廪生周明修

廪生張　珏

廪生徐汝驊

廪生陳揚芳

廪生望贊襄

優生邊中澈

增生孫國榮

增生喻承綱

增生楊汝梅

增生陳　堃

貢　生姜德明
庠　生曹秀林
庠　生郭鳳鳴
庠　生王英才
庠　生傅作霖
庠　生陳汝枏
庠　生徐文林
庠　生章東山
恩　貢　生鄭之諶
庠　生談尚化

庠　生楊繼震
庠　生余成英
庠　生張德宣
庠　生程懷瑾
庠　生許夢蘭
庠　生劉清泉
庠　生周丕顯

謄錄

當　邑　儒　士朱國藩
營　書董啟洪

遠安縣志

凡例

一各門應有小序舊志未能條分縷晰節錄府志州志補之以符定例亦隱寓述舊之意

一分野楚在翼軫遠安向隷荊州故以度數之在荊州者爲斷

一疆域臨沮地本寥廓自上黃以下皆其境也今已併入南漳故秖載現今四至道里

一城池屢遷致各志誤以新城爲今城茲特分爲兩圖併附辨於後俾覽者一目了然

一山川不言其見於傳記者皆前人名之也後之視今亦猶今之視昔就父老所傳聞者補錄之未必不可爲將來之考據

一古蹟爲前代之遺址尤爲考古者所欲詳茲特一一標出雖非載籍所傳亦可見一邑之勝槪

一水利爲賦役之本遠安在萬山中向秖山塘自宋邑侯引河水開修以來田不憂旱詳載之以不忘其功

一風俗各處不同遠安向隷荊州故所引荊州風土記居多

一物産仿照各志編載其細及家禽野蔌非好爲冗雜欲以見山鄉不與澤鄉異産也

一祭祀壇廟祭品儀注祝文悉照
大清通禮編載重祀典亦以見　時制之當遵也

一宫室自官署外並及廢署不欲没前制也寺觀雖非正道而有係縣跡亦所當詳

一戸口賦役悉照新訂全書後附已裁各欵以示數典不忘初之意

一學校爲人材所自出學校隆則人材盛詳列其制所以見文事之必先也

一武備爲古來所不廢而因時立制務求至當可見思患預防之道

一鄉飲爲優老之盛典儀注與圖詳載
大清通禮仿湖北通志編入以示小邑亦當知大道

一祥異爲災之先兆仿諸史體列之以著人事之當修

一蠲卹爲惠下之政歷朝所行載於前史而我
朝尤多殊恩詳列之以見子惠元元之至意

一封爵爲遠安所特見詳考史策錄之以慶榮懐焉

一職官文武並重文自邑令以迄縣尉武自遊府以迄額外皆所必詳

一封蔭榮及先人下被子孫錄之可以見
朝廷厚待臣下之意

一選舉爲士子進身之階自進士以及歲薦皆可以登仕版其科目前後在所必詳

一名宦政績卓然一方被其澤就事蹟有可考者爲之列傳以誌甘棠之遺愛

一鄉賢已登仕版者清德被於所治未登仕版者學問人品重於一鄉摭其事實爲之立傳非祇

邦家之慶亦閭里之光也

一孝子悌弟最爲難得而十室之邑必有忠信雖一節未足語全德苟有其人當備列之以爲世勸

一忠義舍身成仁在達官將弁固激於義即屬兵丁苟能視死如歸亦宜表之以慰忠魂

一高誼蹈道自守能爲人所不能爲懿行孚於閭里厚德宜傳於來兹特表之以爲邑人之矜式

一列女孤幃守貞飲冰茹蘖苦難言喻雖不求人之哀憐要爲採風者所必錄也

一僑寓去彼適此雖不必多歷年所苟爲名賢而一宿卽可千古誌之亦足增一邑之光

一方外雖不可語於正道要亦有其可傳者列誌其人以見其獨能脫木魚氣有異於一切野狐禪也

一雜識無類可歸而事有可紀亦宜仿諸史體例別立一門

一藝文例列詩文取其有關遠安事蹟非操選政工拙可不計也

一藝文凡前志所已刻及前人所作悉照原稿發刋不敢以鄙見議前人也至今人之作則擇其可存者存之疑我謗我固所不辭

一青谿爲遠安第一名勝騷人墨客題咏最多故別爲一卷

拙翁謹識

遠安縣志目錄

遠安爲古臨沮考

劉子垣

遠安於春秋封國史册無徵大抵在楚封內與羣蠻相近者秦廢封建置郡邑其名或不傳漢興爲臨沮縣以其臨沮水故曰臨沮也考沮水有三禹貢灉沮會同兗州之沮也漆沮既從雍州之沮也若臨沮之沮則左傳江漢雎（註雎與沮同）漳是定公四年傳楚子涉沮註今湖廣當陽縣北一里有沮水秖以楚昭王所涉處言之其源實出房縣之景山水經注郭璞註曰水出新城郡昌魏縣東南發阿山東流經臨沮縣縣之北有通城河水出穿山洞與沮水同流夫縣曰臨沮河曰通城則縣治當必與河相近登樓賦言倚曲沮之長洲倚卽臨也遠安故城今城皆臨沮水其爲古臨沮也奚疑哉自晉武帝平吳割臨沮之北鄉中廬之南鄉立上黃縣後併入中廬爲今南漳縣地此南漳所以亦稱古臨沮也其實沮水自房縣東流至歇馬廟歷馬艮坪西坪重陽坪潮水峽（源出沮水一日一湖故名）出峽口南流皆去南漳縣三百餘里不與城近原於臨沮之義無取而晉所割之臨沮地又秖北鄉一帶豈可遂謂之臨沮乎且南漳志稱臨沮在縣南三百里四至稱南三百里交遠安界考漢時臨沮故城又

確在遠安境內無可假易是臨沮舊壤自在遠安而不得指爲南漳矣雖南齊書寗蠻都督府郡縣有南襄郡領新安建武武平武昌四縣或以是爲齊分臨沮縣置皆在南漳境內而不知南襄城南距臨沮城五十里亦屬遠安之北境也焉有分臨沮所置之郡治此而不爲古臨沮者世儒不詳考其地謂南漳爲古臨沮併謂青谿山及青谿爲南漳地豈不謬哉顧或者曰遠安信爲古臨沮矣而其間亦有可疑者晉既析臨沮爲高安宋汶陽郡亦治高安何以宋書又有臨沮令之授南齊書更有臨沮伯之封豈安帝之

末即禪劉宋晉改高安而宋齊仍爲臨沮歟抑高安本爲臨沮南史追言其舊歟均難臆斷要之南齊以後臨沮不著於史而惟稱高安矣逮後周改高安爲遠安而縣名遂相沿至今焉又荆州以荆山得名禹貢蔡註南條荆山地理志在南郡臨沮縣楚封於荆山卞和得玉獻玉皆楚國事南漳爲羅與盧戎國不在楚封內今披閱輿圖荆山乃在南漳縣西一百五十里以前史考之杜佑通典漢臨沮縣北有荆山晉書臨沮縣註荆山在其東北當是晉所割臨沮之北鄉非南漳本境而荆山以南之爲楚封從可知矣此亦遠安在楚封內之明證也至若汶陽郡領縣高安之外有沮陽後周於重陽立沮州亦皆以沮水得名而不盡爲晉所割之臨沮境云

遠安縣志卷之一

輿地一 分野

象緯茫茫推求匪易雖分野之説見於周禮註其所言某分某辰皆指一國而言至欲問某郡在某度巳屬杳茫何論縣邑然史家體例皆以分野爲先此條自不可廢荆州爲楚都會遠安與荆門向皆隸焉兹特舉星野之在荆州者据摭數則以備此一門而不敢有所穿鑿云志分野

周禮春官保章氏以星土辨九州之地所封封域皆有分星以觀妖祥註星土星所主土也十二次之分鶉尾楚也

史記天官書二十八舍主十二州正義星經云翼軫楚之分野荆州

漢書地理志楚地翼軫之分野也今之南郡江夏零陵桂陽武陵長沙及漢中汝南郡盡楚分也

後漢郡國志註帝王世紀自張十八度至軫十一度曰鶉尾之次於辰在巳謂之大荒落於律爲夷則斗建在申今楚分野

晉書天文志十二次度數自張十七度至軫十一度

爲鶉尾於辰在巳楚之分野屬荆州費直起張十三度蔡邕起張十二度州郡躔次翼軫楚荆州南郡入翼十度

唐書天文志翼軫鶉尾也初張十五度餘千七百九十五秒二十二太中翼十二度終軫九度

明史天文志西洋之説南行二百五十里則北極低一度北行二百五十里則北極高一度測得湖廣北極去地三十一度

大清會典湖廣北極高三十度三十四分四十八秒又東西偏度凡偏東一度節氣遲時之四分偏西一度節氣早時之四分湖廣偏二度十七分

遠安縣志

輿地二 建置沿革

自秦立郡邑而周禮職方氏之舊漸不可考況漢唐以來建置寖繁即遠安一區或稱臨沮或稱高安隸之汝陽隸之峽州隸之荆州耳目徒新民社何裨乎茲復於乾隆五十六年陞荆門爲直隸州轄當陽遠安申劃既明萬世永賴矣爰追溯其前爲之表以冠諸首俾考古者有所據焉志沿革

表

西漢	臨沮縣地屬南郡 東漢同
三國	魏臨沮縣屬新城郡
晉	高安縣安帝安隆末置屬襄陽郡
宋齊梁陳	宋高安縣汝陽郡治 齊高安縣 梁高安縣俱汝陽郡治 後周遠安縣屬峽州
隋	遠安縣屬彝陵郡
唐	遠安縣屬峽州
五代	遠安縣屬峽州
宋	遠安縣屬峽州
元	遠安縣屬峽州路
明	遠安縣屬彝陵州隸荆州府

國朝因之

建置沿革攷

漢武帝置臨沮縣屬南郡魏屬新城郡晉末置高安縣屬襄陽郡劉宋初汝陽郡治此齊梁因之後周改爲遠安以其近沮而遠故名屬峽州隋以遠安隸彝陵郡唐乾元初復彝陵爲峽州屬山南道遠安隸峽州宋乾德仍以遠安屬峽州隸荆湖北路元陞峽州爲路仍領遠安隸河南行省明初以峽州爲府洪武九年改爲彝陵州領遠安隸荆州府

國朝因之雍正十三年改屬荆州府乾隆五十六年陞荆門爲直隸州改屬荆門州附郭入縣○汶陽縣宋書州郡志宋初置汶陽郡領汶陽潼陽沮陽高安四縣後省汶陽領三縣○潼陽縣晉末置屬汶陽郡劉宋因之後周縣廢

按襄陽有潼口河潼陽縣當在南漳之北湖北通志載南漳縣西一百里有汶陽洞古汶陽郡以此得名疑是汶陽縣若汶陽郡宋書巳明言治高安云

遠安縣志

輿地三 疆域附形勝

傳曰江漢沮漳楚之望也遠安適當沮水之中東抵荆門西抵夷陵南抵玉陽北抵南漳四履廣狹雖不及他邑而崇山峻嶺亦荆州之門戶也第疆域古今嬴縮靡定兹特詳其現所串畫者標其險要俾覽者不待聚米畫沙而闔境情形俱見左方云志疆域

疆域圖

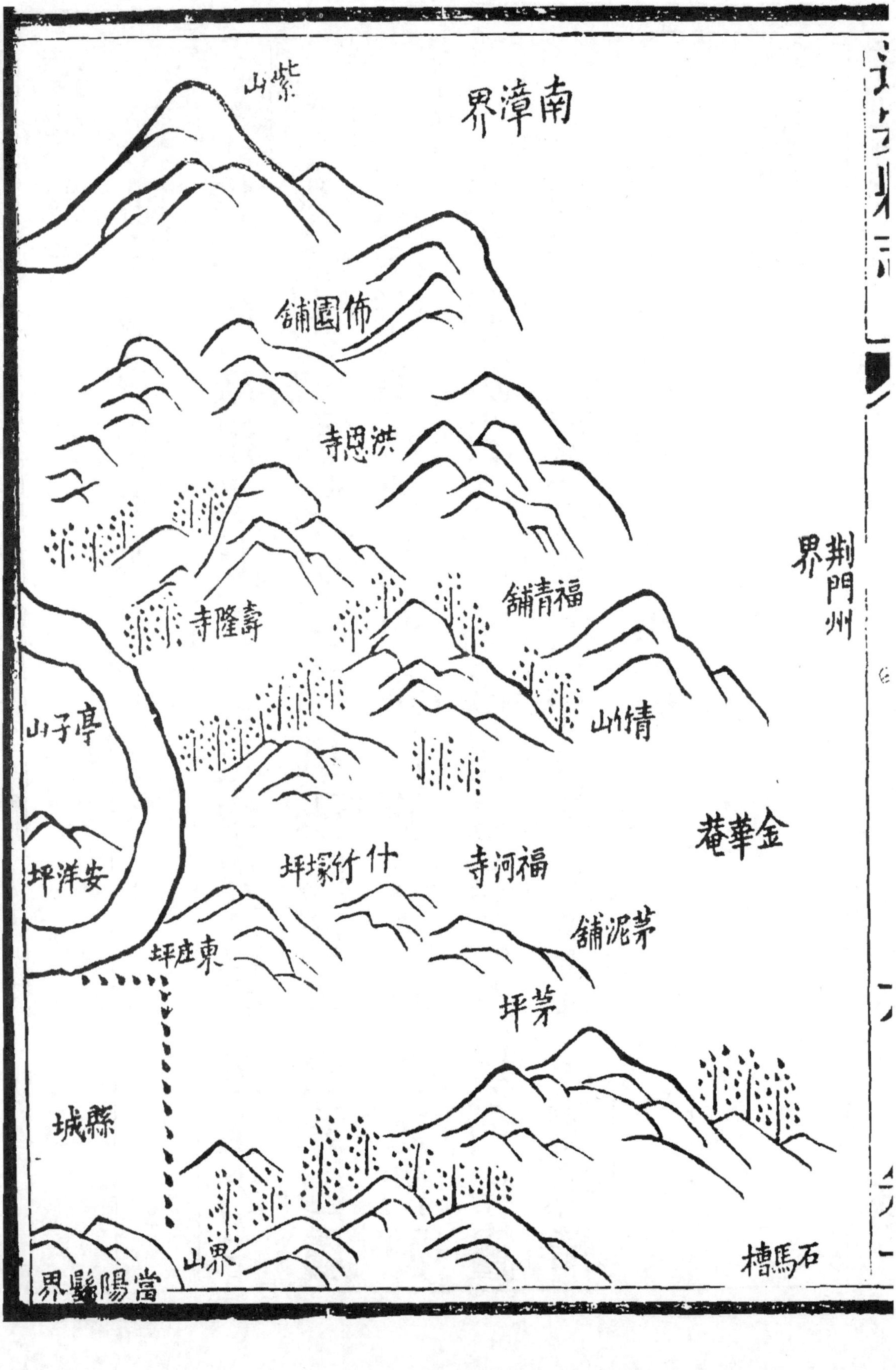
紫山
南漳界
佈園舖
洪恩寺
壽隆寺
福青舖
荊門州界
倩山
亭子山
安洋坪
金華菴
什竹塚坪
福河寺
茅泥舖
東庄坪
茅坪
縣城
界山
石馬槽
當陽縣界

遠安縣志

疆域

七

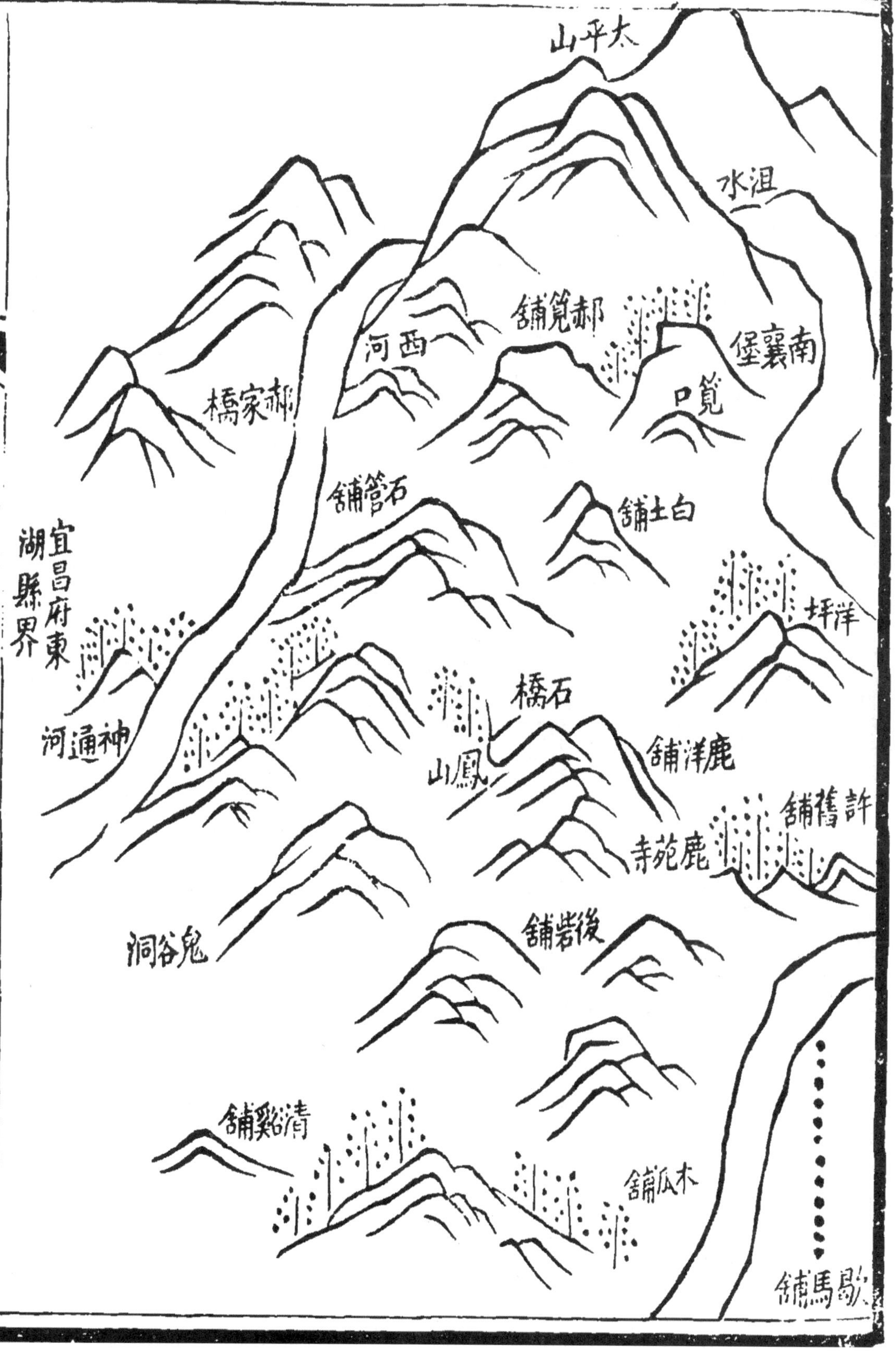
太平山
沮水
南襄堡
郝筧舖
西河
筧口
郝家橋
石管舖
白土舖
宜昌府東湖縣界
洋坪
神通河
石橋
鹿洋舖
鳳山
許舊舖
鹿苑寺
後岩舖
鬼谷洞
清溪舖
木瓜舖
歇馬舖

疆域四至

遠安在荆門直隸州西一百八十里

東西廣一百五十五里南北袤一百八十里

東至荆門州界歐家山七十里

南至當陽縣界界山十五里至縣城七十里

西至夷陵州界峽口鋪五十里至州城一百八十里

北至南漳縣紫山壜子埡一百里至縣城四百二十里

自縣治東南至荆州府二百四十里至武昌省水行一千二百九十里陸行一千二百七十里

附形勝

舊荆州府志東接荆陽西通巴蜀山谷險隘沮漳流通在萬山之中爲四固之地

舊縣志沮江龍洞二水滙流於東南鳴鳳鹿溪二山鼎峙於西北

周洪謨學記眞岩險用武之地

遠安縣志

輿地四 城池附鄉坊關津市

衆志成城不假金湯儒者之言也然衞城楚邱詩人美之莒恃陋而無備春秋譏之則建邦域民要無不藉崇墉深塹者遠安巖邑也西通巴蜀蓋一隅而可控制兩川焉方今承平日久人享安堵之賜而當日屢爲遷徙設險以固吾圉者正多方也合鄉坊關津市詳載焉俾後來有所考證云志城池

新城圖

寶華寺
西門
關廟
學署
東門
北門
縣署
蓮溪小島
李石帆釣磯
城隍廟
雲樓菴

城池
真武殿
青谿寺
定菴傅正操謹繪
明月閣
南門
雲霞洞
文昌祠
朝闕楼
觀音閣
安遠楼
常平倉
捕廳署
烟霞洞口
水出沮河
學宮

按漢臨沮城建基羅漢峪晉遷於亭子山爲高安元達魯花赤沙班遷於亭子山下元末兵燬明洪武初邑侯大有修復天順七年邑侯何盤重修有記成化丙戌劉千斤石和尚作亂戊子討平之遷治東莊坪後大臣奏允分撥荆州衛千戸所守禦之崇禎甲戌寇至城陷丙子邑侯王立德申請遷治鳳山未果庚辰邑侯周乃浹仍理前請題允建立其時憑高爲險城堞未備癸未闖賊數萬騎攻陷之

國朝順治四年周侯會隆涖任露處山麓請勦土寇

周酉兒復申請修城節奉　批允興築雉堞環列因河爲池門四東景和西宣說南翽羽北遵義甲午溪水暴漲東北城盡崩盧侯運昌營築戊戌復大水城仍崩邑侯安捐俸重修建安遠樓於城之東門朝闕樓於城之北廂遂成金湯焉

舊志贊曰有石磷磷有水濺濺周垣環繞包羅萬千澄潭氷徹繡齒毗連松聲鸞嘯皎日鏡懸月白風清別是一天

邑侯安論曰新城踞山帶河險峻可恃誠四固之地

也向非周君移治於此縣治廢置久矣遠邑廢玉陽荆門必隨之藩籬既撤荆郢何所恃以無恐則新城之建非獨利一邑實兩郡利也第孤城保聚無幾駐防無定所士卒復寡弱丁酉春之失所自來矣余之請設將增兵亦急此務也幸　督部批准爰建木城於舊治之陽創造營房以爲久駐計嗣是羣寇不敢輕犯蓋新城木城犄角力也然新城險狹營造苟簡可變不可常可暫不可久一旦興歸蕩平舊城之復在所不免惟是閭閻虚耗非生聚多載不可後之君子盡審所從焉

東莊坪城圖

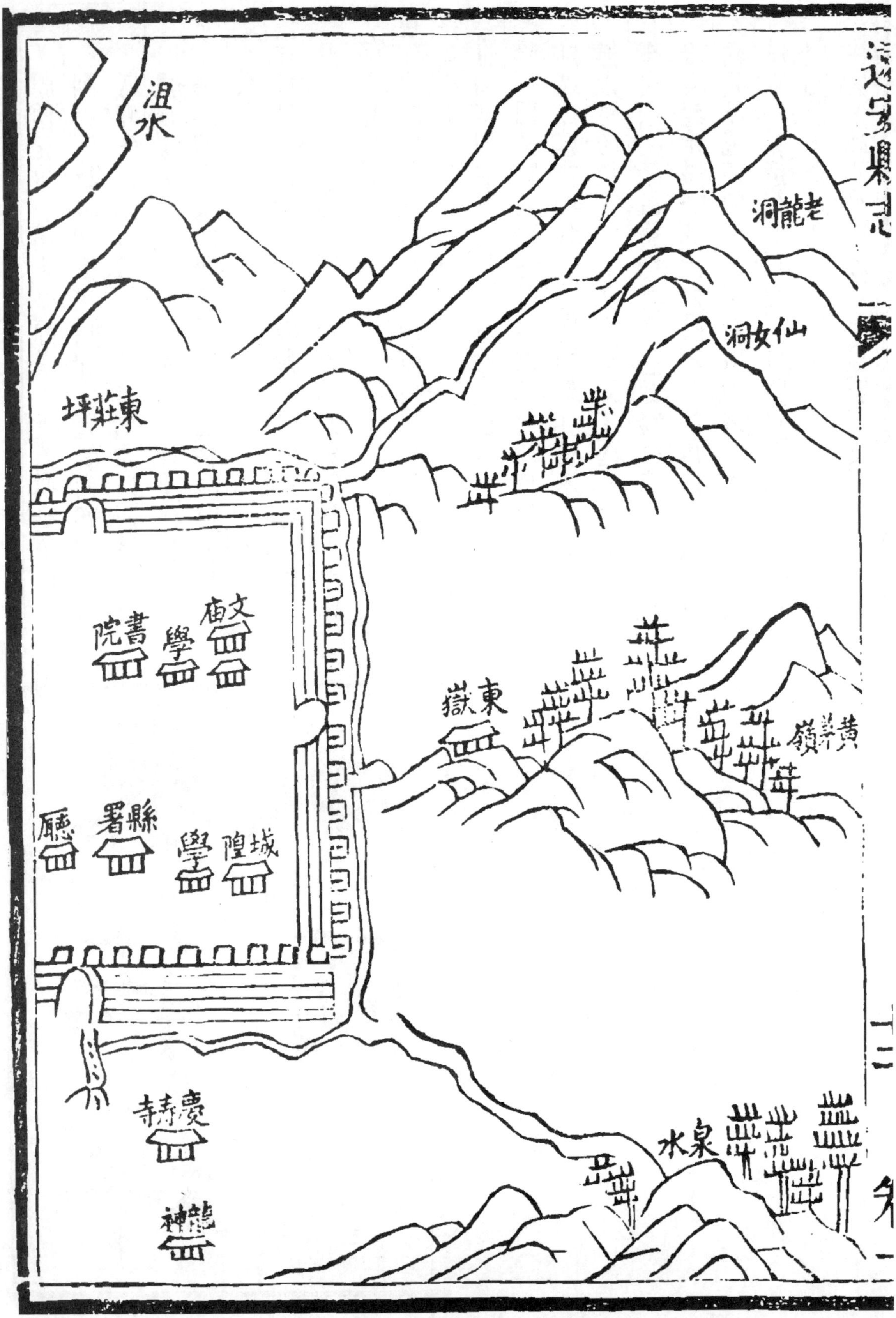
沮水
老龍洞
仙女洞
東莊坪
文廟
學
書院
東嶽
縣署
廳
城隍
學
靈壽寺
龍神
泉水

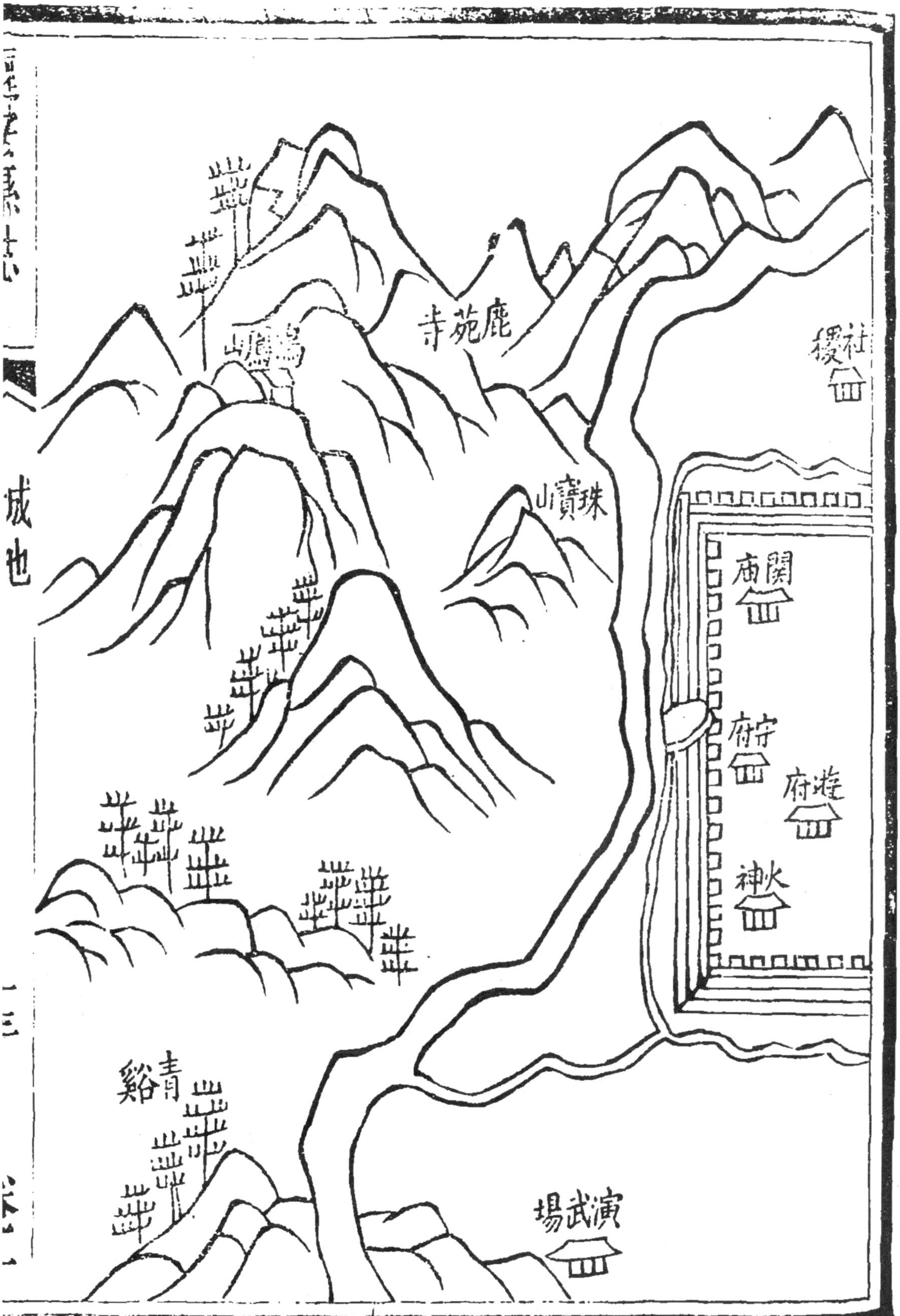
鹿苑寺
珠寶山
社稷
關廟
守府
遊府
火神
青谿
演武場

舊志所稱新城鳳山城也今城則在東莊坪舊址南守禦所前邑侯宋繹遷建乃荆州府志荆門州志均稱明末東莊坪城爲賊攻陷知縣周乃浹遷治鳴鳳山麓卽今治

國朝順治年間節經知縣周會隆盧運昌安可願修葺康熙四十一年倒塌止存舊址乾隆三十四年知縣宋楷重修中間畧去前宋公繹遷治東莊坪一節致使新城今城淆混不清茲考康熙五年撥荆州後營設遠安營州志亦云康熙五年遷文廟於今址豈有不遷城而獨遷文廟者

且以宋碑百餘年之說計之遷東莊坪應在康熙五年又言雨淋風蝕瓦礫無遺則康熙四十一年倒塌亦應屬今城經後宋公楷修治砌以磚石延袤四里許高一丈八尺周八百餘丈闢四門各建樓其上濠濶二丈深丈餘堅固足恃捍禦有資嘉慶初教匪滋擾當陽陷而遠安獨完然者賴有此耳今又八十餘年城樓朽塌磚石亦多脫落咸豐二年邑侯李葆樹重修城樓補葺磚石踈濬池濠遂有言言仡仡之觀董其事者武生穆現才監生王朝俊文生李中孚職

員傅正操也

鄉

原編戶三里（太平寰宇記遠安縣元管四鄉元豐九域志遠安縣七鄉明一統志遠安縣編戶四里縣志舊編二里）南曰豐泉北曰甘泉後增六里曰近悅曰尚義曰崇仁曰移風曰易俗曰安民

國初併爲五里後又併爲三里曰甘泉曰豐泉曰仁義

縣東十五里至茅坪鋪三十里至泥水鋪三十里至福河寺三十里至青竹山

縣南十五里至歇馬鋪三十里至木瓜鋪五十里至青谿鋪

縣西十五里至後砦鋪二十里至寶華寺三十里至中坪四十里至石橋坪

縣北五里至安洋坪十二里至鹿溪十五里至舊縣市二十里至什塚坪二十里至許家庄二十五里至傅家坪三十五里至白土坪五十里至洋坪市六十里至佈圍七十里至筧口七十五里至下管八十五里至上管九十里至西河九十五里至郝家橋

坊

宣化坊在縣左

承流坊在縣右

青材坊在學左

敷教坊在學右

澄清坊在分司前

擢科坊爲張武立

龍翔坊爲何史訓立

鳳翥坊爲蕭體高立

中書坊爲何紱立

廉憲坊爲許澄立

亞魁坊爲李膺立
雙桂坊爲王弼孫衍立
滄海騰蛟坊爲楊恭立
丹山起鳳坊爲胡灝立
孝子坊爲廖士宏立
孝子坊爲方雍璧立
雙節坊爲孫氏陶氏立
貞節二坊爲張氏談氏立
柏舟坊爲冷祺妻鄧氏立
存著坊爲傅君璋妻李氏立

節孝坊爲廪生游君瑞妻張氏立
節婦坊爲李清妻王氏立
貞女坊爲楊貞女立
節孝坊爲周士嶸妻何氏立

關隘

洪恩砦　五爪砦　北砦　石柱砦　千金砦
將軍砦　鹿溪砦　後砦　馬頭砦　觀音砦
孫臏砦　嬰兒砦　洪崖砦　木瓜砦

包巾砦在荷花店東因山形似包巾故名其山高出重霄四面石壁無隙可乘嘉慶初鄉人避難多於此猶掘有銅器蓋古砦也

蕎麥砦在石管舖橫石西河間山勢險阻形如長蛇旋繞六七里只有一路可通往來

二邑砦在石管舖麻姑山半屬東邑半屬遠邑砦三方㪷峻惟東偏獨路上頂嘉慶初鄉人避難於此賊張漢朝數萬人攻圍急夜間忽見砦上有紅面大漢橫刀躍馬遂退土人因建武聖祠於上

大漢口在縣北三十里相近有小漢口皆高巖絶壁下有小逕通安陸荆門州相傳皆漢前將軍關某屯兵處

南襄堡在縣北九十里去南襄城半里通巴蜀鄖襄等處

橋梁

東門橋　濟民橋　義濟橋　清晏橋　深水橋
迎恩橋　王公橋　賈家橋　孫公橋　晏公橋
青谿橋　第五橋　麒麟橋　西門橋　北門橋
普濟橋　延壽橋　金公橋　高橋　吳家橋
黃家橋　火燒橋　談家橋　如意橋　太平橋
續古橋　偏橋懸岩牛山橫一石徑狀如橋故名

白土橋在縣北四十里漢臨沮城建基於羅漢峪橋

下可以行船至城今石淤土高橋形宛然每遇陰
雨水自橋下出亦無壅滯旁有碑載劉旺建
磨子橋在徐家棚北街口去天漢書院半箭許
三星橋在縣西北石管舖荷花店街頭本觀止橋乾
隆六十年八夜行望見橋有三星近則無之丙子
年被洪水充塌後復重修東邑洸明府莪階經過
呼父老問其事因名三星橋

渡

李家渡　永濟渡　談家渡俱官渡　什塚渡
洋坪渡邑侯安捐造

集鎮

中坪　石橋坪　安洋坪　鹿溪　什塚坪
舊縣市　許家坪　傅家坪　白土坪　洪恩市
洋坪　布園　筧口　下管　上管
西河　新城　香油坪　徐家棚　興場
荷家埡　石頭店　青谿場　荷花店　雷打岩
猴子岩

遠安縣志

輿地五山川

易曰王公設險以守其國地險山川邱陵也則都邑之建固必憑藉夫山川矣而臨涉所在觀摩亦寓焉昔王右軍形神在名山滄海間而於天下事洞若觀火庸詎無助乎哉遠安水複山重不能備載也茲特取舊志所已及諸紳所採錄者彙纂之以俟後人之考證云志山川

鳶子山在縣東五里
泥水溪山在縣東二十里

茅坪山在縣東二十五里
青竹山在縣東三十里
界山在縣東南十五里與當陽縣交界
月琴山在縣南二十里
雲夢山　青山俱詳後
鳴鳳山在縣西十五里峯巒秀麗甲諸山山麓有觀音洞明月閣清風亭上有石泉清洌可愛山半有石狀如龜蛇相傳宋寶祐間有鳳鳴鼎新之讖故名又云邑令侯鳴鳳避難於此因以名山先年邑中多火災成化間立元帝廟於上災始息廟上有

殿又有玉皇閣三清觀關帝廟趙公臺及和合石聚仙橋諸勝蹟鑿石通道勢出天半人比之武當云

舊志贊曰山之麓鳳之宮何必棲乎梧桐山之霞鳳之粒何必餐乎竹實鳳兮鳳兮現宰官身說法而來儀

展觀山在縣西二十里山勢高峻與鳴鳳山南北對峙登高一望四遠皆見故以展觀爲名

雲門山在縣西北十五里山皆鹿疃又名鹿溪山輿地紀勝在縣西六里此以舊縣市而言梁荊山居士陸法和過此云着腳名山多矣未有如此幽邃者遂栖隱焉山下爲鹿苑寺舊有八景曰絕品茶招仙岩千年艾腰帶水松風亭苦竹溪石柱山法華台安邑侯憇此問及茶艾僧言土人採伐鮮有存者見前山一壁如屏左山危石如羅漢遂更定八景曰錦屏一峯玉帶七曲松亭呼風危岩招仙石柱冲霄羅漢點頭法華古臺苦竹幽谿

舊志贊曰丹青爲屏翡翠作城置諸几筵片石亦珍分則八景總是一輪千年不磨法和先生後有作者指石訂盟

四方山在石管鋪與包巾砦相連山勢峻極四面俱方故以爲名其上平如砥頂有一池四時不竭夏旱禱雨亦應嘉慶初教匪滋事土人修砦於上呼爲四正砦取四正四維之義

筆架山去四方山三里許以其形似筆架故名嘉慶間教匪滋事武生趙開泰領鄉勇在此山口堵卡名大埡口

插旗山在石管鋪相傳漢前將軍關公插旗於此故名

王虎山在石管鋪昔吳遊兵聚夷陵州分一支駐此自云王者之師有力如虎故名其山林木蔭翳最爲幽奇

麻姑山在石管鋪荷花店西相傳麻姑學道於此故名山中有洞爲麻姑洞山下有石爲麻姑石麻姑姓黎字瓊仙手似鳥爪擲米成珠今山下石上猶有五色祥光云

石人山在石管鋪因山似人形故名

白馬山在石管鋪相傳此山出白馬故名

神通河山在縣西北八十里北十里又有湖水山

百井山一名太平山在縣西北一百里極高廣多井

有鐵瓦殿聖水井結庵諸蹟山半有太平寺太平寰宇記山高三千五百丈有清泉數十汲之可飲因名按山在西北不在西南寰宇記南字當屬字誤

馬頭山在縣西北一百二十里山極高峻登陟最艱

鷄頭山在縣西北八十里有泉出石穴中土人用竹木作梘引以灌田又名梘口山

亭子山在縣北十五里上有舊城址其下爲舊縣市

神馬山在縣北三十里山有白石如馬故名白馬山唐書地理志夷陵郡遠安有神馬山本白馬山天寶元年更名久旱雲出其巔則雨

文經山在縣北二十里原名白鶴山康熙年間學博郭克振易以今名

武緯山在文經山東一里許本舊名龜山亦郭學博所更名

紗帽山在什塚坪以其形如紗帽故名

熊家山在縣北二十五里與大漢口小漢口相連

鳳皇山在縣北三十里相傳唐韋臯爲邑令有美政鳳集此山故名其下爲鳳皇洲周洪謨鳳臺秋月詩云見說唐有韋臯者當時曾作遠安宰政成雙鳳自天來詳載長陽縣志

羊角山在縣北三十五里羅漢峪南以其形尖如羊角故又名羊角尖

龜山在白土鋪胡家冲口立河中頭尾儼然欲動頗異他處自古以龜山名之

伏虎山在白土鋪陳家臺半里許臨沮城下一里許來勢雄類虎至斯匍匐而止因名伏虎山

木瓜山在白土鋪山頂前低後高如木瓜又如朝陽花故名木瓜山又名朝陽山今土人修砦於上亦以二名呼之

夜紅山在縣北五十里每年二月初旬商賈雲集夜中燈火之光滿山皆紅故名又西接連一小山名求雨臺

蟠龍山在縣北五十里山勢盤旋若龍故名

獅子山一名獅子腦在縣東北三十里山狀如獅子故名溪中突起石柱高數十丈俗呼將軍柱

楓香嶺在縣西南四十里以其地多楓樹故名

椴木嶺在縣西四十里以其地多椴木故名

覆船嶺在縣西北一百二十里以其形如覆船故名

黄泥岡在什塚坪北一里許西臨沮水宋邑侯楷命鑿山引水以灌坪中田處八大河水所自始也

蓮花岡在縣北七十里郝梘鋪蓮花區以此得名
猴子岩在縣南二十里
雷打岩在縣南三十里
鐃三岩在羅漢峪任家山後峪爲西蜀小道明季石
和尚劉千斤暨流賊小李之黨出入其間村人恐
避之不及先遣人住此岩上見賊來即吹鐃三疊
以通信土人以此保全因名曰鐃三岩
香泉岩舊名滴水岩在羅漢峪內與簡子惺别墅相
近向皆簡氏舊物今爲覃氏所有以其旁有芝蘭
洞因更名香泉岩

招仙岩在縣西北十五里鹿苑寺半山間明了機和
尚居岩洞中三年仙去
活寳岩在徐家棚西十里相傳有金牛出於其中故
名爲活寳岩至今岩下有望牛坪又有金牛嶺
卡子岩在縣東北三十里距小漢口五里相傳漢前
將軍關某拒曹兵於此明季官兵紮營岩上設有
卡房因名卡子岩嘉慶初里人周士珍依舊壘爲
卡以避賊岩間隱隱有關字丙子水漲岩裂古跡
遂湮
擂鼓臺在石管鋪相傳漢前將軍關某勦賊於此張
桓侯擂鼓助戰故名
説法臺在麻姑山北相傳麻姑説法於此故名
法華臺在鹿苑寺後梁荆山居士陸法和講經處安
邑侯可願有記
青龍埡在縣南五里
苟家埡在縣西北九十里
西峯埡在縣東北二十五里高岩絶壁上有小徑可
通荆門州嘉慶初土人於此設卡防賊
仙女洞在縣東十里歲旱祈禱輒應泉經九子溪西
流入沮水

老龍洞在縣東十五里龍洞庵右其水可以灌田流
經城東南入沮水
仙居洞　鬼谷洞　法琳洞　金龍洞　鍾乳洞
桃李洞　黄龍洞　烏龍洞　陽洞俱詳後
烟霞洞在縣西十里鳴鳳山溝口
雲霞洞在永聖宮對面半山
觀音洞在縣西十五里石壁聳峙頗稱奇勝邑有旱
災取水祈雨最爲靈異
甘霖洞在縣西二十里有泉東流過新城北又東流
入於沮水

通天樓洞在縣西三十里洞最高圓如鏡內有潭靈異天旱詣洞請水士人執竿而入寒氣逼人捧水旣出陰雲四起雨隨水至四野霑足

鑼鼓洞在石管鋪相傳洞中有龍旱久濁水出三日必雨雨久濁水出三日必晴靜聽恍有鑼鼓聲每日三次至今如是

仙人洞在香油坪西洞內有一石人上半入岩內下半在外洞中清泉涓涓不息嘉慶初士人多避難於此

月亮洞在縣北二十里什壕坪水府廟後

芝蘭洞在羅漢峪內以其旁多芝蘭故名洞西瀑布高百丈冬則結爲冰柱

魚泉洞亦在羅漢峪內相傳有魚出洞中尾繫一牌署岷江字蓋其源實通岷峨云

雲飛洞在縣北五十里

磨臍洞在縣北五十里

洪崖洞在縣北五十里洪崖寺後洞中有泉可以灌田千餘畝

小桃源洞在洪崖寺後原名兵馬洞咸豐初邑人陳大猷重修更名

壽隆寺後洞深一里歲旱取水祈雨有應

呼兒洞在縣東北三十里相傳張果老呼兒處洞甚高峻深不可量明季士人避難於此苦無水執火入見石壁上有井記照記掘之水湧出可飲百人

泥水洞在泥水溪山其下爲泥水溪土人引以灌田造紙有記

還鄉洞在縣東北五十里佈圍區士人於此避難俱得生還因名洞旁半岩間有一小洞泉水甚細咸豐四年忽然大潮灌田無數

羅漢峪在縣西北三十五里峪內半岩上洞中有石

如羅漢故名內有泉源士人引以灌田峪爲通西蜀小道羊腸九折長逾三十里

沮水紀畧

說文沮水出東汶陽郡沮陽縣西北景山卽荆山首也高峯霞舉峻竦層霄山海經云金玉是出亦沮水之所導故淮南子曰沮出荆山

水經注沮水出漢中房陵縣淮水（按水經注淮水出淮山入於沔水淮一作維）東南經汶陽郡北卽高安縣界南逕臨沮縣西又屈逕其縣南又東南逕當陽縣城北又南逕麥城西與漳水合又東南逕長城東又東南流於

江謂之沮口按沮口即兩河口也沮水舊分二支一由枝江縣入江一由江陵縣入江

官湖舊志稱在縣一里未指其方今考舊縣市北一里許有灌湖區或即其遺址歟

西湖在縣城内遊擊署西守備署東

香橋湖在縣西北八十里源出百井山荊州府志稱下流入於青谿以寰宇記百井山在西南而誤也

通天樓河在縣西二十里源出通天樓洞東流入於沮水

石洋河在縣西十五里源出甘霖洞東經鳳山新城西又經城北環城曲折三里許東入於沮水

五里河在縣北五十里河源有二俱出南漳紫山一從山南五六里入境經黄龍洞而南一從山北六七里入境過化象洞滴水岩響水灘又十里二水相合南折爲五里河土人引以灌田河環繞兩山山之脊有字藏高三丈有餘藏之前有玉皇閣旁爲文昌祠

神通河在縣西北八十里源出西山岩洞南流入斷江河又西南至夷陵州入大江

斷江河談經正詩序河在石管之西山澗迅流直斷大江河清江濁劃然一碧故有斷江之名河魚有白鯿者甚腴美入夏有之望秋則去

白龍溪在縣東十五里源出石穴中

九子溪在縣東十里源出老龍洞

桃李溪在縣南十里王家河山下

青溪在縣西南六十里

靈水溪在縣西北十里源出洞中有深潭以石投之似鑼鼓聲東至談家渡與沮水合

鹿溪在縣西北十五里水經七曲土人仿照大河水開溝引梘灌田甚多爲小河水之一

魚鱗溪在縣西九十里

瀘溪在縣北五十里源出老龍洞數里外又有龍潭二水環繞蟠龍山長流不竭灌田無數

福河溪在縣東北四十里源出福河寺山洞西流入沮水土人引以灌田亦小河水之一

泥水溪在縣東北三十里源出泥水洞西流入沮水

撞兒溝在縣西北七十里相傳張果老於此撞兒故名

齋入溝在縣西十五里

仰天池在縣西北一百三十五里眞淨寺

龍潭在縣西南十餘里桃李溪山下禱雨有應又縣

北三十五里胡家冲内亦有龍潭水可溉田旁有梛長十餘丈圍大二丈餘相傳明世物也有龍蟠其上土人立龍王廟祀之天旱禱雨輒應

義井一在縣前一在安洋坪玉皇閣前

劉公井在縣衙内明邑侯劉英鑿

葉公井在縣治大門内

福霖井在南門外慶壽寺客堂前

帶山泉在茅葫嶺東山腰其形如帶天旱不竭昔人立石題曰帶山泉又西里許亦有泉從石罅中噴出清冽異常

濟渴泉在縣東北三十里職員莊廷壁因山中無水行人苦之倩工鑿石得泉往來者爭取飲因名曰濟渴泉

三台山在縣東五里一名三寶山

品字山在縣東北三十里茅湖區

藍田洞在縣北二十五里五爪砦山後今其地爲藍田區泉水灌田數百畝

遠安縣志

輿地六　古蹟

通都大邑聲明文物之區歷年既久往蹟斯存遠安僻在深山似無可紀然建自歷朝山水幽秀亦應有往喆前賢令人覽其遺址而低回流之不能去者若乃故壘舊城係居守之要層臺廣宇辨興作之繇皆可爲後來鑑誡兹特合先賢第宅陵墓各次以類而其他勝槪亦弗之遺俾覽者有所採擇焉志古蹟

漢臨沮故城在縣西北三十五里羅漢峪外堰頭河

宅後二里許今土名鐵金鎔黄家臺土人耕田每掘得城磚三五塊及二三塊不等

漢臨沮倉厫故址在縣北三十五里徐家棚市上一里許今監生楊培甲所居村猶名倉前倉後

漢臨沮演武廠在徐家棚市上半里許今村名廠裏

晉高安故城在縣北十五里亭子山上

晉南襄郡城在縣北七十五里齊分臨沮縣置

宋汝陽郡城在古高安縣宋書汝陽郡治高安是也

新城在縣西十五里鳴鳳山明知縣周乃浹遷建今廢荆州府志荆門州志皆誤指此爲今城

南樓遺址今不可考江漢書院課藝南樓考引張九齡登高安南樓詩謂是以城得名理或然也

棲鳳樓在東城內大街談復齋先生建以藏書者今歸書院潔邑侯光釗題曰起鳳樓

待月樓在南城內稍東偏街喻氏碧峯別墅也佈置甚精饒有雅人深致

松風亭在法華臺上安邑侯可願勸課農桑到此登臺見爲西蜀要害建亭於上

仙棗堂在羅漢峪外與龍華觀相連覃氏錦泉樾臨別墅也以其旁有棗樹二株故名

水石居在羅漢峪內簡子惺別墅也初名陶庵邑侯周題曰水石居

萬壽宮在西城內關帝廟東首江西客民公所也

賈尚書宅其人時代未詳相傳賈家潭爲其遺址

張銓部斗樞宅今廢未詳其地

天漢書院在徐家棚舊爲苟姓花園咸豐二年天漢兩邑客民買作公所有記詳藝文

錦浪園在北城外李石帆先生致政歸所建也雅意林泉日與諸社友盤桓其中今廢

濂溪小島在新城側安邑侯可願見山側水中有奇石三層鑿池其上栽蓮甚盛名曰濂溪小島

石帆釣磯在鳳山新城東門外李石帆先生垂釣處磯上碑石字跡尚存

回馬坡在羅漢峪內漢前將軍關某夜走臨沮回馬處

石馬槽在縣東三十里漢前將軍關某屯兵於此鑿石爲槽以飲馬故名

紗帽石在縣北三十里沮江中以其形如紗帽故名

鬱興塔在縣南五里邑侯祝孝湜建今基址猶存

衣鉢塔在縣西南四十五里青谿寺側宋江西南康

府星子縣潘文律建

風水塔在青谿寺側監生周明睿建

張果老墓在荷花店南楊家坪相傳仙人夜造雞鳴即去穴內供有果老像尋因公過而觀之石縫天然似非人力所爲因思果隱中條山安得有墓在此或云果爲邑人豈以遠安多白蝙蝠遂因葉靜能之言而附會其說與又舊縣市西傅家臺亦有果老墓

向王墓舊志稱在縣西今不知其處按史傳向姓古未有封王及爲王者或向姓墓與王姓墓相連而

合以呼之與然邑中多建向王廟抑又何也

賈尚書墓舊志稱在縣西今亦不知其處

少卿墓在福河寺前山石碑字跡剝落只存少卿二字山中荊棘縱橫嘉慶初鄉民避難於內賊焚林碑遂毀

遠安縣志

輿地七水利

河渠溝洫馬班二史詳言之蓋體國經野周官之遺意猶存乎其間矧水塘不治民先其害遑言利乎遠安在萬山中向以水塘爲利雖屢經修治其爲利也微乾隆三十四年邑侯宋公敎民引沮水灌田遂興萬世永賴之利而賦稅亦年清年款焉豈惟邑人享其利已哉志水利

堰塘

東庄坪堰　石洋河堰　後砦堰

觀音寺堰　白馬峪堰　憂家庄堰

安洋坪堰　什塚坪堰　上許家庄堰

馬家坪堰　鹿苑寺堰　下許家庄堰

茅坪堰　福河堰　下茅坪堰

白土堰　霖水洞堰　壽隆寺堰

鹿溪堰　筧口長灘堰　青谿堰

上馬家垻堰　上佈園堰　下佈園塘

上筧口塘　傅家坪塘　土門埡塘

鄧家灣堰　淨音寺塘　桃李溪塘

中筧口塘　羅漢峪堰　桑坪堰

南襄城塘　油溪河塘　佈圍紅岩塘

以上諸堰俱安邑侯可願修復然係山塘無源易竭偶遇天旱不足以資灌溉乾隆三十一年宋邑侯楷涖遠見沮水南流可引以灌擇紳士之諳練者查各鋪地勢或穿山鑿洞或引高就卑疏瀹溝渠親為勘驗遂成八大河水後人仿而行之於大河水復有增益并因各處溪流修有小河水遠安乃不憂旱矣謹臚列於後

八大河水

什垜坪觀東過山堰　觀西白鶴堰

許家庄長豐堰　舊縣盈寧堰

龍灣青龍堰　談家坪屢豐堰

楊家店東坪堰　温家店永豐堰

添修大河水

南襄城天祿堰　蓮花岡永順堰

楊家店西坪堰　洋坪河水

七里頭河水係接長豐堰尾水　洪黃二坪河水

安洋坪河水　北門坂河水

猴子岩河水道光六年被水冲塌

外各處續修小河水甚多無人採錄故不載

羅漢峪堰頭河為小河水之一峪中有不能引灌處製為戽車形如車輪水激自動不用人力亦水磨水碾之遺

荷花堰在縣西北石管鋪其地有東溝南溝北溝三水滙而成池其形似舟清澈見底石魚可數相傳昔年夜間池中有荷花浮出因以為名

國初池形猶存康熙間河改田畝水自北流堰遂廢今荷花店卽其地也

烏龜堰在縣北五十里以堰中有石如龜故名泉源混混灌田甚多

遠安縣志

輿地八　風俗

古者命太史陳詩以觀民風命市納賈以觀民好惡說者謂十五國有風而楚無風非無風也篳路藍縷可想其樸惟善爲寶可想其正周召化被江漢遠安地接荊襄其風俗可以概見第明末疊遭兵燹謀生不足遑言禮讓方今民氣和樂上理可期韓子云風俗與化移易其責固在長人者志風俗

舊府志云其風樸畧民俗儉陋敬鬼重祀刀耕火耨

舊縣志云僻處深山主客相半士尚廉恥而厭奔競民務農桑而禁賭博漸次歸厚庶幾太古之遺風

遠俗娶婦初聘用釵鐲酒果之儀繼行納幣禮親迎先一日設筵邀賓卽父醮子遺意合巹謁先祖贄見舅姑以次及其家衆至三日女偕壻歸寧父母謂之回門

喪事則初屬纊之時延僧道封殮三日行成服禮每七日備祭謂之過七至四十九日而止朝夕上食至百日始罷發引先一夕凡陳設奠獻唐祭諸儀悉準家禮延鄉黨有齒德者題明旌神主是日用鼓樂導從喪車至墓所封窆畢然後歸

縣民每逢元旦先期掃堂庭換桃符門廳飾對聯字畫五鼓設香燭陳菓餠酒饌禮拜上下神祇序拜尊長卜吉方出行畢謁各廟拜族戚鄉鄰謂之賀歲初三日燒門神紙送年上九日十五日早起燃燈燭焚香楮拜家神元宵各家張燈燃火樹紥龍燈謳歌遊賞下浣前後童子就塾師

二月初二日土地神誕先夜燈燭鼓樂慶賀臨期拜祝食壽麪飲福酒女不遊春男不踏青移樹接花菓多以花朝日爲吉從此農夫擧趾蠶女始事

三月清明各家祀先掃墓旛標塚上新亡則於社前拜掃農夫從此播秧

四月內鄉民收麥栽秧晝夜農忙閒人稀少

四月八日釋迦佛生俗以此日嫁毛蟲用紅紙二條作十字樣上書佛生四月八毛蟲今日嫁嫁向山中去永遠不歸家粘壁上

五月五日懸艾於戶食角黍以雄黃硃砂入酒飲之用艾莖灑雄黃酒於戶舍墻壁小兒則以其末塗耳鼻云避百毒

五月十二日謂之單刀會是日類多風雨俗謂之磨

刀雨
五月二十六日爲穀生日土人有得穀不得穀但看
五月二十六之諺
六月六日商賈祀楊四將軍曝衣曬書汲水造醬麥
粟糧種晴曬冷收
七夕婦女陳瓜果乞巧中元前設牲醴庶饈祭先祖
燒袱錢若新亡人則初一日祭接每日供祀初七
日祭送從此收稻種蔬
中秋各家陳瓜果餡餅以慶月此夜之月關乎來歲
元夕俗有雲掩中秋月雨灑上元燈之諺婚姻多

於節前報期過禮
重九日蒸餻飲菊酒插茱萸以避惡登高覽勝悉倣
龍山故事
十月初一日晴則少寒十六日爲寒波風俗訛爲韓
湊風
冬月三一宜晴諺云冬月三一晴穀米一般平三一初一十一二十一也
臘八日寺院以豆果雜米爲糜供而食曰臘八粥是
日人家汲水儲盎謂之臘水釀秫曰臘酒鹽脯曰
臘肉蓋亦周禮之昔酒大易之腊肉也

二十四日爲小年朝拂屋塵夜祀竈田父燎火畦閒
曰照田桑營署營兵均以二十三夜祀竈
除夕各家具牲醴祀神以酒饌禮其先閤家老少輩
酒團年是夜守歲鑼鼓爆竹聲不絕鄰里交相辭
年燃燈墳墓謂之朝祖
按詹湘亭大令有擢歌十八首專言遠安風俗
詳藝文

遠安縣志

輿地九 物產

禹貢紀山川彙舉毛羽郭璞註爾雅細極蟲魚周禮九穀而外凡園圃虞衡藪牧之屬統在九職中者纖悉畢舉無非欲人因物以知時因時以作事也使地有物產而不覈其品豈不誤杜若於芳洲問豹花而不知乎邑人士讀詩久矣譜其方物俾農家有月令餘事亦詩人云志物產

穀之屬

稻 黍 稷 粟 小麥

大麥 蕎麥 穇粱 黃豆 菉豆

黑豆 蠶豆 豌豆 白豆 紅豆

茶豆 芝蔴 包穀

蔬之屬

芥 莧 芹 菠 笋

白菜 油菜 茄子 葱 蒜

韭 芋 萵苣 蘿蔔 葫蘆

甜菜 菜豆 扁豆 刀豆 蛾眉豆

藕 芫荽 同蒿 菜椒

瓜之屬

王瓜 菜瓜 絲瓜 南瓜 北瓜

西瓜 冬瓜 地瓜 苦瓜 瓠子

草之屬

白茅草 藟 蘆荻 菱 菖蒲

艾 蓼 蒿 鳳尾草 龍鬚草

狗尾草 葵 甘蔗 芭蕉 觀音蕉

木之屬

松 柏 檜 桑 柘

楊 柳 榆 槐 栗

柏 椿 楝 檀 棠

杞 楓 樟 棗 杉

楠 冬青 櫟 椒 桐

構 楸 椰 椵 黃楊

梧 檟 梓 棕

竹之屬

山竹 斑竹 筀竹 水竹 石竹

叢竹 紫竹 鳳尾竹 龍頭竹產太平峽

花之屬

梅 迎春 海棠 玉蘭 牡丹

芍藥 玫瑰 木香 酴醿 薔薇
紫薇 紫荆 桂花 菊花 夾竹桃
月季 鳳仙 金盞 萱草 金銀花
鷄冠 龍爪 蜀葵 金鳳 玉簪
蠟梅 水仙 芙蓉 杜鵑 榴花
山丹 洛陽景 木槿

果之屬

桃 李 杏 梅 梨
櫻桃 枇杷 棠梨 棗 核桃
柿 林檎 花果 栗 橘

柚 柑 石榴 銀杏 葡萄
樝 榛子 荸薺 落花生

藥之屬

萎參 沙參 黨參 丹參 苦參
川芎 半夏 黃栢 厚朴 五加皮
香薷 仙茅 大黃 前胡 枳殼
柴胡 白合 忍冬 升蔴 蒼朮
桔梗 薄荷 澤蘭 地榆 紫蘇
荆芥 蓽蔴 茱萸 蒼耳 車前
香附 天門冬 麥門冬 天南星 旱蓮

益母草 天花粉 何首烏 黑牽牛 山梔子
青木香 夏枯草 地骨皮 天葵 白芨
細辛 黃精 瓜蔞 馬兜鈴 金櫻子
石昌蒲 山茨菰 赤芍藥 枸杞子 葳靈仙
羊腿草 牛旁子 豨薟草 白扁豆 鮮石斛
萆薢 山查 黃連 地丁 葛粉
葛花 葛根 木通 杜仲 薏苡
獨活 土伏零 黃藥子 白藥子 馬蹄香
土牛夕 木瓜

按遠安藥品多至數百名未及備載

禽之屬

鶴 白鷺 倉庚 百舌 老鴉
老鸛 鷓鴣 鳩 鵜鶘 鵪鶉
野鷄 錦鷄 雉鷄 綬鷄 竹鷄
鴐 杜鵑 鷹 鷂 畫眉
啄木 燕 鶯 翡翠

家禽

鷄 鵞 鴨

獸之屬

獐 鹿 兎 麂 虎

豹　狐　狸　野猪　猪獾
狗獾　猴　豺狼　毛鼠　獺
果狸

家畜

牛　馬　驢　騾　猪
羊　犬　猫

鱗介之屬

鯉　鯽　鯿　魴　鰌
鰱　鱔　鰻　鼈　龜
蠃　鰕　蚌　八魚　白鰡

蟲之屬

蠶　蜂　蝶　促織　螻蟈
蛇　螳螂　蟬　蚋　螢
蠅　蚊　蜻蜓　蜘蛛　蟻
蚓　蜒蚰　蝎虎　蜈蚣　蝦蟆
多脚蟲　毛蟲　白蝙蝠

貨之屬

靛　花椒　麻　絲　絹
棉布　棉紬　香油　桐油　木油
菜油　木炭　煤炭　石灰　蜜
葛粉　蕨粉　漆　黃臘　槲皮
涑條　橡殼　苧麻　紫草　茶

遠安茶以鹿苑爲絶品每年所採不足一斤反不如鳳山之著名然鳳山亦無茶外間所賣皆出董家畈馬家畈等處以其近鳳山故曰鳳山茶

遠安縣志卷之二

祀典（壇廟）

禮法施於民則祀之以死勤事則祀之壇壝祠廟之文先王良有深義國家於常祭之外增設先農壇龍神祠崇聖祠關聖後殿文昌後殿其崇德報功尊文右武者實仁至義盡焉而忠孝節烈復別有祠所以正人心厚風俗也裒輯其制用昭誠敬云志壇廟

社稷壇在北門外山麓屋三楹外圍以墻內設方臺神書以石主屋今廢每歲春秋仲月上戊日致祭用帛一（色黑）豕一羊一鉶一籩豆各四簠簋各二衣朝衣三獻行三跪九叩首禮讀乾隆九年頒發祭文

維神奠定九州粒食萬邦分五色以表封圻育三農而蕃稼穡恭承守土肅展明禋時屆仲（春秋）敬修祀典庶芃芃松柏鞏盤石於無疆翼翼黍苗佐神倉於不匱尚享

風雲雷雨山川壇在南門外洪武二年各建一壇六年合爲一壇每歲春秋仲月上戊日合祭風雲雷雨居中帛四山川居左帛二城隍居右帛一（俱白）

壇制祭品儀注與社稷同　祭文

維神贊襄天澤福佑蒼黎佐靈化以流形生成永賴乘氣機而鼓盪溫肅攸宜磅礴高深長保安貞之吉憑依鞏固實資捍禦之功幸民俗之殷盈仰神明之庇護恭修歲祀正值良辰敬潔豆籩秖陳牲幣

先農壇在南門外內堂三間中設先農神壇一座神用木主左右列墻堂前有門耤田在對門屋後每春奉文以耕耤日致祭禮同山川社稷祭畢耕耤行九推儀農夫終畝耕畢勸農有賚　祭文

維　神肇興稼穡粒我蒸民頌思文之德克配彼天念率育之功常陳時夏茲當東作咸服先疇洪惟九五之尊歲舉三推之典恭膺守土敢忘勞民謹奉彝章聿修祀事惟願五風十雨嘉祥恆沐於神庥庶幾九穗雙歧上瑞頻書於大有

邑厲壇在北門外無神座墻垣用三月清明日七月望日十月朔日屆期迎城隍神位於上列各里無祀鬼神於側席地列炬以祭

按厲亦古者五祀之一五祀一戶二竈三中霤四門五行祭法諸侯五祀有司命公厲而無戶

竈大夫三祀有族厲而無中霤戶竈故今之守
令皆有厲祭洪武三年上以兵革之餘死無後
者其靈無所依命議舉其禮禮官奏春秋傳曰
鬼有所歸乃不爲厲然則鬼之祭享而無所歸
則必爲害古者七祀於前代帝王卿大夫之無
後皆致其祭豈無所爲而然哉後世以爲涉於
淫諂遂不舉行而無依之鬼乃附士民爲禍福
以邀享祀蓋無足怪今欲舉其祀宜於京都王
國各府州縣及里社皆祭之使災厲不作是亦
除民害之一端也上然之京都謂之泰厲王國

謂之國厲府州謂之郡厲縣謂之邑厲民間爲
鄉厲著爲定式　祭文
時值陽和節屆清明野原荒塚醮祭頻臨憐爾孤
魂斬祀無人具我酒饌潔我粢盛來飯來食無犯
無驚明晴律叶夷則風露凄其凡民有主祭祀以時
惟爾孤魂飄蕩無依我將我奠歆斯食斯共爲靈
鬼衛我郊圻塈北明月維孟冬北風其凉凜凜霜雪
驃驃郊荒憐爾孤魂依附無方我將我奠來歆來
嘗逍遥境內永獲厥祥州卄明
常雩無壇即於風雲雷雨壇行禮每歲孟夏以奉文

日致祭社稷先農山川之神禮與社稷壇同
祭文
恭膺詔命撫育羣黎仰體彤廷保赤之誠勤農勸
稼俯懷蔀屋資生之本力穡服田今甲爰須肅舉
祈年之典惟寅將事用申守土之忱黍稷惟馨尙
冀明昭之受賜來牟率育庶俾豐稔於蓋藏
文廟向在北門外土城內乾隆五十七年邑令許忠
一遷建於城內東北隅其前廠地則邑令祝孝憑
所置也每歲春秋仲月上丁日致祭正獻官知縣
分獻官訓導典史助祭官閤營武職同日祭　崇

聖祠正獻官教諭分獻用學弟子祭名宦鄉賢孝
子節烈皆教諭一人行禮
祭器
竹籩二百三十四個　木豆二百三十四個
木簠五十八個　木簋五十八個
不鉶三十二個　磁酒罇二十個
銅爵一百五十個　白磁爵四十三個
木登一個
至聖位前祭品
帛一白色　牛一　羊一　豕一

登一　鉶二　簠二　簋二
籩十　豆十　酒罇一　白磁爵三
四配前祭品
帛一白色　羊一　豕一　鉶二
簠二　簋二　籩八　豆八
酒罇一　白磁爵三
十二哲祭品
帛一白色　羊一　豕一　鉶一
簠一　簋一　籩四　豆四
白磁爵三

兩廡祭品
帛一白色　羊二　豕二　每案簠一
簋一　籩四　豆四　銅爵各四
樂器
編鐘十六口　編鐘架一座
編磬十六口　編磬架一座
應鼓一面　架一座
搏拊鼓二面　架一座
琴六張　瑟四張
琴弦六幅　瑟弦四幅

琴棹六張　瑟棹四張
笙六枝　笛六枝
簫六枝　塤二個
篪四枝　排簫二架
敔一坐　竝塲　柷一坐　竝塲
舞器
木笏六面　舞器羽樂三十六枝
麾旛一首　麾旛架一座
旌節旛二首　旌節旛架二座
佾舞生三十六名　樂工五十二名

糾儀官二名　禮生十名
祭日文武各官朝服待漏設庭燎炳燭上香浣洗詣各案前一叩首迎　神三跪九叩首三獻讀祝三叩首分獻一叩首送　神三跪九叩首
迎　神樂奏昭平之章辭曰大哉
孔子先覺先知與天地參萬世之師祥徵麟紱韻答金絲日月既揭乾坤清夷
初獻樂奏宣平之章舞羽籥之舞辭曰予懷
明德玉振金聲生民未有展也大成俎豆千古春秋上丁清酒既載其香始升

亞獻樂奏秩平之章辭曰式禮莫愆升堂再獻
響協鼗鏞誠孚罍獻肅肅雍雍譽髦斯彥禮陶樂
淑相觀而善
終獻樂奏敘平之章舞均如初辭曰自古在昔
先民有作皮弁祭菜於論思樂惟
天牖民惟
聖時若彝倫攸敘至今木鐸
徹饌樂奏懿平之章辭曰
先師有言祭則受福四海黌宮疇敢不肅禮成告徹毋
疏毋瀆樂所自生中原有菽

送神樂奏德平之章辭曰鳧繹峩峩洙泗洋
洋景行行止流澤無疆聿昭祀事祀事孔明化我
烝民育我膠庠
右樂六章三獻有舞餘無舞
祝辭曰惟
先師德隆千古道冠百王揭日月以常行自生民所未
有屬　文敎昌明之會正禮和樂節之時辟雍鐘
鼓咸恪薦於馨香泮水膠庠益致嚴於籩豆茲當
仲春秋秪率彝章肅展微忱聿將祀典以
復聖顏子
宗聖曾子
述聖子思子
亞聖孟子配尚　饗
按康熙四十九年
衍聖公敎習來楚敎演
大成之樂用樂文二生共一百八名禮生三十六名
其執爵捧帛另派文生員末用樂佾生繼准
禮部咨樂生用五十二名文生舞羽三十六名執
旌二名奏樂時所穿青素及細紬夾袍綠雲緞
帶葵花補服火焰鍍金銅頂常服用絨緯帽火

焰鍍金銅頂與文武生員一體優待乾隆八年
禮部咨開祠祭司案呈准律呂正儀館
文廟樂章二本移咨通行各直省一體遵照嗣經
樂部大臣和碩莊親王等奏稱外省樂佾衣頂除
丁祭仍用襴衫雀頂外其常服俱許用銀盤起
花銀頂體制已極肅整而節次　院檄令選俊
秀子弟充補樂佾並宜聘請山東
聖裔訓廸以襄祀典
崇聖祠在大成殿後雍正元年追王
肇聖王木金父公正中

裕聖王祈父公東一
詒聖王防叔公西一　均南向
昌聖王伯夏公東二
啟聖王叔梁公西二

祭品五案

帛一白色　羊一　豕一　鉶一
簠一　簋一　籩八　豆八
酒鐏一　白磁爵三

配位祭品每位一案

帛一白色　羊一　豕一　簠一

簋一　籩八　豆八　每位銅爵三

祭文

維王奕葉鍾祥光開　聖緒盛德之後積久彌昌凡聲教所覃敷率循源而溯本宜肅明禋之典用申守土之忱茲屆仲春秋聿修祀事配以　孔氏孟皮顏氏無繇曾氏點　孔氏鯉　孟孫氏激　尚饗

儀注同正殿

兩廡

周輔臣惇頤之父　程　珦顥頤之父
蔡元定沈之父　張　迪載之父
朱　松熹之父

祭品

帛一白色　簠一　簋一　籩四
豆四　銅爵三

同日祭忠義孝弟節孝名宦鄉賢四祠上香獻帛爵三叩送　神三叩

祭品

帛一白色　羊一　豕一　籩四
豆四　鑪一　鐙一　爵三

忠義孝弟祝文

維　靈稟賦貞純躬行篤實忠誠奮發貫金石而不渝義問宣昭表鄉閭而共式秖事懋彝倫之大性摯莪蒿克恭念天顯之親情殷棣鄂模楷咸推夫懿德綸恩特闡其幽光祠宇維隆歲時式祀用陳尊簋來格几筵尚　饗

節孝祭文

維　靈純心皎潔令德柔嘉矢志完貞全閨中之亮節竭誠致敬彰閫內之芳型茹冰蘖而彌堅清操自勵奉盤匜而匪懈篤孝傳徽

絲綸特沛乎殊恩祠宇昭垂於令典秪循歲祀式薦
尊醪尚　饗
名宦鄉賢二祠祝文各省州縣所在異辭未奉
頒發
武廟舊在新城鳳山上今在西門內左爲萬壽宮右
爲觀音庵大殿三楹拜殿三楹東西兩廡前列三
門中門常閉東西兩門行走頭門三楹照壁一面
後殿三楹中祀
帝君先代左右兩房及東西耳房爲僧住持之所每
歲三祭春秋以奉文日致祭五月十三日一祭禮

與文廟同咸豐三年欽奉
諭旨樂用六成舞用八佾
祭品
帛一白色　牛一　羊一　豕一
登一　鉶二　簠簋各二　籩豆各十
尊一　爵三
迎　神樂奏格平之章辭曰懿鑠兮焜煌
神威靈兮赫八方偉烈昭兮累禩祀事明兮永光達
精誠兮黍稷馨香儼如在兮洋洋
初獻奏翊平之章舞羽籥之舞辭曰英風颯兮
神格思紛綺蓋兮龍旗薦桂醑兮盈卮香始升兮明
粢惟降鑒兮在茲流景祚兮翊昌時
亞獻奏恢平之章辭曰觴再酌兮告虔舞干戚
兮合宮懸歆苾芬兮潔蠲扇巍顯翼兮
神功宣
終獻奏靖平之章舞均如初辭曰鬱鬯兮三申
羅籩簋兮畢陳儀卒度兮肅明禋
神降福兮宜民宜人
徹饌奏彝平之章辭曰物惟備兮咸有明德惟
馨兮

神其受告徹兮禮終罔咎佑我家邦兮孔厚
送　神奏康平一章辭曰幢葆葳蕤兮
神聿歸馭鳳軫兮驂虬騑降烟熅兮餘翂翍顧回靈
盼兮德洽明威
望燎奏康平二章辭曰焄蒿列兮燎有煇
神光逮燭兮祥雲霏祭受福兮茂典無違庶揚駿烈
兮永奠疆畿
祝文曰維
帝浩氣凌霄丹心貫日扶正統而彰信義威震九州
完大節以篤忠貞名高三國　神明如在徧祠宇

於寰區靈應丕昭薦馨香於歷代屢徵異蹟顯佑
羣生恭遇嘉辰遵行祀典筵陳籩豆几奠牲醪尚
饗　又咸豐四年
頒發五月十三日祭文
維　神九宇承庥兩儀合撰崧生嶽降瑚誕聖之
靈辰日午天中届恢台之令序聰明正直壹者也
千秋徵肸蠁之隆盛德大業至矣哉六幕肅馨香
之薦爰修懋典式展明禋苾芬時陳精誠鑒格尚
饗
後殿雍正元年追封公

光昭公正中
裕昌公東一　均南向
成忠公西一
祭品
帛一 白色　羊一　豕一　簠簋各二
籩豆各八
儀注二跪六叩首餘與前殿同　祝文
維　公世澤貽庥靈源積慶德能昌後篤生神武
之英善則歸親宜享尊崇之報列上公之封爵
錫命優隆合三世以肇禋典章明備恭諏吉日秖事薦

馨尚　饗
文昌祠舊在新城鳳山上今在學宮西首大殿三楹
拜殿三楹門樓一座咸豐二年坍塌貢生熊應兆
捐修嘉慶六年欽奉
諭旨仿照
關帝廟定制列入春秋祀典春二月初三日
聖誕致祭秋以奉文日致祭禮與武廟同惟不用樂
舞咸豐七年添用樂舞每年三祭
祭品
帛一 白色　牛一　羊一　豕一

登一　鉶一　簠簋各二　籩豆各十
尊一　爵三
迎　神辭曰光煜煜拱辰樞
神來格耀天衢香通肸蠁靈貺雷俞奎垣氣似珠禮
隆燎祀儀薦璧乎
初獻辭曰奠蘭醑酌桂尊
神來饗潔苾芬崴揚孝友化洽忠淳寶曜接洪鈞靈
通七曲祀炳千春
亞獻辭曰嘉羞齊觴再盛樂歌諧宮商應圖書
之府珠緯靜炳文章徵福命象叶儒林明經修行

終獻辭曰衆樂備百禮暨降烟熅調元氣祥占
戴筐克相
上帝敬謹薦精禋
神感和平丕承嘉惠
徹饌辭曰祝告禮成將享隆
神既居歆答光訓桂籍長稽煥人文德寓綏安
神功駿自時中乂咸尊廟食於萬斯年昭泰運
祝辭曰維
神蹟著西潼樞環北極六匡麗曜協昌運之光華累
代垂靈爲人文之主宰扶正久彰夫感應薦馨宜

致其尊崇茲屆仲春秋用昭時祀尚其歆格鑒此精
誠尚　饗
後殿嘉慶六年禮官議覆
文昌帝君三代姓名查無確據未便請加封號謹擬
增製牌位一分牌面用
文昌帝君先世神位字樣紅飾金書春秋致祭行二
跪六叩首禮餘同前殿
祭品
帛一白色　羊一　豕一　鉶二
簠簋各二　籩豆各八

祭文
祭引先河之義禮崇反本之思矧夫世德彌光延
賞斯及祥鍾累代炯列宿之精靈化被千秋爲人
文之主宰是尊後殿用答前庥茲值仲春秋肅將時
祀用申告虔
神其格歆尚　饗
龍神祠在南門外東街口正殿三楹拜殿三楹頭門
三間每歲春秋仲月以奉文日致祭各官公服上
香獻帛爵讀祝　神二跪六叩首
祭品

豬首一　雞一　鴨一　爵三
祝辭曰維
神德洋寰海澤潤蒼生永襄水土之平經流順軌廣
濟泉源之用膏雨及時績奏安瀾占大川之利涉
功資育物欣庶類之蕃昌仰藉　神庥宜隆報享
謹遵祀典式協良辰敬布几筵肅陳牲幣尚　饗
以上俱照
大清通禮編載惟
關聖帝君樂章係奉
文新頒

咸豐七年又頒發

文昌帝君春秋二祭樂章祝文

迎神　丕平之章

秉氣兮靈躔翊文運兮赫中天霓旌兮戾止雕俎兮告虔迓　神庥兮於萬斯年

初獻　俶平之章

神之來兮籩簋式陳　神之格兮几筵式親極昭彰兮靈既致蠲潔兮明禋升香兮伊始居歆兮福我人民

亞獻　煥平之章

再酌兮瑤觴燦爛兮庭燎之光申虔禱兮　神塵儼陟降兮　帝旁粢醴潔兮齋遬將綏景運兮靈長

三獻　煜平之章

禮成三獻兮樂奏三終覃敷元化兮緊　神功馨香達兮肸蠁通歆明德兮昭察寅衷

徹饌　懿平之章

備物兮惟時告徹兮終禮儀　神悅懌兮鑒在茲垂鴻佑兮累洽重熙

送神　望燎　蔚平之章　其一　其二

雲軿駕兮風旗招　神之歸兮天路遙瞻翠葆兮企丹霄顧回靈眷兮福我朝

絪縕降兮元氣和　神光燭兮梓潼之阿化成耆定兮纛弓戢戈文治光兮受福則那

祝文　維

神道闡苞符性敦孝友並行並育德侔天地以同流乃聖乃　神教炳日星而大顯仰鑒觀之有赫示明德之惟馨茲當仲春秋用昭時享惟祈　歆格克鑒精虔用春秋二祭

維

神功參橐籥撰合乾坤溯誕降之靈辰三日紀瑞度中和之令節九宇承暉若日月之有光明闡大文於孝友如天地無不覆載感郅治於馨香爰舉上儀敬陳芳薦精禋罔斁　神鑒式臨尚　饗　二月初三日用

後殿

文昌帝君道備中和　神超亭毒稟貽謀而允紹欽毓聖之有基雲漢昭回際嶽降嵩生之會馨香感格與水源木本之思式肇明禋用光彝典尚祈神鑒享此清芬

遠安縣志

宮室一　官署

帝堯茅茨土階大禹卑宮陋室古聖儉德所昭有即一居而可想見者凡屬臣工雖大僚猶當奉此意爲兢兢而州縣又無論已然縣令職司民牧聽政有堂鳴琴有室其體制詎可不肅乎若乃學校廳職各有攸司固當爲之所俾其有以蔽風雨而今治爲明守禦所

國朝設遠安營兵署之建久矣亦宜併載之志官署

縣署舊志載正堂三間頭門一座書吏房一間庫房

一間皂隸房二間（俱甲午水圮）高樓一座衙舍九間大西關樓一座小西關門樓一座北關舖樓三間監倉一所（俱邑侯周建）甲午冬邑侯盧復修正堂三間圓堂一間丁酉冬邑侯安建安遠樓二間儀門一座書吏房三間庫房一間皂隸房二間朝關樓一座宅門三間此皆鳳山新城公署也康熙五年邑侯宋繹因新城屢圯遷治東莊坪舊城南守禦所城堞既傾復於中街東建修衙署坐樓三楹東西耳房各二間門樓一座川堂三間東邊耳房一間二堂三楹東邊耳房一間門房三間又東二間西二間川堂西花廳三楹又後三間花廳前西首三間又前爲老花廳川堂東廚房三間宅門前大堂三楹東西科房八間前爲節愛坊東西該班廳各三間西馬房一所儀門三間西監獄一所頭門三間前照壁一座牌坊二座東曰峽北屏藩西曰沮南保障歲久朽壞俱邑侯樊丙南重修

廳署在縣署儀門西首內室五間西耳房一間門樓一座廚房二間二堂三楹西首花廳三楹耳房三間大堂三楹東西科房各三間儀門三間前照壁一座頭門一間咸豐七年俱燬於兵

學署舊志載大殿東爲明倫堂前列兩齋其敬一亭悉如舊制康熙二十二年知縣陳其順修乾隆五十七年知縣許忠一遷學宮於城內東北隅兩齋遂廢歷任皆僦居民房道光二十三年前任童兆璜等牒請變賣北門外學宮舊址置買民房二所東齋在文廟廠西首堂室湫隘教諭劉子垣改建內室三楹後添廚房三間西添園屋二間大堂花廳各一間又西一間頭門對廳各一間前照壁一座西齋在倉巷街口內室三間後東西耳房各一間廳堂三楹對廳三楹門樓一座規模雖較東齋

濶大而朽蠹不堪經訓導黃庚時加修理始獲安
居咸豐七年西齋燬於兵
遊擊署在中街西首內宅五間門樓一座東書房三
間廚房二間大堂三楹東西科房各三間儀門三
間頭門三間東鼓樓一間西炮樓一間照壁一座
東西轅門各一大堂西為箭道周圍有墻前遊擊
海廉重修咸豐七年兵燬過半
中軍守備署在西城內宅五間東西耳房各二間二
堂五間東西簽房各二間大堂三間儀門一座頭
門三間照壁一座東首局庫三間前為小箭道周

圍有墻東偏馬棚三間局庫頭門三間俱燬於兵
左司城守無署歷任皆僦居民房
外委無署
右司署在黃家坑
前司署在當陽縣河溶市
後司署在縣北洋坪市
千總署在當陽縣城內
外委千把總署一在當陽縣城內一在當陽縣城北
淯溪河市
教場在南門外周圍計二百二十丈

郵傳 縣前鋪南十五里至歇馬鋪三十里至木瓜鋪成化庚子副使馬震檄知
縣劉英添設西南五十里至清谿鋪通西陵要道
積儲 預備倉一所常平倉一所向在新城內邑侯安建今倉在縣
署東西圍墻內共二十一厫儲穀八千零七十九
石
軍器庫一間向在新城內邑侯安建今在縣署後
育嬰堂一所
養濟院一所向在新城東門外今在南門外
廢署
布政分司在縣東

按察分司在縣東
府舘在縣西
明遠安守禦千戶所在城內西南隅
都指揮分司在城內西偏
預備倉二一在所署後一在當陽縣沙溪河屯田內
補錄 縣署大堂傾圮咸豐七年儀門燬於兵俱朱邑侯
重建又構小樓於花廳後以其與鳳山相對顏曰
聽鳳吟暇日與諸生嘯咏其中覽西北諸山之勝
饒有雅人深致

宮室二 寺觀

浮屠老子之敎昌黎原道篇力詆之而其徒盈天下由於寺觀之多也世人不察猶勤勤焉日與治而不已孰是人其人火其書者蕭梁時荆州一隅有寺百八僧尼三千二百象敎流行相沿已久凡有係縣跡者雖廢必載也茲特徵之前志間及一二新創以備後來之考證云志寺觀

寺十六

慶壽寺在南門外邑侯劉英建年久朽壞住持僧文印募化重修

清谿寺 詳後

白岩寺在縣西南五十里

寶華寺在縣西三十里甘霖洞旁宋龍興間建寺有八景邑侯金芝潤有詩 詳藝文

觀音寺在縣西十五里鳴鳳山後

石橋寺在石橋坪寺內十八羅漢缺一相傳走在羅漢峪半岩上故有羅漢峪之名

鹿苑寺在縣西北十五里鹿溪山下宋寶慶元年建中有八景 詳山川

太平寺在縣西北一百里百井山半山中古寺在山頂明宣德間僧孤峯遷建山半

眞靜寺在縣西北一百三十里元海福禪師建

北溪寺在縣北七十里古名海會寺今廢尚有址

瀘溪寺在縣北四十五里蟠龍山下原名蟠龍寺元至正間重修更今名丹墀內有桂樹二株老幹扶疏高數丈圍兩人合抱花時香聞十里

定林寺在縣北一百二十里元至正間建千峯和尚居此

紅岩寺在縣北四十五里

壽隆寺在縣東北三十里鳳凰山上元大德丁酉年建明正統三年重修

福河寺在縣東北四十里宋泰定四年建明天順元年重修

碧洞寺今不知其處

觀六

紫雲觀在縣東三十里

雲台觀在石管舖與擂鼓台相對

朝陽觀在竹壩區對過西山

白鶴觀在什塚坪白鶴山上因山狀如鶴故名
回龍觀在縣北四十里
龍華觀在徐家棚西二里建自後周

廟十

城隍廟向在舊縣北門外山麓邑侯周建今在縣治東首後殿三楹正殿三楹拜殿三楹東西兩廡戲樓一座照壁一座旁爲龍神行宮
火神廟在今治西城大殿三楹拜殿三楹西首廟二進爲廟祝住宿處西廡爲造火葯處照壁一座
馬王廟在火神廟東首大殿三楹客廳一間前殿三

楹戲樓一座照壁一座道光三十年遊擊羅兆元守備吳杰重修
土穀廟在舊縣北門外橋東即五土五穀之神
旗纛廟在千戸所後即陽千戸李正建所廢廟亦廢
泰山廟在東門外
元帝廟在新城鳳山上住持皆道人分東西二宮道光三十年廟毀於火邑侯李葆樹重修
漢高帝廟在縣北三十里白馬山阿
向王廟在北門河山上及梘口各處
老君廟在縣北七十里

庵九

百子庵在東門內北角
蓮渡庵在南門內西偏
觀音庵在西城內關廟旁
準提庵在縣北門外向爲張公海若藏書處今在東門內
無量庵在北城外西偏向爲李公石帆藏書處
龍洞庵在縣東十五里
寶蓮庵在縣東七十里
木瓜庵在縣西南二十里

石佛庵在舊縣市南山上距城十五里

祠三

二賢祠祀唐縣令韋臯元縣令畢遜向在縣治儀門內縣廢祠亦廢邑侯周卜築於新城南門山麓今在縣治南門外塑有二賢像
龍女祠在青谿寺右
白馬祠在舊縣西一里白馬山下俗傳昔有白馬夜竊食田間禾稼莫能禁久之見馬往西山立廟祀之怪遂不作

補錄

赤剎寺在縣南二十里猴子岩南月琴山上
聖水庵在縣北四十五里洋坪市東庵内井多惟佛
座下井最著靈異故以聖水名庵

遠安縣志卷之三

政典一　户口

户口者賦役之本也百里版圖畀於縣令若曰爾其長此未有爲其長而不知所長之若而人者遠邑安集日久生齒日繁前君子所以富而教之當自有道茲稽版圖以証民數較前已增倍徙當事者相沿之制未敢率更依舊籍列之以備將來之稽考云志户口

明成化八年編縣户二里

舊額户三百二十六

口二千一百二十

宏治十五年

户八百三十零一

口六千零一十

正德七年

户九百四十二

口五千七百四十二

嘉靖元年

户九百五十四

口五千九百十四

隆慶六年

戸九百七十二

口六千三百四十六

萬歷三十六年

戸八百一十

口二千五百二十

崇禎十二年

人丁一千九百五十八丁

戸七百九十五

口二千零一十

國朝順治四年

戸七百九十五

口一千四百五十

人丁一千三百八十二

十四年人丁一千八百三十三

康熙五十年編審新增人丁四丁

實在人丁一千九百六十二丁又自

康熙五十五年至乾隆三十七年停止歷次編審滋

生人丁共六百四十三丁欽奉

恩詔永不加賦

道光元年

戸一萬二千三百八十

口五萬七千零五十六

咸豐六年造報戸口

戸一萬二千四百一十二

口五萬七千一百四十一

應納丁銀仍遵舊例照糧均派

遠安縣志

政典二 賦役

賦分九一什一役定三曰二曰先王之法中正無弊迨租庸兩稅青苗諸稅起法立弊生閭閻之需索甚矣

國朝汰無名之賦示畫一之規定爲賦役全書昭垂久遠雖款目繁雜覽者目迷而綜其要領臚列大端要亦泌斯土者所當知也志賦役

一土田

原額田地塘山共二千二百七十頃八十五畝七

分二釐四毫五絲內

原額田五百六十九頃六十七畝四分三毫六絲內

上田二百頃一十二畝六分八釐四毫一絲每畝科民米三合六勺該米七十二石四升五合六勺六抄二撮七圭六粒每石并加增顏料派銀二兩九錢七分四釐一毫二絲三忽二微一塵五渺八漠共該銀二百一十四兩二錢七分二釐六毫七絲七忽八微三塵六纖一渺

中田二百一十頃四十五畝一分八釐三毫一絲每畝科民米三合該米六十三石一斗三升七合六勺四抄九撮三圭每石照前則例共該銀一百八十七兩七錢七分九釐一毫四絲八忽二微四塵四纖五渺

下田一百五十九頃七畝八分三釐六毫四絲每畝科民米二合六勺該米四十一石三斗六升三勺七抄四撮六圭四粒每石照前則例共該銀一百二十三兩一分八毫五絲二微一塵五纖一渺

原額地山基址塋地禾場柴木等項共二千一百八十九頃一十五畝五分二釐一毫二絲內

上地二百一十四頃九十二畝六釐九毫七絲每畝科民米三合六勺該米七十七石三斗七升一合四勺

五抄九圭二粒科桑絲二觔八兩五錢二分帶派絲每石照前則例共該銀二百三十兩一錢一分二釐二毫二絲八忽一塵七纖四渺

中地三百九頃四十七畝七分七釐八毫八絲每畝科民米三合該米九十二石八斗四升三合三勺三抄六撮四圭每石照前則例共該銀二百七十六兩一錢二分七釐五毫二絲一忽七微三塵七纖六渺

下地六百六十四頃八十四畝三分七釐八毫六絲每畝科民米二合五勺五抄該米一百六十九石五斗三

升五合一勺六抄五撮四圭三粒（每石照前則例）共該
銀五百四兩二錢一分八釐一毫三絲七忽八
微二纖二渺
下山地一百三十五頃五十一畝二分七釐一毫
四絲（每畝科民米三勺一抄七撮二圭一粟）該米四百二斗九升
八合四勺七抄六撮八圭四粒（每石照前則例）共該銀
一十二兩七錢八分四釐一毫九絲九忽七微
三塵九纖九渺（帶科夏稅小麥二合）該麥二十七石一斗
二合五勺四抄二撮八圭（每石折銀一兩一錢五分九釐七毫八絲
二微八塵一纖九渺）共銀三十一兩四錢三分三釐一毫

五絲四忽七微二塵八纖七渺
山水鄉淤洲沙壩地三百九十七頃一十四畝八
分四釐七毫一絲（每畝科夏稅小麥二合一勺七抄六圭四粒三粟）共
麥八十六石二斗六合七勺五抄四撮八圭五
粒四粟（每石照前則例）共該銀九十九兩九錢八分八
毫九絲三忽五微四塵八纖
基址八十頃七十五畝五分八釐九毫（每畝科民米三合六
勺）該米二十九石七升二合一勺二抄四圭（每石
照前則例）共該銀八十六兩四錢六分四釐六絲八
忽六塵二纖四渺

塋地二十頃一十六畝八分三釐七毫（每畝科民米二合六
勺）該米五石二斗四升三合七勺七抄六撮三
圭（每石照前則例）共該銀一十五兩五錢九分五釐六
毫三絲三忽五微六纖五渺
禾場二頃二分三釐八毫三絲（每畝科民米三合六勺）該米
七斗二升八勺五抄七撮八圭八粒（每石照前則例）共
該銀二兩一錢四分三釐九毫二絲一微五塵
二纖四渺
荒地河壩四十頃九十五畝三分八釐二毫（每畝科夏
稅小麥一合）該麥四石九升五合三勺八抄二撮（每石
照前則例）共該銀四兩七錢四分九釐七毫四絲三

忽二微九塵
柴木山三百二十三頃三十七畝一分二釐九毫
三絲（每畝科夏稅小麥六勺二抄六撮六圭三粒）該麥二十石二斗
六升三合四勺九撮六粒七粟（每石照前則例）共該銀
二十三兩五錢九毫二絲二忽六微三塵三纖
三渺
原額堰塘一十二頃三畝七分九釐九毫七絲（每畝
科民米三合）該米三石六斗一升一合三勺九抄九
撮一圭（每石照前則例）共該銀一十兩七錢四分七毫

四絲五忽八微八塵五纖九渺
以上原額田地塘山共二千七百七十頃八十五畝
七分二釐四毫五絲
額載秋糧米五百五十九石二斗四升二勺六抄
九撮八圭七粒（內有免糧九十四石四斗九升每石派銀一兩一分五釐一毫六絲五忽七微八塵無免糧四百六十四石七斗五升二勺六抄九撮八圭七粟每石派銀三兩三錢七分二釐四毫五忽七微八塵）
額徵並加增共銀一千六百六十三兩二錢四分
九釐一毫三絲四忽二微
夏稅小麥共一百三十七石六斗六升八合八抄
八撮七圭二粒一粟（每石派銀則例已於書前開載）
額徵銀一百五十九兩六錢六分四釐七毫一絲
四忽二微
桑絲二觔八兩五錢二分（秋糧內帶派）
九釐餉（每糧麥一石派銀三錢八分七釐）該銀二百六十九兩七
錢三釐五毫
以上人丁田地塘山加增顏料九釐餉及新增人丁
共銀二千六百五十七兩五錢一分一釐二毫
八絲六忽三微六塵八纖四茫內除丁隨糧派
等事案內閤省均攤人丁應減銀二百六十三

兩五錢四分七釐七毫三絲八忽一塵三纖四
渺一漠五茫五沙一灰
實徵銀二千三百九十三兩九錢六分三釐五毫四
絲八忽三微五塵四纖五渺八漠八茫四沙九
灰
起運
戶禮工光各部寺條餉及撥歸均祭餘剩共銀一千
四百八十九兩四錢八分九釐八毫八絲一忽
七微六塵八纖四茫內除撥補存留款內不足
經制銀二百三十二兩七錢七分四釐八毫五
絲三忽四微又除奉撥
關帝三祭及奉復廩糧共銀八十三兩七錢四分六
釐俱入存留款內開造外又加入原編協驛站
改補正項銀三百八十五兩四錢二分二釐三
毫八絲二忽八微六塵四纖
該額銀一千七百七十五兩八錢二分七釐四毫一
絲一忽二微三塵二纖四茫內除閤省均攤人
丁應減銀二百六十三兩五錢四分七釐七毫
三絲八忽一塵三纖四渺一漠五茫五沙一灰
實徵銀一千五百一十二兩二錢七分九釐六毫七

絲三忽二微一塵八纖五渺八漠八茫四沙九

灰

存留

撥運供支官俸役食祭祀廩糧等項原額共銀一千九百一十八兩八錢五分四釐四毫內係

知縣

俸薪銀四十五兩

門子二名共銀一十二兩

皂隸一十六名共銀九十六兩（雍正六年奉文撥給件作及學習件作工食銀一十二兩餘銀八十四兩仍給皂隸）

馬快八名工食銀四十八兩（乾隆十六年內奉文將馬快名色改為捕役仍食本班工食）

看監禁卒八名共銀四十八兩

民壯一十八名工食銀一百八兩（查此存留民壯於乾隆元年內奉文每名每年加增修理器械銀一兩共加增銀一十八兩係在司庫各屬完解裁汰民壯工食銀款內支給不在該縣額徵之內乾隆四十二年裁減一半以為修整軍裝塘房銀九兩實給民壯銀九兩）

轎傘扇夫七名共銀四十二兩

庫子四名共銀二十四兩

斗級四名共銀二十四兩

典史

俸銀三十一兩五錢二分

門子一名工食銀六兩

皂隸四名共銀二十四兩

馬夫一名工食銀六兩

儒學教諭訓導二員

俸銀共三十一兩五錢二分

齋夫六名共銀三十六兩（查教諭已奉復設此項俸齋銀二官各半）

膳夫二名共銀四十兩（順治十四年裁銀二十六兩六錢六分六釐六分支）

（毫七絲七）存銀一十三兩三錢三分三釐三毫三

絲

門斗五名共銀一十四兩四錢

撥運

時憲書銀二兩七錢七分二釐八毫

解費銀五分五釐四毫五絲六忽

科舉銀一兩八錢一分四釐

解費銀三分六釐三毫二絲二忽

均徭

各舖司兵徭編九名（每名銀三兩帶閏銀五分）共銀二十七

兩四錢五分內縣前鋪三名歇馬木瓜清溪三鋪各二名

各河渡夫三名共銀三兩七錢一分五釐

各渡修船銀一兩五錢二年一修每年該銀七錢五

分

以上二項共銀三兩九錢四分五釐

祭祀雜支

文廟二祭共銀四十兩

崇聖祠二祭共銀七兩

名宦鄉賢二祭共銀七兩

山川壇二祭共銀一十兩

社稷壇二祭共銀一十兩

邑厲壇三祭共銀一十一兩

厲祭米折銀一兩二錢二分乾隆七年均祭案內設立

香燭米折銀一兩五分

以上各項祭祀均祭案內按款增減計餘銀一

兩九錢九分已照數歸入起運項下充餉

鄉飲二次共銀四兩

看守門子二名帶閏共銀三兩八錢六分三釐

三毫

歲貢生員正貢盤纏除徭編外花紅旗匾酒席銀八兩正陪二名赴考脚

力銀各二兩五錢共銀一十三兩二年一貢每年該銀六

兩五錢乾隆二年奉文將此項銀兩按年解交司庫合計出貢名數均派給領

六年報銷一次

新舊會試舉人以一名爲率長夫銀二十四兩

三年一次每年該銀八兩雍正九年奉文將此項銀兩按年解交司庫

遇會試之年合計通省會試舉人名數均派給領

孤老九名口每名米三石六斗每石折銀五錢共銀一十六兩

二錢乾隆三年內奉文扣除小建遇閏加增並每名每年增給銀四錢二分係司

庫地丁銀內撥給

孤老現在九名口每名歲支布花銀三錢共銀二兩七錢

部寺解費銀二兩七錢二分一釐五毫

各款共合原額銀一千九百一十八兩八錢

五分四釐四毫內除扣正官暖轎等銀一

十二兩六錢又除順治九年起至康熙二

十七年奉裁銀八百九十七兩六錢三分

四釐三毫四絲二忽外

存留實額銀一千八兩六錢二分五絲八忽又

添設

廩糧銀四十八兩康熙二十四年奉文復設支給廩生係起運項下撥給

關帝三祭銀三十五兩七錢四分六釐雍正七年奉文添設係起

運項下撥給

以上原額並新設廩糧

關帝三祭共銀一千九十二兩三錢六分六釐五絲八忽內除均派祭祀餘剩歸入起運項下充餉銀一兩九錢九分

二共額徵銀一千九十兩三錢七分六釐五絲八忽適合每年奏銷冊載該縣俸工等項額支之數內有奉裁巡檢弓兵工食銀一十二兩七錢八釐三毫五絲表夫銀八錢燈夫工食銀二十四兩俱另款解司充餉

添撥各項

教官加品俸銀四十八兩四錢八分乾隆元年內奉文教職加以品級給與全俸共加增銀兩係司庫銀內支給二官各半分支

先農壇祭祀銀五兩乾隆五年奉文將耤田存穀變價動用如有不敷仍於司庫存公銀內奏給復於乾隆三十年奉文於耗羨酌定章程案內每年赴司請領銀二兩八錢二分五釐其不敷銀二兩一錢七分五釐在於耤田收穫舊存穀石變價湊辦如無舊存穀石該縣自行捐奏備辦祭品乾隆二十四年奉文禁用捐墊字樣又經咨准部覆將收存穀石盡數易備如有不敷按數找給不必以二兩八錢二分五釐之數爲定

常雩祭祀銀五兩乾隆七年奉文設立係司庫地丁銀內動支

驛站

長沙遞運所修船銀二兩解長沙府藩修學道坐船

白沙驛損夫五名半每名銀六兩帶閏銀一錢共銀三十三兩五錢五分

白沙驛馬四匹每匹銀三十兩帶閏銀五錢代編監利縣原編本驛馬價零銀二兩三分四釐一毫帶閏銀三分三釐九毫共銀一百二十四兩六分八釐

建坪驛馬三匹每匹銀三十兩帶閏銀五錢又零銀一十兩帶閏銀一錢六分六釐共銀一百一兩六錢六分六釐

本驛支應銀一十六兩

走遞馬夫

原額挑夫一十六名每名銀五兩帶閏銀八分三釐三毫共銀八十一兩三錢三分三釐內扣六名入學抵經制外實存銀

五十兩八錢三分三釐

腳馬六匹每匹銀一十兩帶閏銀一錢六分六釐六毫共銀六十一兩

以上三項共銀三百八十七兩一錢一分七釐係本縣原編額徵驛站夫馬之項內除僻邑協濟抵補衝途動支民賦解司充餉銀三百八十三兩四錢二分二釐三毫八絲二忽八微六塵四纖

實徵銀三兩六錢九分四釐六毫一絲七忽一微一塵六纖解司充餉

隨漕
浅船額銀六兩四分九釐二毫
加徵鹿皮京楨每糧麥一石派銀一毫五絲四忽九微七塵一渺八漠九茫
該銀一錢八分
優免充餉銀二百一十七兩三錢二分七釐六
毫七忽六微
更名地款項
湘陰租田上中下水鄉共九頃九十九畝四分
七釐六毫內
上田地二頃二十八畝二分一釐每畝科米五合該米

一石一斗四升一合五抄
中田地二頃六十七畝六分三釐每畝科米四合五勺該
米一石二斗四合三勺三抄五撮
下田地二頃三十畝四分八釐每畝科米三合八勺該米
八斗七升六合四抄
共該米三石二斗二升一合四勺二抄五撮
每石派租銀三兩五錢
該租銀一十一兩二錢七分四釐七毫七忽
五微
山水鄉牧山二頃七十三畝一分五釐六毫每畝

科麥二合一勺三抄該麥五斗八升一合一勺一抄每麥
一斗派租銀二錢五分該銀一兩四錢五分二釐七毫
七絲五忽
二共租銀一十二兩七錢二分七釐四毫八
絲二忽五微
九釐餉每米麥一石派銀四錢二釐該銀一兩五錢二分九
釐九毫六絲二忽三微二塵
學田租課
學院册開原無學田前道批斷洪世傑等田四
十八畝
實徵租銀六兩七錢八分係支給社師廩餼並賬給貧生按名入册
奏銷理合登明

雜稅
牙帖稅銀一兩一錢
田房正額銀一兩三錢盈餘銀兩盡徵盡解原無定額
馬稅無牛驢稅銀盡徵盡解原無定額
額銷鹽引四百八十引每引改子鹽四十一包六分九釐六毫乾隆十
三年內奉
旨滿漳轂達加鹽十觔又乾隆十六年內奉
旨恩加鹽十觔共配鹽三百六十四觔改子鹽四十四包一分二釐一毫每引納稅銀二分係商
人交納解司撥用每年行銷原無一定理合登明

附已裁及半裁各欵

知縣俸薪銀六十三兩四錢九分（裁一十八兩四錢九分）

心紅紙張銀二十兩

油燭銀一十兩

修宅家伙銀二十兩

迎送上司傘扇銀一十兩

吏書一十二名共銀一百二十九兩六錢

門子二名共銀一十四兩四錢（裁二兩四錢）

皂隸一十六名共銀一百一十五兩二錢（裁一十九兩二錢）

燈夫四名共銀二十八兩八錢（裁四兩八錢）

馬快八名工食並草料銀一百四十四兩（裁九十六兩）

看監禁卒八名共銀五十七兩六錢（裁九兩六錢）

民壯五十名共銀三百六十兩（裁二百五十二兩）

修理監倉銀二十兩

轎傘扇夫七名共銀五十兩零四錢（裁八兩四錢）

庫書一名工食銀一十二兩

庫子四名共銀二十八兩八錢（裁四兩八錢）

倉書一名工食銀一十二兩

斗級四名共銀二十八兩八錢（裁四兩八錢）

典史書辦一名工食銀七兩二錢

門子一名工食銀七兩二錢（裁一兩二錢）

皂隸四名共銀二十八兩八錢（裁四兩八錢）

馬夫一名工食銀七兩二錢（裁一兩二錢）

儒學教諭訓導二員俸銀共六十三兩零四分（裁三十一兩五錢二分）

齋夫六名共銀七十二兩（裁三十六兩）

門斗五名共銀三十六兩（裁二十一兩六錢）

書辦一名銀七兩二錢

喂馬草料共銀二十四兩

科舉銀三兩六錢二分八釐（裁一兩八錢一分四釐）

解費銀七分二釐六毫四絲四忽（裁三分六釐三毫二絲二忽）

布政司表夫銀一兩六錢

興山縣高鷄寨巡司弓兵五名（每名銀五兩帶閏銀八分三釐三毫）共銀二十五兩四錢一分六釐七毫

各河渡夫三名共銀七兩九錢三分

各渡修船銀三兩（二年一修）每年該銀一兩五錢

以上二項共裁銀五兩四錢六分五釐

龍亭儀仗修理銀一兩

山川壇二祭共銀一十二兩（減銀二兩）

邑厲壇三祭共銀一十二兩（減銀一兩）

香燭米折銀一兩二錢六分（減銀二錢一分）

鄉飲二次共銀八兩（裁四兩）

本縣應　朝盤纏銀（首領官二十五兩該吏一十兩造册紙劄工食銀四

兩）共銀三十九兩（三年一次）

科舉生員以十一名爲率（每名盤纏銀三兩花紅銀九錢酒席銀一

錢）共銀四十兩（三年一次）

提學道科歲考合用試卷供應給賞等銀二十

兩

廩生二十名共銀一百四十四兩

歲貢盤纏銀一十五兩

門神桃符春牛芒神花鞭酒席開印封印牲醴

香燭等銀四兩

供應銀六兩六錢

備用銀四十五兩

遂安縣志

政典三　學校

學校者經術治行之淵藪也歷代建置國有大事率僚吏士民而講行之無事則國之耆老子弟游焉以論鼓鐘而修孝弟外此則師無以爲教吏無以爲治多士無以爲誦法也今虞業在懸鼓鐘載考復時加丹雘潤色藝林諸君子絃誦之餘倘亦有不待文而興者乎志學校附書院義學

學宮在今治東北隅舊在亭子山下明成化十七年

隨縣遷東莊坪在城內嘉靖三十七年移至北門外邑侯劉英鑄造鼎鑪祭器邑侯鄭穀用官値買地擴而大之崇禎十四年邑侯周乃浹遷治鳴鳳山麓縣廢學宮鞠爲茂草

國朝順治四年邑侯周會隆卜築於新城東門外十四年邑侯安可願重修康熙五年邑侯宋繹還治東莊坪建學宮於北門外舊址二十二年邑侯陳其舜復修乾隆五十七年邑侯許忠一移建今址歲久朽壞道光二十九年教諭劉子垣訓導黃庚募修咸豐七年正月二十七日裏匪

陷城殃及大殿復募修建

大成殿內

至聖先師正位南向

四配

復聖顏子

述聖子思子東位西向

宗聖曾子

亞聖孟子西位東向

兩序

先賢閔子損冉子雍端木子賜仲子由卜子商有

子若皆西向

先賢冉子耕宰子予冉子求言子偃顓孫子師朱

子熹皆東向

兩廡

先賢蘧氏瑗澹臺滅明原憲南宮适商瞿漆雕開

司馬耕梁鱣冉孺伯虔冉季漆雕徒父漆雕哆

公西赤任不齊公良孺公肩定鄡單罕父黑榮

旂左人郢鄭國原亢廉潔叔仲會公西輿如圭

巽陳亢琴張步叔乘秦非顏噲顏何縣亶公明

儀樂正克萬章周敦頤程顥邵雍

先儒公羊高伏勝董仲舒后蒼杜子春諸葛亮王

通范仲淹歐陽修楊時謝良佐羅從彥李侗呂

祖謙蔡沈陳淳韓琦魏了翁王柏趙復許謙吳

澄胡居仁王守仁羅欽順黃道周湯斌均北上

西面

先賢公孫僑林放宓不齊公冶長公晳哀高柴樊須商

澤巫馬施顏辛曹卹公孫龍秦商顏高壤駟赤

石作蜀公夏首后處奚容蒧顏祖句井疆秦祖

縣成公祖句茲燕伋樂欬狄黑孔忠公西蒧顏

之僕施之常申棖左邱明秦冉牧皮公都子公

孫丑張載程頤

先儒穀梁赤高堂生孔安國毛萇鄭康成范甯韓

愈胡瑗司馬光尹焞胡安國李綱張栻陸九淵

黃榦眞德秀何基陳澔金履祥許衡薛瑄陳獻

章蔡清呂坤劉宗周陸隴其文天祥孫奇逢陸

贊均北上東向

崇聖祠殿內

肇聖王木金父中

裕聖王祈父左

詒聖王防叔右

昌聖王伯夏次左
啟聖王叔梁紇次右皆南向
四配
先賢孔孟皮顏無繇孔鯉東位西向
曾點孟孫氏西位東向
兩廡
先儒周輔成程珦蔡元定西向
先儒張迪朱松東向均北上
大成門左爲名宦祠內
唐韋臯　宋楊大興附　元畢遜

明蘇大成　郭信　孫自強
周乃浹　劉英　程典
清李蔭祖總督　額倫特　吳璵
陳銑巡撫　劉兆麟　楊素蘊
潘宗洛學院　周會隆知縣　梁鳳翔
共一位南向
大成門右爲鄉賢祠內
徐禎　何史訓　胡鑾
張斗樞　簡而可　張大受
李友蘭

共一位南向
明倫堂前左爲孝子祠右爲節孝祠貢生熊應兆遷建並重修明倫堂建頭門三楹
孝子祠內
宋張榮貴　清方藍琳　明廖說
明鄒宗孟　清廖士宏　明廖仲儒
共一位南向
節孝祠內
明陳盧氏　劉孫氏　劉陶氏
楊望氏　汪張氏　彭白氏

冷鄧氏　董張氏　孫談氏
鄒陳氏　李周氏　簡張氏
張李氏　萬李氏　向盛氏
曾望氏　楊寅姑　廖汪氏
游張氏　蕭萬氏　李王氏
姜張氏　陳望氏姑媳雙節　陳張氏
楊傅氏　朱劉氏　湯陳氏
萬徐氏　楊郝氏　傅李氏
周何氏　韓祁氏　楊貞姑
共一位南向

教諭訓導各一員

額設廩膳生員二十名二年一貢

增廣生員二十名

文生每考取進八名俱充附

武生每歲考取進八名

學田原額四十八畝一坐落柳林灣共二十三畝一坐落泥水洞共十畝一坐落安洋區共十五畝共徵銀六兩七錢八分

又外游九德捐蕭家溶田張字一千三十六號計三畝四分一釐六毫五絲六忽一千三十七號計三畝六分四釐九毫五絲八忽一千四十一號計二畝一分三毫六絲四忽一千四十八號計八分七釐六毫六絲六忽一千五十一號計二畝五分七釐一千五十三號計一畝五釐八毫三絲三忽一千五十四號計二畝一分二釐五毫共十五畝七分九釐九毫七絲七忽內被佃戸盜賣一形清查不出只收穀十二石備兩齋紙札腥紅之用

郭家隁田一分收租錢一千文

楊姓田一分收租錢一千文

書院

儀祉在舊城書院內順治四年邑侯周會隆遷建於新城南關內今廢

東庠小學邑侯周會隆設於學宮內今廢

鳴鳳書院在小西門內每年地租以賑寒士

沮江書院在東門內道光二十六年邑侯梁光創建大堂三楹龍門一座頭門三楹東西俱有耳房照壁一座坐樓三楹院內東偏有石山小沼西偏有大桂樹一株樓上供

至聖先師後有水井一口廚房三楹再後號舍三楹左耳房右廁房號桌一百張號櫈一百條

書院田畝

一職員傅正操捐水田二契歇馬鋪五畝六洋舖四畝共租穀九石

一孝廉方正陳金鑾捐歇馬鋪水田一契共十一畝載價錢一百六十串書院代取當去錢四十串實捐錢一百二十串租穀十一石

一貢生杜志學職員楊鴻烈等共捐覓口螞蝗蓮花三區公項田五契共十五畝九分租穀十三石五斗

一錢發坤捐歇馬鋪水田一畝七分租穀一石
七斗
一陳之緒捐茅泥鋪旱田四畝租錢三串四百
文
一談士祚捐歇馬鋪旱田一畝租錢八百文
一買黃文秀歇馬鋪旱田二畝八分租錢二串
八百文
一買游士宏後砦鋪水田二畝租穀二石
一買劉紹先後砦鋪水田五畝租穀五石
一買李元吉歇馬鋪旱田四畝租錢一串

一買馬遵誥歇馬鋪水田十一畝租穀十一石

附錄

宗聖曾子後裔自西漢末遷居江西於是有東支南支之別遠安曾家棚一支與湖南湘鄉縣一支又其由江西轉遷者余閱其世譜每頁皆蓋有 衍聖公五經博士印章併有公文移會遠安縣免其雜派差徭出示曉諭在案而世系一脉相承毫無紊亂實爲 宗聖嫡裔伏思 宗聖獨傳聖道爲學校所自開今該處雖列庠無人附錄於後以見遠安亦有 聖裔焉學校詎不因以有光乎

遠安縣志

政典四 武備

國家雖當全盛時未可一日忘兵也自漢唐迄前明戎政犁然可稽然求諸古者寓兵於農之意則已判然兩途矣昔人謂荆襄爲用武必爭之地又謂遠安爲荆州門戶則設險置將詎不可已今制置遊守以下諸員鳴弓擐甲以壯楚服水旱塘汛碁布星羅其有合於思患預防之遺意乎志武備

明設守禦所

指揮一員
千戸一員
鎮撫一員
百戸一員

明成化戊子撥旗軍一千七十餘名守禦後調三百名防守竹山縣又歷年逃故甚多萬歷間實在旗軍三百五十八名內輸戍南襄紅沙一百二十有三守城操備僅二百三十五名今經兵火逃亡殆盡

國朝康熙五年撥荆州後營設遠安營

遊擊一員
守備一員
千總一員裁
外委千總一員駐當陽
把總四員
外委千把總三員雍正七年添設
原額馬步戰守兵八百名康熙八九兩年裁一百十名十三年添足八百名十四年又添四百名共一千二百名二十一年裁四百名二十二年裁一百九十三名二十三四兩年裁六十七名三十五年裁三十名四十五年裁一十三名雍正七年奉 文於馬兵數內設立外委千把總三員乾隆九年奉 文將外委千把造於經制千把之後不須列入兵丁項下乾隆十八年撥馬糧四分歸宜都營該營退出戰糧一分守糧三分還本營遵奉開撥外實共兵丁四百九十四名內馬兵四十三名戰兵八十四名守兵三百六十七名乾隆二十一年撥本營千總一員帶同現食馬一守六養廉七分並抽本營洋坪汛兵十五名一併赴安陸營乾隆四十六年奉

文給予遊擊養廉銀四百兩守備二百兩千總一百二十兩把總九十兩外委十八兩公費一百八十九兩二錢九分六釐本營退出各官養廉五十三分公費一十五分嘉慶十九年裁減守兵二十名在於存城北砦河溶各汛抽撤道光十二年裁減存城馬兵一名戰兵一名守兵六名道光二十二年裁減存城守兵二名現在馬步戰守兵三百七十四名內馬兵三十四名戰兵四十八名守兵二百九十二名戰兵四十八名內弓箭兵丁二十名鳥鎗兵丁二十二名籐牌兵丁三名耍刀兵丁二名砲手兵丁一名守兵二百九十二名內守識一十二名弓箭兵丁九十名鳥鎗兵丁一百五十名籐牌兵丁二十七名耍刀兵丁七名砲手兵丁六名官坐馬二十二匹戰馬三十七匹每年春冬二季每季每匹支草料乾銀三兩六錢夏秋二季每季每匹支草料乾銀一兩五錢每年報倒馬一十一匹請領馬價銀一百五十四兩隨倒隨補額設砲二位子母砲一位劈山砲一位火葯三千八十四觔鉛彈三千八十四觔每年除俸餉米折

外額設惠濟兵丁銀一百六十五兩三錢一分六釐紅事給銀三兩白事給銀五兩

巡防汛地

原塘汛後司把總駐觀音砦塘右司外委駐清溪塘外委千總駐當陽易家坪塘乾隆九年裁千金砦石柱砦白土團洪恩砦當陽宋家渡諸汛撤外委千總回遠安城協防存城撤右司外委赴當陽城協防汛務二十一年裁本營千總赴安陸營改洋坪爲小汛撤左司把總回縣駐防存城三十年裁塞口塘另設漳河口塘併設

南襄城塘復改洋坪爲大汛觀音砦爲小汛移觀音砦把總駐洋坪汛兵二十五名留五名守塘其餘二十名撥赴洋坪大汛洋坪汛兵五名撥赴南襄城新汛現在三十六塘

右司把總駐黃家垸內轄七汛

北砦汛　馬家坪塘　陰陽坡塘　蘆溪嶺塘　界山塘　木瓜鋪塘　清溪塘

後司把總駐洋坪內轄十四汛

洋坪汛　羅漢峪塘　香油坪塘　沙底坡塘　湖水塘　包市砦塘　五爪砦塘　觀音砦塘　定林坡塘　下管塘　西河塘　興田塘　南襄城塘　彭家砦塘

千總存城汛駐當陽城內轄九汛又協防城汛右司外委一員

張王廟塘　清水鋪塘　易家坪塘　普通寺塘與宜都秦家壋塘交界　七孔岩塘　慈化寺塘　峽口塘　玉泉寺塘　蓮坪塘與宜鎮天峯鋪交界

左司外委駐清溪河內轄四汛

清溪河汛　漳河口塘　鴻橋鋪塘與荊門鋼鑼鋪交界　官壋塘

前司把總駐河溶專汛

河溶汛與荊州營十里鋪交界

左司把總駐城內專汛又協防城汛左司外委千總一員

縣前鋪汛

兵防

南襄堡通巴蜀鄖襄等處明時流賊出沒其地成化四年建堡周圍有垣南北有門輪撥本所官一員旗軍一百名戍守今廢

軍政考格

明五歲一考選本所掌印兼管屯局馬政官一員佐貳清軍城操官一員巡捕兼理刑官一員十百戶

所掌印百戶各一員或以能者兼之今廢

屯賦

明屯田計原納子粒米七百八十一石五斗一升六合後加增至八百一十一石五斗五升二合有零田俱在江陵宜都枝江松滋當陽等縣地方

國朝遠安所歸併屯田地二百二十七頃四十一畝八分二釐有奇　額糧七百二十一石一斗二升二合有奇　額銀三百四十六兩一錢三分八釐有奇

原額丁銀一十三兩六錢自雍正七年為始歸入闔省屯田銀內均攤帶徵　乾隆十三年審增丁銀一兩八錢四分三釐有奇

實徵丁銀一十五兩四錢四分三釐有奇

軍需

明遠安縣倉小麥一百三十七石六斗六升八合七勺

監利縣米六百一十九石

彝陵州米一千石

宜都縣米一百一十石零

興山縣米一百五十四石

巴東縣米一百九十九石

紀兵

漢淮陽王更始元年秦豐起兵攻得邔宜城若編臨沮中廬襄陽鄧穰湖陽蔡陽兵合萬人東觀漢記

光武六年田戎任滿出江關下臨沮夷陵間招其故宗因破取荊州諸郡後漢書公孫述傳

宋元嘉二十四年臨沮當陽蠻反縛臨沮令傅僧驥荊州刺史南譙王義宣遣中兵參軍王諶討破之宋書

齊高帝建元二年南襄城蠻秦遠出破臨沮百方寨殺畧百餘人南齊書蠻傳

北上黃蠻文勉德寇汶陽太守戴元孫棄戍歸江陵荊州刺史豫章王嶷遣中兵參軍劉伾緒將千人討勉德至當陽勉德請降按汶陽郡治高安

明成化二年五月尚書白圭至南陽與撫寧伯朱永由南漳入遇賊誘之臨城擊破之永適有疾留鎮圭與唐愼李震湖廣巡撫王儉進兵潭頭坪林貴鮑政自遠安進兵馬良坪喜信王信自房縣進兵淚河口王恕率都指揮劉清等亦自穀城進兵洞庭廟賊見勢逼千斤走壽陽欲出陝西苗龍走大

市欲出遠安卽調兵往壽陽截其奔軼千斤退大市與龍合都指揮田廣進至厓坪擊賊敗之追及於古口山明日廣與諸軍皆會進攻賊陣斬其子劉聰僞都司苗虎一百餘人乘勝進兵賊退入巢穴憑險爲拒時諸路兵會已二日攻之不能下士卒聞圭來倍奮勇圭乃命劉清將兵千餘由間道出賊後焚其營而自以大軍臨之圭與震儉攻其右王信擊其左鮑政衝其中賊數萬餘迎戰顧其營火遂驚走蹂躪死者無算擊斬萬人生擒劉千斤獻俘京師與苗龍等四十八皆磔於市男子十

歲以上者斬之惟劉長子石和尚遁去明史紀事本末

崇禎七年流賊犯遠安城陷遷治鳴鳳山麓

十六年闖賊數萬騎犯遠安新城復陷

順治三年虎賊攻圍荆州　貝勒王兵至賊潰奔遠安據呼兒洞山頂官兵復追擊又大破之賊北遁

六年王賊犯境荆鎮總兵鄭公四維進剿賊敗遊擊呂騰蛟深入沒於陣

六年二月姚黃王二王三等賊萬餘出犯洋抨荆鎮中營遊擊武君相奮勇擊之活擒僞副將張有才僞叅將李學等僞守備王自登等賊一百餘名獲騾馬旗幟器械無數又守備龍英生擒高照劉大漢賊大奔潰

九年虎賊入彪邑侯盧請鎮兵剿殺賊潰遊擊汪吉當先遇伏死之

九年賊犯高荒嶺君相追斬僞百總李大廷生擒無數賊遁又十月郝賊犯廻水岩遊擊武君仕當先殺賊百餘生擒二十餘名賊遁

十年春虎賊犯境遊擊白可愛將兵擊之殺賊百餘生擒二十餘名又五月賊復犯境愛將兵擊之追至西河口賊遁先是鹿溪一帶賊潛伏難測自擊

敗後畏其智勇不敢伏草邉境賴之由是始也

十一年李賊出犯十八灣守備凃鎧殺賊多級活擒數十賊遁又十月李賊遺黨賊等盤踞北砦一帶砦民李春元六兒等順賊遊擊崔文元同守備關陞領兵撲勦賊遁招撫春元等釋之

十二年虎賊夜襲新城逃道及天明列營向家坂搦戰遊擊趙克仁出戰新城鄉勇於四山樹旗幟爲疑兵賊將授首生擒百餘時賊衆我寡力戰破之可謂健將

十四年春遊擊黃名世屯兵向家坂夜半賊入營世

被執守備劉戰死之

十四年增戍兵兩營

十五年設立木城駐札防兵

十八年新任遊擊沈應宗輪守賊不入境四野晏安

康熙十二年冬吳三桂反於雲南明年陷宜都遠安繼陷枝江松滋公安等縣十七年春三桂死於衡州十八年正月我師自岳州進勦賊大敗於是荆江以南賊戍盡撤郡遂無警

嘉慶元年白蓮教匪起遠安數十百戰俱詳忠義門

五年九月白蓮教匪盤踞遠安山谷間上憲檄高

遠安縣志　卷三　武備　三十五

廉鎮李（佚其名）帶兵來勦李使人偵賊踪賊伏青龍灣偵者以無賊報李督兵前進伏起李被圍陣亡賊遂欲薄城呂令應熊投兵登陴城上旌旗布滿鼓角齊鳴賊不敢攻

咸豐七年正月襄匪分兩支南下一由興山破宜昌一由遠城河竄遠安趙明府廣恩預調勇在南漳之文家埡堵卡鄉勇未經戰陣十四日賊衝卡勇陣亡九人退紮南襄城地方適盧都閫又雄領兵過境會於韓林寨十五日晨刻戰於峽口殺賊數百人奪獲馬匹器械無算忽通城河生力賊來救致未撲滅賊聞唐明府兵將至遂東走盧旋奉調回荆趙明府撤勇向茅坪設卡以禦東面不料宜昌賊於二十七日晚突至城內兵勇單弱遂至被陷趙明府會同營員調齊四鄉義勇刻期攻勦賊聞之初四日晨遁城獲收復

補錄　何人龍明御史史訓之後武生春甲之六世祖也崇禎六年由縣禮書撥補荆州府吏書八年獻賊焚沙草二市龍率義勇勦斬多級授把總十年敗賊於牛頭嶺札授千總十一年奉調入

遠安縣志　卷三　武備　三十六

荆門州援勦札授守備十四年擒獲賊首翻山鷂就地滾四條龍等又活捉黑頭雲等一百餘名加銜遊擊奉調援沫在路以丁艱回遠立寨自守迄

本朝定鼎順治二年　貝勒領兵追勦虎賊龍率寨人投誠七年胡段二賊及王二王三犯境龍率鄉勇屢著戰功又奉命督修城垣八年工竣告辭歸農不復出山有隱君子風

咸豐七年兩次奉　文裁兵四十名歸漢陽水師營招補

政典五 鄉飲

優老之典莫隆於鄉飲酒禮古人觀於鄉而知
王道之易亦謂鄉飲之行有賓有介賓以鄉之
賢而有齒德者爲之介則衆賓每歲命有司舉
行二次賓主揖讓相尚以齒使民知長幼之序
觀此者孝弟之心可油然生矣遠安前充此選
者杳不可稽而徵諸學案間有其人採而錄之
以示小邑亦知大典云志鄉飲附以耆壽

鄉飲酒禮儀注 並圖

鄉飲酒禮京府及直省府州縣歲以孟春望日孟
冬朔日舉行於儒學前一日執事者於儒學之講
堂依圖陳設坐次司正率執事諸生習儀至日黎
明執事者宰牲具饌主人及僚屬司正先詣學遣
人速賓僎以下賓至主人率僚屬出迎於庠門之
外揖入主居東賓居西三揖三讓而後升堂東西
相向立贊兩拜賓坐僎至主人又率僚屬出迎揖
讓升堂拜坐如前儀賓僎介至既就位執事者贊
司正揚觶引司正由西階升詣堂中北向立執事
者贊賓僎以下皆立贊揖司正揖賓僎以下皆揖
執事者以觶酌酒授司正司正舉酒曰恭惟
朝廷率由舊章敦崇禮教舉行鄉飲非爲飲食凡我
長幼各相勸勉爲臣盡忠爲子盡孝長幼有序兄
友弟恭內睦宗族外和鄉里無或廢墜以忝所生
讀畢執事者贊司正飲酒飲畢以觶授執事執事
者贊揖司正揖賓僎以下皆揖司正復位賓僎以
下皆坐贊讀律令執事者舉律令案於堂之中引
讀律令者詣案前北面立贊賓僎以下皆立行揖
禮如前讀畢復位執事者贊供饌案執事者舉饌
案至賓前次僎次介次主三賓以下各以次舉訖

執事者贊獻賓主起席北面立執事者酌酒以授
主主受爵詣賓前置於席稍退贊兩拜賓答拜訖
執事者又酌酒以授主主受爵詣僎前置於席交
拜如前儀畢主退復位執事者贊賓酬酒賓起僎
從執事者酌酒授賓賓受爵詣主前置於席稍退
贊兩拜賓僎主交拜訖各就位坐執事者分左右
立以次酌酒獻三賓衆賓徧賓主以下酒三行供
羹執事者以次酌酒飲酒供饌三品畢執事者贊
徹饌候徹饌案訖贊賓僎以下皆行禮僎主僚屬
居東賓介主賓衆賓居西贊兩拜訖贊送賓以次

下堂分東西行仍三揖出庠門而退

律令

凡鄉飲酒禮序長幼論賢良別奸頑其坐席間高年有德者居上高年淳篤者並之以次序齒而列其有違條犯法者不許干與良善之席違者罪以違制敢有諠譁失禮者揚觶者以禮責之

鄉飲酒禮圖

僎　司正　僚　主　東階

大賓　衆賓　介　西階

明時三人

陳宜翁明初什塚坪人事實無可考其墓碑有鄉飲賓字樣別蘇錄之以示搜採不遺之意

陳志亮明季什塚坪人門閥高古儒雅樸誠正德時恭逢詔錫鄉飲得隨羣英躋明倫堂之賓而聆雅頌之音

談珏字崑玉嘉靖間明經授雲南鄂嘉縣令性清介嘗曰爲官求利不過爲不肖子孫酒色貲耳何愛焉解組時行李蕭然鄂人德之爲立生祠入祀名宦歸里公舉鄉飲大賓邑侯贈以聯云澤洽滇南棠不伐望高林下鶴爲羣

乾隆十八年舉行一次

大賓

楊國治恩貢生生平禮法自守品行端方學使開錄其優行年六十餘紳耆公舉鄉飲大賓事實冊稱其閉戶讀書成就後學洵爲齒德兼優之士

曹文植字樹玉城內人博學能文居家孝友學使開錄其優行與子于岳于嵩俱列明經年六十餘紳耆公舉鄉飲大賓事實冊稱其家世詩書學問優長洵爲允合鄉評之士後選麻城司訓

不就年九十餘卒

介賓

張銘邑庠生在學多年謹守卧碑生平無絲毫可議處年老告給猶手不釋卷紳耆公舉鄉飲介賓時已七十餘事實冊稱其遵守禮法規矩先正精岐黃貧民賴之堪與此選

嘉慶八年舉行一次

大賓

周士巍字域村董家畈人與兄士岸俱列明經邑

中成學半出其門年六十餘紳耆公舉鄉飲大
賓事實册稱其養邃學優士大夫視爲模範年
高德劭億兆人奉爲典型可想見其梗概焉
李林楨字峙亭城內人學問淵博善誘後進與子
甲煊甲焞俱列明經年六十餘紳耆公舉鄉飲
大賓事實册稱其循名責實儼品行之兼優則
古稱先復譽望之早著洵不負所舉云

耆賓

方維璧字藍琳城內人年七十餘紳耆公舉鄉飲
介賓事實册稱其孝友淳樸齒德俱尊（詳孝友門）

嘉慶十八年舉行一次

大賓

談正品洋坪人學中告給文生冲年英姿邁衆七
歲即喜讀書鄉先達無不以遠大期之未盡所
學年七十六歲紳耆公舉鄉飲大賓事實册稱
其事親至孝性情敦謹允協鄉評
談正達談家坪人學中告給武生少年文藝可觀
人勸達父棄文就武鄉先輩多惋惜之年七十
餘紳耆公舉鄉飲大賓事實册稱其智勇兼備
嘉慶初充當團長敦睦宗族樂善好施足當齒
德兼優之目

耆賓

馬岳瞻字五峯城內人績學未遇教子成名年七
十餘紳耆公舉鄉飲介賓事實册稱其品行端
方時人皆敬憚之有無良者姓名畏告就質者
望閭自愧之風可以想其生平焉
楊培安洋坪人號叔平前縣尉楊大異之後居家
孝友存心公平樂施好善教子繼震繼溥俱列
庠鄉人欽其正直咸豐二年公舉鄉飲介賓時
年七十六歲

附耆壽

陳晃山中樸叟也人傳其年百餘歲邑侯周會隆
聞而奇之召見養於下庠月給以米免其雜徭
鄭仲極字三省性醇樸謙謹年七十志行益篤且
精岐黃活人甚多邑侯汝可願優禮之有贈儒
醫鄭仲極介耆詩（詩藝文）
按荊州府志二人之外尚有李正成一名未載
事實特附錄之以不沒其名云
孟靜山邑文生窮經稽古至老不倦壽七十四歲
長子調元次子調鼎俱文庠元杜門課讀不預

外事壽八十四鼎學問淵博書法端楷生平寬
和不與人忤壽九十二
劉鴻義國學生碩修南門大橋監修　文武聖廟
好善喜施不求人知享年七十五例
貤封修職郎長子步瀛武生率勇隨征當陽以功賜
七品次子玉選號掄青博學能文屢列優等以
明經授竹谿訓導壽八十九孫瀛子式如衛千
總年六十四咸豐七年正月二十七日襄匪至
如率勇堵禦受傷死選子爲鏊歲貢生現年七
十二

馬永年字松岑壽九十三長子岳嵲字湘衡邑庠
生壽九十一次子岳嶦壽八十八孫學珍壽七
十八三世俱登上壽
李作殿字安邦邑隱君子也少孤貧弱冠棄儒業
賈督其弟鳴謙學列庠旋食餼謙卒撫遺孤若
己出子與姪同歲掇芹性方正貌温和里有構
訟者邀諸家婉言勸導彼此忿立釋晚年體益
健年八十餘行不需杖閲蠅頭字不鏡壽九十
二無疾而終子中鼎列庠孫時彦選拔鯤邑庠
曾孫繞膝者十數人

喻洸字湘蘭生員廷浩之父生員美昌時昌監生
運昌會昌職員和昌勛昌慈昌之祖生員秀錩
秀彦秀儒秀毓秀升監生秀潤州同秀發例貢
子茂之曾祖庠生承綱之高祖性豁達享年九
十及見元孫邑宰唐祝聯云九旬高壽談何易
五世同堂見也稀
王世琳字燦邦北城内人監生東陽朝俊之父文
生殿英職員瑞徵之祖性孝友貌温和好善樂
施嘉慶初承辦兵勇米粮捐修城堡不受奬賞
壽八十四無疾而終

楊永璽字楚玉白土舖人業儒未就性孝友母陳
氏年衰步履維艱晨昏必背負出入始終不倦
事兄永貴謹每貿易歸必侍立聽命數十年如
一日鄉里稱爲孝子悌弟享壽八十二子一枝
臨春俱列庠
覃中和字咸甯白土柳林村人遷龍華山麓國學
宗榮宗華之父邑庠應桂應桃例貢儁嶽訓導
仙根職員應柄應權應甲之祖邑庠迪吉祥麟
瑞麟鯤化之曾祖生平規步矩行尺寸不苟訓
子孫尤兢兢以戒輕薄務謹愿爲要以故子孫

衆多皆恂謹可愛先緒能恢壽八十七無疾而卒

楊培緒字裕昆白土鋪人性至孝五歲喪父家無石儲竭力事母始終不懈生平行端表正年逾八旬子朝瑞列庠

皮文鶴城內人遷居茅坪拔貢文彪之堂兄監生兆祥之父性謹厚樂善好施精歧黃濟人甚多年八十李邑侯優卹八品

曾明聖郝梘鋪人性古直貌頎而長謹言慎行以勤儉謀生理喜飲酒每客至啣杯爲懽門外事

不知也年四十八舉一子後連舉六孫壽九十身歷四朝眼見五代今孫枝同居男女五十餘人藹然一堂互相友愛鄉鄰以義門稱之

翟敬修邑庠生篤行好學享年九十七子光黻亦列庠

簡文錦貢生泰之父習導引術好善樂施享年九十

吳維仁石管鋪監生光斗之祖性樸直享年九十

談正希重興鋪庠生世璽之父性忠直享年九十五

焦直修木瓜鋪監生治孚之祖性樸實業醫濟人年九十七

王廷材貢生徵璠之父廩生旭林之祖性溫和品端正現年九十八

蘇元清谿人忠厚勤儉現年九十三

任鴻逵號雲門邑增生力敦孝友嘉慶初父國佐當出貢避難漳邑病沒冒鋒鏑裹骸歸侍母疾衣不解帶教人則循循善誘成就者多享年七十三

陳國楷存心忠厚待人謙恭教子耕讀不干外事

眼看四代年逾九十孫煥新列庠

徐必貴許舊鋪人品行端方言語簡樸和族姓睦鄉鄰人有爭訟事排解莫不服子一孫衆享年八十五

翟達聖邑庠生舊縣市人素性耿介品行端方學師嘉之康熙四十六年立爲齋長給有諭帖一時學規整肅無不謹守臥碑教人循循有序遠近學者皆負笈從之享壽八十五

楊壽徵信善樂施子澤玉安逐樂雄六人咸教以務樸素尚勤儉年八十七步履猶健邑侯林賜以

聯云神健八旬長綿鶴算占人瑞膝環四代快
睹鳳雛蔚國華
楊永恕白土舖人品行端正敬宗睦族子弟中有
資性好者必誘掖奬勸以成其志享壽八十五
子五季培森列職性慷慨一諾千金士林推重
徐志耀許舊上舖人忠厚樸誠謙和勤儉子孫林
立眼看四代現年九十身猶康健
周士珍孝子明玉之孫恩貢生芝蘭之父廩生學
清之祖也嘉慶初白蓮教倡亂珍率里人修呼
兒洞東西兩堡及洞門石道衆賴以保全區有
社倉兵燹後穀失勸諭捐復如故水旱有備與

妻黃氏俱享壽八十有餘
徐榮芳白土舖人存心忠厚處世謙恭教子孫攻
詩書勤耕作生子五次增生瑞麟四廩生甲孚
孫金臺樹勳文倜列庠鳳藻業儒眼看四代年
八十無疾壽終
張世林白土舖人精地理性極和平教子孫勤耕
種至老不倦現年九十步履尚健
覃宗榮號嵢峰中和長子國學生性聰慧有權畧
精岐黃青囊之術嘉慶初督率鄉勇堵禦蓮匪

遠安縣志

政典六 祥異

天人相與之際微矣謂瑞爲福兆何以龍麟莫
救鄭魯之衰謂災爲禍萌何以水旱無損堯湯
之盛其祥不盡祥異不盡異者豈非以人事之
故哉鄭氏通志有災祥畧王氏玉海有祥瑞門
馬氏通考有異物考皆自立義例包羅宇宙用
以昭示鑒戒茲雖事屬一方而稽諸史乘信而
有徵未可畧而不載也志祥異

唐鳳集於壽隆寺山

宋寶祐年間鳳凰鳴於西山
元武宗至大三年秋七月當陽夷陵宜城遠安諸縣
水
明嘉靖七年大旱蝗蟲蔽天
十七年大火有烏鴉啣火燬民廬舍東滅西焚經
月不息
二十七年西泰門火
四十二年虎近城市搏獲之
四十五年天雨蟲長寸許色黑食草木殆盡
萬歷元年秋七月大水衝城郭沒民舍歲大歉

嘗獨乘騾往羅漢峪偵賊忽賊大隊掩至即回
身策騾而返宛轉山谷間卒能自免見滴水巖
山勢峭峻可以爲守亂平結砦其上爲後人保
聚計處世和平治家嚴肅子弟無不恪守禮法
孫男子姪列庠列職者衆自見中和傳中現年
八十六歲五世同堂目見六代
附録咸豐八年舉報鄉飲賓姓名
正賓周維翰　貢生介賓姜洪文　徐文林　文生耆賓楊培安
喻吉昌　周大璜　陳德五　嚴朝選　程宗發
朱永慶　徐天照　王正緒　何春發　丁甲三
余發陞

十二年大旱
十三年夏六月水秋七月雨雹大風拔木飢民逃
亡
十六七年皆旱
四十七年蝗飛蔽天
崇禎六年地震
十二年蝗
十三年夏五月雨土黃霧四塞百步內外不能辨
物旬日始霽八月蝗
國朝順治元年饑斗米值銀二兩

二年饑米價愈增
五年大有年
六年秋大雨浹旬百川溢
八年春大風拔木雨雹如拳損麥苗
十年秋夜大雨山水暴漲毀民房漂城郭祠廟各
鄉不可勝紀
十五年孟夏大雨四鄉禾稼盡淹東城崩圮
十六年春旱秋復大旱邑侯安可願禱雨輒應歲
稍有秋
十七年冬頻火東救西焚經月不止夜巡見有物

禦火往來追之不見邑侯安可願設土地祠於
文廟之左修舊城關廟祀之災乃息
康熙十一年大有秋
三十六年饑
嘉慶十八年大旱
二十一年大水沒西城磚十七八塊
道光六年大水沒西城磚二十塊
十二年大饑米價昂貴
十五年飛蝗蔽天設法捕治禾不爲害
二十九年麥出兩岐三岐不等

咸豐三年彗星見於西北方尾長丈餘
四年堰塘水潮高數尺
五年春日下有黑子秋大有年冬縣書李清和家牡丹開花
六年春 文廟及書院桂實形如橄欖每瓜或五六枚六七枚不等初青色熟則黑味辛辣破其核中有桂芽
七年大有秋

遠安縣志

政典七 蠲卹

荒政十二見於周禮嗣是施舍已責災賑 恩蠲歷代皆有惠政我
朝軫念民依尤有加無已偶遇水旱偏災賑卹蠲貸之數奚啻億萬萬計實從來所未有遠安雖小邑同戴覆載之恩具有生成之感彙而計之用昭歌舞耕鑿於不忘云志蠲卹

元武宗至大三年秋七月當陽夷陵宜城遠安諸縣水令尚書省賑之 元史武宗紀

明洪武九年春三月蠲湖廣租賦 明史紀
十年冬十一月免湖廣田租
成化十五年夏五月免湖廣稅糧 明史紀
宏治三年春二月免湖廣稅糧 府志
嘉靖十八年免湖廣明年田賦五之二 明史紀
隆慶三年夏四月免湖北稅賦
國朝康熙三年春官兵剿西山賊李來亨等州縣役民夫運米多有死者至是賊平蠲免各縣亡丁錢糧 舊通志
二十九年蠲免湖北錢糧之半 志稿

五十年奉
上諭湖北地畝人丁應徵銀兩並歷年舊欠全行豁
免一次志稿
五十一年蠲免湖北地丁錢糧及歷年舊欠舊通志
乾隆元年蠲除軍田額外加徵
十年蠲賦湖北輪於戊辰年全行蠲免一次
嘉慶元年蠲免遠安歸州等二十州縣地丁錢糧秋
七月蠲免遠安等州縣應徵各款正項及耗費
雜課錢糧
二年遠安荆門等十八州縣及建始等五縣普行

給賑三月並予房屋修費
三年遠安等二十六州縣並襄陽德安二衛所共
蠲銀三十六萬五千九十二兩四錢八分一釐
作爲三次於是年蠲免
四年賑濟湖南撥款米內遠安穀折銀五千五百
九十九兩八錢八分給修房屋銀一千四百九
十四兩六錢
八年蠲免遠安等四十二州縣被賊滋擾地丁錢
糧全行蠲免

遠安縣志卷之四

封爵

三代以封建公天下周室大封且至千八百國是天下無邑不爲封國而遠安獨無聞或者其在楚封內也秦廢封建置郡邑自是藩國絶少然稽諸史傳恩倖之邀封有功之特賞間有其人明封諸王後裔幾遍天下而遠安實爲遼簡王三子之封邑舊志不載補錄之俾覽者知所考証云志封爵

東漢

臨沮侯史汎
後漢書宦者傳延光四年十一月封中黄門史汎爲臨沮侯

南北朝

臨沮伯張邵
宋史本傳張邵字茂宗吳郡吳人也武帝受命以佐命功封臨沮伯元嘉五年以征虜將軍領寧蠻校尉雍州刺史加都督子敷及敷弟柬柬子式嗣位

臨沮伯江淹

梁書本傳武帝天監元年封江淹臨沮縣伯邑四百戶後改封醴泉侯

明

遠安王貴燢

明史諸王傳洪武三十二年封遼簡王第三子貴燢爲遠安王洪熙初坐法廢子豪塈乞封輔國將軍

遠安縣志

職官一 文職

郎官上應列宿縣令之重自古已然遠安漢唐縣令僅有存者又或以無所考而削之吁亦過矣自元以後志乘畧備蹟著者爲之立傳没事者詳其姓字㢑涖斯土者皆得藉以傳焉至學博邑尉或敷文宣教或禁暴緝奸綴於其後俾榮膺一命者亦得以附其末光云志文職

表

三國臨沮長

建安中任 向朗 有傳

蜀先主時任 杜普 見魏志樂進傳

吳彥 見舊荊州府志

晉臨沮令

郭璞 字景純河南聞喜人見晉書本傳及庾仲雍荊州記

宋臨沮令

庾實新野人見
臨川王劉義
慶舉士表見宋
元嘉中任　傅僧驥書雍
州讚傳

唐遠安知縣
韋皐有傳

宋知縣
董俊明
程崧卿
主簿
程鵬萬以後楊大異有傳
缺裁
典史

元知縣
教諭

達魯花赤沙
泰定元年　班
藍時温
畢遜有傳
鄭崇錫

明知縣
教諭
訓導
縣丞

洪武四年　大有修舉廢墜　鄭永福　劉志熙　顧祿松江人
撫民有方　馬榮宗　段淳
呼卣馭民有道　曾耀　謝傑　王輔汲縣人以後缺裁
戴仲瓊　李松
永樂三年　薛東精吏事尤　歐陽渤泰和
典史

正統元年　劉豫　曾弼　何卿　周鼎
四年　林伯疇　鄧榮
八年　張淵除苛禁暴　何判　金誠
興滯補弊　蕭莊
張玹上饒人　王灌　李欽　金琳
張忠　朱端　王紀
羅期保昌人　彭鑑
天順間任　何盤有傳　館樸餘干　鮑章　璩衍
成化六年　朱敏保昌舉人　陳曾
章大尹稱文　工文人　黃琛　杜吉

郭信有傳　歐陽法　尹文織
十三年　雷濬宣化人　何紀任安人　何雲霓南充
十五年　劉英有傳　陽彧　藍廷芳
宏治元年　蕭淵貴池人　陳世昭莆田人　李錫河内人　王式德
舊府志作姜
三年　王鑑黃縣人　胡瞬
七年　趙麟有傳　趙明泰和人　伍錫
十五年　鄭轂鄞縣舉人　鄧祥新甯人　李翔
正德元年　李緯南陽舉人　侯秩臨桂人
七年　王謐漳浦舉人　諸文範雲南　姚東

十三年　曾恆番禺舉人　王蘭　人　羅政江安人
正德間任　黎士翹有傳　羅得時建城　易書　甘楷
艾時星子舉人　人　劉衞安岳
嘉靖間任　常時亨雲南人　張錫　人　胡茂實
夏璈當塗舉人　李守吉　何賢
王炬遂昌舉人　周儒　賈思謙彭山　文達
炬舊府志作炳　鄭廷實夔州　人　黃曰珊
十年　孫崇德泰和舉人　人　何淳
梁一桂桂林舉人　袁祚眉州　楊正邦保甯　陳一桂
王綽滕縣舉人　舉人　人　陳志

遠安縣志　卷四　文職　六

譚曜仁化人　冷紹元　龐希顏　李元亨
二十二年　葉儒松溪人　陳一貫
二十八年　田時雍貴州施南　鄭誨浮梁　仲化　陳公甫
人　舉人　鮮延春
吳時佑海陽人　張凌漢南昌　謝謹　毛文和
何其愚溫江舉人　人　石釗
四十四年　孫志渠縣舉人　胡繼矩廣濟　楊棐西安　董時邦
竇廷銓羅城歲貢　人　人　李源功
程典有傳　蔡仲暐沔陽　董以道普安　梁淶
龔之奇　人　州舉人　林鑄尤溪人

萬曆　金汝舟休甯選貢　李枝萃穀城　夏師旦
十二　鮑良守甯國人　人　吳元龍
十九年　劉順時貴陽舉人　鄭繼緒全州　張二和　胡其相
蘇大成詳名宦　舉人　高必達
秦嘉穀桂林舉人　曾世泰新化　湯聰邵陽　羅憲
三十三年　程道宏眉州人　黃坦　人　湯建章
孫自强詳名宦　田三錫舉人　廖周舉
王建中浙江選貢　舒有翼舉人
秦夔虞博白舉人　祝以誠舉人　張寵　林有聲福建人
天啓二年　施澤民彭縣貢生　翟潤物　黃可齋　潘思舜

遠安縣志　卷四　文職　七

五年　王輿化雩都貢生　李化龍荆門　燕有臺　楊守義
崇禎二年　魏國輔甯羌貢生　元承訓臨淮　丁檐　康士節
五年　汪允貞嘉定貢生　胡以賓長沙　王彤講　鄺厚先
六年　毛呈鳳廣西舉人　楊日崇　李莘以後
七年　魏紹夔南昌舉人　鮑尚友歙縣　缺裁　梁勝安
十年　王立德安福貢生　何文郁　魏縉浙江人
周乃淶詳名宦　林一貫莆田　羅士輅

國朝額設

知縣一員　典史一員
教諭一員康熙初年裁後復設　訓導一員康熙初年設

陰陽學訓術一員　醫學訓科一員

僧會司僧會一員　道會司道會一員

知縣

順治間任　周會隆　有傳

九年　盧應昌　有傳

十四年　安可願　有傳

康熙四年　宋　繹　有傳

王瞻祖　山東進士

徐嘉禎　遼陽人

田躬耕

二十年　陳其舜　有傳

二十九年　劉　鋆　進賢舉人

三十九年　梁鳳翔　有傳

四十一年　顧爲棟　丹徒副榜

四十五年　李光珽　興安舉人

四十六年　陳　琳　惠來舉人

四十八年　金芝潤　鑲紅旗漢軍舉人

教諭

靖乃猷　黃岡

蕭　賁　沔陽

舉人

陳其標　以後

缺裁

高岳祝　復設

李光祖　副榜

曾　嵒　拔貢

郭宏緒　均州

拔貢

汪文顯　漢川　副榜

訓導

金如珪　鄖縣

歲貢　復設

柴　鏞　潛江

吳宗基　城步

歲貢

黃中行　當陽

歲貢

楊之蕃　漢陽

歲貢

典史

趙　琚

翁光岳

穆登先　三原人

柳光啓　浦江人

馮元麟　涿州人

于　履　館陶人

楊良弼　義烏人

劉德隆　宛平人

張所含　直隸人

戎鼎調　慈谿人

章化龍　大興人

張鳳鳴　眞定人

陳　鯉　三河人

沈　燿　宛平人

遠安縣志　卷四　文職　八

知縣

雍正五年　胡文瑞　大興廩貢

七年　吳士宣　長洲監生

乾隆七年　龔師勝　盧龍舉人

十一年　鄒淑度　洪雅舉人

十四年　陳壽岳　鳳臺舉人

十五年　張玉式　章邱舉人

十八年　劉　煜　平定州進士

二十年　蘇汝礪　有傳

二十六年　熊

二十八年　李

二十九年　錢

二十九年　張學古　浙江蕭山縣副榜

三十一年　曾承謨　直隸武臨

拔貢

三十一年　宋　楷　有傳

四十一年　滕鴻選　江蘇銅山監生

教諭

王宏楹　黃陂

副榜

張如彤　恩施

恩貢

楊　芳　鄖縣

恩貢

梅　仔　蒲圻

副榜

羅　治　隨州

拔貢

郝　通　雲夢　恩貢　著有陰騭文時藝行世

訓導

謝世錡　江夏

歲貢

童　傑　沔陽

高調鼎　沔陽

歲貢

胡正榮　武昌

歲貢

阮文璵　大冶

拔貢

劉　崙　東湖

歲貢

楊之煜　江夏

陳星會　襄陽

楊大昌　安陸

胡學禮　江夏

典史

汪光謙　山陰人

孫敬禮　嘉定人

童宗桂　大興人

張敬祖　吳縣人

桂　紳　四川閬縣人

遠安縣志　卷四　文職　九

四十二年	李孝澍 江西臨川縣舉人	何一舉 潛江副榜	左俊 雲夢 王家詔 竹谿	
四十五年	王廷樑 直隸萬全廩貢	向廷燕 廣濟副榜	隋繹 光化 安嘉相 江夏	方相亥 桐城人 張士元 桂陽州人
五十年	李玠 陝西涇陽舉人 祖恪鋐 漢軍廂白旗監生		沈發志 孝感舉人	雷廷章 山西高陽 路德植 甯陵人
五十二年	黃塏 浙江錢塘舉人	張炳翰 黃安拔貢		莊一夔 武進人
五十三年	汪雲銘 浙江仁和舉人 王大復 仁和舉人		潘恆月 興國州舉人	王春 直隸順天寶坻人
五十四年	徐逢甲 湖南瀏陽廩貢 田鼎 直隸宛平謄錄 饒文漪 江西廣昌貢生		劉岱復 潛江歲貢 阮文璠 大冶歲貢	
五十六年	許忠一 有傳	胡之煜 應山	蔣之澍 荊門	

五十九年	董岱 天津舉人 石爐 有傳	胡攀桂 江夏 程明懋 天門	州廩貢 劉琢璧 江夏	
嘉慶四年	呂應熊 有傳	樊恭懋 松滋	拔貢	周履福 河南祥符
五年	鍾應焻 將樂舉人	戴世蓉 沔陽	雷文達 公安	姚青構 安徽桐城
六年	盧家元 南平舉人	恩貢	李道坦 應城	黃世珍 江西南豐
十一年	詹應甲 有傳		陳綸 江陵舉人	易甫 湖南湘鄉
十二年	黃虎文 有傳 陳若疇 有傳			蔣昌濟 廣西全州
十三年	蔣遇春 宜興議敘	吳霖 蘄州	譚興豫 漢陽	黃紳 陝西榆林
十五年	沈學瀛 山陰監生	舉人	屈啟宇 有傳	杜萬仁 大興人
十七年	湯選伊 清流縣吏	張載陽 襄陽		李玉華 河南涉縣
二十年	劉廷模 貴筑拔貢 王天甲 新安舉人	拔貢		李鳳儀 四川樂山
二十三年	沈廷青 吳縣監生 代篆			
二十四年	祝孝憑 固始進士 林萬年 福清舉人 代篆			
道光元年	程汝功 汝陽議敘 代篆			

二年	王　剛 江津舉人	楊繼煥 監利		王覲揚 四川中江人
	董維埥 豐潤拔貢			
	劉赤江 鎮海舉人			閻德俊 清苑人
	呂蔚南 新安監生			鍾士仁 溆浦人
三年	趙鵬翔 臨城進士	程昌禩 崇陽	吳輝泰 通城	李尚有 黟縣人
	唐方耀 邵陽副榜	舉人	鄒日瓊 東湖	錢康祖 大興人
七年	林廷翰 鄞縣廩貢	喻　賓 黃梅	蔡孔緒 嘉魚	樓培顯 餘姚人
十一年	孫絡棠 華陽監生	舉人	余作梅 有傳	魯中孚 山陰人
十二年	顧世熹 長葛舉人	童兆璜 黃岡		顧晉承 元和人
十五年	方宗斌 巴陵人	舉人		鄭芳蘭 大興人
	朱廷鏞 海鹽監生		張廷華 漢川	李鳳儀 再任
十六年	屠國英 山陰監生			
	劉鴻庚 有傳		劉　渟	
十七年	傅九淵 有傳		張攀梅 黃梅	
	林如梅 海豐貢生		周人驥 漢陽	
	張從鼎 太和貢生		王之孚 江夏	
十九年	紀煐廠 有傳		黃　庚 孝感	葉德同
二十四年	顧羹梅 江蘇吳縣		舉人	劉用達 陽湖人
二十五年	熊寶書 江西舉人			
	梁光釗 三水舉人	劉子垣 天門		

二十八年	孫維垣	舉人		
	王慶雲 有傳			
	樊　彬 天津人			
三十年	張炳輝 河南舉人			
	李葆樹 有傳			
	張懋功 江西副榜			
咸豐二年	江世玉 江甯監生			
	盧聯璪 陽城舉人			
三年	祝　祐 固始進士			
四年	樊丙南 曲沃進士			張兆蘭
六年	趙廣恩 洛陽舉人			鄭維周 江甯人
七年	蔣樹昌 鎮遠附貢			
	朱錫綬 太倉舉人			倪　炯 上虞監生
	朱榮實 安徽涇縣解元			

遠安縣志

職官二武職

朝廷設官文武並重司民社有人經戎政亦有人遠安自明設守禦所以來官斯土者衆矣湖北通志秖載遊擊而止荆州府志亦秖載遊擊守備而止千把以下皆畧焉邑乘沿其例則同城而遺漏已多非惟貽譏於不備不全抑豈文武和衷之道乎詳誌其人俾微末武弁皆得與文職並傳云志武職

表

明指揮

蔡浦

千戶

宋璽　朱綱　蕭綱　蘇懋　李瑄

鎮撫

吳瑛　龐清

百戶

杭懋　李俊　陸榮　姜雄　蔣能　胡俊　傅通　龍偉　汪禎　侯善　陶綱　常安　蘇縞　張忠

國朝遊擊

康熙六年　孫志高陝西人
十三年　涂鎧河南人
十八年　汪國正江南人
二十六年　任鳳翔陝西人
三十年　張興江南人
三十五年　陳士亨福建人
四十四年　沈運林浙江人
五十一年　張文顯河南人
五十八年　王大綬山東人
六十一年　高茲福建人
雍正二年　劉文元正藍旗人
六年　張福陝西人
七年　張可才陝西人
九年　溫朝宰陝西人

守備

李正從富順人
楊九文吳江進士
李奇漢陽人
凌明龍南人
田之璋杞縣舉人
鄭繼英德安人
張炳通州人
蕭振紀貴州人
高崇韜武威人

千總

王世欽
李學
劉公義
張之方
王榮
田藍玉

十三年　乾隆六年　九年　十年　十三年　二十一年　二十二年　二十七年　三十八年

李發祥 陝西人
鄭昂 漢軍正黃旗
王福 山西行伍
王輔 正紅旗行伍
張世龍
蔡克賽 正黃旗
喬照
張珍 陝西進士
江士元 德安營守備
龔必棠 襄陽前營守備

胡兆吉 密雲侍衛
馬繹 通許舉人
陳世隆 長州人
程天篤 滋陽人
盛宏義 漢軍廂黃旗行伍
魏賡颺 本營千總
岳壽淵 山西介休進士

任正國
李連
魏賡颺 東湖行伍
汪騰龍 東湖行伍
張朝桂 江陵行伍

三十九年　四十年　四十二年　四十三年　五十三年　六十年　嘉慶二年　四年

馬獻書
邵世鳴 荊城守營守備
張廷樑 宜昌中營守備
楊斌 候補都司
楊崑 安陸營都司
李光榮 宜都營都司
蔣觀濤 順天進士
張元善 本營守備
王愷 南漳行伍
朱槐 興山行伍

鄧尚賢 宜昌後營千總
張朝柱 本營千總
王正高 宜都營千總
張頤 山西大同舉人
王上賓 本營千總
張元善 天津進士
劉春 江夏行伍

張宗林 東湖行伍
王上賓 東湖行伍
傅開文 江陵行伍
劉春 江夏行伍
朱陞鑑 江夏行伍
尤宗海 江夏行伍

五年　六年　八年　十一年　十二年　十七年　十八年

額爾成額 廂白旗
馬洵 撫標右營守備
全祿 荊州城守營叅將
歐國光 欝林州進士
穆騰額 候補游府
周開甲 本營守備
富祥 候補都司
周開甲 再任
劉進仁 漢軍廂紅旗

周開甲 衢州舉人
劉得貴 本營千總 十五年十九年再署

羅君彩 四川南充行伍
李鶴松 巴東行伍
劉得貴 長樂行伍

二十年　道光三年　七年　十二年　十六年　十八年　二十年

王登舉 湖南武陵行伍
邢文行 山西渾源州進士
蘇珠克 正藍旗
程三光 直隸邯鄲探花
劉元慶 直隸正定行伍
彭中杰 江西樂平進士
五格 正黃旗漢軍筆帖式
王宣 雲南太和世襲

張映瑩 本營世襲
胡鳳舞 直隸慶雲舉人
孫騰蛟 陝西韓城進士
鄧高陞 竹山世襲
伊林泰 蒙古鑲白旗進士

張鵬翥 興國舉人
鄧高陞 竹山世襲
李道森 恩施武生

年份			
二十二年	海廉 漢軍廂白旗世襲		
二十八年	佟福 漢軍正黃旗	吳杰 鄖縣世襲咸豐二年調署宜都營都司又署興山營遊擊四年同任	
二十九年	羅兆元 貴州鎮遠舉人		魏金榜 江夏武生
咸豐三年	善保 正藍旗世襲		張長春 恩施行伍
	張昌遠 本營世襲兼護	張昌遠 署二年	
四年	農伊本 滿洲鑲白旗護軍		王錫恩 本營世襲
			德秀 在武後
六年	訥穆精阿 漢軍正白		費國洪 東湖行伍
	萬通 漢軍廂白旗		武天衢 東湖行伍

把總

年份	左司	右司	前司	後司
康熙間	余應龍	王標禮	王秀玉	劉文耀
	王從道			
雍正間	王彩	張崑	葉福	張祖詒
乾隆初	王賜爵	何存仁 本營	李春華 興山	
二十七年	靳誥 宜都行伍	王雄 東湖	賈元英 恩施	王連 本營行伍
四十九年	劉春	黃榮貴 郴州	陳洪道 本營	譚世敏 恩施行伍
五十六年	王上賓	張宗林	王起龍 東湖	鍾志義 興山行伍
五十九年	劉士科 東湖行伍	張正綱 恩施	劉大用 江陵	
嘉慶元年	蕭國堂 東湖行伍	李光 東湖	張士魁 東湖	

年份				
	汪泮林 本營行伍	汪士煥 東湖	以上六人俱行伍	
四年	朱汜 本營行伍	吳相 本營	劉得貴	蕭得陞 東湖行伍
十四年	張安元 利川行伍	王興國 江夏武生	楊正俸 恩施行伍	
十八年	陳福 恩施行伍			
道光三年	蕭得升 由後司調	以上八人俱行伍	馬學珮 本縣武生	齊光堯
四年	王運洪 本營行伍 由右司外委拔補	齊光堯 本營行伍由後司調任	蕭日明 東湖行伍	李世增 本營行伍 由右司外委拔補
十六年	朱正太 東湖行伍	余文華 東湖行伍		李六福 宜都行伍
十九年	張連科 本營行伍 由左司外委拔補		張致堂 孝感舉人	

年份				
二十年	張文捷 東湖行伍	談尚榮 本營行伍	余金魁 江夏行伍	劉朝國 興山行伍
	吳玉文 東湖行伍 由左司外委拔補	宋文珍 興山行伍	姚國理 本營行伍	朱發科 東湖行伍
二十八年	劉志斌 孝感舉人 咸豐二年出師湖南	李裕後		劉志綱 宜都行伍
咸豐四年	黃忠榮 本營行伍	張運乾		李裕後
五年	李成棟 本營行伍	王錫恩		
七年	鄧朝儀 恩施行伍	上三人俱本營世襲	李裕後	

外委千總

左司　右司

年份			
乾隆廿六	戴榮 東湖行伍	王連陞 直隸南宮行伍	

三十年	張豹 本營行伍	王發第 本營行伍	高宸虎 本營行伍
三十七年	景璉 東湖行伍	胡金柱 東湖行伍	袁慈 恩施行伍
四十三年	陳洪道	高宸佑 本營行伍	劉春
四十五年	李盛俊 恩施行伍	王起龍	方志瑞 本營行伍
五十一年	傅開文	周泰 本營行伍	張廷選 本營行伍
五十九年	李必見 本營行伍	蕭國堂	吳相
嘉慶五年	袁文 鶴峯行伍	王泮林	劉正秀 東湖行伍
七年	陳時賚 當陽武生		朱汜
九年	馬大富 利川行伍	張安元	
十七年	張國材 宜都行伍	張玉 本營行伍	

十八年	齊光堯	許升 東湖行伍	王運洪
道光三年	李世增	段士恭 宜都行伍	敖國喜 本營行伍
四年	徐茂德 本營行伍	張連科	程芝粹 本營行伍
十六年	王振清 東湖行伍	朱正太	錦繡 滿洲正紅旗閒散
二十年	吳玉文	董逢聖 本營行伍	
	熊兆渭 本營行伍	鄢光福 東湖行伍	鄭承業 東湖行伍
二十五年	湯廷簡 本營行伍	姚連陞 本營行伍	黃忠榮
咸豐元年	馬維駿 東湖武生	闞守先 本營行伍	
二年	周宏道 興山行伍		
三年	李成棟		

附戎仕

李正從 四川莪邊營遊擊	李爲楫 廣東三水總戎	王綉 衛昌千總
王發第 宜鎮千總保守備	張豹 衛昌把總	高宸佑 衛昌把總
朱光汜 武生宜鎮千總	楊崑 得勝路守備	張玉 宜鎮千總
王運洪 宜鎮千總	李世增 河南洛陽守備	王正綱 施南守備
熊兆渭 公安把總	陳鎔 宜鎮把總	馬學珮 武生宜鎮把總
董逢聖 衛昌把總	任恂 衛昌外委	王者仲 宜鎮外委
黃一才 施南外委	吳相 宜都千總	程芝粹 穀城千總
李天宜 襄陽千總	張連科 南漳千總	嚴開第 宜鎮把總
嚴先登 施南把總	嚴先慎 宜鎮外委	談尚榮 長陽千總
湯廷簡 宜鎮外委	姚占鰲 宜鎮額委	董昌俊 荆門外委

遠安縣志

封蔭

積德之效匪一朝推恩之典及四世秩雖別乎尊卑榮無分乎文武內從外制存與沒均煌煌綸綍克世其家什襲藏之厥後罔替亦足榮已況褒綸穫邀於先代恩蔭更及於子孫崇德報功無所不至凡屬臣工宜何如報稱乎採而錄之以慶榮懷焉志封蔭

宋 封贈

楊大異遷川淮轉運副使誥封金紫大夫

明 封贈

何史訓景泰時奉詔進階朝列大夫詳鄉賢

張 淪崇慶父萬歷時誥封南安知州

簡 學而可父萬歷時誥封潯州府知府

張崇文斗樞父萬歷時誥封永城知縣

游春震一清父萬歷時誥封邛州知州

李向春友蘭父天啟時初誥封全州知州後封戶部員外郎

李 膺如玉父崇禎時誥封寶應縣知縣

蘇 懋成化時誥贈武德將軍

蕭 虎正德時誥贈昭信校尉

蕭 寶虎之子正德時誥贈昭信校尉

龍 勝正德時誥贈昭信校尉

蘇 偉懋之子正德時誥贈武德將軍

杭 清正德時誥贈昭信校尉

國朝 封贈

李良弼明天啟戊午科舉人自麻城仕至富順縣知縣以子正從官康熙年間

誥封榮祿大夫

李正從官遊擊僉左都督俸

誥授榮祿大夫

李爲楫候選州同廕廣東三水總戎

誥授武翼大夫

談繼孔九和縣知縣經正父

敕贈文林郎

李鍾岳天門縣教諭超倫父

貤封修職郎

周士巍大冶縣教諭德豐父

貤封修職郎

馬岳嶦通城縣訓導學珍父

貤封修職郎

明　襲廕

何　紱史訓子授中書舍人陞太僕侍丞

國朝　襲廕

李爲楫正從子廕廣東三水總戎

李春艷必見子世襲雲騎尉

李裕後春艷子世襲雲騎尉

張映瑩正綱子世襲雲騎尉

張昌遠映瑩子世襲雲騎尉

王　環者仲子世襲雲騎尉

王錫恩環之孫世襲雲騎尉

周廷烈泰之子世襲雲騎尉

遠安縣志卷之五

人物一　選舉

古者與重賓興有論秀書升之法漢用徵辟猶鄉舉里選之遺至科目行而倜儻非常之士遂不待網羅翕然自趨於繩墨遠安徵辟若而人科目若而人唐宋以前靡得而云已自元以來則猶有可考而識者若夫青年拔萃皓首明經雖未盡登仕版必爲倫志之而貲進亦附焉志選舉

明　徵辟

周　仁　永樂中以人材舉授巡檢陞邑令

國朝徵辟

游啟運　滕縣令轉赤城通判陞薊州知州

陳金鑾　原名文芳咸豐元年舉孝廉方正

元　進士

張之才　字天錫官運使

韓當 以上二人荆州府志俱列徵辟

明

	洪武甲子	永樂辛卯	甲午	庚子	癸卯	甲辰	宣德
進士						計澄 官御史歷廣西副使	
舉人	張武 有傳	王弼、孫衍 戶部員外、計澄、胡灝 順天府訓、楊恭 隱居不仕、何史訓 有傳					
貢生	張睦 獲嘉知縣、夏儀 吉安照磨、程銘 鬱林知州、鄧茂 南溪知縣、黃忠 九江通判歷寧國府長史	郭琦 廣西理問、戴昇 普安州同歷知州、杜欽 懷集知縣、徐禎、牟林 青州吏目、鄭禎 彰德知事、李茂、陳謨 茂州吏目、李伯玉					
貲進							

	癸丑	正統	景泰	天順	庚辰
進士	何史訓				韓廣
舉人			韓廣		
貢生	李繼宗、張守順、楊志、望子成、何憲、牟善、唐時、田廣、董旻、楊儀		何魁、劉璉、譚理、蕭憲、周法之、楊禧、劉恂、楊珪、任顯 大興主簿、徐璟		
貲進					

遠安縣志 選舉 四 卷五

成化

癸卯

蕭體高 知縣 銅梁彭山

張實 吏目

馬禎

王佐 太平照磨

冷顯

張傑

眘柏亭

楊秀 上游知縣

楊淳 全州吏目

王郊 江安知縣

劉禧 瓊山主簿

宏治

正德

壬子

李昇 開縣知縣

蕭山 宜城知縣

覃永 歷石泉井 研知縣

李昇 慈谿主簿

張翔 南溪主簿

王安之 永寧經歷

徐鍾 安寧學正

胡祥 按察照磨

張宣 衛經歷

魏玉 宜興縣丞

遠安縣志 選舉 五 卷五

嘉靖丙午

蕭廷節

蕭雲端 韶州照磨

任璉 上海縣丞

冷儒 吉水縣丞

許忠

李聰

傅公仁

談鐙 桂林推官

郭仁 壽州同知

黃金貴 武定同知

楊金 慈谿訓導

甲子

蘇萬民 青陽知縣 歷貴州御史

歐陽威 山陰縣丞

胡鑾 有傳

傅公朝 有傳

胡金

王偉 江安訓導

甘棠 孟縣知縣

向鑾 衞知事

鄧光濟 南陽府授

談珏 有傳

蕭永式 江陰訓導

隆慶　萬曆　癸酉

周師道 潛山知縣

蕭永陵 任知縣
劉安 酆都教諭
陳欽 墊江教諭
李槩 有傳
向儒道 有傳
蕭瑗 巴縣訓
鄒天榮 蠡縣教諭
游春霖 廣安學正
朱炯 景陵教諭
吳綵 馬湖府授

彭鎰 富順縣丞
冷愈奇 寧州吏目
傅宗說 南陵主簿
翟諒 彰德主簿

戊子

簡而可 有傳

周世用 順天授轉穀城諭陞龍安授
翟言 有傳
翟詔 新淦縣丞
孫尚志
蘇萬方 泌縣知縣
周師文 選貢潛山知縣
翟鳳羽 筠連知縣
游春澤 嘉魚訓導

翟詮 開州吏目
李宗膺 福建理問清慎明允署海丞弭倭寇有蹟
周師善 儒士開封府檢校
徐天緒 任江西南

辛卯　丁酉　庚子

游一清 邛州知州
張大受 有傳
鄒宗孟 副車有傳

向前 應城訓導
冷鳳陽 寶應知縣
江一麟
翟謐
鄧淳 有傳
張崇文 有傳
陳隆治 有傳
游一書 建始訓導
楊權 湘潭訓陞黃州府授

昌府衛經歷
鄒承寵
孫訪 監生

癸卯　丁未　己酉

張斗樞

張斗樞 有傳
李友蘭 有傳
李如玉 有傳

汪如川
郭鏜 順德主簿
杭應宗
王佐才 南安府訓
廖應斗 長沙府授
張崇慶 初貴陽推官後南安知州
喻於義 安邑主簿
游一孝 有傳
張希堯

李本元
萬崇德

遂安縣志　卷五　選舉　八

天啓

崇禎

貢生

談燦　巴陵縣訓

孫尚信　有傳

蘇甘雨　會昌知縣

談堯中　宣化知縣

敖艮儒

彭嘉觀

尹任

孫詵

張斗辰　上虞縣丞

孫誠

冷達亨

馬從乾　授檢校陞鴻臚序班遷鳴贊

萬世望　漳州檢校

萬天望　懷遠主簿

萬一江　固始典史

鄒承恩

王汝臣　州吏目

王國選　馬湖照磨

張斗奎　有傳

孫諳

鄒生孟　博學宏詞屢弃諸生考州判未仕卒

張斗台　州判

楊應早

楊宗孟　有傳

徐正　字斗璇黎平吏目課子乘龍列庠

望宸　蒲州吏目

傅舉說　有傳

張斗墟　有傳

程忠

國朝

順治

進士

舉人

貢生

孫開祚　恩河東鹽運通判

黃袞　隨州訓轉

貲進

遂安縣志　選舉　九　卷五

甲午

舉人

楊正芳

貢生

巴陵諭遷長沙授陞良鄉縣丞

鄒毓祚　黃州府訓陞黃陂諭

劉怡　襄陽縣訓

李本先　恩選教諭考授知縣

孫基犖　黃陂縣訓

孫惺

向闓中　辛丑恩選

康熙

丙午

舉人

童綏世

曾宗孔　三次副車

貢生

陳大璉

王言綸

張千英

余懋英

談經邦

黃家瑞

張千喆

黃師憲

李士榮

談繼孔

辛酉

楊亦溥

傅作礪
張宏遠
王亮 拔
廖祖昌
談經制
陳大珽 恩
傅之暉
孫繩祖
何偉
陳燦 羅田訓導

庚午

談經正 有傳

毛文坤
向鑑 隨州訓導
嚴宏遠
李志遴 恩
汪澤泓
張霽遠
向嵩 麻城訓導
王永祚
王心純
趙時中

雍正

乾隆

曾傳一 恩
廖宗乾 麻城訓導
楊成鳳
許掄元
梁文暐
蕭景祖
陳誨
徐嘉言
汪廷棟
朱顯祚

談正瑋
熊鴻祚
趙翔龍
姜開齊 有傳
楊國治 恩 有傳
曹文植
向昌 恩
曾玫
向崇
鄒延賓

陳性言
湯宗伊 恩
曾大任
程鵬翩
陳洪範
談世詔
戴聖訓
黃開笏
鄒芝蘭
鄒延明

曹于岳
周士岸 恩
曹于嵩 恩
談雍和
李林楨 有傳
周士巍 有傳
談參和 恩
鄒延傑
李鍾岳 均州訓導
王槐茂 拔

乙卯

李超倫 有傳

陳楨 有傳
陳士望
曾廷翼
王學岱
鄒志朱
陳嗣齡 恩

嘉慶戊午

周德豐 副車有傳

彭志義
曹銘文
陳崇閣 拔有傳
許步雲

張學廣 廩貢

戊辰

王學岱 恩榜副車

黃萬青 有傳
聶榮
周光祿 有傳
李甲煊
周正愃 恩
馬學珍 通城訓導
陳上林
劉玉選 竹谿訓導
王槐蔭
李正心 恩

道光乙酉

徐揚華
李甲焞
翟尚忠 有傳
周德裕 有傳
皮文彪 拔
陳國恪 有傳
曾志春
簡泰
黃鵠
熊開周

陳正蔚 縣丞

丁酉

周汝珩 經魁

王庭琇
黃蘊奇 恩
姜德明
劉爲鏊
王學峒 拔
談尚恆
徐峙中
戴星治
李元吉 恩
王徵璠

熊應兆 廩貢
覃雋崴 例貢
陳大猷 例貢

甲辰

己酉

咸豐

談修來
周維翰
李時彦 拔
周芝蘭
楊玉成
鄭之謡 恩
杜志學 恩
王庭瑀
朱日桂 恩
徐必練

覃仙根 廩貢訓導
熊鼎元 縣丞
鄒席珍 附貢
喻兆祥 州同

談愜宇

喻子茂 例貢

遠安縣志

人物二 名宦列傳

班固稱循吏所居民富所去見思生有榮名沒見奉祀爲之傳者六人可謂矜愼矣然志乘與史傳體例不同史家所書全乎爲循吏而志則惟取治蹟之在此者識之遠安自兩漢以來歲踰二千鈎稽前史其官此以功德治行著者猶有可錄傳之人豈自明迄今遂無勞心撫字立名德於後世者哉志名宦

後漢

向朗字巨達宜城人也劉表以爲臨沮長表卒歸先主及後主踐祚領丞相長史免官後封顯明亭侯位特進朗自去長史優游無事垂二十年潛心典籍孜孜不倦年踰八十猶手自校書子條嗣入晉爲江陽太守南中軍司馬蜀志遺言誡子曰傳稱師克在和不在衆此言天地和則萬物生君臣和則國家平九族和則動得所求靜得所安是以聖人守和以存以亡也吾楚國之小子耳早喪所天爲二兄所敎養使其性情不隨利祿以墮今但貧耳貧非人患惟和爲難汝其勉之註蜀志

唐

韋皐京兆萬年人有美政致鳳凰來集鳳山之號始此後累官檢校司徒兼中書令封南康郡王鎭守全蜀贈太師邑人立祠祀之後鮑邑侯請入名宦劉邑侯又建二賢祠於縣門內祀之

按湖北通志荊州府志均以皐本傳無宰遠安事同時有韋丹者選襄陵州遠安令讓其庶兄不知其何所指遂削而不載然歷代崇祀名宦又與元畢遜同祀二賢祠當非無據而然或者皐傳偶有所畧歟抑或另有一人如道光二十八年任王公慶雲大興人由舉人揀發湖北同時又有王公名慶雲者福建人由翰林洊升巡撫縣令史不列傳後來亦將據巡撫傳謂此王公無宰遠安事乎應仍照舊志編入

宋

楊大異字同伯醴陵人遠安尉邑有峒寇擾民官兵致討積年弗獲檄大異往治之大異以一僕自隨肩輿入賊峒傳呼尉至賊露刃成列以待徐諭以禍福皆伏地叩頭願改過自新遂偕其渠魁數輩出降以賞遷吉州戶曹宋史本傳

按舊志楊大異博學篤行才兼文武從胡寵授春秋登嘉定進士授衡陽主簿有惠政歷遠安令進四川制置司參議元兵寇成都又從制使丁黼巷戰被創復甦以功封醴陵男後召對極言時政進直秘閣迄宋末與弟太齊隱邑之小洋坪遂家焉今子姓繁衍云云與本傳不合當從宋史

元

畢遜化奸撫民興學校成禮俗多有惠政萬民懷之祀二賢祠後鮑邑侯請入名宦

明

何盤四川珙縣舉人天順間知遠安善於經畫凡百營建若縣治學校祠廟壇壝咸出自贖鍰民不知勞財不告匱舊府志

郭信江西上饒舉人成化八年任時本縣稅糧撥運施州水路險阻民苦之公白於當道存留本縣邑民感之

劉英浙江會稽人成化十五年知遠安時縣治新遷百事草創公盡心修葺巨細畢舉湖北通志

趙麟貴池人宏治七年知遠安裁抑豪强撫納新附凡公署學校橋道有圮壞者輒加修葺先是民嘗苦饑公乃令民輸粟贖刑比及九年積粟幾萬石歲歉賴存活者甚衆舊府志

黎士翹南海人正德間知遠安治政清慎扶植善類節省財力方銳志振刷積弊倏以病卒未竟其用舊府志

孫崇德泰和舉人嘉靖十年任質直愷悌有守有爲攺修學宮士民德之陞大名府判軍民遠送

葉儒福建松溪舉人嘉靖癸卯年任古貌古心善政善教治任七載遠近咸懷

田時雍貴州思南人嘉靖二十八年任治政清慎撫字心勞未竟厥施

孫志四川渠縣舉人嘉靖四十四年任節省里甲勤慎清明柏臺有琴堂畫靜之譽陞平涼府判

程與號五江四川江津舉人治任日損輿從減賦例慈祥明斷清慎廉平遠邑賦稅初無成規條編一法自公始利賴民生豈旦夕哉陞刺沔州泣送盈道

蘇大成號時所江西寧都舉人以理學高第出宰遠邑愛民禮士置義倉以備饑饉諸不便民間者輒

與錮免斷獄無冤舉孝弟旌節義有古循良之風欽簡李曹咸頌神明當時口碑至今猶令人景慕焉

孫自強江南高淳人以明經起家涖遠時有大盜數人結連川湖不肖輩互爲兎窟屢年逋逃以計捕獲民害以除萬歷九年奉旨清丈親履阡陌田賦均平集諸生纂修邑志文章事業俱足不朽至今尸祝遺址猶存在舊城南門外橋側

周乃浹號伯霖山東即墨明經强毅有爲多謀能斷邑中刁悍每倚宗藩肆虐乃浹治之民獲安堵流

寇猖獗兵馬絡繹如織俱應接有方民間不擾後流寇十三家約數萬犯境乃浹率民保聚鳳山賊不敢窺民賴以安陞黃州府丞監紀衆兵臨行卧轍者衆

國朝

周會隆山東濮州舉人知遠安首請兵討平周酉兒修新城練鄉勇慈仁明斷撫字凋殘時學宮傾廢人輕詩書乃建學立社課士有禮士氣大振尤好學退食必讀書吟詩纂修佚志雅意山水暇日率士課農桑進老稚而勞來之怡如也性廉潔囊底無長物陞建昌府丞去之日語士民曰余待罪遠安無他失獨老荒恐遺民累士民攀轅不能去可爲循良第一

盧運昌山東陵縣進士順治九年涖遠政尚寬和尤能作養士類新城圯捐廉修復人賴以安

安可願陝西耀州拔貢涖遠時值虎孽肆擾公布德招徠申嚴保聚捐俸重修新城建木城於舊治以爲犄角民賴以安賊稍平復修縣志種種善政不可殫述陞薊州知州去之日士民卧轍攀轅至有垂涕者

宋繹直隸大名舉人涖遠時興利除害凡有益於民者知無不爲以新城屢修屢圯復遷治於東莊坪迄今百數十年人烟稠密樂業安居皆公之賜

梁鳳翔陝西咸寧進士入祀名宦歷年甚遠求其軼事不可得以在孝感拔涂燮菴尚書觀之大抵培植學校惜士愛民故所在皆有循聲

蘇汝礪江蘇常熟拔貢清愼廉明愛民惜士詳墓誌銘

宋楷字素我四川夾江舉人貌韶秀心慈祥乾隆三十年涖任在遠十年興利除害待士民如家人子

弟一切惠政詳見各條去之日兒童騎竹馬餞送相延百餘里父老有泣下者公亦悲不自勝謂送者曰國課早完處女早嫁屈死不告狀餓死不賣田稱習切切記之後紳耆環請入祀名宦雖上憲未准而各鄉固已立祠祀之

許忠一湖南巴陵縣拔貢乾隆五十六年涖遠愛士惜民振興學校以邑中科名不利遷文廟於城內東北隅乙卯登鄉魁者有李超倫戊午中副車者有周德豐人皆頌之

石爔直隸灤州拔貢乾隆六十年涖任性明決有膽

勇嘉慶元年白蓮教匪起公搜城內習教者盡誅之并及其家丁除莠所以安良刑亦爲德雖人議以恩弗恤也後兵賊絡繹隨機應變當陽陷而遠安城卒賴以守則其所保全者甚大也邑人至今德之

呂應熊陝西咸寧舉人嘉慶四年涖遠時蓮匪猖獗官兵絡繹公應變有方五年九月賊伏青龍灣高廉鎮李陷入陣亡公援兵登陣旗幟嚴整賊不敢犯城賴以保

詹應甲號止園江蘇吳縣舉人時稱吳中才子其賜綺堂詩集傳遍天下嘉慶十一年涖任政簡刑輕邑無冤民喜山水政餘探幽陟險邑名勝咸有屐痕杜絕苞苴有罪者欲賄以買直而無從故所涖皆有循聲正已而不援上故在湖北數十年只於邑令宴如也

黃虎文號嘯巖江蘇太倉州舉人潛心理學爲文力追西江屢充同考官所取皆知名士辛巳科垣亦謬荷堂薦嘉慶十二年涖遠政尚清靜邑人德之在任未久去後設有長生祿位牌至今尚存大士閣樓上可想其遺愛在人焉

陳若疇號聞之貴州安平進士嘉慶十二年涖任性聰穎清廉勤慎爲民雪奇冤數次遐邇傳頌與士類接談竟日如家人父子試文童場畢具飲饌必親視之遇屬吏胥役嚴常書十則自警懸可耐軒壁其中多言書役惡狀在任五年以卓異進京後復任清風兩袖幾於饔飱不繼甫一載遷黃岡縣喜吟詩有自遠集行世

屈啟宇號廓菴京山舉人貌魁梧性嚴正動必以禮雖所朝夕見必冠學宗宋五子八股文經術湛深與士類接論道藝不計束脩司訓十六年遷安肅

令

余作梅號鶴樵黃岡舉人貌秀性潁學深養粹與人接和氣滿容爲諸生閱詩文口不言贄儀司訓十年卒於署沐其教者咸思之

劉鴻庚號西垣浙江會稽舉人道光十六年涖遠政尚勤敏於聽斷每升堂觀者如堵不數語案已結人皆驚服有疑事輒私訪以故人不能欺盜賊遠屏幾有夜不閉戶之風去遠有留別士民詩詳後

傅九淵號拙齋江西進士高才博學爲文經術湛深不襲時下墨套精算法閱算書八十餘種海內搜

尋殆盡道光十七年涖任性仁厚政尚清靜以詩文課士講解詳明賞賚優渥甫三月入秋闈校士未畢場太夫人卒於署丁憂去遠未盡所施子壽朋號絜士登鄉薦學行俱有父風

紀煥廠號蘊亭直隸獻縣舉人紀文達公之裔也由教職截取十九年涖遠政尚寬惟欲民無訟二十一年遠安旱米騰貴人有請禁長價者公但勸富戶不閉糶日價高招遠客本處又出糶米聚價不期平而自平矣歲乃不飢後致政歸人猶德之

王慶雲字仲卿順天大興舉人道光二十八年涖遠政尚嚴肅禁暴戢奸胥吏豪强皆斂跡盜賊不入境未久去任民以三月大治頌之但性情躁急稍不如意輒暴跳如雷後卒以此隕生

李葆樹號椿陛山東濟甯州進士道光三十年涖遠爲政以不擾爲安待士厚有罹於法者一線可原必原之雖非冰心一片亦爲小廉曲謹咸豐二年警傳南省大憲檄團練爲防堵計時遠安城堞久圮公建城樓濬城濠補城缺日夜勤勞以此致疾又下鄉驗案冒風寒八月十七日訛言起閉城力疾巡視精神益耗遂以不起九月卒於署旅櫬今

猶未歸葬人皆憐之

補錄

陳其舜江蘇山陽監生康熙二十二年涖遠勤慎廉明培植學校修明倫堂進德修業兩齋及敬一亭荆門州志載之

宋楷當書上蒼下赤匾懸大堂暖閣內觸目自警不但遠邑戴德荆門鍾祥當陽南漳亦送有澤被鄰封匾懸大堂滴水前道光年間尚存

遠安縣志

人物三　鄉賢列傳

鄉士國士天下士士同而立德立功立言表見不止一途皆郡邑之光榮後來之文獻也遠安鳳山鍾秀沮水蘊靈歷朝以來名賢輩出偉業芳踪增光史冊其或位不副德而輿論歸之亦不可沒焉古今人表昉自孟堅惟楚有材堪資景行採而錄之可無愧汝南管鑰云志鄉賢

明

張武園山隱君子後之才孫少有文名登洪武甲子

鄉薦授鳳陽府丞時當開拗公佐治精勤居官有冰蘗聲傳家以儉性耿介卒於官宦邸蕭條事聞明太祖嘉之勅諸有司路具還里

徐禎永樂間歲貢授渭南知縣調翼城上親征邊境禎隨征有功陞雲南霑益州同知時毋總管與土知州搆隙地方騷動禎親詣貴州水西宣慰安民二年方解釋夷民感悅後致政還鄉

何史訓宣德癸丑登曹鼐榜初授行人景泰間山東山西二省貿租訓奉命催督事竣陞戶部員外郎總浙江糧儲出使遠域不辱王命辭疾歸奉詔旌階朝列大夫知縣鮑良守請入鄉賢祠祀之後裔人龍明季實授都司勤禦有功

戴旺先入本縣學後由都吏陞金鄉衛經歷持身清愨涖政廉平

胡鑾生平多德量盛儀度居家友愛祖產讓諸弟由選貢初授吳江簿後補興陞新城縣丞涖政公平有廉幹聲轉南直督府經歷未踰月致仕年七十五卒於家之嗣人皆爲公憾知縣鮑良守請入鄉賢祠祀之

傅公朝行謙學富由歲貢授萬年縣丞居官清潔署

篆廉平惟一僕自隨卒於官囊無餘錢喪具蕭條百姓哀之

李槩字斗池性敏博學善屬文尤喜讀眉山集以數奇蹇於一第膺里選入北監爲成均高公諱拱者器重屢弁諸生已而高公掌銓部公謁選授蜀之開縣常決滯獄多所平反恆自負不毀方取容致政歸不置田宅識者知公之後必大

翟言字養默淳德人也登里選授富順令遷瓊州判駕時海寇竊發身入寇營招撫郡賴以安乃歸里端靜自持偶有無知詈辱之公杜門無慍色詩云

時人欲識胸襟否彭蠡秋連萬里江先生有焉

鄒淳字廉川天懷風雅夙抱經濟以明經秉鐸孝感造就多士知名遷鄖諭亦然所入俸半與士作登山賦飲貧公嗜酒吟詩豪曠不羈殆高陽之徒與課子孔進列庠

張崇文字在吾盛年以資應貢有忌其軋己者挽勿就試郎止後以選士對公車歷彭澤祥符兩庠師多士祖其文章諸當道競入薦剡遷貴之清平衛經歷生平規行矩步不逢世以機耄年猶披吟不輟長子斗樞成進士次斗辰恩選斗台歲薦斗墟

貲進孫宿輝鴻業千喆鴻圖俱列庠

張斗樞字天都崇文長子也少有鴻才讀書不輟寒暑萬歷癸卯亞魁登丁未黄士俊榜筮仕魯山地多與草公買犢給墾歲凶廣設饘粥請捐上供民賴以不飢調永城尤勤課士有秀水利鬻宮左畔公濬之郎鷄薦四人壬子分校豫闈得蕭日蘭七士公清介丰稜凜凜執政以此擢天下廉幹第一遷南銓部主事居曹嘗校書欽假省親未幾病卒子鴻業列庠

孫尚信字復所節婦談氏遺腹子也幼讀書遵母義方每奉顔色喜怒隨之溫凊六十載子姪繁甚築館延石帆李先生爲師一時名藉庠内幾數十人待子姪甚嚴喜交遊嗜書不載俗事天啟里選未仕而卒

李如玉字振華槃之孫喜選勝處負笈讀書屢試冠軍才名藉甚爲鄖治臺黄公諱紀賢者器重聘龍門書院館餼肄業萬歷己酉登王時化榜五上公車數奇未第授維揚寶應令決冤獄通水利漕艘安瀾三藩王就國公經營有方民賴不困其人爲公作八寶政畧宦業至今不磨也公性狷介塵視

軒冕解組歸居家端嚴有禮課子勤勉長子本元北監次本先明經孫觀生食餼

向儒道任巴縣遷南京東城副兵馬居官清慎輿論嘖嘖公有丈夫子三才俱博洽年九十二目擊四代元孫俱列邑庠

陳隆治性介毅爲士時安貧力學初任漢陽府授遷奉節知縣治政有方

游一孝字順所學富經史望重當時秉鐸湘陰湘潭武昌三庠咸多造就膺薦當遷因病告歸課子士道孫應昇曾孫九鵬列庠

楊宗孟嘉魚訓制行端方署嘉魚縣事拒賊城守有功題補東安縣知縣

張斗奎字燦垣長業儒族中莫能葬者六人悉奎經費授職漳州巡司聞家寇亂念母在堂泣叩上臺告假歸省朝夕曲盡子職有勸其復任者不答課子千英食餼孫炳芳列庠

傅舉說字鼎商號夢卜業儒未就折節爲吏信義服人慷慨任俠初授江西會昌縣尉轉福建晉江縣巡檢辭歸養親以孝稱課子作礪食餼

張斗墟字太都生平言規行矩恂雅自如孝友篤於

家庭謙和著於閭里課子宿輝列庠

國朝

李正儕見後紀事本末

楊瑯樹號孝齋國初隱逸遊跡遍天下所至皆有題吟著作等身遺稿散軼其傳世者有愛菊堂詩集老歸故里邑令慕其名輙造廬焉

談經正字傳六號復齋康熙庚午科舉人賦性高潔陶情詩酒登科後二十九年始授福建九和縣知縣政治宜民尤善緝捕時制府令人捕某逃逆公授以計旋擒獲制府奇之密令捕某寇公率壯丁數人星夜馳往擒獲而守者不知謁見制府禮遇過於府道台灣平擢知彰化縣事數年以母老乞終養解組享壽七十著有山中吟出山吟冬嶺小草還山吟行世

姜開齊號渤南歲貢生善書工詩教授生徒閉門不出雖居城市不與外事與居鄉村無異著有砌字吟詩集行世

談世詔字聖諭歲貢生賦質魯力學勤其造詣之成大抵得於人力性恬退不慕榮利選蘄水司訓以老病辭終日讀書不與外事教授生徒成材者數

十輩享壽八十無疾而終

周正位邑庠生貢生光祿之祖貢生維翰之曾祖舉人汝玠職員汝靜之高祖貌古秀丰度端凝終日正襟危坐案下踏石兩足跡深寸餘動作有禮從不與人爭財物較是非有辱者不校也家故貧佐食惟菜羹禮衣冠各一終其身不再製少時讀書勤苦夜課無膏火日暮削松脂代燭時人比之燃糠映雪云

鄒延伸號沮南邑明經仁恕狷介言笑不苟事親孝親沒日夕繞墓泣血三年祭先陳品物歷呼祖父

母飲食癖哭哀久乃已燕居著衣冠如對賓客遇子弟奴僕從無疾言遽色人以橫逆來不校也年八十二無疾而逝

周士巍廩生闡道四子貢生正愷教諭德豐訓導德裕之父也天分卓越好學篤行貌嚴整人望而生畏即之和氣藹如少孤事母以孝聞十五入庠讀書靈湫精舍三年博極羣書爲文淸眞雅正學使胡目爲荆郡之冠臨州進士羅治鐸吾邑聞其講四子書大驚以爲聞所未聞命子師事之設教五十餘年弟子遊泮者八十餘人

李鍾岳字五華號允吾幼而穎異弱冠食餼肄業荆南與妻兄辛卯解元葉奕煜爭後先由明經選均州司訓嘗從姜渤南先生遊渤南有詩稿待梓爲請序於當代名公付諸剞劂性高傑識量絕人往來賢邑侯多愛敬之在均日與諸生講文藝不計束修於遠方遊學之能文者尤加意玉成及歿蘄州廩生陳性善輓以詩有鯉也趨庭哭參乎問道難之句

陳楨字維翰號鶴浦邑貢生嚴氣正性望重鄉邑教授生徒列庠者五十餘人坪中田向無水利創修之自此無旱憂成沃壤焉又善解紛鄰里搆釁經數語勸戒輒息詩文書法無一不工得之者珍如拱璧壽八十目見四代子國樂廩生國恪貢生孫崇閣選拔曾孫文藻文蔚金鑾俱廩生文鷗列職元孫教壎教塏俱廩生堃教培俱列庠

李超倫詳載墓誌見藝文

周德豐號芑田棫村四子貌長瘦骨秀神淸髫齡臨父讀於村塾執爨朝夕伺候維謹年十八入邑庠旋食餼中戊午副車館於城廿餘年足不履衙署年六十一選大冶司諭撫下以不治裝生徒促之

日大冶饒有學田遲則穀入他人手從容應曰予不至於穀者也治任十年同寅竟陵劉人彥愛之如同胞後致仕旋里言及劉淚輒涔涔下居家八十日歿

陳國樂字大部邑廩生選拔崇閣父也聰慧絕倫年十六府試六場皆冠軍旋采芹食餼學使奇其才性純孝制行不苟後以嗜學致疾時親老子幼自製禱北斗太歲文乞終孝養了子平願未遂卒年三十二

李裁玉字藍田邑廩生幼年喪父事母以孝聞撫三

弟皆成名嘉慶初教匪滋事與弟武生懷玉練勇擊賊石明府用帛書儒將風流四字奬之敘功以八品歸部銓選辭不就舉孝廉方正亦不就志切觀光呈請仍歸明經本班未及考准而卒子逢年逢盛俱列庠

周光祿號阮亭歲貢生貢生維翰之本生父舉人汝玠之本生祖父生而英爽讀書觀大意不屑尋行數墨尤精史學數十年爛熟口頭下筆洒洒千言科歲試屢列前矛乾隆己酉科房薦擬中以詩一字不諧被落性明達有肝胆嘉慶丙辰蓮匪起擾

練鄉勇隨方剿擒賊破分別良莠全活甚衆宗族數百家護惜如同室常爲族人謀事急肯雨行數十里顛墜泥淖中時年踰五十其血性尚如此

陳崇閎字凌州號鳳巢邑之什家坪人稟生國樂子面秀身長天姿純粹甫九歲母病左右侍湯藥無片刻離父命之寢着衣卧床頭聞呻吟聲輒驚起母尋卒又三年父亦卒喪葬盡禮泣血三年事大父曲盡孝養與胞叔國恪同筆硯雖年長三歲終執猶子禮不衰年十七童試冠軍二十三登拔萃科以大父春秋高不復營仕進隱居教授弟子從

遊者日衆學問淵深爲文闡發經傳名理不專事聲色教人循循善誘先德行而後文藝居鄉繩趨規步情意敦篤門外事一切屏除非大公事足不履衙署邑宰石贈以詩云氣若芝蘭香可襲品如金玉粹而純可謂善肖其人矣

黃萬青號蓮塘邑明經豁達俊美少肄業荆南書院諸山長以大器許之屢膺房薦數奇見遺性孝友喜施予尤善排解丙辰蓮匪起公督勇守城有染匪習者分別良莠活人甚多以軍功議敘六品辭不就邑令陳聞之贈以詩有此邦人士公爲最待及瓜期聽鐸鳴之句後選均州司訓檄到已沒子鶴齡松齡俱列庠

李甲煊號南屏邑貢生學憲吳賞其文列入試牘從遊者甚衆邑令詹止園奇其才贈以詩云老筆着花應笑我空山種樹又逢君資以金俾赴鄉試薦未售後陳聞之邑令極重之以詩相唱和然每接見談風月不及公事也家中落晚歲益貧敝衣疏食日與詩社諸後生遊山水吟詠弗輟其高趣如此

翟尚忠號誠菴醇謹篤學幼師事陳鶴浦先生相距

咫尺每歸用飯路上誦文七篇來塾亦然遊泮後屢列優等敎授生徒篤於骨肉不干外事士林重之登明經候選

陳國恪號筠岑歲貢生廩生樂之弟幼有軼才博通經史爲詩文不從時好善書法蒼秀之氣動與古會著有瀟湘八景字帖稻香齋詩集自號藝阿居士

周德裕詳載墓誌見藝文

陳文藻號揆亭拔貢鳳巢長子年十七以冠軍列庠十八食餼屢膺房薦科歲試悉列優等與弟文蔚

爲文宗所奬常以二宋目之性閑靜一言動悉遵禮法與人相接終日儼然使人躁妄悉捐卒年三十三著有敬業堂文集稿存待梓

談永遵邑增生溫厚樸誠篤學不倦遊泮後設敎數十年生徒以千計前後列庠者二十餘人家不豐從不較脩金平居規行矩步不干外事晚年眼益明齒重生享年八十無疾而終

陳文蔚號霞村拔貢鳳巢次子年十七入庠旋食餼乙酉科堂備額滿見遺歲科試七次冠軍稿一出傳誦遍數郡貌魁梧性和粹吐囑清雅見者咸敬而愛之與兄揆亭卒年俱三十三邑人痛惜咸謂二陳早逝實地方之不幸云

彭含章號貞芬邑諸生性恂謹學識淵博爲文俯視一切甲午科房薦未售而嚮上之志至老不衰家極貧不妄取人一錢精岐黃濟人甚多及卒里人思之

陳金鑾號轂臣邑廩生拔貢鳳巢三子出嗣國恪子崇閎貌魁梧博學能文唐春墅明府試童子拔爲首贈詩四章嘉之旋食餼科歲試屢列優等甲午房薦額滿見遺性仁厚窮乏咸沐其惠寒士往謁

必厚贈之待佃民尤有恩欠租踰年不輸弗較也少時意氣豪邁三十後彌自謹飭繩趨規步門外事悉不與聞邑有大公事官禮請再三始入署歲辛亥舉孝廉方正辭卒喜吟詩有咏史百首稿存待梓

馬學珍號荆山生而穎異仍矩步規行歲科試屢列優等以明經銓通城歷任八年勤課期振風化閣學佩服贈有泰山北斗匾額年八十歿於署旅櫬歸諸生眷戀道左有涕泣者

遠安縣志

人物四 孝義列傳

士君子立身必以孝爲根本以義爲枝葉元遺山云義如泰山力莫勝惟其舉之孝也能旨哉其言之矣史官傳孝義自沈約始厥後遞相祖述浸淫及於志乘則人物內別立孝義一門由來舊矣遠安雖僻處深山而鄉黨自好之士亦或能勉於庸行彙而錄之各爲立傳俾敦行門內者不致湮沒云志孝義

明

鄒宗孟字養醇邑諸生事繼母以孝稱愛弱弟祖產多義讓學憲兩舉優行庚子中副榜子毓祚歲薦

廖說字舉吾邑諸生昆弟三人事二親不委諸弟值亂父年九十隨侍未敢輕離子明儒食餼孫國珍列庠

廖仲儒性摯厚家貧竭力養親母疾割股療之邑父王旌其孝月給粟以助養母

國朝

廖士宏事親色養備至常以不愧屋漏爲孝教人

亦如之父卒哀毀踰禮廬墓疏食三年染疾不瘳以未終母養悲痛卒年三十四歲子宗乾歲薦選麻城司訓孫岳慶列庠鍾慶食餼雍正九年 旌

方雍璧字藍琳兄玉璧幼聰穎父母篤愛之無何溺水死雍璧日夜赴水次哀號會玉璧見夢於父母曰無令弟俱死乃強之歸未幾父病痿痺行止皆需人母亦旋卒一切賴雍璧調護晴日則負以出遊始終不倦鄉里以爲難

苟會鵬字扶南邑諸生白土鋪柳林村人處世和平與物無忤事親先意承志父卒後母覃氏亦漸老冬爲煖衣夏爲扇枕飲食必親供奉步履必親扶持二十餘年始終如一有古孝子風

李國槐什塚坪人幼失怙恃賴祖母翟氏撫養成人槐事之以孝冬月解衣臥被被溫乃請祖母即安晨起烘衣以待後因溫被受凉祖母止之猶着單衣臥被卒以此致疾不起里黨惜之

陳思聖什塚坪人居家孝友事親色養居喪哀毀踰禮葬後守墓百餘日不飲酒不茹葷並不食油鹽鄉黨稱爲純孝

柳大用南關外人性純孝自幼喜聞古孝子事家貧成童後入伍食糧年十七母病甚醫藥罔效聞古人有割股療親者因自刲其股作湯以進母病遂瘳秘不示人夏日袒衣母見其傷處始知後因公赴襄陽卒於旅邸邑人䘏之

義僕附

周繼畟另有傳詳後

補錄

徐中健白土鋪人父母卒時年十餘兄中林因家窶盡賣其田產屋宇健赤手至南漳東宮地方

小貿數年始受室迄今二十餘年稍有所積兄向所賣之產復買還書契列兄與己名不欲獨有又迎其嬸母王氏於家親若己母奉養不衰雖未讀詩書而居然有孝子悌弟之行且修龍灣路補里中橋義舉亦多現有子六女三

周明玉茅湖區人天性孝友父聯中病時初秋餘暑猶甚玉親侍湯藥寢食不離枕側累月不怠教弟明哲成立父歿竟以哀毀卒人稱其孝

楊致太邑監生天性純篤語言慷慨尤以孝聞父作樂有手疾飲食不能舉箸太朝夕飼之十餘載不稍懈父母卒哀毀廬墓人皆稱之子四次培醇能繼父志列成均

王興琮南城內人生有至性咸豐七年正月二十七日襄匪陷城琮已故堂兄廩生興德之子被擄向賊再三哀求不允乃以己子易之賊北竄被擄者紛紛逃歸琮使人往尋亦陷賊中卒無怨悔鄧伯道棄兒存姪不得專美於前

洪先和毛福鋪人家赤寒父卒和年十三弟先本先有僅數歲和勤苦撫弟長無以娶益自刻勵家遂少有為二弟完姻人勸以娶堅持不可後

家道豐裕猶守前志閭里以為難

人物五 忠義列傳

臣事君以忠推忠義之極惟曰致身非必於死也至於死而忠無餘事矣遠安自明設守禦所官吏士民咸知慷慨擊賊致命捐軀迄今儀仰前賢其官於斯而死忠者若而人生於斯而死義者若而人次第志之俾數百年精忠實錄薈於一函而剖腹摅胸之懷青燐碧血之凝於以昭宣於兩間焉志忠義

明

簡而可字敬所萬歷戊子舉人除容縣教諭丁酉分校南畿得顧啟元等九人已而通籍金閶者七人執政以此知之擢翰林孔目歷部郎出知潯州府居職清介以事被謫改知安寧州遷府丞補姚安知府復忤權貴罷歸崇禎甲戌遇流賊憤罵被害年七十四

李友蘭字石帆萬歷已酉舉人除吳川令遷知全州擢南戶部郎榷北新關著有經世格言以丁艱歸無意復出治錦浪園與友人盤桓其中建書院爲邑子弟課讀之所闖賊破城不屈死之

乾隆四十二年與簡而可俱

賜謚節愍

張大受字海若廉吏張武後也武自有傳大受少敏慧年十九舉萬歷丁酉鄉試補新安學諭所入俸半以購書且力佽助寒士家無擔石之儲遷蓬萊知縣新安人祀之於學宮未幾以病告歸崇禎癸未遇賊不屈死

方應星武昌武舉巡撫宋一鶴擢爲都司授兵三百防守遠安闖賊據襄陽招降不從遣賊將率數萬騎攻城三日不能下降丁甄自強開門應之城陷應星被執不跪誘以僞職大罵死之

國朝

呂騰蛟官遊擊順治六年王賊犯境荆鎮總兵鄭四維進剿騰蛟深入沒於陣

汪　吉官遊擊順治九年虎賊入寇邑侯盧運昌請增兵剿殺吉當先遇伏死之

劉　官守備順治十四年賊犯境黃名世屯兵向家坂夜半賊入營世被執劉力戰死之

張正綱施南人任本營左司城守把總嘉慶二年在黃白山陣亡奉

旨優卹給予雲騎尉世職

周泰邑人任本營外委把總調補宜鎮標左營外委把總四年八月十二日在巴東縣羅坪地方陣亡奉

旨優卹給予雲騎尉世職

王者仲邑人任宜鎮標左營外委把總三年五月初三日在四川大寧縣槐樹溝地方陣亡奉

旨優卹給予雲騎尉世職

李必見邑人任本營外委五年在荆門州樂鄉關地方陣亡奉

旨優卹給予雲騎尉世職

向大魁字忠山邑西庠嘉慶四年秋教匪張漢朝擁衆數十萬擾害鄉村山起義勇於荷花店堵禦期以日中賊朝至山所率勇盡陷陣中免者僅山數人後復議起兵因文生張必南武生羅開式相繼陣亡勢孤亦盡節

熊古元邑西庠品行端方曉明大義鄉黨多薰其德嘉慶初教匪起元年六十餘從石縣王禦賊二年七月同武生郭中元帶勇赴馬頭河堵禦郭未到而賊衆驟至元衆寡不敵遂遇害所率鄉勇二十八人皆奮鬬同死

鄒志臨邑廪生美鬚眉衣冠整潔見者咸驚異之學使王奇其貌勸令習舉子業性和粹與人接霽顔溫語鄉里目爲人瑞嘉慶元年蓮匪起公率鄉勇堵禦戰於三孔岩陣亡猶儒服儒冠有結纓而死之風荆門州建昭忠祠祀之

乾隆六十年在盤車地方陣亡兵丁七名

余榮秀　王化南　孔應福　朱萬山　李正

王紹永　余得勝

嘉慶元年在三溪口王母洞陣亡兵丁二名

余治　汪士洪

五年在三溪口陣亡兵丁二名

朱大勇　劉德朝

二年在瀊泥池黄木埡馬湖營大垅口陣亡兵丁四名

王福　王應成　王鑑　甘正安

三年三月二十六日在安陸府鍾祥縣石牌地方陣亡兵丁七十二名

李林棠　朱喜　龔世傑　楚白璧　劉必選

高登魁　汪堯　楊大雄　張汝文　朱順玉

熊炳宗　湯　喜　黃萬選　周世龍　廖開舉
張光華　劉開秀　姜熊柱　劉榮貴　樊景容
楚白堯　彭　照　楊　映　黃正倫　王志道
梁士望　劉世發　熊三才　陳洪德　王文秀
張應值　秦大雄　楊　兆　余學聖　楚　貴
陳洪傑　王維開　馬學貴　張大桂　向　德
徐　紀　王　德　劉　奉　王　鳳　劉占鰲
陳昌貴　敖翠禹　艾永吉　劉朝貴　張榮貴
余鳳貴　徐可原　吳正受　蔣正明　談勝福
王楚升　嘉祥兆　彭　朱　徐宗秀　魏　宣

吳正國　汪　福　朱光德　陳宗全　董榮富
徐可遠　李春華　李　賓　王　理　黃玉美
趙　舉　張榮華
三年在羅坪陣亡鄉勇四十三名
孫德正　余元貴　張大用　冷繼周　王　斌
楊　楷　袁正誼　魏　明　張必選　劉大傑
張友賢　楊學義　吳朝勳　陳　明　張　梓
王庭光　馬正太　李　輝　王元富　洪成遠
余志孔　陳洪貴　陳明現　張必寀　郭紹安
王宏義　彭　忠　魏明喜　張士海　李玉章

陳　順　張汝玉　王志仁　朱壽世　向　道
黃志岳　錢洪典　吳廷舉　黃國秀　王允福
王勝會　何桂年　李仙貴
三年在陝西西鄉縣兩河口陣亡
王楚瑞　黃　明
四年在羅坪陣亡鄉勇十四名
王榮龍　王原柱　吳相昌　侯必昌　劉　義
郭紹慶　蕭天雲　劉光斗　高大望　王　英
黃文相　羅英才　陳　益　李宗開
九年在麒麟橋陣亡

周　連
三年在當陽縣河溶汛被賊戕害
朱克勳
五年在荊門州樂鄉關陣亡鄉勇九名
汪士鳳　王士珍　劉　愷　許　義　胡永時
李　鰲　徐加賓　吳朝珍　楊　愷
五年在荊門州屬烟墩集陣亡
樊金安　趙志云　李正倫　向　新　蔡開倫
姜士義　黃永試
五年在穀城縣謝家埡陣亡

唐　鳳

五年在清溪陣亡

方正光　劉開達

六年在巴東縣湘泗嶺陣亡

楊啟芳

六年在巴東縣龍船河陣亡

張正科　彭盛世　常應試　姜洪茂　朱壽敬

沈義先

七年在歸州屬水田垻陣亡

王　雲　李宗奇

元年在縣屬雷打岩陣亡鄉勇二十七名

周光泮　周大催　趙大臣　蔡允聘　毛光宗

孫榮祖　毛士富　蔡正禹　田正堯　鄒宗國

周正适　周大忠　熊洪舉　魏　儀　簡以明

鄭國瓊　韓璠宗　鄒志先　鄒太國　周守璜

黃興義　易春彩　方　貴　曾正言　徐有祥

宋開文　萬朝科

元年在縣屬三孔岩陣亡

廩生鄒志寧　鄉勇王言生

元年在當陽縣玉陽橋陣亡鄉勇十一名

朱長侗　李中紹　鄉正雲　鄢宗周　田作仁

李作良　韓士胃　田克樹　周澤民　徐允相

楊昌位

二年在縣屬荷花店香油坪等處陣亡七十四名

文生張必南　武生向大魁　鄉勇鄒志魯　楊允芳　徐順祥

黃天佑　牛士傑　牛士諠　張必顯　胡其鳳

王　健　陳國佐　劉　相　楊盛貴　劉均彩

吳大富　朱長云　徐友清　楊純青　胡以孝

常宏才　周昌鳳　史定榜　余西邦　李青龍

曹九萬　藍正朝　張作玉　周　二　張必發

向　喜　宋一賢　苟　傑　張文選　胡元愛

羅　貞　羅　愷　羅光升　羅開裕　賀開科

楊文龍　賀開元　王文榜　劉　椿　羅開成

余希禮　曾必貴　趙文友　董　梅　李朗云

郭文茂　廖昌虎　劉進成　張先文　羅升遠

羅成懿　羅成先　郭文貴　袁國才　陳天順

屈尚德　李尚年　裴大敏　傅朝國　孟法孔

熊步雲　黃子見　葉啟明　金必科　徐必學

陳洪榜　王　舉　李國明　龔全三

二年在縣屬苟家埡陣亡三十一名

武生羅開式 鄉勇陳 順 陳 祥 談隆英 劉 科
張作康 陳廷秀 陳 林 裴大敏 談尚德
劉成元 郭舒任 張應龍 張思賢 張國林
李金壽 陳應文 王正綱 鄭思孟 劉 杰
郭 相 陳志文 劉繼祖 熊先元 劉廷元
彭 林 許韶九 張元吾 童 舉 李儒林
夏明萬
二年在縣屬南襄城洋坪等處陣亡二百三十七名
武生熊占元 鄉勇楊元綱 楊士信 楊士學 楊呂成
楊禹文 楊昌虎 楊正奇 楊元友 楊昌富

楊禹相 楊元琹 楊禹芝 楊昌嗣 楊元乾
楊昌壽 楊元聘 楊元宗 楊昌盛 楊宇四
楊元保 楊元年 楊 申 廖應文 廖元慶
胡元海 談世紀 廖元功 張萬德 張仰聖
張仰高 張明祥 鄧尚友 鄧必樂 鄧尚達
鄧尚彬 鄧尚茂 李天富 李天福 李天位
鄧必坤 高永祚 高開緒 黄維德 黄文賢
張元陶 李正祥 李宗義 酈國錦 鄧秉倫
劉希仕 劉正觀 劉舉哲 劉賢來 劉希魯
陳士聖 張士雲 劉舉才 鄧必翠 張宗林

溫洪思 楊友恭 陳士相 □天仁 房正贊
楊昌明 吳廷光 胡朝虎 廖席虎 王 章
陳秉順 王 郁 杜仲富 周正洪 賈定邦
鄧國聘 汪體光 羅 文 余啟英 賈澤明
熊 惠 李宗仁 談尚吉 鄧 科 陳富祥
陳國受 李光序 楊啟鰲 楊允康 楊培順
徐 銘 盛大榮 陳 貴 謝正常 談正吉
談必受 鄒賢臣 楊立柱 楊 進 韓國治
尹世坤 胡大常 金開榜 余開選 劉正紀
任 禮 胡永華 游魯珍 胡啟宗 張希貴

胡宗典 陳世榮 胡永康 游助國 楊先堯
楊啟義 李明亘 方松文 劉世則 陳 明
朱玉華 談必登 談宗伊 李明榜 汪宗貴
尹朝臣 羅有光 徐可元 韓正宗 楊昌會
楊 崑 楊 經 韓士魯 楊士魁 陳玉言
韓元發 陳鼎豐 熊楚安 皮秉年 熊兆宗
林 容 熊哲宗 李 檀 楊作林 楊培升
李發科 胡啟洪 胡祖祥 張 玉 余開科
楊林貴 談尚友 李宗發 尚成範 李 進
馮 全 徐可才 楊 皓 陳進言 陳之綱

陳之從　李光福　熊效宗　陳明道　黃開祥
張延舉　望友元　望仲科　張敘明　汪德成
汪國棟　簡文秀　車　珩　張應兆　鍾廷玉
車應虎　夏朝玉　夏道中　齊學禮　徐　友
徐加瑞　劉世賢　李明悅　李必選　張敘賢
翟上苑　羅志成　鍾　谷　蕭紹春　董　愷
周士宗　易國南　孟自南　楊玉成　江顯公
王　治　馬光先　楊元信　談世溫　蕭紹往
李天貴　鄧必貴　高開德　張元福　李正瑞
李宗禹　鄺占昆　劉舉第　劉舉道　劉希賢

李士相　張敬忠　楊登相　張朝相　吳正懷
田金俊　但開鈴　李國珍　黃尚賢　黃君賢
聶登第　黃章明　李光春　盤千文　謝　桉
甘元盛　但學義　李先達　張君召　陽碧龍
袁仲魁　袁正一　嚴　林　湯明魁　湯應試
嚴尚義　嚴尚達
二年在縣屬五瓜砦陣亡鄉勇五名
李必貴　周　祿　蕭紹文　鄭　澍　鄭永枝
三年在縣屬南襄城陣亡鄉勇十名
周世富　望三謨　嚴士鳳　費德龍　聶希聖

張士立　望世進　洪述傳　曹廷秀　熊銀宗
三年在縣屬老君廟陣亡鄉勇九名
韓士珍　陳廷珍　徐　振　雷遠方　張必學
楊之宏　陳之科　張忙生　熊大僕
三年在縣屬徐家棚陣亡鄉勇一百一十七名
李啟龍　郭仁富　郭天相　劉朝三　王世珍
牟　文　牟方弼　李正位　王林愷　范宗禮
殷開心　李宗元　張正奉　張宗德　李樹芳
劉尚明　陳國佐　何生印　鄔之太　任仲魁
牟　悅　牟　愷　牟開榜　牟開朝　牟開書

覃　必　覃清和　高在立　田光緒　龔　印
朱世貴　苟正心　鄔之道　牟　易　牟正紀
楊　輝　楊潛龍　楊　紳　楊維信　楊維瓏
楊　經　陳明魁　陳明榜　陳聰言　陳友言
陳之湖　楊宰棟　楊邦棟　陳之葵　陳世貴
楊盛瓏　陳明良　何維宗　易應太　盛朝榮
盛德隆　任國舉　任一祚　談世成　陳　全
程之都　程之京　楊允保　劉自明　楊國爭
楊培德　楊立傳　張自振　崔繼賢　殷天永
劉　高　劉　惠　程秀章　張　朝　張　棖

龔世龍　謝子儒　李　玉　謝祖貴　鄭可道
陳倫孝　陳登巍　龔宗德　姚奉章　蘇維桂
羅應宗　郭興寶　方讚禮　楊士林　楊士青
楊正仁　黃　言　黃雙年　楊　班　楊　受
陳才政　謝昌云　何仲元　陳　瑚　熊楚禹
袁正先　舒　言　楊茂坤　楊茂其　陳維德
陳世受　熊楚富　羅元堯　姚　四　萬受萬
龔思順　魏　學　龔思康　宋一進　謝子禮
謝世茂　陳士宏

咸豐元年以後出師陣亡員弁兵丁

外委劉周宏道　姚連升　姚占鰲
兵丁李晴嵐　蕭自新　周正心　陳作新　朱玉林
楊廷英　陳朝順　朱萬立　李昌受　黃尚富
楊正文　佟德八　張學貴　楊占先　楊允青
熊玉文

咸豐七年正月十四日在南漳文家埡陣亡首士一名鄉勇八名

首士吳尚棟　鄉勇陳永培　陳宗英　高宏德　曾永耀
袁大倫　談必純　談必恭　談必真

人物六 高誼列傳

志與史異褒而不譏美而不刺善善長而惡惡短近春秋之微旨亦風勵之先務也遠安前哲篤生其光前代而範後世者已次第志之矣若乃蹈道自守砥礪懿行任卹周於鄉曲之間譽望孚於道路之口亦必詳稽而備採焉夫匹夫慕義何處不勉編氓之子得附士君子後殆亦所以進之歟志高誼

宋

張榮貴家團山數世同居積穀贍族人周貧乏邑人咸仰其義號團山居士贊曰趙宋之時有人如玉隱居團山義名遠布同居贍饑公藝同步

元

徵應辰善屬文尤長於吟咏才名特重不樂仕進自號臨沮散人

明

孫謏字九嵕別號長嘯道人棕笠蒲團往來山水間嘗製康節像自隨又云安樂子長子開祚膺恩貢孫惺膺歲貢愉列庠其自贊行樂圖云一

簞食一瓢飲人問誰氏之徒我拜康節之門獨寐寤歌兮永矢弗告悠悠蒼天此何人哉

向日紅字元池性孝友其父諱義有齒德邑侯蘇爲請冠帶於禮部諸子以貧辭獨紅毅然任之弟兄列庠者四家貧咸藉其資助有成甲戌賊變避鳳山惟紅捐資修關隘衆賴保聚莫不高其義今縣治二關遺跡尚存舍旁建長松軒曰與諸子姪課文賦詩於其中時稱爲長松居士長子在中列庠次子閎中恩貢庠生大年其孫也

孫諳字九石尚信季子也髮未燥即善屬文讀書目下兩行小試輒冠軍七戰棘闈竟艱一第遂輕舉子業上究星瑤象數下搜黃輿山海感慨之懷寄於行吟年未强仕登歲薦嘗占星紀曰不出十年翼軫分次當有大變决意隱林壑作石室於絕壁爲避亂計著書立言未能行世病卒遠近憐其才

國朝楊永貴白土舖民性剛直慷慨仗義素爲閭里所重嘉慶初敎匪滋擾遵縣諭領鄉勇百人禦賊於馬頭河陣亡徐明楊培順二人卒能保障地方前縣令石優賞七品軍功辭不受居家敎子姪若孫耕讀孫青雲貢進

周正仁郝榥舖人庠生光行監生兆熊職員光霽之祖監生明珏之曾祖貌魁梧秉性方正嘉慶初蓮匪滋擾練勇堵禦適楊侯兵過境招爲鄉導奇其貌諭令隨營効用以母老辭侯嘉其孝給六品軍功職銜時良莠混淆奸民挾仇誣良仁爲分别眞僞所保救垂死甚多人以恩公呼之

周之先號覺寰性仁厚有德慧家小康好禮樂施會歲饑土豪某某謀爲變刻期赴先家欲脅之先集佃人宰牲十餘頭設百席待之某衆至座不能滿飯畢謂某曰聞君欲圖大事而麾下尚不盈吾座天下大矣事胡濟某色沮徐曰承公諭吾且悔但衆由通衢官吏悉知騎虎不得下奈何先曰勿憂予聽吾吾能脫子資衆以錢米四散之贈某百金促之逃所費纔千餘金難以平邑令聞之喜甚召而優以禮舉鄉飲賓額其門曰達尊有二

王璉邑武生嘉慶元年練鄉勇追捕蓮匪餘黨投

六品軍功職銜閒靜少言勤儉好施年六十餘卒子武生開雲開烈躬稼終歲勤勞家小康蓄牛十餘頭與鄉里共中有不能糞田者資以糞宅左右多古墓歲時燃香燈祀之鳳山道觀盛香火道旁乞丐數百每年以稻莖二百束溫焉鄉有匪類頻以訟誣陷非惟不校時時以錢米惠之匪感悟對人泣頌其德子開緒讀書能文章仁厚亦如之

談世璽邑庠生性剛直好義任俠見市上無賴傾害人必痛詈甚至手批其頰羣小咸畏而避之

會有疾父老勸於江岸柳陰下閒坐納涼避紛擾也適一後生垂釣璽呼問得魚否答以無怒曰爾後生不勤耕讀乃偷閒作老人事即痛懲之其尚氣如此未幾卒村有死而復甦者云璽在冥府作司文郎語雖近幻觀其平生剛直亦莫須有事也

王中言號緘亭一號青峰子拔貢生王學峒之父也品行端方善畫竹蘭能堪輿著有啟棠歸原稿存待梓

程魁選號鏡堂居貧守正儀型堪仰習青烏著有

山水眞種子稿存待梓

熊澤潤縣前鋪北城外人性正直言慷慨族黨有小忿經數語勸之輒化同里從無訟爭事教子弟尚勤儉戒蕩淫尤喜行善嘗建北門河橋梁數次往來稱便每歲出穀石貸鄉鄰不權子母開東莊坪河堰公費不給借錢至數百金以濟急需卒時命子應兆對衆焚券有昔賢樹義之風

遠安縣志卷之六

人物七 列女傳

綱常名節砥於男子而鴻寶云天下壯男子有時不如貞婦人然則正氣所鍾豈獨遺於巾幗哉或捐生明志或茹苦鞠孤植節雖殊要皆貫秋霜薄霄漢焉茲特博採輿論爲發彤嶽庶已旌者垂汗簡而常昭未表者經採擇而並著而潛德幽光不至有所湮沒云志列女

明

孫氏縣民劉文達妻年二十餘夫亡遺孤甫二歲

氏撫之成立娶婦陶氏孤又亡陶躬織紝以事姑凡三十年姑年九十婦年六十四嘉靖間以雙節旌

白氏彭九成妻年二十餘夫亡二孤俱幼守志不渝孀居四十餘年

望氏楊庶明妻夫亡氏年二十五遺孤尚幼氏撫之孤早亡復撫孫成立苦節數十年

張氏廩生汪寶妻夫亡氏年二十二一子尚幼或勸之改適氏溺水自誓人乃不敢言嘉靖間旌

盧氏陳瑞妻夫亡氏年二十六誓欲同死以姑在而止姑卒兄憐其貧且無嗣勸之嫁閉門自縊有司爲題其墓

鄧氏縣民冷琦妻夫亡氏年一十七孀守不渝有司以聞建坊旌表

張氏董麟妻夫亡氏年二十餘遺二孤甘貧守節指石自誓撫子成立隆慶間旌

談氏孫銓妻夫亡氏年一十八苦節七十六年子尚信尚智俱爲明經萬歷間旌

陳氏廩生鄒承先妻夫亡氏年二十五守柩三年豫營後事畢閉門自盡與夫合葬萬歷間縣令

爲立碑於墓

李氏萬邦孚妻崇禎七年賊犯縣境氏被掠賊欲辱之大罵不屈爲賊所磔

周氏庠生李如琦妻夫亡氏守節三十餘年崇禎間流賊破砦墜岩而死

練氏傅試妻性甘淡泊治家嚴肅相夫居積成子功名晚避寇江陵夫歿復回遠崇禎十六年賊黨一隻虎破鳴鳳山城氏不辱投岩死

狄氏生員王廷卿妻夫卒未葬氏誓三年服闋當與同穴至期遂餓死家人合葬之

國朝

望氏生員陳瑾妻年十五適陳四載夫卒氏奉事舅姑經理喪葬教子明旦爲諸生娶婦張氏而明旦歿張年二十八無嗣氏憐其少令改適張毀容以死自誓姑婦孀處雍正九年　旌

傅氏楊廷鳳妻年二十三夫亡子甫三歲家貧窶至饔飧不繼氏辟纑以奉翁姑撫子成立乾隆二年　旌

張氏生員姜應望妻年二十四夫亡子甫三月家素貧氏矢志苦守奉姑鞠子乾隆二年　旌

王氏李清妻年二十六夫亡遺一子家貧甚舅姑憐其少且恐無以爲生欲令再適氏聞號泣悲痛投繯求死乃止事翁姑育孤子乾隆三年旌

李氏傅君璋妻年二十八夫亡子甫週歲家貧甚氏勤紡績針工奉姑撫子食不繼則挑野菜以充之艱辛備嘗守節四十二年乾隆七年　旌

劉氏生員朱孔陽妻年二十八夫亡家貧子幼氏勤女紅以給朝夕不求人助有勸之嫁者以死拒之乾隆七年　旌

陳氏湯大年妻年二十一夫亡無子以夫從子爲嗣食貧茹苦守節三十年乾隆十年　旌

萬氏蕭天允妻年二十六夫亡遺子文泰教育成立補弟子員娶媳王氏文泰又歿守節四十八年乾隆十年　旌

張氏廩生游君瑞妻年二十六夫亡子甫三歲氏矢志撫子孝事翁姑乾隆十年　旌

汪氏廩生廖宗文妻年二十七夫亡無子奉事祖翁姑及翁姑以孝撫育繼嗣成立乾隆十二年　旌

楊貞女生二歲許字劉承業年十八承業遠出音

耗弗通後女叔以女年逾三十改許傅氏子嗚咽將及女始知撫膺痛哭剪髮奔避事得寢又數年聞承業已歿女茹荼飲泣堅操不渝四十餘年乾隆十三年　旌

徐氏萬世傳妻年二十二夫亡遺孤僅三歲鞠之成立乾隆十三年　旌

郝氏楊文芳妻年二十三夫亡子未週歲家貧甚氏矢志撫孤艱苦備嘗乾隆十七年　旌

望氏曾元瑞妻年二十五夫亡矢守奉姑撫子姑患毒氏口吮腥穢日數次姑愈人歎異之乾隆

十八年　旌
王氏生員蕭文泰妻年十九夫亡守節三十九年
以上俱荆州府志
黄氏兵丁徐正乾妻年十九于歸五年夫亡遺一子氏年二十四歲矢志撫孤守節三十四年乾隆元年請　旌
傅氏廪生曾珆妻年二十二于歸夫亡氏年二十九歲僅生一子翁姑在堂氏生盡養歿盡禮小姑二人皆及時遣嫁撫孤成立守節三十年乾隆元年請　旌

何氏周士嶸妻年十八于歸夫亡氏年二十三併無子女矢志養姑家徒壁立艱苦備嘗嗣歿復立姑終天年子亦成立守節三十四年乾隆二十年請　旌
蕭氏談正謚妻年十六于歸夫亡氏年二十家貧無子人勸令改嫁剪髮自誓嗣姪世賢爲子年僅二十二夫妻雙亡遺孫甫六月撫育殷勤幸已成立守節三十九年乾隆二十一年請　旌
劉氏陳開光妻年十八于歸夫亡子甫數月氏年二十四矢志代養翁姑存歿盡禮撫育遺孤克至成立守節三十六年乾隆二十二年請　旌
盛氏向寗遠妻年十六于歸夫亡氏年二十矢志靡他卒年五十一乾隆二十五年請　旌
祁氏韓世崇妻年十八于歸夫亡氏年二十二守節三十九年乾隆三十七年請　旌
黄氏陳明述妻年十八于歸夫亡氏年十九守節四十年乾隆三十七年請　旌以上八名照學案增入
劉氏王士鳳妻年二十五夫亡守節三十四年乾隆五年請　旌
李氏張愷妻年二十夫亡撫子完璋爲郡諸生又

亡復撫孫成立乾隆六年請　旌
賀氏張元度妻年十八夫亡守節三十五年乾隆八年請　旌
陳氏葉高妻年二十三夫亡無子撫從子爲嗣苦節不渝年五十餘乾隆二十年請　旌
曹氏張嘉賡妻年二十六夫亡孤子繼夭撫族子爲嗣守節五十二年
李氏生員何若玉妻年二十二夫亡守節四十六年嘗割股療姑疾有司給匾奬之
史氏賀聖宗妻年二十四夫亡家貧矢志撫孤成

立守節四十四年
何氏儒童郭紹德妻德歿氏年二十八矢志守貞孝事翁姑慈育二子守節五十五年學使王奬以清節揚徽
歐陽氏王璽妻璽歿氏年二十七撫子必康必靈享壽八十一學使王奬以匾額必康卒妻陳氏年二十九必靈卒妻翟氏年二十四同體姑志撫孤陳現年六十一翟守節二十五年可稱一門三節
陳氏儒童洪深妻深卒氏年二十四撫子國治娶

妻黃氏治卒無子黃氏年二十一嗣先謨爲子陳守節五十年黃守節四十九年學使王奬以世節揚徽
禹氏望友珍妻珍卒氏年二十九撫子發第孫運才俱列庠守節五十五年學使王奬以匾額
鄒氏曹運和妻年二十九夫故一子二女俱幼氏矢志苦守上事翁姑曲盡孝養子旋夭以弟之子爲嗣育之如己出守節五十四年學使賀奬以冰蘗完操
楊氏邊正慶妻年二十四生子朝佐八月而慶卒氏志矢柏舟孝以事翁慈以育子守節六十七年佐妻楊氏年二十九佐死遺孤國泰方數齡氏守姑志育嗣亦如其姑現年八十六歲學使王奬以世節揚徽
彭氏儒童張鎬妻年二十四夫歿事姑撫子孝慈兼盡守節四十九年學使王旌以節孝可風
曹氏八品軍功李甲成妻年三十夫歿家貧茹苦孝事翁姑撫子世依列庠守節四十年學使王奬以清節揚徽
余氏談士望妻年二十四夫亡氏撫子必林成立

林卒又撫孫楚材等四人守節六十八年學使王奬以清節揚徽
房氏楊禹鏞妻年二十四夫亡生一女早夭撫姪亦殤孝事孀姑數十年無異現年六十三歲道光三十年學使杜奬以節勵冰霜
章氏曾文彩妻年二十三夫亡子承明僅三歲氏撫養成立名列膠庠孫泮林春林亦接踵獲售守節六十七年學使王旌曰節孝可風
王氏營兵黃光耀妻年二十四夫亡氏矢志守節四十六年王學憲旌以節孝可風

王氏業儒馬岳岫妻年二十四夫亡遺一子僅三歲氏撫養成立守節五十七年學憲王旌曰清節揚徽

黃氏業儒劉玉琪妻年二十四夫亡僅二女事翁姑盡禮教嗣子有方守節五十五年學憲王旌曰節孝可風

馬氏業儒荀槐妻年二十三夫亡氏事翁姑盡禮撫子華林列庠守節五十二年王學憲旌曰節孝可風

郭氏業儒何清訓妻年二十夫亡撫子成立子歿復撫一孫守節七十二年學憲王旌曰砥節延齡

曹氏儒童鄔作賓妻年二十六夫亡撫子完娶子歿撫孫成立現年八十三歲學憲王獎以匾額

易氏業儒何世龍妻年二十六夫亡數月得遺腹子撫養成立又卒清苦終身守節四十九年學憲王獎以匾額

談氏業儒陳寵妻年二十六夫亡撫二子成立治家勤儉勞瘁終身守節三十八年學憲王獎以匾額

蔡氏陳之剛妻年二十七夫在馬頭河陣亡姑老子幼氏仰事俯育矢志守貞道光八年王學憲旌其節孝

曾氏杜作梭妻明經志學祖母也年二十九夫故舅亡姑存子幼氏矢志靡他生事死葬撫孤成立守節三十二年學使王獎以節孝可風

王氏周光國妻國與弟光遠析居氏以勤儉佐夫起家夫歿氏年二十七遺子明珊數歲撫育成人娶媳朱氏年二十二珊歿無嗣姑媳痛絕數次矢志治家如故光遠歿妻黃氏年二十八亦矢志同守王後捐屋一所建宗祠田十餘畝爲

祭費族人義之守節五十年黃守節四十五年朱守節五十二年學憲王獎以世節揚徽

程氏儒士翟鳳鳴妻年二十九夫亡子芹香僅六歲氏教養成立列庠守節三十六年學憲王獎以節孝可風

傅氏木瓜舖馮作楷妻職員光炯之母楷歿氏年二十三孤幃運籌撫子成立守節三十七年學憲方題曰節壽延釐

呂氏木瓜舖周光遠妻遠年二十四歿七月生子

明月氏孤幃茹苦事舅姑順承無違輔子成八不墜家聲守節五十年學憲王額其門曰節孝可風

曾氏邑庠郝尚論妻年二十八夫故事翁姑能得歡心翁姑卒葬祭如禮性閑靜治家勤儉日以耕讀勉子孫子秉蘭孫延禧俱列庠守節六十一年學憲王獎以節孝可風

蹇氏楊元德妻年二十八喪夫矢志苦守孝事翁姑慈撫二子次子景山孫汝梅俱列庠守節五十年學憲王獎以淸節揚徽

戴氏陳朝棟妻年二十四夫故氏守孤幃事姑孝遇族里有恩貧乏者多資以舉火教子正蔚寓嚴於慈隸名縣丞蔚歿氏復與媳楊氏撫三孫成立長大猷例貢季大壯列職戴享年六十二歲學憲王獎以淸節揚徽楊現年六十二

徐蘭芳之妻余氏　陳　珈之妻劉氏

馬祚魁之妻趙氏　胡可傳之妻黃氏（俱道光八年册）

陳明治之妻郭氏（道光九年册）

馬世德之妻胡氏　朱運猷之妻王氏

黃光燦之妻王氏　邊朝祚之妻楊氏

張正仁之妻胡氏　黃應魁之妻許氏

黃宗儒之妻洪氏　覃宗禮之妻彭氏

陳明旦之妻張氏　汪　貴之妻謝氏

張化龍之妻孫氏　萬毓蘭之妻陳氏

余　煒之妻王氏　蔡　玢之妻徐氏媳劉氏

憂貞姑生員思宣女幼字姚姓年十四壻卒女矢志不字年四十餘卒詳見墓誌

汪貞姑汪志榮女幼字貢生陳楨次子國祚祚聰穎非常成童郎名噪一時未及完婚而歿女矢志不字其父復受王氏聘女知乃自縊王氏子

往吊靈帷上捲忽下垂靈座亦轉面向內不享其祭貞烈靈異鄉黨共傳

李貞姑業儒李世傳女幼許人未字夫行竊鳴於官斷離異終身不嫁守貞七十六年

高氏張可美次媳于歸後獸翁可美逼姦不從挾之以威亦不從遂遭毒手檢驗時面色如生獄詞上置獸翁於法　詔旌其節

李氏周人紀妻年二十餘喪夫撫子二薄田數畝衣食常不繼里有人面獸者窺其貧百計誘之氏不可犯獸復唆訟陷其子以落其家期凍餒

可謗一夜塲上積草燃幾燼其舍氏心知獸所
爲不敢言憂忿而歿
劉氏艾千瑞妻夫出門遠貿多年不歸子甫乳哺
上無翁姑雖有伯叔分炊各居氏衣食自主貧
而無怨咸豐七年正月二十七襄匪陷城氏恐
受賊辱投井自盡
楊氏陳明道妻道卒氏年二十二無子撫姪之玉
成立事公姑以孝聞守節六十一年
鄧氏王曰智妻智卒氏年二十八撫子者仲成立
守節四十五年者仲任宜鎮左營外委出師陣

亡媳程氏年二十六亦體姑志撫子守節四十
九年
李氏兵丁張梓妻年十八歸梓甫一月梓奉派出
師旋陣亡氏家貧無子矢志完貞守節五十六
年
張氏存城外委李必見妻見奉派出師陣亡氏年
二十九甘貧撫子守節五十七年
彭氏兵丁王道順妻順出師陣亡氏年二十七家
貧子女俱無順叔勸其改嫁氏以死自誓守節
四十六年

曹氏廩生陳文蔚妻年二十八夫病術者謂刑剋
可免氏欲代死夫力止曰我病萬無生理但死
如子女何夫歿一子一女俱黃口氏辛勤操作
有事必默稟夫靈守節二十四年子教塏食餼
馬氏程光陛妻年十八于歸數月夫亡家貧苦翁
姑亦逝氏歸依父母紡績度日每省墓輒哀慟
至數日不食守節五十五年
馬氏程維愉妻年十八歸愉年餘生子光華愉亡
氏苦守撫孤斷機教讀華遂列庠娶媳劉氏年
二十九華亡遺二子俱幼馬卒以守劉亦矢志
全貞馬壽八十有四劉現年八十七子延齡延

仕列職
燮氏熊茂楠妻年二十六夫亡四月得遺腹子氏
矢志栢舟上事下育守節二十七年子淩漢列
庠
程氏庠生李爲梅妻梅卒氏年二十三事姑先意
承志同寢處便供養者三十餘年子長青列庠
先氏卒孫三人長明經均州司訓次季皆邑庠
曾孫鄉舉元孫邑庠五代一堂均棠教育守節
六十二年

曹氏庠生李長遂妻年二十四遂卒子女俱無守節三十六年

王氏傅國理妻歸理時姑已歿事翁以孝聞生三子理卒氏年二十九撫子成立道光辛卯年屆氏七十節壽邑侯孫用帛書萱貞蘭茂四字加印以旌之守節四十四年

汪氏彭志湖妻年二十九夫歿孝事公姑撫子成立家無斗筲矢志彌堅守節五十一年

談氏廩生李甲鵬妻年二十八夫歿翁姑年衰五子俱幼竭力養葬教育成立長子世佳娶媳趙

氏佳卒趙年二十九次子世俠娶媳周氏俠卒周年三十三子世儒娶談氏儒卒談年二十六四子世偉娶媳王氏偉卒王年二十八五子世倜娶媳陳氏倜卒陳年二十七時談氏年七十餘五媳俱孀諸孫皆幼家徒壁立氏率以守同心不渝談壽八十餘孫中慶娶媳談氏慶卒談年二十七亦繼其志苦守查乾隆年間其祖母李王氏曾經建坊今氏皆其後裔可稱世節

談氏孫法政妻年二十七夫亡生遺腹子鏐伯叔欲奪其志氏守死不移苦節四十九年

徐氏望有型妻年二十七夫亡遺孤明鴻甫五歲明瀛甫周歲上有七十老翁氏仰事俯育各盡其道守節二十六年次子瀛列庠

望氏聶昌緒妻緒卒氏擬於五七日祭畢從死忽於周月日自經家貧無力請　旌周生丕顯於黃正岳詩稿中錄出急爲登載以表潛德

徐氏熊澤周妻年二十九夫亡無出家貧紡績度日守節五十五年

宋氏楊清祚妻年二十二夫亡一月內生遺腹子國春翁姑老邁氏仰事俯育各盡其道守節六

十二年

郭氏汪文熾妻年二十四夫亡氏紡績度日教子甲第食餼孫超羣亦食餼守節五十六年

胡氏業儒黃玘妻年二十五夫亡家貧撫孤成立事翁盡禮守節六十六年

林氏廖雲鴻妻年二十六夫亡撫子成立守節六十年孫曾繞膝

黃氏業儒胡相泰妻年二十五夫亡無子撫姪承祀事翁姑克盡孝養守節四十七年

王氏董幸林妻年二十五夫亡撫子成立娶媳數

年子亡遺腹生一女氏與媳撫育守節四十五年

彭氏儒童王道順妻年十八夫亡子女俱無守節六十五年

徐氏庠生王槐葱妻年二十六夫亡撫子成立事翁姑極盡孝養守節五十三年

陳氏庠生方志益妻年二十四夫亡僅一女立姪承嗣守節四十六年

穆氏業儒李如松妻年二十七夫亡撫二子成立守節五十四年

望氏武生李世俊妻年二十七夫亡撫三子教養成立次中孚列庠守節三十二年

韓氏陳之甲妻年十九夫亡數月得遺腹子家貧依母家撫孤成立守節六十一年

陳氏談世玥妻年二十六夫亡翁姑在堂遺子尚閒齒未周氏仰事俯育各盡其道子開食餼守節五十四年孫頌列庠

曹氏業儒馬志明妻年二十七夫亡子女未育撫嗣成立守節二十三年

熊氏陳明書妻年二十八夫亡家貧子幼氏勤苦撫育甫成立子亦亡守節五十二年

熊氏陳之代妻節婦陳熊氏媳也年二十九夫亡家貧無子姑苦節氏繼其志析薪换米以奉膳守節三十四年

韓氏陳大山妻年二十一夫亡翁姑俱老子幼氏孝慈兼盡守節三十年子俊升遊泮

王氏熊楚德妻年二十六夫亡遺一子兆祥氏撫養列庠守節五十年

黃氏儒童蘇文英妻年二十夫卒數月得遺腹子氏矢志自守仰事俯育各盡其道子啟暘列庠

守節四十餘年

鄒氏饒爕妻性貞靜歸饒未一載爕亡矢志守節家極貧又無出常依內姪貢生鄒席珍代理家務卒年八十四

許氏曾國均妻均歿氏年二十九姑老子未及周家貧氏紡績度日事姑養葬盡禮撫子貫一列庠守節四十餘年

鄒氏國學曹欽文妻年二十八夫亡氏孤幃守貞撫二子成立孫子運開列庠守節四十餘年

程氏儒士談尚藹妻生一男三女夫卒氏年二十

乃矢志自守孝順翁姑和睦妯娌男婚女嫁守節三十五年

翟氏文童徐有楠妻年二十九夫亡子國祚僅五齡氏體夫心飲氷茹蘗養姑盡孝敎子讀書守節二十三年

汪氏庠生覃應桃妻桃卒氏年二十九孝公姑和妯娌撫長子祥麟列武庠次子鯤化列文庠現年五十三歲

李氏廩生陳文藻妻夫病侍湯藥不遑寐者年餘夫歿氏年二十九以翁老子幼矢志苦守孝養

曲盡婦而代子嚴慈並用母而兼父長子敎壎食餼次子堃列庠現年六十三歲

翟氏李國槐妻年二十七夫卒遺孤數齡翁姑早逝祖姑年八十餘耳目聾瞶氏以夫事祖母孝體其志竭力事之現年五十二歲子象離列庠

楊氏庠生徐甲寬妻年二十九夫亡二子俱幼氏苦志自守勤儉持家義方訓子規矩禮法可爲壼範現年五十九歲

覃氏庠生談修霖妻年二十五夫亡翁姑在堂遺孤學韓甫二歲氏上事下育日事紡績鄰里罕見其面現年五十四歲

葉氏候選吏目李超庸妻年二十八夫卒子榮紱甫七歲守志撫孤克至成立事姑嫜孝現年八十六歲身猶康强

張氏陳大川妻年二十三夫卒遺孤德榮甫三歲氏守志事翁姑以孝撫子列職現年五十三歲

程氏業儒楊培璐妻年二十四夫亡僅遺弱女氏矢志守貞撫夫弟培森子爲嗣現年五十六歲

王氏覃應春妻年二十九夫卒子女俱幼家無立錐零丁孤苦撫子成立現年五十二歲

劉氏徐思端妻年二十七夫卒氏矢志守貞撫二子成立現年七十歲

陳氏蕭家有妻年二十一有亡生一子氏敎養成立現年五十三適邑修志採訪者錄其事實其子入告氏愀然曰婦人不幸夫亡守節乃分內事何可使聞於官也卽此數語已見其所守之正云

晉氏陳明國妻年二十八夫亡子女俱幼氏事衰姑以孝聞撫子之魁成立道光三十年請旌現年七十五歲

徐氏孫宗善妻年二十七夫亡氏上事祖姑下撫孤兒現年七十一歲道光三十年由學請　旌

李氏李耀身妻年十八夫卒生子成儒上無公姑亦無伯叔家貧惟以紡績度日現年五十六歲

汪氏王正維妻年二十六夫亡氏事公姑以孝處妯娌以和治家以勤儉勗姪以詩書現年五十三歲

談氏監生陳國柱妻年二十六夫亡矢志撫孤崇禧列庠現年七十一歲

徐氏儒童汪盛滋妻年二十九夫亡撫二子成立

現年七十一歲

蘇氏徐思永妻年二十八夫亡撫二子成立現年七十二歲

鄒氏儒童徐思慊妻年二十八夫亡無子立姪天環教以義方現年五十四歲

焦氏黃士高妻年二十四夫亡立嗣孫以承祧現年七十三歲

湯氏汪文經妻年二十六夫亡撫孤成立現年六十四歲

侯氏業儒李耀彩妻年二十五夫亡撫子醇儒成立現年七十二歲

曹氏武庠曹運開女當陽武庠劉楚珍妻甫及婚期劉病篤拜見後尋歿氏矢志守節事翁姑撫嗣子各盡其道現年五十六歲

曾氏業儒黃志升妻年二十二夫亡子女俱無現年六十四歲

鄧氏儒童王庭瑾妻年二十四夫亡事姑克盡孝道教子與德食餼現年六十四歲

周氏廩生談尚阿妻年二十八夫亡家極貧氏奉姑撫子備盡勞瘁現年七十二歲

鄔氏業儒李中心妻年二十八夫亡撫二子成立長次相繼亡與孀媳撫諸孫現年五十九歲

劉氏業儒曾志芹妻年二十夫亡僅一女立姪承祀現年七十四歲

李氏武童馬正樂妻生一子先夫亡撫三女孀嫂曹氏亡氏代撫嗣直如己出及姪婚女嫁始自立嗣而家產兩股均分毫無私匿現年七十四歲

湯氏業儒周大琦妻生一子夫亡家貧躬親農桑撫子成立勞苦終身現年六十六歲

朱氏庠生周曾直妻年二十七夫亡遺一子二女家極貧氏耐飢寒教養不懈子女婚嫁齒髮俱落現年六十歲

歐陽氏熊楚傑妻年二十二夫亡時翁武生熊占元在馬頭河戰歿惟孀姑在堂子幼仰事俯育勤儉持家現年七十九歲

蔡氏陳大坤妻年二十五夫亡無子矢志自守事姑以孝現年六十六歲

熊氏陳新蘭妻年二十二夫亡翁姑俱存子幼氏仰事俯育各盡其道現年五十一歲

陳氏黄日文妻年二十二夫亡氏慟不欲生以遺孤邦彥甫二齡矢志撫育今已入監現年六十歲

蔡氏陳世昌妻年二十六夫亡遺一子大孝數年復殀遵翁命立堂姪孫學玉爲嗣家貧氏紡績以供翁膳沒盡其禮現年六十八歲

鍾氏陳朝晉妻年二十七夫亡家極貧氏矢志撫孤勤儉起家子炳章列成均現年五十八歲

談氏黄學緒妻年二十六夫卒氏矢志守貞撫孤成立現年五十二歲

莫氏白土舖楊立誥妻年十八夫亡遺腹子懷川地無立錐氏栢舟自矢賴夫兄文生立躍及叔翁監生培醇存恤成其苦節現年五十六歲

陳氏職員楊樹能妻年二十八夫故翁年邁姑耳聾氏曲意承奉始終如一撫子美獻列職現年五十四歲

徐氏楊立功妻年二十九夫病衣不解帶者月餘夫故堂上白髮待養膝下黄口靡依矢志守貞孝養撫育兼盡其道子擢廷列職現年五十六歲

黄氏庠生程光斗妻年二十二夫亡僅遺一女家甚窘氏矢志守貞紡績度日現年八十三歲

楊氏監生徐萬青妻年二十八夫亡二子俱幼氏孝事翁姑姑病常背負出入毫無惰容撫子成立現年五十九歲

李氏業儒李宗珠妻年二十七夫亡撫子耀經教以耕讀勤儉起家及見孫曾現年七十二歲

余氏張希孟妻年二十五夫亡孤幃矢志撫姪世貴爲嗣教養成立守節五十七年

楊氏張希元妻年二十九夫亡撫子世富世休均

列武庠守節六十二年
馮氏靑谿舖童生鄒正棫妻年二十夫亡矢志守節動必以禮現年五十一歲
陳氏重興舖任國先妻年二十九先逝家赤貧氏兩手拮据守貞數十年教子文傑成材咸豐七年春勸助軍餉議敘六品軍功
葉氏周明玉妻年三十玉以哭父亡氏亦慟不欲生投繯者三小祥爲夫追薦畢閉門十日不食死
周氏何應選妻事翁姑克全婦道嘉慶二年教匪

猝至氏義不受辱負兒匿叢棘內身中七刃死後十三日夫尋獲氏尸母子相抱顏色如生
洪氏黃宗儒妻夫故氏年二十二矢志撫子成立生女孫二子夫婦俱亡又撫養女孫立姪爲嗣守節五十四年
彭氏何正輔妻于歸時姑柩在堂合巹夕即另室獨宿事翁孝二十七輔亡百日不茹葷撫子興家子亡撫孫成立守節五十一年
嚴氏周學孔妻孔亡氏年二十六六月生孤家訓翁芝舜七十餘病痰喘氏朝夕不離床蓐汚穢不避翁亡夫弟學純亦夭遺孤家謨氏俱撫以成立現年六十五歲
王氏薛　瓊妻年三十夫亡矢志撫孤成立孫元繼起目見五代現年九十歲
范氏庠生周玉輝妻年三十輝逝氏孤幃勤苦敎子明萬成立翁年八十餘氏孝養備至節孝之名族黨稱之守節四十餘年
周氏李世俌之妻年二十七夫故矢志撫子成立現年六十七歲
何氏儒童易士茂妻年二十七夫亡父母憐氏無

子勸再醮氏矢志不從事翁姑不使叔季分任視姪庠生先登猶子現年五十三歲
望氏翟冠羣妻年二十四羣溺水亡氏欲自溺以從或以翁姑待養大義曉之乃止代夫盡孝撫嗣子藹裳成立列職現年五十四歲
馬氏朱啟簡妻稟生承緒之母年二十五歲所天見背朱故邑巨家至是中落氏往依其母以針黹度日母晚病風癱不能語言轉側氏量其飢渴以爲飲食日則坐床頭績夜則設榻其下寢焉盛夏欲浴以帶束其兩脇挽之起冬苦足皸

設火於床覆絮其上仍不時手探之寒則復進以火如是者凡四年未嘗須臾離左右子就外傅束脩薪米皆以時供給無缺族人有勸其棄學充役者氏斥之曰爾不欲我以清白詒子孫而俾之爲胥吏哉以故其子益激勵爲學年弱冠即補弟子員旋食餼如氏者可謂巾幗丈夫矣守節三十八年

郝氏石管舖苟儀妻年二十七夫亡家貧矢志栢舟撫孤成立守節五十五年

曾氏劉明英妻適英五載英故僅遺一女氏年二十三歲矢栢舟志願事姑以終三十餘年人言無間現年五十三歲

袁氏陳國安妻年二十九歲夫亡撫子崇仁崇高俱業儒現年五十六歲

何氏劉尙德妻年二十六德亡氏率幼子艮英廬墓百日矢志撫孤事翁姑愉色婉容守節四十八年

姜氏王崇德妻年二十三夫亡孤幃矢志孝事公姑撫子成立守節三十年

徐氏王崇賢妻年二十六夫亡事公姑以孝撫孤

子以慈現年六十四歲

湯氏拔貢皮文彪妻夫謁選卒於　京子女俱無家徒壁立歸依母家亦寒氏矢志守貞現年五十八歲

朱氏儒士洪傳舉妻舉卒氏年二十七家無立錐氏輔子先輔先華成立家漸饒裕現年七十七歲

陳氏張必秀妻年二十六秀亡遺孤翊常甫三歲公姑俱年邁氏勤儉持家漸致豐裕守節四十八年子翊常壽至八十優以八品孫士楷列職

嚴氏徐士偉妻年二十五偉亡遺孤正綱正倫嘉慶初正倫方娶婦教匪猝至氏抱新婦何氏守夫幃賊戒以無犯家口遂獲保全守節四十六年

曾氏張世炳妻年二十九夫亡阿翁在堂氏以婦代子職撫子士敬士純士義成立守節六十一年

張氏謝祖興妻年十九適謝三月而夫亡夫家欲奪其志氏不可歸依父未四年而父亦歿撫弟大順大鵬成立現年六十三歲

朱氏望有榮妻年二十四夫亡無出立親族子爲嗣守節五十年

劉氏望仲琊妻年二十六夫亡三月生遺腹子撫養成立守節四十八年

萬氏職員徐必健妻年二十六夫亡撫子玉山列職次子三子俱遵家教守節三十年

許氏萬毓楚妻年二十四夫亡撫子國成娶媳徐氏年二十三亦亡媳守姑志艱貞自矢許現年七十二徐現年五十三

余氏邑庠張士休妻年二十四夫亡無子氏矢志

守貞立姪登甲爲嗣撫養成立列職現年五十六歲

萬氏王崇儒妻年二十六歲夫亡氏孝事翁姑撫子殿珩成立守節三十年

蕭氏曾友桐妻年二十八歲夫亡僅一女家貧孝養公姑守節三十六年

徐氏汪文煇妻年二十四夫亡子甫十四日氏孝事公姑撫子成立現年五十六歲

補遺

張氏廩生簡恂妻明吏部張斗樞女通文義年二十五夫亡守節三十餘年

李氏生員張鴻業妻李振華先生女素有淑德崇禎末賊破砦氏觸巖死

劉氏陳明誥妻年二十四夫亡家貧氏孝事公姑撫子成立守節四十餘年乾隆初請　旌

李氏莊敷先妻嘉慶三年避亂茅坪懷抱數月之女手携六歲之姪遇賊將辱之氏護持女姪大罵不屈身受七刃死女姪無恙姪後列庠

趙氏穆訓之妻年二十八夫亡子現才甫數歲家赤貧氏紡績度日撫以成立列庠守節五十餘

年孫賡颺食餼

汪氏曹璽妻年三十夫亡下無子女上有公姑家徒壁立氏勤紡織生盡養沒盡禮克終婦職現年八十餘歲

附壽母賢母

陳氏庠生程之煥妻生時其母夢雲光繞室于歸後生子惟惺惟恆惟愷俱列庠孫八人列庠者光燿光烜光焰光斗光炳煥壽八十餘氏壽百有一歲邑侯許親至其家題之曰百齡壽母後無疾而終今長子已八十餘次三子亦年踰七十

馮氏石管鋪甯發之妻性慈惠生四子現年一百零一歲猶健五代同堂長子亦現年八十餘雖山中人多壽亦人瑞也邑侯朱額其門曰女宗人瑞

鄭氏庠生談必馨之妻貢生修來修霖監生修霽之

母也性幽靜女儀婦儀母儀爲族黨式中年得癇症數載内幾垂死善自調護宿疾若洗享壽九十無疾而終

徐氏白土鋪胡居仁妻庠生文鍊之曾祖母仁三十餘卒徐孤幃守貞享年九十張氏永顯妻鍊之祖母現年九十兩世上壽

向氏重興鋪談正位妻監生世鼎庠生世鼒之母職員化成之祖母性閒靜享年九十七

蘇氏縣前鋪喻存心妻監生運昌庠生美昌職員和昌庠生時昌之母監生秀潤庠生秀儒秀彦秀毓之祖母孝慈淑惠享年九十三

楊氏吳學岱妻監生光斗之母岱早逝氏孤幃矢志撫子成立延名師教之必厚欵常勉以親君子遠小人二語遇親族有恩貧乏者多待以舉火鄰里貸錢穀不取子有並其母不償者後復來貸仍應之待佃戶尤厚即豐年欠租不較也斗亦善體母志推解之德遐邇戴之

李氏周光琪妻性貞惠明義理事姑孝歸琪甫數載無出即勸置妾善教之無妬嫉心琪亡孤幃守志勤紡織家少有親族悉厚遇之

夏氏周光烶妻性仁厚孝慈居家尚儉樸欵客豐腆有古截髪之風烶恐子明修學不成督之耕烶卒氏孤幃運籌獨任家事命修就外傅修體母志刻苦自勵入庠食餼膺房薦數次皆母之力也鄉黨賢之

孫氏周光福妻職員汝靜之祖母性幽靜事翁姑以孝能和妯娌數十年同爨無誶語待諸姪不啻己出終歲勤勞家少有待人厚鄰里賢之

胡氏當陽廩生胡作材女邑貢生周光祿妻貢生維翰之本生母也少嫺姆教動必以禮長歸周事舅

姑孝敬備至善持家勤勞終歲無逸日甘淡泊年七十猶噉粗糲以甘食進輒不懌恤下人如子女老婢伴宿冬夜每獨起其子喚婢氏曰彼亦人也獨不畏冷乎性閒靜不輕言笑孫汝珩中甲辰經魁報至微笑但作喜語一聲嗣賀者踵至不笑亦不言色怡然而已年九十一見元孫二

劉氏談世垂妻中年孀居子尚佑尚啓俱幼勉力教訓年五十二子功名俱就年八十行不須杖九十始杖現今耳目聰明齒無一豁髮僅二毛弄孫自樂將登百歲焉

徐氏簡以忠妻性溫柔言安靜事翁姑孝敬夫如賓閨內嚴肅教子孫以勤儉遇親識婦女勸以孝順現年八十八歲

陳氏劉　敏妻勤於紡績居家樸素教子元箸力於農桑目見四代年九十無疾壽終

任氏馮正富妻性溫和身淑善治家勤儉相夫以禮現年九十七歲身猶康強將登百歲焉

遠安縣志

人物八　僑寓

去故國而長謠托疏枝以暫蔭有美不言黯然一往斯千古傷心之致已然而珠飛少海越境彌珍蘭號素馨移栽猶馥宜乎嚴川之井借客星以名孟港之流因浩然爲姓也遠安僻處深山非通都大邑流寓絕少而既有其人豈容畧而不載乎蘇子瞻云瓦礫草木被其光澤圭璧之詠何忍忘之志僑寓

戰國

蘇秦洛陽人聞鬼谷子在雲夢山採藥得道乃從遊洞中師事三年後合從之說行相六國

張儀世居河東嘗與蘇秦同遊雲夢山學鬼谷之術後相秦遂破合從而連衡以事秦

孫臏與龐涓同師事鬼谷子於雲夢山學成龐涓先相魏孫臏就之龐涓害其能刖其足臏佯死齊使者竊載以歸後爲齊敗魏於馬陵殺涓併虜太子申今雲夢山側有孫臏砦乃其遺址

梁

陸法和初隱居枝江百里洲號荊山居士有道行

能知前禍福後隱於遠安紫石山今鹿苑寺乃其憩第也嘗在青谿與南郡朱元英論侯景告降事未幾景果遣將任約擊湘東王於江陵法和乃率蠻兵敗約擒之封江陵縣公法和慮梁室日衰嘗大聚兵艦欲襲襄陽元帝使止之乃還至其城門麻衣葦坐及聞梁帝敗滅衰服終身夫和值梁末方其棲隱鹿苑自號居士似無意當世者及觀受鎮一面救湘東擒任約梁敗衰服其才節豈方外石隱者流與

補錄

漢

蔡邕字伯喈圉邑人建甯三年辟司徒喬元府召爲郎中校書東觀遷議郎嘗至青溪訪鬼谷子所居山有五曲因制五弄及淥水曲琴集琴曲五弄游春淥水幽居坐愁秋思並宮調蔡邕所作

唐

李白字青蓮隴西人亦云山東任城人天寶初詔供奉翰林旋放歸嘗因宗姪僧中孚至玉泉愛青溪山水幽秀往來其間流連累月有青溪行宿青溪主人淥水曲諸作詳載集中

按白至青溪他無所據以諸詩詳之他處即有青溪而淥水曲則實爲遠安之青溪也白族姪僧中孚在玉泉既至玉泉則與青溪密邇其來遊亦事之所必有者

明

袁中道字小修公安人萬歷四十四年進士歷南京吏部郎中著有珂雪齋集二十四卷未第時嘗讀書玉泉之柴紫庵又最愛遠安青谿鳳山鹿苑往來嘯吟留詩最多並有青谿記詳載集中

譚元春字友夏竟陵人天啟丁卯解元著有嶽歸堂集十卷少時聞朱風子名嘗至青溪訪焉愛其山水幽秀來遊數次流連累月有青溪春雪引諸詩詳載集中

國朝

葉奕焜江陵人乾隆辛卯解元未第時潛心讀書慕遠安新城溝幽靜嘗築室移榻其間攻苦數年獲售方歸今永聖宮旁無量庵廢基即其遺址

遠安縣志

人物九　方外列傳

方以類聚方可例羣合志同方方堪比術人無不在方以内何獨外之外之者必其逃而君臣去而父子棄而夫婦離而昆弟絕而朋友也彼其縱心一往究元門之奥旨証象教之波羅術不淪於左道禪不入於野狐亦非無異而有徵者正未可以遊於方外而不採輯之志方外

周

鬼谷子春秋魯平公時人姓王名詡居青谿之鬼谷洞嘗入雲夢山採藥得道顔如童子相傳蘇秦張儀來此問道師事三年辭去鬼谷子曰輕喬松之永壽貴一旦之浮雲惜哉鬼谷子處人間數百歲後不知其所之

按廣輿記所載爲晉平公時人而縣志爲魯平公時人廣輿載入河南與王子喬並傳周晉密邇二公相去年頗遠鬼谷子先儀秦而生其爲晉平公時人無疑又河南登封亦有鬼谷乃蘇秦受書處青谿鬼谷洞又先生栖隱地疑蘇張未必來此

宋

法琳大師居青谿山右石洞閒誦經有道行見一女日來獻食詰之曰汝何氏女對曰龍女也家居岷峨聞師誦經功大特來獻供師曰巖泉聒我女曰易爲耳遂辭去忽一日水從巖下流俗人建龍女祠於旁歲旱禱雨輒應迄今石洞在法琳洞之左巖壁間闊六尺許去地二丈水痕猶存

元

臥雲禪師姓陳名道安蠡吾郡人臥雲其別號也至元丙子居嶧山法華院大德壬寅入青谿法琳洞居之有道行盡日一食窮冬一衲貌不加瘁神思安恬越八年至正乙酉右丞相橘齋嘉之大書臥雲扁其巖

福海金川人居眞静寺三十餘年專誦法華經能致猿猴獻果野鹿啣花後坐化事在至正七年碑碣猶存

明

千峯懷潭人嘗居定林寺有道術能前知禍福時朝廷聞其名賜象牙犀角拂箒袈裟金鉢等物

天順間應詔至南畿圓寂侍讀周洪範贊其像日遠老和尚是活如來其身常居十種琉璃之境其心常懸九層明鏡之臺動時節神鰲負嶽靜時節枯木冷灰錢塘江上曾乘無底船賣風弄月少室山中却把無形杖擊電鞭雷

朱風子不知何許人類顛者問輒曰我天潢也因稱朱風子云天啟年間居青谿言訒濶縕多奇中時行乞有餘咸給衆乞蓬首垢面人亦以此忽之或有飲酒者風子至命之坐即坐而談笑自若或臥數日弗食亦無異也一日酣臥灘上

俄而水漲人以為隨陽侯去矣水退而風子起衆益奇之竟陵譚元春聞之不遠百里來問前程風子以兩手圜而示之後譚中元一日風子謂土人曰吾且死幸瘞吾衆允之居歲餘復見風子荷擔而行大衆駭共發塚空穴而已

了機形類僧自云從終南山來初居崔家洞一年及遊鹿苑見招仙巖洞居之謂土人曰但為我洞前搆半厦日給麻棗六七枚厦成於來路築一垣以絶往來曰予有願三年不言有訪槃不見簡公而可者訪之亦不見投以詩久之亦答以詩卒不見如是居歲餘忽謂人曰吾閉關幸為塞垣穴七七日土人如其言俄一朝巖罩濃雲須臾關門洞開衆大駭乃相與攀巖間垣穴入洞視之不見了機惟蒲團草履存焉

補錄

晉

慧遠法師義熙初入青溪愛其清淨足以棲禪結庵居之宋記所云山自慧遠開基是也後居廬山東林寺與劉遺民等十八賢同修淨土寺中有白蓮池因號蓮社以書招陶淵明遠居寺垂

三十年迹不出山送客不過溪過則虎輒鳴號一日與陶淵明道士陸靜修語道契合不覺踰之虎輒鳴號三人大笑而別

遠安縣志

雜識

郡邑之志分門別類諸條之末例有雜識猶正史之後必有雜志通志之外又有雜紀也所以然者舊聞軼事諸類未能盡收不能不總綴於此以廣後人之耳目雖間涉奇怪事非經見然片語單詞足資考據例得備收太史公稱文不雅馴搢紳先生難言之而其作史記未嘗不遐搜幽討用此道也志雜識

湘州記零陵山中有石燕遇風雨則飛遠安西山亦有石燕大如棋子有翅人每於無意拾得之

山海經荊山之首曰景山其上多金玉其木多杼檀睢水出焉東南流注於江其中多丹粟多文魚

述異記荊州青谿秀壁諸山洞往往有乳窟窟中多玉泉交流中有白蝙蝠大如鴉按仙經云蝙蝠一名仙鼠千載之後體白如銀棲即倒懸蓋飲乳水而長生也又李白仙人掌茶詩敘亦引此

北齊書陸法和傳和隱枝江百里洲人莫能測入高要（當是安字之訛）縣紫石山無故去蠻賊果亂人以爲前知嘗至襄陽城北大樹下畫地方二尺令弟子掘之得一龜長尺半以杖叩之曰汝欲出不能得已數百歲不逢我豈見天日乎爲授三歸龜乃入草山中人多惡疾爲采藥療之不過三服皆瘥即求爲弟子山中毒蟲猛獸授以禁戒不復噬螫梁亡舉郢州入齊指關通名不稱官爵不稱臣但云荊山居士

襄陽府志和於江湖結表放生漁者果亡所得梁亡乃還洲堙其門忽無疾禮佛坐繩床終殮入

棺尋開視不見

山堂肆考郢差南郡臨沮人家大富嘗遇賈人不相識旅次共食羅布殊品呼差與焉差曰君遠行商賈勢不在豐何爲珍饈美食賈人曰人生一世只爲口食耳一朝死病安能復進甘味乎終不如臨沮郢生平不用爲守錢奴耳差不告姓名歸至家宰鵝食鼓骨哽其喉而死

隋書地理志夷陵郡遠安舊曰高安置汶陽郡周改縣曰遠安開皇七年郡廢

壽隆寺有大磨周圍丈餘厚徑尺齒俱頑頓未詳

創自何時用騾馬挽之毫不能動不知古人以何物轉運又有大碑一座其光如鏡人照之鬚眉皆見寺外槐樹生於蠟樹之間蠟樹兩莖分開槐樹挺峙其中如擁抱狀人謂之蠟抱槐

白鶴山白鶴觀舊傳有自生石臼每晨米滿臼中寺僧取之可供一日之食即添客亦不至不足又傳乾隆年間寺僧無牛鄉人共買一牛與之其牛自知求芻不用牧童祇沿田塍食草並不傷田中禾苗食飽自回鄉人借耕如田一畝止云九分即耕至九分不走

羅漢峪中半岩上有羅漢洞以洞中有石如羅漢故名舊傳十八羅漢自西方來一羅漢遲行止此其十七羅漢走入石橋坪石橋寺中後被張獻忠將頭砍碎土人以泥續之今皆泥首石身而此獨完然每於秋冬靜夜間聞有鼓聲自洞中出其音清越尤昭靈異云

嘉慶十四年夏月遠安西山中雨蟲長三寸餘兩翅首尾色黑身青捉置火中益擁聚乃不敢燒以香紙送之雨止即不見其蟲不傷人不害苗

又十三四年間西山人多生蟲頭黑身紅長半寸許起鼻中痒甚不數日即穿鼻破唇口中牙板皆壞醫者以五疳治之不效久之則死家家皆立蟲蝗牌修醮禳之

遠安山中間產煤炭土人採取以供衣食年久遂多古洞道光年間有數人入洞採煤行至深處忽見火自內出勢甚猛烈其人皆轉身向外奔逃後者燒斃前者亦焦頭爛額竟不知火所自來

南齊書州郡志桓溫平蜀以臨沮西界水陸紆險行逕裁通南通巴巫東南出州治道帶蠻蜑田

土肥美立爲汶陽郡以處流民

水經注沮水又東逕汶陽郡北即高安縣界郡治錫城縣居郡下故新城之下邑義熙初分新城立西表悉重山也

石管鋪荷家埡荷花店山中有石生筍形如竹萌一莖者居多或有三莖連生者又有縱橫生者土人鋸以爲屏風橫者在上與太極圖相似亦奇產也

遠安縣志卷之七上

藝文　雜文

正史志藝文秪列書目不及篇章豈其憚於搜羅耶胡宜詳而反畧也遠安雖僻陋而名賢輩出亦有藏之名山傳之其人者舊志闕而不載良可慨已茲特搜輯此邦人所著作冠於藝文首其餘金石雜文以及古近體詩皆以次相編其無類可歸及前志所脫漏者彙而著於錄雖探掇未備而所增益則不啻多矣志藝文

舊纂文

重修縣治記　周洪謨

遠安在萬山間南距夷陵東接當陽西連三峽之境荒落尤甚達官巨人終歲不一至其地邑小民寡固不難治但以地多閒曠流逋日集嚚悍多訟爲奸爲宄而欲使之各得其所則亦不爲易爲余同郡友何君磐之爲宰也甫及三年威惠並行主客之民旣皆悅服而又脩敝政飭文治首學校次社稷壇壝次城隍諸祠旣又飭其治所前則廳後則堂廳之前左右爲屋各十楹以爲諸吏分理案牘之所又其前爲麗譙功旣畢其士庶父老介太學生周法之來金陵索余言鑱之石以識歲月余惟何君事神治民皆盡其道以至治所之葺豈徒爲自奉計蓋所以正其衣冠尊其瞻視修己以安百姓者將於是乎在也嘗見世之宰小邑者往往以無力爲辭而舍茅茨之下至於學校社稷之類傾圮不葺蕪穢不治何以施政而慰民望哉觀何君爲之有方咸著厥蹟財出於公民不告勞誠可嘉也已故爲識其本末之大畧以爲記

重修儒學記　周洪謨

昔者言游以禮樂宰武城夫子悅之先儒疑武城爲巖險用武之地而子游能治以文余嘗過其故墟而

見其皆平原曠野非巖險用武而不可文治者也夷陵爲楚西塞在三峽之口歐陽子稽其地僻而貧至所領遠安縣又其北二百餘里大山長谷荒險尤甚其土著之民百室而河洛秦楚其流民之集殆倍蓰焉是以往往爲賊姦宄嚚悍難治眞巖險用武之地較之武城可用文治者固不同也吾同郡友何侯磐宰之三年乃能如言游以文治治焉以謂學乃禮樂教化之所從出而廟以祀

先聖先師隘陋弗治何以妥

聖靈而美風敎於是捐俸鳩工伐材木陶瓦甓首葺

正殿兩廡重門及明倫堂博文約禮二齋宏敞偉麗美於舊規以至倉庫庖膳之屋靡不畢備朔望率諸生謁拜春秋丁祀益虔弗懈優禮諸生而飭之學是以鄉民知侯篤意學政有所向慕而士之游其門者亦加奮勵遂使遐陋闃寂之鄉皆知尚禮樂文物之懿侯可謂達其本者矣謂君子學道則愛人者侯其庶幾哉撫綏流民一視如子而爲興社學以訓其子弟使皆誦詩讀書而遵孝親弟長之義且擇其秀者以爲泮宮弟子則遠安學政細大畢舉又何頑之不可化陋之不可文學官歐陽瀚多侯之功介貢生周

法之復來南雍爲具其事之本末使求記於余余故嘉其所已能而推其所未至云

城隍廟記　周洪謨

城隍之制肇自神農黄帝而古禮載百神之祀則無其文自李唐以來始祀於吳越至宋則遍祀於天下入於
至聖廟凡天下屬祭必以城隍主之由是天下郡縣莫不皆有城隍祠也然則禮雖先王未之有而以義起者其城隍之祀乎或曰郡邑有城隍而祀之可也其無城隍而祀之者遵成制耳余曰不然城有因山陵以爲城者隍有因江河以爲隍者其無山陵江河之險然後加築而鑿焉其依山陵江河以爲之者豈山陵江河之神之外又別有所謂城隍之神哉蓋雖無城隍而封疆之界足以域民山谿之險足以固國者亦城隍之謂也夷陵遠安之無城隍而祀城隍者是已祠在縣治南一里年久彌敝余同郡友何公磐之爲宰也百廢俱興乃重建城隍祠既完且美乃遣人來金陵屬余筆其事於石載歸樹之祠下庶後之繼官茲土者嗣葺之使不壞嗚呼幽而事神明而治民有司職也神安其棲民安其所職斯舉也何公其

可謂無媿於此者祠成於天順六年冬十月而石鑱於明年之夏六月云

建守禦千戶所記　劉　英 知縣

武備所以保障國家安民禦患也其要在乎選將必其有文武才諳曉軍機者然後能統兵守禦以寧其地詩曰赳赳武夫公侯干城是已按荆襄與蜀接境遠安南漳竹房一帶西陵三峽皆深山叢林地多曠閑先是各處乾旱水溢流民於此就食又有竄逋盜賊藏匿其間蜂屯蟻聚在在有之成化二年石和尚盜起襄陽烏合之衆其應如響已而遂致劉千斤作

亂大肆猖獗事聞皇上遹命太監唐公愼尚書白公圭撫寧伯朱公勇將兵擊之斬獲渠魁獻俘於朝事寧班師大臣會議遠安路當衝要宜設兵備禦遂於荆州三衛分撥官軍蘇懋宋璽蔡溥鎮撫吳英龐清百戶胡俊游能杭懋傅通姜雄龍偉蕭綱李俊陶綱江顓常安張忠陸榮蘇縞一十九員旗軍七百名時參議寗僉事湯都指揮黃貴荆州府通判王儁相城於縣南名曰東莊坪開設守禦千戶所工力浩繁八未就緒巡撫都御史劉公來視而嘆曰此非細事匪才力超卓練達有爲之士曷克任其責耶乃詢於衆

得荆州衛副千戶朱綱薦之俾掌所事果能夙夜匪懈竭力經營修城鑿池創立所治城高一丈二尺周圍八百餘丈闢四門初則指揮李政張高許英戴昇共贊之城樓則遵奉欽定太監韋命令倣效均州體式其所治大門儀門正廳後堂東西兩廊及百戶所神廟營房次第俱備有局匠以造兵器有倉庫以藏弓甲外築長堤以防水患凡材木物料之費則巡撫都御史楊公發府庫餘積以充其用創始於成化丙戌畢功於己丑歲於是嚴號令操士卒振威揚武一方晏然規模氣象倍昔萬萬矣揆厥所自蓋由爲國計者處置得宜爲備禦者官稱任使故也紀綱軍政者千戶宋鑑尤能恪恭職位修闕補畧乃諗於衆曰城完而守固矣可無言以紀其事乎來請於余爲直書其事俾刻於石庶後者有所考云

重修學宮記

薛綱　提學

遠安縣新遷百事草創廟與學皆自舊縣徙置其規模雖新材木則舊不三五年輒頹圮蓋由是時興作紛然才力不給以歷年舊物遷移改作勢必速敝無恠乎其然也成化十三年秋八月余督學至縣見其傾圮之甚乃嘆曰安得振拔有爲之士來宰是邑而

舉是廢墜乎越二年吾浙之會稽劉君英除知遠安縣事余喜曰事濟矣劉君與余爲同里才高而名著初爲涪州學人稱其爲蘇湖爲廣昌縣人稱其爲召杜以往者驗之知其濟事也必矣居無何果能以興舉廢墜爲心顧瞻廟學愀然興悲輒欲新之自度官無餘貲民無可斂逡巡未舉者三年迨縣治就緒奮然曰是不可以終止也乃商度財用命醫訓向學董其事一竹一木必曰某山可伐某商可易也一瓦一甓必曰某土可陶某匠可用也計力而償量值而給錙銖不爽怨讟不興由是庶民効力百藝勸工首葺

大成殿兩廡粧塑聖賢像鑄造爐鼎祭器次作欞星戟門次明倫堂進德修業二齋以至泮亭射圃庖膳倉庫與學官廨舍循序而舉靡不堅良畢備是役也創始於成化甲辰冬十月落成於丙午冬十有二月而民不知勞官不知費一出於劉公經營措置也文廟舊秖行釋菜劉公以舊縣址給人佃種每歲納其租以供春秋二祭諸生學荒於嬉久乏科目公親督課業改授經義癸卯庠生蕭體高朗以詩經中式鄉人謂之破天荒於戲劉公信有爲能濟事者非徒廟學由之而新凡祭祀科目亦賴之以始也但惜乎

邑小民貧勢難爲又値新遷草創之後時難爲時勢之難爲者能爲之況易爲者乎於戲枳棘卑棲牛刀小試余雖有激揚之任而力不能薦也落成之日適余再至歸生合辭以文請余特識其事之顛末以爲記諸生游其門者則李白袁州學記可規矣故不俟余之贅云

修縣治記　何史訓

語曰盤根錯節可別利器循政立事可知良吏夫大曰政小曰事爲政所當舉也苟有所遺缺非良吏爲之矒耶遠安荆屬邑僻在深山舊治亭子山下成化丙戌石和尚劉千斤召釁朝廷徵兵討之尚書白圭等建議以不可無軍控禦具奏擇地縣之東莊築城鑿池創立守禦所遷縣治并居城內時人民避亂竄逃止餘里半旣爲招集流民內附增爲八里外之所司因循舊者日就腐朽新者力不能致成化己亥冬會稽劉公英來知縣事召吏民諭之曰縣廳政令之所出六房簿書文案之所存儀門譙樓縣之壯觀又所以儆夜省衆吾今增修不費爾民財但用爾民力令爾民歡趨之於是伐木埴磚陶瓦工善吏勤並手偕作不逾年工畢規模閎闊煥然一新吏舍倉庫亦

爲修治外則儒學祠寺察院布按分司又各新刱此事之立也且敎民樹畜力本自盡而衣食足摘發奸伏如神而爭訟息刑施凌暴之徒德薰鄙薄之俗而民翕然從治又作興文學勉勵生徒蕭公體高講經授題尤得其要旨遂登鄉試第舊學廟止行釋菜今則易以全祭此政之修也然則政事舉而道化行風俗易謂吏治之良也非與今以縣治落成吏民耆舊詣余徵言以紀德政余慕公之爲人樂其治行故不辭而與之言夫仁愛及民謂之德正己感物謂之政柳子曰賢者與之劉公宜乎當此矣遂敘之俾鐫石

以爲繼公者勸且知縣治之新又自茲始也

劉邑宰修學宮記

鄭繼緒

昔吳公稱治平天下第一吏著其薦洛陽一人賈生其他績不少概見豈作興人材爲吏道一義也矧乎學校人材所出能作興而培植之其聲稱又當何如哉遠安舊學在亭子山自成化年間遭寇變與縣治並易於此始面南肆以科第不茂改面西焉然歲久時移且屢經遷革故殿堂廡壁門墻之類或傾或腐頽然不足觀即官師朔望行香春秋釋奠亦凜然恐或墜而不敢入也其所謂教諭廨舍說者謂廢之將

百年俱僦居民舍云萬歷戊子劉侯來尹茲邑顧瞻徬徨慨然興聿修之心會司訓張公二和議欲募諸鄉縉紳先生與民之殷實者徙置於北角樓間侯不然曰修學有司職也奈何預民爲且此與彼地相若度之不過尺丈間豈有利有不利也卒寢焉明年八月不佞承乏邑博寓居社學中侯爲不佞言曰此非爾所居也余畫之素矣幸待之越明年侯下令曰某日修
文廟建廨舍某材木某山所取也某磚甓某工匠所埏埴也無一有擾於諸民民毋指余修建故漁獵於鄉也乃鳩工聚材不一月而舊者新廢者舉凡殿堂廡壁門墻之類與
啟聖諸祠併神之牌位無不一一鼎革而丹漆之其不佞之廨舍亦不終月而就居焉落成之日邑之父老子弟鄉之縉紳先生咸駭然曰何壯麗也何向之無而今之有也何有此興作而若輩罔聞也始其神哉殆其神哉余竊謂物之廢者非一日而廢厦之傾者非一旦而傾其所由來者漸矣自成化迄今尹茲邑者不知凡幾率傳舍其官幸得朝夕代去不以公事爲事至侯而始修建修建而民不知勞不知費侯

之政越度前人遠矣哉不寧惟是繕賓舘修城池開淤河增社塾善政縷縷未易殫述獨是修學之舉葦弟子朝夕課誨之有漢吳公薦賈生之風然作興人材不止於一人已也今諸弟子感恩思奮抱賈生材未可量而以劉侯之政之心信今之吳公無疑已劉侯爲誰諱順時號龍陽貴陽丙子科鄉進士也贊其事於始者司訓岳州張公二和司幕閩中林公鑄觀其成於終者司訓邵陽湯公聰司幕餘邑夏公師且不佞繼緒實覆庇不淺也故樂而記之言俾游於斯與後之居於斯者知所感且有所考已

濂溪小島記

知縣 安可願

余雅慕周濂溪之爲人每於蓮獨契好志各有在也宰遠之三年化行民安遂於城東北隅署側搆一樓扁曰朝爾公餘讀書課子其上俯視溪水曲流碧潭澄徹錦鱗泳游一快事也其中豎一石高二丈許闊如之怪異特拔望之若龜踞乎城左當水暴漲輒作砥柱余深奇之已亥孟夏爰命鑿池栽蓮時正當炎蒸議者咸謂明年方花而是歲孟秋花發數莖矣邑人士莫不詫爲清廉所感舉呼爲蓮臺余因題曰濂溪小島慶志之有成也顧其臺有三層尚可植花卉

而邑當兵燹之餘又安從得乎忽有奇其臺而以牡丹進者亦衆情也又命植之其年亦花余乃愯然曰茲石也雄峙水中不知幾千萬載其與凡石何異一經開鑿便成勝覽且花卉亦若樂吾臺而慰吾志以此知花石皆以類應而立志之不可不篤也於是乎記

法華臺松風亭記

安可願

聞陸法和居士嘗稱鹿溪甚幽邃余恆冀一遊覽焉丁酉來遠安邑人亦盛道之越三年已亥春余勸農過之有孫公開祚率子惺愉偕庠生曾生宗孔輩遮言曰此鹿溪也盍少憩焉余曰唯唯披轡而前山色秀麗水勢瀠洄誠哉兩壁山爭翠一灣水競曲也行數里許有古刹曰鹿苑剎之右側一峯軒舉其狀若臺客曰此梁居士講法華處也余與客攝衣而上蒼松凌霄清風拂袖前眺石柱後瞻層峯左顧仙岩右盼錦屏花卉繽紛烟霞飛舞俯仰迴環應接不暇曩云幽邃其梗槩耳余迺心曠神怡喟然嘆曰美哉松風云胡不亭客曰昔之盛時仙客騷人多遊於茲有亭曰松風袁小修輩嘗流連之邇者諸逆出沒人戚畏途僕等托君侯之庇獲遊於此亦空谷足音也亭

於何存余於是毅然欲搆之庀材於是歲之冬落成於辛丑之春越月孟夏余復偕向子闓中輩登臨其上但見山水如故亭臺一新羣巒之草木蓊鬱溪田之麥秀偏反薰風徐來微凉漸生主客列坐塵襟悉滌於焉或說道德而精一之宗透或話治平而康衢之盛覩或論黃白而九轉還丹之吉明或談色空而萬法歸寂之妙見且也觀松而起赤松之思聽風而興長風之志出世入世惟我所欲則斯亭也地雖容膝別有世界快哉耶超然耶蘭亭耶不是過矣後之君子詎可忽視乎哉余於此又有感焉已亥之遊時

則有若孫氏父子而今則宦遊矣今日者多士濟濟余附其中如逆旅之在傳舍耳古人秉燭夜遊良有謂與嗟嗟芳辰易邁盛會難期撫時興懷烏可以不記記之者誰愛蓮縣令安可願也同遊者誰先後姓字列左也

創建常平倉記

李德裕

士當誦讀草茅結志自期僉曰苟以身許國須備悉民隱以慰蒼生之望至其執銅章綰黃綬敲撲喧囂犯其慮牒訴倥傯裝其懷一朝尊榮反覆見背比比然矣如我公則有異公自涖茲土也凡興除便民者

不一而足每嘆遠安僻處山隅歷經兵燹蹂躪無遺山之西北現為諸寇蟠踞地瘠民疲室如懸磬又無長江巨流舟楫之通偶值歲歉展轉流離遑知不免吁嗟危矣哉於是涖政之三年卜地營倉於山之麓名曰常平隨捐俸勸諭積儲其中又令里社各建義倉輸穀實之以備水旱不數月乃告成而彼都人士遂欣然起色慶安全之有賴焉嗟乎世之都三公位享萬鍾祿其邸第之雄車輿之飾聲色之多妻孥之富止乎一己而已其為小民謀及身家綢繆於未雨之先者詎有幾人若公之先勞在朝廷恩膏及編戶

聲名播異世豈止誇一邑傳一時而已乎昔禹稷之饑溺由己范文正公先天下之憂而憂後天下之樂而樂悉此故也太史公曰倉廩實而知禮義衣食足而知榮辱公之舉庶其近之乎抑又思之莫為之先無以啟後繼起之績易於更始後之君子不沒公之功嗣而繼之斯三年九年之畜陳陳相因時凶固可恃此以不恐時隆殷富可甲諸邑矣千載而下重公之義須公之德寧有既乎余聆公之績樂其事之有成也因銘諸石以誌不朽云

安遠樓記

簡　愷

嘗思古之偉人未出則抱安天下之心既出則行安天下之事故處係蒼生之望者行膺藩屏之任非苟而已也不幸斯世當阽危之日亟賴斯人宜何如引領耶我邑侯安　奉

命涖遠邑見斗大山城滿目凋殘惻然痛之其思所以安集之者志彌深而心彌切越明年政化大行諸事修舉於農隙之暇建樓於縣治之前負山臨水題曰安遠富哉言乎夫司牧民之責念一邑哀鴻未安思所以安之既安益思所以安之其功猶易言也乃事在一邑而功不止一邑安之功甚大安之事甚難

其功豈易言哉蓋荆郢爲全楚西北門戸遠安爲荆郢西北門戸荆郢安則全楚安遠邑安則荆郢安勢固然也近日虎賊盤踞秭歸間歲出寇掠遠邑時當其衝而兵火孑遺寥寥數家呻吟未息則外固封疆内蘇憔悴不亦甚難也哉我邑侯以長才偉畧任事其間游刃有餘請增戍兵團練鄉勇以禦侵暴諭輸義穀賑濟困貧以哀煢獨宣
聖諭以勵風俗均里甲以定晝一而且折獄如神民自不冤强者服而弱者悅雖古韓范召杜何以加焉不獨循良稱最而已於是向日之阽危者不啻登春

臺而臥衽席焉乃遠邑獲安而荆郢近郊昔之頻遭寇暴亦俱有寧宇所謂事在一邑而功不止一邑者此也侯之功豈易言哉斯樓與鳳山沮水共堪不朽侯之功與斯樓共堪不朽則登斯樓也知爲遠人之厚幸實爲荆郢之厚幸也夫所謂偉人其侯之謂與

永濟渡記　何璋太守

遠安古臨沮也而沮水之源發自襄屬之南漳遷易無時每春夏雨集石澗溪壑飛濤走浪一夕即至遂世爲民患焉舊治南設李家渡北設譚家渡獨邑治西灘洶水急險惟尤甚前宰是邑者往往泛不加意兹渡竟未有設致往來之人冒險徒涉有陷溺而莫知拯拔者適龍泉常侯來令兹邑毅然以康濟斯民爲心以修舉廢墜爲任以興利除害爲急即無暇更僕數如聿新學校文教振矣建立城樓武備肅矣展修公署官箴飭矣諸凡事關國是動切民隱者悉矢心勵志次第振拔之獨邑西河公渡未設爲闕典焉戊午冬應征力役始以其事建白郡守津南陳公呈請司院諸大憲悉諭允乃編戸設渡噫嘻前此厲深濟盈民用咨嗟者吾不知其幾矣兹渡既設則履險若夷利涉若揭稱快便者亦不知其幾矣邑父老共

詣余道盛美欲得一言以志之余惟芍陂之利孫叔敖開之恩江之橋曾德裕建之迄今思誦功德者不衰然則兹之制萬世利也侯之惠溥斯民名存後世與江流同其悠久而他日大川舟楫之濟此其基乎余故樂而記之且爲之歌曰瞻彼沮陽流澤洋洋濟通險阻德配無疆記之日嘉靖己未五月吉日也

新纂

書目

張海若集十卷張大受著

經世格言　西湖勝槩李友蘭著

八寶政畧吳人爲李如玉著
愛菊堂詩集楊琊樹著
棲鳳樓詩集兩分山中吟出山吟談經正著
硎字吟姜開齊著
陽春軒詩集黃正岳著
稻香齋詩集陳國恪著
敬業堂文集陳文藻著
牧兒語周維翰著
咏史詩百篇陳金鑾著

愛菊堂詩序　談經正

天地間山川風雨花鳥蟲魚以及遇合之通塞世事之治亂與一切可愕可喜之事苟觸於心必有所感所感既眞而悲歡憂樂動於中而不自知機之所呈莫不各有自然之音響節奏焉然而心解者口不能言口能言者手不能摹手能摹矣而工拙不一妍媸異致則又有不能强者其故何也夫詩之爲道學不博則取材不精識不老則見境不徹性不靈則觸物易滯才不充則遊思不遠力不大則舉重多艱兼斯數者而運以匠心則可自命一家而附於作者之林矣雖然刻木肖物剪綺爲花雖工於形終失其眞何則中無實物以運行其間則塊然頑然了無生氣故大河混茫終古不敝春工鑄物甲坼怒生者氣爲之也凡詩與文之可以千古者莫不皆然嘗以此論今之作者而未見其人乃於楊子之詩而獨有會焉楊子爲詩不爭奇字句不依傍戶牖獨抒己意渾灝孤行其爲一代作者無疑矣取於初以逸其氣準於盛以老其格匋於中以暢其情極於晚以刻其思綜百家而妙衆體其足不朽無疑也獨惜其才老數奇不得已以名山之業自慰豈所謂詩能窮人窮而後工者與

山中吟詩序　譚尚箴

余自弱冠與談子同登賢書爲好友余少談子一歲兄事之每見其放懷高寄不可一世輒發之詩以自寫其性情後十年始復晤於　京師時談子不得志於春官倉卒南歸余適捧鷄澤之檄談子顧余笑曰子之出山我之入山也叩其詩不以示余固有以想其志矣嗣是余之困於吏者若而年困於銓曹者若而年就而去去而復就復去者又若而年蔿狀艱難不堪告語至於今竟盈盈二十年乃忽於　京師復遇談子一見則示余以詩若干卷且曰此余二十年

山中吟也噫奇矣哉余接而讀之數月於其清空一氣不染纖塵可以知其性情之高潔也於其浩浩落落得喪齊觀可以知其性情之曠達也且時而聞鬼神之歌泣風雨之怒號則知其悲壯激烈此性情之哀也時而見風月之光霽鳶魚之飛躍則又知其悠然自得無所繫累與浮雲富貴春風沂水同一機局此性情之樂也談子之詩乃不可名言而談子之性情亦止可一二爲知者道也假余二十年前早從談子遊焉知文采風流不可相與頡頏縱不然亦未必狼藉韶光至而今若此之甚悔何及哉乃談子忽思

出山以爲文采風流表之爲著述者不如顯之爲行事必欲親見堯舜之君民乃快此不可謂非善能推廣其志而由其詩知其性情其高潔猶是其曠達猶是其如是之哀且樂者亦猶是而正以少一歲者將入山之口爲多一歲者方出山之日談子眞奇矣哉然而談子之力彌强氣彌壯精神更踴躍飛騰儼然有天下指掌之槩其遭逢設施必有大過人者孟子曰志者氣之帥氣者體之充余固拭目望之談子其勉之哉斯集也余將寶之山中日與揣摩必有所得以俟談子於二十年之後度兩人者皆禿然而髦矣彼時余篋中必有所攜以就正於談子或相商以共請問世則以爲兩奇人四十年先後山中吟也亦可

砌字吟詩序

賀祉

余自戊午歷廿二載未赴鄂州已卯重來登眺鶴樓雲樹烟波怡人心目更覺一番新趣時五華年世兄過寓次袖出師渤南姜先生詩稿言易簀時命其收藏五華凜遵遺訓付之剞劂索序於余并話其生平種種芳型品誼端方學業深邃因而識渤南爲臨沮博學士並嘉五華世兄妙齡醇厚相尚以道也汇邑與臨沮同郡相距二百餘里地雖狹隘山川壯麗層

巒疊翠蕭梁元帝謂清溪爲荆之中岳以故鍾靈毓秀人文蔚起余披閱渤南登眺贈答諸作天眞爛熳不事雕華字裏行間至性纏綿蓋其所植厚也詩道性情三百遺韻人所盡曉六朝之駢麗至唐極盛李杜光芒千門萬户他如長吉之光怪陸離西崑之沉鬱雄邁大約奇平高古體類不一總歸各適其性各舒其情而已余歷閱渤南諸作悲其時遇之不偶復幸其聲聞之能永當兹

聖天子賡歌喜起兩闈校士增以詩律以渤南俊逸之才弗能出其藴蓄鼓吹休明遇之奇也幸而五華

世兄以其所珍藏者壽之棗梨䕶與簡張諸鄉先輩頡頏上下將見鳳鳴山頭龍女祠畔淸韻逸響與高山流水相問答不致湮欝於草莽荆棘中也是爲序

牧兒語序

劉子垣

牧兒其能以語傳乎哉牧兒有語不過其淺者而已近者而已語而繫以牧兒其語豈能傳乎哉然牧兒語之傳非眞牧兒能有是語也其人傳是語之先自謂其語之淺其語之近謙若出於牧兒耳而其實牧兒不能爲是語也牧兒不能爲是語而託之於牧兒使人之聞是語者謂牧兒亦有是語庶幾穆然思惶

然愧有以感發其善心懲創其誤志乎而牧兒語於是乎傳周子柳溪著有牧兒語一編余索而觀之類分十六自敦倫教家以迄待人接物其中千言萬語無非欲人遷善改過以自適於正猶詩三百篇可一言以蔽之曰思無邪也其溫厚而和平則出學士大夫之口其慈祥而惻怛則具天地萬物之心而謂牧兒能有是語哉牧兒有語不過其淺者而已近者而已抑又思之語亦未可忽以爲淺忽以爲近也苟有關於世道其語淺其義深也苟有裨於人心其語近其旨遠也舜好察邇言舜所以爲大知特患人之不知所取耳奚問乎淺近哉古人垂教之語無取高深非好爲平易蓋淺則易入近則易從而已矣而謂不足以傳乎哉或者曰牧之爲言教也柳溪牧兒語柳溪之爲牧兒語亦欲人之易入易從道固如是也柳溪之教子語也余謂牧不專於教而養之義居多柳溪而徒以是語傳之家則謂牧兒語爲教子語也可柳溪而不徒以是語傳之家則將使人人知有是語而不敢以爲教也謙而託於牧兒雖自謂其語之淺其語之近而惓惓望人易入易從之心則與古人合焉是語而傳又將隱然有學問之意詩曰先民有言

詢于芻蕘此物此志也夫爰因其命名之義而爲之序以還之

詠史詩百首自序

陳金鑾

余有詠史詩百首或問曰詩有别才非關書也詩有别趣非關理也而非多讀書多窮理詩究不足以致其極予不見夫古之作詩者乎其人皆有一番眞志向眞性情又遊歷通都大邑勝水名山博天下之壯觀極宇宙之美境以及於形形色色人人物物入耳而會心遇目而怵懷本其胸中之蘊作爲詩歌或古體或近體或五七言絶句不拘一格斯乃可以言作

詩至於詠史之詩則更有難焉者自古及今史冊浩繁帝王不下數百其間忠臣孝子名士賢人貞婦烈女難以殫述試問何者當詠何者不當詠乎限以一百首是子之偏也是子之陋也子休矣無以此示人爲也余應之曰爾之言是也而亦未盡然余之才與趣固不逮古人遠甚足跡亦未遍天涯而自少而壯自壯迄今凡所遊覽之處會心怵懷非不可暢其志趣抒其性情况先輩詩中不無詠古之作余雖不能經經緯史戛玉敲金力追乎古人而觀歷代史冊亦時有所感發欲敷衍以識其人其事溯自秦漢以來

帝王問有標題而有明十六帝均賦一詩取其近而易考也外此忠臣孝子名士賢人貞婦烈女有關世道人心者多取而賦之如謂罣一漏萬即聰明才力高出尋常什伯者亦未必盡史之帝王人物而悉歸歌詠也且余素不知詩何敢云作是詩也謂之輯畧也可謂之隨筆也可詩云乎哉或乃首肯者三謂如子所云云詠史詩一百首不多不少可以發其凡矣

遠安方輿書　　雷思霈

遠安在彝陵之東北可二百里有奇古臨沮地也沮水出縣西內漳水又青谿水注之水出縣西青山山之東有濫泉即青谿源也口徑數丈其深莫測其泉甚靈潔至於炎陽以穢物投之輒能暴雨其水導源東流以源出青山故以青谿爲名又尋源浮溪最爲深峭盛宏之云椆木傍生凌空交合危樓傾岳恆有落勢風泉傳響於青林之下崖猿流聲於白雲之上遊者常若目不周玩情不給賞是以林徒栖託雲客宅心多結道士精廬焉唐田遊崖愛此山廬其側高宗親至門謂先生此佳否曰臣所謂泉石膏肓烟霞痼疾者也縣西南有青谿山一名雲夢山宋法琳大師居山洞中誦經一女頻來獻食詰之曰汝何女曰

我龍女也家岷峨聞師誦經功大故來供獻師曰崖泉貼我奈何女曰易爲耳遂辭去忽一日水從崖下流半里許方有聲後人建龍女祠於側其山之陰爲鬼谷洞春秋時鬼谷子遊此山中蝙蝠大者多倒懸得而服之使人神仙李白云余聞荆州窟近清谿諸山仙洞往往窟中玉泉交流有白蝙蝠如鴉千年之後身如白玉蓋飲乳泉而長生也北五里有亭子山又西北十五里有鹿溪山在鹿苑寺側山皆鹿蹟粱陸法和曰吾看名山多無如此山者遂棲隱焉又北十五里有鳳凰山唐韋皐爲令下鳳於此又西十里

有鳴鳳山峯巒秀麗相傳宋寶祐間有鳳鳴鼎新之識山以此名矣又西五十里爲百井山極高峻登之可望江陵稍北則白馬山上有白石狀如馬故名崖一曰招仙崖峪二曰撞兒峪張果老尋兒處也曰羅漢峪洞凡十一曰甘霖洞崖穴深邃其泉不可測曰洪崖洞曰呼兒洞曰磨臍洞曰玉虛洞曰雲飛洞曰法琳洞曰老龍洞山高洞深內有石崖三門及龍床之異曰仙女洞曰觀音洞石壁聳峙峭拔可愛曰鬼谷洞春秋時鬼谷子遊此也坑一曰天坑周圍山聳中闊十里雖霖雨橫流須臾自消殆如天造焉溪三

曰青溪曰白龍溪曰靈水溪冬溫夏涼四時不竭湖二曰官湖曰香橋湖深不可測口一曰筧水口源出雞鳴山石孔中人以木竹爲梘引水以灌田灘一曰將灘井凡七曰西市井曰劉公井曰義井曰灘心井曰盥泉井曰東市井曰聖水井槽一曰石馬槽關公屯兵所鑿也窟一曰乳窟其中玉泉交流市凡二曰舊縣市曰洋坪市街凡七渡二曰談家渡曰李家渡堡一曰南襄堡共編戶凡八里東西廣二百一十五里南北袤一百八十里而疆域稍狹於長陽矣

新建尊經閣記

明　朱之蕃

世道人心所賴以長治久安不與風會茅靡波流者疇非經術之所維持哉明興二百餘禩揭聖經如日中天而異端曲學不得分道爭馳蓋獨秉一尊絜四方萬里之矩而率人共由仰副列聖之所培養以故得人致治之效古今罕儷已楚稱材藪其文章氣節彪炳熙明於海內不多讓遠安隸於荊州據漢沔上游宜才哲輩出乃科第獨稱寥寥鼓舞倡導之機似久有所待者予年友高淳孫君自強筮宰是邑毅然以興學作人爲已任相度地形學宮雖據一邑之勝而後基卑弱不足延納山川之秀俾有所歸宿凝注

乃創建崇閣名以尊經殆補邑庠所未備固形勢之必不可無非徒感慨激發於一人之見而以冥冥嘗試爲者閣甫建適值己酉秋闈登楚賢書者聯翩得兩生焉夫舉得其人則千里一士猶若比肩矧歷年久遠期匪先後而人傑地靈適與符會可不謂之奇遘盛事也哉孫令以蕃職在紀述緘書徵言以詔來哲蕃竊謂士非經術無以起家佐　聖天子任使非異能尊經則始進雖正未免以不正繼之究且宛轉逢世弁髦故業惟撓是圖惟華膴是干不惟仰負任使而身敗名辱曾異端曲學守其說於不變者之不

若也窮經致用之謂何而安取科目青紫爲耶天意人事既已爭契徵應於一時美彰盛傳猶冀標植景從於無斁孫令甫涖政而其爲一邑計久遠者不難慮始以勉圖終斷不以宦成而萌怠念邑之人士當文運阨塞之餘而一旦奪幟登壇倡前茅以需後勁將來文章氣節表著宇內而稽鄉井詢邑里以遠安爲楚材之藪詎不自今伊始也哉萃少時侍嚴親仕於湘沅覩覽山川之雄麗洞庭元嶽之浩大奇特意肅皇帝中興盛治維楚肇祥材賢之鍾靈毓秀不啻取材酌水於元嶽洞庭之間靡有窮盡也蕃不佞竊

以眞能尊經者必且愼終如始必且端軌以身庶幾不愧師率而令與起者咸無邪慝啟以是爲孫令勗而并以勗邑之多士云

新建尊經閣記

侯執躬

荆州古稱名郡郡之北鄙爲遠安去郡二百里而遥地臨四塞固全楚之上流而巴蜀之間道也其中沮江蜿蜒若紆帶鳴鳳諸峯層巒叠嶂聳峙其前顧儒學面西後勢坎窪來脉綿漫不足以挹納朝案環拱之秀以故文物遜隔人士之起家科第者落落如晨星邑令孫君深以爲慮欲起閣以振之具請於予予惟興起斯文良有司之職守也春秋重民力乃僖公頖宮之修不書謂義得爲耳今日之事予爲政夫復何讓遂鳩工備餼因築臺基埏埴梓材之徵靡不親畫甫經始而玉燕呈祥靈符之示若有意焉閱歲而落成月集諸生講業其中供具不輟時加殿最拔其藝尤者付之剞劂多士皆鼓翼自奮已酉之秋聯袂而起者果有兩人蘭嶼朱君手額曰尊經夫經之尊也王文成之言備矣獨以經始于易庖羲氏以一畫開天歷數聖人而闡之爲經漫衍之爲六後人執經求聖是經非聖試思未有經時經從何傳且未有畫

前畫從何起令生乎百世上者設爲不必然之矩以繩將來之趨而百世之下望不欲就之途以勉承難屬之緒則先後數聖已自不能揆之而一何以使天下萬世有同然乎固知聖人常用不易之經即吾人常存不泯之心苞毓元始洞澈倫類在聖非增在愚非減作者非創述者非因直是人人圓滿脉脉靈通無壞無雜無有斷續生滅其表而著之爲經于義曰常先儒所謂東海西海南海北海有聖人出焉此心同此理同者諒不在帖括章句中求亦不向面質授受處得也今　聖天子申布功令廣勵學宮弟子一

時宇內向化罔不一意而習明經之業猶恐諸生之於是經也旣其名不旣其實童而誦讀羣而討論之人出一家言自號顓門不神理是探而徒工餖飣進藉爲羔雉已棄爲芻狗究有浮沉宦態逐羶嚇腐於生平所佔俾迴若兩人是褻經也抑尤有異焉聖人本庸常易簡之體垂詔來兹而老佛者流以其淑詭譎恠之幻說角衡爭勝當時賢智毎樂而騖之藩六經爲註脚視理解爲筌蹄初猶剿二氏之談作六經之旨是借二氏爲六經用也旣且襲六經之詞飾二氏之旨是又驅六經爲二氏用也以六經用二氏聖

人之面目雖改而二氏未嘗伸以二氏用六經二氏之別趣轉新而聖人岌岌乎殆哉此今日所大可思也予謂經之爲教如日中天有目共仰如水在地是處皆到大丈夫以天賦聰明從事正學奈何不定一依歸甘倒入室之戈爲異端右袒自悖其眞宗以至蔽陷離窮生心害政世道何賴焉遠安氣渾俗樸諸生皆彬彬質有其文毋梟爾淳毋載爾僞於以羽翼聖眞鼓吹休明其在斯乎吾將使有志經學者遵道而行自得本心動靜顯晦不失其常他日以經術經世務是所望於多士勞來勸相敦古教化黜百家尊孔氏諸不在六藝之科勿使並進是所望於賢師帥孫君諱自彊高淳人共事學博德興祝以誠穀城張寵因併記之

建修文昌祠記　周德豐

歷象家言文昌照臨之方文風最盛占測推驗若合符節

國朝文治光華　特頒　文昌祠祀典春秋兩祭亞於　聖廟凡童子入學釋菜祭先聖先師並祭文昌焉世傳張仲孝友歿而精氣託於文昌是或然歟而清淨慈悲之說見於九十七化之篇者頗多然

則　文昌儒也而亦老亦佛故凡名勝之區往往與老子浮屠並祀吾邑若鳴鳳清溪俱有文昌祠福河古刹元太定時臥雲僧所建寺中供奉佛老諸神像更僕難數而文昌獨缺吾友郭紫峯先生聚鄉子弟訓課其中見東廂所供諸像殊多不經爰遷置別所因舊宇易作　文昌祠並塑像焉落成後囑予作記且曰　文昌七曲普天照臨豈遺於山陬僻壤哉何獨吾鄉文學之士不數數覯耶予曰朱子嘗言後世神降於巫祇緣人心向他今君於文昌不啻鑄金以事行見文敎昌明鄉子弟必有牖靈府而吐奇葩者

蔚然興起不負君之經營創造也勒諸石俾奕世後知福河之有文昌祠自郭紫峯始是爲記

重修文昌祠及明倫堂孝子節烈祠記　劉子垣

南方之人信神所謂吳人禨而楚人鬼自古已然迄蕭梁興而佛寺徧天下人尤信之乃程子以爲其害甚於楊墨毋亦謂先王之教首重人倫堯舜之道不外孝弟佛氏欲舉一切而空之使人人從其教而人類不幾乎息哉若乃文昌一宿居北斗之杓持中樞之柄世傳張仲孝友沒而精神托於此則其位鎮星垣實從本原做起初非無父無君之教所可同年語

矣而佛者必引入其類是猶曰孔子吾師之弟子云耳則惑之甚者也　國家尊崇典禮升　文昌於中祀春秋得與　文廟武廟同享太牢之祭無非欲宏奬人倫使知桂籍科名皆從門內至行得來而孝弟之心自油然生矣則其爲人所當敬而信之也不尤大彰明較著哉遠安　文昌祠向在鳳山新城康熙初邑令宋繹遷治東莊坪復建祠於北城內東偏在今　文廟之西歷年既久風蝕雨淋瓦脫椽朽咸豐二年正殿悉就坍塌署令江士玉方議重修有廩貢生熊應兆願獨任其事并懇余監督遂鳩工庀材不數旬而復於其舊又見孝子節烈祠亦將就圮且蔽塞明倫堂前路遷建於後孝子祠東與鄉賢祠接山節烈祠西與　文昌祠接山中爲明倫堂儀門又修理明倫堂欵者正之朽者易之亦煥然一新併建頭門三楹使前路寬然有餘明堂開則文明兆將來科第連綿未必不自此肇之也夫學莫大於爲仁而本在孝弟觀熊生所營造皆以孝弟節義爲重亦務本之學也以視崇奉異端敝敝焉日有所興造而不已者其人之賢不肖爲何如也余嘉其能培本根爲誌其顛末世之佞佛者見之得勿以余爲謗佛乎不知

佛未嘗不以孝弟爲善也聞吾言當必首肯而豈以爲不然也乎哉是爲記

遠安縣修城碑記　宋楷

古者立國辨方正位必嚴捍衛之制雖高卑廣狹規制各殊然崇出治之所以護市廛之居非城莫由統也邑爲古臨沮漢建故城向在縣北羅漢峪口因地係沙礫建置非宜晉遷亭子山元時達魯花赤沙班遷於亭子山下尋爲兵燬明洪武初邑令大有修復天順七年邑令何盤重修成化二年石和尚劉千斤作亂命尚書白圭討平之爰徙治東莊坪今之北關

舊土城其遺址也崇禎七年寇至城陷邑令王立德申請遷治未果十三年邑令周乃浹仍理前請遂移鳴鳳山之麓其時憑高爲險城堞未備闖賊陷之我朝定鼎順治四年始經邑令周會隆修築因河爲池十一年爲水沖陷次經邑令盧運昌重築十五年大水復圮邑令安可願重修至康熙初年邑令宋繹乃因舊城南守禦之所修復卽今治城址也百餘年來雨淋風蝕瓦碣無遺蓋邑非孔道當事者整飭未遑故自有邑以來修之難而圮之易亦勢然也乾隆三十年奉　上諭楚北所在城垣頹壞者動帑與修

余於三十一年履任邑在急功之數爰具文請項一萬七千有奇鳩工庀材以三十四年二月興工其高長寬厚及磚瓦木石垛堞城樓俱因部式修砌至十月告竣邑地僻民貧　楷夙夜躬親目營心揣亦幾告瘁矣夫事未成則創始難已成則補綴急今復奉諭旨令承修之員保固三十年　楷固不能辭其責尤冀後之涖兹土者於磚瓦脫落崩裂之處時加補葺則斯城固可鞏固於億萬年也故聊述大畧以誌歲月云

捐修沮江書院碑序　梁光釗

嘗聞西序東膠法制特詳於三代春干秋羽規模備列於四時凡以修明學校而鼓舞人材也方今聖澤長遠　文治休明國學與鄉學俱隆大成與小成並重用能統秀士頑民同歸於道抑且合澧蘭沅芷盡升諸庭所以碧桃當戸深柳垂堂半夜讀書三時請業課藝則宋郎清絕研經則蔡氏專精在通都大邑作育人材之所大抵皆然余嘗遊覽其間輒低徊留之而不能去也維茲遠邑夙號名區鹿溪據北楚之雄沮水奪南漳之勝西望則峯巒挺秀日射鳴鳳之山東瞻則巖谷幽奇雲擁老龍之洞地靈若此

人傑奚如乙巳之秋余攝篆茲土下車伊始覩山川之形勝每動流連試學士之文材胥堪振作乃家自爲學人鮮相師書院之設刻不容緩因查道光五年前宰唐公曾倡舉其事規程議立礙未卒行二十年熊公又欲踵成之旋以升調去任事亦不果余乃繼二公之志決議興修忝之學師佐以捕廳遂集邑中諸賢紳殫籌勸捐僉謀悉協於是衆擎易舉指日鳩工越年餘而書院成夫興養立教有司之責也集思廣益學者之功也多士生逢　盛世合就甄陶今旣設立講堂延師課讀絳帳萃鵝湖之美芸窗守鹿

洞之規歌風奏雅勝友如雲雕窂鑄顏化人如雨將見頻年攻苦磨鐵硯以將穿一管花生奪錦標而果得誠如是也不亦樂乎然而創始匪易繼美艮難所有山長脩金生童膏火與鄉會試士子贐資現雖草率舉行日後捐資充盈其一切章程更當求諸美備惟期有加無已庶足歷久遠而厚栽培是在諸賢紳之善爲經理也是卽余之深爲厚望也夫是爲序

建修沮江書院碑記　劉子垣

書院之名由來舊矣自省會以迄府州縣莫不有之凡以人材之興必由學校而學校所入惟茂才書院

則茂才與俊秀兼收其所成就尤多然必經費充盈束脩膏火有所出始能行之久而不廢遠邑縣治屢遷由羅漢峪而亭子山而東莊坪而鳴鳳山復由鳴鳳山而東莊坪其間學宮隨爲轉移而書院獨未聞豈以僻在山陬未遑於敎乎抑地瘠民貧經費不足之故耳舊志李石帆先生傳稱其建書院以爲邑子弟課讀之所而此外不少概見未知其爲官爲私也并載儀社在舊城書院內書院內可爲儀社則書院之虛設可知　本朝康熙五年宋侯繹由新城復治今城建鳳山書院於小西門內亦祇傳收其租以賑寒士未及其他又歲久傾圮僅存空基後遂無議及書院者道光五年唐侯方耀涖遠始毅然有興修之舉用錢六百串買談宦東門街基地一所價半入而去任事遂中止二十五年熊侯賓書至欲續成之適有職員傅正操願捐錢文田畝乃以足舊價議甫定而調任去遠事亦未果嶺南梁侯光釗踵其後乃集闔邑紳耆謀之皆踴躍從事勸有錢二千七百餘串遂於丙午年興工至明年丁未落成以沮水經城西南流因名曰沮江書院中建講堂旁列耳房前置龍門頭門後樓仍其舊題曰起鳳樓最後爲齋房號舍

并置號桌一百張號櫈一百條以備縣考之用佈置周密規模壯闊過者莫不以爲遠安之大觀矣是役也基址工料共費錢三千餘串闔邑紳士均與有力而董其事不避勞怨者武生陳國泰穆現才監生王朝俊文生李中孚等十人也但工程浩大費無贏餘雖間有捐輸田畝經諸首士居積復有增益而所入無多每年月課數次膏火卽形不足而束脩又無論矣當事者慮之欲爲增長繼高之計以迫時艱勢不得不從緩以待後之繼起者余重諸賢侯之義而樂諸賢紳之能襄厥成也爰爲之序其顛末如此是爲

記

重建赤帝宮碑記　周德裕

古之火正或食於心或食於味其宿皆昏見於東南祝融之祀婺子主之則神之廟食於楚由來尚矣遠邑在楚本蕞爾微區故老相傳明末造邑於鳳山之麓常多火災因奉元武於巔以鎮定之洎乎承平移城玆土始依西垣爲赤帝宮而屋僅數椽閱歲既久塘水泛溢將就傾圮邑紳士朱翁濤南馬君荆山諸君子恐不足妥靈爽而迓休祥爰爲董其事而重建之恭擴於舊材易以新內修臺廊以演劇外樹崇閈

以壯觀抑且塘水瀠洄喬木蓊蔚與廟貌相掩映其足爲聲靈所憑依不大殊於昔歟於是融風不作譆出不聞皆熒星靈之賜必矣是役也所縻不下千餘金先時邑人有意修理因歲歉中止以故遷延日久闔邑紳民樂襄斯舉者年遠册失姓氏莫詳非敢沒人之善亦惟明神鑒之而已是爲記

重建城隍廟碑記　鍾應焻

說者謂城隍之制肇自神農黄帝而書鈌有閒靡得而詳郡縣之有城隍祠實始於宋至明洪武間厥制更煥設座判事儼如長吏迄今守牧縣宰朔望必親展謁雖禮不載於祀典而八臘之祭有水庸則知禮以義起者居多遠邑城隍祠在縣署之左自新城還定以來百有餘歲其間圮而修修而圮者蓋已屢矣庚申秋余恭膺　簡命來涖玆土見廟宇傾頹難以妥神意欲新之因川匪不時寇邊方與僚屬修戰守之備爲保民之計以故逡巡未舉越辛酉賊勢漸平羣黎安堵余卽捐廉倖諏日時次第議行適有陳允清勉力輸貲願爲助勷乃於農隙之暇命胥役董其事度材木陶瓦甓首葺正殿拜臺及兩廊十司又塑木像設儀仗以肅迎賽之觀甬道前建演劇臺以侑

神更充其外爲照壁他如寢宮僧房齋舍在在經營畢備殿後舊有大士閣蕩然無存亦從而鼎建之祠之右有居民閒地買給住持耕種爲香火之需闔兩載而廢者舉故者新宏敞偉麗覺勝於舊規矣役既竣邑之士民僉請余記之余維遠邑之有城隍神也凡所晴禱雨求無弗應顯赫已彰而斗大山城孤懸萬山之中復爲賊出入常川之路能卒保無虞者詎非神之呵護乎賊甫平衆既定於是謀所以式憑爲其有功於民而食饗以報之也豈敢上比古人先成民而後致力於神者之所謂耶抑余竊念民情不一

政教難周人謀鬼謀百姓與能維神聰明正直舉吾見所未及者尚期默爲之助神之格思不可度思何莫非所以事神者即所以治民也夫余祇盡事神之心惟日孳孳求無負治民之術昔子產不毀鄉校卒成鄭治詩云高山仰止景行行止雖未能至心嚮往之而已今幸厥功告成因不揣譾陋自述余之意記之於石

蓮渡菴原叙　劉璺

遠邑固巖邑也羣峯環峙山高天小雖舊以臨沮得名僅繞城一流如線時涸時盈求一瀠洄委抱可以

滌塵襟豁心目者絕不可得雖有山頂之奔泉幽巖之碧澗而簿書鞅掌者又以不能躡磴扳雲取供嘯咏爲恨維城之西隅有方塘盈畝水色漣漪羣峯倒其中環以隔岸疏籬相爲映帶竊意朝雲暮靄間必有奇趣可領而惜乎居民稠雜委諸雞鳴狗吠中使佳景湮沒未開生面或亦事之有待焉未可知也一日有上人一林手持一簿來謁予曰僧焚修關帝廟多歷年所向欲持鉢他方苦心參學而戎鎮諸公及闔邑紳士留之至再今選城中西湖之間搆一靜舍一茆亭行將廣募檀施共成斯舉乞授一言以爲好施者勸且弁爲梵宇請嘉名焉予初不知爲何地問之則即此城西方塘盈畝者也乃不禁忻然喜曰所謂事之有待者其在斯乎從來山水名勝之處往往多屬禪棲予欲創建於斯宜也顧天以數千百年之境而留以待予予將何以成之上人曰此中舊有土阜就其上即爲基址周圍則加疏濬引水盡種蓮花後爲築小橋以通於岸岸旁有桃柳擇其疏漏者補植之使春飛花雨秋引疏蟬立橋而望則鳴鳳鹿溪諸勝一覽無遺而俯眺之餘復有雲影天光徘徊一鑑是亦不過因景色之自然稍加點綴仍不失本來

面目而已予聞之益不禁欣然鼓掌曰子誠非俗僧也約畧數言而景物之概儼然在目固不獨可寄梵修亦可爲滌塵襟豁心目供笑咏往來之地吾知布大地之金錢以勤盛舉者比比皆然行見一畝方塘日現蓮花世界矣因預名其菴曰蓮渡而即以問答之言弁之簡端云

泰山廟碑文　李甲焞

天地生物不測而山代天地以生物亦不測況巖巖泰山爲羣嶽之長生物之功尤著乎周禮職方氏於九州各詳其山鎮以其興雲雨利民物鎮安一州也

泰山乃兖州之山鎮昔人謂其雲起而雨遍天下以其澤必無不被也聞泰山爲天帝孫主人魂魄且知人生命之長短又聞太昊爲青帝治東嶽主萬物發生考校生死鬼神此其明必無不照也神道大公不囿一隅則士民之立廟而拜禱也不亦宜乎遠邑東嶽廟在城之東門外規模宏整境地幽閒創造而後歷年已多雖有好善者時加丹雘而風雨剝蝕既黯然而無光亦欹斜以將頹今住持僧矢願重修募化衆善共結良緣功既竣屬余書其事於石因得聞其詳焉蓋自嘉慶年間鳩工經營量力行之時而停止

時而興作於今九年矣先易圮橋腐瓦以安玉座金身後及兩廊山門與後堂各位神像罔不敬修益令人瞻仰焉而肅然敬起余嘉僧之虔心修理尤慕諸君子之樂善而相與有成俾補偏救敝飛虬棟以騰輝華故鼎新駕虹樑而煥彩以傳爲盛事也自茲以往致敬者既同心居歆者必千載豈不廣布好生之德常推仁育之恩以覆生靈以庇衆善而降以遐福維日不足哉是爲序

招復慶壽寺僧豁免雜徭碑記　邑舉人楊正芳

邑侯遂陽徐公天挺宏才出宰巖邑急時所重足國裕民其大較也禁遊手勸農桑僧亦督之耕及按僧籍南城外慶壽寺僧僅宗定一人貌古樸年七十有四餘寺竟有鐘鼓無聞者亦或有寥寥一二者稽昔人所施各寺義田悉就荒蕪錢糧重累里排隨准首僧慶隆詞稱昔時古刹一十三寺庵觀廟堂棋置僧衆頗多納賦尚易歷經變亂僧衆逃亡寺宇頹廢田地盡荒僅存一二老僧無力開墾衲雖認首僧一木難支亦遂潛形山林康熙九年十二月內聞大老爺涖任招撫殘弱衲扶杖疾回叩懇大施慈悲賞示招僧回寺豁免諸山雜徭庶香火得有崇祀正賦不致

虛懸等情批云雜徭一概豁免速宜招僧回寺焚修香火仍尋佃開種辦納正賦可也期年後僧漸歸田漸墾首僧復具呈叩謝豁免鴻恩乞賞文勒石以垂不朽又批云遠安凋瘵之餘不堪再困豁免雜徭原欲招僧回寺焚修香火開墾寺田以足國賦後之君子諒有同心自能傳遠不必勒石也首僧持批向余言曰豁免乃無量功德何可不豎碑僧懇天不允乞大檀越轉達以廣慈仁余謂天地無不持載無不覆幬亦何言哉爾欲行爾願第鐫其批詞於石以著於後自然恩光遠照奕世矣奚別用文爲首僧以余言

問之衆鄉紳僉曰唯唯問之黌宮士僉曰唯唯問之里民亦僉曰唯唯余於是爰筆而記其始末

鳴鳳山記

劉子垣

丙午夏錦兒病内人許香願余不能以自已因有鳴鳳山之行遂諏八月朔日由署内曉發出西門渡沮水過珠寶山途中所歷僕夫皆爲余告焉初入谷口指南山半岩曰此古烟霞洞騷人墨客過此多留題又指北岩曰此塵寰蓬島上有仙人遺靴記余方左右顧盼而路隨溪轉已過多子岩矣又曲曲盤盤一折至沮江赤壁旁有白廟子久廢再折至普陀岩下

有觀音閣亦廢復數折至永聖宮宮後爲三清殿殿後有洞道人華正綱所鑿以棲隱處對山半岩間曰雲霞洞康熙初武當道人常甯居此邑令徐嘉禎有記其旁無量庵廢基爲江陵解元葉奕焜讀書處其右河邊砲臺石爲遠洋營教場渡河水中石突起三層曰濂溪小島島上有池可以栽蓮號蓮臺對河石門爲李石帆釣磯石上字猶隱隱可見北爲雲棲庵又北爲城隍廟抵山麓問前學宮明倫堂舊址杳不可得遂舍肩輿緣石磴登頭天門舊爲新城東門其右半岩間有觀音閣舊火藥局設於此又下爲聽署

入白雲深處則安遠樓在焉後山北爲舊學署其下有牛城爲舊北門朝闕樓在其間折而南登長城岡瓦礫滿目縣署遺址猶存由岡上經靈官殿再上過武聖廟廼登二天門謁文昌宮宮旁右下即岩溝舊仞爲南門處宮後爲儀鳳岡昔人題其處曰鸞鳳常鳴又南爲杉樹嶺由嶺折而北又折而南曰朝山門門之左拈香者號龍頭香霧雲洞在其下門之後曰轉身殿距門數武有石狀如龜蛇仰望金頂銅殿如在半天脚力倦坐石上稍憩復起挽兩旁鐵鍊從馬鬃嶺猿猱而上直至絶頂道人出迎遂入廟門至客

堂辦沐備香楮衣公服詣元帝位前行禮畢由玉皇閣三清觀轉至客堂更衣道人獻茶訪以明月閣清風亭趙公臺和合石聚仙橋諸蹟悉與縣志合道人又導以觀東宮元鶴樓西宮長春樓併宮旁團圓會觀音洞八仙堂蓮花池香水池出八仙堂右下曰南天門望鳳鳴樓打鼓洞南岩宮皆歷歷在目宮旁有泉水其味甚甘天旱足資山用縣志稱山半有泉清冽可愛疑即此也山麓舊有五龍宮爲新城西門其太陽宮則今所新修者周覽既久足盡茲山之大觀隨返客堂小坐遥見紫皇寶殿匾額旁記梁武帝年

號似與縣志不符豈古爲他廟成化時因邑中火災而改建元帝廟歟抑古有元帝廟久廢成化時重建歟殆不可知亦猶玆山稱鳴鳳或以爲因宋寶祐鼎新而名或以爲因侯令尹避亂而名舉可付闕疑之列也香願了日色暮乃辭道人由原路而下復一一識其處歸而誌之爲後來遊是山者導先路焉是爲記

雲霞洞碑記　邑令　徐嘉楨

鳳山對峙有留一寨者以士人避亂其上獨能保全而得名也其西北麓懸岩峭壁中有一罅氤氳崚嶒

高可倍尋廣不盈尺無論古遊人不經樵人不歷即混沌以來千萬年未嘗有過而問焉者蓋天鍾秀於是必待其人而後與也武當道人常甯業胎食息服氣煉形足跡遍天下一旦雲遊此地仰眺俯觀扳藤躡險步山陬而登焉見綺綰繡錯鬱葱清幽諸山環拱排闥送青一水入懷瀠洄呈綠〻上如雲蓋儼堪棲遲下若指禪僅可容膝其養靜之靈境乎道人迦趺其上徘徊久之欲依此地爲修跡之所而巖徑蕭條狹隘開拓者難之深以爲憂乃歸求山主廣化旃檀請命於予以求資助予曰崇表福區招致神靈予之事也予何敢辭幸鎮侯涂君都閫汪公亦樂與有成共襄厥美而營中諸弁仁人里閭紳衿士庶亦無不嘉與維新於是捐資募匠斬草披荆鑿石爲山鑿山成路水從石出樹且倒生舉昔之小有觀者今闢而爲一大洞天矣於中更鑿一洞深可一丈廣可十尺道人身坐蒲團心遊廣漠白雲縹緲衆妙圓明功既成而自標之曰雲霞洞乞文於予以品題之予曰山川有眉目因人而發又無口借人而傳從來天地精華未生賢哲即生山水既生山水即生賢哲大抵美不自美藉人而彰粵稽往蹟若龍虎之山天師於

焉演教西山之地許祖於焉飛仙僊都之觀蔡眞人於焉尸解金庭之宮司馬氏於焉誦經斯洞也以千百年未有之墟道人崛起而新之玆其地固不死之福鄉玆其人固歸眞之上品也吾知却老丹成玉局煥烟霞之彩步虛聲作瑤天發鸞鳳之音道人將與洞並垂不朽矣予雖固陋無文不書所作使盛跡鬱湮恐貽山靈之愧故誌之

東坪河水碑記　宋　楷

縣屬白土上舖東坪一帶地方其原平其野濶素稱膏腴之壤但苦無水浸灌居民鮮利賴焉乾隆三年

前令吳奉　文興修水利爰自郝梘舖談家坪之五坊頭堰沮水以資灌溉因溝道所由經多有山溪間隔曩時所設梘磴未能因地制宜不閱歲漸次崩塌付數百金於一擲殊爲可惜數十年來無有以修廢請者迨乾隆三十三年士民楊聯陞黃珍等欲循舊跡公議重修具稟前來本縣備查前案隨即親詣確勘念事惟由舊利則因民准其修復並諭溝道所經之地丈明水旱田畝若干照時給值其險隘處所務須妥協經理以期堅固久遠愼毋草率從事該堰衆姓俱各踴躍遂募匠興工其大溝自五坊頭至該舖

之王鑾冲渡水處計丈五里自王鑾冲至該地之土門埡夯溝處計長六里面寬一丈一二尺及七八尺深一丈一二尺至四五尺不等其支溝自土門埡夯而爲二一蜿蜒而東達季家店一曲折而南達老關廟等處寬五尺至二三尺深三五尺不等經營幾及兩載始獲竣工計費金錢一千有奇計灌溉之田四百餘畝年來溝水暢達俱獲豐登匪直輸將裕如行看餘三餘九坐享盈寧之慶其燕詒於爾子若孫者甯有暨哉第滄海桑田變更難定惟冀爾士民協力同心時加補葺歲以爲常則斯堰之流澤固將與沮水並長矣余愧不能文諸首人以記請余惟紀其實俾勤諸石以垂永久云

過山堰碑記　　陳　楨　鶴浦

開修水利一鄉之福命攸關其創之也自人其成之也在天非偶然也吾遠邑僻處山陬地瘠民貧而困憊者惟吾鄉最甚蓋他處間有源泉可資灌溉吾坪水田專望雨澤略遇亢暘坐視枯槁旱地種植雜糧男婦耘耔不間陰晴終歲勤勞收穫無幾常抱布出羅負粟百里之外非以不得水利之故乎

國朝軫念民依屢頒　諭旨勸民開修乾隆二年

里人黃開第與我先君等二十四人爲首稟請前縣主吳履勘自黃泥港隔山鑽洞引水灌田辛勤數載民窮財竭迄無成功至乾隆十年前後兩次復修終於廢弛自是鄉人益窘離鄉就食者過半矣余與曾子竊不自揣念前人開創之艱憫鄉人困苦之極審厥地勢志切修復商諸老成勸諭業戶奈鄉人懲前警後鮮不畏縮遍約里中僅三十八人捐石米千錢募匠開挖以引其端呈請縣主宋公親勘示定章程不許抗違乾隆三十年九月起工至次年春錢米俱罄坪中匱乏者多有力者又恐仍蹈覆轍此時萬難

措置矣幸得聶師聖兄弟仗義捐借錢一百餘千不敷又得匠首鄭中哲自墊食用錢百餘千黄姓措勸溝價嘗宋主借帑項五十餘兩給償至三十三年春溝道始通是年大旱賴以無飢士民歡騰宋主大悦命名曰過山堰據情詳報　上憲嘉之由是各舖皆呈請開修而吾邑遂稱樂土則此堰之成非第一鄉之福實一邑之福也夫以艱難困窮之地修隔山踈鑿之功疑其不成者半懼其受累者半即當事之人亦未免且疑且懼焉非適逢宋主之仁明與匠首聶氏之義氣安能相與以有成也豈非天乎天假之緣

人力不能爲也迄今二十餘年衆姓坐享豐盈不忍没倡首之力請勒諸石以誌不忘予不敢貪天功以爲已力但序其始末俾後人知先代之窮苦開創之艱辛謹身節用以安享成業和衷修理以勿墜前功是則吾之所厚望也夫爰爲序

長豐堰碑記

陳　楨

許家莊素稱樂土俗美風醇食舊德服先疇由來已久自鼎新以來生齒日繁農民間憂乏食從前所墾山田大抵皆爲磽确雖山下原有流泉灌救無多平坂田畝無水浸灌雨澤愆期即成飢歲不得不思變

通作改旱爲水之計乾隆三十一年宋主涖任以興利除害爲務首准吾黄泥港呈勘修著有成效各舖遂蹶然而興許舊王君藎臣陳公世正世章徐君世望等首領二十四人同倡義舉邀各業戸議定合約赴縣具呈嘗宋主親勘酌定章程上自牟家莊馬家灘上開溝接水過乾河經老河口下由龍灣山脚鑿石劈岩至岩張河出水分爲東西二溝灌田其西溝由後巷經公安廟前穿湖抬溝直至黄家塅出河東溝由東頭經河岸至灣坑邊店上出河一切支溝各從其便不得措勸照畝攤費無得推諉章程既定戮

力同心自乾隆三十五年十月朔日起工至三十七年春暮告竣然溝道猶未固也歷年修鑿人力幾瘁始獲磐石之奠迄今三十五年首士淪落將盡矣衆業戸嘗利已久不忍没宋主之恩與首士之勞丐余爲文誌之余不能文聊述大略以誌歲月旹嘉慶九年甲子歲九月廿一日也

建立天漢書院碑記

劉子垣

此所謂書院即會館也其制不知始於何時要皆所以安行旅會同鄉甚盛事也有兩省爲一會館者如山陝春秋閣之類有一省爲一會館者如江右萬壽

宮之類外此則或一郡爲一會館或一縣爲一會館至若蔔門之有陽川會館似乎以兩縣爲一會館然攷漢陽初建只陽川二邑則仍然一郡一會館也從未有兩縣各有所屬而爲一會館者有之則爲遠邑之天漢書院夫天屬安郡漢屬漢郡何以同爲一會館哉安郡與漢郡鄰郡也天門與漢川鄰縣也而天門之乾鎭驛與漢川之田二河則又趾相連壤相錯兩縣之人不啻在一縣也其來遠貿易者或春去而秋來或此去而彼來率皆自覓居停不能有賓至如歸之樂也其來遠而遂家遠者或一二世三四世不

等又散處於洋坪徐家棚茍家埡荷花店各處有吉凶事故彼此不相知不能有相賙相䘏之義也推原所以然皆因無公所之故咸豐四年春向君學純黃君大林等始有建立書院之議適有茍姓花園出售其地在徐家棚北街口坐西朝東與磨子橋相距一箭之遥遂備價買之葺其牆垣補其罅漏雖地僅數武屋僅數椽而令人守之俾新來者有所安息彼此有事赴書院相商共爲扶持庶幾不憂寡弱不畏彊暴未必非異旅之幸也余籍天門亦在同鄉之列因叙其緣起鐫諸石以不没諸君之義舉焉然此特其始基也若夫擴而大之厚其積聚以爲有備無患之需則有望於後之同志者是爲記

重修慶壽寺碑記　周汝珩

天下事之難易不在乎事而在乎作事之心心期於必成雖事之極難措手者必思委折以求濟此儒者之恆德釋氏子所謂行念也邑之有慶壽寺自明成化始其後廢興不可考迄乎乾隆時復重建之寺爲接詔宣諭之所每逢大典官紳於是萃焉洵重地也嘉慶以來殿漸傾圮近年則岌岌乎不可待矣駐錫僧文印毅然以改建爲任邑之諸君子更力贊其議

且謂寺以慶壽名非一切菴觀比官諭民輸紳勸商助成功直轉瞬間事耳命持印簿散募各鄉一時好義急公者咸輸將恐後已諏吉動工有日矣適劇匪犯玉陽因中止厥後每議興作之期即賊耗警急之會軍資樂輸相繼供億邑事日以多議遂久寢然僧之志不輟也嘗謂余曰茲寺傾敗已極今不修後更難爲力而兵歲兩荒動輒多阻吾惟以數年苦積之穀爲經始費再催簿上所輸之錢源源以資接濟想夫牆圮垣毁阿羅露立佛面塵封仁人君子必有惻然動念而解囊相助者蓋意念迫切則胸中時懸一

現存樓閣日冀如願以償時勢艱虞弗問年歲荒歉亦弗知也嗚乎僧之計可謂愚矣然愚而誠誠則人皆諒之以故諸君子憫僧之勞卒成其美鳩工庀材踴躍爭先竭數載之經營合一邑之全力凡五閱月而工告竣余嘉諸君子始終維持之心芳名宜壽諸石又竊喜僧之功與諸君子相得益彰也爰爲縷述端末且以見天下事有志竟成也

重修如意橋記　馬學珍

縣西南隅有石橋弖記總角時嘗遊其間道旁有尺碑並不載其始自何年創自何人但鐫曰如意橋竊

心疑之意此道上通南保下接荆當往來行人經歷者衆修之者本其意之所如履之者莫不各如其意斯橋之命名意在斯乎既而聞諸故老知爲邑庠陳公明謨立願獨創適如其意之所期此橋之所由名也近因敎匪滋擾鑿池保城高其隄防而橋勢低下歷年溪水漲漫折毀橋梁行者苦之其不如意者多矣今年春偕僧同鄉諸君子經過此間慨然而有復修之志相與捐資鳩工庀材不逾月而補葺完繕克復其舊未知人之過之者其亦如意焉否也事竣爲之記以著諸君子樂善之誠亦以存斯橋不朽之名云

建修續古橋序　陳文蔚

嘗聞星橋填自烏鵲河梁駕夫黿鼉而詞不雅馴搢紳先生罕言之若乃石棧天梯鉤連通蜀道之險高車駟馬經過快相如之題自來烏道康莊占利征而無虞者莫不有資於橋則建橋之舉爲難緩矣吾鄉沮江西岸牛欄沖口古有磚橋一道所以通沖水於河而利夫行人也厥後土崩水淤橋之埋没者不知幾歷年所近因沖水驟發土潰而橋址復出橋上之路傾圮不利於行行者苦之余每經此地見其崎嶇輒慨然有志於復古時有傅君定菴偕其友五人來

舍爲余言曰河西之橋急宜重建非公義氣不能爲領袖願公振臂一呼力成義舉吾輩亦願捐金三十緡以襄經費庶幾陳迹復新可以續古名是橋也余喜其能合吾志爰約同事諸人共採釀蜜之花並集成裘之腋而諸善士解橐相贈者亦慷慨不少吝惜工資既備遂鳩工鑿石以甃之橋成余覽而欣然曰以今橋視古橋雖復升而高之擴而大之總之不離乎濟物者近是詩云以似以續續古之人信可爲是橋斷章以賦也是爲序

大紅崖修路碑　周士巍

自襄樊達荆境其道有二一東出荆門諸驛是也一西出大紅崖諸山是也大紅崖屬遠安北境在荆山以南考禹貢荆州以荆山得名而荆山實跨梁豫首陽岷山兩地俱載其緜亙不下數千里未可獨於得玉處專之大紅崖豈其支脈與殆不可考楚僻處荆山春秋時荆山以北爲羅與盧戎國至漢猶稱中盧其行李往來越荆山而南大紅崖實爲必由之路然皆深山窮谷非若康莊平坦明季流賊出没其間道路梗塞無怪此路猶荒蕪不治必擇然後可以投步也我 朝定鼎以來百年之間四海之内山高水濟

窮鄉僻壤胥爲桑麻耕耘之地阡陌交通雞犬相聞而大紅崖顧屢經修治依然崎嶇不平行者苦之本邑紳士陳士琚令子登嶽募衆重修皆翕然應之功既竣負者歌於道行者頌於途亦不朽之盛舉也又不欲專功於己懼衆善之不克彰也爰勒諸石以誌之後之君子欲考禹跡之所經熊繹之所造能勿思繼事之有人乎謹疏本末用質諸博雅者是爲記

可耐軒跋　宋楷

丙戌夏余奉
命來涖茲土閱其城無垣署無宇岌岌乎有刻不能耐之勢竊思城以衛民所關綦鉅矧邑介萬山前明寇警屢至境内騷然今際承平當事者若因任聽之不爲不虞之備緩急將焉恃賴爰檢舊卷有曩年估計案册堪據因鋭意請 帑修建經始於戊子之冬八閱月而工經報竣崇墉屹矣廨宇頹然奚堪託處但頻年軍興旁午勿遑是計洎甲午歲簿書稍暇甫得借廉修理自頭二門而大堂二堂三堂以訖居室等處次第聿新週覽垣墉足資捍衛仰觀榱桷堪蔽風雨迴憶向之刻不能耐者茲又差覺可耐焉因額内署西軒而顔曰可耐幷珥筆記之自時厥後保無

罅隙或需補葺惟俟來許急病而讓夷之君子

適可軒跋　梁光釗

古人有言適可而止嘗變通其意不能自適輒一無所可理或然歟予攝篆茲土地雖瘠苦俗尚安恬而且山水抱城烟霞繞郭簿書餘暇足資優游即此似無不適似無不可乃知琴鶴風流非關美缺也因編額並聯以識使飛鴻爪跡活現雪泥庶不虚負所書云耳

佳植紀年　屈啟宇

詩曰如南山之壽即繼之曰如松栢之茂松栢可與

南山嬔美則其壽亦當與南 山併永也矧托 大聖
人之靈爽以垂諸千百世之後者乎宇自嘉慶戊辰
冬司鐸遠邑愧於學校無所裨補歲丙子 固始祝
公孝憑宰是邑見廟前基址爲隘巷所迫慨然捐廉
購民舍開神道建雲路坊一座坊內梧桐二株即祝
公所命植也牆內槐二株則教諭張君載陽所植越
辛巳宇亦植栢二株於大成殿前又植栢二株於啟
聖宮旁廨後殿角及櫺星門內各植栢二株明倫堂
前栢凡六株次第就植邑人士復於牆內植松三株
梧桐三株今皆青葱鬱茂森然可觀當不異於南山

之嬔美者矣獨怪州志載唐菴古栢爲盛唐爲中唐
爲晚唐不可得而考也邑南青溪寺栢較唐菴尤古
相傳寺建自晉代爲東晉爲西晉亦不可得而考也
嗟呼後之視今將毋與今之視昔同宇不敏爲之紀
其年並誌其所自植以告來茲而及時之培養灌溉
是又深望夫後之繼起者

懇詳前令宋楷入祀名宦呈　陳崇閣

竊以邑長膺司牧之權閭里咸依爲父母
聖朝渥酬庸之典臣僚亦報 以馨香凡有功烈於民
例享春秋之祀昔者胡烈剌 襄灌畝仰築堤之策僧
孺治鄂成城傳陶甓之方桑 蔚崇邑懋哉張詠之功
鐵鑄荆門偉矣象山之績史 傳所垂名難枚舉俱以
賢良報最血食於今事賂往 牒理印來蹤恭惟前邑
侯 宋明府本匡劉之經術爲卓魯之治功書清慎
勤以名齋綜猷爲守以勵志飲冰茹蘗遏絕苞苴勸
稼巡郊屏除傔從公餘四時訓課月旦親操化洽一
邑絃歌風聲遠播哀矜折獄人頌神君撫字心勞衆
稱慈母凡其矢公矢愼者無一敢負
國貧民也而立德立功卓然不朽尤莫如興水利建
城垣二事蕞爾遠邑僻處萬山雖有平田盡屬磽瘠

一遇乾旱輒嘆無年 明府下車伊始念切民依謂
汨汨沮流可引而灌也爰是單騎遠眺陟降歷乎巇
原短壟輕揮廣深劃爲溝洫酌規條以諭紳耆捐廉
俸以勸經費溫語宣而父老協心嚴命下而悍頑屏
息或令穿山而潛流地中或令越澗而飛度梘內引
出幾灣綠穀食其福者八九區蒸來滿地黃雲均其
利者十三舖至今醉扶春社猶存此日口碑香刈秋
秔輒念當年手澤水利之霑被貽澤孔長矣再者遠
邑近接均房遠通巴蜀
國初以來爲流賊出沒之所先是累土爲城短垣可

踰雖設駐防之營卡未固捍禦之藩籬　明府仰承
上旨盡易前基計日量功聞鼛鼓而踴躍均糧贍衆
荷畚鍤者懽呼料鬻塼埴之工兼市木石人忘拮据
之瘁因謳哲黔雉堞女牆從容告竣神祠官廨次第
圖成矗矗譙樓而四門有伉掘深塹而一水如環數十
稔頹垣斷瓦俄而改觀百餘里地邑民居恃以固圉
偶然小醜跳梁望壁壘而莫犯從此四民安堵捍萑
苻以無虞在昔小心謹慎保固僅計三十年於今勝
槩巍峩堅完已近六十載城垣之鞏固厥功不又懋
哉夫經世之猷養民與衛民並重報功之舉仁吏偕
能吏同登　明府涖任彈丸遭時孔棘値南征弗庭
之日餉運維艱撫中澤未定之形鮮烹匪易而乃籌
畫一心恩隆再造興甘雲汗雨之謡固金城湯池之
勢綢構有方留貽無盡緬厥勳勞合列循良傳内思
其德政應躋名宦祠中　生等　素庇棠陰同沾黍雨或
目擊而銘膺或耳聆而感泣當日居官盡職本無干
譽之心後人飲水思源詎昧含醇之自雖絲繡衣裴
登豆間陳於蔀屋而杜父召母功勳宜達於
楓廷輿人之頌不若
綸音之褒野祭之儀何如廟祀之禮　憲臺保民如

赤默符前哲深仁有善必旌俯鑒羣倫懿好爲此公
懇　臺前賞准詳請　上憲據情
題奏入祀名宦祠内闔邑頂祝無旣矣

高祖正從公紀事本末　李超倫

公諱正從初姓方名勝由行伍從征李來亨以功拔
荆營把總康熙三年撥遠安防守是時遠邑城郭傾
圮烟火寥落公統率兵卒芟除草菅編立木城即今
城基也十二年吳三桂反雲南公從征常德吳勢正
盛公首奪吳戰船七隻擢荆營千總仍令回遠安汛
遊擊孫志高以西山觀音砦爲荆襄咽喉欲簡能員
以防賊之出入撥兵五百命公往立栅住防數遇賊
首陳宗起戰於觀音堂通城河虛牛冲等處賊奔潰
又拒張自發王惠等於南漳十七年奉調征川公沿
途收復興山歸州巴東西壤諸境十八年補遠安守
備十二月調征巫山四路總鎮發給叅將委牌擢公
爲先鋒十九年正月同各路大兵抵漢平鋪遇賊楊
來嘉王鳳岐大戰賊敗走追至巫山城内賊走重慶
公領馬步兵一千追至涪州來嘉降五月内調興山
防守接奉綏遠將軍蔡牌調遠安守備一員領精壯
兵三百兼率荆城千總一員兵二百荆門營千總一

員兵一百軍前聽用閏八月十五抵沅州九月初一綏遠將軍各總鎮發給泰將劄付仍爲先鋒進勦未半月破鎮遠平越二府十月至貴州息兵養馬二十年二月自貴州起馬赴安順府安南衛至臘雞坡遇線賊大戰總鎮陳提標後營遊擊林陣亡公截兵救援搶獲尸骸歸營初八日復戰線賊敗奉將軍令追至白水灘且催護四路糧米以應軍需又奉令修搭鐵鎖橋三日橋成大軍渡河赴平倚衛盆州至虎牙關下營二月二十一日賊出城大戰金總督東路迎敵綏遠將軍中路迎敵公拔幟先登兩路接應敗賊

於歸化寺等處賊奔上銀錠山大兵週圍鏖戰賊奔去逼賊於雲南城内十二月初七日攻破重關得勝橋等處二十八日公請大將軍炮七尊上銀錠山向賊城攻打内不能支賊將郭壯圖先自縊賊主洪化亦自縊而吳逆遂削平無餘矣二十一年回遠以功加左都督銜食左都督俸仍署遠安守備事二十七年夏逢龍反據武昌奉總鎮嚴檄令陸路進兵赴荆州府荆門州恢復應城德安麻城數縣又奉令星夜取黃陂至天明擒賊數人軍前梟斬嚴總鎮諭取漢口須用衝作先鋒公遂取漢口復漢陽徐提督與夏將軍自荆口上屢戰大勝武昌城遂不攻自降夏逢龍在黄州被擒斬首餘賊悉平各路奏凱回營丁總督諭公且勿回帶兵札守漢口防賊餘燼十二月二十七日始回遠三十一年蒙 恩陞授峩邊營遊擊前後任遠二十八年所在奏績任遊擊八年仍食左都督俸協和文武撫綏兵民較之遠安多安戢苗蠻一事政事之暇遊峩眉山有住持僧守衛者募修大峩石大樓五間公親譔碑文載峩眉縣志中三十九年致仕蜀中士民製詩文屏幛爲壽刊碑石傳頌德政依依不忍舍云時有僧一德者棄儒歸佛業岐黃

熟脈理願從歸遠公買余家沖田一分安置一德於觀音庵俾供二廟香火命伯祖長遂公從僧受醫學公之無疾坐逝僧皆能預斷之生曾祖兄弟三人長爲楫以遠安籍列國學次爲林三爲梅俱列庠壽八十四歲

談復齋先生壽序

蔡世遠

康熙五十有八年歲在屠維大淵獻畢月爲復齋談老父臺初度和之薦紳士民謀爲躋堂之壽徵言於予予惟公之治和雖甫兩月而所以子和民者至矣是不可以無祝也公楚之遠安人家居臨沮爲荆南

望族祖世楚公樂善好施潛德不仕鄉閭矜式封翁
文宗公少穎異過目成誦號稱神童才高學博雖老
於歲薦未行其志而厚德相仍其發祥遠矣公承庭
訓學術精粹品行端方其溫和醇凝之氣見於眉宇
遠安之士從之游者成就至以百計若安定之教湖
州稱先生者不問而知其爲胡公也著棲鳳詩集出
入三唐士論宗之庚午舉於鄉以今年春筮仕九和
至秋奉太夫人之任方下車即詢民間疾苦利者興
之害者去之庶事咸康百廢就理民胥悅之而和氣
謙德超越等倫其必大有造於和可知也曩余纂修

性理精義至張子太和篇嘗謂從來天生地成生者
機乎成者質乎然元氣太和而保合乃以厚終其天
地所以成乎今觀於公而知曩者之說信而有徵也
公以九月六日爲嶽降之辰九之數奇於德爲陽爲
健爲剛是天道之所以大生也六之數偶於德爲陰
爲順爲柔是地道之所以廣生也廣大配天地陰陽
合兩儀健順有常剛柔相濟則太和之保合在是矣
天地生成之妙公殆獨得其貞者乎夫天下之治忽
在人才生民之休戚在司牧惟司牧得人則國家收
人才之用而天下猶患不治者未之有也今誠能得

如公其人者參錯爲郡邑長則太和元氣保合厚終
爲聖天子成久安長治之休躋斯民於仁壽之域豈
僅壽其身已哉余不敏請以是爲公獻公其不以折
楊皇荂而加進養和之觴乎

方孝子傳

安嘉緗　司訓

孝子名雍璧字藍琳遠安北城人也少有至性見父
母疾病輒涕泣不食兄玉璧生而穎異父母令習儒
業雍隨兄就塾師讀見父母勤勞跪而請曰父母生
兒尚何事日營營耶父母慰而撫之稍長體其志令
經營家事無何玉溺水死雍赴水次晝夜哀號涕盡

血出玉見夢於父母云弟哀號水次恐與兒俱死也
父母驚覺欲往召適水次居人賈俊唐先扶雍至述
夜夢相同共爲防範得不死然自是其父惘惘若有
所失一切家事悉委之雍會陰雨城中米貴雍遠出
糴至其處心忽動亟負米歸母驚問來何速雍曰兒
在外心神不安慮家中有他急故速歸耳其姊從旁
語曰弟出門時毋呼弟與父共食其實食無餘毋今
尚未食也雍聞之慘然急炊飯進食自後必父母俱
食方食其父後得痿痺疾不能動履雍日夜祈禱神
明走百里外求醫藥久之無效雍盡輟生產事一意

服勤致力侍床榻無須臾離凡溲溺必躬親扶掖問所欲則具以進偶不繼假貸以營甘旨雍夫婦所食惟粗糲或食不飽不令父母知也未幾其母亦遘重疾疾且死雍殯葬如禮其父年老喪偶意切愴惋雍苫塊之餘時兢兢護視勸慰得解哀思而飲食起坐康健竟如平常或時不耐床褥則於門外設繩床負父出門坐其上觀市中來往人與鄰叟笑語移日雍侍立無倦容或欲出望郊野則背負往遊以此頤養恬和凡抱疾十五年壽八十三而卒雍痛不欲生竭力殯葬廬墓三年始歸每歲時祭祀引領長號聲動

鄰壁予初至遠安聞孝子名後見其人循循然言若不出口叩其平生孝行則避席不敢自居信爲天性純篤積於中而動於外者今夏闔邑人士舉其孝行上之　大吏以邀　旌揚邑人又豔傳其入山却虎及廬墓時驅避蛟水二事至誠感格理宜有之茲不詳述述其平易爲人所難爲者以俟採風者擇焉

義僕記　周維翰

十世族祖諱之受三歲失怙繼母李犢愛其所攜前夫子女視　公如贅疣悍畜之　公有姊五歲字豪門李溺諸溪水而以前夫女字焉家有老僕名繼嬰知其謀不敢言一日自外歸見　公墜於塘李在岸若罔聞見者僕急呼奔救李始拯之起自此毋甘言餌僕僕知其欲死公也陽順承而陰護之眠食與俱樵於山抱以負薪出汲手攜之以行犁田置隴上時目注之李有所親某居市上者來飯畢李送之門外予以錢耳語移時次日某復來少頃即去僕覘之大疑午飯攜　公歸李以蒸餅出色異常知有變呼犬食之犬旋地嗥踊刻斃即襁負　公持餅與犬訟之官　邑宰性明決逮李嚴械之吐實杖立斃獎僕三帛書義僕二字旌焉後　公成立遇僕最厚而僕

終身執下人禮不衰沒葬南山之麓立石三尺題曰義僕之墓至今歲時　公子孫上冢集而拜者率常數十百人

嗟乎撫孤存孤古人難言之矣世有伯叔至親視其同胞子若孫顛連困苦若秦越人不相識友朋生而爲歡難親兄弟不異及其死也寡婦孤兒登門求一綵粟吝弗與更或利其所有陽結之而陰中焉人臣高爵厚糈世受國恩托以藐諸孤而受其禪又有反顏事仇相與殄滅其舊君之子孫殆盡而毫無顧忌者比比也問被蓍從何處得一副心肝造成此僕哉

余少聞父老縷述爲之墮淚者屢矣爰誌譜末切告後人年年除夜寒食愼勿忘墓前一瓣香也

邑令蘇汝礪墓誌名

商弼諱汝礪一字漱亭少敏異喜記覽二十三補博士弟子試輒高等尤受知副都雷公三校皆第一遂占拔萃科甲戌春　廷試引見以知縣試用湖北秋攝宜昌府倅冬知遠安縣事遠安古臨沮地俗愿樸少訐訟而未知向學君不鄙夷其民廣厲學舍召諸生講文字自爲師休勸之蓋君工詩文善書爲通材豈意羈除刀筆筐篋俗吏之爲而油然以儒術導民

民亦喜得君之子諒豈弟而毋衆人也則競淬厲以徯應焉政成上官才之庚辰充同考官辛巳攝荊門州壬午兼枝江令旋移劇黄陂未赴而君疾不起矣其在荊門也會君生日故事吏人率稱觴合樂晉獻頗夥牘君揮去强之至發怒遁罷君家故貧自爲諸生時筆耕而食遠安雖瘠土或猶有掊掘者而君惡衣粗食既不名一錢荊門肥矣染指者不無少色動且又非枉法財顧能壁立不墮崖涘如是君子以爲難至枝江有宿疾以勘重獄冒風雨渡江舟覆幾殆未浹旬疾加劇竟没遠安人扶老稺行哭曰公死誰活我者蓋先是久旱禾盡槁君徒跣走禱赤日中歸途雨如注顧不沾鄰境也邑人驩感爲刊石龍神祠且刻主故云然其殮也民饋之槥其柩之歸也路祭者亘六里匍匐追送不肯休嗚呼君才固青雲器一麾山邑洄馬御窮至勤死死時無妻女視含飯又貧無以歸甇甇留楚地非其兄邦彥氏數千里往迎恐死生終旅泊耳此可爲痛哭者也然謳思在所部他日當有俎豆君者而士輒軻侘傺弁不獲留一迹於桐鄉之民即亦何嘗不死然則商弼猶未始爲甚不幸也君没於乾隆二十七年九月八日年四十三配

金氏生二男殤以屺懷子起隆爲嗣女二幼四月三日權厝其櫬於先塋時不利也所著詩名操縵集氣韻高秀似青邱生陳司業見復爲之序乾隆甲申春二月崇明同學弟二山何忠相拜譔

輓高廉鎮李大人代守備作　周士巍

嗚呼伏波自誓裹馬革於疆場來帥嚙軍叱虎牙於宵夜蓋志在報國則殞身爲其所輕心專立功則蹈危亦復何懼縶維　大人巍科早擢忠孝副九重之求兵符屢膺恩威遍三軍之頌當扈從殿陛與呂伋而爲儔及專閫邊疆則方叔之是式吳江嘗奏偉績

南海又觀大猷渤澥澄清魚龍屏伏是以象郡千里瞻戟影而共恬羊城一隅倚保障以爲恃偶因小醜跳梁於川楚遂統雄師移駐於沮漳鎭靜雍容羊叔子之高風如昨指揮顧盼杜征南之武庫可追乃逆匪以狡詐肆其猖狂致隸卒於倉卒疎夫捍衛五丈原内驚大星之下沉易水歌中咸怒髮之上指非元戎之阻遏其勢彈丸沮邑不免喋血於萬家幸官軍之遮蔽其鋒老幼生靈始得全軀於一旦焚香齊祝無由酬保護之施含淚共悲誰不抱寃仇之恨 職分守茲土原同鄉薦帝都壯遊曾隨五花之馬荆岑徹

備得覩七宿之旗方倚熊虎爲聲援忽爲犬羊所玩弄守陴因之齒切執戟因之心酸然壯本朝之山河正氣自亘於不朽托天上之箕尾英靈堪永於無窮或如魏其追田蚡之魂或若老人亢杜回之力與古之厲鬼殺賊必不殊其赤忠作天之烈風助威立可消其霪氛茲者悼動黼座嘆受陁之平原詔頒綸扉比還葵之呂望霜寒江漢之野尚留肅威雲結瀘沱之濱仍抱奇氣復青者萊公之竹道設祭以延緣來奠者高士之芻人如玉以比况 職 敬率僚屬虔具牲牢洒泪奠巵冀靈式鑒

李毅庵先生墓誌銘

天門　歐陽標　歲貢　麥溪

李毅庵先生諱超倫字德先遠安人也以乾隆乙卯舉人赴嘉慶丁丑大挑列一等赴部自請改教戊寅補吾邑教諭適學使沈按臨安郡公在省領憑聞署東齋侯公年逾七十因告假月餘以脩脯讓焉余心異其人恨相見之不早也抵任後榜其門曰自愧於文未廣敢云以教爲官及接見道貌溫潤吐茹淵涵知爲學邃養純之士經師人表兩無愧矣辛巳歲公兼理司訓有舉孝廉方正者賄囑多金公峻其冒濫辭金不允又屢賜寒生脩脯資以路費其廉介之見

於吾邑者如此公先世籍黄岡明初遠祖某公授江陵廣文遂家焉嘉靖間太高祖良弼公宰四川富順縣復籍富順之鴻河鄉崇禎季年高祖正從公避張賊之亂回籍江陵 國初以討賊功授遠安守備陞四川䖍邊營遊擊食左都督俸見遠安風俗淳樸遂籍焉曾祖爲梅公邑庠生弱冠棄世祖長青公邑庠生年不永尊人某明經嘉慶丁卯司鐸均州母葉孺人辛卯解元諱奕焜之姊生公早逝公弟四皆今胡孺人出尊人倣劉殷法各授以藝噫公誠遠安之望族也余詢公云鄉舉大挑常恐不列一等公胡告降

爲公蹙然曰北堂親老遠省跋涉多起居之勞未若近地一席得以時通音問遥申甘旨雖祿薄身安而初心稍遂因是知公爲純孝人也又詢公云寒氊送考他人奔趨尙恐不逮公胡告假爲公笑曰侯君老矣余猶有待也因是服公之廉先是遠邑侯石公嘗與闔邑紳士舉公孝廉而公力辭不就以視世之非孝非廉營營於仕進者薰蕕固迥別也如公者豈但經師洵人表也夫以公少噪黌序壯登賢書公車七上而終老儒官遇亦嗇矣尊人卒均陽學署公以名孝廉扶櫬歸里猶費周章公卒天邑學署藐諸孤以

二千里買舟載柩倍極艱苦情尤慘矣韓子云所謂天者固不可測蓋如斯耶然而德行文章後之修家牒誌邑乘者必能備錄焉以待輶軒之採况次君前茅屢拔服闋後行將一日千里又何患報施之終爽耶公昆季五仲氏先其尊人逝慈帷逾八旬孝友之誼白首如故生丈夫子三長某不壽承重孫炳文幼次榮蜀季榮晉俱業儒孫炳翰幼公生於乾隆己卯十一月二十二日子時卒於道光三年四月二十一日丑時享年六十有五葬於本家莊附作某山某向余遇嗇於公而文尤拙次君以余與公相交深而相知悉也又不欲假名於當代屬余紀公之實余不辭謭陋塞其請而爲之銘曰文粹行優高山仰止餘韻流風長思柘水

周德裕先生墓誌銘　　貢生戴星治

先生諱正恢字德裕別號構堂以明經授公安廣文我棫村夫子次五子也週歲失恃賴嫂氏胡育之棫村夫子家窶貧館於邑先生五六歲時受讀於長兄正暄日誦千言幾成童棫村夫子㩦至館與四兄德豐共筆硯遇難解處一覽便悟苦乏膏火常燃香照讀輒至夜分弱冠入庠遂以舌代耕顧嗷口益繁蒙

館莫濟朝夕幸德配賢淑農桑嫁娶悉以身肩課勤懲惰皆有法度以佐家政先生乃得篤力於學先生性端慤簡古淡泊氣象雍容如春風扇物對之令人意移至其教人善談名理工開喻精講說得其解者自謂如夢初覺如遊知歸憾來遊之不早而以得侍函丈爲幸前後獲售者三十餘人先生一應鄉試名心遂淡然科歲屢擢高等爲提學所賞比至公安甫入齋諸生喜曰先生之文吾誦法已久今何幸得瞻師範乎由是以詩文呈誨者堆積書氊丹黃甲乙無曠時披閱既勞神思而學署又連被水淹濕氣浸膚

夫人遂於前歲歸先先生卒先生亦竟以病卒於署癠世兄四人扶櫬歸里合葬焉嗟呼先生雖恬於進取而其試牘已登名選爲士林共知蓋由家學淵源棠棣競秀一門自相師友而又研儒先以取精鎔羣書而成采其文皆見道有以入古作者之室昔人謂今古功臣是兩韓爲足式衰起靡也今觀諸君子結隊連鑣蒸蒸日上多稱名手吾楚功臣將於是乎在當非謾爲諛墓也晚受業於棫村夫子兼承先生誨爰爲誌而銘之銘曰山斗之望雅正之遺蘇湖模範風月襟期鴻妻萊婦女宗母儀追配前烈光啟來茲

楊貞女祠碑記　周士岸

人之足以窮天地亘萬世而不朽者惟視至性至情所凝結初不假里居以爲重也第奕禩而下聞風者慕其往行因而考其遺跡訪其廬舍蕩然無復留餘則又不免咨嗟歎息以爲憾是以其人傳其事傳其里居亦必與俱傳吾邑貞女者系出楊氏聯婚劉姓甫九齡父母雙亡依叔撫養劉子客死成都叔欲更字他姓貞女痛哭奔尼庵欲祝髮爲尼叔知其志不可奪事遂中止厥後守貞苦志歷數十年如一日邑侯鄒以其事聞於

朝旌表建坊並歲給銀兩爲衣食資其建坊之費類爲胥役鯨蝕貞女出所十指拮据者購成之雖屋僅數椽地僅數弓而其辛苦蓄積蓋不知幾歷年所矣今貞女年已七十郎以所居爲祠慮後有侵佔者以房約勒石凂予作文記之予曰人心之懿德同好三代之直道常存貞女之行萬古爲昭後之人考其遺跡訪其廬舍必且俎豆馨香以奉之人傳而事與里居亦與俱傳雖有彊梗忍侵佔乎哉

夐貞姑墓誌　彭含章

考古漆寶琴音娥碑皆奇香異馥光昭史冊不意吾

鄉亦有其人如夐貞姑也姑爲庠生思宣公女貌端凝性純一恪遵禮法父母常珍視焉幼受姚姓聘年十四姚生卒姑聞訃痛絕欲從夫地下既思父母在堂未忍以一死貽憂遂矢志不字時遠近聞姑賢爭相委禽父母亦婉導之姑力拒曰從一而終義也負義雖富貴奚益者誓以死乃從其志初姑欲往姚姓門守夫靈以終奈姚姓一貧如洗衣食不能供給乃依母家日事紡績親串里族不能識其面也事父母以孝聞曲意承順數十年如一日兄嫂亦得和諧而善遇之無何父母犇卒姑號泣至血下哀毀太甚亦

鬱積而終嗚呼以垂髫女大義凜然如此此足愧煞髮眉者而膝下瞻依又復肫誠篤摯姑之貞孝殆成於天性者與姑歿時年四十五其兄等以請旌未果丐余筆以誌其墓余筆禿不能闡發幽光而姑之奇節爲所素曉義又不容以陋拙辭也爰叙其端末以鐫諸石

壽隆寺僧曾義常住碑記　雷思霈

郡中有居士爲予言遠安縣壽隆寺僧曾義者是末法中一大比邱也予異之已而其徒覺能至予問曰汝師以何因緣而稱比邱能乃具道行脚某年具某

戒某年請某經某年造某懺施某刻鑄某像也予聞而欲吐是未脫木魚氣何至與予言大比邱爲復詭何往能曰師今以大士像詣補陀米數十斛飯諸眷屬語某甲當栖其山作爨者數十年足矣是吾師少時所持行也予矍然曰寒山拾得子皆大士也方其供爨行吟人鮮知者及其身投石壁莫知所之人然後頂禮瞻呼謂非復火頭衲子也爾往作爨當更有向上事否能云師言有向上事便無爨可作此語於帝釋鼻孔稍稍磕著異日者義上人倘亦是石壁上人耶即其行脚所爲請經諸福德相皆無碍莊嚴也且其置田若干畝以給供養　諸佛是亦六度中具毘檀二波羅密者予因喜而記之

重修學宮記　劉子垣

學宮尊於二氏縣令主乎百爲締造經營將唯其所命矣然行必辟人道路咸屬耳目勢不能出入自由以時稽查學官置身事外豈所宜乎遠安學宮自許公忠一遷於今址數十年來巋然如魯靈光殿咸豐七年毀於兵前令趙公對之惻然未及議修而去任接篆蔣公雖集紳士定議旋亦卸事鎮洋朱公小雲奉檄來遠毅然引爲己任踵前議而舉行之柰地瘠

民貧又廹兵燹之餘所勸捐數雖登紙上皆疑其不克成忍無能予無米之炊萬難措置已予見公焦勞不釋自念在遠十餘年頗重然諾可稱貸以爲經始計私請嘗試公頷之時廩貢生熊應兆候選司訓覃仙根俱有通融意遂搆木料陶瓦甓刻日興工公喜指示規模益加董率不數旬而大局已定各鄉感悟亦源源輸納可望落成夫事每敗於因循非公興學情殷何以入人之深如此也附載志末俾後人知此次重修皆朱公力予雖與其事不過命兒子明錦代爲督工而實無所裨補云

朱嘯筠父臺除完糧積弊碑記

邑廪朱承緒月帆

催科與撫字兩事也故撫字必拙於催科其實今之撫字其民者果能遵
朝廷之法而不多取以爲虐則雖曰催科亦何至有妨於撫字何也古者取民以什一漢建武既平
天下遂定三十取一之法我
皇上加惠元元田賦之征更輕於漢而民未均沾實惠者推原其故始則因胥吏之貪汚不惜結怨於民而苛索浮費相沿成習積弊遂深今年夏

各大憲手定錢漕新章痛除包征包解積弊側聞他邑均有難色而
朱公嘯筠父臺適來吾邑開征之始悉裁浮費不溢一絲串票一紙舊取二十四錢玆准士民呈請每紙准以十錢且向之包匣爲分包毫爲匣者一概禁之親征親解終歲無追呼聲民感其仁莫不踴躍輸將且謳歌而頌禱者於巷於途焉
朱公愛民造士諸惠政指不勝屈而薄賦一節尤爲損上益下以撫字爲催科真無忝於爲民父

毋矣里中紳耆士民議勒石以垂永久並冀他日之官斯土者遵其法而不變則我士民享利豈有量哉

遠安縣志卷之七下

藝文　詩

舊纂

遠安舊城　明　顧祿　縣丞

羣山繞郭遠一徑小烟霞高阜通民舍平坡置吏衙翠交千歲柏紅綴四時花老我神仙境何勞問及瓜

石馬槽　明　劉英　知縣

絲馬提兵日長槽血汗汙至今風雨夜聲似嚙殘芻

分司有感　韋商臣　河南僉事

一徑通雲竄孤城傍水隈山光排闥至草色過墻來

林曉幽禽沸峯晴積雪開及時多雨露何地不春回

視南裏　明　鮑艮守　知縣

均田乘隙視南裏環堵蕭疎武庫京士卒漫勞棲野塞干城自足倚封疆風吹晝角披芳草雲帶旌旗捲夕陽最羨便宜充國策兵藏耒耜隱金湯

分司校士　張勳

江城無暑秋初老庭院風淸玉宇凉桃李已經春雨茂桂花猶待月華香奎星聯璧天邊燦彩鳳羣鳴雲外翔山水精靈回氣運會看英俊醉笙簧

節婦談氏建坊　李槩　例貢

蓬首雪霜飛短髮積腸血淚染疏衣鏡分影落孤鴻冷機斷功深兩鳳飛幾度松筠寒晚節百年砧藁帶遐暉勒銘已動如椽筆玄語還聞出帝畿

登魯姑洞感賦　張斗樞　進士

倦來小試登山屐古柏蒼蒼蔭欲移興到不須頻索筆碧紗換盡幾人詩

殿試志喜

御墨淋漓動紫宸鴛鴦亦復點冠紳摘髭愧說年來夢剖璞誰非席上珍雨露彌天貞浩蕩乾坤惟我自嶙峋開爾尚有然藜草推轂何人引鳳麟

宮袍

昔訝懷珍久今看錦繡圍著來疑采石紉處是仙機蕩漾春生袖翩躚香染衣文章堪補袞初願莫教違

聞李滇陽年兄曹南牡丹絕盛

使君春色萬人家種得河陽滿縣花可但圖金傳舊譜吏同輝玉長新葩三千自是無顏色十里何妨幕絳紗爲問風流白太傅能無分豔到官衙

送李明府如玉官寶應　簡而可　舉人

送君捧檄莫淹留淮海分符擁上游製錦應知春色藹還珠可信夜光浮此時赤烏飛仙令異日黃麻寵

卓侯須念東南民力竭揚州想亦似荆州

賀邰墨周邑侯監紀　張大受 舉人

神君此日向南征壯氣森森細柳營錦色製成銀鎧
色琴鳴踪作角弓鳴丹山隊整旌旗畫綠樹陰濃劍
戟明除暴治民無二法巨鯨化大小鮮烹

錦浪園賞菊　李友蘭 舉人

種菊多開徑怡情與轉饒蕊因零露吐葉豈待霜凋
彩筆成孤曠白衣破寂寥東籬如有酒花下不須招

維揚高濬孫老師　李如玉 舉人

十年姓字賦秋聲猶記蓬生有自萌楚國神君思召
父吳門下吏拜康成天邊皓月江南映石上清霜淮

北生兹日何緣親錦里幸航一葦奉籌觥

咏庭桂訓諸子　孫尚信 貢生

森森庭桂著花蕊萬點香飄遞後先布葉深重疑世
亦分枝悠遠似瓜傳植同寶樹成丹粟攀向瓊宮仰
碧天緒史空懸竇氏訓月華勤采供芸編

怒飛軒示子　孫　謳 增生

風捲棠花慘淡歸孤芳憐爾自霏微百年鼎養難消
恨三世綸封快振衣竹裏隨時飄冷韻窗前猶自愛
餘暉旋看皷翼乘風去莫效鷦鷯搶地飛

辟寇山居寄長姪肇敏　孫　諳 貢生

驚傳賊焰蔽東籬蟋蟀悽吟候已移獸走豈堪來曠
野鶴歐聊且擇叢枝雲生白日低窺戶山畜青天大
似箕回首家園未敎遠細論罇酒定何時

山城聞警　周會隆 知縣

警音連夕報傍晚屯雲低于野棲鴻雁中宵聞鼓鞞
傳呼雲外響望堞望中迷遥憶西陵月空城哀草淒

其二

蜀寇屯江邊孤城抱月眠寶刀鳴夜壁畫角起遥天
青犢何時滅藤甲應不還風塵雙鬢改莫謾計歸年

題簡生惺水石居

五日畫一石十日畫一水誰知水石趣羅列在戶戺
冷冷雲罅中稜稜波光底珠疑入戶濺雲似觸衣起
日照石如雪風來水似綺陶陶水石間兀然一君子

陶庵　簡　惺 庠生

幾疊溪山圖畫開奇花古木映茅齋瑶琴彈罷香烟
靄坐看青雲天外來

贈儒醫鄭仲極介耆有感　安可願 知縣

愁心讒口繞餘生終日參苓計未成財後方從君處
得無官自古一身輕

頌周父師德政　孫詒 增生

方堪治亂古今難善政酌施猛與寬去暴應如去莠
盡勸農祇是勸民安鐸申六諭吹仁藹風動八鄉顧
影寒城社不知何以淨珠明東海燦金盤

頌周父師下車課士　李本先 明經

十年虎帳繼征裘文社浮沉笑海鷗詞翰喜親陶令
案圖書還載米家舟爨材石室邀榮遇駿骨金臺賴
遠收繩甕應知勤問字龍門早已別薰蕕

周父師新春　張千英 庠生

東風散入霞城天細草霏霏承舊年素楊幾回閑蝶

夢喬株此日聽鶯遷森森柳色縈芳佩馥馥梅花度
曉烟最喜蘭階愛日近春暉有意照青漣

庚子秋旱安父師禱雨有應　游應升 庠生

西疇枯槁殊憔悴霖雨隨車沛澤溶十里龜田潤藻
色一城蛙沼浴花容隨風似縠籠平野逐霧如絲過
遠峯自是陽春原有腳甘棠幾處快陰濃

三月三日登鳴鳳山　向儒道 貢生

三月山城花亂開同人攜我上仙臺凝眸遠覽乾坤
小索筆分題雅頌來紅樹枝頭懸日影碧沙洞裏隔
塵埃徘徊不盡登臨趣回首東風一快哉

遊鳴鳳　東湖 雷思沛 太史

孤磴陡峻七盤水一月看山獨有此劈取巉巖半腰
雲釋卻堆藍與蓋紫

鳴鳳山　公安 袁中道 禮部

繡嶺重重裊淙流曲曲環撲天沙翠色拔地鼎彝山
石上桃花麗墳邊鶴使閑鵜頭乘興往且住莫愁還

九日登鳴鳳山邂王明府　簡而可

使君爲政足循良九日登高思緲茫斗氣近占周柱
石風流遠憶漢田郎下方雞犬寧清夜絕頂山花薦
異香若是接䍦仍倒著須知此地即襄陽

宿鳴鳳山大士閣李孝廉如玉見訪

客子愛岑寂尋幽到石林兀峯會鳳吹湍瀨自龍吟
地靜巖花盛山深古樹陰杯池堪飲鹿幡幌不驚禽
一線通樵徑孤僧響梵音固叅般若偈誰識妙明心
得趣思探韻含情欲問琴忽逢衣白者清景倍蕭森

卜築翩羽門官舍將成　周會隆 知縣

塵事山城少閑尋竹徑深畫圖看劍壘風俗問刀耕
木杪分樵路人家有澗聲背泉官舍靜好去聽新鶯

蓮臺　安可願 知縣

誰遣五丁劈中流似漸臺鑿池看鏡啟出水愛蓮開

十丈花香遠三層石級鬼謾云時好別是地卽蓬萊

新城初建志喜　孫開祚 貢生

嶙嶙雉堞壯峯巔願頌斯千祝萬年石氣騰空撐峭壁水聲就下瀉寒泉樓開日月光華近防設關河背指連從此狼烟都掃盡家家鐘鼎勒詩傳

鳳山遠眺　簡 惺

斗大山城別有天巉巖險阻屬荊邊石田幾點如其布峻嶺千層似浪連地僻惟知農事好景奇時有異人旋最憐瑞鳳曾經此常頌神明勝昔賢

濂溪小島　黃維清 庠生

濂溪島上鑿蓮池蓮發千層香倍奇下里巴人堪屬和甘棠詩後續蓮詩

安遠樓　楊嘉桂 庠生

高樓列峙聳雲端山勢崔巍水勢湍乘月豈同庾亮興臨風常憶葦公歡西看氛盡遠豺虎東望祥開來鳳鸞莫道巉巖山邑小全荊相賴與同安

蓮臺　張垣維 廪生

溪流如帶繞城邊石上鑿池愛種蓮偃蓋常懸夏日承翠房每逐秋風圓香迎君子味偏淡花伴高人色更鮮謾想當年周茂叔賞心豈獨在顏妍

鳴鳳山　傅作礪 廪生

峭壁中天峙凌空玉宇開清風生足底曉日出庭陔似浪千峯湧如銀一水回誰云枳棘地未許鳳凰來

朝關樓　游應捷 庠生

丹山如畫錦屏開水閣無塵絕世埃北望雲深鳳闕遠西瞻氛散虎卽嵬常思毓俊積書志還憶登高獻賦才最愛倚闌香氣馥荷花數朵聚蓮臺

朝闕樓　李觀生 庠生

登高身踞白雲隈萬里風生靜九垓頻倚南樓懷聖哲謾開東閣禮賢才水流似帶窗前繞山列如螺

戶外堆更喜蓮臺花色艷清香時送入簾來

絕品茶　宋 瑞 教諭

誰識雲門別有春金芽帶露摘來新鴉山入譜香難並鳥嘴虛名味敢倫數片漫煎消酒渴一甌輕泛沁詩神我來受罷山僧供兩腋清風欲奮身

石柱山吟　薛 東 知縣

根在乾坤未判前不施斧鑿自天然峯巔崒嵂孤擎月山勢嵯峨半插天冬雪凝寒排玉筍曉霞絢綵簇金蓮可憐臺榭常興廢惟有茲山不紀年

鹿苑山　袁中道

鹿苑繞入眼匝地爛雲迎七度桃花水千重翡翠城
安能營數笏便可娛餘生誓欲新蘭若和公作證盟

鹿苑道中聞門人登第志喜　簡而可

分校陪京幾歲來後先竹箭上金臺而今走馬看朝
報又喜登龍屬俊才九德升庸過强半千秋衡鑑共
誰開得人報國心無假長嘯山林亦快哉

鹿苑　孫惺

每到勝遊先問水但逢墨客畏從期澗深紫氣來騷
興亭袪薰風聽鼓吹鶯轉幽溪送曲譜霞飛丹嶂動
旌旗山僧欲識阿羅意聆取和公面壁時

錦屏一峯　張千英

天然一幅翠屏開面面仙峯凌上臺異草奇花凝五
色清吟常待主人來

玉帶七曲　曾宗孔庠生

條遠西山七曲來山門玉帶水徘徊蘇公留鎮原始
此碧色溶溶映水隈

松亭呼風　談繼孔廩生

松門薜荔日陰陰巖畔空亭鎖茂林習靜深山風色
冷此中無限梵王音

石柱冲霄　孫傳文庠生

亭亭石柱插千山只去蒼穹咫尺間一日青雲生頂
上天山相接許誰攀

危巖招仙　孫愉庠生

千巖萬壑護仙山山自白雲洞口還誰是主人招得
至猶留樓閣在人間

羅漢點頭　談繼孔

片石嶙峋似面壁山中常共白雲浮禪心直指忘今
古頓憶當年石點頭

法華古臺　張千英

環山翠擁是經臺傳自法和講法來臺上至今雲色
靄晴光日日映蒼苔

苦竹幽谿

竹溪幽邃絕塵迎勁節拂雲入眼青遙憐馬跡車塵
地風清何如此味清

新纂

五言古

遊太平山　齊孔稚圭

石險天貌分林交日容鉠陰澗落春榮寒岩留夏雪

望荊山　梁臨沮伯江淹

奉義至江漢始知楚塞長南關繞桐柏西嶽出魯陽

寒郊無留影秋日懸清光悲風繞重林雲霞肅川漲
歲晏君如何零淚沾衣裳玉柱空掩露金樽坐含霜
一聞苦寒奏再使艷歌傷

歲初巡屬縣登高安南樓言懷　唐　張九齡

山城本孤峻憑高結層軒江氣偏宜早林英粲已繁
餘滋含宿霽衆妍在朝暾拂衣釋薄領伏檻遺紛喧
深俯東谿澳遠延南山樊歸雲納前嶺去鳥投遥村
日盡有餘意心惻不可諼揭來彭蠡澤載經敷淺原
春及但生思時哉無與言不才叨過舉唯力酬明恩
美化猶寂蔑迅節徒飛奔雖無成立効庶以去思論

行復猶孤迹亦云吾道存

鳴鳳山去郭西數里巖谷幽險暇日登之

詹應甲　知縣

羣山繞縣城閉門飽我目出城山轉遥入山溪愈曲
委蛇歷坡陀入如鮎上竹懸崖夾洞門山勢甘就束
龕荒綉古苔一燈照寒綠蝙蝠如車輪張翅向人撲
若非轉羊腸幾欲陷魚腹凌空架石梁惜哉無飛瀑
碧虛禮元君傑閣何年築頗聞鳳凰鳴有聲協嶰谷
如何吏隱流山名從此屬周侯徙城隍安君力修復
懷古意蒼茫道人不余告斜陽下翠微隔林見輿僕
歸來早放衙還夢西山麓

過新城　傅正操　職員

芒鞋踏春去春風吹我衣青山如舊識棚絮又晴飛
磬聲隱深壑塔影挂落暉古木橫春澗石壁生翠微
十年重過此境地今昔非欲問當年事瞻望倍依依

遊鹿苑寺　詹應甲

鹿車不可招鹿門尚可踐隔溪見鹿山入山尋鹿苑
溪灣山一曲山回溪北轉招提春雨餘燒艾兼葵莽
遐哉陸法和曾此遯軒冕苦竹與怪松遊人尚未遠
如何了禪機三年蠶脫繭試問山中僧無言指苔蘚

長嘯出禪關山雲自舒卷

秋日登雲門山訪陸法和棲隱處

李林禎　貢生

杳杳雲門山靄靄雲深護居士陸法和鄉根於茲住
棲隱鹿苑中心耽烟霞趣先生梁末時炯然才節著
豈伊方外流潔身忘世路山高與水長人往風堪慕
我來訪遺跡蕭蕭秋風暮玉帶水七盤鹿溪石砥步
夾岸紅葉林霜染楓錦布古寺傍鹿瞳山僧與鹿晤
不見講經人點頭石如故法華臺邊松亭荒風長訴
坐對錦屏峯仰觀冲霄柱安得仙可招言尋了機棱

盡日足傍徨苦竹蟬鳴樹幽邃眞怡情斯人不可遇
心逐倦鳥還桃深識歸渡迴首望層巒蒼茫隔烟霧

李甲煊 貢生

聞說鹿苑幽匪伊朝夕故策蹇曾此遊果然傳非誤
昔有陸法和荆山標雅度著脚此山中躭幽遂僑寓
當其在山時疾果烟霞痼一遇朱元英慷慨談世務
率兵數任約江陵登仕路縱思建奇勳梁室天不祚
昔是逍遥客後被軒冕錮咄咄陸法和徒惹山靈妬
其才雖可嘉其節不足慕達人元知幾興亡了不晤
誰請先生出誰教先生住先生未出山梁已危若露

脫令長此終猶存居士墓胡高棲隱名邯鄲失故步
至今雲門山白雲猶羞護

鹿苑寺題壁 陳埅 增生

載酒登雲門狂呼踪尋鹿鹿走不知處但見人驅犢
危岩欲招仙爾音闃空谷境幽物亦幽怪松與苦竹
遐哉陸法和踪跡難追逐錦屏蔽其前石柱巍然矗
山迴溪七曲山靜水自淥旁搜穹碑字漫滅不可讀
叩門呼老僧借問幽人宿老僧下階迎攜手一往復
指點雲深處可栖人五六長嘯出禪關來日同結屋

宿大士庵 傅青藜 廩生

迢迢夜不曙青燈虛幽夕素懷寄琴書欲拋空復惜
酣眠貪睡味清夢恣所適伏枕聽流泉寒蛩咽殘月
曉鐘傳秋響覺來窗戶白

泥水洞水破 陳國恪 貢生

有水出茅泥涓涓渡原巘先民運巧思樞機發石破
湧流下山渠引水入木筧以輪承其間水激輪自轉
輪貫軸團圞軸露齒齟齬齒齒互擊撞源源相踏踐
踏踐如有循自然不由勉迅如轂轉車無煩馬力趁
旋如珠走盤不用僕夫遣因勢利導長薄技施輪扁
有因人不勞事事皆稱善天道寒暑因歲月催車輦

地道高下因江河就關鍵豨膏不運方環轉圓如繭
輪圓自運旋軸圓自舒卷方寸木屑頭回首萬牛喘
大哉創物功資益良非淺

遊仙女洞 談修來 貢生

我遊仙女洞身在仙窟裏雲氣浮遠山泉聲沸流水
林疏雨過清谷暗烟橫紫桃花笑依然遊覽心自喜

茅坪道中 傅汝霖

崖行不知險逍遥恣娛目危磴疊流泉炊烟出林木
香吹蘭蕙風樵唱響幽谷春氣釀餘寒白雲低壓屋
空翠欲濕衣雨潤松花熟吾生愛清幽躡足空逐逐

春意不可知鳥鳴衆山緑

瀘溪寺　徐甲陞 庠生

入山尋古寺出山心猶戀回頭見溪雲漫空拖匹練

覆船嶺　郝延禧 庠生

山中不用船覆自何年始牛馬任人呼象形或如此

香橋湖　楊獻廷 庠生

太平山下路百井泉中水滙作香橋湖灌輸周廼理

待月樓春望　喻懿昌 職員

瞥眼春欲暮未曾盡春趣雨後開新晴登樓逞四顧
山村少遊人桑麻急農務晴風烘春雲乾坤醉不寤

百花落更開羣鳥啼不住萬物爭春生憐人不如故
問天天無語無心因物付莫教自擢殘致此浮生誤
何以答蒼蒼悄然返吾素寄語箇中人珍重天所賦

祭宋公祠歌辭 四言　陳文藻 廩生

嶽嶽宋公劍南世胄學裕經綸文成錦繡來宰山城
牛刀小試愛民爲心澤期下究短馭雖傷長才不疚
相視沮流民可使富親履陌阡勘明溝竇鑿石穿渠
人窮天奏四野環流源泉交逗旱不爲災豐年多又
經歲連年郇膏猶懋在昔益州五袴歌奏人往風微
其轍已舊在昔漁陽兩歧麥秀幾歷星霜民無補救
孰若我公恩同高厚水利既興千秋福祐民不能忘
樂利世守勞勤當年馨香此后秋薦黄粱感以聲臭
神如享之來歆俎豆

七言古

登鳳山宿飲明月閣　楊瑯樹 布衣

鳳山秀聳侵碧落衆嶺連綿莫能學如無衆嶺獨高
寒縱使凌空亦寂寞遊人領畧須細心佳處半在山
之脚一灣流水一灣雲水雲澹處孤亭着對風時埽
翠微烟丹青畫出明月閣與君對酌候月來靜聽幽
禽啼亂壑

正月九日同郭克振諸人登鳳山　談經正 舉人

萬山獨愛鳳山嬌乘春結侶踏清曉開歲九日絳節
朝鱗集士女羅雲表載酒狂客三五人或乘款段或
腰褭緊馬天門梯青冥拾級以足半指爪後人上承
前人踵前者回見後者腦五步小立十步憩憑岩喘
汗中如擣紫皇高居氣紛綸天際雲霞入縹緲衆嶺
兒孫環且伏烟火一枰山郭小俯視鳳麓寸許人琳
宮精舍肩相撓旁有道士小丹爐樓閣憑虛冠木杪
窗開西嶺千重雲欲挾飛仙窺景倒下尋山腰得平

臺酌酒與山恣寃討傾壺倒甕盡讙呶酩然一笑逼蒼旻猶嫌酒信爆聲頻顧盼坐使高陽惱

登鳴鳳山　陳敎塏 廩生

蜀山東下萬餘里百折千迴肆奇詭直走沮江勢益雄嵯峨突見鳳山起其下羣山就地蹲小岑卑屈大高峘或前或後環相向肅如臣下朝至尊我來躡足凌峯午百里人烟同一俯山中儘有世外緣安得凌風生毛羽琳宮憩息窮眞宰青山蒼蒼長不改如何鳴鳥一來儀飛去動經千百載翽翽仙音不復作樓臺終古還嵬嵃滿目栢葉與松花長嘯空中來遠鶴

青嶺洞口書石　談經正

層巖列壁矗空杳如帶天光窺天小亂泉堆雪澗之陰冷冷幽咽發林表青嶺西峯常欲合横霄白石落木落洞口奔濤截澗横前溪迴湍勢屢刼衆木陰森盡蟠曲枝與根株苔蘚綠怪石當流怒未平捲起驚濤瀉寒玉冷氣襲林木葉秋熱客過者寒起栗我迫人事西山路經留欵曲向日暮茫然塵沙喘汗容無端自許烟霞痼蒼山碧水兩無言漁人黯爾出桃源

斷江河　談經正

西山亂泉奔不住曳雲委練排溪去一壑風雷戰磔砢幽湟噴沫常合霧蜀江東下淼茫茫兩涘岸渚迷烟樹衝流直截大江横碧爽剪斷洪濤怒怪石嵌空覆湫潭嘉魚鼉鼉穴底聚直欲突過鱔與鱣豈惟魴鯉及鯿鮒景斯幽壯物復絕泯沒千載荒巖路泊予窮老萬山中翻得恣探幽壑步徘徊孤嶼佇濠梁林屋杳冥鳴澌濩渺然身世兩俱忘寂寞精神移形素長嘯空谷響互答緬彼滄洲咫尺遇野人不解余所以笑云余與石壁語

羅漢峪　詹應甲

長三十里壑有泉高八千丈洞有天巉巉之石矗兩

邊中央乃有驪龍淵怪藤絡石石倒懸大石小石落馬前石根齒齒啼血濺上峪下峪蛭腳緣入峪出峪魚腸穿行人接踵愁拍肩側身欲退不得旋是何聲者肩龐然舉手招我山之巔山靈雖怒我佛憐我當趺坐安枯禪

由羅漢峪三十里至香油坪　貢生 周維翰 柳溪

獸山之派分江底在山腹中行萬里裂腹瀉入羅漢峪穿萬山出入沮水峪口山連一片雲其上駢肩下連趾似爲水衝不得行退後一步峪門敞絕壁撑霄礴砌成亂峯摩雲鐵鍊起如飛如走如戰爭怪狀奇

形極無理最佳勝處香水巖沿巖探穴築石壘穴中時聞鼓隆隆疑仙疑佛還疑鬼三十六曲浪沄沄二十四橋石齒齒藍輿半日峪中行風聲水聲沸人耳石徑稍平山忽開漸有田廬與山倚曖曖望見香油坪酒帘飄颺役人喜

臨沮故城　捐職訓導覃仲根　月舲

臨沮故城無遺址龐眉老人爲余指土中時有女牆磚耕者得從男畝裏吁嗟漢家西復東三分國鼎更梟雄按圖徵賦無虛日木落青山枫若空今日青山猶在此舊城如斗知誰是劫成浩浩動屯雷火息炎

炎寒井水鳳笛龍笙總渺茫高陵深谷互滄桑清風不識劉郎浦明月尚過漢室疆萬里河山分蚌鷸地經遷改長蕭瑟從前雉堞列森森茶幾鱗原開一一太息人間萬事非一天寒雨鷓鴣飛繁華消盡空壟土原上青青草自肥

回馬坡懷古　廩生徐甲孚　藕山

荆州破壞門戶棄臨沮江上困騏驥運蹇途窮可奈何臨風墮下英雄淚慨自襄樊苦兵連輕吳計未策萬全忽聞江渡白衣櫓旋師空嗟馬腹鞭上庸望救徒翹企鴻鵠無翅飛難起遂令千古神聖人末路迍邅一至此鋌如鹿走入蠶叢塵霧滿鰲薇太空料識前途行不得一鞭回首馬嘶風先矣精誠貫金石石上深深留馬跡雨蝕風摧長不磨道旁流連動行客我來弔古上層巒谷風淒淒澗水寒洞中似聞羅漢語先生行矣毋長嘆

起鳳樓中秋玩月　庠生王殿英　芴臣

一年容易又秋風秋到今宵月滿空料識樓臺先得易三千里色望皆同鳳樓新跨沮江起王國羽儀從此始有客登臨一捲簾長天萬里無渣滓巍巍西接鳳山高城郭人民析秋毫月下羽衣誰奏曲鳳凰流

韻入檀槽當年鳳爲循良至此日樓成應鳳企藻耀高翔筆頭提前身明月猶心記我來恰見月當頭清景無邊聚一樓安得飛騰同鳳起羽毛豐滿恣遨遊嫦娥天上先嘉乃故向中秋放光彩不夜城開近此間二八對影居然在天香雲外助清華丹桂初開第一花幾度仰天攀欲上肯教秋思屬誰家徘徊四顧金蟾皎老子流連餘興好繞遍欄杆發浩歌舉頭翻覺乾坤小詩箋酒盞兩縱橫樓上鳳皇向月鳴鳴出一腔春滿座栽培心事月分明夜深到處笙歌歇月照鳳樓光發越借問建樓者阿誰宰官名播東西粵

傅天閥 庠生

鳳樓拔地干霄起樓中月色清如水況當佳節分外明照見峯巒烟光紫五鳳樓手本殊衆修造成功開畫棟天教佛現宰官身說法樓上來儀鳳鳳起高秋月滿樓風吹桂子天香稠有客就中頻勸酒長歌對月倒金甌酒罷依欄膽氣雄舉頭直欲探天宮聽唱霓裳羽衣曲梯雲步月月正中露凉漏永夜方秋秋天風景好勾留人生一年曾幾見我欲問月月知不羨仙皎潔依樓玩掃几鋪箋同染翰憐才青眼屬誰人座上春風評月旦爾時再探銀蟾窟滿坐笙歌興

不竭斗轉月移樓影斜醉狂欲掇天邊月

五言律

誥封金紫大夫記恩詩 宋 楊大異

峯峭瞻天近臣微感遇隆有山停紫誥無地報丹楓帆掛三巴水旌搖萬里風玉門遥在望効死不言東

遊鳴鳳 明 歐陽明

澗水經三折石盤躋九迴馬鬃雲裏度鹿苑日邊開臺閣懸如倚松杉低欲摧登臨欣自適南國有蓬萊

遊鳴鳳山丹崖 許忠一 知縣

爲探鳴鳳勝小憇在丹崖飛閣凌雲起長溪破石來

露凝瓶柳潤香逐座蓮開卽是菩陀境從斯入上台

其二 鳴鳳

地僻山逾峻尋奇直造巔憑高欣就日舉步欲登天佛寺香烟緲人寰福澤綿我來閒眺望無處問神仙

煙霞洞口 楊瑯樹

尋山纔入境一口野風清流水聲中路白雲影裏行鳥飛千壑響日照半山明緩步臨仙洞煙霞漸漸平

壽隆寺浴佛會

衆山圍一寺到寺覺山無過雨浴塵佛鳴鐘却野狐香思南燭飯花想玉盤盂爲問六窗裏獼猴呼未呼

欲遊龍山鹿苑有作 齊己 僧

龍山門不遠鹿苑路非遥合逐閒身去何須待客招年華殘兩鬢筋骨倦長宵聞說峯前寺新修白石橋

遊鹿苑寺 李甲焯 貢生

探奇來鹿苑入谷便清幽古洞紅塵隔仙源碧水流鶴巢依定樹人語上危樓一酹流霞飲雲門去復留

鹿溪晚歸遇雨 陳敎垲

鬱鬱暗晴暉天光蓋四圍風聲驅雨到雲勢挾山飛浩瀁溪流合蒼茫樹色微行行開晚霽明月送人歸

信宿鹿苑寺 李象離 庠生

一水扃谿綠羣峯幕寺青月篩高下樹雲護短長亭
猿鶴棲崖老鐘魚徹夢醒僧房連夜話塵世渾忘形

鹿苑雜詠

苦竹幽溪　孝廉方正 陳金鑾 載臣

竹向溪邊植溪幽竹亦幽何妨存苦節相與對清流
夾水天無暑成陰地若秋此間堪避俗欲去復勾留

羅漢點頭

儘有天花落頑能化石頭法華前度講羅漢幾生修
禮佛知心轉參禪覺味留此身長不壞影逐鹿溪流

玉帶七曲　喻秀升

逝水盤山曲幽情繞澗深問誰登彼岸由此濯煩襟
石谷東西渡泉源左右尋無觴延客醉宛轉發清吟

法華古臺

我懷梁隱士古跡剩荒臺演法風流盡談經月照來
乾坤聊縱目塵刼幾飛灰好與熙熙衆同登亦快哉

石柱沖霄　喻秀鍇

一柱撐空起高聳入雲烟月掛峯巔小溪涵塔影圓
昂頭天尺五俯瞰界三千絕頂狂吟罷飄飄意欲仙

羅漢點頭

高僧妙說經頑石忽通靈一旦能聽法千秋此象形
霞蒸仙腳赤苔染佛頭青默契無言旨山花自在馨

危巖招仙

峻嶺插霄間嶔崎不可攀猨來窺古洞鶴唳響空山
瓊島高千仞溪雲護一灣陸公歸去後無復叩柴關

苦竹幽溪

瘦竹標清節憑誰別苦甘引風來曲院抱月隱荒庵
石氣生虛白鐘聲繞蔚藍禪機如許活好對此君參

招仙巖　徐占魁 庠生

危巖尋鹿苑到此好招仙溪轉疑無路峯開別有天
仰看紅日上遠在白雲邊問訊了機事悠悠二百年

千年艾　熊子飛 庠生

三年求不得況乃一千年怪此名留艾同他葉紀蓮
松齡須十倍桃實待參連遺種今難覓空將八景傳

初至高安　詹應甲

雲白斜穿徑山青不入城韋皐虛綰印（邑志載唐韋皐曾宰遠安然考唐書乃韋丹非韋皐也）王詡侈談兵（鬼谷子洞在縣西相傳郎王詡談兵之地）地
控三巴遠天圍萬砦平年來鋒鏑靖當聽誦絃聲
入境投荒寺單車趂夕曛一龕懸木石半嶺嘯風雲
縣僻游民少村閒賽社勤山農無沃土須報長官聞
放衙先掃葉移榻免黏苔窗破風鳴紙庭虛月浸盃

代庖分爨火講學闢蒿萊且喜無留牘賓僚緩緩來

壁壘雲屯處民孱士氣驕怒雷驅牧馬快雪壓盤雕

聚米移營近遠安扼楚蜀咽喉爲巖險用武之地戍兵四百餘游擊領之歲買穀於民以資兵食勞薪入市塗如何紓力役先要採風謠

儒冠莪草笠賓館帶茆淡策杖巡鄉易推篷上水遲

種花官荷插磨墨吏求詩雅稱催科拙蒲鞭早倦施

寒泉羅漢峪苦竹法和庵遊屐何人到囊琴許我探

裝輕攜木皂飯熟就伽藍偏歷幽奇境尋山不厭貪

搓手黃柑熟抽牙白菜鮮城中多隙地爲果園蔬圃故白菜黃柑甲於他處

山鷄張獵網溪獺趁漁船溪深魚肥居人每飼獺以取之女乏當牕

織農爭負郭田沮漳原楚望懷古溯長川

鄉國三千里風塵聚一堂傳家守清白入室話蒼黃

新債書憑券殘詩積宦囊荒園能寓鶴應免鴈書將

回馬坡

虎鬥龍爭日風雲特地收三分鼎折足千里馬回頭

汗血山花染蹄霜石蘚浮江東羣鼠伏何敢望驊騮

白土坪

坪小偶成市山低如避人居然見平楚從此接通津

燈聚魚喧夜缸浮酒釀春傍城三十里喜看麥苗新

觀音洞

路到雲根斷龕從樹杪懸潮音深入洞石氣遠浮天

佛壁疑無土僧廚不斷煙我來求法雨一勺飲龍泉

遊觀音洞　喻慈昌

鷲嶺濺清泉飛龍玉峽穿藤蘿梯石上樓閣入空懸

冷溜分香積寒烟鎖洞天何時塵事謝借此住年年

福霖井在慶壽寺　唐方耀知縣

梵宇何年闢龍蟠碧井陰一瓶分聖水三日霈甘霖

古洞風雲合神湫歲月深斯人同受福靈異紀新吟

洪恩寺　姜開齊貢生

絕巖開一寺幽徑入雲深院靜風迴砌松高月掛岑

經聲縈曲檻客緒定圓心住著歸鐘磬飛柯莫浪禁

秋抄遊福河寺宿陳氏山庄　談經正

經留水石村木葉靜無言樹老山容醉溪寒石寶暄

菊尊消永夜藜火澹幽軒更有尋秋興招提約舊存

晚過慶壽寺　傅汝霖

中酒留僧榻纏綿夢不成寒蛩吟破屋饑鼠攪殘更

浥露花無語聽秋樹有聲寺鐘天欲曉殘月半窗橫

重過石馬槽道中口號　王中言布衣

良朋凋謝盡撫景倍荒凉草覆兵殘血村餘燹後牆

晚蟬鳴野樹羸馬齧斜陽卅載重過此秋風感鬢霜

遠安道中　羅應箕 東湖

孤城勢鬱盤碧障地天寬路入秦關險山夷蜀道難

田腴河水溜村散樹林團古戍濃陰裏行人每解鞍

蓮渡庵納凉　李林禎

地靜凉歸早林深月到遲科頭團坐露促膝語移時

仰幄陰常護蓮塘氣暗滋堆盤檎果美更可助吟思

過定林寺　拔貢 王學峒

欲問香臺路紅塵處處遮小橋通竹徑流水見桃花

樹裏鐘聲翳天邊鴈影斜禪關幽且靜誰與品山茶

逼城河舟行出峽口　楊夏林 庠生

萬山深峽裏石罅挽舟行水曲篙遥下崖懸樹倒生

急灘鳴日夜窄徑變陰晴瞥爾平川入開篷見月明

雨中過桃李溪　周維翰

客入歸心急匆匆走雨中雲沈山入夢漲合水爭雄

仄徑顛防馬單衣瘦怯風到家差自慰扶馭仗奚童

梘口

湍激沙坪怒山爭梘口雄飛泉晴作雨隘谷水鳴風

龍華觀　徐鴻元 庠生

峯合遮天小巖穿入地空灣環行半日不識路西東

林巒幽靄處古屋白雲封不見烟中寺惟聞樹外鐘

平橋通曲徑懸磴上層峯拄杖恣憑眺溪流又幾重

由羅漢峪至水石居途中即景　劉躍鯤 庠生

羅漢去不返幽棲閒妙香偶循蒼徑石深入白雲鄉

峭壁撑天起回溪注壑長剡中山水似應接使人忙

雲飛洞　彭兆祥 庠生

洞在雲深處雲從洞口飛淸風長石觸白日共山依

雨送千重出晴招一片歸寤歌槃澗客坐對入忘機

磨臍洞　劉子垣

古洞天臍認頻經歲月磨團如南極少結是白雲多

石轉難爲噬岩空好自摩山中來野麝香護日婆娑

七言律

鹿苑寺　元 張翥

千古南朝幾刼灰蕭梁寺額獨崔嵬化蛇如婦餘空井剌虎將軍有舊臺江口山紅寒照没石頭樹白暝煙來滿衣落葉西風急更爲憑高送一杯

遊鹿溪寺　楊瑯樹

野寺立雲霧半肩杜門芳草遠芊芊鳥呼春去山山雨柳臥溪澗岸岸烟莫笑才人多負世正憐時事好逃禪逢僧一話幽懷曠徙石臨流看鹿眠

冬日重過鹿苑寺　談經正

慚余塵土日營營落葉空山復此行總爲賤貧驅棘道翻從水石得幽情庭前柏子香留鉢戶外竹聲寒沸鐺去住茫茫覓未得細將清磬叩平生

春日遊鹿苑寺　廩貢　熊應兆　瑞堂

峯巒擁翠自西來步入鹿溪絕點埃三月地隨遲日暖四圍山逐曉烟開爲聽禽語攀蘿葛欲訪仙蹤掃蘚苔坐久更饒禪悅味松聲竹韻滿亭臺

鹿苑寺八景合詠　魯泮藻　廩生

玉帶縈洄繞碧流天開一幅錦屏幽溪邊竹葉雲垂幙亭畔松蘿月挂鉤石柱果然千氣象華臺那復記春秋峯前坐擁阿羅漢笑向招仙日點頭

春日懷鹿苑　陳敎培　庠生

半壁烟蘿屢夢吾寺中風景未模糊留賓榻設清涼界獻佛花開富貴圖山上人隨天共小溪邊僧與月同孤雲門春到饒佳興詩句籠紗問有無

遊鹿苑寺　翟廷魁　庠生

亂雲堆裏石門開爲訪幽棲載酒來貼地溪流殘月冷摩天壁障晚風回荒亭剩瓦埋秋草古寺豐碑篆綠苔嘹唳一聲仙鶴到蒼烟合處淨塵埃

鹿溪小隱圖　縣尉　錢康祖

官拙深慚俗未刪頻年空負好溪山振衣鳴鳳青千疊濯足臨沮綠一灣聽雨豪情今異昔乘風弱羽倦思還披圖自問誠何補贏得頭顱取次斑

廿年江漢似乘槎清俸傾囊付酒家剩有癡騃無可賣偶逢山水便停車曾經南國浮滄海尚欲東籬種菊花到處雪鴻歸未得故鄉遙望隔天涯

捧檄於今春復春山靈招手笑官貧謀生本自如鳩拙作吏難求似蠖伸同輩幾人登顯要吾儕何處問迷津煙霞痼疾林泉癖只合投閒託隱淪

琴書風月癖宜刪況復疏幽性愛山賤子偶來沮水曲舊交爲寫鹿溪灣此邦洵美非吾土故國能歸待我還小隱圖成堪壽世不須惆悵鬢痕斑

絕品茶　劉爲鰲　貢生

品在旗槍龍井上名傳石柱鹿溪間春風擬訂無雙譜穀雨收從第一山陸羽專經猶未載盧仝七椀最相關飲酣睡味連宵破會見侯封不夜頒

登鳳山　楊瑯樹

千仞峯頭坐曙輝遠山煙樹望霏微倚天嘯罷空彈劍去國歸來始振衣石壑有泉龍尚在仙巒無竹鳳何依當年景物今安是滿眼浮雲帶鳥飛

秋日登鳴鳳山　姜開齊

雲滿秋山老石苔登臨恰喜曉晴開丹楓遍野千村絡碧幛連溪萬壑迴心徹閣同明月對身輕人似御風來凌虛嘯發琳宮下樸鼻香生茗一杯

登鳴鳳山　教諭　楊繼煥

結伴登山聽鳳鳴道人含笑下堦迎人過八秩如童子鳳去千秋有令名樓閣半空風鼓盪徑途一線草縱橫伊誰早遂歸田願玩月看雲了此生

鳴鳳山　縣尉　劉用達

重關當日扼山城鳳岫參差雉堞橫屯難避懷侯令尹鼎新兆企宋昇平灾禳元帝無炎火防設遠洋有鎮兵縣治屢遷何處問夕陽回影照東坪

登鳴鳳山　羅應賓

疊巘重巒綺落霞孤峯聳翠勢嵯岈烟橫谷口千盤合路入山腰一綆斜採藥何年逢石菌驂龍有客覔仙槎懸崖攜手殊奇絕坐對危樓且品茶

九日偕學師登鳴鳳山　王殿英

龍山遼遶鳳山崇挈伴登高我與同芳擷黃花將進酒跡探丹穴試凌空談經糕字方疑僻作賦菲才不自雄亦步亦趨師範在秋來也似坐春風

鳴鳳山　熊如鈺　庠生

寶祐鼎新四海平西山一帶鳳皇鳴前朝代謝餘陳蹟我輩登臨感盛名杉樹峯高雲亂起馬鬃嶺仄日孤擎何堪安遠樓邊望滿目荒烟沒舊城

九日登鳴鳳山　黃錫齡　庠生

登臨誰不羨名山冒雨乘風共仰攀此地曾傳丹鳳去遊人空對白雲閒平原城市江帆外幽壑樓臺水石間四顧蒼茫飛逸興黃花節後一開顏

過李石帆釣磯　喻慈昌

夢醒宦海謝朝衣錦浪園中好息機鱸鱠竟如張翰願溪山即是子陵磯一竿風月隨緣度半壑烟波與世違遊客開尋垂釣處嘯岡亂石想依依

烟霞洞口竟日

踏遍荒蹊訪洞天霞燃碧澗映清泉撐雲古樹交枝茂疊翠層峯到眼妍蘿掛危巖飛冷溜草生石竈煮寒烟煉丹道士歸何處想入非非我欲仙

福河寺　江陵令　李邦佐

卓錫何年住妙峯白雲深處緲仙蹤黃金勅賜山中額玉露香凝石上松五夜聽經總有鶴六時說法缽降龍別來無限相思夢怪殺寒山月下鐘

福河道中　　談經正

萬山秋色照人行，一葉丹楓劃影明。流水聲中㕦語亂，平沙道上馬蹄輕。蒼松未識年光暮，衰柳猶懷時序榮。古寺向來經賞處，不知雲物幾囘更。

宿福河寺

我欲偕僧着衲衣，寒岩枯木兩忘機。山中水落溪聲瘦，松際雲來嶺色肥。把酒爲神興落落，剪秋得句情依依。滄洲有約從吾好，竹杖芒鞋願不違。

郭中元 武庠

爲愛幽閒客妙峯，穹碑蕭寺列重重。前朝勑賜餘陳

蹟，老衲燈傳有正宗。花徑展痕紅印蘚，雲巖濤韻翠迷松。夜來深省憑何發，皎月新殘數杵鐘。

過福河寺　　李甲煊

壯歲東征過佛堂，書生仗劍起寒光。禪房下榻塵遊躅，粉壁題詩吐繡腸。繫馬松枝應更老，留人桂樹可還香。悠悠三十年前事，話到滄桑半渺茫。

同王子青慶壽寺納涼

呼朋何處好招涼，一路尋幽入上方。禪寂迎薰非有閣，院深避暑可爲莊。學仙酒喜王宏醉，對客詩慚李白狂。鐘後僧猶饗夕膳，紗籠莫漫說題牆。

九日同郭克振登文經山二首　談經正

與山題字榜文經，更續參軍舊典型。主菊酒傳時眼白，天風吹處鬢誰青。嶺如靜客環相對，水似流年瀉未停。摘得茱萸分別坐，師生少長兩忘形。

平原搖落柘桑寒，攜手峯頭得縱觀。碧巘如城烟火接，黃雲列繡黍禾團。東籬斗酒懷元亮，秋水長天愛子安。武緯山前亂石渡，明年此日又追歡。

寶華寺

萬派嵐深秖樹前，幽尋恍似挾飛仙。奔雷浪湧晴堆雪，挂日峯寒峭劃天。碧巘低垂半壑雨，青巒淡抹一

痕烟。花源咫尺人蹤遠，惟有閒雲府往還。

傅正操

半壑晴嵐翠欲浮，到來誰不羨清幽。瀑侵樓閣晴疑雨，月挂藤蘿夏似秋。梵宇年深存斷碣，秖園兵後剩荒址。老僧執手殷勤問，泡影囘頭悟也不。

登太平山　　談經正

絕頂平天萬派青，沮江一線破雲汀。烟村歷落排沙鴈，印壑微茫疊浪萍。蜀道連山歸指掌，荆湖千里在門庭。忽思高舉尋眞契，欲喚飛仙借羽翎。

太平山　　貢生劉玉選 掄青

遥望峯巒西北横白雲深處有蓬瀛三千五百丈量影七萬二千步紀程鐵瓦殿登天若近結庵門啟雨初晴迴來嘯聚無宵小古寺半山額太平

登百井山　貢生　杜志學敏之

縹緲峯高百仞間回頭一覽小犀山石盤界劃仙棋局鐵瓦痕留古蘚斑爲訪殘碑穿曲徑偶逢野老話禪關行行更欲攀巖上坐看烟雲四面環

果然百井不虚傳踏過一泉又一泉陰雨常占三日霧晨曦先照五更天荒唐舊事憑誰問頹廢遺基動客憐安得山靈終不昧重敎香火續前緣

仙女洞　楊瑯樹

仙女驂鸞何處去仙巖空自倚雲開半山樹影寒成雨一洞桃花老作苔碧草恍留裙帶在香風疑送佩環來徘徊石上勞惆悵九子溪頭人未回

登三台山　姜開齊

撩衣攀草上層台縷縷情懷莫浪猜烈士暮時猶似昔壯心熄處未成灰清流遠逐三江瀉邃嶺幽同五嶽開差有高人眞見解獨搔華髮一徘徊

石橋坪　談經正

雲廻霞舉萬峯連一壑鳴泉一壑烟駭浪排溪走白雪長風吹壁立青天寒深家自衣松火歲儉人猶饜石田不是蠶叢闢往徑桑麻應共武陵傳

宿龍洞庵

泉聲脈脈故相催海勢江濤入夢猜誰駕石梁承佛刹我從流水想琴臺洪鐘韻度雲門去老樹青迷洞口來烟靄前山渾似幕憑君清句數行開

上十八灣

沿溪百渡溯潺湲徑過危巖空翠懸絶巘只疑源盡處穿林忽有路登天足經鳥道前翻却人在羊腸往復還更是石橋橫絶壁凌虛恍擬挾飛仙

春日晚過茅坪即事

青青麥隴淡含烟笑樹桃花嬌欲然薄暮牛羊喧野渡比鄰雞犬認桑田流鶯細語開村酌春韭新炊佐客筵景物親人風土樸山翁靜話羲皇年

白茅泥出九子溪

桑麻如繡自成村萬嶺重圍闢一門夾岸飛岑鉗碧落排溪寒水鋸雲根千年洞壑仍無恙九子姓名已不存嶺上白雲攜未得衣裾但染紫泥痕

定林寺書壁　傅日照　庠生

烟雲深處隱紅牆中有開元舊講堂剎落塵封金佛

相離奇樹蔭石禪床蓮燈寂滅曇花靜草徑縱橫夜月涼一片殘碑成沒字秋風落日感滄桑

秋日偕友人過黃泥岡閒眺　許永山　庠生

同人緩步當車安並立高岡放眼寬俯瞰沮流催雪浪回瞻鳳嶺擁雲巒霜侵楓葉千林晚風捲松濤萬壑寒景物好詩皆可入諸君莫作漫遊看

再過泉水庵和了悟和尚　傅壽藜

吟風嘯月記當年躡屐重來謁洞天榻落松花春未老壁籠詩草字猶鮮脫離塵網方爲智畫破爐灰不是禪到此六根皆欲淨蒲團坐處聽流泉

泥水洞　望君獻　庠生

石竅玲瓏透碧流滔滔洗盡古今愁汙泥不染泉中水岩洞應蟠地下虯春入桃花千樹笑雨過草色一灣浮杖藜訪得仙源跡歸去前溪月滿頭

陳國恪

路轉山坳更上躋遙遙古洞半峯西石巖有罅泉爭溜蝙蝠無巢翅倒棲舉步纔穿仙窟窈回頭欲問渚宮低傳聞水自漳溪至陰雨經旬濁似泥

陳文藻

洞口開張掛碧空潭穿洞裏恰當中石根下插將千尺風磴旁懸祇半弓足踏峭巖登鬼谷手捫絕壁看蛟宮怪來山骨驚分裂峽底潛流一片通

月夜由南樓至太平橋　李林禎

遊罷南樓未肯旋月明三五夜初圓光疑玉宇飛來鏡品似瓊樓降下仙抱閣迴溪流別澗環橋古木纍輕烟太平樂地眞如意輿極吟歸帶醉眠

春日獨遊如意橋

晴開春日正清和隨意橋邊偶一過霧擁高林如列幛風吹細麥欲生波耘耔期到農人喜絃管聲傳野鳥歌莫向石磯西畔望年來只是獨遊多

九日登塔山

盤空百磴陟層臺佳會欣逢曙色開疊幛紛紛皆北向孤帆隱隱自西來凌虛儘有飛仙訣乘興詎無作賦才拚醉萸樽今日酒遙吟俯唱盡餘杯

過羅漢峪　漢川　陳相涯　職員

偶向蠶叢徑裏遊壑長卅里境清幽千重樹影排山出三股泉聲掛壁流嶺上雲生常滿眼天邊日到恰當頭引人步步好詩入攜得客囊一路收

遊香泉巖贈南池昆仲　舉人　周汝玠　石卿

避俗人來此習經林巖深處豁心靈文章訣向峯頭

語書史聲從月下聽揀得新詩嵌石壁頻來舊雨上
雲亭夜閒疑有藜光照曾見芸窗字字青

箇子水石居　陳敎壎　廩生

崎嶇谿路不容車中有高人舊隱居門外山皴千疊
石窗前溪瀉一條渠春花豔發屏圍錦秋水清沉穴
出魚松頂更巢雲裏鶴幾聲長唳徹空虛

徐金臺　庠生

水繞石間別有天幽居此際淡塵緣詩吟松牖人無
俗酒酌琴亭地是仙紅杏亂飛三月雨綠楊深鎖一
溪煙莫云山麓空陳迹布置於今尚宛然

覃作睿　庠生

峯巒競秀壑爭流不到幽溪不見幽入室周遭方若
斗臨溪結搆小於舟靜聽泉韻無塵擾飽看山光勝
卧遊過客何須頻問訊高人住此幾春秋

龍華觀　楊玉成　貢生

巋然一柱倚雲隈我愛名山著屐來嵐氣經風飄欲
起烟痕鎖日捲難開探書如到嫏嬛境遊客多爲俊
逸才福地幾生修始到盤桓借作小蓬萊

覃鯤化　庠生

黃冠栗歎會龍華古觀留經幾歲差雨蝕穹碑成沒
字春回老樹現曇花無關世事鍾聲靜將露禪機塔
語譁前度種桃人不見名山多占是僧家

魚泉洞

西來汩汩勢縈紆洞口金鱗狀若鱸水到成渠鳴漱
玉波回作浪媚懷珠流膏幾處滋香稻吹沫一灣長
石蒲聽說眉山分派遠溯源直欲問三蘇

羅漢洞　覃應桂　庠生

陰陰洞敞蔚藍天羅漢跏趺擬坐禪風送殘聲疑梵
響雲浮餘氣認爐烟嵯峨石壁誰通路開闢巖扉不
計年靜夜依稀聞暮鼓欲聾雙耳斷塵緣

九日偕友人登迴龍觀　楊文畯　庠生

結伴登高紀勝遊烟光凝紫暮山秋日移峯影東西
峙水送泉聲左右流古寺雲深眞僻靜茂林霜淺最
清幽茱萸遍插羣英會宴罷歸來月一鉤

臨沮演武場　徐汝驊　廩生

數家烟火接蒼茫舊是臨沮演武場百步昔曾聞鼓
角一村今已感滄桑城遷誰問高低堞厫廢猶呼前
後倉欲向郊原尋往跡青山回首半斜陽

羅漢峪口尋花柳園故址　陳煥新　庠生

百年世事幾回更金谷坵墟尚有名古柳又依新院

落開花未斷舊根莖紅樓綺閣關心說蔓草荒烟滿目生欲問主人無姓字憐他土木枉經營

謁宋公祠　楊臨春 庠生

藹然風度宛如生留有千秋不朽名曠野通渠稱沃野土城陶甓似金城萬家士女呼爲佛百里馨香感以誠我與鄉人同一拜思公安得見於羨

扃試文童得前列十八人陳生文芳尤爲翹秀因作七律四首示之並以勉諸生焉

唐方耀

四月南薰拂水隈輪車初下正掄才喜看下吏飛符去旋見羣英纂筆來四月念二到任正值前縣趙雲衢兄考試頭場初畢諸童因新舊交卸多有歸家者急出榜招覆旋見源源而來幾樹碧搖梧影合滿堂香動墨花開自慚學殖多荒落珍重楩楠楚有材

蜀江東下水蒼茫南郡風流憶漢唐況復沮漳爲楚望至今科第重韓當元時進士人武城久沐絃歌澤趙公頭場題爲于之武城一句文士從登翰墨場四十七人爭奏雅仙音真見詠霓裳末覆取四十八人一名未到詩題爲衆仙同日詠霓裳故云

玉樹臨風十七餘陳琳風格問疇如陳生文芳年十八初應童試詩文卽超出儕輩矣不因才大能爲檄誰信家貧好讀書諸童試卷皆佳而陳生作尤爲有筆有書雁鼎豈緣求可售有求拔取前列者峻絕之並出示嚴禁招搖撞騙等弊乃得佳士如陳生諸人也驪珠今喜得非虛木天簪筆他年事早有光騰翼軫墟

十年鄂北宦遊勞今日臨沮得士豪自笑吏才輸畢遜元時人知縣事有惠政敢云文教步韋皋唐時人有美政鳳皇來集後贈太師邑人立祠祀之寒窗休訝然藜苦仙窟從看折桂高此後人才爭雄起新聲齊奏鬱輪袍

賀李峙亭明經舉鄉飲賓　陳若疇 知縣

昔年德望應賓興鄉飲西階列豆登窮後工詩梅聖俞老來作字李陽冰三篇策就才無愧二子名成福有徵司士欲求文獻備拳拳顧問得師承

祝李峙亭明經望八壽

近復吟哦興自饒後車滿擬載今朝天生日角宜稱壽我願龍鱗總不凋有老詩人斟律細得先鄉達挽時澆等身著作年俱富猶信蘇韓似海潮

耄耋尤於好學宜典型在望可言詩溯當太白論文日正是陽明作尉時閱世秪緣生我晚居邦已覺見君遲留心學古人難到韓孟雲龍志與期

疊前韻留別李峙亭明經

詞章溯自漢中興潔淨彝罇遜九登學淺位除三字椽官清銜署一條冰癡愚固可安王湛嫵媚何能效

魏徵我去有人來替代斯文宗派望相承

留别士民　劉鴻庚 知縣

劉寵何心選一錢樵蘇爭藝辦香虔玉壺謬荷聲名著錦幛重煩姓氏聯豹處霧中原小隱鴻飛雪裏有前緣山鄉風氣猶敦古樽酒徘徊餞别筵

和劉占五喜雪韻　顧羹梅 知縣

認是珠塵散洛妃隨風飄灑逼簾幃白宜隴麥雙歧兆紅點庭梅六出霏瓊砌天寒蟲不語玉山徑冷鳥難飛閉門雖學袁安臥猶念茅檐凍與飢

贈李峻亭茂才　蔣樹昌 知縣

古人不盡達而賢稷契巢由各任天我爲浮名甘外吏君緣何福享高年詩書趣味閑中領花草謳吟醉裏編樂得一身歸放浪茶爐藥鼎自烹煎

少卿墓　周學濤 廩生

分職六官有少堂何人留此荷榮光名山難閟千秋業孤塚空留二字香宅廢尚書猶識賈墓存果老更呼張可憐兵燹重經後不見殘碑臥夕陽

楊貞女墓　李林禎

隴上陰雲接大荒墓門祭罷漫增傷貞操尚凛冰霜氣精魄應依日月光白骨雖枯名自在縣尊一贊憾猶長誰憐孤塚春城外習習東風扇夕陽

馬頭河弔熊公占元　陳揚芳 廩生

背水陣開苦戰攻瀟瀟荒壘動悲風青衿堪作干城倚白髮能當虎豹雄臨難同心無去志捐生一死見精忠光爭邑乘勞搜採差慰當年報國衷

詠聶節婦望氏殉夫詞　黃正岳 庠生

好合夫妻比翼鶼偶然不比奮飛艱良人自願眉齊孟中道誰知命短顔誓設五虞將赴約期周一月忽投繯甘心從死歸泉壤完節長留宇宙間

送傅拙齋大令扶母柩還里　周明修 廩生

靈輀載道促歸程琴鶴蕭然出渭城但有一哀爲孝子更無餘事見門生山陰縱入他年夢河上難爲此日情料得輕舟扳不住送公約遍舊詩盟

留趙晉齋邑侯　周維翰

亭堠遙傳賈鄭賢隨車只帶舊蒲鞭明分牙角如懸鏡窮到塵魚不要錢縱有頑民皆感悟更無奸吏敢因緣祝公安吉留公住長作山中百里天

題顧邑侯策騎夜巡圖　喻承禋

征雲冉冉夜漫漫雪劍霜駒絳燭寒百里烽烟迷皓月一腔忠胆壓金鞍聽殘刁斗聲猶壯踏遍沙場血

未乾他日應登麟閣上等閑休作畫圖看

輓前司訓族弟淳　　劉子垣

同譜諸昆最少年驚人才氣壓青蓮快心儘可消金穴捷足未由到木天桂苑秋風余落後杏壇洄水弟開先而今化鶴歸何處一讀雲章一涕漣

賀梁明府新建書院落成

龍頭屬老淵源牛耳主盟篤本根人爵得難天爵棄琴堂化在講堂存梧桐秋月龍雕檻桃李春風欵戟門君子愛人緣學道題觀風山城從此奉高軒

春日遊壽隆寺　　王殿英

結伴尋春上講堂紅塵飛不到簷房三尊鐵佛緣誰古四壁山雲笑我忙貝葉翻時龍樹老天花墜處法幢香揭來悟得三摩諦蠟抱高槐午夢長

邑南橋古柳數百年物也今春兵燹後諸無賴遂施斧斤焉感而賦此　　拔貢李時彥偉堂

承恩原不異靈和偏遇紅羊浩刼多甘露一盂誰活爾落花三月我憐佗顛狂不復隨飛絮粃賊何堪詠伐柯一縷情絲今已斷可憐辜負好鶯梭

盼到東風葉未新樓頭殘月倍傷情春深灞岸無消息客去章臺少送迎青眼空餘陶令宅黃金銷盡亞夫營應教史策書年月大樹將軍竟殉城

數聲羌笛暗魂銷斷雨零煙夢六橋麋樣誰知遭俗妬馬蹏無復向人驕已教爨下同焦尾不再風前笑折腰莫問漢家溫室種不堪回首是今朝

千古同傳九烈神刼灰偏失本來真高枝曾荷東皇寵曲路誰尋漢苑春為爾登樓空有夢望君彈指豈無人風流張緒關情甚萍絮還留未了因

五言絕句

珠寶山　　訓導黃庚西垣

不向靈淵採山名自號珠寶從螺髻獻珍勝蚌胎輸

老龍洞　　劉致炳庠生

古洞龍歸久龍湫洞口流如斯長不舍霖雨足西疇

呼兒洞　　郭鳳鳴庠生

我過呼兒洞不聞呼兒聲青山終古在坐看白雲生

撞兒溝　　楊汝梅庠生

路似羊腸轉人如蟻足穿長溝十餘里流水去悠然

官湖　　劉子垣

一水連亭子官塘儼鏡湖桑田今已復數里自為區

七言絕句

寶華寺八景　　金芝潤知縣

我來見山不見寺行行到寺只見山浮生十載空忙碌偷得忙中三度閒　空山古刹

洞古山深水氣秋老龍潛處黑雲收自從澤被蒼生後霖雨恩膏萬古留　甘霖龍洞

懸崖千尺薜蘿長翹首經過石影凉此處紅塵飛不到直如天際白雲鄉　太白懸崖

山名美女自可人霧髻雲鬟影逼眞試向清宵明月下恍如仙子現全身　仙巖聳翠

日落空山景色佳峯頭一片夕陽斜牧童歸去牛成陣驚起寒林萬點鴉　孤峯晚照

山高月小片雲無一派清光勝五湖想像嫦娥淒楚甚廣寒空架鏡臺孤　澄潭夜月

石鼎何年巧鑿成依稀猶有匠人名塵封細認前朝字成化鐫來記大明　千年石鼎

萬壑噴泉遶寺門溪聲千古自朝昏老僧日日扶筇聽那有塵囂到耳根　萬壑奔流

宿鹿苑寺　黃松齡　庠生

五更殘月下雲門尚有詩魔繞夢魂一覺恐隨劉阮誤歸家不敢認兒孫

鹿苑雜詠　李逢年　庠生

峭壁千尋石戶開不雕不鑿絕塵埃無人到此成仙隱幾度相招鶴不來　危巖招仙

山重水複護經臺此地昔曾講法來瑤草奇葩香不斷人間即此是蓬萊　法華古臺

熊應兆

一幅屏風似錦裁峯懸霄漢綉生苔天公欲闢清凉界故遣青山擁護來　錦屏一峯

汪超羣　廩生

招仙擬詠太沖詩挹袖拍肩左右隨古洞長留人不見巖前日月自交馳　危巖招仙

沮江櫂歌十八首　詹應甲

沮江江水不生潮船在中流自擺搖昨夜鳳凰山下過櫂歌吹竹入雲霄

雙橋橫跨鏡當中江上花枝照水紅不泊城南泊城北要他香雨打船篷

漁弟漁兄釣具拋得魚沽酒酒盈匏風潭百尺深無底不放鸕鷀下水貓

新城舊縣接龍灣昨日移家今日還爲趁洋坪香市近犂鋤買向夜紅山

青溪五曲港三义雷打埡高傍水涯夏販林檎秋販

橘果然山果勝山花

細雨斜風泊櫂囘滄江昨夜起春雷朝來添得桃花漲好似園中錦浪堆

蠶市家家版屋連繅車低就樹陰圓新絲留與河溶容不織羅衣換木棉

一村鼓響一村鑼拔草分秧各唱歌拋却籌車無用處山田終比水田多

招仙洞口雲模糊雲門山人今有無山中白鹿不知處苦竹滿谿啼鷓鴣

香燈春賽二賢祠名宦風流或在茲錯認韋臯曾綰

印玉簫吹斷竟無詩

鳳岫高高鹿苑長採茶更比採桑忙畫眉枉笑提筐女不把雙蛾仔細量

火龍竹馬共喧闐腰鼓聲中看簸錢怪底山深如太古還將故事賀新年

一剪香風蕙草柔春來羅漢峪中收此花久已塵根斷故遣樵夫挂擔頭

洞門深鎖碧空虛鬼谷先生講易居中有千年白蝙蝠不容人世看奇書

茅坪石管路迴遭嶺勢崎嶇人筧槽爭似船如天上坐掛帆直下萬山高

船頭船尾拜觀音不獨農夫望澤心山上白雲山下雨第三潭裏水龍吟

江樹江雲夢幾重櫓枝無力水溶溶只愁風落寒塘夜纜向城西聽打鐘

一葉蓬推面面窗不勞打槳燕飛雙送君能載山頭石壓倒波濤出大江

沮江雜詠　陳國樂

數家茅屋自成村美酒熟時各舉尊父老課畊兼課讀半治經史半田園

小橋流水竹蕭疏燈火紙窗課讀書門外荷花堤外樹輞川烟雨畫難如

春柘枝頭叫插禾春桑葉底看披簑閒情多是村家老桑柘陰濃來聽歌

麥黃要刈又繅絲陰雨淒淒晴遠臯今日南山晴有衆樹頭擁出一輪高

沮江竹枝詞　陳文藻

求引長河漸到渠家人相戒治新畬夜來風雨知多少園得堤防溝又淤

蠶家辛苦在三眠繅就新絲換木棉相勸栽桑栽滿

圍明年葉好勝今年

軋軋寒機徹夜鳴合家共就一燈明阿婆紡線阿翁續爲課兒書傍短檠

長短亭連長短橋鄉村風景畫難描角聲清越歌聲緩半是牧童半採樵

沮江雜詠　陳文蔚

半住山隈半水隈水隨山轉向東來過山攜得新鴉嘴受水渠多傍嶺開

舍北舍南春水生平疇遠近畫難成雨餘又聽田歌起添得夕陽賽鼓聲

燹麥黃時聽囀鶯春蠶入簇吐絲清村中打麥聲初過籬外繅車又送聲

沙棠舟與木蘭舟自在江心泛碧流昨夜不知何處雨桃花漲裏櫓聲柔

秋日登鳴鳳山集唐　徐甲冕庠生

峯前峯後寺新秋賈島 風物淒淒宿雨收韓翃 月在上方諸品靜郎士元 前程惟有一登樓李端

林下水聲喧語笑王維 心持半偈萬緣空郎士元 爐煙乍起開仙仗皇甫曾 夜叩禪扉謁遠公郎士元

石帆釣磯　傅正操

危磯斜枕石門隈幾度烟雲掃不開釣得錦鱗人去也年來春雨長莓苔

獨步蓮渡庵　姜開齊

獨步禪林一徑西慧風吹處醒塵迷箇中未得阿難意老死蒲團亦帶泥

三寶山　王志宏庠生

神山外又列三峯百寶精含品字濃鼎足扳來爭攬勝無人知是抱珠龍

仙女洞　王東陽監生

翠羽明璫下九重白雲深處寄仙蹤洞天開闢歸何

處惟有瑤臺月下逢

遊仙女洞　李中孚庠生

深山何處覓仙蹤蘭若遙知在半峯行到人烟將斷處隔林聞得數聲鐘

老龍洞　王若蘭廩生

龍蟠古洞是何年想在元黃未戰前臥向山中鱗甲老常爲霖雨潤敷天

沮江垂釣　談　頌增生

沮江水小漾微瀾兩岸漁人試釣竿帆影隨風看上下終年兀坐傍沙灘

龍華觀晚眺　覃儁嶽 例貢

沮江一曲一重灘蕩漾輕舟上水難向晚河干爭欲泊片帆收處夕陽殘

幾樹丹楓染絳霞經霜飽欲鬥春華行人不識秋風早秖訝山深尚著花

香泉雜詠　覃仙根

門凌千仞石嵯峨鎖得深山翠靄多只有溪流關不住漁郎認作武陵過 石門鎖翠

認是天然一錦屏輕雲過去影籠青山人最厭塵氛擾恰好移來障戶庭 錦屏籠雲

題香泉巖集唐　徐文偶

窮得仙源訪隱淪朱灣也應花裏有秦人吳融干戈滿地能高臥李咸用何異飄飄託此身杜甫

到君居處便開顏劉禹錫何用將金別買山朱慶餘此地正安吟榻好僧齊己了然塵土不相關吳融

覃應松 庠生

石床溪水晝陰陰李端坐向松窗彈玉琴劉滄到此詩情應更遠張籍過君始得一長吟李端

澹然空水帶斜暉溫庭筠薄暮垂鞭醉酒歸李白借問路旁名利客崔顥不如巖下掩荊扉岑參

尋芝蘭洞集唐　徐樹勳 庠生

洞在清溪何處邊張旭荷蓧因共過林煙伍喬路旁樵客無須問朱灣只箇逍遙是謫仙李咸用

好山長在水長流李涉細草春香小洞幽韓翃此外俗塵都不染李頎白雲千載空悠悠崔顥

題楊貞女祠　知縣李玠

作宰湖濱到此鄉貞珉知有女賢良鐵肝玉質松筠性一片冰心兩鬢霜

鏡鸞孤掩素帷寒夢覺殘更淚未乾若使玉樓人可返當剖心跡與郎看

遊春詞　喻慈昌

山前山後共徘徊十樹桃花九未開欲折一枝兩枝去同人促我下山來

青帘遙掛野人家買醉偏教逸興賒柳醉春風儂醉酒狂吟那管夕陽斜

五言古補錄

秋夜偕周柳溪林湘卿入鹿苑寺

鎮洋　朱錫綬 小雲

然炬夜入山更深苦無月癡雲蔽星斗微見路如髮中有溪水聲疾徐爭赴節入山未許看聽水已奇絕

投宿得僧房臥遊隔咫尺窗明誰呼晴箭破應眼碧
出門一笑迎對面兩眉列天然作圖畫左右屏風疊
遠仿王右丞近撫董思白蒼莽一幅雲變化兩家訣
怪松攫巖凹瘦竹攢石凸十步五步間靈氣互出沒
憶余初入山長涂幾迂折非無好山水觸熱苦行役
竭來訪野寺勞薪暫休歇塵海胡瀰漫山泉胡高潔
請擇斯二者佛言不可說

月琴山　　增生　傅濟川　守拙

山月照彈琴琴彈山月白胡為月與琴名被山假借
古人不見今高山志寄昔風來疑有聲雨過潤無迹

憑眺幾徘徊長為巖寺惜

輓周芭翁同寅　天門舉人大冶司訓　劉人彥　保臣

客夏與君別攜手淚闌干後此恐難覯如面藉言傳
屈指星一周繞腸緒百端檢君前度書抵里報平安
我旋免使羽努力勸加餐胡為得茲耗摧絕心與肝
云君竟死矣其然豈其然神既與君往夢未到我前
憶我遇君初於今已六年君心如佛子君貌如枯禪
君言如金石君氣如蕙蘭對之竟所夕欲去尚流連
倘教數日隔中心即不歡吾儕乏簿書亦殊饒簡編
曹倉與邊笥有叩必竭焉述我所素習追思更漣漣
貧無治生策家傳紙硯田一官飯不足安問買山錢
而為老病迫屢慶欲舍旃我困蔡且維乃與共盤桓
不啻吹壎篪聲和而節宣知我勝自知憐君實自憐
斯文等骨肉況復同卑官相期以頤養相勸以達觀
相助以長物相慰以文翰龐公有妻孥相慕以靜專
太邱有子孫相勖以孝賢如君乃明道相隨步前川
如君乃胡瑗相伴開講筵風景猶在目往跡成雲烟
於時際芳春草木含辛酸門牆桃李樹如雨淚不乾
赴輓路修阻奠不到九泉數行為君誄臨穎發浩嘆

五言律

咏瀘溪寺雙桂　楊繼震　庠生

桂是何年植雙擎梵宇前陰濃分兩地幹老並參天
餐秀饒禪味聯芳結佛緣靈根從此護品軼界三千

題瀘溪寺　談必願　增生

北嶺環南嶺前溪接後溪其間惟古刹以外盡荒畦
樸地塵埃淨參天桂柏齊盤龍寺在盤龍山下高臥處仰止
得雲梯

春日遊觀音洞　易先登　庠生

不記來時路行行到碧岑飛泉常聒耳古木半成陰
竹靜留遊客山空助隱心登臨堪覽勝回首白雲深

七言律

謁宋公祠　談必願

神君遺愛比甘棠鑄入穹碑字字詳渠繞三鄉追鄭白城環七里鞏金湯當年撫字勞心久此日嘗腴被澤長遺像眞堪生佛奉聊陳俎豆薦馨香

詠瀘溪寺雙桂　楊文欽

散步祇園興最饒階前雙桂聳青霄交垂金粟仙盤落互發天香梵宇飄兄弟花聯前院好雌雄竹伴隔牆招誰云碧玉枝連理不作龍蟠柱兩條

楊朝瑞庠生

一枝重占列堂東八樹兩移到梵宮金粟交柯環左右木樨連理兩雌雄分行香散蟠龍下對峙露零警鶴中莫羨燕山曾植五慈雲雙護倍青葱

水環似帶瀘溪八景之一　楊一枝庠生

幾人如帶誓黃河古寺溪環亦足多碧逐灣灣流水轉青隨曲曲遠山拖團來渾似公西東聽去兼饒孺子歌澗谷孰如幽邃好縈洄氣本抱中和

五言絶句

法華臺　談學粹職員

朝上法華臺暮下法華臺臺存古人往憑眺轉徘徊

七言絶句

沮江節物詩　盛徵琪催蘭

色味雙清一勺泉趁頭綱采早春天芳心容易傷遲暮莫向儂前說雨前鳳山茶以早春爲難得予易名鳳尖云

綠葉陰濃子漸香山家晴雨異江鄉寒酸不乞靈均盼只近空山冷處黃楚地少橡而邑志採之想不可多得

桑柘墻邊葦箔開三眠辛苦上山纔儂家厭織生絲絹却向河溶換得來遠邑蠶桑之利半歸河溶方思有以興之

中郎去後謫仙至一曲琴聲一曲詩行到青溪最佳處采新蓮子唱新詞蓮藕皆甘洌

三月種棉七月采機聲一半讀書分交清官稅餘猶布添作兒家六幅裙遠邑布佳而價廉耕織多貿易少也

果熟經秋細細嘗分明甜雪勝甜霜客來愛把心盟水箇味須知淡處長邑產梨以西山甜雪爲佳別一種名望水白者味淡而質較細

石竹堅剛水竹柔冬前冬後費搜求七襄製奪天孫巧曲几何幸問柳州竹具甚佳惟臘製者不蛀

龍女祠邊眺夕陽使君曾此爇心香今年畧比去年熟便有雞豚賽社忙

偕友人玉皇閣望鳴鳳山　周丕顯庠生

遙望烟霞桜鳳山蓬萊縹緲認仙寰登臨祇恐神驚

起摘取星辰是此間

過鹿溪嶺　五言律

貢生　鄭之諶　東林

行行還度嶺小憩最高頭水忽隨山轉人都爲地留溪旁無鹿瞳樹杪有蟬啁石上當風坐清涼一片流

沮江別劉拙翁　七言律

蔣樹昌

曾從絳帳拜先生拔幟文壇舊有名座上詩書親弟子門前車馬薄公卿人沾雨化無遺憾我走風塵愧少成別後蘭臺方秉筆時修縣志同舟誼可憶環瀛

遊鹿苑寺

庠生　李逢盛　峻亭

幾度苑開鹿未歸春深石柱長苔衣臺登講法迎羅漢洞過招仙問了機曲水環流如束帶錦屏卓立似

闢扉松風竹韻幽溪外助得遊人逸興飛

遠安官舍

朱錫綬

衙齋寂靜似禪房瓦破垣穨徑就荒葭樹陰濃山雖喜短窗紙裂對蛾僵壁無畫卞峯能補座有琴聲吏不妨羸得鳳皇鳴可聽吟鞭争掛小樓旁

和嘯鶴秋夜偕周柳溪林湘卿入鹿苑寺　五言古

盛徵琪

名山如典書到眼朗於月亂山不知名天地此毫髮楚以瀟湘稱南山在彼節靈均騷雅才足音此間絕

客從鹿苑來方隅咫與尺衣素未爲緇看朱已成碧山靈豈好詼奇境爲臚列青谿有五曲下里無三疊吾親攜具遊山因此誣白惜哉陸法和鄭重黃金訣參同問欵離牝牡認凹凸嬰女藥未成崦嵫景且沒一笑賦歸來兩腰痛如折好山猶好色孱頑爲形役蛾眉何處尋苦憶申江歇岱宗方其高白雪方其潔酒因磈磊消法爲須彌說

觀音洞

貢生　黃蘊奇

訪得洞天近碧霄登高游亦賦逍遙聽來鳥語如聞梵送到泉聲似落潮四壁慈雲生石竇頻年膏雨仰

禾苗振衣幾度恣吟賞掛却詩瓢換酒瓢

自省垣却寄劉拙翁仍用留別韻

蔣樹昌

拚把六經醉一生知君志不在功名師資規矩能爲巧謙德大夫可讓卿玉樹幸依緣忽斷芳鄰欲接願難成舟旋似被罡風引回首仙居擬望瀛

過南樓舊址懷張曲江

蕭德醇　廩生

登臨幾輩奉冠裳長史風流在一方東晉遷來山邑小南樓賦罷雅歌長沮江今日仍流水城郭前朝半夕陽覽古我從亭子過吟懷空憶舊詩章

藍田洞　　徐鴻元

藍田種玉未緣慳洞府開張窈窕間泉發遠聞流水下巖垂時見白雲還天生美婦空存願夜獵將軍久賦閒贏得龍湫長不舍年年有澤被人寰

遊鹿苑寺　　張珏

不借雙登到此間溪橋渡處水潺湲毬抛日月青獅嶺鼻卷風雲白象山着脚法和長没没點頭羅漢自閒閒我來欲問招仙事前路斜陽一片殷

遠安縣志卷之八

青谿圖

烟寺晚鐘
卧雲古洞
鬼谷幽棲
青谿寺

建安縣志
二
卷八
雲夢晴嵐
龍女遺蹤
濮泉澄碧
奔濤踐雪
溪橋夜月
定菴傅正揆謹繪

青谿考

太平寰宇記青谿在縣西南四十五里鬼谷先生傳云楚有青谿下深千仞其水靈異

水經注沮水南經臨沮縣西青谿水注之青谿水出縣西青山山之東有濫泉即青谿之源也口徑數丈其深不測泉甚靈潔至於炎陽有亢陰雨無時以穢物投之輙能暴雨其水導東流以源出青山故以青谿爲名尋源浮溪最爲深峭

盛宏之云青谿稠木傍生凌空交合危樓傾岳恒有落勢風泉傳響於青林之下岩猿流聲於白雲之

上遊者常若目不周翫情不給賞是以林徒栖托雲客宅心泉側多結道士精廬焉青谿又東流入於沮水

琴書蔡邕入青谿訪鬼谷先生所居山有五曲一曲制一弄南曲有澗冬夏常淥故作淥水淮南子手會淥水之趣

李白荅族姪僧中孚贈玉泉仙人掌茶詩序聞荊州玉泉寺近清溪諸山山洞往往有乳窟窟中多玉泉交流中有白蝙蝠大如鴉按仙經蝙蝠一名仙鼠千歲之後體白如雪棲則倒懸蓋飲乳水而長

生也按李集青皆作清

青谿寺其來已久以古碑考之大抵爲唐時所建李槩記所謂唐肇創寺於其左綠溪題寺是也

碧澗寺今不知其處荊州府志列入遠安寺觀中以唐元稹詩序證之寺似在青谿豈唐以前青谿寺卽名碧澗寺而後改今名歟抑另有碧澗寺與龍女洞相近而今久廢歟姑存以俟考

青山在縣西南四十五里青溪水出焉

雲夢山在縣西南五十里崔巍高拔上有演武峽召將臺諸古蹟與青溪鬼谷洞相連

孫臏砦在雲夢山西爲孫臏遺址明季土人避亂多於此嘉慶初蓮匪滋擾居民建堡其上今復加高厚足容萬人本年正月二十七日之亂里中俱賴以保全因改名生民砦焉

鬼谷洞在縣西南五十里青谿寺迤西五里洞門高濶進數步有石龕相傳鬼谷子講易之所洞深不可測內有層池如蓮洞前有玉皇閣久廢窟中玉泉交流述異記李白傳兩引之舊志曰古藤迷徑石乳滴池蝙蝠車輪千百盈室先生晏然研朱點易門外縱橫先生不知

仙居洞輿地紀勝在縣西南五十里卽鬼谷子隱處相近有金龍洞卽投金龍之所鍾乳洞出鍾乳晏公類要縣西南有三洞一曰金龍一曰鍾乳一曰仙居皆鬼谷子遊處又有桃李洞洞前飛瀑三丈狀如匹練有木結實核如桃肉如李

法琳洞在青谿寺側宋法琳禪師誦經處後卧雲居此又名卧雲洞

黃龍洞在縣西南五十里

烏龍洞在縣西南五十五里洞中泉出四時不竭天旱祈雨入洞取水輒應

陽洞在縣西南六十里上有怪石下有清泉中有觀音廟邑舉人談經正有詩詳載集中

衣鉢塔在縣西南四十五里青谿寺側江西南康府星子縣宋潘文律建

風水塔在青谿寺側監生周明睿建

青谿八景邑舉人談復齋所定曰臥雲古洞龍女遺蹤谿橋夜月烟寺晚鐘雙泉澄碧奔濤濺雪鬼谷幽棲雲夢晴嵐題詠頗多八景之外又有八景曰楓林夕照柳岸晨曦東嶺古松西山微雪五曲鶯聲三橋驢背珠阜迎風果園聽雨附錄之以俟後

人之品題焉

青谿叢林自晉慧遠開基宋有法琳元有臥雲傳載方外中近有維靜慧證清澈廣禪續智海潤文印源源相續寺賴以振

逸史青谿山秀絕無比袁相公未達時居復郢間晴日偶過峽峯行數里漸幽奇險仄人跡罕到有儒生以賣藥爲業家焉袁公與語言甚相狎因留宿乃問曰此處合有靈隱者曾從容否答曰有道者五六人每三兩日一至不知居處某雖與之熟亦不肯言袁曰某來修謁得否曰彼甚惡人然頗好酒足下求美醞一榼就此宿候或得見也袁公去得酒持至以伺之數夕果得五人鹿皮冠或紗帽藜杖草履遙相與通寒暄大笑乃臨澗濯足戲弄儒生置酌列席少頃盡入茅舍覩酒甚喜曰何處得此既飲數盃儒生曰某非能自致有客攜來願謁仙兄乃導袁公出歷拜俯僂五人相顧失色且悔飲此酒兼怒儒生曰不合引外人相擾儒生曰茲人誠志可賞況是道流稍許從容亦何傷也意遂漸解復覩袁公恭甚乃時與語笑目袁公曰坐袁再拜就席少頃半酣頗歡注視袁公相謂曰此

人大似西峯坐禪和尚良久云直是屈指數曰此僧亡來四十七年矣問袁公之歲正四十七相顧撫掌曰覓官職去福祿至矣已後極富貴遂呼主人別袁公拜道流皆與握手過澗上山頂捫蘿跳躍有若飛鳥逡巡不見

名醫別錄人魚青溪多有之似鯷而有四足聲如小兒其膏然之不消耗

遠安縣志卷之八

藝文 青谿文

舊纂

褒封龍女祠記

政和四年荆門大旱稗苗不立者三之一郡守汝上李公遍禱羣祠弗應乃遣僚屬請雨於昭靈祠下迎像汲水設壇於蒙泉之上雨隨像至屬縣霑足公狀其事詔易廟號曰靈貺是歲冬迄於明年三月不雨公再命當陽請雨於靈貺如初禮雲霧勃興像及邑雨如注公復請加神秩是秋又旱公再命禱於靈貺

如三月而雨不絕者二日公廉舉前奏至於再三部使者從之有詔封通惠順濟夫人公謂震曰青谿龍女祠舊矣曩倅峽州行縣至遠安屢謁其祠見田旱者亐默禱之輒應因遣吏迎水膏澤沛然乃欲抗章請封是時神像服絳袍高冠劍佩如王者一日僧清暐自言爾夢女子靚粧麗服立於丈室前既覺猶記其目光如日清暐持戒嚴不妄語亐遂以龍女請焉此昭靈之初褒也詔既下寺以綵爲詔樓具鐃鼓前導奉安於州之東山寺僧元皎復夢女子徘徊於樓下俄而風雷至有物飛去鱗鬣可指數於是州人以清暐之夢爲誠然而盡易舊像矣子其爲辭以記之震拱手起唯踰月而未及書他日公又謂震曰荆門自是或雨暘愆期禱祠莫聽彼神龍之宅不可以不祠亐所以供獻粢盛制幣者蓋起來者祈禱之聽也震始惘然而悟曰吾侯愛民之心至矣愛之眞則憂之深故越疆而祝折躬而請雖得於傳聞夢寐之際苟可以從民之欲者無不爲也無不至也是以事行而民悅氣和而雨降可不書之使吾侯之心昭然白於後世乎皇宋政和某年月日長林朱震撰

附勑文

勑曰靡神不宗有周所不廢不惟思所以慰民望亦可以見百神之受職與否也爾慈惠正直惟人是依適者農畝告病郡縣吏若民率請命於神神多降福有司多此靈施願益崇封朕惟縉紳大夫凡有功於民者雖高官大爵有所不吝而況於神乎哉可特封爲通惠順濟夫人神其嘉惠益懋厥施以福元元

游青谿秀壁記

臨沮西有青谿秀壁其地入遠安境去玉陽三十里每於城北延眺高峯插天翡翠一片若挹若注若竦

若踞不可方物幽異瑰瑋見述異記與盛宏之荆州記足令神往其於玉泉隴阜相接徑隧相屬探奇士每窮究焉出玉陽溯汎西北爲乾谿白石齒齒皆枯磵也沿谿西行越小嶺出玉陽境則欹崖疊嶂空綠黕黕常撲馬首忽如千層碧浪汩盪少海始信玉陽西北山谿別作世界路轉紆仄山轉幽峭行三里有石橋則青谿注沮東出也聲噴薄如雷聽泉數里凉沁神骨又數里入青谿古寺樅栝數十圍皆百年物佛廬東爲古方丈西有泉竇甚夥皆石壁下迸珠湧雪渤沸之勢何但萬斛水之色聲氣味與人相宜不

知從何置品而袁小修游記以爲水色正碧舉凡水皆不得其形似纔見一端其味淡而不甘平而不冽蝦蜓不腥其泳潛鱗不混其氣四時皆秋或激石縫或迸沙礫跳波散沫恆高數尺渟碧十餘畝澎湃千狀袁志蓋未逮也又西龍女祠祠左方上爲卧雲洞即宋光法師寫經處又上有大士洞桃花洞循青谿西數里更越高嶺從嶺下得幽磵蹴踏險巖石稜每罥衣袂入行磵底壑兩崖栩扉霧磴惟藤引蔓古木垂樛丹翠斑駁乍開乍合眞應接不暇左右多結道士精廬今惟雲鳥逢迎即野衲不可得曲折數里始

達鬼谷洞扉戶丈許兩壁及洞底恆作波浪紋洞口祀鬼谷子轉入百餘武苔衣濡滑凡十餘折約里許穹窿處時窺天一隙蝙蝠大如盆驚炬往來如織又折而入有石田石潭有方廣石如碁枰遊者或得黑白碁子是行也得青谿龍湫足消煩暑郢地鮮巖壑得石竇如甕牖纔容几案便詫奇絕或加椎鑿而鬼谷窈窕隱深鬼斧不施天巧自然狙接蝸緣杳冥無際百里內嵌空抗雲此爲寡儔宏之所記不我欺也

知當陽縣事區懷瑞譔

書青谿僧祖遇事

遠安有青谿寺寺之西有一洞洞之前有庵屋數楹宋之時僧法琳居之遂名法琳洞元之時僧卧雲居之遂名卧雲洞自後枯禪老衲往往有焉不能知其名也成化十三年冬十月有僧名祖遇來自金陵入洞而禪跏趺而坐足跡未嘗及山下入服水齋不粒食如此者四十有九日每歲率以爲常十有五年秋八月予督學至遠安宿青谿寺聞遊洞中祖遇出迎予問之曰洞巖僻寂非人所居何乃自苦如此祖遇曰不如此不能成覺予曰人七日不食則死聞汝水齋四十九日何術致然祖遇曰吾傳吾師之教無他

術也但先三日五日爲鐵火所燒體熱而倦力不能支越六七日後水透徹覺清爽如常時予聞其言知心靜而元固得不死觀其形奄奄然若臥病之餘終非久生者也十有八年冬十月予再過焉祖遇尙無恙見庵之西楹爲巖之墜石所敗去禪所僅丈餘予詰之曰汝能先知巖石之墜而不懼乎曰不知也予復誡之曰石無慧眼汝非金身一夕再墜汝其齏粉矣聖賢知命不立巖墻汝識之乎祖遇微笑而不答至二十有二年冬仲月予又過而問焉祖遇亡久矣詢其故人云五月二日夜半雷雨大作巖石亂墜其

聲震地僧然火往視之祖遇已在巖中左股壓而糜爛矣急掘巖石出之舁至山下卽死年纔四十嗚乎生而信佛未有如是之篤死而受禍亦未有如是之慘吾聞佛之教以慈悲救苦難爲急世之人然一香設一供尙冀其舍慈悲救苦難求種種福田利益顧於信佛尤篤者獨吝慈悲坐視其苦啻其益而豐其禍佛果足信乎信佛果有益乎慈悲救苦之力果足恃乎提學副使薛綱譔

新纂

青谿山館碑

原夫法象莫過於天地著明莫過於日月鼓之以雷霆潤之以風雨咸秩無文所以名山致祭峻極於天青谿山者荆南之中岳也隱隱干霄亭亭無際雲蓋三層如在帝臺之側桂林八樹非異景山之旁輕霞互起影落照於陽溪淸風遠至響猿鳴於巫峽西臨百丈之穴南帶千仞之水洪源湛淡長波縈復

有碑爲梁元帝御譔載入荆州府志今查青谿無此碑玩其文氣亦未完附錄之以當吉光片羽云

酌恤青谿寺僧供給記

予初承命之遠安入治界有青谿寺卽館轂焉嗣是

以公趨州府歲計數十遊止甚便何異公署然但見廟宇傾頹僧且鮮少田土荒蕪多空匱蕭索之狀詢其故乃謂僧籍係豐泉鄉三甲正管甲戸差賦累苦又爲縣往來衝路不惟供億官長舉從者悉需之一或不饜欲更莫逃浸潤口甚有强者欲兼併寺田橫肆茹侮予因歎曰寺何爲而不蕭然乃亟寬其賦役戢爾侵奪縱公出止茲力省供應嚴定一蔬一飯稍豐則校之吏胥供各裹糧僅給薪水譜言毫不能爲之人不二年間傾者葺逃者來且贖舊業耕斂以時環四山種植材木人物漸繁駸駸乎有方興之勢

矣噫是寺也實縣治咽喉職茲土者保我赤子中允當軫念凡以培植予之所未至區畫予之所未周者深有俟於後之君子云知遠安縣事江津程典譔

重建青谿寺碑記

遠安西去五十里許有山曰雲夢麓有穴穴有泉竅蜀蜮蜮悠然澄然古以青谿名唐肇剏寺於其左緣谿題寺元至治重修迄我皇明萬歷御極幾三百禩梵宇圮頹適蜀江津程公別號五江者來宰茲邑一日憩寺叩僧以弗葺故僧對曰是寺東接當陽西去夷陵北通襄鄧南達江陵官使絡繹供應浩繁兼以

甲戶差累僧因流離曷克葺公歎曰寺當達道行旅賴以止息可廢哉遂懇節費捐俸若干金又命住持悟安可亮首僧洪哲等鄉約傅鉞勸募若干金鳩工掄材正傾易朽無幾煥然一新僧弗敢沒衆善乞余言以誌永遠余曰自元壬戌迄今數百年又重修之募于僧助于衆行旅有賴猗歟休哉是可紀矣邑明經官四川開縣令李槩記

重修青谿寺碑記

青谿之名著自戰國鬼谷子山色青翠不染纖塵谿水清冷可鑑佳麗甲荆郡古今稱勝地焉其寺自晉惠遠禪師開基繼爲卧雲祖師道場由晉歷隋唐至明中間千有餘年疊圮疊修其詳遠不可紀宏治七年寺僧了儀重振宗風寺遂以盛嘉隆以來賦役繁興甲戶派累官吏兵役需索繹騷如同傳舍僧力不能支半多雲散寺田日就荒蕪兼爲豪强侵冒是時壁頹牆傾幾於香消煙冷矣萬歷五年邑侯程公滋任經寺中惻然動念謂高安六寺首列青谿名山勝蹟載在邑乘忍聽泯焉忽諸因招集僧衆清查田畝痛革雜徭嚴禁差擾復首捐廉俸命住持可亮悟林募衆重修寺賴以存復賴署縣熊公詳請道憲凡官

府經過不得派辦酒席兵役往來不許住宿僧舍勒石永禁使千百年清淨香火不至等於驛亭郵遞則二公大有造於茲寺也天啓七年寺僧洪定踵前人遺規更加式廓寺前谿環五曲橋列三渡寺中肸蠁豐融禱祝雲集固荆郡一大叢林也明末兵火屢燹村舍半爲坵墟而大殿獨巋然如魯靈光疑有神靈呵禁歷今百有四十餘年物久必敝禁遠則弛昔時舊規日漸陵夷乾隆丙子予自江蘇常郡得告歸里攜幼子光彝來寺覓靜室爲讀書地見大殿有棟折榱崩之勢法像塵封令人惻惻心動其別院七處散

列大殿前後左右參差不相聯屬且皆漫漶傾欹未堪駐足因擇地於青龍觀後別構草堂數間主僧嵩岳晨夕晤會每嘆寺宇摧頹志在興修而難其費予謂有志事竟成昔世尊嘗與大衆千二百五十八乞食於舍衛城中率皆沿門持鉢予當不吝一疏越二年予終養事畢遵例赴都奉發江蘇執掌淮徐四歷寒暑始以老病乞休癸未季春歸葬先恭人於茲山之中觸時寺中土木之工已興而往返倉皇未暇叩其費所自出辛卯再至則輪奐璀璨法相莊嚴煥然重振矣大殿制仍其舊材易以新金碧輝煌巍巍大

觀也別院修飾補葺丹堊采繪亦皆燦然可觀週圍繚以垣墉與大殿聯爲一體而局勢益壯其頭門之天王殿大殿西隅之關廟則昔無而今有也予爲嵩岳賀曰此老僧募化力嵩合掌曰寺中諸佛菩薩實賴衆善重開生面十方功德敢忘所自至各殿之造材鳩工樸斵丹雘之需除居士在寺時倡捐山松百餘樑外止募附近鄉周羅柱料三株耳未敢妄求佈施也予憬然異之據現在土木瓦石匠作食用諸費不下千餘金既不同海市蜃樓豈眞有鬼輸神運一旦成此空中樓閣耶嵩乃將積費修理之由爲予覼

縷敘述始知寺故十房而絕其三彙遺產而輪管者舊矣歲約租三十金官府胥吏兵弁往來酒食支應約去十之六七餘則管年者留爲經理私院之用予初來寺適嵩值管年邑侯蘇公總戎喬公籍皆江蘇與予以名相知戒役卒勿輕入寺中而支應之費頓省是歲公費所餘贏前數倍繼有邑侯宋公總戎張公亦皆嚴飭役卒恪遵舊約以故所費益簡嵩素具幹畧善心計又躬自刻勵節衣縮食計母權子用能銖積粟累日增月益漸致盈餘出公費以濟公用守寺田以修寺廟一僧獨肩其任衆僧共襄其勞並不

擾累居民而關廟之創建且各罄私畜以觀厥成尤能補前人所未逮厥功亦何偉哉下視黃冠緇流藉修廟爲酒食資又或斂公物入私橐者賢不肖相去何如也然非本邑文武官僚培植保護公費亦隨時消磨耳無米之炊何從措手則茲四公者又可與程熊二公同稱此寺大護法并垂不朽功德也予昔聞故老言寺以谿著名其源發自岷江說雖無據但昔寺中興賴江津程公今寺復興遇夾江宋公豈興廢舉墜必待其人寺亦有數存乎其間歟抑發源岷江之說不盡荒唐乎是可並誌也嵩岳法名元宋實主

斯役同時襄其事者祖師殿元吉毘盧殿逼潤觀音殿清照龍女祠元榜韋馱殿祖細伽藍殿通振功亦足多例得附書云當邑進士官至兵備道宋楚望譔

青谿寺叢林始末

青谿寺向無叢林有之自維靜和尚始靜法名如山本邑談氏子年十七受戒於竟陵惺泰禪師矢志於本寺建道場沿門托鉢銖積寸累十餘年苦心經營丈室齋廚次第告竣嘉慶庚午給牒旋示寂玉泉僧慧證代建法幢證後本寺僧清澈繼之澈持戒律善搘拄寺賴以興澈後爲清溪寺僧廣禪禪後無人院

久空慈雲寺僧續智惺泰後裔道風清潔寺衆迎師駐錫法炬重然今主錫者爲本寺僧海潤先是寺分七房多債累道光甲辰紳耆令僧同炊勸債主讓子錢償以清叢林初建時毘盧殿收租僅廿餘石大殿香項每年抽穀十石資之房既合濟衆之穀始裕適立規條俾寺長合有謀分者逐出寺庶僧知所守而青谿叢林可以垂久云并附佃戶約於後

青谿寺佃戶約

青谿寺山田　國初皆荒地招佃開墾佃民斬荆棘鑿巨石於山腰橫砌爲隄形水瀉土淤每一砌得石田數弓後以次植桑果諸雜樹頗獲微利嘉慶初年寺僧議加租請於衆先文毅公曰佃戶涓滴之利皆其祖若父血汗所遺伊等衣敗絮食粗糲累旬日不食油鹽忍以加租苦之且寺山租錢二百千零水租穀二百石零僧不逾二十人量入爲出食用無不足否則租雖多適供遊蕩貲耳又何加焉事遂寢道光初僧又以加租商衆以文毅公語語之近年寺内七房合炊住持文印海潤爲寺政頗有起色當無復以加租之議進者但恐數十年後後起不如前人浪蕩諸衆租復議加必大致紛擾則主佃俱不安矣因邀

同紳耆書明永不加租原委刊志存証以免後擾惟佃人不法爲匪釀禍許僧逐佃另招佃人不得以先世開墾藉口霸佔是爲約

建修第五橋碑記

青谿流六七里與柳林澗水合山中適玉陽之通津也秋冬水落架木爲杠春夏山漲連日冒險涉或人畜淹斃迂道塗足行者苦之先是乾隆庚戌歲里人趙世珍與某甲約於上流建谿澗二橋趙建谿橋時決水入澗便修築也後某甲爽約水不復故道谿橋遂成廢物趙氏破產無成績至今猶賫恨焉此地離

廢橋數十武兩水旣合一橋可渡余每與同人議之而計費千金畏難輒止客歲上巳諸友人修禊山寺同里監生丁禹門捐百金爲倡玉陽庠生李凌霄邑人職員喻碧峯一續捐百金一以募化百金自任於是接踵而起者同鄉庠生鄒省軒玉陽監生陳世秀職員陳世楷等捐資成勇集費鳩工凡九閱月而工告竣余嘉諸君子好善樂施芳名宜壽諸石又慨趙公之義弗彰而喜得終其志也爰敘端末以告後人至滄桑更移隨時保固是將來鄉望之責杞人所預禱也是役也禹門主計族弟靜夫督工殫心竭力厥

功甚鉅匠人葛佐學催收人陳開智孫義直勤勞亦足嘉云

重建寺塔記

此地向有石塔七層欹斜榛莽中問所建人與世寺僧未之詳也戊申四月塔忽傾石薛內隱隱有字跡披而讀之迺我五世叔祖昱公所造時創修宗譜設局寺中而塔傾適與事會論者謂在天之靈告焉族弟明睿公遠孫也商諸同宗重建之葺置南山之陽下增二級視前崒嵂尤可觀可謂善繼志矣考邑志谿之第三橋係公與徐氏同建是舉則專任之洵爲樂善不倦而到今三百餘載後裔繁衍逾百家有孫如許人尚克修復舊業以丕著前光報施固不爽耶是役也匠資出自宗人輩運堆砌諸費悉寺僧任之寺自嘉慶以來香火蕭索道光年間房之分者復合文印鐵舫兩住持少年恂謹爲寺政日漸豐饒以故諸廢咸次第就理云

月下見谿雲紀

道光癸卯與朱小松讀書谿源蘭若六月十五夜計月明可玩推窗視之谿上斜光數十縷如白練掛樹間煜爍射目急呼小松面窗外遙見四山白絮成團

如列萬幕長短方圓隨林木虧蔽肖隙成形小松曰此絕妙清境天欲爲我輩洗俗慮也時溼氣侵人擕尊酒且飲且行啟關則雲氣瀰漫撲入襟袖間谿橋莫辨兩人對面不相識擕手學盲人行履石橋曳踵而前睨身如入混沌中山月谿雲都無所見出入林陰時見白光明滅氣滃滃然上行半里許出雲外星月皎潔樓閣儼然回視所棲處忽成琉璃山一座可驚可喜之狀難以言喻小松曰此雲數見乎余曰未也常見谿岸白氣成縷人呼爲谿雲以今較之霧也此雲不晝出夜出無月不顯僧衆即見之亦不能言

以故住寺三十餘年今甫遇之轉盼間谿上皚然開朗仰見空際浮雲一縷如彗橫亙銀河又知水雲魚鱗之說不盡然矣時小松興盡欲還而上方蒲牢已動乃沿谿聽鐘聲緩緩行時館童煎茶正熟隔谿呼飲歸視茶烟蒸蒸猶髣髴身在雲氣中也

遊陽洞記

少讀談復齋陽洞紀遊詩羡其佳勝思一往頻行不果月之廿八日宿王氏山莊銳意往主人曰巖際多樵客墜石驚人余曰勿恐也同里鄒古村山耆龐廷治弟子韓夢吉與俱遂行初入澗兩山足相倚如促

膝石礰礰上作菊花形稍前一峯摩天高不能以丈仞計絕壁石罅中古木如虬龍經霜映日五色斑斕折行百餘步始聞泉聲巖上滴如簷溜蓋滙而成流也走二三里兩山面向折其腰作兩人對語狀壁上懸溜彫鏤刻削皆神工鬼斧如乳如筍如瓶爐如肺肝如楊柳枝梧桐葉芙蓉花如馬上山獸入溪鳥赴巢以千百萬計種種駭人矯首左右盼項爲之勞中最奇者一人立具冠裳後隨一人微短小以傘蓋之又二石莖下垂張其末酷似軍中樂喇叭形龐翁曰此喇叭巖也再前澗愈仄陰巖對峙纔二三丈日月經年不照寒氣砭骨窺天得少許談詩所云天光一帶委折明似從隙裏矚朝暮是也洞在山之腰高廠如大廈面有石壘爲前人避兵處詩碣二一爲鄒建侯郎古材遠祖也字跡半磨滅問其年約在談詩前洞內石柱二石鼓一映日作紺綠色滴水成潭澄清可鑑洞之上垂乳縷縷如冰箸謂是滴水凝結亦有下垂復上曲者造物奇詭殆不可解昔袁公安遊華山遇險絕處謂值一死余竊謂不是過也時日已銜山寒氣凜冽余方竭目力窮山趣而同人興闌欲返甫入澗前山墜一石斗大作雷聲役人大號余笑曰

茲山自談復齋後幾二百年而我輩始至山靈有知方笑頷之不暇而肯虐我輩乎是小作遊戲試余膽氣耳余膽壯也同人聞之皆大笑

右俱明經周維翰柳溪氏譔

藝文 青谿詩

舊纂

遊青谿寺　　晉　郭　璞

青谿千餘仞中有一道士雲生梁棟間風出窗戶裏借問此何誰云是鬼谷子翹跡企潁陽臨河思洗耳閶闔自南來潛波渙鱗起靈妃顧我笑粲然啟玉齒蹇修時不存要之將誰使

青谿寺步虛詞　　唐　高　駢

青谿道士人不識上天下地鶴一隻洞門深鎖碧窗

寒滴露研朱點周易

遊青谿寺　　馬　震

萬木叢中隱磬聲經過此地暫怡情溪泉流處波文細野鳥歌時絃管清碑碣尚遺前代蹟石橋猶記昔時名何年脫卻塵羈事幸與先生結舊盟

遊青谿寺　　許　英 知縣

可愛青谿古梵宮一灣流水數株松半巖晴日裁雲衲十里山風送曉鐘道士昔乘天上鶴老僧曾亢鉢中龍停驂坐聽談元處香裊花飛燭影重

青谿有感　　田　登 僉憲

禪房清碧枕驚濤秋盡天空萬木號吟罷晚鐘歸鳥寂一輪明月四山高

遊青谿寺　　雷思沛

十里青谿水一條碧玉東月光童子室西極化人宮身似冰壺裏心如石鏡中朝朝騰白氣細細蓋長空

遊青谿寺　　袁中道

初曦明嶺路草木有餘欣曲曲還秋水山山學夏雲亂橋縈澗脈九子露峰紋已過緋桃洞仙凡自此分

又

儘有幽棲地堪怡草木年逢巖思結屋愛水欲求田

白髮石溪淨青螺壁影妍飛禽不到處猶自有樵烟

青谿秋夜　　張斗樞

敢愛科頭出偏宜秉燭遊天開一鏡月雨送半窗秋洗菊催花綻裁詩定酒籌夜深雙鶴下有字寄浮邱

庚子夏日侍安父師遊青谿　　李樹異

暇日尋幽境澄清一水流八烟連霧遶山色出林浮松老搖棲鶴潭深任隱鷗喜瞻仙鳥至是地擬丹邱

遊雲蒙山　　鄧　林

十載懷遊雲蒙山輕車此日到山間聽僧漫說當年事撫景俄成半日閑洞裏泉流龍出見巖前松偃鶴

飛還殘碑零落文唐滅老眼摩挲認蘇班

法琳洞　朱　玉 千戶

老僧入定洞門幽巖上昝移水下流欲拭殘碑尋往事莓苔剝蝕幾千秋

鬼谷洞　袁中道

巖洞裏珠城重門取次行千年凝雪隱一炬煥霞明溜乳盤空變冰蓮蹴地縈仙源知不遠流水隔蓬瀛

二月侍安父師遊鬼谷　陳大年

碧水源西山徑開引人勝地更紆回尋溪疑是捕魚人泝谷渾同採藥來樹立山頭迎皀蓋花粘屐齒印蒼苔當年二士豈輕壽羞傍喬松隱異才

新纂

五言古

遊青谿　初唐 陳子昂

吾愛鬼谷子青谿無垢氛囊括經世道遺身在白雲七雄方龍鬭天下無亂君浮雲不足貴遵養晦時文舒之彌宇宙卷之不盈分豈徒山木壽空與麋鹿羣

清溪行　按李集答宗姪僧中孚贈仙人掌茶詩序余聞荊州玉泉寺近清溪云云青俱從清　盛唐 李　白

清溪清我心水色異諸水借問新安江見底何如此人行明鏡中鳥度屏風裏向晚猩猩啼空悲遠遊子

宿清溪主人

夜到清溪宿主人碧巖裏簷楹挂星斗枕席響風水月落西山時啾啾夜猿起

青谿 註詳唐詩三百首　盛唐 王　維

言入黃花川每逐青谿水隨山將萬轉趣途無百里聲喧亂石中色靜深松裏漾漾汎菱荇澄澄映葭葦我心素已閒清川淡如此請留盤石上垂釣將已矣

訪鬼谷洞用王右丞青谿詩韻　盛　徵琪

碧雲思美人盈盈隔一水勝具作山游綠谿四五里

一曲一佳處漸入翠微裏草木亦蒼生忠厚賦行葦六國方紛爭七雄鬥如此具體有孫龐先生請休矣

前題　鎮洋 朱錫綬 嘯筠

杖策經山蹊夕陽在秋水恍然憶昔游鹿柴而栗里琴聲空澗中猿嘯危崖裏蝙蝠如車輪黃昏出蒹葦荆榛誰與芟縱橫已如此寄語洞中雲出山亦可矣

同周柳溪靜夫昆仲青谿寺夜話　東湖 羅應箕 庠生

夜靜泉更響燈殘翳復吐久別話懇勤坦懷忘爾汝寒雞若關情唱遠音何許野風打窗紙欠伸共延佇

缺月下西峯山影臥烟渚空濛淡靄間清景妙難語
團蒲坐睡人驚起安禪侶

谿上懷羅夢生　周維翰

鯈魚躍清泉好鳥鳴深樹豐林擁危巒絶景斜陽暮
同心三五人谿上行且住理語參元微清言吐情愫
故人綠蘿村遠隔堆藍路何時策蹇來重話雲生處

重建寺塔誌喜　周明修

萬物囿於數大力不能爭息心參元渺數兼理以行
此塔三百年欲傾不遽傾豈風嘻浩刼解脫悟無生
翻作孫爲述堂構曠世撐移之南山陽器局更恢宏

金谷成灰燼銅駝委榛荆樓臺倚宮闕禾黍一例耕
俯仰弔興亡感慨無限情胡此區區者旣毀旋復成
其中有靈爽此理甚分明善根不終壞萬古長峥嵘

秋抄青谿晚步　傅青藜

微雨晚復晴疏林淨如洗躡徑覓幽蹤人在滄浪裏
徘徊戀斜陽煙横暮山紫落木吹野風山月澄秋水
日夕獨歸來行行復止止

七言古

青谿春雪引　明竟陵譚元春友夏解元

入山看山養毛羽古泉飛作一潭雨曉起山靈幻巖
壑吹雨作雪融膏乳亂煙斜霧封羣岫添寒着艶心
如畫不知何峯有樵徑青帝縹緲龍女瘦萬白光中
分翠微其中新柳碧依依山家拄杖撥春麥田餘饑
出肩輿飛鬼谷相迎吾不往洞口雪花大如掌

將到青谿同周汝璞雨宿山家

行近青谿猶夢谿谿鳥出谿數里啼主人細雨自同
心濕雲下山松桂低雨不停絲嵐新飾瀧瀧怒增空
崖力明朝新霽猨出迎昨日緇流探消息

青谿詞　楊瑯樹

湖南青谿水不濁湖北青谿水更綠兩谿相較此谿

幽繞郭無如在山谷龍女時來照曉妝絶勝湘妃倚
江竹出雲鐘磬雜泉聲不比蘭舟鼓歌俗含烟似羅
覆青銅映月如盤載碧玉旣以氣味洽幽人還將聲
色空禪宿秋山況復助清奇落翠飛嵐聚一曲我來
頓覺肌骨凉愛向兖中獨彳亍楚中只此兩青谿惟
此我堪結茆屋

龍女祠後古梅一株數百年物也祠僧伐以爲薪書此誌恨　周維翰

世間恨事那有此梅花何罪遭横死措大聞之恨不
已欲搏禿奴截其指亡是公子爲余言先生休矣無

膠柱萬物榮枯數莫逃花數豈由人作主先生曰噫子未知此花人驚絶世奇裂開陟壁根穿起斜倚危簷枝倒垂老幹盤屈圓如蓋古色斑斕尤可愛每當谿上花開時一片釀成香世界亡是公起笑啞啞請爲先生進一說不聞尤物天妬之此花毋乃宜摧折君不見金谷銅雀皆寒灰美人名士同塵埃燒琴煑鶴冤多少是爲一花惱復哀又不見道人委蛻留元神釋氏湼槃焚其身花魂直入衆香國皮骨何妨摧爲薪頓聞此言首頷可化化生生悟尤騐陰陽爲炭爇洪爐何止老梅死於火掀髯一笑認梅根孤幹剮

去旁枝存摩娑柔條萬林立從今遺下子若孫梅子梅孫繭武幼望山拜乞山靈佑飽霜饜雪五百年兵燹離奇復如舊

五言律

遊青谿　袁中道

且莫攀巖去拖藍十里泉流飛鳴古雪雲淨似秋天秀媚依溪寺淋漓帶水田不圖鄉國内見此好山川

將往玉泉青谿別胡汝濟明府　譚元春

白雲君部内敢不告山行畫入宗生路琴分子賤聲淙淙春谷大艷艷夜花明去與樵人揖閒談尹素清

青谿寺雪中作

谿雲常不斷雨雪自多端收得聽泉意分來衆嶺寒煙凝成秀壁晴瀉作哀湍貪就山房息爐邊逢懶殘

遊青谿寺觀濫泉上石洞洞爲龍女聽法處

玉乳冬春一濫泉流匪今龜魚蒼蘚瘦猨鳥碧雲森山色開宗炳溪聲續法琳杏花依洞發意欲襯青林

遊青谿寺　安可願

勝地青谿水公餘作宦遊沙明千澗月鴈影一天秋舊跡人堪紀喧歌鳥不休仙源知不遠歧路自回頭

遊青谿寺因登山頂漫咏　當邑　郭孫俊　進士

荒村鬼谷路雲木翳天昏寸土近全闢千章無一存浮溪馳鴨浴嘯石野猿蹲獨此留幽意盤桓倒一尊

次韻金邑侯宿青谿寺　談經正

風塵勞鞅掌翻得快嘉遊韻落楓梧冷神凝水石秋江山開靜慧風物驗時休向夕先憂意蒼生盼黑頭

玉陽栗漢昆青谿採藥迷路喜遇胡山人和韻　姜開齊

久仰年深寺清幽負水濱無緣來聽梵有客識逃秦谷發風悲虎林驚雀噪人遙知同小坐香滿一谿茵

龍女祠　詹應甲

古洞經聲寂靈祠畫像留山花穿石破潭月入窗浮
橋折分三板亭虛借一舟何當新雨後洗耳聽龍湫

青谿懷古　　朱錫綬

道脈歸鄒嶧先生合隱淪元機比莊老歧路惜儀秦
點易山泉活銜芝野鶴馴白雲封洞口不肯溷纖塵
周鬼谷子王詡
死哭心難白生還淚亦紅傳經惟弱女知己兩奸雄
史筆千秋絕琴聲五曲窮至今谿上月耿耿照孤衷
漢司徒掾蔡邕
卓錫原無地談經尚有堂溪聲疑虎嘯山意逗犀香

西竺傳燈遠東林付缽涼荆南此中岳遺碣問蕭梁
晉釋惠遠
遂谷蜀鵑愁傷春復感秋蕩舟人不見掬水月常流
身世楚狂隱文章屈艷侔青谿最佳處擬為築糟邱
唐學士李白

前題　　劉子烜

文章天下法詩派竟陵開自檜譏宗伯擒王喻子才
大江名士盡勝國雅音來溪上飛春雪高吟亦壯哉
明解元譚元春
斯人忌盛名孤調莫爭鳴七子頹波挽千秋異議生
文章追屈宋伯仲盡公卿結屋留溪上清吟舊有聲
明吏部郎中袁中道

龍女祠步詹邑侯韻　　李甲煊

愛此幽深處言歸暫逗留圍窗羣綠淨入座遠青浮
泉靜藏珠窟堂空坐芥舟雲房容我借長此聽龍湫

同友人遊青谿　　宜都李　侃稟生

無計覓神仙谿山結勝緣泉聲砭俗耳松翠落吟肩
冷澈三橋月青浮半壑煙叢林幽絕處開闢問何年

又

從古堆黃葉谿寒瀉碧流山靈開畫本雲氣擁僧樓

指悟禪中偈心清笛裏秋僧文印善笛音調清絕此間風月好
十日足句留

送笨山和尚主席青谿　　羅應箕

杖錫名山去諸方衆口芬寸心千尺水兩屐萬峯雲
慧業資龍象宗風斷見聞願將鐵如意高舉示紛紛

又

絕勝青谿寺法琳舊道場移泉說龍女載缽下岷陽
諦在無千古名存奉瓣香定知清磬裏頻祝大醫王

又

青山今有託白色看重開此處多高士相逢老辨才

生涯商勝事世路問寒灰活活前溪水誰人吸盡來

又

影堂燈火夜紺宇廢興年莫以三元叟同參五味禪
芋燒松下葉麻種石蹊田愧乏長康筆難捐百萬錢

青谿寺古柏

龍蟠依古寺飛響近諸天佛面寒清影山靈管記年
風霜餘浩刼日月了枯禪羨爾干霄勢雲中鶴不眠

龍女祠次詹明府韻

懸崖遺跡在香火洛宮留月上三潭曉窗空一鏡浮
谿光團野色客思淡虛舟想像安禪叟蒼龍話古湫

行青谿後山　當邑　姚錦江　明經

行行怯客心匹馬半山陰鳥道窮泉竇人家見竹林
牛羊翠微小烟火白雲深路轉谿聲響飄然動遠吟

遊青谿

何須頻選勝此境最深幽山勢連雲起溪光帶月流
聽泉清入骨倚樹淡成秋坐久心俱寂鐘聲到上頭

遊龍女祠　陳文蔚

谿谷深深裏神祠久著靈泉交三道碧岫擁四圍青
座冷雲生袂窗虛月透櫺莫輕舒嘯詠潭下有龍聽

九日登雲夢山　周維翰

扶節時小憩半日到峯頭寺小崖爲壁鐘懸石作樓
雲開千疊翠雨洗萬山秋衣薄微寒中茱萸盡一甌

舌耕住寺三十餘年丙午解館丁未春復有生徒三五人邀入寺中遂復家焉

未了谿山願寒氊復在斯去來風月共臥起鳥魚知
近佛惟枯坐非僧却住持沙彌三五輩石上坐忘時

青谿寺古柏　周汝昕

大可三人抱陰遮一畝圓與僧相庇蔭仗佛得生全
幹直宜爲棟心空定悟禪每當風雨夜龍嘯近諸天

秋夜宿青谿方丈寄鐵舫和尚　朱承緒　廩生

爲愛禪房靜攜樽過二橋灘流寒月碎潮挾晚風驕
兀坐山俱暝清談酒易消西林今夜宿一榻伴參寥

青谿夏日即事　介休　喬桓之　庠生

古寺人蹤少深山暑氣微讀書消永晝烹茗送斜暉
竹籜沿谿解松花撲面飛忽聞歌款乃童子釣魚歸

遊青谿寺即景　李時彥

萬古芙蓉障環谿積翠重短橋流水抱古寺亂雲封
梅老曾棲鶴松高欲化龍上方清淨地明月冷疏鐘

又

石瘦穿林曲窗虛補竹陰落花驚幻夢流水悟禪心

弔古從橫杳看山歲月深瓣香私茂叔風月滌塵襟

青谿即景　　介休　喬錀　官清軍府

萬壑空中落深春畫裏看峯頭朝雨潤驢背夕陽殘
泉雜鐘聲冷溪搖樹影寒前村邀我飲一醉海天寬

遊青谿寺　　喻承綱　庠生

行到溪深處靈祠俯碧泉疎林霏冷翠古壑貯寒烟
水曲三橋鎖崖斜一徑懸作歌聲莫放潭底有龍眠

青谿雜詠

臥雲古洞　　當邑　熊經璧　貢生

臥老禪心定雲停古洞閒梵聲涗絕壑水色冷空山

掛壁蘿衣亂侵門石髮斑此中眞可隱塵累幾時刪

龍女遺蹤

雲嵐千尺雪一夜就平灘護法傳龍女遺蹤傍戒壇
水涵神力活巖嚙溜痕殘客到都翹首靈風撲面寒

谿橋夜月

月照谿光白橋浮石氣青珠翻隨浪碎雪濺隔松聽
湛湛清思滿勞勞俗夢醒驚看出雲鶴一翅掠瑤京

煙寺晚鐘

萬壑迷蒼靄叢林鎖暮煙晚鐘雲外落殘照嶺頭懸
觸石遲空響浮谿雜沸泉覲難窮起止妙諦總難傳

雙泉澄碧

萬里峨岷水潛行到嶺西雙泉穿碧嶂一色湛青谿
石上清堪挹松間翠欲齊鬚眉聊自鑑塵海愧長迷

奔濤濺雪

奔濤爭石罅繞砌濺飛泉小作三巴勢寒生六月天
銀花波際噴玉屑月中旋莫道炎威酷繁襟已灑然

鬼谷幽棲

六國成灰燼蒼茫古洞存幽棲餘道氣蝕壁上苔痕
石乳凝成筍山雲冷護門紛紛遊說客那解布衣尊

雲夢晴嵐

仙人曾弈處遺迹護晴嵐石古浮深碧峯高積蔚藍
我來憎雨集何日撥雲探懷古哦佳詠重遊意更酣

青谿雜詠　　周維翰

雲氣朝垂幙灘聲夜湧潮棲幽無定所隨意坐僧寮
半角懸丹嶂迴圍障碧霄招提分七座楊柳橅三橋

又

一徑沿巖上藤蘿半倒懸石稜皴古畫樹老立枯禪
壁裂山開罅龕涼蘚作錢瀑飛痕尚在靈異說當年

又

漫誇幽絕處佳趣久方知鐘磬風微好樓臺月淡宜

壑空嘘籟爽山奥吐雲遲最勝惟濤曉曦光映露時

又

記余剛四歲老僕抱中來見水心狂喜看山眼乍開
半生常住寺佳日必登臺淺草谿邊路行行日幾回

又

焚香偕妙友吹笛約山僧柳岸常孤往梅崖偶一登
聞鐘休住相坐月卽然燈悟到希夷處解人索未能

又

橋側容枯坐羣囂儘寂然琴聲枝上鳥禪意水中天
勝地能消福幽棲肯讓仙北知根太淺淬劍斬塵緣

青谿雜詠六首錄一　周汝珩

橋鎖三泉合峯迴一面開看山穿竹樹沿水得亭臺
月下常孤往花時待客來安排卽終老無用笑粗才

七言律

碧澗寺并敘　唐元稹

八月六日與僧如展前松滋主簿韋戴同遊碧澗寺賦得扉字韻寺內有碧澗穿注兩廊又有龍女洞能興雲雨

空澗長江礙鐵圍高低行樹倚巖扉穿廊玉澗噴紅
旭湧塔金輪折翠微草引風輕馴虎睡洞驅雲入毒
龍歸他生莫望靈山到滿壁人名後會稀

游青谿寺　劉英

自是高安第一山重重臺閣翠微間樹同僧臘不知
老雲與禪關相對閒仙女移泉龍尚在道人委蛻鶴
忘還我來不盡登臨興惆悵浮名兩鬢斑

白馬洞懷青谿　明漳邑人　方叔壯 嵊縣令

盤盤磴道草芊綿手版迎來丈室懸白馬經過來此
地赤烏僧住是何年石嵌雪乳沾衣上鳥弄山花落
座前因憶蘇門清嘯者洞靈千載藉丹鉛

青谿　詹應甲

行到青谿谿幾重隔谿纔響午時鐘風窗四面難招
鶴雪澗千尋尚挂龍醉倒花王欹石臥書成草聖借
苔封禪心道味都虛寂我自張琴和古松

遊青谿洞　唐方燿

何處青山青更青青谿谿上水泠泠偶尋王詡幽棲
洞重問當年舊講經洛曲至今傳鬼谷河南登封亦有鬼谷洞
沮江終古憶仙靈閒來蠟屐蒼苔畔一路松風正可
聽
雲夢山前遠樹齊法琳洞口夕陽低更無蝙蝠如鴉
在惟見籐蘿入洞迷碧牖寒來留客坐白雲深處聽

猿啼言歸不覺斜陽晚采藥還經舊澗西

青谿漫興　　朱錫綬

未必青谿勝玉泉玉泉山峻此山妍四圍淺絳樵黃鶴一帶平岡噪暮蟬遺蛻法琳餘古洞高蹤鬼谷只荒煙客來莫問儀秦事巖樹縱橫別有天

蔚藍倒映碧溪深噴玉跳珠和短吟紅蓼蜻蜓秋寂寂綠楊魚虎晝沉沉飛泉凈滌三摩障明月孤懸五曲心我欲牽船依岸住蓬萊弱水藹重尋

自入深山樹更幽傍崖臨水綠迎眸短楓已著霜前色簇簇偏分澗底秋一簇花開蠲忿好半林蔓引寄

生柔風流楊柳凋零易空惹寒天古桕愁

重巖複水寺門藏立馬斜陽問晉唐似有傳衣懷惠遠更無殘碣紀蕭梁畫山摩詰留詩癖嗜酒青蓮本楚狂終古溪流作琴語晚風還悼漢中郎

龍女祠前水一窩紆藍縈碧抱陂陀煙雲變幻山皆夢林影蕭疏月有波入手楊枝參佛近出山泉水活人多瓣香再向慈雲祝願滌牢愁起積疴

欲把谿山作畫圖苦無佳處試臨摹一卷忽向水光起列岫全教雲氣扶林隙人家添界畫溪均略約襯蘼蕪風前笑與山靈約擬結茅亭號巨瓠

中秋前一夕宿青谿寺翌日小雨遊山用小雲韻寄周柳溪學博　　盛徵璂

玉泉勝境敵平泉紆道生憎觸熱天粉本宋元都入妙美人環燕各爭妍淒迷山色雲如夢清淺波光月化煙此是高安最佳處筍輿一路聽寒蟬

新詩偶仿郄僧吟一曲貪緣五曲深疑有薄寒生半臂莫教流水負初心濕螢見火星將起乾鵲無聲日易沉擬傍隄邊栽碧薄試花時節好招尋

自昔禪房花木幽到門清景豁雙眸未霜紅借新楓色已雨青添苦竹秋古柏三生疑有舊女蘿半死誤

於柔飄零容易傷蒲柳但對貞心便不愁

四壁屏圍一徑藏招提古址訪初唐青山劃後埋詩骨白社開時得酒狂鬼谷煙荒輸暖谷蕭梁碑斷歷朱梁谿聲嗚咽焦桐破中散重來與識郎

靈旗降兮小行窩龍女祠開近曼陀地脈有源通活水芳心無語託微波似聞農事今年熟始信清光此夜多一自聽經成道後楊枝功德雪沉疴

薄醉看山拄杖扶楚材詩句輞川圖夕陽在樹疑黃葉遠水侵雲作綠蕪拳石一區茅易結眉峯十樣筆難摹擘箋聊贈濂溪隱就菊重攜惠子匏

遊青谿洞　楊繼煥

谿出青山共一青青谿之水獨清泠到洞暫下僧人榻入洞遥追佛子經遊遍天涯隨鶴意移開泉竈有龍靈水聲澌澌樵烟起十里拖藍側耳聽

山峯高與白雲齊回首泉流勢漸低仙乳延齡源自遠古籐滿目徑終迷懸巖鴉影猶看倒隔岸猿聲不住啼應有詩人思結屋追尋何啻瀼東西

宿龍女祠步唐明府韻　顧晉祁 縣尉

一灣溪水數峯青髣髴尋源到胏泠（水經注泠水間出浮胏山）課江村添畫史吟詩梵院補圖經花明野樹春爲主

寺古名山地有靈獨自憑欄無限意松風猶向六朝聽

青谿寺　當邑 楊州彥 進士

迴寺層巖六月寒芒鞋踏破石磐磐僧常聽鶴開中嘯山不嫌人靜裏看泉響入心翻寂寞鐘聲出谷料艱難名根次第渾消盡此去逢人號雪灘

贈青谿周柳溪學博　朱錫綬

野鶴閒雲總一家清如茂叔即蓮花人餐乳穴泉宜壽詩得山靈氣自華在昔名流消肯嵛近今延攬到蒹葭我來請劃開風月迭長鷗盟住水涯

青谿寺題壁　談經正

偶逃酷暑到禪關分得山僧數日閒一壑嵐光浮面碧中天明月徹谿寒凉生雨氣侵階濕泉似風聲入夢殘曉起細鱗纖可數坐臨烟火試綸竿

青谿寺納凉　李林楨

何處猶凉酷暑平城南古刹愜幽情谿雲帶雨隨時過泉水出山澈底清萬木叢中禪榻靜三橋石上月華明詩脾沁向冰壺裏更聽鐘撞夜半聲

同友人遊青谿　枝江 王永彬 貢生

谿聲引我入村煙紆曲山蟠古洞天蒼石堆雲撐峭

壁碧濤濺雪擁飛泉煎茶小憩清凉界問柏能知魏晉年囑付同人歸去早此間住久恐成仙

青谿古柏　喻慈昌

涵空翠鬱蔭僧房老幹扶疏閱晉唐黛色連天參古佛蒼顏歷劫飽寒霜階前影接谿雲合殿角風來柏子香鶴鶴久棲忘歲月人間爲問幾滄桑

青谿道中　羅應箕

危峯壁立白雲閒雲去天青露翠鬟絲掛碧藤圍舊砦紅燒野火入荒山鐘魚徹耳遥知寺竹樹沿溪不記灣蠶事初過農事起人家日午掩柴關

青谿方丈小坐

去住靈山近廿年棲心未許便安禪龍潭氣挾峯頭雨鬼谷雲封洞裏仙藏影溪流今古月留春樹老漢唐天空門寂寞風塵苦結想誰知各境牽

青谿　　喬桓之

羣峰合沓綠陰屯一縣名山此獨尊老嫗銜雲樵黛壑殘僧帶雨種芳園春風有信林花笑谿水無聲野鳥喧攜得蒲團鋪洞口臥觀壁上古詩痕

青谿寺　　周明修

家近仙源路不迷閒邀風月共幽棲石稜倚樹皴千

疊嵐翠浮空冷一溪綠樹春交芳草岸丹楓秋老夕陽西畫工如寫龍眠意着我山窗聽鳥啼

遊青谿　　官當邑教諭 涂鳳友 竺嶺

遊罷名山思悄然看山恨少買山錢猖狂欲哭窮途裏險阻曾嘗宦海邊故國人愁歌楚調仙源客憶避秦年巖阿清福誰消受半屬閒雲半屬禪

和涂竺嶺遊青谿山韻　　官主政監利人 王柏心 子壽

題詩郎壑意超然興發看山不用錢舊約同盟丹嶂外清遊獨踏白雲邊空思塵境逃名地未卜山靈識面年何日隨君償夙諾捫蘿深處問安禪

遊青谿　　當邑庠生 簡德香

遶峯宛轉近峯懸到眼峯環第一泉詩滿僧牆吟更好茶烹溪水色彌妍秀靈地合誇蓬島渾樸民宜號葛天倘借毘盧容我住半逃烽燧半逃禪

遊青谿洞　　陳金鑾

面面峯嵐擁畫屏法琳去後洞常扃半窗雨過留苔綠一壑雲濃罩樹青攬勝巖前招鶴下講經戶外許龍聽浮榮不慕身常健羸得喬松壽百齡

送楊總戎之青谿　　王殿英

書生豈必厠戎行暫護輶車到上方士卒如雲皆整

肅旌旗蔽日盡飛揚援琴曲訪中郎蔡講易機參鬼谷王願挽青谿東去水烽烟淨洗落天狼

青谿寺呈周柳溪先生　　當邑廩生 朱世耀 小松

三橋彳亍抱孤琴閒裏光陰鬢雪侵心定未妨盟白水家貧端不羨黃金青谿留客公爲主明月分光我見心世事楸枰何足問欲隨杖履入山深

遊青谿寺　　杜志學

古刹荒祠遲欲迷名山畢竟護青谿泉流汩汩龍穿竇樹老森森鶴愛棲閒過三橋渾自識貪看八景句爭攜我來試訪蕭梁事斷碣何曾有字題

龍女祠

當邑 張兆南 庠生

彷彿西池瀉混茫飛來仙女駕輕航藤蘿貼就靈巖畫蘭芷披成水殿香入定僧應空色相臨軒客最愛清凉題詩好爲丹霞祝占斷人閒選佛塲

當邑 劉餘慶 庠生

靑琳是否說神工占定名泉更不同寺址半鋪巖足上禪堂全落水心中當年坐熟三橋雨此日吟生一壑風幸遇高僧長對飲夕陽窗外下丹楓

傅正操

幽祠探向石門西湛湛雙流瀉碧谿津問路迥仙境

界靈昭封荷帝標題留將明月篩花徑駐有慈雲護柳隄移去泉猶山下在跡同鴻爪印春泥

羅應箕

此處谿山甲玉泉荒寒奇秀少人傳靑浮一壑窺天小碧鎖雙流劃地偏對客枯僧持半偈著花老樹閱千年心空梵貝參寥遠振耳龍湫少不絃

宿龍女祠晤周柳溪　喻慈昌

幾回唱和到招提酒榼吟瓢手自攜近識遠公開白社況逢茂叔住靑谿潭心月照靈崖靜洞口泉翻亂石低更愛斷橋無路處竹桃陰裏竹雞啼

鬼谷洞　詹應甲

老莊之外有先生枉被人傳道士名大澤龍蛇騰卦氣空山雷雨和經聲一燈照壁心神斂六國飛符口舌爭可惜過門諸弟子誤將奇耦認縱橫

周維翰

巖棲不受俗塵侵萬仞梯雲上碧岑路轉陰崖懸石乳人穿邃洞雜仙心蘇張竟去山靈笑猨鶴時來道氣深我有草廬空谷外春風把臂共幽尋

臥雲古洞 八景之一　陳敎培

妙峯飛錫下靑谿終日法琳洞裏棲嶺上浮雲同臥

起崖前流水任東西蒼苔痕滿長遮徑老樹根懸不著泥怪煞聽經龍女去人魚猶向夜深啼

法琳洞　劉子垣

遊人爭向法琳洞我亦法琳洞裏來座上天花曾墜落巖邊泉水早移開樹陰晝合圍靑幛石徑秋深長綠苔臥老宗風重振起瓣香猶有未寒灰

雲夢山

雲夢江北夢江南澤盡山橫疊疊嵐萬壑濤聲空際落一天靄色望中含靑谿環繞如屏翰紫蓋綿延若靳驂滴露研朱陳跡杳遊人幾度費追探

登雲夢山絶頂　　李逢年

雲夢巍峩勢整齊登高翹首恨天低巖松偃蹇風雲合洞水潆洄烟霧迷梅老夜聞孤鶴唳山深時聽斷猿啼揮毫不覺憑臨久斜月依依下嶺西

前題步韻　　貢生李元吉謙六

崔巍直與白雲齊俯視衆山勢盡低峯頂攀蘿原可上巖腰採藥不曾迷千年陳蹟徒猿叫一路清音只鳥啼披讀殘碑歸去晚鐘鳴古寺夕陽西

青谿雜詠　　羅應箕

洞口籐蘿一徑斑觀心老衲幾時還人來可有猨投

果蜕去不須虎守關殘月空沉安隱座歸雲應戀舊曜顏宗風浩刼殊難問乘願何妨住世間　卧雲古洞

護法神龍已證禪遺祠畫像尚飄然靈通百谷浮衣鉢幻入三更下瀑泉淡淡春山留翠黛纖纖新月貌嬋娟著茫落日喧雷雨又破浮空色界天　龍女遺蹤

寒光蕩漾三橋月素影蒼凉一鏡秋始悟虚靈無住著誰窺湏洞了浮漚空留老衲參圓相倒湧遥天漱碧流隱約妙鬘雲蕩散中宵龍女獻珠遊　谿橋夜月

百八蒲牢叩夕暉遥遥遺韻響依稀遏雲縹緲懸清漢留月空明住翠微絶徑風高沉鶴唳囘峯人語帶樵歸山僧未識聞根斷不盡聲聲喚息機　烟寺晚鐘

終古雙泉流不盡仙源混混下峩眉一溪晴雪分山勢萬里伏龍合水湄望去天空寒鬢影閒來雨過數魚兒膏渟黛畜巖花落好是風清浪軟時　雙泉澄碧

滚滚寒濤訴不平炎天白雪一溪生潮響晴有風雷氣石怒根翻灔澦聲泠逼鬢眉空色相痕流清淺話蓬瀛只憐澎湃前崖下嗚咽難消萬古情　奔濤濺雪

先生一去空山冷古洞荒荒認舊蹤石室陰沉寒白日蘿衣屈曲挂蒼龍泉宜洗藥烹來淡蝠不驚人睡正濃只是紅塵仙骨少蘇張復還出雲封　鬼谷幽棲

浮空蒼翠擁晴嵐望裏氤氳萬木參石徑蜿盤埋野草松根雲去認荒庵濃陰彷彿層霄近黛色分明一氣涵絶頂仙眞殘局在烟霞想像快清談　雲夢晴嵐

喻慈昌

爲訪仙蹤覓徑行參禪人去白雲横半崖苔篆摛文古一帶泉聲漱石清過客爭詢當日事談經還記舊時名手披斷碣懷陳迹頓起遊人出世情　卧雲古洞

一從龍女叩禪宗萬丈飛泉下碧峯瀑布潛移靈鷲靜洞雲長護古苔封藤成樵棧懸空際壁掛銀虹剩舊蹤道法至今猶未替常將霖雨濟三農　龍女遺蹤

與僧谿上話秋宵皓月横空夜寂寥一派清光飾古
砌千林紅葉幕山橋冰輪照澈金波碎銀漢倒涵雲
浪揺悟到空明忘色相此時不覺萬緣消 谿橋夜月
蒲牢叩罷夕陽天聲壓谿濤傍晚傳近徹梵宫膺遠
谷遥從霜夜度清泉僧歸流水三橋月鶴唳空山半
壁烟若箇唤醒名利夢來參最上一乘禪 烟寺晚鐘
混混雙泉日夜鳴穿崖咽石雜經聲波心倒印遥天
碧洞口分流漱玉清兩水月沉山色淨三橋柳拂鏡
光明偶來掬飲消詩渴便借潺湲濯素纓 雙泉澄碧
滚滚清泉瀉急湍響騰谿上走狂瀾濤聲濺石三更

壯水影翻空六月寒怒挾風雷疑灩澦爭看晴雪下
溪灘瀠洄長此留清淨一大渾流本色難 奔濤濺雪
六國紛爭懶繫心蕭然世外憶仙岑山頭紅日沉溪
冷洞口白雲入座深野鶴孤鳴常對影神龍高卧未
爲霖蘇張自是無仙骨一卷陰符誤到今 鬼谷幽棲
烟沉霧淨蕩晴朝一片嵐光混碧寥欲擬蠡花圍古
寺不隨野色下谿橋青浮嶺表離還合翠點天空近
忽遥堪笑白雲貪著相窮形極態逐風飄 雲夢晴嵐

六言絶句

登青谿山眺遠　楊州彦

溪鳥聲聲唤雨歸樵夢步踏烟鶩起老夫醉卧扶筇
四望蒼然

五言絶句

淥水曲　李白

淥水明秋月南湖采白蘋荷花嬌欲語愁殺蕩舟人

青谿夏日雜詠　羅應箕

雲沉谿壑樹晴響寺樓鐘趂客來么鳳穿林避籜龍

又

招鶴窗三面遮天柳十圍生涯僧院靜閒話篆烟微

又

熱雲催急雨薄靄捲輕風數聲啼鳥亂滿澗落花紅

又

泉清魚可數石欹樹疑扶策杖人何往眠琴客未孤

七言絶句

龍女祠　楊瑯樹

龍宫仙子遠逃禪聽法曾移聒耳泉未斷巫山行雨
夢依旬仍有澤敷天
一從獻食禮瞿曇螺髻鮫裙半染嵐家在岷峨歸也
未遺祠常傍卧雲菴

谿上垂釣　貢生　周光祿阮亭

一把綸竿事事休無風無浪坐磯頭而今世上多香
餌莫似遊鱗誤上鈎

望青谿山　　當邑張致壽　貢生

一望白雲西復西遥從天半認青谿不知古木森森
處若箇幽人得所棲

懷青谿　　長林鐵愚　稟生黎鳳誥

夢想高安十七年無人肯贈買山錢何時得遂烟霞
癖願種青谿數畝田

法琳洞　　周維翰

古木陰森洞壑間白雲相伴老僧閒老僧翻笑雲多
事偶有風來便出山

石橋月下小飲定青谿八景　　談經正

嶺上雲依老衲間朝朝洞口護禪關只今古德空陳
迹猶有白雲自往還　臥雲古洞

飄然雲髻與風鬟萬里蜿蜒到楚山坐愛寒巖鐘磬
冷水晶宮殿未曾還　龍女遺蹤

忘機石上坐潺湲把酒人當水月間月色溪光長若
此茫茫塵土幾人閒　溪橋夜月

冷然數杵徹雲汀觸石浮溪人未停日落烟消羣籟
寂聲聲散入萬峯青　烟寺晚鐘

分流夾岸漱雲根一帶澄泓繞寺門藍翠染成溪色
淨碧天影落淡無痕　雙泉澄碧

混茫終古瀉重淵捲起千堆雪滿川六月寒生銀海
眩從伊熱客冷潺湲　奔濤濺雪

幽洞雲荒澗壑陰當年龍德退潛深儀秦底事耽遊
說不似先生高尚心　鬼谷幽棲

雙蹲石闕數峯西非霧非烟望轉迷石上仙人曾弈
處至今紫氣覆青谿　雲夢晴嵐

青谿懷古　　盛徵琪

爲訪先生舊碉阿我來捫葛與攀蘿空山讀易成千

古世上陰符一卷多　鬼谷子

亂世生才亦大難琴心幽絶爲誰言可憐五曲青谿
水不爲中郎一洗冤　蔡中郎

殘碑猶話義熙年似爲泉明白社遷米汁未妨寬酒
戒箇中三昧上乘禪　釋惠遠

佛果三生慧業修菩提葉落不應愁葯爐經卷詩中
畫但到名山屐便留　王右丞

五言古補錄

韓石巖寫青谿　　楊州彦

乘興寫青谿問似青谿否喚出老僧來老僧但拍手

雪中望青谿　張致青

索居憶舊遊青谿日在眼山城一夜雪白雲封絶巘天低寒光凝雪與雲難辨古松自蒼蒼流水自滉滉陰陰鬼谷洞心遊神獨遠

青山　劉子垣

筍輿過青山響沸巖泉水迴望高安城悠悠白雲裏

宿龍女祠　羅應箕

老僧留客宿蘿屋傍巖洞就枕不成眠泉聲繞幽夢

五言絶句

青谿　當邑聶子英麋生

徑僻麋遺角林深虎嘯風秖疑羣峭合都是亂流通

七言絶句

谿上獨坐　喬桓之

漂泊楚江二十秋（予生四月隨先君宦遊楚北今已二十年矣）西風吹起故鄉愁寂然獨坐斜陽裏木葉蕭蕭落滿頭

七言古

出山城入青谿　朱錫綬

山城秋霽山翠浮官閒聊約山靈遊出郊山比民居稠欲迎欲距欲挽留不暇應接惟點頭一山當道盤如虬人行虬脊風颸颼側出一山高無儔衆山從之如奔投滕薛爭長知尊周或如門闕如軒輶靜如鶴兮閒如鷗如溪飲馬陂臥牛如髻聳兮如眉修如美人兮當高樓邢尹避面如含羞如瞋如笑如迴眸按圖召幸爭先收豈無王嬙抱離憂畫工不向延壽求珊瑚銕網誰能搜雲中雞犬仙去不古松鱗鬣濤聲滄瑤琴忽發空際謳鬼谷已杳成連休歌碧玉兮夢夷猶月明何人蕩蓮舟一曲一詩心悠悠中郎倡者郄僧酬誰與晝此溪山秋摩詰粉本空雕鎪古來名士水上漚土花沒碣蕭綮愁不如飛錫遊神洲拍掌一笑逢浮邱

喜雨　七言律

丁巳季夏攝篆高安會秋旱民艱播種遂以八月望禱雨於青谿之龍女祠是夕雨翌日又雨車迴而雨止民以爲未足也越七日望山默禱乃大雨三日吏民相慶紀之以詩

山田瘠薄水泉乾况值秋陽播種難一雨高原三日足連宵涼夢五更安論功已願歸神女頌德能無愧好官最是煙蓑村舍景朝來贏得倚欄看

當門楊柳綠垂垂兀坐秋窗有所思鄰舍築墻翁莫問桑陰徹土烏先知洗兵及早消螢燄雨粟猶能救雀飢但得沾濡睛便好漫教苦雨賦潘尼

荊楚文庫

〔同治〕遠安縣志

〔清〕鄭燡林 修
〔清〕周葆恩 纂

《荆楚文庫·方志編》編纂組

組　　長：陽海清（執行）

副組長：劉傑民（執行）　王　濤　謝春枝　范志毅（執行）

參編人員（以姓氏筆畫爲序）：

王　濤　李云超　宋澤宇　范志毅　柳　巍　馬盛南　陳建勛

梅　琳　張文静　張雅俐　陽海清　彭余焕　彭筱溦　楊　萍

雷　静　劉傑民　謝春枝

編　　審：周　榮

顧　　問：沈乃文　李國慶　吴　格

前言

《〔同治〕遠安縣志》八卷首一卷，清鄭熚林修，清周葆恩纂，清同治五年（一八六六）刻本。牌記鎸『同治五年 遠安縣志 板存本學公藏』。

鄭熚林，字介眉，湖北英山人，同治元年（一八六二）進士，同治二年（一八六三）官湖北建始縣知縣，四年（一八六五）官遠安知縣。周葆恩，字商山，江夏人，道光二十三年（一八四三）年舉人，同治三年官遠安訓導。

清代遠安有志始於順治十八年（一六六一）安可願任，咸豐八年（一八五八）趙廣恩等續修。同治二年，時任遠安教諭秦述先曾以趙志『記載顛倒，且多不可解之句』，欲予重修，然因經費不足而未成。鄭熚林到任後，全省通志纂修，省憲以志事檄下屬縣邑，遂延請周葆恩主持修志。葆恩與衆鄉紳分任采訪編輯，仿安志體例，仍趙志文詞，歷十二月書成付梓。

志分八卷，凡五十餘類，卷首列序、目録、纂修名單、凡例。其序言及凡例皆指明是志體例仿照安志，然其門類設置與趙志更爲接近，而排布順序依安志有所調整。此外因時製變化而增益改易者則與安、趙二志皆有不同。如改仿州志繪製星圖，置於卷首；又改『分野』爲『星野』，移出輿地類，以示『天包乎地』。『學校』補録《仁皇帝上諭》《同治四年酌定講約章程》等。『藝文』删去趙志特意所置『青谿』一目，依舊分文、詩二種，文依時間，明文爲一類，清文依皇帝年號順序分類記載，詩則依體裁分類。

是志成書相距趙志不過八年，内容增損較少，多於趙志基礎之上正其誤、削其冗。如不再録入趙志『雜識』中不經之記載，依照安志改正趙志類似遠安『近瑶而遠』，故名遠安以及『洋坪似在河西』等疆域城池方面的内容錯誤，删去趙志以某監生屋爲地名之説法。將趙志所録人物傳記中負面記載删去，以示善善從長。另遵循生人不立傳之原則，凡老壽至耄耋、節孝已符年例者外，趙志所載尚存於世者皆不録入。趙志存在編號跨門類連接現象，是志予以糾正，以免前後不搭。

據《中國地方志聯合目録》載，北京、上海、天津、遼寧、甘肅、南京、浙江、臺灣、湖北、湖南、川大等館藏有該志。本次影印以湖北省圖書館藏清同治五年刻本爲底本，偶有缺字、字迹不清，以同館同版藏本相應葉替補。（彭筱溦）

目録

同治五年

遠安縣志

板存本學公藏

纂修志書序

夫言以足志而不誠無物誠者無妄之謂不欺之謂也予嘗以此自課因以相天下士難矣乙丑春捧檄宰高安受交代有修志之役以爲書不手訂何以成信史既而彌月不遑及此

催科撫字事事當盡心顧此則失彼也過訪學博周君商山周君鄂城名孝廉司鐸於此惟恐不稱職者予觀其課試諸生如訓子弟一句一字無不講明切究心儀之曰得人矣以其事輾轉屬之周君曰當効力久而不

報急促之曰君其俟我乎曰尚有待期年懷其稿示予予再三紬閱知其紀載得實則彼之无妄即予之不欺也以一字報之曰真遂付諸梓

時

同治五年歲次丙寅仲夏月

賜進士出身

欽加同知銜知遠安縣事芝田鄭燁

林介眉氏謹識

編纂志書序

聖人曰文勝質則史予於文不能也於史則不敢會修省志自縣志始邑侯鄭司馬介眉先生將手訂之而夙興夜寐吏治甚勤惟官無留事待理者轉多簡畢弗克躬親矣以其事屬

之予予遜謝不敏請延名手不許退與二三子分途採訪同心編輯師安志之體例仍趙志之文詞不敢當作亦不敢當述也閱十二月而稿脫轉報司馬司馬曰真遂災棗梨然深山窮谷耳目難周高誼奇行保無有遺漏者姑俟後之君子補而輯之至於言之不文則予之咎也而都人士下予咎知予固陋也

時

同治五年仲夏月遠安縣訓導江夏

周棟恩商山氏謹識

周商山司訓重編縣志敘

癸亥春予承乏遠安教諭接記後欲得風土人情索縣志讀之記載顛倒且多不可解之句思爲釐訂而其書編纂未久邑中公事甚多資用乏絶念遂止甲子冬前方伯厲公有重修

之令邑侯鄭介眉司馬以其事屬之司訓周君商山君本沙羡名士日賦萬言者爲之稄前掇後始得縷析條分惟於原板有可存者多方牽就大爲棘手所謂述難於作也蓋其慘淡經營年餘矣稿成求予指摘君之虛

心也予反覆尋究實獲我心譬如散珠錯落得君而牟尼一串矣何能贊一詞乎至於斟酌損益詳見凡例第觀其考核縣名讀遠爲去聲如夢初覺則良工心苦已窺見一斑焉

時

同治五年孟秋月

欽加　內閣中書銜遠安縣教諭江陵秦述先壽彭氏識于長林試館

遠安縣志目錄

歷修姓氏

纂修

明　遠安縣知縣劉英

王綍

劉順時

孫自強

清　周會隆

安可願

趙廣恩

朱錫綬

編纂

清　遠安縣教諭劉子垣

同纂

遠安縣訓導黃庚

督刊

周刻　遠安縣典史趙珺

安刻　穆登先

趙刻　鄭維周

倪炯

纂集

周刻　邑庠孫開祚　張禮維　鄧孔進　李本先

孫枝榮　簡惺

安刻　曾宗孔　簡惺　孫傳文　張千英

參訂

周刻　鄒毓祚　廖明儒　張鴻業　孫惺

張宿輝

安刻　張恒維　楊嘉桂　李樹巽　徐秉龍

黃維清　談繼孔　傅作礪　洪世傑

趙刻　生員周維翰　覃仙根　生員杜志學　拔廩熊應兆

生員劉爲鏊　生員談修來　鄒席珍　舉人馬汝珩

拔貢李時彥　廩貢徐甲第　生員陳教壎　貢生楊汝平

舉人陳教塏　監談尚樂　王殿英　程延平

校正

周刻　黃亥　向在中　張千英　徐秉龍

李觀生　孫愉　游應捷　游應升

陳大瑋　張宿輝

採訪

趙刻　貢生朱曰桂　周明修　張珏　廩生徐汝驊

陳揚芳　望贊襄　監邊中澈　孫國榮

喻承綱　楊汝梅　陳堃　貢生姜德明

鄭之諶 郫邑 曹秀林　郭鳳鳴　王英才

傅作霖　陳汝枬　徐文林　覃東山

談尚化　楊繼震　余成英　張德宣

程懷瑾　許夢蘭　劉清泉　周丕顯

謄錄

董刻督書　董其炡 當邑儒士 宋國藩

遠安縣志重修姓氏

總纂

欽加同知銜遠安縣知縣　英山鄭燡林

同纂

內閣中書銜候選知縣遠安縣教諭　江陵秦述先

編次

遠安縣訓導　江夏周棌恩

監刊

遠安縣典史　滕縣高遒陞

校正

候選州判選　拔貢李時彥

候選教諭選　拔貢朱承緒

恩貢張　玨

恩貢鄭之諶

恩貢朱曰桂

恩貢蕭德醑

歲貢談修來

歲貢周明修

歲貢王庭珴

歲貢徐畢孚

歲　貢詹泮藻
歲　貢杜志學

參訂兼採訪

廩　生喻承綱
廩　生陳揚芳
廩　生王旭林
廩　生劉榮甲
廩　生詹玉藻
廩　生鄭德培
廩　生劉躍鯉

廩　生黃玉成
增　生李登瀛
增　生覃鯤化
增　生陳教埏
增　生覃蔚南
增　生熊汝鈺
增　生牟慶甲
增　生陳家鎔
增　生李　鯤
增　生詹述之

附　貢楊臨春
附　貢程芳蘭
附　貢邊中澈
附　貢郭鳳鳴
附　貢陳教培
庠　生楊朝瑞
庠　生陳浩然
庠　生易士亨
庠　生喻承纓
庠　生朱攀桂

庠　生余成英
庠　生余穎川
庠　生張玉蘭
庠　生程懷瑾
庠　生覃斗南
庠　生王廷碩
庠　生楊映川

採訪

廩　生彭兆祥
廩　生邊煥章

廩　生談　頌
廩　生陳教堦
廩　生翟春藻
廩　生孫象賢
廩　生焦聯輝
增　生易漸逵
增　生談玉樹
增　生徐鴻元
增　生孫國榮
庠　生周丕顯
庠　生徐輝肅
庠　生覃杏南
庠　生張運朝
庠　生談學顏
庠　生鄒日奎
庠　生周東寅
庠　生陳東生
庠　生王掄元
庠　生蔡大煒
庠　生焦聯珠

庠　生徐光月
庠　生湯德鎮
庠　生覃敬修
庠　生饒培森
西庠　生丁蔚南
西庠　生陳發楨
西庠　生覃祥麟
西庠　生曹于飛
西庠　生張冠瀛
西庠　生程飛熊
西庠　生崔登甲
孝廉方正劉爲鎬
候選通判吳光斗
同知銜安徽試用知縣喻光祥
例貢喻子茂
例貢荀光烈
例貢游明甲
上庠　生莊汝言
上庠　生談學韓
上庠　生王信若

上庠生談學曾
上庠生汪大文
上庠生謝玉樹
職員江應璧
職員喻秀松
職員李良材
職員李芳樹
職員王荆山
繪圖
學書李友寬

謄錄
文童馬興珏
領刻
漢陽陳乾九

遠安縣志

凡例

一遠邑前明有劉志國初有安志咸豐年間有趙志安志彷劉志編次語簡而眉目甚清趙志翻安志文章言多而體裁不合今遵安志之序仍趙志之文將前後倒置者改復其舊

一趙志成於劉君占五之手意在含納務博爭勝於前人不知安志所載皆前明事趙志成於二百年後自然加多其繁冗雜闒前志各繩其謬

故逐一更正

一天地之道孤陰不生趙志列分野於地輿似不知天包乎地陰統於陽之義今遵州志繪翼軫二星圖於卷首而卽以趙志分野改爲星野俾无爲而代有終者不得爲萬物資始

一上天垂象示警欲人恐懼修省故邑乘載之非如齊諧志怪但求可驚可喜趙志有雜識一門所載若道光年間雨蟲數寸噬人則皮爛肉黑而死詢之邑人並無其事諸如此類甚屬不經是以不錄

一遠邑在漢爲臨沮在晉爲高安後周始改爲遠安趙志注曰以其近猺而遠故名夫近猺則近猺遠猺則遠猺近猺而遠四字費解今查安志曰以其近猺而遠置之言遠害也遠字讀爲去聲當從安志

一疆域城池山川形勝關係兵家勝敗一或不明失機甚大即如洋坪似在河西實在河東趙志悞載則少設一渡矣敗將安歸不知出北門渡河至洋坪又渡河乃至集汎今依安志更正

一疆域圖說限於尺幅兵防要地甚多難以備載

茲將四隅另分四圖詳細註明俾軍家不用鄉導一覽而知居安思危有備無患也此不可不加察

一亭子山城呼爲舊縣鳴鳳山城呼爲新城此二百年前事新者亦舊矣況已成廢址乎相沿不改而别令治爲東莊坪令閱者疑鳳山城爲今治矣特改新城圖爲鳳山舊城圖改東莊坪圖爲遠安縣城圖以免牽混

一紀載貴詳而繁文宜省志遠安關帝廟曰在西門內足矣趙志惟恐人不知又曰左爲萬壽宮右爲觀音菴豈關帝殿宇亦待左右鄰出甘結耶抑聲名不及諸佛耶此等筆宜削

一人以地傳地亦以人傳我輩不出名有依人以爲名者故住址不曰某砦間壁則曰某廟對門趙志載某名士别墅曰在某監生屋前載某公所曰在某監生宅後是名士公所皆附監生得名矣特删之

一趙志紀戸口略紀賦役詳紀物產多掛漏即如紀花草遺蘭蕙似未免輕其所重矣今查戸口

差徭派字改爲僱字則前侯之恩不可沒田賦財用古法認爲新法則時王之制轉不尊因並易之

一祭有上祀中祀羣小祀五嶽視三公四瀆視諸侯名山大川猶屬臣禮況邑厲乎趙志首南北壇次先農常雩龍神以及邑厲最後者文武文昌三廟三廟用大牢邑厲施豬羊飯糲而易見者何倒置若此查安志曰祀典首列　又廟尊

先師也因更正之

學校爲教化之地趙志以

先聖先賢先儒及名宦鄉賢孝子節婦牌位當之誤
矣謹奉　各位歸於大成殿內外而學校無事
矣恭録
聖經一章
章皇帝臥碑
仁皇帝上諭
憲皇帝廣訓浙江巡撫直解及同治四年酌定講約
章程以補之
一名宦鄉賢康熙雍正乾隆年間疊奉
上諭不准濫保以干瞽宗之典其濫保者分別究治

趙志於政績可稱者統列於名宦品學兼優者
統謂之鄉賢殊乖憲典今遵前州舒志前縣安
志將宦改宦蹟士改行業
一名宦去聖賢不過未達一間是以
朝廷不輕許人趙志爲某某立列傳一則謂其性情
躁急小不如意輙暴跳如雷隱寓浮躁二字一
則謂其雖非冰心一片亦爲小廉曲謹隱寓貪
鄙二字尚得爲名宦乎今查二公實有政績可
稱删去暴跳等句亦善善從長之意
一節孝冰清玉潔紀載最忌語病趙志叙節婦得
遺腹子曰夫亡生一子詎有一無節孝婦亡翁
存者翁患痰喘氏朝夕事奉不離牀蓐污穢不
避語病二又叙孝子父病不仁子朝夕餇之涉
於不敬語病三不得不略爲改竄
一神仙有根基非千百年不能成正果婦女守節
義必數十年而後見貞操採訪失實則冒濫者
多而令眞者受屈此次修志於首士舉報後另
派首士細查取具連環結加以容訪無異然後
登載俾請託不行而苦節乃貴
一忠義孝義高誼等美名足以鼓舞人心扶持世

教不敢輕於許人亦慎重名器之意至於老壽
一門亦必年高德劭大局無虧者然後採錄不
然蹣跚亭高年而名留萬古一經指摘不轉穢
播千秋乎非刻之正愛之也
一凡人必蓋棺而後論定前志有舉報悌弟甫經
登載而同室操戈鬩仇公堂者今經首士指出
除名此次編纂凡現存者除老壽已登耄耋節
婦已符年例之外姑俟將來修志採而輯之
一藝文就原板甚多殘難分別作者之先後今於
文但分朝代不過於鬬笱合縫處少加斟酌於

詩則第分古律絕三項而作者爲何時人亦多不可考仍之以省筆墨

一趙志以青谿爲遠安第一勝景將山川人物題咏另作一卷然鹿苑鳳山亦大名勝豈可揚此抑彼故示區別而爲去取且遠安可以無青谿青谿不能外遠安質之青谿諸紳以爲然乃重復搬運仍不遺其一事一物不惟遠安生色而青谿亦不致無歸

一編號應各歸各門不可接連編數趙志賦役十七頁接下學校爲十八頁編成之後又有三頁則曰又十七一又十七二又十七三則接連編數之過也惟此篇不搭彼篇後頁不搭前頁將來即有損益不致因一頁餘數頁因一篇換數篇

天文翼軫圖

翼

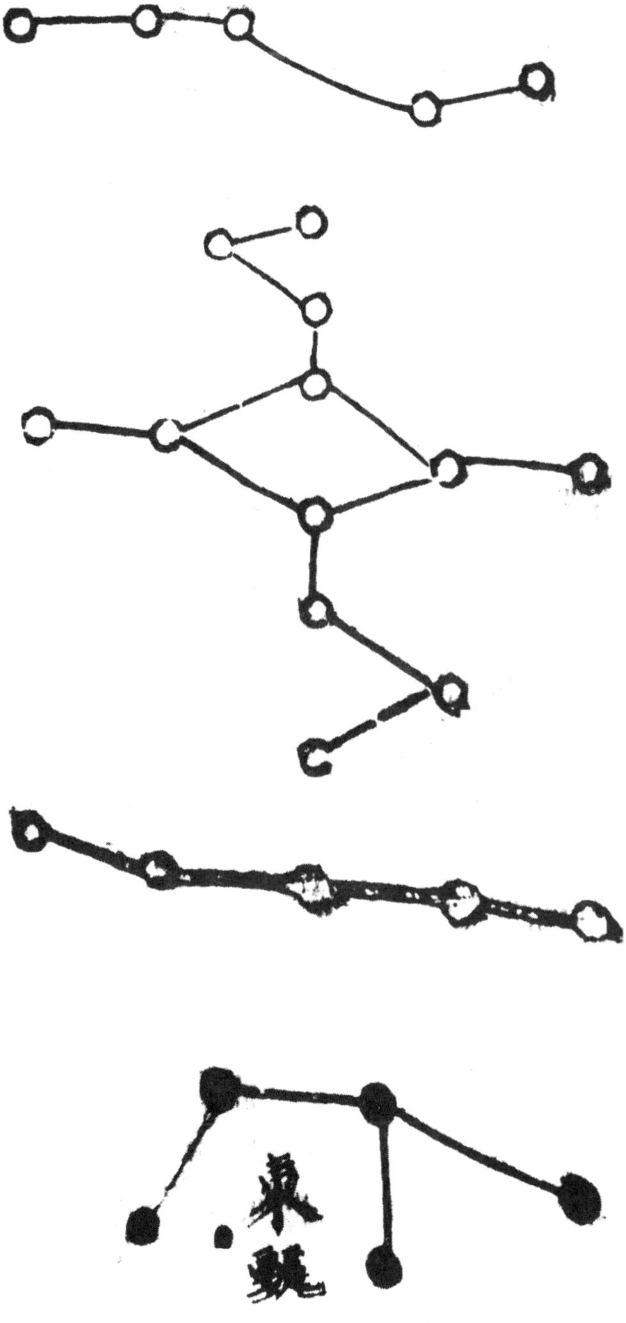

軫

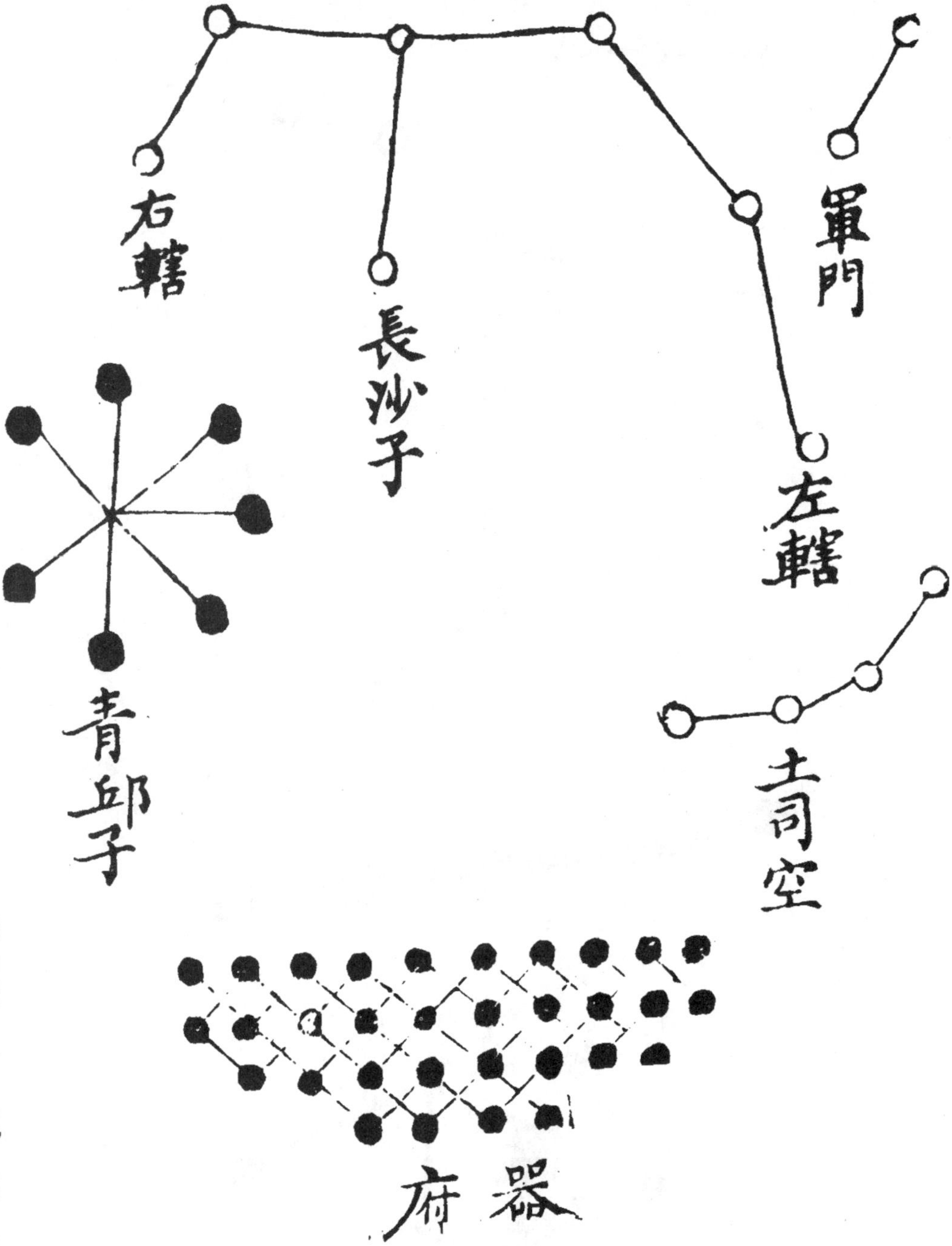

軫星圖

按趙志有地輿而無天文今遵前州志繪翼軫
二圖而刪以趙志地輿分野改爲天文星野以
備一門

遠安縣志卷之一

星野

象緯茫茫推求匪易雖分野之說見於周禮註其所言某分某辰皆指一國而言至欲問某郡在某度已屬杳茫何論縣邑然史家體例皆以分野爲先此條自不可廢荊州爲楚都會遠安與荊門向皆隸焉茲特舉星野之在荊州者摭數則以備此一門而不敢有所穿鑿云志分野

周禮春官保章氏以星土辨九州之地所封封域皆有分星以觀妖祥註星土星所主土也十二次之分鶉尾楚也

史記天官書二十八舍主十二州正義星經云翼軫楚之分野荊州

漢書地理志楚地翼軫之分野也今之南郡江夏零陵桂陽武陵長沙及漢中汝南郡盡楚分也

後漢郡國志註帝王世紀自張十八度至軫十一度曰鶉尾之次於辰在巳謂之大荒落於律爲夷則斗建在中今楚分野

晉書天文志十二次度數自張十七度至軫十一度爲鶉尾於辰在巳楚之分野屬荊州（費直起張十三度蔡邕起張十二度）州郡躔次翼軫楚荊州南郡入翼十度

唐書天文志翼軫鶉尾也初張十五度餘千七百九十五秒二十二太中翼十二度終軫九度

明史天文志西洋之說南行二百五十里則北極低一度北行二百五十里則北極高一度測得湖廣北極去地三十一度

大清會典湖廣北極高三十度三十四分四十八秒又東西偏度凡偏東一度節氣遲時之四分偏西一度節氣早時之四分湖廣偏二度十七分

遠安縣志

建置沿革

自秦立郡邑而周禮職方氏之舊漸不可考況漢唐以來建置寖繁卽遠安一區或稱臨沮或稱高安隸之汝陽隸之峽州隸之荆州耳目徒新民社何裨乎茲復於乾隆五十六年陞荆門爲直隸州轄當陽遠安申劃旣明萬世永賴矣爰追溯其前爲之表以冠諸首俾考古者有所據焉志沿革

表

西漢	臨沮縣地	屬南郡　東漢同
三國	魏臨沮縣	屬新城郡
晉	高安縣	安帝隆安末置屬襄陽郡
宋齊梁陳	宋高安縣	汝陽郡治　齊高安縣　梁高安縣　但汝陽郡治　後周遠安縣　屬峽州
隋	遠安縣	屬彝陵郡
唐	遠安縣	屬峽州
五代	遠安縣	屬峽州
宋	遠安縣	屬峽州
元	遠安縣	屬峽州路
明	遠安縣	屬彝陵州隸荆州府
國朝	因之	

建置沿革攷

漢武帝置臨沮縣屬南郡魏屬新城郡晉末置高安縣屬襄陽郡劉宋初汝陽郡治此齊梁因之後周改爲遠安以其近徙而遠置之屬峽州隋以遠安隸彝陵郡唐乾元初復彝陵爲峽州屬山南道遠安隸峽州宋乾德仍以遠安屬峽州隸荆湖北路元陞峽州爲路仍領遠安隸河南行省明初以峽州爲府洪武九年改爲彝陵州領遠安隸荆州府

國朝因之雍正十三年改屬荊州府乾隆五十六年
陞荊門爲直隸州改屬荊門州（附併入縣○汝陽縣宋書州郡志宋初置汝陽郡領汝陽潼陽沮陽高安四縣後省汝陽領三縣○潼陽縣晉末置屬汝陽郡劉宋因之後周縣廢）

按襄陽有潼口河潼陽縣當在南漳之北湖北
通志載南漳縣西一百里有汝陽洞古汝陽郡
以此得名疑是汝陽縣若汝陽郡宋書巳明言
治高安云

遠安爲古臨沮考辨　劉子垣

遠安於春秋封國史册無徵大抵在楚封內與羣蠻
相近者秦廢封建置郡邑其名或不傳漢興爲臨沮
縣以其臨沮水故曰臨沮也考沮水有三禹貢雝沮
會同兗州之沮也漆沮既從雍州之沮也若臨沮之
沮則左傳江漢雎（註雎與沮同）漳是定公四年傳楚子涉
沮註今湖廣當陽縣北一里有沮水秖以楚昭王所
涉處言之其源實出房縣之景山水經注郭璞註曰
水出新城郡昌魏縣東南發阿山東流經臨沮縣縣
之北有通城河水出穿山洞與沮水同流夫縣曰臨
沮河曰通城則縣治當必與河相近登樓賦言倚曲
沮之長洲倚郎臨也遠安故城今城皆臨沮水其爲
古臨沮也奚疑哉自晉武帝平吳割臨沮之北鄉中
盧之南鄉立上黃縣後併入中盧爲今南漳縣地此
南漳所以亦稱古臨沮也其實沮水自房縣東流至
歇馬廟歷馬良坪西坪重陽坪潮水峽（源出沮水一日一潮故名）
出峽口南流皆去南漳縣三百餘里不與城近原於
臨沮之義無取而晉所割之臨沮地又秖北鄉一帶
豈可遂謂之臨沮乎且南漳志稱臨沮在縣南三百
里四至稱南三百里交遠安界考漢時臨沮故城又

確在遠安境內無可假易是臨沮舊壤自在遠安而不得指爲南漳矣雖南齊書寗蠻郡督府郡縣有南襄郡領新安建武武平武昌四縣或以是爲齊分臨沮縣置皆在南漳境內而不知南襄城南距臨沮城五十里亦屬遠安之北境也焉有分臨沮所置之郡治此而不爲古臨沮者世儒不詳考其地謂南漳爲古臨沮併謂青谿山及青谿爲南漳地豈不謬哉顧或者曰遠安信爲古臨沮矣而其間亦有可疑者晉既析臨沮爲高安宋汶陽郡亦治高安何以宋書又有臨沮令之授南齊書更有臨沮伯之封豈安帝之

末即禪劉宋晉改高安而宋齊仍爲臨沮歟抑高安本爲臨沮南史追言其舊歟均難臆斷要之南齊以後臨沮不著於史而惟稱高安矣逮後周改高安爲遠安而縣名遂相沿至今焉又荆州以荆山得名禹貢蔡註南條荆山地理志在南郡臨沮縣楚封於荆山卞和得玉獻玉皆楚國事南漳爲羅與盧戎國不在楚封內今披閱輿圖荆山乃在南漳縣西一百五十里以前史考之杜佑通典漢臨沮縣北有荆山晉書臨沮縣註荆山在其東北當是晉所割臨沮之北鄉非南漳本境而荆山以南之爲楚封從可知矣此亦遠安在楚封內之明證也至若汶陽郡領縣高安之外有沮陽後周於重陽立沮州亦皆以沮水得名而不盡爲晉所割之臨沮境矣按說文沮水出東汶陽郡沮陽縣西北景山即荆山首也高峯霞舉峻聳層霄山海經云金玉是出亦沮水之所導故淮南子曰沮水出荆山水經註沮水出於漢中房陵縣南經臨沮城又東南經當陽城又南經楚昭王墓與漳水合又東南入於江

疆域形勝圖說

傳曰江漢沮漳楚之望也遠安適當沮水之中東抵荊門西抵夷陵南抵玉陽北抵南漳四履廣狹雖不及他邑而崇山峻嶺亦荊州之門戶也第疆域古今贏縮靡定茲特詳其現所申畫者標其險要俾覽者不待聚米畫沙而闔境情形俱見左方云志疆域

疆域圖

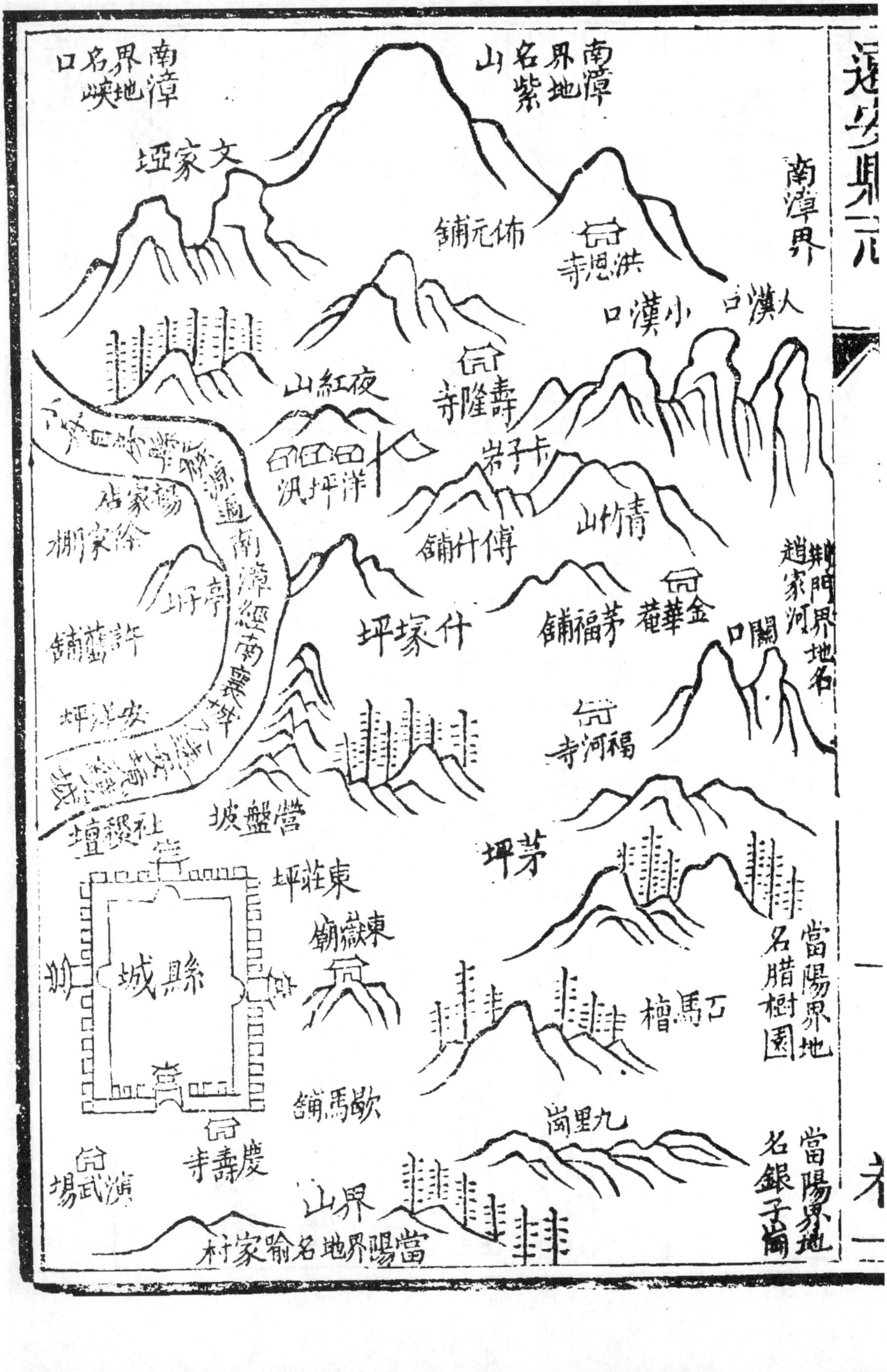
南漳界地名峽口
南漳界地名紫山
文家埡
佈元鋪
洪恩寺
南漳界
人漢口
小漢口
夜紅山
壽隆寺
洋坪汎
卡子岩
青竹山
傅什鋪
陽家店
徐家棚
亭子山
安洋坪
什冢坪
茅福鋪
金華庵
關口
荊門界地名趙家河
福河寺
營盤坡
社稷壇
茅坪
東莊坪
東嶽廟
縣城
石馬槽
當陽界地名腊樹園
歇馬鋪
九里崗
慶壽寺
演武場
界山
當陽界地名喻家村
當陽界地名銀子崗

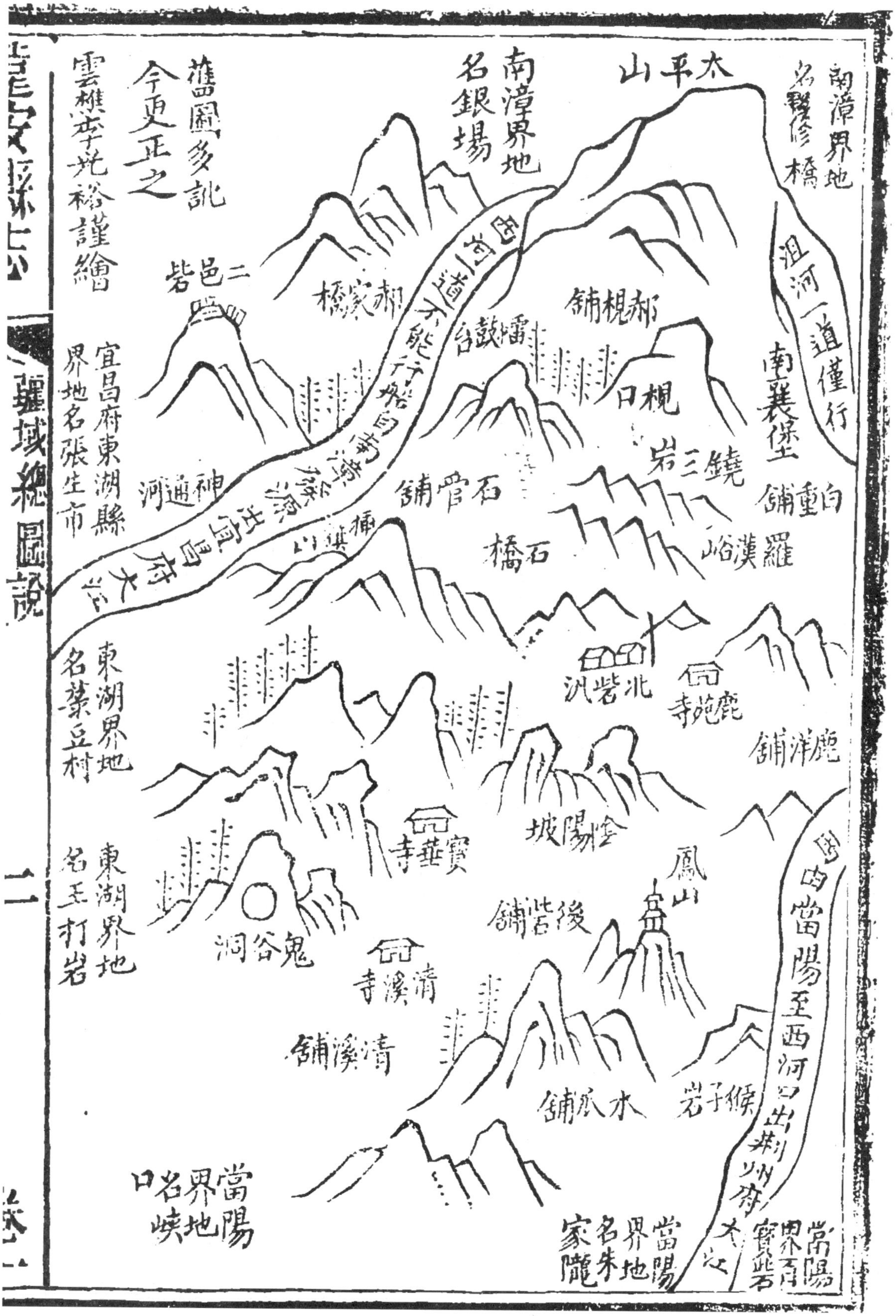
疆域總圖說
二
南漳界地
太平山
南漳界地
名銀場
舊圖多訛
今更正之
雲樵李光裕謹繪
沮河一道僅行
南襄堡
西河道不能行船自南漳縣流出宜昌府大江
二邑砦
郝家橋
郝梘鋪
擂鼓台
梘口
饒三砦
白重鋪
羅漢峪
石橋
石門鋪
神通河
宜昌府東湖縣
界地名張生市
插旗山
北砦汎
鹿苑寺
鹿洋鋪
東湖界地
名葉丘村
陰陽坡
寶華寺
鳳山
後砦鋪
東湖界地
名玉打岩
鬼谷洞
清溪寺
清溪鋪
水瓜鋪
候子岩
西河自當陽至西河口出荊州府大江
當陽
界地
名峽口
當陽
界地
名朱
家隴
當陽

疆域四至

遠安在荆門直隸州西一百八十里

東西廣一百五十五里南北袤一百八十里

東至荆門州界歐家山七十里

南至當陽縣界界山十五里至縣城七十里

西至夷陵州界峽口鋪五十里至州城一百八十里

北至南漳縣紫山巏孖埡一百里至縣城四百二十里

自縣治東南至荆州府二百四十里至武昌省水行一千二百九十里陸行一千二百七十里

附形勝

舊荆州府志東接荆陽西通巴蜀山谷險隘沮漳流通在萬山之中爲四固之地

舊縣志沮江龍洞二水滙流於東南鳴鳳鹿溪二山鼎峙於西北

周洪謨曰眞岩險用武之地

營盤坡在縣之北關外平崗里許北連沮河南接城垣乃城池之保障此處屯兵聲勢相應進可以戰退可以守

洋坪汛在縣之北距城四十五里有大鎮市後司把

總分汛前有沮河後有高山極地勢之雄如天塹之險屯兵於此可以策應四方

北砦汛在縣之西距城二十五里右司把總分汛寬平廣大可設伏兵上接高山下通溪水合上營盤坡洋坪汛三處屯兵乃犄角之勢

南襄城在縣北九十里　關帝屯兵之地去南襄堡半里許通巴蜀襄鄖

包巾砦在荷花店東象形命名其山高出重霄四面石壁無隙可乘嘉慶初鄉人避亂多於此掘得銅器蓋古砦也

蕎麥砦在石管鋪横石西河間山勢險阻形如長蛇旋繞六七里只有一路通往來可設伏

二邑砦在石管鋪麻姑山半屬東邑半屬遠邑三方斗峻惟東偏獨路上頂嘉慶初鄉人避難於此賊將張漢潮統衆來攻危急忽見紅面大漢横刀躍馬遂退土人因建武聖祠於上

洪恩砦

五爪砦

北　砦

石柱砦

千金砦

將軍砦

鹿溪砦

後　砦

馬頭砦

觀音砦

孫臏砦

嬰兒砦

洪崖砦

木瓜砦

遠安縣志

東南界圖說

五

卷一

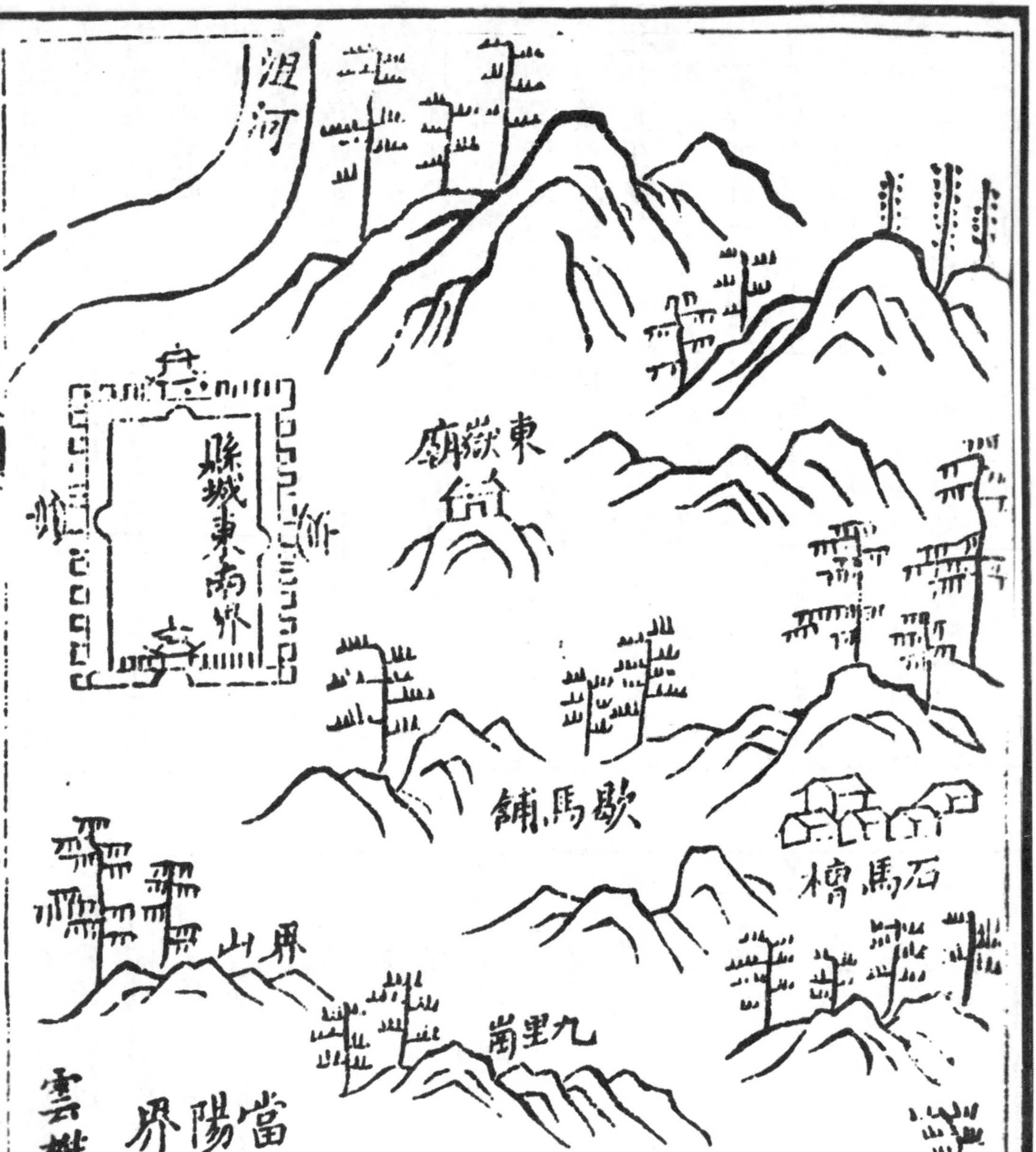

石馬槽在縣之東距城三十里有小村市地勢平坦東行至荆門州小路南行至荆門州大路相傳關帝屯兵處有石槽一即關帝飲馬遺跡此處嘗設重兵

九里崗交界之銀子崗係當陽縣所屬在縣之東南距城二十里其地平崗有村市通荆門州小路此處亦嘗設重兵兩路接應賊不敢犯

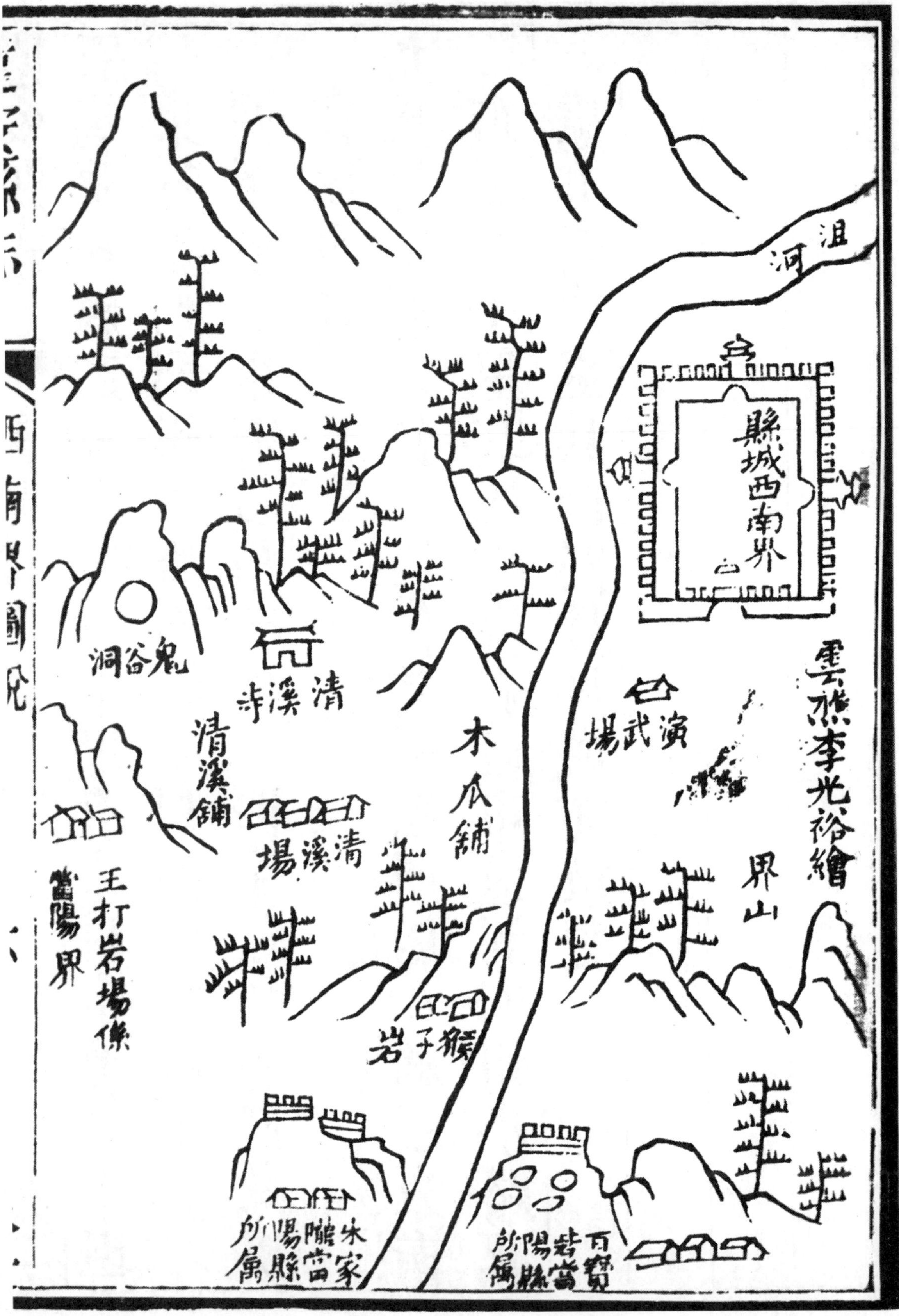
西南界圖說
沮河
縣城西南界
演武場
雲樵李光裕繪
鬼谷洞
清溪寺
清溪鋪
清溪場
木瓜鋪
界山
猴子岩
王打岩場係
當陽界
冰家嘴當陽縣所屬
百寶岩當陽縣所屬

清溪交界之王打巖係當陽縣所屬距城五十二里在縣之西南其地有村市高巖峻壁二面山峽路險西行至宜昌東行至當陽北行至遠安三縣咽喉一方關鎖近可屏藩本邑遠可策應鄰封

猴子巖交界之朱家隴百寶砦均係當陽縣所屬距城三十里在縣之南百寶砦有街道傍沮河之東朱家隴勢平坦傍沮河之西乃由當陽至荆門州大路巖內傍峻壁外臨深潭對面屯兵無敢越過者

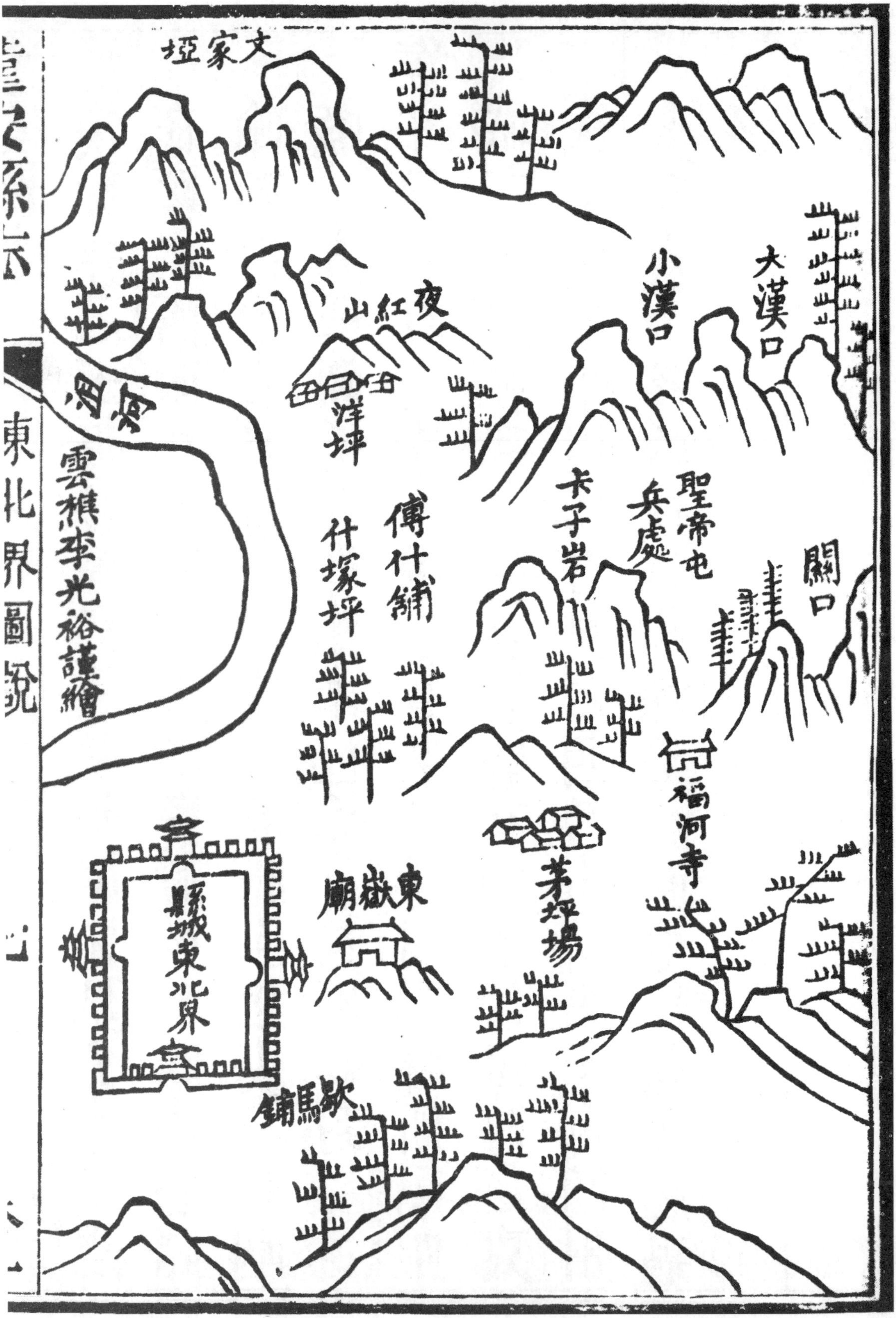
東北界圖說
文家埡
夜紅山
小漢口
大漢口
洋坪
雲棋李光裕謹繪
傅什舖
什塚坪
卡子岩
聖帝屯兵處
關口
福河寺
茅坪場
東嶽廟
縣城東北界
歇馬舖

關口埡在縣之東距城三十里山勢險要通荆門州
　小路此處與小漢口聲勢相應

大漢口小漢口在縣北三十五里高崖絕壁有小徑
　通荆門　關帝拒曹操於此有一夫當關之勢

卡子岩在小漢口明季設有卡房據處初土人因舊
　壘避賊隱見關字旗號殆顯聖也

文家埡在縣之北距城一百里山險巖高下有溪河
　半山有橫路一條只容一騎別無路徑通南漳襄
　樊等處屯兵防堵可撐東北半壁

遠安縣志 西北界圖說 卷一

羅漢峪在縣之西北距城三十五里二面山峽陡壁懸巖迴環曲折綿亘三十里中有溪水四時長流遇暴雨則溪滿人馬皆不能行通與山四川小路山口即　關帝迴馬坡石上馬蹄跡尚存三國時地利惜爲孫權所佔嗚呼　關帝完節於此所以爲漢時一人萬古不朽也天不祚漢於地何尤乎

陰陽坡在縣之西距城二十里山險路奇下有溪河前有山峽長十里許通宜昌府小路禦西路兵可作謝盧谷誘之入峽積柴薪用火攻使賊不入境

青旗山在石管舖　關帝插旗作疑兵處可設伏

擂鼓台在石管鋪相傳爲　關帝剿賊　張桓侯擂鼓助戰處

太平山即百井山在縣西北一百里極高廣多井有鐵瓦殿聖水井結庵諸蹟山半有太平寺山高三千五百丈有清泉數十險峻彎曲每小醜潛伏亦要地也

鐃三岩在羅漢峪任家山後爲入蜀小道明末石和尚劉千斤等往來爲害每日士人輪流探望賊至則吹鐃三疊以爲信此處可設望樓

遠安縣志

城池 附四至集鎮橋渡

衆志成城不假金湯儒者之言也然衞城楚郢詩人美之莒恃陋而無備春秋譏之則建邦域民要無不藉崇墉深塹者遠安巖邑也西通巴蜀蓋一隅而可控制兩川焉方今承平日久人享安堵之賜而當日屢爲遷徙設險以固吾圉者正多方也合四至集鎮橋渡載之俾後來有所考證云志城池

鳳山舊城圖 相沿仍稱新城

寶華寺
西門
學署
北門
東門
縣署
蓮溪小島
李石帆釣磯
城隍廟
雲樓巷

遠安縣志
城池
二
定菴傅正揆謹繪
真武殿
青谿寺
明月閣
南門
文昌祠
朝陽樓
雲霞洞
觀音閣
安遠樓
常平倉
捕廳署
烟霞洞口
水出沮河
學宮

按漢臨沮城建基羅漢峪晉遷於亭子山爲高安元達魯花赤沙班遷於亭子山下元末兵燬明洪武初邑侯大有修復天順七年邑侯何盤重修有記成化丙戌劉千斤石和尚作亂戊子討平之遷治東莊坪後大臣奏允分撥荆州衞千戶所守禦之崇禎甲戌寇至城陷丙子邑侯王立德申請遷治鳳山未果庚辰邑侯周乃浹仍理前請題允建立其時凴高爲險城堞未脩癸未闖賊數萬騎攻陷之

國朝順治四年周侯會隆涖任露處山麓請勦土寇

周酉兒復申請修城節奉　批允興築雉堞環列因河為池門四東景和西宣說南翽羽北遵義甲午溪水暴漲東北城盡崩盧侯運昌營築戊戌復大水城仍崩邑侯安捐俸重修建安遠樓於城之東門朝闕樓於城之北廂遂成金湯焉

舊志贊曰有石磷磷有水濺濺周垣環繞包羅萬千澄潭氷徹繡菡毗連松聲鸞嘯皎日鏡懸月白風清别是一天

邑侯安論曰新城踞山帶河險峻可恃誠四固之地

也向非周君移治於此縣治廢置久矣遠邑廢玉陽荆門必隨之藩籬既撤荆郢何所恃以無恐則新城之建非獨利一邑實兩郡利也第孤城保聚無幾駐防無定所士卒復寡弱丁酉春之失所自來矣余之請設將增兵亦急此務也幸　督部批准爰建木城於舊治之陽創造營房以為久駐計嗣是羣寇不敢輕犯蓋新城木城犄角力也然新城險狹營造苟簡可變不可常可暫不可久一旦興歸蕩平舊城之復在所不免惟是閭閻虛耗非生聚多載不可後之君子盍審所從焉

遂安縣城圖

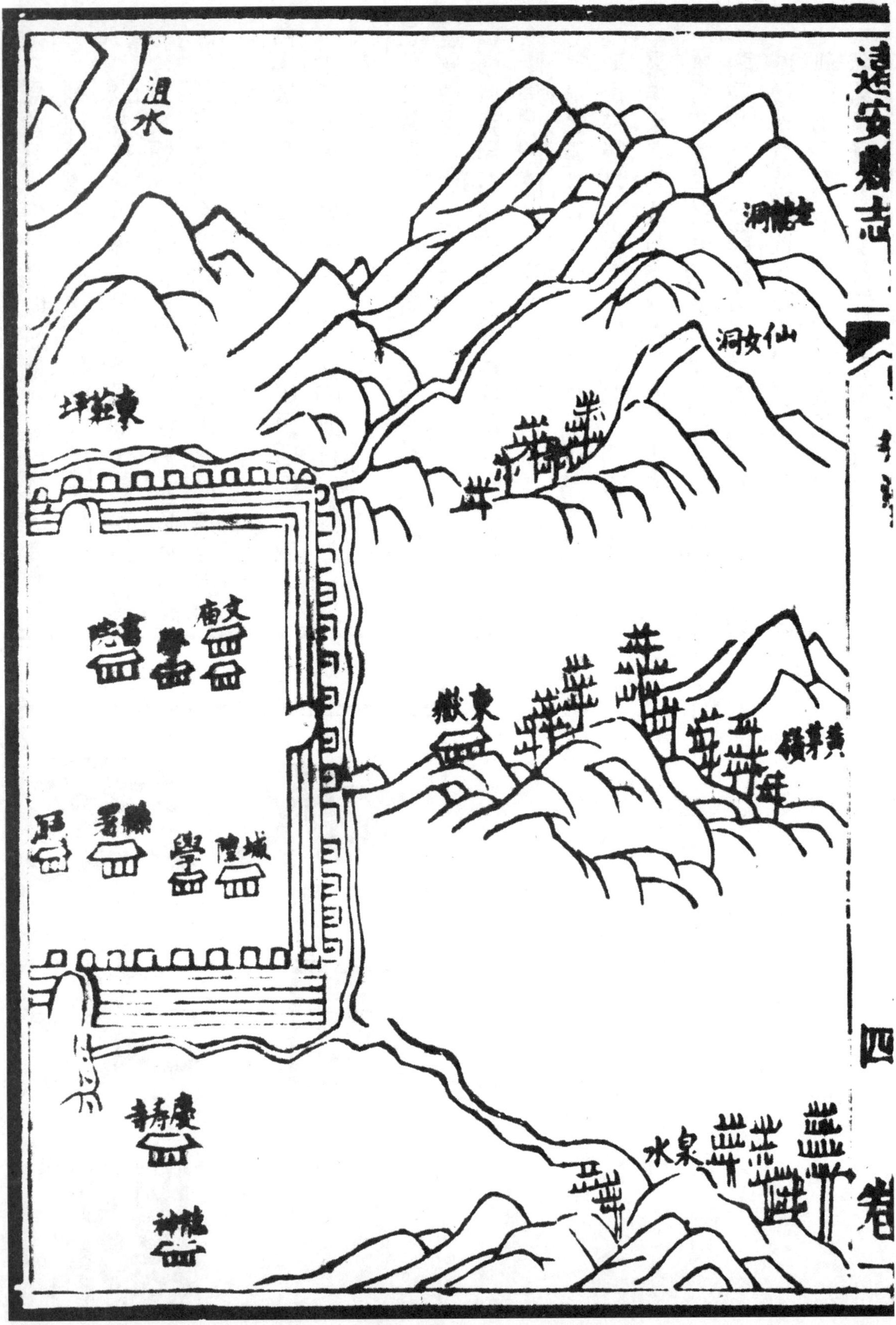
遠安縣志
沮水
老龍洞
仙女洞
文廟
書院
東嶽
黃茅嶺
縣署
城隍
學
慶壽寺
泉水
四
卷

遠安縣志

城池

五

舊志所稱新城鳳山城也今城則在東莊坪舊址南守樂所前邑侯宋繹遷建乃荆州府志荆門州志均稱明末東莊坪城爲賊攻陷知縣周乃浹遷治鳴鳳山麓即今治

國朝順治年間節經知縣周會隆盧運昌安可願修葺康熙四十一年倒塌止存舊址乾隆三十四年知縣宋楷重修中間畧去前宋公繹遷治東莊坪一節致使新城今城淆混不清兹考康熙五十五年撥荆州後營設遠安營州志亦云康熙五年遷文廟於今址豈有不遷城而獨遷文廟者

且以宋磚百餘年之説計之遷東莊坪應在康熙五年又言雨淋風蝕瓦礫無遺則康熙四十一年倒塌亦應屬今城經後宋公楷修治砌以磚石延袤四里許高一丈八尺周八百餘丈闢四門各建樓其上濠濶二丈深丈餘堅固足恃捍禦有資嘉慶初教匪滋擾當陽陷而遠安獨完然者賴有此耳今又八十餘年城樓朽塌磚石亦多脱落咸豐二年邑侯李葆樹重修城樓補葺磚石疏濬池濠遂有言言仡仡之觀董其事者武生穆現才監生王朝俊文生李中孚職員傅正操同治五年邑侯鄭燁林重加修葺

鄉

原編戶三里太平寰宇記遠安縣元管四鄉元豐九域志遠安縣七鄉明一統志遠安縣編戶四里縣志舊編二里南曰豐泉北曰甘泉後增六里曰近悅曰尚義曰崇仁曰移風曰易俗曰安民國初併為五里後又併為三里曰甘泉曰豐泉曰仁義輸納稱便焉

縣東十五里至茅坪鋪三十里至泥水鋪三十里至福河寺三十里至青竹山

縣南十五里至歇馬鋪三十里至木瓜鋪五十里至青谿鋪

縣西十五里至後呰鋪二十里至寶華寺三十里至中坪四十里至石橋坪

縣北五里至安洋坪十二里至鹿溪十五里至舊縣市二十里至什塚坪二十里至許家庄二十五里至傅家坪三十五里至白土坪五十里至洋坪市六十里至佈園七十里至筧口七十五里至下管八十五里至上管九十里至西河九十五里至郝家橋

集鎮

舊縣市舊城所移安邑侯貸本興復

洪恩市洋坪所移安邑侯貸本興復

中坪	石橋坪	安洋坪
鹿溪	什冢坪	傅家坪
白土坪	許家坪	佈園
上管	下管	筧口
香油坪	徐家棚	西河
新城	凹塲	苟家埡
荷花店	石頭店	青谿塲
雷打岩	猴子岩	巴王店

橋

三星橋在荷花店本名觀止橋乾隆六十年鄉民夜行見橋有三星近則無之東邑沈莪階明府易以今名

磨子橋在徐家棚北街口

白土橋在縣北四十里漢臨沮城建基於羅漢峪橋下可以行船至城今石淤土高然遇陰雨水從橋下湧出有碑載劉珏建

偏橋懸岩半山橫一石狀如橋

東門橋徐桓建

濟民橋趙邑侯建民孫海修

深水橋談浩建

吳家橋吳崇德建

黃金橋黃金臺募建

迎恩橋千戶李正典史羅政建劉珏修

王公橋王邑侯建

如意橋在縣西南隅上通南保下接荊當邑庠陳明謨創修貢生馬學珍重修有記

孫公橋孫邑侯建

晏公橋李顯建

青溪橋徐景昂傅公權周昱同建

西門橋尹孜建鄒承曾修

續古橋在沮江西岸牛欄沖口廪生陳文蔚重修有記

普濟橋許傳韶建

延壽橋徐景昂建

新橋何緣建

惠遠橋在夏家店邑侯朱倡建有記

談家橋談照建孫祿中重修

同濟橋在洋坪邑人胡澤四創建邑附貢楊臨春有

記

義濟橋　賈家橋　清晏橋

北門橋　第五橋　太平橋

麒麟橋　火燒橋

永濟渡在縣西嘉靖己未邑侯常建造太守何璋有記順治年間邑侯安重修

談家渡在縣北邑侯安修造

李家渡在縣南邑侯安修造

洋坪渡邑侯安捐造

馬渡河義渡鄧紹彬陳登巍創捐里人同設有記

山川

易曰王公設險以守其國又曰地險山川邱陵也則都邑之建固必憑藉山川矣而臨渋所在觀摩亦寓焉昔王右軍形神在名山滄海間而於天下事洞若觀火庸詎無助乎哉遠安水複山重不能備載特取舊志所已及諸紳所採錄者彙纂之以俟後人之考證云志山川

四泉山在縣東三里許泉水冲環山有四泉相間而出三泉順流一泉由山下翻濺如珠滙流入

洞灌田二千餘畝靈秀異常

鷹子山在縣東五里

泥水溪山在縣東二十里有洞

茅坪山在縣東二十五里

青竹山在縣東三十里

三台山在縣東五里一名三寶山

界山在縣東南十五里與當陽縣交界

月琴山在縣南二十里

青山在縣西南四十五里清溪水出焉

雲夢山在縣西南五十里崔巍高秀上有演武峽召將台諸古蹟與清溪鬼谷洞相連

鳴鳳山在縣西十五里峯巒秀麗甲諸山山麓有觀音洞明月閣清風亭上有石泉清冽可愛山半有石狀如龜蛇相傳宋寶祐間有鳳鳴鼎新之讖故名又云邑令侯鳴鳳避難於此因名上有元帝廟玉皇閣三清觀關帝廟趙公台及和合石聚仙橋諸勝蹟鑿石通道勢出天半人比之武當贊曰山之麓鳳之宮何必棲乎梧桐山之霞鳳之粒何必餐乎竹實鳳兮鳳兮現宰官身說法而來儀

展觀山在縣西二十里山勢高峻與鳴鳳山對峙登高一望四鄉皆見故名

雲門山在縣西北十五里山皆鹿疃又名鹿溪山梁荆山居士陸法和栖焉山下為鹿苑寺舊有八景曰絕品茶招仙岩千年艾賸帯水松風亭苦竹溪石柱山法華台安邑侯憩此問及茶艾僧言士人採伐鮮有存者見前山一壁如屏左山危石如羅漢狀遂更定八景曰錦屏一峯玉帯七曲松亭呼風危岩招仙石柱冲霄羅漢點頭法華古台苦竹幽溪贊曰丹青爲屏翡翠作

城置諸几筵片石亦珍分則八景合則同岑千
年不磨法和先生後有作者指石訂盟
四方山在縣西北石管鋪與包巾砦相連山勢峻
極四面俱方其上平如砥頂上一池四時不竭
禱雨亦應嘉慶初教匪滋擾土人修砦於上名
四方砦
筆架山去四方山三里許嘉慶間教匪滋事武生
趙開泰領鄉勇在山口堵卡名大埡口
揷旗山 詳圖說
王虎山在石管樹林陰翳最爲幽奇昔吳逆兵駐

此自云王者之師有力如虎故名
麻姑山在石管鋪荷花店西相傳麻姑學道於此
山中有洞爲麻姑洞山下有石爲麻姑石麻姑
姓黎字瓊仙手似鳥爪擲米成珠今山下石猶
有五色祥光山北有說法台
石人山在石管鋪山似人形
白馬山 詳寺觀
神通山在縣西北八十里北十里又有湖水山
百井山 即太平山詳圖說
馬頭山在縣西北一百二十里極高峻

鷄鳴山在縣西北八十里有泉出石穴中土人用
竹作梘引以灌田又名梘口山
亭子山在縣北十五里上有舊城址其下爲舊縣
市
熊家山在縣北二十五里與大漢口小漢口相連
神馬山在縣北三十里有石如馬久旱雲出則雨
文經山在縣北二十里原名白鶴山康熙年間學
博郭克振易以今名
武緯山在文經山東一里許本名龜山亦郭學博
所更名

紗帽山在什塚坪形如紗帽
鳳皇山在縣北三十里相傳唐韋臯爲邑令有美
政鳳集此山其下爲鳳皇洲周洪謨鳳台秋月
詩云見說唐有韋臯者嘗時曾作遠安宰政成
雙鳳自天來
羊角山在縣北三十五里羅漢峪南其形如羊角
龜山在縣北白土鋪胡家冲口河中
伏虎山在白土鋪古臨沮城下一里許勢類虎伏
木瓜山在白土鋪又名朝陽山土人修砦於上以
二名呼之

夜紅山在縣北五十里每年二月初二商賈雲集
　夜中燈火照耀滿山皆紅故名又西連一小山
　名求雨台
蟠龍山在縣北五十里山勢盤旋若龍
獅子山在縣東北三十里一名獅子腦狀如獅子
　溪中突起石柱高數十丈俗呼將軍柱
品字山在縣東北三十里茅湖區
楓香嶺在縣西南四里地多楓樹
椴木嶺在縣西四十里地多椴木
覆船嶺在縣西北一百二十里形如覆船

黃泥岡在縣北二十里許南接什塚坪西臨沮水
　邑侯宋命鑿山引水以灌坪田八大河次之一
蓮花岡在縣北七十里郝梘舖蓮花區
雷打岩在縣南三十里
猴子岩詳圖說
鐃三岩詳圖說
香泉岩舊名滴水岩在羅漢峪內與簡了惺別墅
　相近旁有芝蘭洞因更名香泉岩
招仙岩在縣西北十五里鹿苑寺半山間明了機
　和尚居岩洞中三年仙去

活寶岩在徐家棚西十里相傳有金牛出於其中
　岩下有望牛坪又有金牛嶺
卡子岩詳圖說
擂鼓台詳圖說
說法台詳麻姑山
法華台在鹿苑寺後梁荊山居士陸法和講經處
　安邑侯有記
青龍埡在縣南五里
苟家埡在縣西北九十里
西峯埡在縣東北二十五里高岩絕壁上有小徑

　通荊門嘉慶初土人於此設卡防賊
仙女洞在縣東十里歲旱祈禱輒應泉經九子溪
　西流入沮水
老龍洞在縣東八里其水灌田流經城東南入沮
　水
鴿子洞在縣東十里對面又有黃龍洞土人多避
　難於此
鬼谷洞在縣西南五十里清溪寺迤西五里洞門
　高濶進數步有石龕相傳鬼谷子講易所洞深
　不可測內白蝠如鴉層池如蓮洞前有玉皇閣

久廢竇中玉泉交流遊異記李白傳兩引之舊
志曰古籐迷徑石乳滴池蝙蝠車輪千百盈室
先生晏然研朱點易門外縱橫先生不知
仙[illegible]洞在縣西南五十里即鬼谷子棲隱處相近
有金龍洞即投金龍之所鐘乳洞出鐘乳晏公
類要縣西南有三洞一曰金龍一曰鐘乳一曰
仙居皆鬼谷子遊處又有桃李洞洞前飛瀑三
丈狀如匹練有木結實核如桃肉如李
法琳洞在清溪寺側宋法琳禪師誦經處後臥雲
禪士居此又名臥雲洞

黄龍洞在縣西南五十里
烏龍洞在縣西南五十五里洞中泉出四時不竭
天旱祈雨入洞取水輒應
陽洞在縣西南六十里上有怪石下有清泉中有
觀音廟邑舉人談經正有詩貢生周維翰有傳
詳載集中
烟霞洞在縣西十里鳴鳳山溪口
雲霞洞在鳴鳳山永聖宮對面半山
觀音洞在縣西十五里石壁聳峙頗稱奇勝邑有
旱災取水祈雨最爲靈異

甘霖洞在縣西二十里有泉東流入沮水
通天樓洞在縣西三十里洞最高圓如鏡內有潭
靈異特甚天旱請水士人執竿而入寒氣逼人
捧水出陰雲即起雨隨水至四野霑足
鑼鼓洞在縣西北石管舖相傳洞中有龍旱久濁
水出三日必雨雨久清水出三日必晴靜聽有
聲
仙人洞在縣西北香油坪西洞內有石人上半入
岩內洞中清泉涓涓不息嘉慶初士人避難於
此

月亮洞在縣北二十里什塚坪水府廟後
芝蘭洞在羅漢峪內旁多芝蘭洞西瀑布高百丈
冬則結爲冰柱
魚泉洞亦在羅漢峪內相傳有魚出洞中尾繫一
牌署岷江字蓋其源實通岷峨云
雲飛洞在縣北五十里
磨臍洞在縣北五十里
洪崖洞在縣北五十里洞中有泉灌田千餘畝
藍田洞在縣北二十五里泉水灌田數百畝
小桃源洞在洪崖寺後原名兵馬洞

壽隆寺後洞深一里歲旱取水祈雨有應
呼兒洞在縣東北三十里相傳張果老呼兒處洞甚高峻深不可量明季土人避難於此甚無水執火入見石壁上有井記照記掘之水湧出可飲百人
還鄉洞在縣東北五十里佈元匪土人於此避難俱得生還洞旁半岩間一小洞泉水甚細咸豐四年忽大潮灌田無數
羅漢峪詳圖說
官湖在舊縣市北一里許

西湖在縣城內遊擊署西守備署東
香橋湖在縣西北八十里源出百井山
石洋河在縣西三里源出甘霖洞繞城北曲折入沮水
五里河在縣北五十里河源有二俱出南漳紫山一從山南五六里入境一從山北六七里入境二水相合南折為五里河土人引以灌田河環繞兩山山之脊有字藏高三丈有餘藏之前有玉皇閣旁為文昌祠
神通河在縣西北八十里源出西山岩洞南流入斷江河又西南至夷陵入江
斷江河在石管之西山澗迅流直斷大江河清江濁劃然兩色故有斷江之名河魚有白鰡者甚腴美入夏有之望秋則去
白龍溪在縣東十五里源出石穴中
九子溪在縣東十里源出茅坪西流入沮水
桃李溪在縣南十里由王家河入沮水
清溪在縣西南五十里傳記詩詞甚多詳後
靈水溪在縣西北十里源出洞中有深潭以石投之有聲東至談家渡與沮水合

鹿溪在縣西北十五里水縈七曲土人開溝引梘灌田甚多為小河水之一
魚鱗溪在縣西九十里
瀘溪在縣北五十里源出老龍洞數里外又有龍潭二水環繞蟠龍山長流不竭灌田無數
福河溪在縣東北四十里源出福河寺山洞西流入沮水土人引以灌田亦小河水之一
撞兒溝在縣西北七十里相傳張果老於此擲兒
齊人溝在縣西十五里
御天池在縣西北一百二十五里真淨寺

龍潭在縣西南十餘里桃李溪山下禱雨有應又縣北三十五里胡家冲內亦有龍潭水可灌田土人立龍王廟祀之天旱禱雨輒應

義井一在縣前一在安洋坪玉皇閣前

劉公井在縣衙內明邑侯劉英鑿

葉公井在縣治大門內

福霖井在南門外慶壽寺客堂前

帶山泉在茅葫嶺東山腰其形如帶大旱不竭昔人立石題曰帶山泉又西里許亦有泉從石罅中噴出清冽異常

遠安縣志

古蹟

通都大邑聲明文物之區歷年既久往蹟斯存遠安僻在深山似無可紀然建自歷朝山水幽秀亦應有往喆前賢令人覽其遺址而低回流之不能去者若乃故壘舊城係居守之要層臺廣宇辨興作之繇皆可爲後來鑑誡茲特合先賢第宅陵墓各次以類而其他勝概亦弗之遺俾覽者有所採擇焉志古蹟

漢臨沮故城在縣西北三十五里羅漢峪外堰頭河

宅後三里許今土名鐵金鋪黄家臺土人耕田每掘得城磚三五塊及二三塊不等

漢臨沮倉厫故址在縣北三十五里徐家棚市上一里許

漢臨沮演武廠在徐家棚市上半里許今村名廠裏

晉高安故城在縣北十五里亭子山上

晉南襄郡城在縣北七十五里齊分臨沮縣置

宋汶陽郡城在古高安縣宋書汶陽郡治高安是也

新城在縣西十五里鳴鳳山明知縣周乃湀遷建今廢荊州府志荊門州志皆誤指此爲今城

南樓遺址今不可考江漢書院課藝南樓考引張九齡登高安南樓詩謂是以城得名理或然也

棲鳳樓在東城內大街談復齋先生建以藏書者今歸書院欒邑侯光釗題曰起鳳樓

待月樓在南城內稍東偏街喻氏碧峯別墅也佈置甚精饒有雅人深致

松風亭在法華臺上安邑侯可頤勸課農桑到此登臺見爲西蜀要害建亭於上

仙棗堂在羅漢峪外與龍華觀相連覃氏錦泉樾臨重建也以其旁有棗樹二株故名

水石居在羅漢峪內簡子惺別墅也初名陶庵邑侯周題曰水石居

萬壽宮在西城內關帝廟東首江西客民公所也

賈尚書宅其人時代未詳相傳賈家潭爲其遺址

張銓部斗樞宅今廢未詳其地

天漢書院在徐家棚舊爲苟姓花園咸豐二年天漢兩邑客民買作公所

錦浪園在北城外李石帆先生致政歸所建也雅意林泉日與諸社友盤桓其中今廢

濂溪小島在新城側安邑侯可頤見山側水中有奇石三層鑿池其上栽蓮甚盛名曰濂溪小島

石帆釣磯在鳳山新城東門外李石帆先生垂釣處磯上碑石字跡尚存

回馬坡在羅漢峪內漢前將軍關某夜走臨沮回馬處邑令鄭燡林立有碑議建廟宇

石馬槽在縣東三十里漢前將軍關某屯兵於此鑿石爲槽以飲馬故名

淩雲塔在縣城東南隅邑侯鄭燡林建

鬱興塔在縣南五里邑侯倪孝憑建今基址猶存

衣鉢塔在縣西南四十五里青谿寺側宋江西南康

府星子縣潘文律建

風水塔在青谿寺側監生周明脩建

張果老墓在荷花店南楊家坪相傳仙人夜造雞鳴即去穴內供有果老像予因公過而觀之石縫天然似非人力所爲因思果隱中條山安得有墓在此或云果爲邑人豈以遠安多白蝙蝠遂因葉靜能之言而附會其說與又舊縣市西傳家臺亦有果老墓

向王墓舊志稱在縣西今不知其處按史傳向姓古未有封王及爲王者或向姓墓與王姓墓相連而

合以呼之與然邑中多建向王廟抑又何也
賈尚書墓舊志稱在縣西今亦不知其處
少卿墓在福河寺前山石碑字跡剝落只存少卿二字嘉慶初鄉民避難於內賊焚林碑遂毀
同濟茶亭在洋坪東北十五里紅岩砦山脚有碑記
宣化坊在縣左　承流坊在縣右
育材坊在學左　敷教坊在學右
澄清坊在分司前　掇科坊爲張武立
龍翔坊爲何史訓立　鳳翥坊爲蕭體高立
中書坊爲何紱立　亞魁坊爲李膺立

廉憲坊爲計澄立　雙桂坊爲王瑚孫衍立
滄海騰蛟坊爲楊恭立　丹山起鳳坊爲胡灝立
孝子坊爲廖士宏立　雙節坊爲孫氏陶氏立
孝子坊爲方雍璧立　貞節二坊爲張氏談氏立
柏舟坊爲冷祺妻鄧氏立
存著坊爲傅君璋妻李氏立
節孝坊爲廪生游君瑞妻張氏立
節婦坊爲李清妻王氏立
貞女坊爲楊貞女立
節孝坊爲周士嶸妻何氏立

水利

河渠溝洫馬班二史詳言之蓋體國經野周官之遺意猶存乎其間矧水塘不治民先其害遑言利乎遠安在萬山中向以水塘爲利雖屢經修治其爲利也微乾隆三十四年邑侯宋公敎民引沮水灌田遂興萬世永賴之利而賦稅亦年清年款焉豈惟邑人享其利已哉志水利

堰塘

東庄坪堰　石洋河堰　後砦堰

觀音寺堰　白馬峪堰　夏家庄堰
安洋坪堰　什塚坪堰　上許家庄堰
馬家坪堰　鹿苑寺堰　下許家庄堰
茅坪堰　福河堰　下茅坪堰
白土堰　霖水洞堰　壽隆寺堰
鹿溪堰　筧口長灘堰　青谿堰
上馬家垻堰　上佈園堰　下佈園堰
上筧口塘　傅家坪塘　土門埡塘
鄧家灣堰　淨音寺塘　桃李溪塘
中筧口塘　羅漢峪堰　桑坪堰

南襄城塘　油溪河塘　㑹圓紅岩塘

以上諸堰俱安邑侯可願修復然係山塘無源易竭偶遇天旱不足以資灌溉乾隆三十一年朱邑侯楷涖遠見沮水南流可引以灌擇紳士之諳練者查各鋪地勢或穿山鑿洞或引高就卑疏瀹溝渠親爲勘驗遂成八大河水後人仿而行之於大河水復有增益并因各處溪流修有小河水遠安乃不憂旱矣謹臚列於後

八大河水

什塚坪觀東過山堰　觀西白鶴堰

許家庄長豐堰　舊縣盈寧堰

龍灣青龍堰　談家坪屢豐堰

楊家店東坪堰　温家店永豐堰

添修大河水

南襄城天緣堰　蓮花岡永順堰

楊家店西坪堰　洋坪河水

七里頭河水（係接長豐堰尾水）　洪黃二坪河水

安洋坪河水　北門坂河水

猴子岩河水（道光六年被水冲塌）

外各處續修小河水甚多無人採錄故不載

羅漢峪堰頭河爲小河水之一峪中有不能引灌處製爲戽車形如車輪水激自動不用人力亦水磨水碾之遺

荷花堰在縣西北石管鋪其地有東溝南溝北溝三水滙而成池其形似舟清澈見底石魚可數相傳昔年夜間池中有荷花浮出因以爲名

國初池形猶存康熙間河改田畝水自北流堰遂廢今荷花店即其地也

烏龜堰在縣北五十里以堰中有石如龜故名泉源混混灌田甚多

遠安縣志卷之二

戶口

戶口者賦役之本也百里版圖畀於縣令若曰爾其長此未有爲其長而不知所長之若而人者遠邑安集日久生齒日繁前君子所以富而敎之當自有道茲稽版圖以証民數較前已增倍蓰當事者相沿之制未敢率更依舊籍列之以備將來之稽考云志戶口

明成化八年編縣戶二里

舊額戶三百二十六

口二千一百二十

宏治十五年

戶八百三十零一

口六千零一十

正德七年

戶九百四十二

口五千七百四十二

嘉靖元年

戶九百五十四

口五千九百十四

隆慶六年

戶九百七十二

口六千三百四十六

萬歷三十六年

戶八百一十

口二千五百二十

人丁一千九百五十八丁

崇禎十二年

戶七百九十五

口二千零一十

國朝順治四年

戶七百九十五

口一千四百五十

人丁一千三百八十二

十四年人丁一千八百三十三

康熙五十年編審新增人丁四丁

實在人丁一千九百六十二丁又自

康熙五十五年至乾隆三十七年停止歷次編審滋生人丁共六百四十三丁欽奉

恩詔永不加賦

道光元年
戶一萬二千三百八十
口五萬七千零五十六
咸豐六年
戶一萬二千四百一十二
口五萬七千一百四十一
同治五年
戶一萬三千三百二十四
口五萬八千八百五十五
應納丁糧仍遵舊例雜派差徭前州潘縣朱有示禁

潘鳳山刺史示禁碑

爲出示嚴禁事據遂安縣武生徐聯陞職員程學禮監生徐端書耆民徐志楚許開忠王崇倘程宗祥徐國林徐國珍呈稱職等遂安縣地方僻處窮壤並無雜派差徭嘉慶二十年縣出蠹役姜連陞等始起惡念將應用一切磚瓦竹木石灰等物派累於民兼之不肖鄉保細串一氣遍處網詐前縣孫王查悉前情示禁有案殊蠹姜連陞等日久生弊索詐復萌每逢縣主到任官親問籍閣縣派夫扛抬每夫一名勒折錢三十文不等與之安然無事拂之控稟毆差鄉愚被鎖遭押無不受累道光十五年經士民喻穎昌等呈控撫憲批道提審責革札行前縣劉出示嚴禁在案有稿粘電不期近年又出縣蠹張思榮徐占魁蔣上斷如故紙假控捕衙小票逼同鄉保徐國迪徐有康徐志攀王崇文洪國珍等一氣爲虐開單派寫生等許舊備民夫一百二十八名每名勒折錢四百文經徐必英窺破假票投鳴紳耆稟究蠹等胆統多人兜鬨控奉學道憲批行案下提解來州巳蒙審訊將該蠹役鄉保等一並責革斷令以後不許派累勒詐擾民在案竊思蠹弊無日不生不蒙出示嚴禁設仍派

累於民害無了日爲此公呈伏乞電憐民隱出示嚴禁免蠹派詐閣縣頂德上呈等情除批示並飭縣永遠遵照外合行出示嚴禁爲此示仰該縣書役人等知悉嗣後夫料各項均應自備照價不得派累鄉民倘有違示不遵許即指名稟究各宜凜遵無違特示

朱嘯筠明府示禁碑

爲給示勒石以免派累而垂久遠事據職馬錦紳士郭儲才郭鳳鳴孫國槃詹玉樹王綸元程宗錦等先後具稟遠邑需用夫役及採買物件房書假公舞弊苦累於民稍不遂欲即控稟抗公毆詰瓦案除累等

情本縣查遠邑地非孔道差使稀逢向未設立夫行
間有需用夫役城中無多夫可雇不能不雇鄉夫其
所以爲累於民者緣將雇字改作派字派則此鄉可
派彼鄉亦可派官雖定有名數未嘗分派此鄉幾名
彼鄉幾名民亦但知官定總數未知各鄉分派細數
役等執持官票遂得任意額外浮收以致苦累於民
殊堪痛恨至於採辦物料本縣蒞任以來並無置買
一物但壇廟及衙署倉監等項去年被襄匪燒將
來必有興修即必有採辦若任聽房差舞弊累不
堪惟事須垂之永久官民兩便本縣固不肯縱役砂

民亦不欲市恩沽譽除於各稟明斷批示外酌定以
後凡需用夫役由縣開定名數照單指雇每日給錢
九十文不准多雇一名亦不准尅扣一錢如房差有
舞弊浮派尅扣等情准該處紳耆稟究至採辦物件
遇有興修工程城中所有者照城中市價平買城中
所無者由產之鄉照市價平買不得低壓價值短
少分文至於搬運量地之遠近批給腳力錢文不得
勒押鄉民枵腹運送如此方於民無累而於官事則
易辦倘有不法書役舞弊亦准紳耆稟究該士民亦
不得藉此違抗合行給示勒石以垂久遠特示

田賦

賦分九一什一役定三日二日先王之法中正
無藝之徵肆兩稅青苗諸法起閭閻之累甚矣
國朝決無名之賦示畫一之規定爲賦役全書昭垂
久遠縣款目繁雜而綜其要領臚列大端要亦
泚斯土者所當知也志田賦

一田地山塘原額共二千七百七十頃八十五畝
七分零然滄桑無定增減隨時今依現在額徵
起運存留批解支銷雜稅諸項等款編載

一額徵上忙下忙共銀二千六百二十五兩六錢
五分七釐　隨徵耗羨銀二百八十八兩八
錢二分四釐內支典史廉銀五十六兩四錢
以上正耗共銀二千九百一十四兩四錢八
分一釐內

一應解起運驛站淺船正耗共銀一千七百六十
七兩七錢五釐

一存留銀一千零九十兩三錢七分六釐
批解各款在存留項下撥運

一歲貢花紅銀六兩五錢

燈夫工食充餉銀二十四兩
各部寺解費銀二兩七錢二分二釐
時憲書盤纏科舉長夫等銀一十二兩六錢七
分九釐
表夫工食充餉八錢
鄉飲銀四兩
高雞寨弓兵工食銀一十二兩七錢八釐
額編各巡檢民壯工食銀一百五十六兩解荆州府
攤減官俸銀二十四兩五錢八釐
奉裁弓兵工食銀三十六兩

正官俸銀二十兩四錢九分二釐
典史俸銀三十一兩五錢二分
以上共解銀三百三十一兩九錢二分九釐
一坐支各款在存留項下動支
各廟壇祭祀銀一百二十三兩一分六釐
儒學俸齋銀六十七兩五錢二分
廩生粮膳銀六十一兩三錢三分三釐
看守學宮門子工食銀三兩八錢六分三釐
儒學門斗工食銀十四兩四錢
門子工食銀一十二兩

仵作工食銀一十二兩
三班工食銀二百四十兩
禁卒工食銀四十八兩
轎傘扇夫工食銀四十二兩
庫子工食銀二十四兩
斗級工食銀二十四兩
典史皂隸門子馬夫工食銀三十六兩
舖司工食銀二十七兩四錢五分
各河渡夫工食銀三兩九錢六分五釐
孤貧粮布銀十八兩九錢

以上共支銀七百五十八兩四錢四分七釐
一雜稅
牙帖稅銀二兩六錢
牛驢稅銀三兩零九分
屯餉正耗銀七兩七錢一分二釐
田房正額銀一兩三錢
盈餘銀三十兩零三分
一請領
知縣俸銀八百兩
教官加品俸銀四十八兩四錢八分

物產

禹貢紀山川靈異毛羽郭璞註爾雅細極蟲魚周禮九穀而外凡園圃虞衡藪牧之屬統在九職中者纖悉畢舉無非欲人因物以知時因時以作事也使地有物產而不聚其品豈不誤杜若於芳洲問豹花而不知乎邑人士讀詩久矣譜其方物俾農家有月令餘事亦詩人之云志物產

穀之屬

稻 黍 稷 粟 小麥
大麥 蕎麥 糯粱 黃荳 綠豆
黑豆 蠶豆 豌豆 白豆 紅豆
茶豆 芝麻 包穀

蔬之屬

芥 莧 芹 菠 筍
白菜 油菜 茄子 蔥 蒜
韭 芋 萵苣 蘿蔔 葫蘆
甜菜 菉豆 扁豆 刀豆 蛾眉豆
藕 芫荽 茼蒿 菜椒

瓜之屬

王瓜 菜瓜 絲瓜 南瓜 北瓜
西瓜 冬瓜 地瓜 苦瓜 瓠子

草之屬

白茅草 藟 蘆荻 菱 菖蒲
艾 蓼 蒿 鳳尾草 龍鬚草
狗尾草 葵 甘蔗 芭蕉 觀音蕉

木之屬

松 柏 檜 桑 柘
楊 柳 榆 槐 栗
柏 椿 楝 檀 棠
杞 楓 樟 棗 杉
楠 冬青 櫟 椒 桐
構 楸 榔 椵 黃楊
梧 櫝 梓 棕

竹之屬

山竹 斑竹 筆竹 水竹 石竹
叢竹 紫竹 鳳尾竹 龍頭竹產太平山

花之屬

梅 迎春 海棠 玉蘭 牡丹

芍藥　玫瑰　木香　酴醾　薔薇
紫薇　紫荊　桂花　菊花　夾竹桃
月季　鳳仙　金盞　萱草　金銀花
鷄冠　龍爪　蜀葵　金鳳　玉簪
蠟梅　水仙　芙蓉　杜鵑　榴花
山丹　洛陽景　木槿　蘭　蕙

果之屬

桃　李　杏　梅　梨
櫻桃　枇杷　棠梨　棗　核桃
柿　林檎　花果　栗　橘

柚　柑　石榴　銀杏　葡萄
椹　榛子　荸薺　落花生

藥之屬

蔞參　沙參　黨參　丹參　苦參
川芎　半夏　黃柏　厚朴　五加皮
香薷　仙茅　大黃　前胡　枳殼
柴胡　白合　忍冬　升蘇　蒼朮
桔梗　薄荷　澤蘭　地榆　紫蘇
荆芥　萆蔴　茱萸　蒼耳　車前
香附　天門冬　麥門冬　天南星　旱蓮
益母草　天花粉　何首烏　黑牽牛　山梔子
青木香　夏枯草　地骨皮　天葵　白芨
細辛　黃精　瓜蔞　馬兜鈴　金櫻子
石昌蒲　山茨菰　赤芍藥　枸杞子　葳靈仙
羊腥草　牛旁子　豨薟草　白扁豆　鮮石斛
萆薢　山查　黃連　地丁　葛粉
葛花　葛根　木通　杜仲　薏苡
獨活　土伏苓　黃藥子　白藥子　馬蹄香
土牛夕　木瓜

按遠安藥品多至數百名未及備載

禽之屬

鶴　白鷺　倉庚　百舌　老鴉
老鸛　鷓鴣　鳩　鵓鴣　鵪鶉
野鷄　錦鷄　雉鷄　綬鷄　竹鷄
鴛　杜鵑　鷹　鷂　畫眉
啄木　燕　鶯　翡翠

家禽

鷄　鵞　鴨

獸之屬

獐　麂　兎　鹿　虎

豹　狐　狸　野猪　猪獾
狗獾　猴　豺狼　毛鼠　獺
果狸
家畜
牛　馬　驢　騾　猪
羊　犬　猫
鱗介之屬
鯉　鯽　鯿　魴　鱠
鰱　鱔　鰻　鼈　黿
鱺　鰕　蚌　人魚　白鰡

蟲之屬
蠶　蜂　蝶　促織　螻蟈
蛇　螳螂　蟬　蚋　螢
蠅　蚊　蜻蜓　蜘蛛　蟻
蚓　蜒蚰　蝎虎　蜈蚣　蝦蟆
多脚蟲　毛蟲　白蝙蝠

貨之屬
靛　花椒　麻　絲　絹
棉布　棉紬　香油　桐油　木油
菜油　木炭　煤炭　石灰　蜜
葛粉　蕨粉　漆　黄蠟　槲皮
㯶條　橡殼　苧麻　紫草　茶

遠安茶以鹿苑爲絕品每年所採不足一斤反不如鳳山之著名然鳳山亦無茶外間所賣皆出董家畈馬家畈等處以其近鳳山故曰鳳山茶

寶塔石生荷花店山中形如筍一莖者居多或有三莖連生者有縱橫生者土人鋸爲屏風直者如塔橫者如太極圖亦奇產也

仙鼠即白蝙蝠生青溪秀壁諸山洞飲乳窟之水千載之後體白如銀棲則倒懸

石燕生西山大如棋子有翅遇風雨則飛似湘州零陵山產

翠石生西北山中似碧玉可作圖書

遠安縣志

祀典廟壇

禮法施於民則祀之以死勤事則祀之壇壝祠
廟之文先王具有深義
國朝於常祭之外增設先農壇龍神祠崇聖祠闗聖
後殿文昌後殿其崇德報功尊文右武實仁至
義盡焉而忠孝節烈復别有祠所以正人心厚
風俗也裒輯其制用昭誠敬云志廟壇

文廟舊在亭子山下明成化年間遷東莊坪邑令劉
英鑄造鼎鑪祭器宏治年間又經邑令鄭轂用

官值買民地擴而大之崇禎十四年邑令周乃
浹遷鳴鳳山
國朝順治四年邑令周會隆卜築於鳴鳳山城東門
外十四年邑令安可願重修康熙五年邑令宋
繹遷東莊坪今北門外舊址二十二年邑令陳
其舜復修乾隆五十七年邑令許忠一諭廩生
李鳴謙等買東城隙地移建今址其前廠地則
邑令祝孝憑所置道光二十九年教諭劉子垣
訓導黃庚募修咸豐七年正月二十七日襄匪
竄城災及大殿

文祠

列宗頒發匾額俱燬於火賊退復經劉黃兩教官募
金重建

大成殿內
至聖先師正位南向
四配
復聖顏子東位西向一
宗聖曾子西位東向一
述聖子思子東位西向二
亞聖孟子西位東向二

東序
先賢閔子損冉子雍端木子賜仲子由卜子商有
子若皆西向
西序
先賢冉子耕宰子予冉子求言子偃顓孫子師朱
子熹皆東向
東廡上
先賢公孫僑林放原憲南宫适商瞿漆雕開司馬
耕梁鱣冉孺伯虔冉季漆雕徒父漆雕哆公西
赤任不齊公良孺公肩定鄡單罕父黑榮旂左

人郢鄭國原亢廉潔叔仲會公西輿如邽巽陳
亢琴張步叔乘秦非顏噲顏何縣亶牧皮樂正
克萬章周敦頤程顥邵雍均西向

西廡上

先賢蘧瑗澹臺滅明宓不齊公冶長公晳哀高柴
樊須商澤巫馬施顏辛曹邺公孫龍秦商顏高
壤駟赤石作蜀公夏首后處奚容蒧顏祖句井
疆秦祖縣成公祖句茲燕伋樂欬狄黑孔忠公
西蒧顏之僕施之常申棖左邱明秦冉公明儀
公都子公孫丑張載程頤均東向

東廡下

先儒公羊高伏勝毛亨孔安國后蒼鄭康成范甯
陸贄范仲淹歐陽修司馬光謝良佐羅從彥李
綱張栻陸九淵陳淳真德秀何基文天祥趙復
金履祥陳澔方孝孺薛瑄胡居仁羅欽順呂枏
劉宗周孫奇逢陸隴其均西向

西廡下

先儒穀梁赤高堂生董仲舒毛萇杜子春諸葛亮
王通韓愈胡瑗韓琦楊時尹焞胡安國李侗呂
祖謙黃幹蔡沈魏了翁王柏陸秀夫許衡吳澄
許謙曹端陳獻章蔡清王守仁呂坤黃道周湯
斌均東向

祭祀器用禮節謹按康熙四十九年
衍聖公教習來楚教演大成之樂用樂文二生共
一百八名禮生三十六名其執爵捧帛另派文
生未用樂佾生繼准
禮部咨樂生用五十二名文生舞羽三十六名
執旌二名奏樂時所穿青素及細紬夾袍綵雲
緞帶葵花補服火焰鍍金銅頂常服用絨緯帽
火焰鍍金銅頂與文武生員一體優待乾隆八

年　禮部咨開祠祭司案呈准律呂正儀館
文廟樂章二本移咨通行各直省一體遵照嗣經
樂部大臣和碩莊親王等奏稱外省樂佾衣頂
除丁祭仍用襴衫雀頂外其常服俱許用銀盤
起花銀頂體制已極肅整而節次　院檄令選
俊秀子弟充補樂佾並宜聘請山東
聖裔訓迪以襄祀典

樂器

編鐘十六口　編鐘架一座
編磬十六口　編磬架一座

應鼓一面　架一座
搏拊鼓二面　架一座
琴六張　琴弦六幅
瑟四張　瑟弦四幅
琴桌六張　瑟桌四張
笙六枝　笛六枝
簫六枝　塤二個
篪四枝　排簫二架
敔一座　竝塌
柷一座　竝塌

舞器
木笏六面　舞器羽籥三十六枝
麾旛一首　麾旛架一座
旌節旛二首　旌節旛架二座
佾舞生三十六名　樂生五十二名
糾儀官二名　禮生十名

至聖位前祭品
帛一白色　牛一　羊一　豕一
登一　鉶二　簠二　簋一
籩十　豆十　酒罇一　白磁爵三

四配前祭品
帛一白色　羊一　豕一　鉶二
簠二　簋二　籩八　豆八
酒罇一　白磁爵三

十二哲祭品
帛一白色　羊一　豕一　鉶一
簠一　簋一　籩四　豆四
白磁爵三

兩廡祭品
帛一白色　羊二　豕二　籩四

豆四　銅爵各四　每案簠一　簋一

每年春秋仲月上丁日正獻官知縣分獻官教諭訓導陪祭官典史及營弁朝服待漏設庭燎炳蕭上香浣洗詣各案前三叩首迎　神三跪九叩首三獻讀祝三叩首分獻一叩首飲福受胙三叩首送　神三跪九叩首迎　神樂奏昭平之章辭曰大哉
孔子先覺先知與天地參萬世之師祥徵麟紱韻答
金絲日月既揭乾坤清夷
初獻舞羽籥之舞樂奏宣平之章辭曰予懷

明德王振金聲生民未有展也大成俎豆千古春秋

上丁清酒既載其香始升

初獻舞譜

自 稍前向外 開籥舞　生 蹈向裏 開籥舞

民 合手蹲 朝上　來 起辭身向外 高舉籥而朝

誰 兩兩相對蹲 東西相向　底 合手蹲 朝上

其 正 揖　盛 起平身出 左手立

惟 兩兩相對自下 而上東西相向　師 稍前舞舉 籥垂翟

神 中班轉身東西相向立 班十二人轉身俱東西相向　惟兩中

明 樂翟三 合籥　度 稍前朝外 垂手舞

越 蹈向裏 垂手舞　前 向前合手謙進 步雙手合籥

聖 回身再謙退步側身 向外高手回西向蹲　粢 正蹲 朝上

帛 稍舞躬身挽手側身向 外呈籥耳邊西朝上　具 正 揖

成 起辭身挽手 復舉籥正立　禮 兩兩相對交籥兩 班俱東西手執籥

容 正 揖　斯 向外退挽手舉 籥向外面朝上

稱 回身 正立　黍 稍前 舞

稷 正蹲 朝上　非 左右垂手上下俱 雙垂手東西相向

馨 起合手 相向立　惟 左右側身垂手向 外開籥垂手

神 右側身垂手 向裏垂手舞　之 正揖 朝上

聽躬而受之躬身辭上揖 執籥而受之三鼓畢起

讀祝辭曰惟

先師德隆千聖道冠百王揭日月以常行自生民所

未有屬　文教昌明之會正和樂禮節之時辟

雍鐘鼓咸恪薦以馨香泮水膠庠益致嚴於籩

豆茲當仲春秋祗率彝章肅展微忱聿將祀典以

復聖顏氏回宗聖曾氏參述聖孔氏伋亞聖孟

氏軻配尚　饗

亞獻樂奏秩平之章辭曰式禮莫愆升堂再

獻響協鼓鏞誠孚罍甗肅肅雍雍譽髦斯彥禮

陶樂淑相觀而善

亞獻舞譜

大 左右進步向 外垂手舞　哉 右向裏 垂手舞

聖 向外落籥 西朝上　師 退向正 身立

實 几蹲　天 起身向前 轉向外舞

生 向裏 舞　德 合手謙進步向前 雙手合籥存謙

作 兩兩相對自下而上 兩班相對舉籥東西　樂 上下俱垂手惟兩中 班上下十二人俱垂

手 轉身東 西相向　以 轉身東西 相向立

崇 相向立兩班上 下以翟相籥　時 稍前舞蹈兩班上 下俱垂手向外

祀 向裏垂 手舞　無 合手謙進步向 前垂手合籥

斁 回身再謙兩班上下 東西相向合籥立　清 稍前舞向 外開籥翟

酤 向裏舞　惟 雙手平執籥翟開籥翟
馨 合籥翟朝上正位　嘉 側身垂右手兩班側垂手向外舞
牲 躬身正揖　孔 雙手舞籥翟躬身
碩 躬而受之躬身朝上拱籥受之一鼓而起　薦 一叩頭舉右手叩頭
羞 舉左手叩頭　神 復舉右手叩頭
明 拜一鼓畢即起躬身三鼓平身　庶 三鼓蹈舉籥向左躬身舞
幾 舉籥向右躬身舞　昭 舉籥復向左躬身舞
格 拱籥側身而受之

終獻樂奏敘平之章辭曰自古在昔先民有
作皮弁祭菜於論思樂惟

天牖民惟
聖時若彝倫攸敘至今木鐸

終獻舞譜

百 向外開籥舞　王 向裏開籥舞
宗 側身向外面朝上　師 朝上正位
生 兩班上下兩兩相對交籥　民 合手朝上正揖
物 側身向裏拱籥　執 合籥朝上正位
瞻 向中開籥舞　之 向裏開籥舞
洋 開籥朝上正位　洋 合籥
神 向中開籥舞　其 向裏開籥舞

止 回身東西相向手據　進 步向前雙手合籥
彼 向裏開籥舞　酌 向外開籥舞
罍 合籥朝上正位　金 開籥朝上正位
清 向裏垂手舞　惟 向外垂手舞
旨 躬身而受之　且 朝上正揖
獻 躬身向右合籥舞　登 躬身向左合籥舞
三 合籥朝上拜三鼓便起身　惟 躬身復向左右籥
嘻 側身向裏垂手舞　於 側身向外垂手舞
禮 躬身朝南受之三鼓畢起身　成 朝上正揖

徹饌樂奏懿平之章辭曰

先師有言祭則受福四海黌宮疇敢不肅禮成告徹
毋疏毋瀆樂所自生中原有菽

送　神樂奏德平之章辭曰鳧繹峩峩洙泗
洋洋景行行止流澤無疆聿昭祀事祀事孔明
化我蒸民育我膠庠

同日前一時祭

至聖先代
崇聖祠在大成殿後雍正元年追王
肇聖王木金父公正中
裕聖王祈父公東一

詒聖王防叔公西一
昌聖王伯夏公東二
啟聖王叔梁公西二 均南向
東配
先賢孔孟皮東位西向一
先賢顏無繇東位西向二
先賢孔 鯉東位西向三
西配
先賢曾 點西位東向一
先賢孟孫激西位東向二

東廡
先儒周輔成敦頤之父 程 珦顥頤之父 蔡元定沈之父 西向
西廡
先儒張迪載之父 朱 松熹之父 東向
後殿祭品五案
帛一白色 羊一 豕一 鉶一
簠一 簋一 籩八 豆八
酒罇一 白磁爵三
兩配祭品每位一案
帛一白色 羊一 豕一 簠一
簋一 籩八 豆八 每位銅爵三
兩廡祭品
帛一白色 簠一 籩四 豆四
銅爵三
後殿祭文 維
王奕葉鍾祥光開 聖緒盛德之後積久彌昌凡聲
教所覃敷率循源而溯本宜肅明禋之典用申
守土之忱茲屆仲春秋聿修祀事以孔氏孟皮顏
氏無繇曾氏點孔氏鯉孟孫氏激配尚 饗
儀注同正殿

同日祭名宦鄉賢忠義孝弟節孝四祠上香獻帛爵
三 迎神送神三叩首
大成門左爲名宦祠內
唐韋 皋 宋楊大異尉 元畢 遜
明蘇大成 郭 信 孫自強
周乃浹 劉 英 程 典
清李率祖總督 額倫特 吳 瑛
陳 銑巡撫 劉兆麟 楊素蘊
潘宗洛學院 周會隆知縣 梁鳳翔
共一位南向

大成門右爲鄉賢祠內

徐　韻　何史訓　胡　鑾

張斗樞　簡而可　張大受

李友蘭

共一位南向

二祠祝文各省州縣所在異辭未奉

部頒

祭品

帛一白色　羊一　豕一　籩四

豆四　鉶一　鐙一　爵三

孝子祠在明倫堂前左首貢生熊應兆遷建內

宋張榮貴　明方藍琳　明廖說

明鄒宗孟　清廖士宏　清廖仲儒

共一位南向

忠義孝弟祝文

維

靈稟賦貞純躬行篤實忠誠奮發貫金石而

不渝義問宣昭表鄉閭而共式祇事懋彝倫之大

性摯莪蒿克恭念天顯之親情殷棣鄂模楷咸推

夫懿德

綸恩特闡其幽光祠宇維隆歲時式祀用陳籩豆來

格几筵俯鑒

節孝祠在明倫堂前右首貢生熊應兆遷建內

明陳盧氏　劉孫氏　劉陶氏

楊望氏　汪張氏　彭白氏

冷鄧氏　董張氏　孫談氏

鄒陳氏　李周氏　簡張氏

張李氏　萬李氏　向盛氏

晉望氏　楊寅姑　廖汪氏

游張氏　蕭萬氏　李王氏

姜張氏　陳望氏節姑媳雙　陳張氏

楊傅氏　朱劉氏　湯陳氏

萬徐氏　楊郝氏　傅李氏

周何氏　韓祁氏　楊貞姑

共一位南向

節孝祭文　維

靈純心皎潔令德柔嘉矢志完貞全閨中之亮節

踞誠致敬彰閫內之芳型姑氷蘗而彌堅清操自

勵奉盤匜而匪懈篤孝傳徽　綵綸特沛乎殊恩

祠宇昭垂於令典祗循成祀式薦苾馨尚　饗

二祠祭品同前

武廟舊在新城鳴鳳山上後改建今治西門內歲久
傾圮邑令鄭燦林籌款重修去戲樓鑿泮池規
模彷照文廟每歲三祭春秋期由 部頒
聖誕於五月十三日致祭禮與文廟同咸豐三年奉
諭旨樂用六成舞用八佾

正殿

關帝聖像北位南向

左序

胡班 王甫 關平東立西向

右序

廖化 趙累 周倉西立東向

祭品

帛一白色 牛一 羊一 豕一

登一 鉶二 簠簋各二 籩豆各十

尊一 爵三

迎神樂奏格平之章辭曰懿鑠兮煌煌
神威靈兮赫八方偉烈昭兮累禩祀事明兮永光
達精誠兮黍稷馨香儼如在兮洋洋

初獻樂奏翊平之章辭曰英風颯兮
神格思紛綸蓋兮龍旂斜桓牖兮盈卮香始升兮
明粢惟馨鑒兮在茲流景祚兮翊昌時

祝文曰維
帝浩氣凌霄丹心貫日扶正統而彰信義威震九州
完大節以篤忠貞名高三國神明如在徧祠宇
於寰區靈應丕昭薦馨香於歷代屢徵異蹟顯
佑羣生恭遇嘉辰遵行祀典筵陳籩豆几奠牲
醪尚 饗

亞獻樂奏恢平之章辭曰觴載酌兮告虔舞干
戚兮合宮縣歆苾芬兮潔蠲扇巍顯翼兮
神功宣

終獻樂奏靖平之章辭曰鬱鬯兮三申羅籩簋
兮畢陳儀平度兮肅明禋
神降福兮宜民宜人

徹饌樂奏彝平之章辭曰物惟備兮咸有明德
惟馨兮
神其受告徹兮禮終罔咎佑我家邦兮孔厚

送神樂奏康平一章辭曰幢葆歲翹兮
神聿歸馭鳳軫兮驂虬騑降烟熅兮餘馚馡顧回
靈盼兮德洽明威

望燎樂奏康平一章辭曰焄蒿列兮燎有煇

神光遥燭兮祥雲霏祭受福兮茂典無違庶揚駿
烈兮永奠疆畿
咸豐四年部發五月十三日祭文維
神九宇承庥兩儀合撰崧生嶽降溯誕聖之靈辰
日午天中居恢台之令序聰明正直壹者也千
秋徵肸蠁之隆盛德大業至矣哉六幕肅馨香
之薦爰修懋典式展明禋苾芬時陳精誠鑒格
尚 饗
後殿雍正元年追封公
光昭公正中

裕昌公東一
成忠公西一 均南向
祭品
帛一 白色 羊一 豕一 簠簋各二
籩豆各八
儀注二跪六叩首餘與前殿同 祝文維
公世澤貽庥靈源積慶德能昌後篤生神武之英
善則歸親宜享尊崇之報列上公之封爵錫命
優隆合三世以肇禋典章明備恭諏吉日祇事
薦馨尚 饗

文昌祠舊在新城鳴鳳山後改建今明倫堂西首歲
久圮塌貢生熊應兆捐修每歲三祭春秋期由
部頒
聖誕於二月初三日致祭嘉慶六年欽奉
諭旨列入祀典禮與武廟同惟不用樂舞咸豐七年
添用樂舞
正殿
帝君聖像北位南向
祭品
帛一 白色 牛一 羊一 豕一

登一 鉶一 簠簋各一 籩豆各一
尊一 爵一
咸豐七年新頒春秋二祭樂章祝文
迎神樂奏丕平之章詞曰
秉氣兮靈躔踰文運兮赫中天霓旌兮戾止雕
俎兮告虔迓神庥兮於萬斯年
初獻樂奏俶平之章詞曰
神之來兮籩簋式陳 神之格兮几筵式親極昭
彰兮靈貺致蠲潔兮明禋升香兮伊始居歆兮
福我人民

祝文 維
神道闡苞符性敦孝友並行並育德侔天地以同
流乃聖乃神教炳日星而大顯仰黎覩之有赫
示明德之惟馨茲當仲春秋用昭時享惟祈歆格
克鑒精虔尚 饗
亞獻樂奏煐平之章詞曰
再酌兮瑤觴燦爛兮庭燎之光申虔禱兮 神
座儼陟降兮 帝旁粢醴潔兮齋遫將綏景運
兮靈長
三獻樂奏煨平之章辭曰

禮成三獻兮樂奏三終覃敷元化兮繄 神功
馨香達兮肸蠁通歆明德兮昭察寅衷
徹饌樂奏懿平之章詞曰
備物兮惟時告徹兮終禮儀 神悅懌兮鑒在
茲鴻佑兮景洽重熙
送神樂奏蔚平之一章詞曰
雲軿駕兮風旗招 神之歸兮天路遥瞻翠葆
兮余丹霄願回靈眷兮福我朝
望燎樂奏蔚平之二章詞曰
絪緼降兮元氣和 神光燭兮梓潼之阿化成

者定兮櫜弓戢戈文治光兮受福則那
二月初三日祭文維
神功參櫜籥撰合乾坤溯誕降之靈辰三日紀瑞
度中和之令節九字承暉若日月之有光明闡
大文於孝友如天地無不覆載感到治於馨香
爰舉上儀敬陳芳薦精禋罔斁 神鑒式臨尚
饗
舊載樂章祝文
迎神辭曰光煜煜拱辰樞
神來格耀天衢香逼肸蠁靈貺留俞奎垣氣似珠

禮隆燎祀儀薦璧孚
初獻辭曰斟蘭醑酌桂尊
神來饗潔苾芬崴揚孝友化洽忠純寶曜接洪鈞
靈通七曲紀炳千春
祝文 維
神蹟著西潼樞環北極六匡麗曜協昌運之光華
累代垂靈爲人文之主宰扶正久彰夫感應薦
馨宜致其尊崇茲居仲春秋用昭時祀尚其歆格
鑒此精誠尚 饗
亞獻辭曰嘉饈齊觴再盛樂歌諧宮商應圖書

之府奎緯靜炳文章徵福命象叶儒林明經術
行
終獻辭曰衆樂備百禮暨降烟煴調元氣祥占
載筐克相
上帝敬謹薦精禋　神感和平丕承嘉惠
徹饌辭曰文告禮成將享隆
神旣居歆答光訓桂籍長稽煥人文德寓綏安
神功駿自時中乂咸尊廟食於萬斯年昭泰運
送神望燎樂章同前
後殿嘉慶六年禮官議覆

文昌帝君三代姓名查無確據未便請加封號謹擬
增製牌位一分牌面用
文昌帝君先世神位字樣紅飾金書春秋致祭行二
跪六叩首禮餘同前殿
祭品
帛一白色　羊一　豕一　鉶一
簠簋各二　籩豆各八
祭文
祭引先河之義禮崇反本之思矧夫世德彌光
延賞斯及祥鍾累代炯列宿之精靈化被千秋
爲人文之主宰是尊後殿用答前庥茲值仲春秋
肅將時祀用申告虔
神其格歆尚　饗
咸豐七年　部頒二月初三日後殿祭文
文昌帝君道備中和
神起亭毒興貽謀而允紹欽毓聖之有基雲漢昭
回際嶽降萬生之會馨香感格輿水源木本之
思式肇明禋用光彝典尚祈
神鑒享此清芬尚
饗

社稷壇在北門外山麓每歲春秋仲月上戊日致
祭用帛一黑色　豕一羊一鉶一籩豆各四簠簋各
二各官衣朝衣三獻行三跪九叩首禮讀乾隆
九年　部頒祭文　維
神奠定九州粒食萬邦分五色以表封圻育三農
而蕃稼穡恭承守土肅展明禋時屆仲春秋敬修
祀典庶芃芃松柏鞏盤石於無疆翼翼黍苗佐
神倉於不匱尚　饗
風雲雷雨山川壇在南門外洪武二年各建一壇
六年合爲一壇每歲春秋仲月上戊日合祭風

雲雷雨居中帛四山川居左帛二城隍居右帛一俱白色

壇制祭品儀注與社稷同

祭文　維

神贊襄天澤福佑蒼黎佐靈化以流形生成永賴乘氣機而鼓盪溫肅攸宜磅礴高深長保安貞之吉憑依鞏固實資捍禦之功幸民俗之殷盈仰神明之庇護恭修歲祀正値良辰敬潔豆籩祗陳牲幣尚

饗

先農壇在南門外耤田在對門屋後每春奉文以耕耤日致祭禮同山川社稷祭畢耕耤行九推儀農夫終畝耕畢勞農有賚

祭文　維

神肇興稼穡粒我蒸民頌思文之德克配彼天念率育之功常陳時夏茲當東作咸服先疇洪惟九五之尊歲舉三推之典恭膺守土敢忘勞民謹奉彝章聿修祀事惟願五風十雨嘉祥恒沐於神庥庶幾九穗雙歧上瑞頻書於大有尚

饗

龍神祠在南門外街口歲久傾圮行宮在城隍廟暫在城隍大殿行禮每歲春秋仲月以奉文日致祭

祭品禮節與風雲雷雨同

祝辭曰　維

神德洋寰海澤潤蒼生永襄水土之平經流順軌廣濟泉源之用膏雨及時績奏安瀾占大川之利涉功資育物欣庶類之蕃昌仰藉　神庥宜隆報享謹遵祀典式協良辰敬布几筵肅陳牲幣尚　饗

常雩無壇即於風雲雷雨壇行禮每歲孟夏以奉文日致祭社稷先農山川之神禮與社稷壇同

邑厲壇在北門外無神座壇壝用三月清明日七月望日十月朔日屆期迎城隍神位於上列各里無祀鬼神於側席地列炬以祭

清明祭文

時値陽和節屆清明野原荒塚黯祭頻臨憐爾孤魂斬祀無人貝我酒饌潔我粢盛來飲來食無犯無驚

中元祭文

律吁疫則風露復具凡民有古祭祀以時惟爾
孤魂飄蕩無依我將我享飲斯食斯共爲靈鬼
衛我郊圻
十月祭文
月維孟冬北風其凉慄慄霜雪黯黯郊荒憐爾
孤魂依附無方我將我享來飲來嘗逍遥境内
永獲厥祥

學校

學校者經術治行之淵藪也歷代建置國有大事率僚吏士民而講行之典事則國之耆老子弟游焉以論鼓鐘而修孝弟外此則師無以爲教吏無以爲治多士無以爲誦法也今庠業在懸鼓鐘載考復時加丹雘潤色藝林諸君子絃誦之餘倘亦有不待文而興者乎志學校附書院義學

明倫堂舊在亭子山後改建今城内東北隅歲久傾

圮貢生熊應兆捐貲重修甲寅

聖經一章

順治九年題准刊立卧碑置於堂左以示生員所有教條開列於後

一生員之家父母賢智子當受教父母愚魯或有非爲者子既讀書明理當再三懇告使父母不陷於危亡

一生員立志當學爲忠臣清官書史所載忠清事蹟務須互相講究凡利國愛民之事更宜留心

一生員居心忠厚正直讀書方有實用出仕必作

良吏若心術邪刻讀書必無成就爲官必取禍
患行害人之事往往自殺其身常宜思省
一生員不可干求官長交結勢要希圖進身若果
心善德全上天知之必加以福
一生員當愛身忍性凡有司官衙門不可輕入即
有切已之事只許家人代告不許干與他人詞
訟他人亦不許牽連生員作證
一爲學當尊敬先生若講説皆須誠心聽受如有
未明從容再問毋妄行辨難爲師亦當盡心教
訓勿致怠惰

一軍民一切利病不許生員上書陳言如有一言
建白以違
制論黜革治罪
一生員不許糾黨多人立盟結社把持官府武斷
鄉曲所作文字不許妄行刊刻違者治罪
康熙九年
欽頒
上諭十六條
第一條敦孝弟以重人倫
第二條篤宗族以昭雍睦
第三條和鄉黨以息爭訟
第四條重農桑以足衣食
第五條尚節儉以惜財用
第六條隆學校以端士習
第七條黜異端以崇正學
第八條講法律以儆愚頑
第九條明禮讓以厚風俗
第十條務本業以定民志
第十一條訓子弟以禁非爲
第十二條息誣告以全善良

第十三條誡窩逃以免株連
第十四條完錢糧以省催科
第十五條聯保甲以弭盜賊
第十六條解讐忿以重身命
康熙十八年浙江巡撫將
上諭十六條衍説輯爲直解繕册進呈通行直省督
撫照依奏進鄉約全書刊刻各欵分發府州縣
鄉村永遠遵行
雍正二年
御製

聖諭廣訓萬言頒發布省督撫學臣轉行該地方文
武各官暨教職衙門曉諭軍民生童人等通行
講讀

同治四年牒文

爲酌增講約章程牒請轉報事竊惟懸書讀灋
載在周官成俗化民著於學記世教衰而邪慝
作賴君子之反經師道立則善人多豈古風之
難復敝學前蒙
各憲頒發
聖諭飭令隨時宣講久經奉行在案惟是鄉村寥濶

提命難周正思廣被之方未得通知之法茲准
貴縣移開轉奉
各憲札飭會同敝學選舉公正紳耆在於城鄉
分途宣講誠爲宜近宜遠可大可久之善教也
竊思秉鐸而狥者獨任則勞分任則逸環門而
聽者農忙則少農隙則多除朔望會同文武各
官督率紳耆照常在明倫堂及四門內外宣講
外另於十三鋪中遴選公正紳士各數人在於
適中之地設立公所按月宣講三次八月以後
農事既登酌加一二次二月以後農事又興只
舉行三次敝學仍遍歷各鋪督令勸講言無迂
俗當令婦孺咸知語必透宗務盡聖賢精蘊以
期正人心厚風俗仰副
聖祖仁皇帝迪訓
世宗憲皇帝闡揚
今皇帝申命
各憲勸勉之至意所有增酌章程及選舉各鋪
紳士姓名理合備文牒送
貴縣酌定轉報實爲公便須至牒者

額設廪膳生員二十名二年一貢

增廣生員二十名

文生每考取進八名俱充附同治四年每考加
額一名

武生每歲考取進八名同治四年加額一名

學院册開原無學田前道批斷洪世傑等田四
十八畝徵銀六兩七錢八分散給册師貧士
按年報銷

又外游九德捐蕭家塔田歲收租谷十二石

郭家壠田一分收租錢一千

楊姓田一分收租錢一千

書院

儀社小學均在舊城俱周侯會隆建今廢

鳴鳳書院在舊城小西門內每年收地租賑寒士

沮江書院在今城東門內道光丙午梁侯光釗建

膏火田畝

一職員傅正操捐水田二契歇馬舖五畝六洋舖四畝共租穀九石

一孝廉方正陳金鑾捐歇馬舖水田十一畝契載價錢一百六十串租穀十一石書院代取當錢四十串

一貢生杜志學職員楊鴻烈等捐覓口螞蝗蓮花三區田五契共十五畝九分租穀十三石五斗

一錢發坤捐水田一畝七分租穀一石七斗歇馬

一陳之緒捐旱地四畝租錢三串四百文茅泥

一談士祚捐旱地一畝租錢八百文歇馬

一買黃文秀旱地二畝雲租錢二串八百文歇馬

一買游士宏水田二畝租穀二石後砦

一買劉紹先水田五畝租穀五石後砦

一買李元吉旱地四畝租錢一串歇馬

一買馬遐誥水田十一畝租穀十一石歇馬

一南漳都司銜陳萬和捐錢四百三十串文

文職

郎官上應列宿縣令之重自古已然遠安漢唐縣令僅有存者又或以無所考而削之吁亦過矣自元以後志乘畧備蹟著者爲之立傳沒事者詳其姓字庶治斯土者皆得藉以傳焉至學博邑尉或敷文宣教或禁暴緝奸綴於其後俾榮膺一命者亦得以附其末光云志文職

表

三國臨沮長

建安中任　向朗有傳

正始中任　杜普見魏志裴潛傳

吳彥見舊荊州府志

晉臨沮令

郭璞字景純河南聞喜人見晉書本傳及庾仲雍荊州記

宋臨沮令

庾實 新野人見臨川王劉義慶舉士表見宋傅僧驥書雍州讃傳
元嘉中任

唐遠安知縣
莘皋 有傳

宋知縣
董俊明
程崧卿
主簿
程鵬萬 以後缺載
典史
楊大異 有傳

元知縣
教諭
達魯花赤沙
泰定元年
班
藍時温
鄭崇錫
畢遜 有傳

遠安縣志 卷二 文職 二

明知縣
教諭
訓導
縣丞
洪武四年
太有 修舉廢墜
鄭永福
劉志熙
顧祿 松江人
撫民有方
馬榮宗
扱淳
呼卣 馭民有道
曾耀
謝傑
王輔 汲縣人以
戴仲瓊
李松
後缺載
永樂
辛東 精吏
歐陽勤泰
典史

正統九年
章大尹
黃玄
杜吉
劉豫
曾弼
何卿
四年
林伯疇
鄧榮
周鼎
張淵 除苛禁恭
何判
金誠
八年
興滯補弊
蕭莊
張竑 上饒人
王灌
李欽
金琳
張忠
朱端
王紀
羅期 保昌人
彭鑑
天順間任
何盤 有傳
館樸 徐千
鮑章
璩衍
成化六年
朱敏 保昌人舉人
陳曾

遠安縣志 卷二 文職 三

郭信 有傳
歐陽法
尹文織
十三年
雷濬 宣化人
何雲霓 南充
十五年
劉英 有傳
何紀 任安人
藍廷芳
弘治元年
蕭淵 貴池人舉人
陽或
舊府志作姜
陳世昭 莆田人
李錫 河内
王式德
三年
王鑑 黃縣人
明瞬
七年
趙麟 有傳
趙明 泰和人
伍錫
十五年
鄭轂 鄭縣人舉人
鄧祥 新甯
李翔
正德元年
李緯 南陽人舉人
侯秩 臨桂人
七年
王謐 漳浦人舉人
諸文範
姚東

十三年　正德間任　嘉靖間任　十年

曾恆 番禺舉人
黎士翹 有傳
艾時 星子舉人
常時亨 雲南人
夏救 當塗舉人
王炬 遂昌舉人
炬舊府志作炳
孫崇德 泰和舉人
梁一桂 桂林舉人
王綽 滕縣舉人

王蘭
羅得時 建城人
張錫
周儒
鄭廷實 蓬州人
袁祚 眉州舉人

人
易書
劉衛 安岳人
李宇吉
賈思謙 彭山人
何淳
楊正邦 保甯人

羅政 江安人
甘楷
胡茂實
何賢
文達
黃日珊
陳一桂
陳志

二十年　二十二年　二十八年　四十年　四十四年

譚曜 仁化人
葉儒 松溪人
田時雍 貴州施南人
吳時佑 海陽人
何其愚 溫江舉人
孫志 渠縣舉人
竇廷銓 羅城歲貢
程典 有傳
龔之奇

冷紹元
鄭誨 浮梁舉人
張凌漢 南昌人
胡繼矩 廣濟人
蔡仲暐 沔陽人

龐希顏
仲化
謝謹
楊棐 西安人
董以道 普安州舉人

李元亨
陳一貫
陳公甫
鮮延春
毛文和
石釗
董時邦
李源功
梁涑
林鑄 尤溪人

萬曆十二年　十九年　三十三年　天啟二年

金汝舟 休甯選貢
鮑良守 甯國人
劉順時 貴陽舉人
蘇大成 詳名宦
秦嘉穀 桂林舉人
程道宏 眉州人
孫自強 詳名宦
王建中 浙江選貢
秦夔虞 博白舉人
施澤民 彭縣貢生

李枝萃 穀城
鄭繼緒 全州舉人
曾世泰 新化
黃坦
田三錫 舉人
舒有翼 舉人
祝以誠 舉人
翟潤物

張二和
湯聰 邵陽人
張龍
黃可齋

夏師旦
吳元龍
胡其相
高必達
羅憲
湯建章
廖周舉
林有聲 福建人
潘思舜

五年　崇禎二年　五年　六年　七年　十年

王興化 雩都貢生
魏國輔 甯羌貢生
汪允貞 嘉定貢生
毛呈鳳 廣西舉人
魏紹夔 南昌舉人
王立德 安福貢生
周乃淶 詳名宦

李化龍 荆門
元承訓 臨淮
胡以賓 長沙
楊日崇
鮑尚友 歙縣
何文郁
林一貫 莆田

燕有臺
丁擔
王彤講
李華 以後缺裁

楊守義
康士節
鄺序先
梁勝安
魏紹 浙江人
羅士軺

國朝額設

知縣一員

典史一員

教諭一員 康熙初年裁後復設

訓導一員 康熙初年設

陰陽學訓術一員　醫學訓科一員
僧會司僧會一員　道會司道會一員

知縣

- 順治間任　冏會隆　有傳
- 九年　盧應昌　有傳
- 十四年　安可願　有傳
- 康熙四年　宋繹　有傳
- 王瞻祖　山東進士
- 徐嘉禎　遼陽人
- 田躬耕

- 二十一年　陳其舜　有傳
- 二十九年　劉盟　進賢舉人
- 三十九年　梁鳳翔　有傳
- 四十一年　顧爲棟　丹徒副榜
- 四十五年　李光珽　興安舉人
- 四十六年　陳琳　惠來舉人
- 四十八年　金芝潤　鑲紅旗漢軍舉人

教諭

- 靖乃獻　黃岡
- 蕭賁　沔陽舉人
- 陳其標　以後裁缺
- 高岳祝　復設
- 李光祖　副榜
- 曾岀　拔貢
- 郭宏緒　均州拔貢
- 汪文顯　漢川副榜

訓導

- 金如珪　鄖縣歲貢復設
- 柴鏞　潛江
- 吳宗基　城步歲貢
- 黃中行　當陽歲貢
- 楊之蕃　漢陽歲貢

典史

- 趙琚
- 翁光岳
- 穆登先　三原人
- 柳光啓　浦江人
- 馮元麟　涿州人
- 于俊　館陶人
- 楊良弼　義烏人
- 劉德隆　宛平人
- 張所含　直隸人
- 戎鼎調　慈谿人
- 章化龍　大興人
- 張鳳鳴　真定人
- 陳鯉　三河人
- 沈爔　宛平人

知縣

- 雍正五年　胡文瑞　大興廩貢
- 七年　吳士宣　長洲監生
- 乾隆七年　龔師勝　盧龍舉人
- 十一年　鄒淑度　洪雅舉人
- 十四年　陳壽岳　鳳臺舉人
- 十五年　張玉式　章邱舉人
- 十八年　劉煜　平定州進士
- 二十年　蘇汝礪　有傳

- 二十六年　熊
- 二十八年　李
- 二十九年　錢
- 二十九年　張學古　浙江蕭山縣副榜
- 三十一年　曾承謨　直隸武臨拔貢
- 三十一年　宋楷　有傳
- 四十年　滕鴻選　江蘇銅山監生

教諭

- 王宏楹　黃陂副榜
- 張如彤　恩施恩貢
- 楊芳　鄖縣恩貢
- 梅倖　蒲圻副榜
- 羅治　隨州拔貢
- 郝通　雲夢恩貢著有陰隲文時藝行世

訓導

- 謝世錡　江夏歲貢
- 童傑　沔陽
- 高調鼎　沔陽歲貢
- 胡正榮　武昌歲貢
- 阮文璵　大冶拔貢
- 劉崙　東湖歲貢
- 楊之煜　江夏
- 陳星會　襄陽人
- 楊大昌　安陸
- 胡學禮　江夏

典史

- 汪光謙　山陰人
- 孫敬禮　嘉定人
- 童宗桂　大興人
- 張敬祖　吳縣人
- 桂紳　四川閬縣

四十二年
李孝澍 江西臨川縣舉人
何一舉 潛江副榜
左俊 雲夢
四十五年
王廷櫟 直隸萬全廩貢
向廷燕 廣濟副榜
王家詔 竹谿
隋繹 光化
方相袞 桐城人
五十年
李玠 陝西涇陽舉人
安嘉相 江夏
張士元 桂陽州人
祖恪鋐 漢軍廂白旗監生
沈發志 孝感舉人
雷廷章 山西高陽
路德植 甯陵人
五十二年
黃壂 浙江錢塘舉人
張炳翰 黃安拔貢
莊一夔 武進人

五十三年
汪雲銘 浙江仁和舉人
潘恆月 興國州舉人
王春 直隸順天寶坻人
王大復 仁和舉人
五十四年
徐逢甲 湖南瀏陽廩貢
劉岱復 潛江歲貢
田鼎 直隸宛平謄録
饒文漪 江西廣昌貢生
阮文璠 大冶歲貢
五十六年
許忠一 有傳
胡之煜 應山
蔣之澍 荊門

九年
董佶 天津舉人
胡攀桂 江夏廩貢
石燿 有傳
程明懋 天門
劉琢璧 江臯
嘉慶四年
呂應熊 有傳
樊恭懋 松滋拔貢
周履福 河南祥符
五年
鍾應焻 將樂舉人
戴世蓉 [illegible]陽恩貢
雷文達 公安
姚青構 安徽桐城
六年
盧家元 南平舉人
李道坦 應城
黃世珍 江西南豐
十一年
詹應甲 有傳
陳綸 江陵舉人
易甫 湖南湘鄉
十二年
黃虎文 有傳
蔣昌濟 廣西全州
陳若疇 有傳
十三年
蔣遇泰 宜興議敘
吳霖 蘄州
譚興豫 漢陽
黃紳 陝西榆林
十五年
沈學瀛 山陰監生
舉人
屈啟宇 有傳
杜萬仁 大興人

十七年
湯邂伊 滿洲縣東
張載陽 襄陽
李玉華 河南涉縣
二十年
劉廷模 貴筑拔貢
李鳳儀 四川樂山
王天申 新安舉人
二十三年
沈延青 吳縣監生
代篆
二十四年
祝孝滮 固始進士
林萬年 臨清舉人
代篆
道光元年
程汝功 汝陽議敘
代篆

十年　三年　七年　十一年　十二年　十五年

王　剛 江津舉人　楊繼煥 監利
董維培 豐潤拔貢
劉赤江 鎮海舉人
呂蔚南 新安監生
趙鵬翔 臨城進士　程昌禩 崇陽
唐方耀 邵陽副榜舉人
林廷翰 鄞縣廩貢　喻　賓 黃梅
孫絡棠 華陽監生舉人
顧世燾 長葛舉人　童兆瑛 黃岡
方宗斌 巴陵人舉人

吳輝泰 通城
鄒日瓊 東湖
蔡孔緒 嘉魚
余作梅 有傳

王覲揚 四川中江人
閻德俊 清苑人
鍾士仁 溆浦人
李尚有 黟縣人
錢康祖 大興人
樓培顯 餘姚人
魯中孚 山陰人
顧晉承 元和人
鄭芳蘭 大興人

遠安縣志　文職　十　卷四

十六年　十七年　十九年　二十四年　二十五年

朱廷鏞 海鹽監生
屠國英 山陰監生
劉鴻庚 有傳
傅九淵 有傳
林如梅 海豐貢生
張從鼎 太和貢生
紀懭臧 有傳
顧羹梅 江蘇吳縣
熊寶書 江西舉人
梁光釗 三水舉人　劉予垣 天門

張廷華 漢川
劉　醇
張攀梅 黃梅
周人驥 漢陽
王之孚 江夏
黃　庚 孝感舉人

李鳳儀 再任
葉德同
劉用達 陽湖人

十八年　三十年　咸豐二年　三年　四年

孫維垣 □人
王慶雲 有傳
樊　彬 天津人
張炳輝 河南舉人
李葆樹 有傳
張懋功 江西副榜
江世玉 江甯監生
盧聯璪 陽城舉人
祝　祐 固始進士
樊丙南 曲沃進士

張兆蘭

遠安縣志　文職　十一　卷二

六年　七年　八年　十一年　同治元年　二年　三年　四年

趙煥恩 洛陽舉人
蔣樹昌 鎮遠附貢
朱錫綬 太倉舉人
朱紫貴 涇縣解元
袁秉亮 武進舉人
胡先頫 涇縣監生　王家瓚 武昌舉人
方兆科 桐城舉人副榜
文　桂 正藍舉人　秦述先 江陵
張景星 衡山軍功貢生
鄭傳林 英山進士

蔣嘉儀 黃梅
紀以鳳 武昌
陳沛之 武昌
周葆恩 江夏
舉人

鄭維周 江甯人
倪　炯 上虞監生
方家穀 蘆浦監生
王樹齡 蓬萊吏員
沈嵩祥 會稽監生
林　源 巴陵監生
高建熙 滕縣軍功

武職

朝廷設官文武並重司民社有人經戎政亦有人遠安自明設守禦所以來官斯土者衆矣湖北通志秪載遊擊而止荆州府志亦秪載遊擊守備而止千把以下皆畧焉邑乘沿其例則闕城而遺漏已多非惟貽譏於不備不全抑豈文武和衷之道乎詳誌其人俾微末武弁皆得與文職並傳云志武職

表

明指揮	千戶	鎮撫	百戶
蔡浦	宋璽	吳瑛	杭懋
	朱綱	龐清	李俊
	蕭綱		陸榮
	蘇懋		姜雄
	李瑄		蔣能
			胡俊
			傅通
			龍偉
			汪順
			陶綱
			常安
			蘇璹
			張忠

國朝遊擊	守備	千總
康熙六年孫志高陝西人	李正從富順人	王世欽
十二年涂鎧河南人		李學
十八年汪國正江南人		
二十六年任鳳翔陝西人		

遊擊	守備	千總
三十 年丨 五年 四十 四十 五年 一十 八年 五十 六年 一十 雍正 二年 六 年 七 年 九 年 辛		
張興江南人	楊九文吳江進士	劉公義
陳士亨福建人	李奇漢陽人	
沈蓮林浙江人	凌明龍南人	張之方
張文顯河南人	田之璋仁懷縣人	
王大綬山東人	鄭繼英德安人	
高兹福建人	張炳通州人	
劉文元正藍旗人	蕭振紀貴州人	王榮
張福陝西人		
張可才陝西人	高崇韶武威人	
温朝宰陝西人		田藍玉

十三年　乾隆六年　九年　十年　十三年　二十一年　二十二年　二十七年　三十八年

李發祥　陝西人
鄭昻　漢軍正黃旗
王福　山西行伍
王輔　正紅旗行伍
張世龍
蔡克賽　正黃旗
喬照
張珍　陝西進士
江士元　德安營守備
龔必棠　襄陽前營守備

胡兆吉　密雲傳籍
馬繹　通許舉人
陳世隆　長州人
程天篤　滋陽人
盛宏義　漢軍廂黃旗行伍
魏賡颺　本營千總
岳壽淵　山西介休進士

任正國
李連
魏賡颺　東湖行伍
汪騰龍　東湖行伍
張朝桂　江陵行伍

三十九年　四十年　四十二年　四十三年　五十三年　六十年　嘉慶二年　四年

馬獻書
邵世鳴　荊城守營守備
張廷樑　宜昌中營守備
楊斌　侯補都司
楊崑　安陸營都司
李光榮　宜都營都司
蔣觀濤　順天進士
張元善　本營守備
王愷　南漳行伍
朱槐　興山行伍

鄧尚賢　宜昌後營千總
張朝桂　本營千總
王正高　宜都營千總
張頤　山西大同舉人
王上賓　本營千總
張元善　天津進士
劉春　江夏行伍

張宗林　東湖行伍
王上賓　東湖行伍
傅開文　江陵行伍
劉春　江夏行伍
朱陞鑑　江夏行伍
尤宗海　江夏行伍

六年　八年　十一年　十二年　十七年　十八年

額爾成額　廂白旗
馬洵　撫標右營守備
全祿　荊州城守營參將
歐國光　衛林州進士
穆騰額　候補游府
周開甲　本營守備
富祥　候補都司
周開甲　再任
劉進仁　漢軍廂紅旗

周開甲　衛州舉人
劉得貴　本營千總十五年十九年再署

羅君彩　四川南充行伍
李鶴松　巴東行伍
劉得貴　長樂行伍

二十年　道光三年　七年　十二年　十六年　十八年　二十年

王登舉　湖南武陵行伍
邢文行　山西渾源州進士
蘇珠克　正藍旗
程三光　直隸邯鄲探花
劉元慶　直隸正定行伍
彭中杰　江西樂平進士
五格　正黃旗漢軍筆帖式
王宣　雲南大

張映瑩　本營世襲
胡鳳舞　直隸慶雲舉人
孫騰蛟　陝西韓城進士
鄧高陞　竹山世襲
伊林泰　蒙古鑲白旗進士

張鵬翥　興國舉人
鄧高陞　竹山世襲
李道森　恩施武生

遠安縣志　武職　五　卷二

二十年　二十八年　二十九年　咸豐三年　四年　六年　八年　同治四年　五年

[illegible]康漢軍廂白世襲　佟福漢軍正黃旗　羅兆元貴州鎮遠舉人　善保正藍旗世襲　農依本滿洲廂白護軍　訥穆精阿滿洲正白　萬通漢軍廂白　翟士彪廣東東莞舉人　鳳寬廂白荊州駐防

吳杰鄖縣世襲咸豐二年調署宜都都司興山遊擊　張昌達二年署　黃世璋大冶　尚福廂白荊州駐防　張岐榮襄陽行伍

魏金榜江夏武生　張長春恩施行伍　王錫恩本營世襲　費國洪東湖行伍　武天衢東湖行伍　德秀廂白荊州駐防

六年

吳亮才廣東軍功

王成棟江夏行伍

遠安縣志　武職　一　卷二

把總

康熙間　雍正間　乾隆初　二十七年　四十九年　五十六年　五十九年　嘉慶元年　四年　十四年　十八年　道光三年　四年　十六年　十九年

左司
余應龍　王從道　王彩　王錫爵　靳誥宜都行伍　劉春　王上賓　劉士科東湖行伍　蕭國堂東湖行伍　汪洋林本營行伍　朱汜本營行伍　張安元利川行伍　陳福恩施行伍　蕭得升由後司調　王連洪本營行伍由右司外委拔補　朱正太東湖行伍　張連科本營行伍由左司外委拔補

右司
王標禮　張崑　何存仁本營　王雄東湖　黃榮貴柳州　張宗林　張正綱恩施　李光東湖　汪士煥東湖　吳相本營　王興國江夏武生以上八人俱行伍　齊光堯本營行伍由後司調　余文華東湖行伍

前司
王秀玉　葉福　李春華興山　賈元英恩施　陳洪道本營　王啟龍東湖　劉大用江陵　張士魁東湖　以上六人俱行伍　劉得貴　楊正倖恩施行伍　馬學珮本縣武生　蕭日明東湖行伍　張致堂孝感人

後司
劉文耀　張祖詔　王連本營行伍　譚世敏恩施行伍　鍾志義興山行伍　蕭得陞東湖行伍　齊光堯　李世增本營行伍由右司外委拔補　李大福宜都行伍

年　張文提 東湖行伍
由左司外委拔補　吳玉文 東湖行伍
二十八年　劉志斌 孝感舉人
咸豐四年　黃忠榮 本營行伍
五年　李成棟 本營行伍
七年　鄧朝儀 恩施行伍
同治　胡光輝 襄陽行伍
程益恭 本營世襲

談尚榮 本營
行伍
宋大珍 興山
行伍
李裕後
張運乾
王錫恩
上三人俱本營世襲
周世春 京山
行伍

余金魁 江夏
行伍
姚國理 本營
行伍
李裕後
魏定揚 鍾祥
行伍

劉朝國 興山行伍
朱發科 東湖行伍
劉志綱 宜都行伍
李裕後
趙廷凱 東湖行伍

春□賞 [illegible]

張占鰲 東湖
行伍

外委千總

乾隆廿六　三十年　三十七年　四十三年　四十五年　五十一年　五十五年　九年　嘉慶五年　七年

戴　榮 東湖行伍
張　豹 本營行伍
景　連 東湖行伍
陳洪道
李盛俊 恩施行伍
傅開文
李必見 本營行伍
袁　文 鶴峯行伍
陳時賚 當陽武生

左司

王連陞 直隸南宮行伍
王發第 本營行伍
胡金柱 東湖行伍
高宸佑 本營行伍
王起龍
周　泰 本營行伍
蕭國堂
王泮林

右司

高宸虎 本營行伍
袁　慈 恩施行伍
劉　春
方志瑞 本營行伍
張廷選 本營行伍
吳　相
劉正秀 東湖行伍
朱　汜

年　九年　十七年　十八年　道光三年　四年　十六年　十年　二十年　二十五年　咸豐

馬大富 利川行伍
張國材 宜都行伍
齊光堯
李世增
徐茂德 本營行伍
王振清 東湖行伍
吳玉文
熊兆渭 本營行伍
湯廷簡 本營行伍
馬維駿 東湖[illegible]

張安元
張　玉 本營行伍
許　升 東湖行伍
段士恭 宜都行伍
張連科
朱正太
董逢聖 本營行伍
鄢光福 東湖行伍
姚連陞 本營行伍
闞守先 本營行伍

王運洪
敖國喜 本營行伍
程芝粹 本營行伍
錦　繡 滿洲正紅旗
鄭承業 東湖行伍
黃忠榮
周宏道 興山行伍
魏盛明 當陽千總[illegible]

戎仕

何人龍明御史史訓後崇禎間率義勇剿獻賊擒翻山鷂就地滾四條龍黑頭雲等賊首百餘名授守備加遊擊銜　國初勦胡段二賊及王二王三等屢著戰功又奉命督修城垣工竣歸農不復出山有隱君子風

關守先由行伍補清溪河外委咸豐十一年出師來鳳縣麂子峽陣亡子錫章世襲雲騎尉

李正從四川莪邊營遊擊　李爲楫廣東三水總戎　王綉衛昌千總

王發第宜鎮千總保守備　張豹衛昌把總　高宸佑衛昌把總

朱光汜武生宜鎮千總　楊崑得勝路守備　張王宜鎮千總

王達洪宜鎮千總　李世增河南洛陽守備　王正綱施南守備

熊兆渭公安把總　陳鎔宜鎮把總　馬學珮武生宜鎮把總

董逢聖衛昌把總　任恂衛昌外委　王者仲宜鎮外委

黃一才施南外委　吳相宜都千總　程芝粹穀城千總

牟天宜襄陽千總　張連科南漳千總　嚴開第宜鎮把總

嚴先登施南把總　嚴先愼宜鎮外委　談尚榮長陽千總

湯廷簡宜鎮外委　姚占鰲宜鎮額委　董昌俊荊門外委

宮室官署

帝堯茅茨土階大禹卑宮陋室古聖儉德所昭有即一居而可想見者凡屬臣工雖大僚猶當奉此意爲兢兢而州縣又無論已然縣令職司民牧聽政有堂鳴琴有室其體制詎可不肅乎若乃學校廳職各有攸司固當爲之所俾其有以蔽風雨然明有守禦所今設遠安營當並載之志官署

縣署漢建置羅漢峪臨沮城內晉遷於高安城內

元遷於亭子山下遭兵燬盡明洪武初邑侯大有復修天順七年邑侯何盤重修成化丙戌避劉千斤石和尚亂遷治東莊坪崇禎甲戌寇至城陷庚辰邑侯周乃浹遷治鳳山

國朝順治四年邑侯周會隆申請修城建署甲午水圮邑侯盧運昌重修戊戌水圮邑侯安可願重修康熙五年邑侯宋繹因鳳山城屢圮仍遷治東莊坪守禦所建修衙署監獄歲久朽壞邑侯樊丙南重修咸豐七年儀門燬於兵大堂亦傾圮邑侯朱錫縠重建又搆小樓於花廳後與鳳

山相對顔曰聽鳳吟暇日與諸生嘯咏其中覽西北諸山之勝今已朽壞待修

學署舊在北門外康熙二十二年邑侯陳其順建修乾隆五十七年邑侯許忠一遷學宫於城内東北隅兩齋皆僦居民房道光二十三年教諭童兆璜牒請變賣北門外舊址買民房二所東齋在　文廟右首前西齋在倉巷街口咸豐七年西齋燬於兵

捕廳向隨縣署監獄遷移康熙五年建於縣西咸豐七年燬於兵今僦居民房

遊府在中街之西箭道在大堂之右前遊戎海廉重修咸豐七年兵燬過半

守府署在城西前爲小箭道東首局庫又東馬棚咸豐七年燬於兵

左司城守無署　外委無署

右司署在黄家院　前司署在當陽河溶市

後司署在縣北洋坪市　千總署在當陽縣城内

外委千把總署一在當陽縣城内一在清溪河市

教場在南門外周圍一百二十丈

布按二館在縣東府館在縣西今廢

宦蹟

班固稱循吏所居民富所去見思生有榮名沒見奉祀爲之傳者六人可謂矜慎矣然志乘與史傳體例不同史家所書全乎爲循吏而志則惟取治蹟之在此者識之遠安自兩漢以來歲踰二千鈞稽前史其官此以功德治行著者猶有可錄傳之人豈自明迄今遂無勞心撫字立名德於後世者哉志宦蹟

後漢

向朗字巨達宜城人也劉表以爲臨沮長表卒歸先主及後主踐祚領丞相長史免官後封顯明亭侯位特進朗自去長史優游無事垂二十年潛心典籍孜孜不倦年踰八十猶手自校書子條嗣入晉爲江陽太守南中軍司馬蜀志遺言誡子曰傳稱師克在和不在衆此言天地和則萬物生君臣和則國家平九族和則動得所求靜得所安是以聖人守和以存以亡也吾楚國之小子耳早喪所天爲二兄所教養使其性情不隨利祿以墮今但貧耳貧非人患惟和爲難汝其勉之劉志註

唐

韋皋京兆萬年人初生彌月其家會羣僧祀其壽有胡僧升階曰久別無恙乎韋氏曰兒甫一月何云久別僧曰此諸葛後身蜀人向受其惠今將往食報矣韋氏異之因字以武侯後改字仲翔及長不飭細行西川節度使張延賞招爲壻怒其行逐之投獨孤及及力薦授荊州高安令有善政鳳凰集于山後爲隴州刺史延賞始送女完聚適朱泚反兩道使隨以重爵皋皆斬之帝壯其節延賞入爲左僕射皋遂代爲節度封南康郡王贈太師邑人立祠祀之鮑邑侯請入名宦劉邑侯建二賢祠與元畢遜同祀按神仙鑑稱其將翟與張芬即關與張苞後身恩意與留名苞留姓翟從父名芬從巳名輪迴之說蓋有之矣

宋

楊大異字同伯醴陵人遠安尉邑有峒寇擾民官兵致討積年弗獲檄大異往治之大異以一僕自隨扁舆入賊峒傳呼尉至賊露刃成列以待徐諭以禍福皆伏地叩頭願改過自新遂偕其渠魁數輩出降以賞遷吉州戶曹宋史本傳

按舊志楊大異博學篤行才兼文武從胡羅授春秋登嘉定進士授衡陽主簿有惠政歷遠安令進四川制置司參議元兵寇成都又從制使丁黼巷戰被創復甦以功封醴陵男後召對極言時政進直秘閣迄宋末與弟太齊隱邑之小洋坪遂家焉今子姓繁衍云云與本傳不合當從宋史

元

畢遜化妤撫民興學校成禮俗多有惠政萬民懷之祀二賢祠後鮑邑侯請入名宦

明

何盤四川珙縣舉人天順間知遠安善於經畫凡百營建若縣治學校祠廟壇壝咸出自贖鍰民不知勞財不告匱舊府志

郭信江西上饒舉人成化八年任時本縣稅糧撥運施州水路險阻民苦之公白於當道存留本縣邑民感之

劉英浙江會稽人成化十五年知遠安時縣治新遷百事草創公盡心修葺巨細畢舉湖北通志

趙麟貴池人宏治七年知遠安裁抑豪強撫納新附

凡公署學校橋道有圮壞者輙加修葺先是民嘗
苦饑公乃令民輸粟贖刑比及九年積粟幾萬石
歲歉賴存活者甚衆舊府志
黎士翹南海人正德間知遠安泣政清慎扶植善類
節省財力方銳志振刷積弊倐以病卒未竟其用舊府志
孫崇德泰和舉人嘉靖十年任質直愷悌有守有爲
改修學宮士民德之陞大名府判軍民遠送
葉儒福建松溪舉人嘉靖癸卯年任古貌古心善政
善教泣任七載遠近咸懷

田時雍貴州思南人嘉靖二十八年任泣政清慎撫
字心勞未竟厥施
孫志四川渠縣舉人嘉靖四十四年任節省里甲勤
慎清明柏臺有琴堂晝靜之譽陞平涼府判
程典號五江四川江津舉人泣任日損輿從減賦例
慈祥明斷清慎廉平遠邑賦稅初無成規條編一
法自公始利賴民生豈旦夕哉陞剌沔州泣送盈
道
蘇大成號時所江西寧都舉人以理學高第出宰遠
邑愛民禮士置義倉以備饑饉諸不便民間者輙

與蠲免斷獄無冤舉孝弟旌節義有古循良之風
欽簡李曹咸頌神明當時口碑至今猶令人景慕
焉
孫自強江南高醇人以明經起家泣遠時有大盜數
人結連川湖不肖輩互爲兎窟屢年逋逃以計捕
獲民害以除萬歷九年奉旨清丈親履阡陌田賦
均平集諸生纂修邑志文章事業俱足不朽至今
尸祝遺址猶存在舊城南門外橋側
周乃浹號伯霖山東即墨明經強毅有爲多謀能斷
邑中刁悍每倚宗藩肆虐乃浹治之民獲安堵流

寇猖獗兵馬絡繹如織俱應接有方民間不擾後
流寇十三家約數萬犯境乃浹率民保聚鳳山賊
不敢窺民賴以安陞黃州府丞監紀衆兵臨行臥
轍者衆
國朝
周會隆山東濮州舉人知遠安首請兵討平周酉兒
修新城練鄉勇慈仁明斷撫字凋殘時學宮傾廢
人輕詩書乃建學立社課士有禮士氣大振九好
學退食必讀書吟詩纂修佚志雅意山水暇日率
士課農桑進老稚而勞來之怡如也性廉潔囊瓜

撫民物陞建昌府丞去之日語士民曰余待罪遠
安無他失獨老荒恐遺民累士民攀轅不能去可
爲循良第一

盧運昌山東陵縣進士順治九年涖遠政尚寬和尤
能作養士類新城圮捐廉修復人賴以安

安可願陝西耀州拔貢涖遠時值虎孽肆擾公布德
招徠申嚴保聚捐俸重修新城建木城於舊治以
爲犄角民賴以安賊平復修縣志善政不可殫述
陞蓟州知州去之日士民卧轍攀轅至有垂涕者

陳其舜山陽監生康熙二十二年涖遠勤慎廉明培

植學校明倫堂進德修業兩齋敬一亭皆公修

梁鳳翔陝西咸甯進士入祀名宦歷年甚遠求其軼
事不可得以在孝感拔涂夔菴尚書觀之大抵培
植學校惜士愛民故所在皆有循聲

蘇汝礪常熟拔貢清慎廉明愛民惜士邑人德之將
爲之傳得其墓誌銘家絃戶誦採入藝文

宋楷字素我四川夾江舉人貌韶秀心慈祥乾隆三
十年涖任在遠十年興利除害待士民如家人子
弟嘗書上蒼下赤匾懸大堂一切惠政詳見各條
荆門當陽鍾祥南漳皆有澤被鄰封匾額去之日
父老兒童泣送百里外公亦悲不自勝諭曰國課
早完處女早嫁屈死不告狀餓死不賣田爾曹切
記之後紳耆環請入祀名宦雖上憲未准而各鄉
固已立祠祀之

許忠一巴陵拔貢乾隆五十六年涖遠愛士惜民以
邑中科名不利遷文廟於城內乙卯登鄉魁者有
李超倫戊午中副車者有周德豐人皆頌之有術
者謂公曰東南無文峰如作高墉於巽位當出翰
林公欣然議建未果而去任惜哉

石爐直隸灤州拔貢乾隆六十年涖任性明決有膽

勇嘉慶元年白蓮教匪滋事煽惑人心公搜城內
習教者并及其家丁駢首誅之不姑息以養奸因
安民而除莠人言弗恤也後兵賊絡繹隨機應變
當陽陷而遠安城卒賴以守則其所保全者甚大
也邑人至今德之

呂應熊陝西咸甯舉人嘉慶四年涖遠時運匪猖獗
官兵絡繹公應變有方五年九月賊伏青龍灣高
廉鎮李陷入陣亡公援兵登陴旗幟嚴整賊不敢
犯城賴以保

詹應甲號止園江蘇吳縣舉人時稱吳中材子其賜

綺堂詩集傳遍天下嘉慶十一年涖任政簡刑輕邑無冤民喜山水政餘探幽陟險邑名勝咸有屐痕杜絕苞苴有罪者欲賄以買直而無從故所涖皆有循聲正己而不援上故在湖北數十年只於邑令宴如也

黃虎文號嘯巖江蘇太倉州舉人潛心理學爲文力追西江屢充同考官所取皆知名士辛巳科垣亦謬承堂薦嘉慶十二年涖遠政尚清靜邑人德之在任未久去後設有長生祿位牌至今尚存大士閣樓上可想其遺愛在人焉

陳若疇號聞之貴州安平進士嘉慶十二年涖任性聰穎清廉勤慎爲民雪奇冤數次遐邇傳頌與士類接談笑竟日如家人父子試文童塲畢具飲饌必親視之遇屬吏胥役嚴常書十則自警懸可耐軒壁其中多言書役惡狀在任五年以卓異進京後復任清風兩袖幾於饔飱不繼甫一載遷黃岡縣喜吟詩有自遠集行世

屈啟宇號虞葊京山舉人貌魁梧性嚴正動必以禮雖所朝暮見必冠學宗宋五子八股文經術湛深與士頻接論道藝不計疲倦司訓十六年遷安肅任

余作梅號鶴樵黃岡舉人貌秀性穎學深養粹與人接和氣滿容爲諸生閱詩文口不言贄儀司訓十年卒於署沐其敎者咸思之

劉鴻庚號西垣浙江會稽舉人道光十六年涖遠政尚勤敏於聽斷每升堂觀者如堵不數語案已結人皆驚服有疑事輒私訪以故人不能欺盜賊遠屏幾有夜不閉戶之風去遠有留別士民詩詳後

傅九淵號拙齋江西進士高才博學爲文經術湛深不襲時下墨套精筭法閱筭書八十餘種海內搜

尋殆盡道光十七年涖任性仁厚政尚清靜以詩文課士講解詳明賞賚優渥甫三月入秋闈校士未畢塲太夫人卒於署丁憂去遠未盡所施子壽朋號絜士登鄉薦學行俱有父風

紀煐陬號蘊亭直隸獻縣舉人紀文達公之裔也由教職截取十九年涖遠政尚寬惟欲民無訟二十一年遠安旱米騰貴人有請禁長價者公但勸富戶不閉糴日價高招遠客本處又出糶米聚價不期平而自平矣歲乃不飢後致政歸人猶德之

王慶雲字仲卿順天大興舉人道光二十八年涖遠

政尚嚴肅禁暴戢奸胥吏豪強皆斂跡盜賊不入境未久去任民以三月大治頌之

李葆樹號椿陛山東濟甯州進士道光三十年涖遠爲政以不擾爲安待士厚有可造就者不憚多方造就之咸豐二年之警　大憲檄團練爲防堵計時遠安城堞久圮公建城樓濬城濠補城缺日夜勤勞以此致疾八月訛言起力疾廵視精神益耗遂以不起九月卒於署旅櫬今猶未歸葬人皆憐之

行業

鄉士國士天下士士同而立德立功立言表見不止一途皆郡邑之光榮後來之文獻也遠安鳳山鍾秀沮水蘊靈歷朝以來名賢輩出偉業芳踪增光史册其或位不副德而輿論歸之亦不可沒焉古今人表昉自孟堅惟楚有材堪資景行採而錄之可無愧汝南管鑰云志行業

明

張武圍山隱君子後之才孫少有文名登洪武甲子鄉薦授鳳陽府丞時當開刱公佐治精勤居官有冰蘖聲傳家以儉性耿介卒於官宦邸蕭條事聞明太祖嘉之勅諸有司路費還里

徐禎永樂間歲貢授渭南知縣調鞏城上親征邊境禎隨征有功陞雲南霑益州同知時毋總管與土知州構隙地方騷動禎親詣貴州水西宣慰安民二年方解釋夷民感悅後致政還鄉

何史訓宣德癸丑登曹鼐榜初授行人景泰間山東山西二省賚祖訓奉命催督事竣陞戶部員外郎總浙江糧儲出使遠域不辱王命辭疾歸奉詔準

階朝列大夫知縣鮑良守請入鄉賢祠祀之後裔
人龍明季貢授都司勦禦有功

戴旺先入本縣學後由都吏歷金鄉衛經歷持身清
愨涖政廉平

胡鑾生平多德量盛儀度居家友愛祖產讓諸弟由
選貢初授吳江簿後補山陰歷新城縣丞涖政公
平有廉幹聲轉南直督府經歷未踰月致仕年七
十五卒於家乏嗣人皆爲公憾知縣鮑良守請入
鄉賢祠祀之

傅公朝行謙學富由歲貢授萬年縣丞居官清潔署

篆廉平惟一僕自隨卒於官囊無餘錢喪具蕭條
百姓哀之

李檠字斗池性敏博學善屬文尤喜讀眉山集以數
奇難於一第膺里選入北監爲成均高公讜拱者
器重屢弁諸生已而高公掌銓部公謁選授蜀之
開縣常決滯獄多所平反恆自負不毀方取容致
政歸不置田宅識者知公之後必大

翟言字賓默醇德人也登里選授富順令遷瓊州別
駕時海寇竊發身入寇營招撫郡賴以安乃歸里
居靜自持偶有無知詈辱之公杜門無慍色詩云

時人欲識胸襟否彭蠡秋連萬里江先生有爲

鄧醇字廉川天懷風雅夙抱經濟以明經秉鐸孝感
造就多士知名遷鄖諭亦然所入俸半與士作登
山賦飲資公嗜酒吟詩豪曠不羈殆高陽之徒與
課子孔進列庠

張[illegible]文字在吾盛年以資應貢有忌其軋己者挽勿
就試即止後以選士對公車歷彭澤祥符兩庠師
多士祖其文章諸當道競入薦剡遷貴之清平衛
經歷生平規行矩步不逢世以機耄年猶披吟不
輟長子斗樞成進士次斗辰恩選斗台歲薦斗墟

貲進孫宿輝鴻業千喆鴻圖俱列庠

張斗樞字天都崇文長子也少有鴻才讀書不輟寒
暑萬歷癸卯亞魁登丁未黃士俊榜筮仕魯山地
多輿草公買犢給墾歲凶廣設饘粥請捐上供民
賴以不飢調永城尤勤課士有秀水利贊宮左畔
公濬之即鴞薦四人壬子分校豫闈得蕭日蘭七
士公清介丰稜凜凜執政以此擢天下廉幹第一
遷南銓部主事居曹喜校書欽假省親未幾病卒
子鴻業列庠

孫尚信字復所節婦談氏遺腹子也幼讀書遵母義

方每奉顏色喜怒隨之温凊六十載子姪繁甚藥
舘延石帆李先生爲師一時名藉庠内幾數十人
待子姪甚嚴喜交遊嗜書不載俗事天啟里選未
仕而卒
李如玉字振華槩之孫喜選勝處負笈讀書屢試冠
軍才名藉甚爲鄖治臺黃公諱紀賢者器重聘龍
門書院舘餼肄業萬歷己酉登王時化榜五上公
車數奇未第授維揚寶應令决冤獄通水利漕艘
安瀾三藩王就國公經營有方民賴不困其入爲
公作八寶政畧宦業至今不磨也公性狷介塵視

軒冕解組歸居家端嚴有禮課子勤勉長子本元
北監次本先明經孫觀生食餼
向儒道任巴縣遷南京東城副兵馬居官清慎輿論
嘖嘖公有丈夫子三才俱博洽年九十二目擊四
代元孫俱列邑庠
陳隆治性介毅爲士時安貧力學初任漢陽府授遷
奉節知縣治政有方
游一孝字順所學富經史望重當時秉鐸湘陰湘潭
武昌三庠咸多造就膺薦當遷因病告歸課子士
道孫應昇曾孫九鵬列庠

楊宗孟嘉魚訓制行端方署嘉魚縣事拒賊城守有
功題補東安縣知縣
張斗奎字燦垣長業儒族中莫能葬者六人悉奎經
費授職漳州巡司聞家寇亂念母在堂泣叩上臺
告假歸省朝夕曲盡子職有勸其復任者不答課
子千英食餼孫炳芳列庠
傅舉說字鼎商號夢卜業儒未就折節爲吏信義服
人慷慨任俠初授江西會昌縣尉轉福建晉江縣
巡檢辭歸養親以孝稱課子作礪食餼
張斗墟字太都生平言規行矩恂雅自如孝友篤於

家庭謙和著於閭里課子宿輝列庠
國朝
李正從見後紀事本末
楊琊樹號孝齋國初隱逸遊跡遍天下所至皆有題
吟著作等身遺稿散軼其傳世者有愛菊堂詩集
老歸故里邑令慕其名輒造廬焉
談經正字傳六號復齋康熙庚午科舉人賦性高潔
陶情詩酒登科後二十九年始授福建九和縣知
縣政治宜民尤善緝捕時制府令人捕某逃逆公
授以計旋擒獲制府奇之密令捕某寇公率壯丁

數人星夜馳往擒獲而守者不知謁見制府禮遇過於府道台灣平擢知彰化縣事數年以母老乞終養解組享壽七十著有山中吟出山吟冬嶺小草還山吟行世

姜開齊號渤南歲貢生善書工詩教授生徒閉門不出雖居城市不與外事與居鄉村無異著有砌字吟詩集行世

談世詔字聖諭歲貢生賦質魯力學勤其造詣之成大抵得於人力性恬退不慕榮利選蘄水司訓以老病辭終日讀書不與外事教授生徒成材者數

十輩享壽八十無疾而終

周正位邑庠生貢生光祿之祖貢生維翰之曾祖舉人汝珩職員汝靜之高祖貌古秀丰度端凝終日正襟危坐案下踏石兩足跡深寸餘動作有禮從不與人爭財物較是非有辱者不校也家故貧佐食惟菜羹禮衣冠各一終其身不再製少時讀書勤苦夜課無膏火日暮削松脂代燭時人比之燃糠映雪云

鄒延伸號涇南邑明經仁恕狷介言笑不苟事親孝親沒日夕遶墓泣血三年祭先陳品物歷呼祖父母飲食痛哭良久乃已燕居著衣冠如對賓客遇子弟奴僕從無疾言遽色人以橫逆來不校也年八十二無疾而逝

周士巍庠生闡道四子貢生正愃敎諭德豐訓導德裕之父也天分卓越好學篤行貌嚴整人望而生畏即之和氣藹如少孤事母以孝聞十五入庠讀書靈湫精舍三年博極羣書爲文清眞雅正學使胡目爲荆郡之冠隨州進士羅治鐸吾邑聞其講四子書大驚以爲聞所未聞命子師事之設敎五十餘年弟子遊泮者八十餘人

李鍾岳字五華號先吾幼而穎異弱冠食餼肄業荆南與妻兄辛卯解元葉奕焜爭後先由明經選均州司訓嘗從姜渤南先生遊渤南有詩稿待梓爲請序於當代名公付諸剞劂性高傑識量絕人往來賢邑侯多愛敬之在均日與諸生講文藝不計束修於遠方遊學之能文者尤加意玉成及歿蘄州庠生陳性善輓以詩有鯉也趨庭哭參乎問道難之句

陳楨字維翰號鶴浦邑貢生嚴氣正性望重鄉邑敎授生徒訓庠者五十餘人坪中田向無水利創修

之自此無學處成沃壤焉又善解紛鄰里搆釁經數語勸戒輒息詩文書法無一不工得之者珍如拱璧壽八十目見四代子國樂廩生國恪貢生孫崇閣選拔曾孫文藻文蔚金鑾俱廩生文鵾列職元孫敎壎敎壇俱廩生堃敎培俱列庠

李超倫詳載墓誌見藝文

周德豐號芑田棫村四子貌長瘦骨秀神清髫齡隨父讀於村塾執爨朝夕伺候維謹年十八入邑庠旋食餼中戊午副車館於城廿餘年足不履衙署年六十一選大冶司諭撤下久不治裝生徒促之

曰大冶饒有學田遲則穀入他人手從容應曰吾不至於穀者也涖任十年同寅竟陵劉人彥愛之如同胞後致仕旋里言及劉淚輒涔涔下居家八十日歿

陳國樂字大韶邑廩生選拔崇閣父也聰慧絕倫年十六府試六場皆冠軍旋采芹食餼學使奇其才性純孝制行不苟後以嗜學致疾時親老子幼自製禱北斗太歲文乞終孝養了子平願未遂卒年三十二

李裁玉字藍田邑廩生幼年喪父事母以孝聞撫三弟皆成名嘉慶初教匪滋事與弟武生懷玉練勇擊賊石明府用帛書儒將風流四字獎之敘功以八品歸部銓選辭不就舉孝廉方正亦不就志切觀光呈請仍歸明經本班未及考准而卒子逢年逢盛俱列庠

周光祿號阮亭歲貢生貢生維翰之本生父舉人汝珩之本生祖父生而英爽讀書觀大意不屑尋行數墨尤精史學數十年爛熟口頭下筆洒洒千言科歲試屢列前矛乾隆己酉科房薦擬中以詩一字不諧被落性明達有肝胆嘉慶丙辰蓮匪起擾

練鄉勇隨方剿擒賊破分別良莠全活甚衆宗族數百家護惜如同室常爲族人謀事急冒雨行數十里顛墜泥淖中時年踰五十其血性尚如此

陳崇閣字凌烟號鳳巢邑之什壕坪人廩生國樂子而秀身長大姿純粹甫九歲母病左右侍湯藥無片刻離父命之寢着衣臥床頭聞呻吟聲輒驚起母尋卒又三年父亦卒喪葬盡禮泣血三年事大父曲盡孝養與胞叔國恪同筆硯雖年長三歲終執猶子禮不衰年十七童試冠軍二十三登拔萃科以大父春秋高不復營仕進隱居敎授弟子達

遊者日衆學問淵深爲文闡發經傳名理不專事聲色教人循循善誘先德行而後文藝居鄉繩趨規步情意敦篤門外事一切屏除非大公事足不履衙署邑宰石贈以詩云氣若芝蘭香可襲品如金玉粹而純可謂善肖其人矣

黄萬青號蓮塘邑明經豁達俊美少肄業荆南書院諸山長以大器許之屢膺房薦數奇見遺性孝友喜施予尤善排解丙辰蓮匪起公督勇守城有染匪習者分別良莠活人甚多以軍功議敘六品辭不就邑令陳闓之贈以詩有此郭人士公爲最待

及瓜期聽鐸鳴之句後選均州司訓檄到已没子鶴齡松齡俱列庠

李甲煊號南屏邑貢生學憲吳賞其文刊入試牘從遊者甚衆邑令詹止園奇其才贈以詩云老筆着花應笑我空山種樹又逢君資以金俾赴鄉試薦未售後陳闓之邑令極重之以詩相唱和然每接見談風月不及公事也家中落晚歲益貧敝衣疏食日與詩社諸後生遊山水吟詠弗輟其高趣如此

翟尚忠號誠菴醇謹篤學幼師事陳鶴浦先生相距咫尺每歸用飯路上誦文七篇來塾亦然遊泮後屢列優等教授生徒篤於骨肉不干外事士林重之登明經候選

陳國恪號筠岑歲貢生廩生樂之弟幼有軼才博通經史爲詩文不從時好善書法蒼秀之氣動與古會著有瀟湘八景字帖稻香齋詩集自號蕓阿居士

周德裕詳載墓誌見藝文

陳文藻號掞亭拔貢鳳巢長子年十七以冠軍列庠十八食餼屢膺房薦科歲試悉列優等與弟文蔚

爲文宗所獎常以二宋目之性閒靜一言動悉遵禮法與人相接終日儼然使人躁妄悉捐卒年三十三著有敬業堂文集稿存待梓

談永遵邑增生溫厚樸誠篤學不倦遊泮後設教數十年生徒以千計前後列庠者二十餘人家不豐從不較脩金平居規行矩步不干外事晚年眼益明齒重生享年八十無疾而終

陳文蔚號霞村拔貢鳳巢次子年十七入庠旋食餼乙酉科堂備額滿見遺歲科試七次冠軍稿一出傳誦遍數郡貌魁梧性和粹吐囑清雅見者咸敬

而愛之與兄揆亭卒年俱三十三邑人痛惜咸謂二陳早逝實地方之不幸云

彭含章號貞齋邑諸生性恂謹學識淵博爲文俯視一切甲午科房薦未售而嚮上之志至老不衰家極貧不妄取人一錢精岐黄濟人甚多及卒里人思之

陳金鑾號轂臣邑廩生拔貢鳳巢三子出嗣國恪子崇闓貌魁梧博學能文唐春墅明府試童子拔爲首贈詩四章嘉之旋食餼科歲試屢列優等甲午房薦額滿見遺性仁厚窮乏咸沐其惠寒士往謁

必厚贈之待佃民尤有恩欠租踰年不輸弗較也少時意氣豪邁三十後獨自謹飭繩趨規步門外事悉不與聞邑有大公事官禮請再三始入署歲辛亥舉孝廉方正尋卒喜吟詩有咏史百首稿存待梓

馬學珍號荆山生而穎異仍矩步規行歲科試屢列優等以明經鐸通城歷任八年勤課期振風化閤學佩服贈有泰山北斗匾額年八十歿於署旅櫬歸諸生眷戀道左有涕泣者則必有今人不忘者矣

王徵璠字曾寶號玉岑歲貢生氣質温厚經術湛深屢試優等授生徒説理精細一時承薰陶列膠庠者數十人惜年將花甲遽爾溘逝未大其用門徒咸緬棺涕曰化雨於斯止春風不再臨著有崇山堂文藝待梓子旭林青年食餼雖薦而未中然鬱無不發積久必昌自然之理也

李逢盛與其兄逢年皆邑庠生壽俱近八旬曾尊師重道敦品勵行貧而有骨逢年博覽羣書工岐黄以濟世逢盛則有詩癖自成一家無非天籟舊志採録數首載入藝文間有筆削遂其自然遠矣鏤金

錯采不如出水芙蓉也

周汝珩號石卿甲辰舉人湖南候補知州宰益陽縣爲人能遵父訓克守官箴丁父艱歸以母老二弟先亡不復仕南省大府欲奪其情當差鄉黨復爲勸駕終不肯乃以數日病作古年甫五十二惜哉周商山學師誄之曰南國棠雲遺子庶北堂萩水付兒孫

陳教垲號爽泉咸豐戊午舉人廪生文蔚子也敦品好學惜年甫三十七歿於沮漳舟次周商山學師誄之曰天奪世間公輔器人哀江上孝廉船

詩步雲品行端正敏而好學年十七冠軍入泮試輒
優等嘉慶壬戌歲貢業教讀培成甚眾精岐黄濟
活尤多壽八十

晉志春性純篤品端方生平不苟笑言行步不踰規
矩鄉里咸矜式馬童試冠軍歲科輒列優等道光
辛卯歲貢六十壽誕前學師贈聯云古風堪擬澹
臺氏瑞日初開甲子花可以想見其人矣從遊者
化雨均沾私淑者聞風興起其侄廩生玉藻庠生
士藻錦江侄孫汝元前後皆出其門嫡孫述之亦
列庠

姜宏文邑庠生性恬靜寡言雖處闤市不慕榮利教
邑中子弟多所成就享年八十七前邑侯朱篠筠
明府贈有今之澹臺匾額司訓周商山追擬其行
則以爲古之靖節

喻慈昌號碧峯性慷慨喜爲善有餘輒以濟人倡
義學多所成就嘗於城南修待月樓與二三友朋
歌嘯其中著有待月樓詩集司訓周商山讀其詩
想見其人之瀟灑推爲名手

王其禄事親孝待人慈嘉慶丙辰丁巳團練鄉勇刀
下活人甚多癸酉甲戌年間米價昂貴設局平糶

鄭里德之子正品恩授從九孫掄元列庠

馬岳嶠性慈祥身勤儉救災恤患捐骸埋胔嘉慶年
間團練鄉勇得軍功未仕

熊應兆號瑞堂義士澤潤之子樂善不倦能繼父志
而體母心生平慕澹臺子羽之爲人賢者敬之不
肖者憚之幼穎悟欲以詩書揚名顯親弱冠遊庠
食餼屢躓秋闈而好學益堅援例貢成均加同知
銜同治元年舉孝廉方正年五十七而卒其子茂
才汝鈺等請私諡於司訓周商山周以孝廉方正
平常之德兆能敬守勿失諡曰彝恪鄉黨以爲無

濫無溢

王英才邑庠生品行端正經術湛深遠近欽仰既殁
而名猶存壽五十三

陳毅熏歲貢生品端學邃教讀一生宗族鄉黨從遊
獲雋者無數胞弟教屋堂弟教塏教培教埏教埰
堂姪家鎔諸孝廉茂才皆親承教訓年五十而卒
城鄉受業者誄之曰慟先生遽赴玉樓空從帳下
嗟安仰歎小子不聞木鐸相與場中哭失聲

李友萊廩生號霖商品行莊正經術湛深鄉黨咸欽
士林共仰生子增生作賓卓有父風孫之惕之炓

俱列庠之炳業儒克繩祖武元孫培元列庠登瀛補增可謂世代書香

楊繼震增貢生號修省恂謹仁厚事親孝少而親愛長而色養老而孺慕通經史子集精河洛理數學師童以博學篤行克敦孝友舉優訓弟繼溥亦列庠

李元吉恩貢生敦品力學嘗以遠大自期貢成均後就州判職未仕而歿士林惜之子芳樹列職精岐黃

易庭善庠生嚴氣正性暗室不欺有火滅修容之風

不肖者遠避之子士亨孫漸逵均列庠

簡泰歲貢生其父文錦本劉紹堯之子襁褓失恃因過房簡氏及長勤儉起家富而好禮生泰與其弟庠生廉俱規趨矩步博學能文鄉黨矜式

王之楨康熙時庠生有懿行行路遇婦女輒迂道避之子道平孫緒均庠是行後之列庠者代不乏人里黨以爲世德之報

望世經字傳憲受登仕郎品行端正望重閭里子二一入成均孫五列邑庠者三鄉黨咸稱爲忠厚之報

朱承緒辛酉選拔幼孤秉和九之訓安貧賤礪廉隅以不及祿養攻苦益力賞志以歿

喻秀鍾號淑山心性慈祥威儀整飭績學而恥趨捷徑好脩而惡得浮名允稱一縣完人可爲後生矜式將登爲鄉飲賓而卒子承綱食餼

談脩來歲貢生經明行脩一鄉善士宗族姻婭觀摩者眾

杜志學恩貢生枕經葄史潔己脩身與貢生周維翰友周擇交慎重可想見其生平

曾泮藻歲貢生志潔行芳家貧學篤屢膺房薦丁卯

應鄉試抱病而歸卒於路士林哀之

遂安縣志卷之三

選舉

古者典重賓興有論秀書升之法漢用徵辟猶鄉舉里選之遺至科目行而倜儻非常之士遂不待網羅翕然自趨於繩墨遂安科目若而人徵辟若而人唐宋以前靡得而云巳自元以來則猶有可考而識者若夫青年拔華皓首明經雖未盡登仕版必為脩志之而貲進亦附焉志選舉

元

進士	張之才 字天錫官鹽運司運使
舉人	張之才　韓當
貢生	
貲進	

韓當 以上二人荊州府志俱列徵辟

明

	洪武甲子
進士	
舉人	張武 有傳
貢生	張睦 獲嘉知縣　憂儀 吉安照磨　程銘 鬱林知州　鄧茂 南溪知縣　黃忠 九江通判陞寧國府長史
貲進	

	永樂辛卯	甲午	庚子	二	癸卯	甲辰	宣德
進士						許澄 官御史陞廣西副使	

舉人	王弼　孫衍 戶部員外　許澄　胡灝 順天府訓　楊棻 隱居不仕　何史訓 有傳
貢生	郭琦 廣西理問　戴昇 普安州同陞知州　杜欽 懷集知縣　徐禎　牟林 青州吏目　鄭禎 彰德知事　李茂　陳謨 茂州吏目　李伯玉
貲進	

癸丑　何史訓

正統

景泰

天順

庚辰　韓廣

韓廣

李繼宗
張守順
楊志
望子成
何憲
牟善
唐時
田廣
董旻
碭儀
何魁
劉璉
譚理
蕭憲
周法之
楊禧
劉恂
楊珪
任顯　大興主簿
徐璟

成化

癸卯

弘治

壬子

正

蕭體高　知縣　銅梁　彭山

李昇　開縣知縣

張實　吏目
馬禎
王佐　太平照磨
冷顯
張傑
曾柏亭
楊秀　上游知縣
楊醇　全州吏目
王郊　江安知縣
劉禧　瓊山主簿
蕭山　宜城知縣
覃永　歷石泉井
研知縣
李昇　慈谿主簿
張翔　南溪主簿
王安之　永寧經歷
徐鍾　安寧學正
胡祥　按察照磨
張宣　衛經歷
魏玉　宜興縣丞

嘉靖丙午

蕭廷節

蕭雲端 韶州照磨

任漣 上海縣丞

冷儒 吉水縣丞

許忠

李聰

傅公仁

談鎧 桂林推官

郭仁 壽州同知

黃金貴 武定同知

楊金 慈谿訓導

甲子

蘇萬民 青陽知縣 陞貴州御史

歐陽威 山陰縣丞

胡鑾 有傳

傅公朝 有傳

胡金

王偉 江安訓導

甘棠 孟縣知縣

向鑾 衛知事

鄧光濟 南陽府教授

談珏 有傳

蕭永式 江陵訓導

隆慶

萬曆

癸酉

周師道 晉山知縣

蕭永陵 任知縣

劉安 酆都教諭

陳欽 墊江教諭

李槃 有傳

向儒道 有傳

蕭瑗 巴縣訓導

鄒天榮 蠡縣教諭

游春霽 廣安學正

朱炳 景陵教諭

吳綵 馬湖府教授

彭鎰 富順縣丞

冷愈奇 寓州吏目

傅宗說 南陵主簿

翟諒 彰德主簿

戊子

簡而可 有傳

周世用 順天授轉 穀城諭陞龍安授

翟言 有傳

翟詔 新淦縣丞

孫尚志

蘇萬方 泌縣知縣

周師文 選貢潛山知縣

翟鳳羽 筠連知縣

游春澤 嘉魚訓導

翟詮 開州吏目

李宗膺 福建理問 清慎明允署海丞弭倭寇有蹟

周師善 儒士開封府檢校

徐天緒 任江西南

辛卯
游一清 邛州知州

丁酉
張大受 有傳

庚子
鄒宗孟 副車有傳

向前 應城昌府衞訓導經歷
冷鳳陽 寶應知縣
江一麟
鄒承寵
翟謐
鄧醇 有傳
張崇文 有傳
陳隆治 有傳
游一書 建始訓導
楊權 湘潭訓陞黃州府授
孫訪 監生

癸卯
張斗樞 有傳

丁未
張斗樞

己酉
李友蘭 有傳
李如玉 有傳

汪如川
郭鎧 順德主簿
杭應宗
王佐才 南安府訓
廖應斗 長沙府授
張崇慶 初貴陽推官後南安知州
喻於義 安邑主簿
游一孝 有傳
李本元
張希堯
萬崇德

天啟
崇禎

談燦 巴陵縣訓
冷達亨
孫尚信 有傳
馬從乾 授檢校陞
蘇甘雨 會昌知縣
鴻臚序班
遷鳴贊
談堯中 宜化知縣
萬世望 漳州檢校
敖艮儒
萬天望 懷遠主簿
彭嘉觀
萬一江 固始典史
尹任
鄒承恩
孫誂
王汝臣 州吏目
張斗辰 上虞縣丞
王國選 馬湖照磨
孫誠
張斗奎 有傳

孫諳
徐正 字斗璇黎
鄒生孟 博學宏詞
平吏目課子
乘龍列庠
慶弁諸生考州判未仕卒
望宸 蒲州吏目
張斗台 州判
傅舉說 有傳
楊應旱
張斗墟 有傳
楊宗孟 有傳
程忠

國朝進士
舉人
貢生
貲進

順治

孫開祚 恩河東鹽運通判
黃亥 隨州訓轉

丁酉

楊正芳

巴陵諭長沙授良鄉縣丞

鄒毓祚　黃陂教諭

孫愉　拔大冶諭

孫慶祚　武功知縣

劉怡　襄陽縣訓

李本先　恩貢知縣

孫基璋　黃陂縣訓

孫惺

向閎中　辛丑恩選

孫鐸　宛平主簿

康熙

丙午

童綬世

晉宗孔　三次副車

陳大璉

王吉綸

張千英

余懋英

談經邦

黃家瑞

張千喆

黃師憲

李士榮

談繼孔

辛酉

楊亦溥

傅作礪

張宏遠

王亮　拔

廖祖昌

談經制

陳大珽　恩

傅之暉

孫繩祖

何偉

陳燦　羅田訓導

庚午

談經正　有傳

毛文坤

向鑑　隨州訓導

嚴宏遠

李志遴　恩

汪澤泓

張齊遠

向嵩　麻城訓導

王永祚

王心純

趙時中

雍正

乾隆

曾傳一恩
廖宗乾麻城訓導
楊成鳳
許掄元
梁文暐
蕭景祖
陳誨
徐嘉言
汪廷棟
朱顯祚
談正瑋
熊鴻祚
趙翔龍
姜開齊有傳
楊國治恩有傳
曹文植
向昌恩
曾玟
向崇
鄒延賓

陳性言
湯宗伊恩
曾大任
程鵬翩
陳洪範
談世詔
戴聖訓
黃開芴
鄒芝蘭
鄒延明
曹于岳
周士岸恩
曹于嵩恩
談雍和
李林楨有傳
周士巍有傳
談參和恩
鄒延傑
李鍾岳均州訓導
王槐茂拔

嘉慶乙卯
李超倫有傳

戊午
周德豐副車有傳

陳楨有傳
陳士望
曾廷翼
王學岱
鄒志朱
陳嗣齡恩
彭志義
曹銘文
陳崇閣拔有傳
許步雲

張學廣廩貢

戊辰
王學岱恩榜副車

黃萬青有傳
聶榮
周光祿有傳
李甲煊
周正愷恩
馬學珍通城訓導
陳上林
劉玉選竹谿訓導
王槐蔭
李正心恩

道光乙酉

徐揚華
李甲焞
翟尚忠有傳
周德裕有傳
皮文彪拔
陳國恪有傳
曾志春
簡泰
黃鵠
熊開周

陳正蔚縣丞

丁酉

甲辰
周汝珩經魁

王庭琇
黃蘊奇恩
姜德明
劉爲鏊
王學嗣拔
談尚極
徐峙中
戴星治
李元吉恩
王徵璠

熊應兆廩貢
覃雋嶶例貢
陳大猷例貢

己酉　咸豐

談修來
周維翰有傳
李時彥拔
周芝蘭恩
楊玉成
鄭之諶恩
杜志學恩
王庭瑀
朱日桂恩
徐必竦

郭鳳鳴州同銜
覃儁徽理問銜
覃仙根德安府訓
徐保明縣丞銜
徐文廣縣丞銜
熊鼎元縣丞銜
覃振聲湖南縣丞
鄒席珍附貢
覃象南雙月縣丞
喻兆祥同知銜安

戊午　己未　辛酉　癸亥　乙丑　丁卯

陳教塏有傳

談恢宇
楊汝平恩
周明修
張　珏恩
朱承緒拔
陳教壎
徐甲孚
蕭德醕恩
魯泮藻
洪光烈

徽識用知縣
王積善州同銜
王瑞徵湖南巡檢
王化楚州同銜
熊楚珩州同銜
王清山州同銜
朱攀桂附貢
吳光斗候選通判
喻于茂例貢
覃應桂增貢

徵辟

明

周　仁永樂中以人才舉授巡檢陞邑令

清

游啟運滕縣令轉赤城通判陞薊州知州

陳金鑾原名文芳邑廩生咸豐元年孝廉方正有傳

熊應兆廩生同治元年孝廉方正有傳

劉爲錞從九職銜同治元年孝廉方正

遠安縣志

武備

國家雖當全盛時未可一日忘兵也自漢唐迄前明戎政犂然可稽然求諸古者寓兵於農之意則已判然兩途矣昔人謂荆襄爲用武必爭之地又謂遠安爲荆州門戶則設險置將益不可已今制置遊守以下諸員鳴弓擐甲以壯楚服水旱塘汛碁布星羅其有合於思患預防之遺意乎志武備

明設守禦所

指揮一員

千戶一員

鎮撫一員

百戶一員

明成化戊子撥旗軍一千七十餘名守禦後調三百名防守竹山縣又歷年逃故甚多萬歷間實在旗軍三百五十八名內輪戍南襄紅沙一百二十有三守城操備僅二百三十五名今經兵火逃亡殆盡

國朝康熙五年撥荆州後營設遠安營

遊擊一員

守備一員

千總一員裁

外委千總一員駐當陽

把總四員

外委千把總三員雍正七年添設

原額馬步戰守兵八百名康熙八九兩年共一百十名十三年添足八百名十四年又添四百名共一千二百名二十一年裁四百名二十二年裁一百九十三名二十三四兩年裁六十七名三十五年裁三十名四十五年裁一十三名雍

正七年奉　文於馬兵數內設立外委千把總三員乾隆九年奉　文將外委千把造於經制千把之後不須列入兵丁項下乾隆十八年撥馬糧四分歸宜都營該營退出戰糧一分守糧三分還本營遵奉開撥外實共兵丁四百九十四名內馬兵四十三名戰兵八十四名守兵三百六十七名乾隆二十一年撥本營千總一員帶同現食馬一守六養廉七分並抽本營岸坪汛兵十五名一併赴安陸營乾隆四十六年奉

文給弓遊擊養廉銀四百兩守備二百兩千總一百二十兩把總九十兩外委十八兩公費一百八十九兩二錢九分六釐本營退出各官養廉五十三分公費一十五分嘉慶十九年裁減守兵二十名在於存城北砦河溶各汛抽撤道光十二年裁減存城馬兵一名戰兵一名守兵六名道光二十二年裁減存城守兵二名現在馬步戰守兵三百七十四名內馬兵三十四名戰兵四十八名守兵二百九十二名戰兵四十八名內弓箭兵丁二十名鳥鎗兵丁二十二名

籐牌兵丁三名耍刀兵丁二名砲手兵丁一名守兵二百九十二名內字識一十二名弓箭兵丁九十名鳥鎗兵丁一百五十名籐牌兵丁二十七名耍刀兵丁七名砲手兵丁六名官坐馬二十二匹戰馬三十七匹每年春冬二季每季每匹支草料乾銀三兩六錢夏秋二季每季每匹支草料乾銀一兩五錢每年報倒馬一十一匹請領馬價銀一百五十四兩隨倒隨補額設砲二位子母砲一位劈山砲一位火葯三千八十四觔鉛彈三千八十四觔每年除俸餉米折

外額設惠濟兵丁銀一百六十五兩三錢一分六釐紅事給銀三兩白事給銀五兩

巡防汛地

原塘汛後司把總駐觀音砦塘右司外委駐清溪塘外委千總駐當陽易家坪塘乾隆九年裁千金砦石桂砦白土團洪恩砦當陽宋家渡諸汛撤外委千總回遠安城協防存城撤右司外委赴當陽城協防汛務二十一年裁本營千總赴安陸營改洋坪爲小汛撤左司把總回縣駐防存城三十年裁塞口塘另設漳河口塘併設

南襄城塘復改洋坪爲大汛觀音砦爲小汛移觀音砦把總駐洋坪汛兵二十五名留五名守塘其餘二十名撥赴洋坪大汛洋坪汛兵五名撥赴南襄城新汛現在三十六塘

右司把總駐黄家垸內轄七汛

北砦汛　馬家坪塘　陰陽坡塘　蘆溪嶺塘

界山塘　木瓜鋪塘　清溪塘

後司把總駐洋坪內轄十四汛

洋坪汛　羅漢峪塘　香油坪塘　沙底坡塘

湖水塘　包市砦塘　五爪砦塘　觀音砦塘

定林坡塘　下管塘　西河塘　興田塘
南襄城塘　彭家岩塘
千總存城汛駐當陽城內轄九汛又管防城汛右司外委一員
張王廟塘　清水鋪塘　易家坪塘　普通寺
塘與宜都秦家塘交界　七孔岩塘　慈化寺塘　峽口
塘　玉泉寺塘　蓮坪塘與宜都天峯鋪交界
左司外委駐清溪河內轄四汛
清溪河汛　漳河口塘　鴻橋鋪塘與荊門銅鑼鋪交界
官擋塘
前司把總駐河溶專汛

河溶汛與荊州營十里鋪交界
左司把總駐城內專汛又協防城汛左司外委千總一員
縣前鋪汛
兵防
南襄堡通巴蜀鄖襄等處明時流賊出沒其地成化四年建堡周圍有垣南北有門輪撥本所官一員旗軍一百名戍守今廢
軍政考格
明五歲一考選本所掌印兼管屯局馬政官一員佐貳清軍城操官一員巡捕兼理刑官一員十百戶所百戶一員

紀兵
漢淮陽王更始元年秦豐起兵攻得邔宜城若編臨沮中廬襄陽鄧穰湖陽蔡陽兵合萬人東觀漢記
光武六年田戎任滿出江關下臨沮夷陵間招其故宗因破取荊州諸郡後漢書公孫述傳
宋元嘉二十四年臨沮當陽蠻反縛臨沮令傅僧驥荊州刺史南譙王義宣遣中兵參軍王諶討破之宋書
齊高帝建元二年南襄城蠻秦遠出破臨沮百方寨殺畧百餘人南齊書蠻傳

北上黃蠻文勉德寇汶陽太守戴元孫棄戍歸江陵荊州刺史豫章王嶷遣中兵參軍劉伾緒將千人討勉德至當陽勉德請降按汶陽郡治高安
明成化二年五月尚書白圭至南陽與撫寧伯朱永由南漳入遇賊誘之臨城擊破之永適有疾留鎮圭與唐愼李震湖廣巡撫王儉進兵潭頭坪林貫鮑政自遠安進兵馬良坪喜信王信自房縣進兵浪河口王恕率都指揮劉清等亦自穀城進兵洞庭廟賊見勢逼千斤走壽陽欲出陝西苗龍走大

市欲出遠安即調兵往壽陽截其奔軼千斤退大市與龍合都指揮田廣進至雁坪擊賊敗之追及於古口山明日廣與諸軍皆會進攻賊陣斬其子劉聰僞都司苗虎一百餘人乘勝進兵賊退入巢穴憑險爲拒時諸路兵會已二日攻之不能下士卒聞圭來倍奮勇圭乃命劉清將兵千餘由間道出賊後焚其營而自以大軍臨之圭與震儉攻其右王信擊其左鮑政衝其中賊數萬餘迎戰顧其營火遂驚走蹂躪死者無算擊斬萬人生擒劉千斤獻俘京師與苗龍等四十八皆磔於市男子十歲以上者斬之惟劉長子石和尚遁去明史紀事本末

崇禎七年流賊犯遠安城陷遷治鳴鳳山巓

十六年闖賊數萬騎犯遠安新城復陷

順治三年虎賊攻圍荊州　貝勒王兵至賊潰奔遠安據呼兒洞山頂官兵復追擊又大破之賊北遁

六年王賊犯境荊鎮總兵鄭公四維進剿賊敗遊擊呂騰蛟深入沒於陣

六年二月姚黃王二王三等賊萬餘出犯洋坪荊鎮中營遊擊武君相奮勇擊之活擒僞副將張有才僞參將李學等僞守備王自登等賊一百餘名獲

騾馬旗幟器械無數又守備龍英生擒高照劉大漢賊大奔潰

九年虎賊入寇邑侯盧請鎮兵剿殺賊潰遊擊汪吉當先遇伏死之

九年賊犯高荒嶺君相追斬僞百總李大廷生擒無數賊遁又十月郝賊犯迴水岩遊擊武君仕當先殺賊百餘生擒二十餘名賊遁

十年春虎賊犯境遊擊白可愛將兵擊之殺賊百餘生擒二十餘名又五月賊復犯境愛將兵擊之追至西河口賊遁先是鹿溪一帶賊潛伏難測自擊敗後畏其智勇不敢伏草邊境賴之由是始也

十一年李賊出犯十八灣守備涂鎧殺賊多級活擒數十賊遁又十月李賊遣黨賊等盤踞北岩一帶岩民李春元六兒等順賊遊擊崔文元同守備闞陞領兵撲勦賊遁招撫春元等釋之

十二年虎賊夜襲新城逃遁及天明列營向家坂擲戰遊擊趙克仁出戰新城鄉勇於四山樹旗幟爲疑兵賊將授首生擒百餘時賊衆我寡力戰破之可謂健將

十四年春遊擊黃名世屯兵向家坂夜半賊入營世

被執守備劉戰死之

十四年增戍兵兩營

十五年設立木城駐札防兵

十八年新任遊擊沈應宗輪守賊不入境四野晏安

康熙十二年冬吳三桂反於雲南明年陷宜都遠安繼陷枝江松滋公安等縣十七年春三桂死於衡州十八年正月我師自岳州進剿賊大敗於是荆江以南賊戍盡撤郡遂無警

嘉慶元年白蓮教匪起遠安數十百戰俱詳忠義門

五年九月白蓮教匪盤踞遠安山谷間上憲檄高

廉鎮李銚其帶兵來剿李使人偵賊蹤賊伏青龍灣偵者以無賊報李督兵前進伏起李被圍陣亡賊遂欲薄城呂令應熊援兵登陴城上旌旗布滿鼓角齊鳴賊不敢攻

咸豐七年正月襄匪分兩支南下一由興山破宜昌一由通城河窺遠安趙明府廣恩預調勇在南漳之文家埡堵卡鄉勇未經戰陣十四日賊衝卡勇陣亡九人退紮南襄城坳方適盧都閫又雄領兵過境會於韓林寨十五日晨刻戰於峽口殺賊數百人奪獲馬匹器械無算忽通城河生力賊來救致未撲滅賊聞唐明府兵將至遂東走盧旋奉調回荆趙明府撤勇向茅坪設卡以禦東面不料宜昌賊於二十七日晚突至城內兵勇單弱遂陷文武衙署公所倉廒火焚殆盡二月初一初二初三等日四鄉紳民集團勇六萬七千四百人晝夜圍攻初四日清晨賊遁乃收復

咸豐十一年兩次奉文裁兵四十名歸漢陽水師營招補今改歸江南水師營招補

遠安縣志

封爵

三代以封建公天下周室大封且至千八百國是天下無邑不爲封國而遠安獨無聞或者其在楚封內也秦廢封建置郡邑自是藩國絕少然稽諸史傳恩倖之邀封有功之特賞間有其人明封諸王後裔幾遍天下而遠安實爲遼簡王三子之封邑舊志不載補錄之俾覽者知所考証云志封爵

東漢

臨沮侯史汎

後漢書宦者傳延光四年十一月封中黃門史汎爲臨沮侯

南北朝

臨沮伯張邵

宋史本傳張邵字茂宗吳郡吳人也武帝受命以佐命功封臨沮伯元嘉五年以征虜將軍領寧蠻校尉雍州刺史加都督子敷及敷弟柬柬子式嗣位

臨沮伯江淹

梁書本傳武帝天監元年封江淹臨沮縣伯邑四百戶後改封醴泉侯

明

遠安王貴烚

明史諸王傳洪武三十二年封遼簡王第三子貴烚爲遠安王洪熙初坐法廢子豪墪乞封輔國將軍

遠安縣志

封廕

積德之效匪一朝推恩之典及四世秩雖別乎
貴卑榮無分乎文武內從外制存與沒均煌煌
綸綍克世其家什襲藏之厥後罔替亦足榮已况褒
綸獲邀於先代恩蔭更及於子孫崇德報功無
所不至凡屬臣工宜何如報稱乎採而錄之以
慶榮懷焉志封廕

宋　封贈

楊大異遷川淮轉運副使誥封金紫大夫按安

志載楊大異博學篤行才兼文武從胡穎授
春秋登嘉定進士宰遠安進四川制置司參
議從制使丁黼與元兵巷戰有功封醴陵伯
其官尊授金紫大夫宜也而趙志引宋史謂
由遠安尉招降峒寇遷吉州戶曹與本傳不
合當從宋史云云但以縣尉遷戶曹其官小
不應授金紫大夫宋史似不可從附誌於此
以俟知者

明　封贈

何史訓景泰時奉詔進階朝列大夫

李天慶聚之父隆慶時進四川開縣知縣
張　綸崇慶父萬歷時誥封南安知州
簡　學而可父萬歷時誥封潯州府知府
張崇文斗樞父萬歷時誥封永城知縣
游春雲一清父萬歷時誥封邛州知州
李向春友蘭父天啟時初誥封全州知州後封
戶部員外郎
李　膺如玉父崇禎時誥封寶應縣知縣
蘇　懋成化時誥贈武德將軍
蕭　虎正德時誥贈昭信校尉

蕭　賓虎之子正德時誥贈昭信校尉
龍　勝正德時誥贈昭信校尉
蘇　偉懋之子正德時誥贈武德將軍
杭　清正德時誥贈昭信校尉

國朝　封贈

李良弼明天啟戊午科舉人自麻城仕至富順
縣知縣以子正從官
誥封榮祿大夫

清　封贈

李正從官遊擊僉左都督俸

誥授榮祿大夫
談繼孔九和縣知縣經正父
勅贈文林郎
李鍾岳天門縣教諭超倫父
貤封修職郎
周士巍大冶縣教諭德豐公安縣訓導德裕父
貤封修職郎
馬岳嶒通城縣訓導學珍父
熊澤潤廩貢生孝廉方正司知衔庶兆父

貤封奉政大夫
周維翰歲貢生候選訓導湖南候補知州碧溪
陽縣知縣汝珩父
勅封奉政大夫
喻顯昌同知銜安徽試用知縣肇祥父
例封奉政大夫
覃宗華德安府訓導仙根父
貤封修職郎
王朝俊湖南即補巡檢瑞徵父
貤封修職郎

明　襲廕
何　紱之訓子授中書舍人陞太僕侍丞
國朝　襲廕
李爲楫候選州同承廕千総三水總戎廕
例授武翼將軍
李春艷必見子世襲雲騎尉
李裕後春艷子世襲雲騎尉
張映瑩正綱子世襲雲騎尉
張昌遠映瑩子世襲雲騎尉
王　璟者仲子世襲雲騎尉

王錫恩璟之孫世襲雲騎尉
周廷烈泰之子世襲雲騎尉
周明望廷烈子世襲雲騎尉
姚啟華連陞子世襲雲騎尉
劉國蒸式如子世襲雲騎尉
程益恭之謙子世襲雲騎尉
關錫章守先子世襲雲騎尉

蠲卹

荒政十二見於周禮嗣是施舍已責災賑 恩蠲

歷代皆有惠政我

朝軫念民依尤有加無已偶遇水旱偏災賑卹蠲貸之數奚啻億萬萬計實從來所未有遠安雖小邑同戴覆載之恩具有生成之感彙而計之用昭歌舞耕鑿於不忘云志蠲卹

元武宗至大三年秋七月當陽夷陵宜城遠安諸縣水令尚書省賑之 元史武宗紀

明洪武九年春三月蠲湖廣租賦 明史紀

十年冬十一月免湖廣田租

成化十五年夏五月免湖廣稅糧 明史紀

宏治三年春二月免湖廣稅糧 府志

嘉靖十八年免湖廣明年田賦五之二 明史紀

隆慶三年夏四月免湖北稅賦

國朝康熙三年春官兵剿西山賊李來亨等州縣役民夫運米多有死者至是賊平蠲免各縣亡丁錢糧 舊志

二十九年蠲免湖北錢糧之半 志稿

五十年奉

上諭湖北地畝人丁應徵銀兩並歷年舊欠全行豁免一次 志稿

五十一年蠲免湖北地丁錢糧及歷年舊欠 舊志

乾隆元年蠲除重田額外加徵

十年蠲賦湖北輪於戊辰年全行蠲免一次

嘉慶元年蠲免遠安歸州等二十州縣地丁錢糧秋七月蠲免遠安等州縣應徵各款正項及耗費雜課錢糧

二年遠安荊門等十八州縣及建始等五縣普行

給賑三月並予房屋修費

三年遠安等二十六州縣並襄陽德安二衛所共蠲銀三十六萬五千九十二兩四錢八分一釐作爲三次於是年蠲免

四年賑濟湖南撥款米內遠安穀折銀五千五百九十九兩八錢八分給修房屋銀一千四百九十四兩六錢

八年蠲免遠安等四十二州縣被賊滋擾地丁錢糧全行蠲免

遠安縣志

祥異

天人相與之際微矣謂瑞爲福兆何以龍麟莫救鄭魯之衰謂災爲禍萌何以水旱無損堯湯之盛其祥不盡祥異不盡異者豈非以人事之故哉鄭氏通志有災祥畧王氏玉海有祥瑞門馬氏通考有異物考皆自立義例包羅宇宙用以昭示鑒戒茲雖事屬一方而稽諸史乘信而有徵未可畧而不載也志祥異

唐鳳集於壽隆寺山

宋寶祐年間鳳凰鳴於西山

元武宗至大三年秋七月當陽夷陵宜城遠安諸縣水

明嘉靖七年大旱蝗蟲蔽天

十七年大火有鳥鴉啣火燬民廬舍東滅西焚經月不息

二十七年西泰門火

四十二年虎近城市搏獲之

四十五年天雨蟲長寸許色黑食草木殆盡

萬歷元年秋七月大水衝城郭没民舍歲大歉

十二年大旱

十三年夏六月水秋七月雨雹大風拔木飢民逃亡

十六七年皆旱

四十七年蝗飛蔽天

崇禎六年地震

十二年蝗

十三年夏五月雨土黄霧四塞百步內外不能辨物旬日始霽八月蝗

國朝順治元年饑斗米值銀二兩

二年饑米價愈增

五年大有年

六年秋大雨浹旬百川溢

八年春大風拔木雨雹如拳損麥苗

十年秋夜大雨山水暴漲毁民房漂城郭祠廟各鄉不可勝紀

十五年孟夏大雨四鄉禾稼盡淹東城崩圮

十六年春旱秋復大旱邑侯安可願禱雨輙應歲稍有秋

十七年冬頻火東救西焚經月不止夜恆見有物

鄉火往來追之不見邑侯安可願設土地祠於
文廟之右修舊城關廟祀之災乃息
康熙十一年大有秋
三十六年饑
嘉慶十八年大旱
二十一年大水沒西城磚十七八塊
道光六年大水沒西城磚二十塊
十五年飛蝗蔽天不爲害
二十九年麥出兩歧
咸豐三年彗星見於西北尾長丈餘

五年春日下有黑子秋大熟冬縣書李清和家牡
丹開花
六年春　文廟及書院桂實如橄欖初青色熟則
黑味辛辣破其核中有桂芽
七年秋大有年
十年立夏節大雪五月溪水泛溢夏秋飛蝗蔽日
十一年五月二十五日夜長星見西北尾指東南
抵天河八月朔卯正二刻日月合璧於張九度
同治二年六月二十八日夜溪水泛溢大傷禾稼
四年正月二十八日夜地震

遠安縣志

風俗

古者命太史陳詩以觀民風命市納賈以觀民
好惡說者謂十五國有風而楚無風非無風也
篳路藍縷可想其樸惟善爲寶可想其正周召
化被江漢遠安地接荊襄其風俗可以概見第
明末叠遭兵燹謀生不足遑言禮讓方今民氣
和樂上理可期韓子云風俗與化移易其責固
在長人者志風俗
舊府志云其風樸畧民俗儉陋敬鬼重祀刀耕火耨

舊縣志云僻處深山主客相半士尚廉恥而風奢競
民務農桑而禁賭博漸次歸厚庶幾太古之遺風
遠俗娶婦初聘用釵鐲酒果之儀繼行納幣禮親迎
先一日設筵邀賓卽父醮子遺意合巹謁先祖贄
見舅姑以次及其家衆至三日女偕壻歸寗父母
謂之回門
喪事則初屬纊之時延僧道封殮三日行成服禮每
七日備祭謂之過七至四十九日而止朝夕上食
至百日始罷發引先一夕凡陳設奠獻虞祭諸儀
悉準家禮延鄉黨有齒德者題明旌神主是日同

鼓樂導從喪車至墓所封窆畢然後歸

縣民每逢元旦先期掃堂庭換桃符門扁飾對聯字畫五鼓設香燭陳菓餅酒饌禮拜上下神祇序拜尊長卜吉方出行畢謁各廟拜族戚鄉鄰謂之賀歲初三日燒門神紙送年上九日十五日早起燃燈燭焚香楮拜家神元宵各家張燈燃火樹紮龍燈謳歌遊賞下浣前後童子就塾師

二月初二日土地神誕先夜燈燭鼓樂慶賀臨期拜祝食壽麵飲福酒女不遊春男不踏青移樹接花菓多以花朝日爲吉從此農夫舉趾蠶女始事

三月清明各家祀先掃墓播標塚上新亡則於社前拜掃農夫從此播秧

四月内鄉民收麥栽秧晝夜農忙閒人稀少

四月八日釋迦佛生俗以此日嫁毛蟲用紅紙二條作十字樣上書佛生四月八毛蟲今日嫁嫁向山中去永遠不歸家粘壁上

五月五日懸艾於戶食角黍以雄黄硃砂入酒飲之用艾莖灑雄黄酒於戶舍墻壁小兒則以其末塗耳鼻云避百毒

五月十三日謂之單刀會是日類多風雨俗謂之磨刀雨

五月二十六日爲穀生日土人有得穀不得穀但看五月二十六之諺

六月六日商賈祀揚四將軍曝衣曬書汲水造醬麥粟糧種晴曬冷收

七夕婦女陳瓜果乞巧中元前設牲醴庶饈祭先祖燒袱錢若新亡人則初一日祭接每日供祀初七日祭送從此收稻種蔬

中秋各家陳瓜果餡餅以慶月此夜之月關乎來歲元夕俗有雲掩中秋月雨灑上元燈之諺婚姻多

於節前報期過禮

重九日蒸餻飲菊酒插茱萸以避惡登高覽勝悉倣龍山故事

十月初一日晴則少寒十六日爲寒波風俗訛爲韓漣風

冬月三一宜晴諺云冬月三一晴穀米一般平三一初一十一二十一也

臘八日寺院以豆果雜米爲糜供而食曰臘八粥是日人家汲水儲盎謂之臘水釀秫曰臘酒鹽脯曰臘肉蓋亦周禮之昔酒大易之腊肉也

二十四日爲小年朝拂屋塵夜祀竈田父燎火畦間日照田桑營署營兵均以二十三夜祀竈

除夕各家具牲醴祀神以酒饌禮其先閤家老少萃酒團年是夜守歲鑼鼓爆竹聲不絕鄰里交相辭年燃燈墳墓謂之朝祖

按詹湘亭大令有權歌十八首專言遠安風俗詳藝文

鄉飲

優老之典莫隆於鄉飲酒禮古人觀於鄉而知王道之易亦謂鄉飲之行有賓有介賓以鄉之賢而有齒德者爲之介則衆賓每歲命有司舉行二次賓主揖讓相尚以齒使民知長幼之序觀此者孝弟之心可油然生矣遠安前尤此選者杳不可稽而徵諸學案間有其人採而錄之以示小邑亦知大典云志鄉飲附以耆壽

鄉飲酒禮儀注 並圖

鄉飲酒禮京府及直省府州縣歲以孟春望日孟冬朔日舉行於儒學前一日執事者於儒學之講堂依圖陳設坐次司正率執事諸生習儀至日黎明執事者宰牲具饌主人及僚屬司正先詣學遣人速賓僎以下賓至主人率僚屬出迎於庠門之外揖入主居東賓居西三揖三讓而後升堂東西相向立贊兩拜賓坐僎至主人又率僚屬出迎揖讓升堂拜坐如前儀賓僎介至既就位執事者贊司正揚觶引司正由西階升詣堂中北向立執事者贊賓僎以下皆立贊揖司正揖賓僎以下皆揖

執事者以觶酌酒授司正司正舉酒曰恭惟
朝廷率由舊章敦崇禮教舉行鄉飲非爲飲食凡我
長幼各相勸勉爲臣盡忠爲子盡孝長幼有序兄
友弟恭內睦宗族外和鄉里無或廢墜以忝所生
讀畢執事者贊司正飲酒飲畢以觶授執事執事
者贊揖司正揖賓僎以下皆揖司正復位賓僎以
下皆坐贊讀律令執事者舉律令案於堂之中引
讀律令者詣案前北面立贊賓僎以下皆立行揖
禮如前讀畢復位執事者贊供饌案執事者舉饌
案至賓前次僎次介次主三賓以下各以次舉訖

執事者贊獻賓主起席北面立執事者酌酒以授
主主受爵詣賓前置於席稍退贊兩拜賓答拜訖
執事者又酌酒以授主主受爵詣僎前置於席交
拜如前儀畢主退復位執事者贊賓酬酒賓起僎
從執事者酌酒授賓賓受爵詣主前置於席稍退
贊兩拜賓僎主交拜訖各就位坐執事者分左右
立以次酌酒獻三賓衆賓徧賓主以下酒三行供
羹執事者以次酌酒飲酒供饌三品畢執事者贊
徹饌候徹饌案訖贊賓僎以下皆行禮僎主僚屬
居東賓介主賓衆賓居西贊兩拜訖贊送賓以次
下堂分東西行仍三揖出庠門而退

律令

凡鄉飲酒禮序長幼論賢良別奸頑其坐席間高
年有德者居上高年淳篤者並之以次序齒而列
其有違條犯法者不許干與良善之席違者罪以
違制敢有諠譁失禮者揚觶者以禮責之

鄉飲酒禮圖

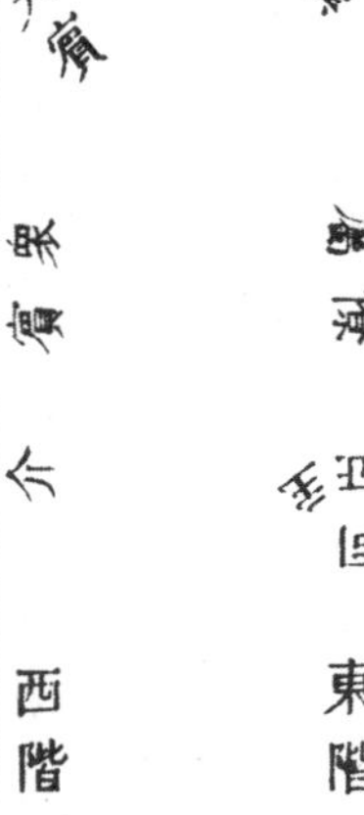

明時三人

陳宜翁明初什塚坪人事實無可考其墓碑有鄉
飲賓字樣則蘚鎸之以示搜採不遺之意

陳志亮明季什塚坪人門閥高古儒雅樸誠正德
時恭逢詔錫鄉飲得隨羣英齊明倫堂之賓而
聆雅頌之音

談玨字崑玉嘉靖間明經授雲南鄂嘉縣令性清
介嘗曰爲官求利不過爲不肖子孫酒色貲耳
何愛焉解組時行李蕭然鄂人德之爲立生祠
入祀名宦歸里公舉鄉飲大賓邑侯贈以聯云

澤洽滇南棠不伐望高林下鶴爲羣

乾隆十八年舉行一次

大賓

楊國治恩貢生生平禮法自守品行端方學使開錄其優行年六十餘紳耆公舉鄉飲大賓事實册稱其閉戸讀書成就後學洵爲齒德兼優之士

曹文楦字樹玉城內人博學能文居家孝友學使開錄其優行與子于岳于嵩俱列明經年六十餘紳耆公舉鄉飲大賓事實册稱其家世詩書

學問優長洵爲允合鄉評之士後選麻城司訓不就年九十餘卒

介賓

張銘邑庠生在學多年謹守卧碑生平無絲毫可議處年老告給猶手不釋卷紳耆公舉鄉飲介賓時已七十餘事實册稱其遵守禮法規矩先正輔岐黄貧民賴之堪與此選

嘉慶八年舉行一次

大賓

周士魏字域村董家畈人與兄士岸俱列明經邑中成學半出其門年六十餘紳耆公舉鄉飲大賓事實册稱其養邃學優士大夫視爲模範年高德劭億兆人奉爲典型可想見其梗概焉

李林楨字峙亭城內人學問淵博善誘後進與子甲煊甲焞俱列明經年六十餘紳耆公舉鄉飲大賓事實册稱其循名責實備品行之兼優則古稱先覺譽望之早著洵不負所舉云

耆賓

方雍璧字藍琳城內人年七十餘紳耆公舉鄉飲介賓事實册稱其孝友淳樸齒德俱尊（詳孝友門）

嘉慶十八年舉行一次

大賓

談正品洋坪人學中告給文生冲年英姿邁衆七歲即喜讀書鄉先達無不以遠大期之未盡所學年七十六歲紳耆公舉鄉飲大賓事實册稱其事親至孝性情敦謹允協鄉評

談正達談家坪人學中告給武生少年文藝可觀人勸遂從棄文就武鄉先輩多惋惜之年七十餘紳耆公舉鄉飲大賓事實册稱其智勇兼備嘉慶初充當圖長敦睦宗族樂善好施足當齒

德兼優之目

耆賓

馬岳瞻字五峯城內人積學未遇教子成名年七十餘紳耆公舉鄉飲介賓事實冊稱其品行端方時人皆敬憚之有無良者姓名畏告就質者望間自愧之風可以想其生平焉

楊培安泮坪人號叔平前縣尉楊大異之後居家孝友存心公平樂施好善教子繼震繼溥俱列庠鄉人欽其正直年七十六歲咸豐二年公舉鄉飲介賓

咸豐八年選舉鄉飲賓

大賓

周維翰歲貢生有傳　王庭瑀歲貢生

介賓

徐文林廩生　姜洪文庠生有傳

耆賓

楊培安　喻吉昌　周大琪

陳德五　嚴朝選　程宗發

朱永慶　徐天煦　王正緒

何春發　余發堃

老壽

陳晃山中樸叟也年百餘歲周侯會降養於下庠月給粟肉免其雜徭

鄭仲極字三省性醇樸謙謹年八十志行益篤精歧黃活人甚多安侯可願優禮之有詩

李正成年近百歲未載事實錄之不沒其名

孟靜山邑文生窮經稽古至老不倦壽八十四歲長子調元次子調鼎俱文庠元壽八十四猶杜門課讀鼎壽九十二學問淵博書法端楷生平寬和不與人忤父子三人皆耆德

劉鴻義國學生好善喜施不求人知曾領修南門大橋監修　文武廟壽七十五長子步瀛武生率勇隨征當陽以功列七品次子玉選號掄青博學能文屢列優等以明經授竹谿訓導壽八十九孫式如衛千總壽六十四咸豐七年正月二十七日襄匪至率勇堵禦受傷死爲鑒歲貢生壽七十六爲錞從九銜同治元年孝廉方正曾孫椿榮列庠

馬永年字松岑壽九十三長子岳嶂邑庠生壽九十一次子岳嶒壽八十八孫學珍壽七十八三世四人俱登上壽

李作殿字安邦邑隱君子也少孤貧弱冠棄儒業賈督其弟鳴謙學列庠旋食餼謙卒撫遺孤若已出子與姪同歲擬芹性方正貌溫和里有搆訟者邀諸家婉言勸導彼此怨立釋晚年體益健年八十餘行不杖閱蠅頭字不鏡壽九十二無疾而終子中鼎列庠孫時彥選拔鯤列庠曾孫繞膝者十數人

諭洸字湘蘭生員廷浩之父生員美昌時昌監生運昌會昌職員和昌穎昌慈昌之祖生員秀錯秀彥秀儒秀毓秀升監生秀潤秀旺安徽知縣肇祥職

員秀松秀嶽例貢子茂之曾祖廩生承綱文生承纓武生承緜承纘職員承林之高祖性豁達享年九十及見元孫唐邑侯祝聯云九旬高壽談何易五世同堂見也稀

楊泳璺字楚玉業儒未就性孝友母陳氏年衰步履維艱晨昏背負出入始終不倦事兄承貴謹每貿易歸必侍立聽命數十年如一日鄉里稱爲孝子悌弟壽八十二子一枝臨春俱列庠

覃中和字咸甯庠生由柳林村遷龍華山麓國學宗榮宗華之父邑庠廕柱廕杞例貢傳嶶德安訓導

仙根職員應柄應權應甲之祖邑庠廸吉祥麟瑞麟鯤化進修蔚南杏南湖南縣丞振聲之曾祖生平規步矩行尺寸不苟訓子孫尤兢兢以戒浮華務真實爲要子孫衆多皆恂謹聽敎壽八十七無疾而卒

楊培緒字裕昆性至孝五歲喪父家無石儲竭力事母始終不懈生平行端表正年逾八旬子朝瑞列庠

曾明聖性古直年四十八舉一子後連舉六孫壽九十身歷四朝眼見五代今孫枝同居男女五十餘

人藹然一堂互相友愛鄉鄰比之義門

翟敬修庠生篤行好學壽九十七子光瀓亦列庠

簡文錦貢生泰之父好善樂施壽九十

吳維仁監生光斗之祖性樸直壽九十

談正希庠生世璽之父性忠直壽九十五

王廷材貢生徵璘之父廩生旭林之祖性溫和品端正壽百歲

蘇元忠厚勤儉壽近百歲

任鴻逵號雲山邑增生敦孝友嘉慶初父國佐嘗出貢避難漳邑病歿冒鋒鏑裹骸歸侍母疾衣不解

帶教讀成就者多壽七十三
陳國楷忠厚謙恭務耕讀服觀四代年逾九十孫熾
新列庠
徐必貴品行端方言語簡樸和族姓睦鄉鄰解爭訟
獨子多孫壽八十五
翟達聖邑庠生素性耿介品行端方學師嘉之康熙
四十六年立爲齋長從此學規整肅無不謹守臥
碑學者多負笈從之壽八十五
楊壽徵好善樂施教子務樸素尚勤儉年八十步履
猶健邑侯林贈以聯云神健八旬長綿鶴算占人

瑞膝環四代快睹鳳雛蔚國華
楊永恕品行端正敬宗睦族子弟中有聰敏者必誘
掖獎勸以培成之壽八十五
徐志耀忠厚樸誠謙和勤儉子孫林立服看四代壽
百歲
周士珍孝子明玉之孫恩貢生芝之蘭之父廩生學清
之祖妻黃氏俱壽八十有餘
徐榮芳忠厚謙恭教子孫攻詩書勤耕作生子五次
增生瑞麟四廩生甲孚孫金臺樹勳文偶到庠鳳
藻業儒服看四代年八十

張世林精地理性和平教子孫勤耕種至老不倦年
近百歲步履彌健
覃宗榮號峪峰中和長子國學生性聰慧有權略精
岐黃青囊之術嘉慶初督率鄉勇堵禦遣匪嘗獨
乘驢往羅漢峪偵賊忽賊大隊掩至即回身策驢
而返宛轉山谷間卒能自免見謫水巖山勢陡峻
可以爲守亂平結砦其上爲後人保聚計處世和
平治家嚴肅子弟無不恪守禮法子姪孫男列庠
列職者甚眾已見中和傳中年八十六時五世同
堂目見六代

穆現才邑武生五歲失怙母氏趙苦節撫之讀書將
成嘉慶間見白蓮教餘黨擾害城鄉歎曰毛錐子
何能安靖地方遂棄文就武承平後自悔早棄詩
書乃課子賡颺攻苦遊庠食餼才爲人光明磊落
勤儉溫和學校中不多得今年登九十五世同堂
洵爲人瑞已照例詳請具題
徐瑊字廷珍忠厚耿介子鳴盛恬中大監德占業儒
孫鴻元增貢泰封端書入監登雲凌雲列庠掄元
慶雲列職有楠有桐業儒曾孫鳳翔鳳飛俱列職
服看四代壽八十

焦職修監生治平治化之祖性樸實精歧黄壽九十
七
徐必練歲貢生品端學粹試輒優等教讀之外不與
他事髦而好學絳帳中鮮白丁子中峯亦列庠舌
耕可謂箕裘克紹
武生蔡正楷老成謹厚最重綱常天澤雖遥而治平
常係祖宗雖遠而祭祀必誠夫妻相敬如賓舉案
齊眉者六十載子孫更僕難數問安繞膝者七十
八紀年既過乎杖朝數富則並無負郭已重遊乎
泮水羡五世之一堂妻陳氏武生登書妥壽七十

九卒子大煒習文院試冠軍孫曾半讀半耕元孫
均幼
朱文林鄉飲賓事親孝毋年九十餘問安視膳六十
餘年如一日言笑不苟排難解紛賢者敬之不肖
者畏之喪葬婚嫁無力者助之生七子二十餘孫
四代一堂闔門百餘口非耕即讀子曰桂恩貢生
攀桂聯桂孫凌漢曾孫奮揚俱列庠其餘貢成均
列銓曹者近十八壽八十有六
王世琳字燦邦監生東陽朝傛之父文生殿英職員
瑞徽之祖性孝友貌温和嘉慶初辦軍糧修城垛

不受奬賞壽八十四
周維翰號柳溪巳酉歲貢候選訓導性情爽直學問
淵深司教清谿生徒林立著有牧兒語等書行世
終公之世無爭鄉鄰敬服子汝珩甲辰經魁以知
州發湖南試用宰益陽時迎養官署孫文瑞列庠
壽七十八卒於長沙公廨
陳世珍字魯儒號青峯九歲失怙孀母周撫以成立
嘉慶初蓮賊張漢潮犯境與族衆堵禦於老襄城
老君廟一帶族俱捐生以赴賊怒焚其莊珍從烽
烟中負母避洪砦得免後母病足背負出入七年

餘不倦亂平業醫活人多不受謝著有醫案行世
慷慨好施焚券平糶設義學戒爭訟修譜牒建支
祠修文昌宮重道尊儒敬宗收族壽八十四代一
堂恩錫九品鄉諡莊恪長子大川屢試前矛早逝
次子浩然列庠孫曾蕃衍俱業儒
程光裕品重行優年高德劭性甘淡泊期頤無口體
之求身其康強跬步昭精神之健子延緒貿遷蜀
道延紀名列上庠孫曾衆多皆業儒
李逢年號力田外貌端嚴心地慈祥有古君子風與
弟逢盛俱列庠以詩名逢年兼善岐黄濟人無算

時年七十有八
傅正穀號定菴工詩善隸尤精岐黄尊師重道子青
藜食餼孫炬州試冠軍孫曾蕃衍時年七十有八
健似中年人
王尚義字正萬忠厚和平喜談孝弟而重詩書子守
先孫廷碩俱列庠四代同堂一方欽仰壽九旬猶
康健將登百歲
李中鼎邑庠生鄉飲李作殿子品學酷似其父壽七
十
余一楧勤儉古樸壽八十七

王廷松忠厚樸誠壽九十八
曾程明庠生天性孝友訓子有方子泮林春林俱列
庠壽八十五
望友直好讀書老而不倦子道立道順俱列庠孫贊
襄廩生壽八十四
陳國泰與其弟國棟俱武生泰弓馬嫺熟喜讀孫吳
書教授生徒獲雋者數十人監修沮江書院以造
士倡修安陽坪河水以利民有功不伐壽七十六
棟慷慨好施謹慎不放合高明沉潛為一人斯為
難得壽七十三子發楨亦列庠崇儒列職

賢姥

廩生程之煥妻陳氏生時其母夢雲光繞室于歸後
生子惟惺惟恒惟愷俱列庠孫八人列庠者光燿
光烜光炤光斗光炳煥壽八十餘而卒氏壽百有
一歲時邑侯許親至其家題之曰百齡壽母後無
疾而終前志載長子已八十餘次子亦年踰七十
甯發之妻馮氏性慈惠生四子前志載年一百零一
歲猶健長子亦年八十餘五代同堂邑侯朱額其
門曰女宗人瑞
庠生談必馨之妻鄭氏貢生修來修霖監生修霽之

母也性幽靜女儀婦儀母儀為族黨式壽九十無
疾而終
胡居仁妻孫氏壽九十其子永顯妻張氏壽亦九十
庠生文鍊徐之曾孫張燮之孫也
談正位妻向氏監生世鼎庠生世燾之母職貝化成
之祖母性閒靜享年九十七
喻存心妻蘇氏監生運昌職貝和昌庠生美昌時昌
之母監生秀潤庠生秀儒秀彦秀毓之祖母武生
承綵之曾祖母孝慈淑惠壽九十三
吳學岱妻楊氏監生光斗母岱早逝氏尊師重道常

以親君子遠小人二語訓其子遇親族有恩貧乏者多待以舉火鄰里貸錢穀不取子有逋其母不償而復來貸者仍應之待佃戶尤厚即豐年欠租不較也斗亦善體母志推解之德遐邇戴之

周光娗妻夏氏仁厚孝慈居家儉樸款客豐腆有古截髮之風子明修就外傅能體母志刻苦自勵入庠食餼膺房薦數次皆母之力也鄉黨賢之

貢生周光祿妻胡氏當陽廩生胡作材女貢生維翰之本生母也少嫻姆教動必以禮于歸後孝事舅姑勤持家計恤下人如子女冬夜每獨起其子喚

婢扶持氏曰彼亦人也獨不畏冷乎性閒靜不輕言笑孫汝衍中甲辰經魁報至微笑但作喜語一聲嗣賀者踵至不笑亦不言色怡然而已年九十一見元孫二

陳明壐妻湯氏年二十四夫亡家貧子之緒尚幼氏食力撫子衣食之外差有贏餘聞新修書院命其子捐田以充膏火又捐田以祀祖先曰吾勤苦一生子孫似我何必田子孫不似我又何必田捐以充公田可久也其眼界豈守財虜能夢見乎壽八十

武生周開科之妻李氏文生丕顯之母也樂善好施救災成美訓子以禮教婦以賢鄉黨欽之年八十五精神猶健

楊永忠之妻譚氏相夫以勤儉教子以義方次子培庸由軍功列職孫曾滿堂年九十六身猶康健

周光福之妻孫氏職員汝靜之祖母性幽靜孝翁姑和妯娌數十年同炊無詬誶語待諸姪不啻己出終歲勤勞家少有待人厚鄰里賢之

劉　敏妻陳氏勤於紡績居家樸素教子元箸力於農桑目見四代壽九十

簡以忠妻徐氏溫柔厚重孝事翁姑教子孫以勤儉勸親族婦女以孝順壽八十八

馬正富妻任氏性溫和身淑善治家勤儉相夫以禮前志載年九十七身猶康強將登百歲

周光琪妻李氏性貞惠明義理事姑孝歸琪甫數載無出即勸置妾善教之無妒嫉心琪亡勤紡織家少有親族悉厚遇之

邊朝佐之妻楊氏監生邦泰之母庠生中灝之祖母也年二十九而寡事姑愛而能敬教子嚴以爲慈待人厚而好施前志載道光二十五年氏年八十

一曾附其姑老楊氏詳請學憲王獎以世節揚徽
匾額今又二十二載年一百二歲矣見曾孫七人
長煥章巳入庠元孫三人五世同堂髮雖皤然耳
目聰明行不須杖不特節可傳而其孝其賢其福
其壽尤爲僅見

談世垂妻劉氏中年孀居子尚佑尚啓俱幼勉力教
訓年五十二子功名俱就年八十行不須杖九十
始杖耳目聰明齒無一豁髮僅二毛將登百歲

汪朝禮妻徐氏賢孝仁慈嘉慶五年白蓮教戕其翁
姑氏撫小姑歸張即　恩貢張珏之母中年夫故

家貧撫三子成立現年九十一歲康健如常孫曾
衆多四世一堂

彭志統妻陳氏仁厚存心勤儉教子子茂林列監咸
豐七年帶勇克復縣城邑侯樊優以六品頂戴孫
汝楫列文庠曾孫夢熊列武庠翰周列監元孫建
元幼同治元年八十時邑侯朱題以五世同堂匾
額壽八十二

焦玫妻周氏厚重勤儉教子有方子含英列文庠明
倌列職孫登元列武庠樹修憲修桐修俱列監壽
八十三

遠安縣志

節孝

天下壯男子有時不如貞婦人然則正氣所鍾
豈獨遺巾幗哉或捐生明志或茹苦鞠孤植節
雖殊要皆貫秋霜薄霄漢焉茲特博採輿論爲
發彤徽庶巳旌者垂汗簡而常昭未表者經採
擇而並著潛德幽光不至有所湮沒矣志節孝

明

劉文達妻孫氏年二十餘夫亡撫二歲子成立娶
婦陶氏子又亡陶躬織紝以事姑姑年九十婦

年六十四嘉靖間以雙節旌

廪生汪寶妻張氏夫亡氏年二十二二子幼或勸
改適氏溺水自誓人乃不敢言嘉靖間旌

董麟妻張氏夫亡氏年二十餘遺二孤甘貧守節
撫子成立隆慶間旌

孫銓妻談氏夫亡氏年一十八苦節七十六年子
尚信尚智俱爲明經萬歷間旌

陳瑞妻盧氏夫亡氏年二十六誓欲同死以姑在
而止姑卒兄憐其貧且無嗣勸之嫁閉門自縊
有司爲題其墓

冷琦妻鄧氏夫亡氏年一十七孀守不渝有司以
聞建坊旌表
廩生鄒承先妻陳氏夫亡氏年二十五守柩三年
豫營後事閉門自盡與夫合葬萬歷間縣令爲
立碑於墓
楊庶明妻望氏夫亡氏年二十五遺孤尚幼撫之
成立子亡又撫孤孫成立苦節數十年
萬邦孚妻李氏崇禎七年賊犯縣境氏被掠大罵
不屈爲賊所磔
庠生李如琦妻周氏夫亡氏守節三十餘年崇禎

間流賊破砦墜岩而死
傅試妻練氏性甘淡泊治家嚴肅相夫居積成子
功名明末避寇江陵夫歿復回遠崇禎十六年
賊黨一隻虎破鳴鳳山城氏不辱投岩死
生員張鴻業妻李氏舉人李如玉女素有淑德崇
禎末賊破砦氏觸巖死
彭九成妻白氏年二十餘夫亡二孤俱幼守志四
十餘年
生員王廷卿妻狄氏夫卒未葬氏誓三年服闋當
與同穴至期遂餓死家人合葬之

庠生簡楠妻張氏明吏部張斗樞女通文義年二
十五夫亡守節三十餘年
國朝
生員陳瑾妻望氏年十五適陳四載夫卒氏奉事
舅姑經理喪葬教子明旦爲諸生娶婦張氏而
明旦歿張年二十八無嗣族憐其少令改適張
毀容以死誓雍正九年姑媳雙　旌
陳明詰妻劉氏年二十四夫亡家貧孝事公姑撫
子成立乾隆初年　旌
廩生曾珞妻傅氏年二十八夫亡遺一子翁姑在

堂氏生盡養歿盡禮小姑二人皆及時遣嫁撫
孤成立守節三十年乾隆元年　旌
兵丁徐正乾妻黃氏年二十四夫亡遺一子氏矢
志撫孤乾隆元年　旌
楊廷鳳妻傅氏年二十三夫亡子甫三歲家貧窶
至饔飧不繼氏辟纑以奉翁姑撫子成立乾隆
二年　旌
生員姜應望妻張氏年二十四夫亡子甫三月家
素貧氏矢守奉姑鞠子乾隆二年　旌
李清妻王氏年二十六夫亡遺一子家貧甚舅姑

恐無以俱生命再適氏聞悲號欲投繯死乃止
事翁姑育孤子乾隆三年　旌
王士鳳妻劉氏年二十五夫亡守節三十四年乾
隆五年　旌
張愷妻李氏年二十夫亡無子完璋爲郡諸生又
亡復撫孫成立乾隆六年　旌
傅君璋妻李氏年二十八夫亡子甫週歲家貧甚
氏勤紡績奉姑撫子食不繼則挑野菜以充之
守節四十二年乾隆七年　旌
生員朱孔陽妻劉氏年二十八夫亡家貧子幼氏

勤女紅以給朝夕不求人助有勸之嫁者以死
拒之乾隆七年　旌
張元度妻賀氏年十八夫亡守節三十五年乾隆
八年　旌
廩生游君瑞妻張氏年二十六夫亡子甫三歲氏
矢志撫子孝事翁姑乾隆十年　旌
蕭天先妻萬氏年二十六夫亡遺子文泰教育成
立補弟子員娶媳王氏文泰又歿守節四十八
年乾隆十年　旌
湯大年妻陳氏年二十一夫亡無子以夫從子爲

嗣食貧茹苦守節三十年乾隆十年　旌
廩生廖宗文妻汪氏年二十七夫亡無子事祖翁
姑及翁姑以孝撫繼嗣成立乾隆十二年　旌
楊貞女生二歲許字劉承業年十八承業遠出音
耗弗通後女叔以女年逾三十改字鳴鹿將及
女始知撫膺痛哭剪髮奔避事得寢又數年聞
承業已歿女茹荼飲泣堅操不渝四十餘年乾
隆十三年　旌
萬世傳妻徐氏年二十二夫亡遺孤僅三歲鞠之
成立乾隆十三年　旌

楊文芳妻郝氏年二十三夫亡子未週歲家貧甚
氏矢志撫孤艱苦備嘗乾隆十七年　旌
晉元瑞妻望氏年二十五夫亡矢守奉姑撫子姑
患疽氏口吮膿穢日數次姑愈人歎異之乾隆
十八年　旌
周士嶸妻何氏年二十三夫亡無子女家徒壁立
矢志養姑撫嗣子成立守節三十四年乾隆二
十年　旌
葉高妻陳氏年二十三夫亡無子撫從子爲嗣苦
節不渝乾隆二十年　旌

談正誼妻蕭氏年十六于歸夫亡氏年二十家貧無子人勸改嫁剪髮自誓嗣姪世賢娶媳夫妻雙亡遺孫甫六月又撫育成立守節三十九年乾隆二十一年旌

陳開光妻劉氏年二十四夫亡子甫數月氏年二十四矢志養翁姑存歿盡禮撫遺孤克至成立守節三十六年乾隆二十二年旌

向甯遠妻盛氏年二十夫亡氏矢志靡他卒年五十一乾隆二十五年旌

韓世崇妻祁氏年二十二夫亡守節三十九年乾

隆三十七年旌

陳明述妻黃氏年十八于歸十九夫亡守節四十年乾隆三十七年旌

生員何若玉妻李氏年二十二夫亡守節四十六年嘗割股療姑病有司給匾獎之

郭紹德之妻何氏夫亡氏年二十八孝事公姑慈育二子守節五十五年學使王獎以清節揚徽

王璽妻歐陽氏璽歿氏年二十七撫子必康必靈享壽八十一學使王獎以匾額必康卒妻陳氏年二十九必靈卒妻翟氏年二十四同體姑志

撫孤可稱一門三節

洪深妻陳氏深卒氏年二十四撫子國治娶妻黃氏治卒無子黃氏年二十一嗣姪爲子陳守節五十年黃守節四十九年學使王獎以世節揚徽

望友珍妻禹氏珍卒氏年二十九撫子發第孫運才俱列庠守節五十五年學使王獎以匾額

胥運和妻鄒氏年二十九夫故一子二女俱幼氏上事翁姑曲盡孝養子旋夭撫嗣子如已出守節五十四年學使賀獎以冰蘗完操

邊正慶妻楊氏年二十四生子朝佐八月而慶卒氏孝慈兼盡守節六十七年媳楊氏年二十九佐死遺孤邦泰方數齡氏體姑志育嗣子學使王獎以世節揚徽

張鎬妻彭氏年二十四夫沒事姑撫子孝慈兼盡守節四十九年學使王獎以節孝可風

李申成妻曹氏年三十夫歿家貧孝事公姑撫子世依列庠守節四十年學使王獎以清節揚徽

生員蕭文泰妻王氏年十九夫亡守節三十九年

賀聖宗妻史氏年二十四夫亡家貧矢志撫孤成

立守節四十四年
談士望妻余氏年二十四夫亡氏撫子必林成立
林卒又撫孫楚材等四人成立守節六十八年
學使王獎以清節揚徽
楊禹鏞妻房氏年二十四夫亡孝事孀姑數十載
道光三十年學使杜獎以節勵冰霜
曾文彩妻章氏年二十三夫亡子承明僅三歲氏
撫養成立列庠孫泮林春林亦接踵獲售守節
六十七年學使王獎以節孝可風
馬岳岫妻王氏年二十四夫亡遺一子僅三歲撫

養成立守節五十七年學憲王獎曰清節揚徽
劉玉琪妻黄氏年二十四夫亡僅二女事翁姑盡
禮教嗣子有方守節五十五年學憲王獎曰節
孝可風
荀槐妻馬氏年二十三夫亡事翁姑盡禮撫子華
林列庠守節五十二年學憲王獎曰節孝可風
何清訓妻郭氏年二十夫亡撫子子没撫孫守節
七十二年學憲王獎曰砥節延齡
鄔作賓妻曹氏年二十六夫亡撫子完娶子没撫
孫成立現年八十三歲學憲王獎以扁額

何世龍妻易氏年二十六夫亡得遺腹子成立卒
辛苦終身守節四十九年學憲王獎以扁額
陳寵妻談氏年二十六夫亡撫二子成立治家勤
儉勞瘁終身守節三十八年學憲王獎以扁額
陳之剛妻蔡氏年二十七夫在馬頭河陣亡姑老
子幼氏仰事俯育道光八年王學憲獎其節孝
杜作校妻曾氏明經志學祖母氏年二十九夫故
舅亡姑存子幼氏矢志靡他生事死葬撫孤成
立守節三十二年學使王獎以節孝可風
周光國妻王氏國與弟光逵析居氏以勤儉佐夫

起家夫殁氏年二十七遺子明珊娶媳朱氏年
二十二珊殁無嗣光逵殁妻黄氏年二十八亦
矢志同守王後捐建宗祠祭費族人義之王守
節五十年黄守節四十五年朱守節五十二年
學憲王獎以世節揚徽
翟鳳鳴妻陳氏年二十九夫亡子芹香僅六歲教
養列庠守節三十六年學憲王獎以節孝可風
馮作楷妻傅氏年二十三夫亡撫子成立守節三
十七年學憲方題曰節壽延齡
周光遠妻呂氏年二十四夫亡得遺腹子孝慈稱

盡守節五十年學憲王獎以節孝可風

庠生郝尚論妻曾氏年二十八夫故事翁姑能得歡心翁姑卒葬祭以禮子秉蘭孫延禧俱列庠守節六十一年學憲王獎以節孝可風

楊元德妻蹇氏年二十八夫亡孝事翁姑慈撫二子次子景山孫汝梅俱列庠守節五十年學憲王獎以清節揚徽

陳明棟妻戴氏年二十四夫亡事姑孝遇族里有恩教子正蔚寓嚴於慈蔚歿氏復與媳楊氏撫三孫成立守節四十餘年學憲王獎以清節揚

徽

道光年間旌表二十名

徐蘭芳之妻余氏　陳珈之妻劉氏

馬祚魁之妻趙氏　胡可傳之妻黃氏

陳明治之妻郭氏　蔡玢之妻徐氏媳劉氏

馬世德之妻胡氏　朱運獻之妻王氏

黃光燦之妻王氏　邊朝佐之妻楊氏

張正仁之妻胡氏　黃應魁之妻許氏

黃宗儒之妻洪氏　覃宗禮之妻彭氏

陳明旦之妻張氏　汪貴之妻謝氏

張化龍之妻孫氏　萬琉蘭之妻陳氏

余煒之妻王氏

夏貞姑生員思宜女幼字姚姓年十四婿卒女矢志不字年四十餘卒詳見墓誌

汪貞姑汪志榮女幼字貢生陳楨次子國祚祚聰穎非常成童即名噪一時未及完婚而歿女矢志不字其父復受王氏聘女知乃自縊王氏子往弔靈幃上捲忽下垂靈座一轉面向內不享其祭貞烈靈異鄉黨共傳

李貞姑業儒李世傳女幼許人未嫁夫行竊鳴於官官斷離異終身不嫁守貞七十六年

張高氏張可美次媳于歸後獸舅逼之不從挾以威亦然遂遭毒手檢驗時面色如生獄詞上置身於法　詔旌其節

周人紀妻李氏年二十餘喪夫撫子二衣食常不繼里有人面獸者窺其貧百計誘之氏不可犯獸復唆訟陷其子以落其家期凍餒可誘一夜場上積草燃幾燔其舍氏心知獸所爲不敢言憂忿而沒

艾千瑞妻劉氏夫出門遠貿易多年不歸子甫亂

哺上無翁姑雖有伯叔分炊各居氏衣食自主
貧而無怨咸豐七年正月二十七粵匪陷城氏
恐受賊辱投井自盡
陳明道妻楊氏道卒氏年二十二無子撫姪之玉
成立事公姑以孝聞守節六十一年
王曰智妻鄧氏年二十八夫亡撫子者仲成立守
節四十五年者仲任宜鎮左營外委出師陣亡
媳程氏年二十六體姑志撫子守節四十九年
張梓妻李氏年十八于歸甫一月梓奉派出師陣
亡家貧無子矢志完貞守節五十六年

李必見妻張氏見奉派出師陣亡年二十九甘貧
撫子守節五十七年
王道順妻彭氏順出師陣亡氏年二十七家貧無
子女或勸之嫁氏以死誓守節四十六年
廪生陳文蔚妻曹氏年二十八夫病術者謂刑尅
可免氏欲代死夫力止曰我病萬無生理俱死
如子女何夫歿一子一女俱黄口氏辛勤操作
有事必默禀夫靈守節二十四年子教塏食餼
戊午舉于鄉
程光陸妻馬氏年十八于歸數月夫亡家貧苦公

姑亦逝氏歸依父母紡績度日每省墓輒哀慟
至數日不食守節五十五年
張嘉睿妻曹氏年二十六夫亡子夭撫族子爲嗣
守節五十二年有司給匾獎之
程維愉妻馬氏年十八歸愉年餘生子光華夫亡
氏撫孤斷機教讀華遂列庠娶媳劉氏年二十
九華亡遺二子俱幼馬率以守馬壽八十有四
劉現年八十有餘子延爵延仕列職
熊茂楠妻覃氏年二十六夫亡四月得遺腹子凌
漢教養兼施遂入庠守節二十七年漢列庠

庠生李爲梅妻程氏年二十三夫亡事姑先意承
志同寢處便供養者三十餘年子長青列庠先
卒孫三人長明經均州司訓次季皆列庠曾孫
鄉舉元孫邑庠五代一堂均蒙養有守節六十
二年
庠生李長遂妻曹氏年二十四遂卒子女俱無守
節三十六年
傅國理妻王氏歸理時姑已歿事翁以孝聞生三
子理卒氏年二十九撫子成立道光辛卯七十
節壽邑侯孫用帛書壹貞蘭茂四字加印以獎

之守節四十四年
彭志湖妻汪氏年二十九夫殁孝事翁姑撫子成立見孫兆群食餼守節五十一年
庠生張士休之妻余氏年二十四夫殁無子立姪登甲撫養成立守節三十二年
孫法政妻談氏年二十七夫亡得遺腹子鑅伯叔欲奪其志氏守死不移苦節四十九年
詹有型妻徐氏年二十七夫亡遺孤明鴻甫五歲明瀛甫週歲上有七十老翁氏孝慈兼盡守節三十六年次子瀛列庠

聶昌緒妻詹氏緒卒氏擬於五七日祭畢從死果於周月日自經家貧無力請　獎周生丕顯於黄亚岳詩稿中録出急爲登載以表潛德
熊澤周妻徐氏年二十九夫亡無出家貧紡績度日守節五十五年
楊清祚妻宋氏年二十二夫亡一月内生遺腹子國春翁姑老邁氏孝慈兼盡守節六十二年
汪文熾妻鄭氏年二十四夫亡氏紡績度日教子甲第食餼孫起羣亦食餼守節五十六年
黄兆萇妻胡氏年二十五夫亡家貧撫孤成立事翁

盡禮守節六十六年
廖雲鴻妻林氏年二十六夫亡撫子成立守節六十年孫曾繞膝
胡相泰妻黄氏年二十五夫亡無子撫姪承祀事翁姑克盡孝養守節四十七年
董華林妻王氏年二十五夫亡撫子娶媳數年子亡遺腹生一女氏與媳撫育守節四十五年
王道順妻彭氏年十六夫亡無子守節六十五年
庠生王槐葱妻徐氏年二十六夫亡撫子成立事翁姑極盡孝養守節五十三年

庠生方志盈妻陳氏年二十四夫亡僅一女立姪承嗣守節四十六年
李如松妻穆氏年二十七夫亡撫二子成立守節五十四年
武生李世俊妻詹氏年二十七夫亡撫三子教養成立次中孚列庠守節三十二年
陳之甲妻韓氏年十九夫亡數月得遺腹子家貧依母家撫孤成立守節六十一年
談世玥妻陳氏年二十六夫亡翁姑在堂遺子尚開齒未周氏孝慈兼盡教子入庠食餼孫須亦

食餼守節五十四年
馬志明妻曹氏年二十七夫亡子女俱無撫嗣成
立守節二十三年
陳明書妻熊氏年二十八夫亡家貧子幼勤苦撫
育甫成立子亦亡守節五十三年
陳之代妻熊氏節婦陳熊氏媳也年二十九夫亡
家貧無子姑苦節氏繼其志析薪換米以奉膳
守節三十四年
陳大山妻韓氏年二十一夫亡翁姑俱老子幼孝
慈兼盡子俊升遊泮守節三十年

熊楚德妻王氏年二十六夫亡遺一子兆祥氏撫
養列庠守節五十年
蘇文英妻黃氏年二十夫卒數月得遺腹子啟暘
撫之列庠守節四十餘年
饒熜妻鄒氏性貞靜歸饒未一載熜亡家貧無出
常依內姪貢生鄒席珍代理家務卒年八十四
曾國均妻許氏年二十九夫亡姑老子未及周歲
紡績度日孝慈兼盡子貫一列庠守節四十餘
年
國學曾欽文妻鄒氏年二十八夫亡撫二子成立

次子運開列庠守節四十餘年
談尙藹妻程氏生一男三女氏年二十八夫亡孝
順翁姑和睦妯娌婚男嫁女守節三十五年
徐有楠妻翟氏年二十九夫亡子輝素僅五齡氏
飲冰茹蘗教子列庠守節三十三年
庠生覃應桃妻汪氏夫卒氏年二十九孝翁姑和
妯娌撫長子祥麟列武庠次子鯤化列文庠守
節三十四年
廩生陳文藻妻李氏夫病侍湯藥不遑寐者年餘
夫歿氏年二十九翁老子幼孝養曲盡婦而代
子母而兼父長子教壎辛酉歲貢次子堃列庠

守節四十二年
李國槐妻翟氏年二十七夫亡遺孤數齡翁姑早
逝祖姑年八十餘耳目聾瞶氏以夫事祖母孝
體其志竭力事之子象離列庠
庠生徐甲冕妻楊氏年二十九夫亡二子俱幼氏
勤儉治家義方訓子規矩禮法可爲壼範守節
四十年
庠生談修林妻覃氏年二十五夫亡公姑在堂遺
孤學韓甫二歲上事下育日事紡績鄰里罕見

其面守節四十年
周明玉妻葉氏年三十玉以哭父亡氏慟不欲生
投繯者三小祥爲夫追薦畢閉門十日不食死
何應選妻周氏事公姑克全孝道嘉慶三年教匪
猝至氏義不受辱負兒匿叢棘內身中七刃死
後十三日夫尋獲氏尸母子相抱顏色如生
黃宗儒妻洪氏夫亡氏年二十二矢志撫子娶婦
生二女夫婦俱亡又撫養女孫立姪爲嗣守節
五十四年
監生翟以瑄妻徐氏年二十三夫亡祖翁姑年八

十翁姑年六十夫弟皆幼氏無子立姪冠峩爲
子對靈封髮孝慈兼盡守節三十八年
曾永芝之妻陳氏年十七于歸十九夫亡遺腹生一
女翁姑在堂夫弟俱幼養生送死各盡其道守
節四十五年學憲孫奬以巾幗完人
沈義魁妻楊氏年十六于歸二十八夫故姑老三
子二女俱幼家貧紡績度日孝慈兼盡守節四
十二年學憲孫奬以巾幗完人
莊敷先妻李氏嘉慶三年避亂茅坪懷抱數月之
女手携六歲之姪遇賊將犯之氏護持女姪大

罵不屈身受七刃死姪女無恙姪後列庠
穆訓之妻趙氏年二十八夫亡子現才甫數歲家
赤貧撫子列庠孫賡颺食餼守節六十餘年
曹璽妻汪氏年三十夫亡上有公姑下無子女家
徒壁立氏勤紡績生盡養死盡禮克終婦職守
節四十餘年
候選吏目李超庸妻葉氏年二十八夫卒子榮紱
甫七歲孝慈兼盡守節六十八年
覃應春妻王氏年二十九夫故子女俱幼家無立
錐撫子成立守節三十三年

徐思端妻劉氏年二十九夫卒撫二子成立守節
五十三年
蕭家有妻陳氏年二十一夫亡撫子成立適邑修
志採訪者録其事實其子入告氏愀然曰婦人
不幸夫亡守節乃分內事何可使聞於官也卽
此數語已見其所守之正云
陳明國妻曾氏年二十八夫亡子女俱幼氏事哀
姑以孝聞撫子之魁成立道光三十年　旌
孫宗善妻徐氏年二十七夫亡上事祖姑下撫孤
兒道光三十年　旌

監生陳國柱妻談氏年二十六夫亡撫孤出宗禮列
庠守節五十五年
汪盛滋妻徐氏年二十九夫亡撫二子成立孫弼
臣入庠守節五十二年
徐思永妻蘇氏年二十八夫亡撫二子成立守節
四十四年
徐思慊妻鄒氏年二十八夫亡無子立姪天璟教
以義方守節三十六年
黄士高妻焦氏年二十四夫亡立嗣孫以承祧守
節五十九年

李耀彩妻侯氏年二十五夫亡撫子酯儒成立守
節七十二年
廩生談尚河妻周氏年二十八夫亡家極貧氏奉
姑撫子備盡勞瘁守節六十餘年
晉志芹妻劉氏年二十夫亡僅一女立姪承祀守
節六十餘年
馬正樂妻李氏夫亡遺三女夫孀嫂曹氏亡撫姪
如已出及姪婚女嫁始自立嗣平分家産守節
六十年
庠生周曾直妻朱氏年二十七夫亡遺一子二女
貧而有骨婚男嫁女齒髮俱落守節四十三年
熊楚傑妻歐陽氏年二十二夫亡時翁武生熊占
元在馬頭河陣亡孀姑在堂其子幼小勤儉持
家孝慈兼盡守節六十七年
陳大坤妻蔡氏年二十五夫亡無子事姑以孝守
節五十六年
陳世昌妻蔡氏年二十六夫亡子歿遵翁命立堂
姪孫學玉爲嗣紡績以供翁膳守節五十二年
楊立誥妻莫氏年十八夫亡遺腹生子懷川家極
貧賴夫兄文生立躍及叔翁監生培酯存恤成

其苦志守節四十九年
庠生程光斗妻黄氏年二十二夫亡僅遺一女家
甚窘紡績度日守節七十一年
監生徐萬青妻楊氏年二十八夫亡二子俱幼氏
孝事翁姑姑病常背負出入毫無惰容撫子成
立守節四十一年
李宗珠妻李氏年二十七夫亡撫子耀經教以耕
讀勤儉及見孫曾守節五十五年
張希孟妻余氏年二十五夫亡撫姪世貴成立守
節五十七年

張希元妻楊氏年二十九夫亡撫子世富世休均
列武庠守節六十二年
鄒正棫妻馮氏年二十夫亡以禮自持守節四十
一年
任國先妻陳氏年二十九夫亡家赤貧氏兩手拮
据守節數十年
何正輔妻彭氏于歸時姑柩在堂合卺夕即另室
獨宿事翁孝年二十七輔亡氏早夜勤勞撫子
興家子亡撫孫列職守節六十一年
周學孔妻嚴氏年二十六寡遺腹生子家訓翁芝

舜老病痰喘氏侍奉如女事父翁亡夫弟亦病
歿遺孤家讓俱撫以成立守節五十四年
薛夏妻王氏年三十夫亡撫孤成立孫元繼起目
見五代年踰九十節婦中之福人也
庠生周玉輝妻范氏年三十輝亡氏孤幃勤苦教
子明萬成立翁年八十餘氏孝養備至節孝之
名族黨稱之守節五十餘年
苟儀妻鄒氏年二十七夫亡家貧撫孤成立守節
六十五年
劉尚德妻何氏年二十六夫亡率幼子良英廬墓

旨日事翁姑愉色婉容撫子成立守節六十年
王德崇妻婁氏年二十三夫亡孝事翁姑撫子成
立守節四十年
王崇賢妻徐氏年二十六夫亡事翁姑以孝撫孤
子以慈守節四十八年
洪傳舉妻朱氏年二十七夫歿家貧撫子先輔先
華成立守節六十年
張世炳妻曾氏年二十九夫亡翁存氏以婦代子
撫三子成立守節六十餘年
望有榮妻朱氏年二十四夫亡無出立親族子爲

嗣守節五十餘年
望仲珍妻劉氏年二十六夫亡三月得遺腹子撫
養成立守節五十餘年
職員徐必健妻萬氏年二十六夫亡撫子成立守
節四十年
曾友桐妻蕭氏年二十八夫亡僅一女家貧孝養
翁姑守節三十六年
廩生李甲鵬妻談氏年二十八夫亡公姑年衰五
子俱幼竭力養葬教育成立長子世佳娶媳趙
氏佳卒趙年二十九次子世供娶媳周氏供卒

周年三十三子世僖娶媳談氏僖卒談年二十
六四子世偉娶媳王氏偉卒王年二十八五子
世倜娶媳陳氏倜卒陳年二十七時談氏年七
十餘五媳俱孀諸孫皆幼家徒壁立氏率以守
查乾隆年間其祖姑李王氏曾經建坊可稱世
節
楊培璐妻程氏年二十四夫亡僅遺弱女氏矢志
守貞撫夫弟培森子爲嗣守節四十二年
曹貞姑武庠曹運開女字當陽武庠劉楚珍甫及
婚期劉病篤尋歿氏往守節事翁姑撫嗣子各

盡其道現年六十六歲
黄志升妻曾氏年二十二夫亡無子守節四十三
年
王庭璉妻鄧氏年二十四夫亡事姑克盡孝道教
子與德食餼守節五十年
李中興妻鄔氏年二十八夫亡撫三子成立長次
相繼亡與孀媳撫諸孫守節四十一年
黄日文妻陳氏年二十二夫亡遺孤邦彥甫二齡
撫育入監守節四十八年
黄學緒妻談氏年二十六夫亡氏撫孤成立守節

三十六年
職員楊樹能妻陳氏年二十八夫亡翁年邁姑耳
聾氏曲意承奉守節三十六年
楊立功妻徐氏年二十九夫故堂上白髮待養膝
下黄口靡依氏孝慈兼盡守節三十七年
李世備妻周氏年二十七寡撫子成立守節五十
年
朱啟簡妻馬氏選拔承緒之母年二十五夫歿朱
故邑巨家至是中落氏往依其母以針黹度日
母晚病風癱不能語言轉側氏量其飢渴以爲

飲食日則坐床頭績夜則設榻其下寢焉盛夏
欲浴以帶束其兩脇挽之起冬苦足軟設火於
床覆絮其上仍不時手探之寒則復進以火如
是者凡四年未嘗須臾離左右子就外傅束脩
薪米皆以時供給無缺族人有勸其棄學充役
者氏斥之曰爾不欲我以清白詒子孫而俾之
爲胥吏耶以故其子益激勵爲學弱冠即補弟
子員食餼咸豐辛酉選拔如氏者可謂巾幗丈
夫矣守節四十八年
劉明英妻曾氏年二十三夫亡僅遺一女事姑三

十餘載人言無間守節四十年
陳國安妻袁氏年二十九夫亡撫子崇仁崇高俱
業儒守節三十七年
張必秀妻陳氏年二十六夫亡遺孤翊常甫三歲
公姑俱年邁氏勤儉持家漸致豐裕守節五十
八年子翊常壽至八十優以八品
徐士偉妻嚴氏年二十五偉亡遺孤正剛正倫嘉
慶初正倫方娶婦教匪猝至氏抱新婦何氏守
夫櫬家口保全守節五十六年
謝祖興妻張氏年十九適謝三月而夫亡夫家欲

奪其志氏不可歸依父未四年而父亦歿撫弟
大順大鵬成立守節五十四年
萬毓楚妻許氏年二十四夫亡撫子國成娶媳徐
氏年二十三寡媳體姑志艱貞自矢許守節五
十八年徐守節四十年
汪文經妻湯氏年二十六夫亡撫孤成立守節三
十八年
汪文輝妻徐氏年二十四夫亡子甫十四月氏孝
事公姑撫子成立守節四十二年
陳大川妻張氏年二十三夫卒遺孤德榮甫三歲

氏守志事翁姑以孝撫子列職守節四十年
李耀身妻李氏年十八夫亡生子成儒上無公姑
亦無伯叔家貧惟以紡績度日守節四十二年
王正維妻汪氏年二十六夫亡氏事公姑以孝處
妯娌以和治家以勤儉勗姪以詩書守節三十
四年學憲孫獎以激揚彤管
周大琦妻湯氏年二十二夫亡家貧躬親農桑撫
子成立勞苦終身守節四十年
陳新蘭妻熊氏年二十二夫亡翁姑俱存子幼氏
仰事俯育各盡其道守節三十九年

易士茂妻何氏年二十七夫亡父母憐氏無子勸
再醮氏矢志不從孝事翁姑不使叔季分任視
姪庠生先登猶子守節三十六年
翟冠羣妻望氏年二十四羣溺水亡氏欲自溺以
殉或以翁姑待養大義曉之乃止代夫盡孝撫
嗣子成立守節四十年
黄天品之妻張氏年二十九夫亡家貧紡績傭工
撫二子成立望孫數十載忽次媳四十八歲舉
一子時氏年九十矣人以爲苦節之報
黄光照之妻潘氏年二十一夫亡子繩武甫周歲

有因其貧勸令改適者氏對靈立誓勤苦撫孤
親族不乏殷實從未俛首告貸守節三十三年
廪生陳教孝妻張氏年二十六夫故事姑曲盡色
養撫孤苦讀詩書婦道無虧母儀足式子家鎔
列庠補增守節二十七年
蔡大濟妻楊氏年二十五夫亡子光晉光昇一孩
提一襁褓其翁武生正楷貧而多子孫常不舉
火有勸氏改適者堅拒之紡績灌園以精鑿奉
翁姑而自與子食粗糲守節二十七年
彭尚清妻楊氏年十九夫故遺腹得一子家貧食

力孝事翁姑撫孤嘉樹列庠食餼鄉黨賢之守
節三十三年
董榮萱之妻楊氏年二十夫故遺腹生一女事姑
孝喪葬如儀族人利其產令改適氏曰吾夫讀
書未售賫恨以歿未亡人不能從於地下以姑
與女耳再有言者當以死報之正氣服人族乃
不敢言撫女擇配適孝廉方正劉爲錞守節三
十三年
王開泰繼妻劉氏年二十六夫故灌園茹苦撫前
妻三女如已出擇配遣嫁竭盡心力守節二十
七年
黄元祚妻翟氏年二十六夫操武功洗馬於南門
河溺水亡遺孤開銓甫週歲教以義方卒年八
十七守節六十二年得見元孫邦彥列庠
孫耀祖妻李氏年二十八夫亡遺一子無伯叔教
以忠孝次孫國寶列庠壽八十有五
汪盛鎡妻徐氏年二十六夫亡勤儉撫子長子春
翹入監孫弼臣列庠現年八十二
許正心妻李氏廩生李作輔女幼失怙恃伯父作
殿撫之出閣井臼親操事翁姑以孝言笑不苟

處閨閫以嚴夫卒遺一女立姪承祀壽八十一
守節六十餘年
傅開泰之妻朱氏與夫弟開禹之妻游氏夫亡俱
無子惟泰有二女立姪承祭今各家子女繁衍
人以爲雙節之報
陳邦玢妻袁氏年二十四夫亡家貧事翁姑孝撫
幼子成立族惡強偪改嫁四次以死拒之衆心
感化義之而去自此辛勤節儉銖積寸累家道
漸興壽八十四見四代子治朝克體母志出
必告反必面竟成孝友忠義之家鄉黨皆欽仰

焉
韓陽禮妻王氏年十六于歸二十三夫故遺一子甫二歲教之耕讀列監守節三十七年精神康健獨子多孫學憲孫猍以巾國完人

傅和祥妻游氏年二十八夫亡撫子開芹成立守節三十二年

劉紹鴻妻游氏年二十四夫亡撫嗣子宏蔚成立列監守節四十九年

程光緈之妻陳氏年二十七夫亡撫子實樹列庠次亦列職

劉國倫之妻熊氏年十七于歸半載夫亡孝事孀姑如母姑病殁哀傷憂鬱歲餘而卒戚隣憐之

汪文經之妻湯氏于歸年餘夫亡氏事舅姑孝撫子尚科勤儉耕讀四孫皆具入文氣守節六十年

遠安縣志

忠義

臣事君以忠推忠義之極惟曰致身非必於死也至於死而忠無餘事矣遠安自明設守禦所官吏士民咸知慷慨擊賊致命捐軀迄今儀仰前賢其官於斯而死忠者若而人生於斯而死義者若而人次第志之俾數百年精忠實錄薈於一函而剖腹揕胸之慘青燐碧血之凝於以昭宣於兩間焉志忠義

明

簡而可字敬所萬歷戊子舉人除容縣教諭丁酉分校南畿得顧啟元等九人已而通籍金閶者七人執政以此知之擢翰林孔目歷部郎出知瀞州府居職清介以事被謫改知安寧州遷府丞補姚安知府復忤權貴罷歸崇禎甲戌遇流賊憤罵被害年七十四

李友蘭字石帆萬歷己酉舉人除吳川令遷知全州擢南戶部郎權北新關著有經世格言以丁艱歸無意復出治錦浪園與友人盤桓其中建書院爲邑子弟課讀之所聞賊破城不屈死之

乾隆四十二年與簡而可俱
賜謚節愍
張大受字海若廉吏張武後也武自有傳大受少
敏慧年十九舉萬歷丁酉鄉試補新安學諭所
入俸半以購書且力佽助寒士家無擔石之儲
遷蓬萊知縣新安人祀之於學宮未幾以病告
歸崇禎癸未遇賊不屈死
方應星武昌武舉巡撫宋一鶴擢爲都司授兵三
百防守遠安闖賊據襄陽招降不從遣賊將率
數萬騎攻城三日不能下降丁甄自強開門應

之城陷應星被執不跪誘以僞職大罵死之
國朝
呂騰蛟官遊擊順治六年王賊犯境荊鎮總兵鄭
四維進剿騰蛟深入沒於陣
汪　吉官遊擊順治九年虎賊入邑侯盧運昌
請增兵剿殺吉當先遇伏死之
劉　官守備順治十四年賊犯境黃名世屯兵
向家坂夜半賊入營世被執劉力戰死之
張正綱施南人任本營左司城守把總嘉慶二年
在黃白山陣亡奉

旨優卹給予雲騎尉世職
周泰邑人任本營外委把總調補宜鎮標左營外
委把總四年八月十二日在巴東縣羅坪地方
陣亡奉
旨優卹給予雲騎尉世職
王者仲邑人任宜鎮標左營外委把總三年五月
初三日在四川大寧縣槐樹溝地方陣亡奉
旨優卹給予雲騎尉世職
李必見邑人任本營外委五年在荊門州樂鄉關
地方陣亡奉

旨優卹給予雲騎尉世職
向大魁字忠山邑西庠嘉慶四年秋教匪張漢朝
擁衆數十萬擾害鄉村山起義勇於荷花店堵
禦期以日中賊朝至山所率勇盡陷陣中免者
僅山數人後復議起兵因文生張必南武生羅
開式相繼陣亡勢孤亦盡節
熊占元邑西庠品行端方曉明大義鄉黨多薰其
德嘉慶初教匪起元年六十餘從石縣主禦賊
二年七月同武生郭中元帶勇赴馬頭河堵禦
郭未到而賊衆驟至元衆寡不敵遂遇害所率

鄉勇二十八人皆奮鬭同死

鄒志臨邑廩生美鬚眉衣冠整潔見者咸驚異之學使王奇其貌勸令習舉子業性和粹與人接靄顏溫語鄉里目爲人瑞嘉慶元年蓮匪起公率鄉勇堵禦戰於三孔岩陣亡猶儒服儒冠有結纓而死之風荆門州建昭忠祠祀之

乾隆六十年在盤車地方陣亡兵丁七名

余榮秀　王化南　孔應福　朱萬山　李　正

王紹承　余得勝

嘉慶元年在三溪口王母洞陣亡兵丁二名

余　治　汪士洪

五年在三溪口陣亡兵丁二名

朱大勇　劉德朝

二年在濫泥池黄木埡馬湖營大塆口陣亡兵丁四名

王　福　王應成　王　鑑　甘正安

三年三月二十六日在安陸府鍾祥縣石牌地方陣亡兵丁七十二名

李林棠　朱　喜　龔世傑　楚白璧　劉必選

高登魁　汪　堯　楊大雄　張汝文　朱順玉

熊炳宗　湯　喜　黄萬選　周世龍　廖開舉

張光華　劉開秀　姜熊桂　劉榮貴　樊景容

楚白堯　彭　照　楊　映　黄正倫　王志道

梁士望　劉世發　熊三才　陳洪德　王文秀

張應値　秦　雄　楊　兆　余學聖　楚　貴

陳洪傑　王維開　馬學賓　張大桂　向　德

徐　紀　王　德　劉　奉　王　鳳　劉占鰲

陳昌貴　敖翠禹　艾永吉　劉朝貴　張榮貴

余鳳貴　徐可原　吳正受　蔣正明　談勝福

王楚升　嘉祥兆　彭　朱　徐宗秀　魏　宣

吳正國　汪　福　朱光德　陳宗全　董榮富

徐可遠　李春華　李　賓　王　理　黄玉美

趙　舉　張榮華

三年在羅坪陣亡鄉勇四十二名

孫德正　余元貴　張大用　冷繼周　王　斌

楊　楷　袁正謹　魏　明　張必選　劉大傑

張友賢　楊學義　吳朝勳　陳　明　張　梓

王庭光　馬正太　李　輝　王元富　洪成遠

余志孔　陳洪貴　陳明現　張必齊　郭紹安

王宏義　彭　忠　魏明喜　張士海　李玉章

陳　順　張汝玉　王志仁　朱壽世　向　道
黃志岳　錢洪典　吳廷舉　黃國秀　王允福
王勝會　何桂年　李仙貴
三年在陝西西鄉縣兩河口陣亡
王楚瑞　黃　明
四年在羅坪陣亡鄉勇十四名
王榮龍　王原柱　吳相昌　侯必昌　劉　義
郭紹慶　蕭天雲　劉光斗　高大望　王　英
黃文相　羅英才　陳　益　李宗開
元年在麒麟橋陣亡

周　連
三年在當陽縣河溶汎被賊戕害
朱克勳
五年在荆門州樂鄉關陣亡鄉勇九名
汪士鳳　王士珍　劉　愷　許　義　胡永時
李　鰲　徐加賓　吳朝珍　楊　愷
五年在荆門州屬烟墩集陣亡
樊金安　趙志云　李正倫　向　新　蔡開倫
姜士義　黃永試
五年在穀城縣謝家埡陣亡

唐　鳳
五年在清溪陣亡
方正光　劉開遠
六年在巴東縣湘泗嶺陣亡
楊啟芳
六年在巴東縣龍船河陣亡
張正科　彭盛世　常應試　姜洪茂　朱壽敬
沈義先
七年在歸州屬水田垻陣亡
王　雲　李宗奇

元年在縣屬雷打岩陣亡鄉勇二十七名
周光泮　周大催　趙大臣　蔡允聘　毛光宗
孫榮祖　毛士富　蔡正禹　田正堯　鄒宗國
周正适　周大忠　熊洪舉　魏　儀　簡以明
鄭國瓊　韓璠宗　鄒志先　鄒太國　周守璜
黃興義　易春彩　方　貴　曾正言　徐有祥
宋開文　萬朝科
元年在縣屬三孔岩陣亡
廩生鄒志寧　鄉勇王言生
元年在當陽縣玉陽橋陣亡鄉勇十一名

朱長倜　李中紹　鄉正雲　鄢宗周　田作仁
李作良　韓士胃　田克樹　周澤民　徐允相
楊昌位
二年在縣屬荷花店香油坪等處陣亡七十四名
文生張必南　武生向大魁　鄉勇鄭志魯　楊允芳　徐順祥
黃天佑　牛士傑　牛士諠　張必顯　胡其鳳
王　健　陳國佐　劉　相　楊盛貴　劉均彩
吳天富　朱長云　徐友清　楊純青　胡以孝
常宏才　周昌鳳　史定榜　余西邦　李青龍
曹九萬　藍正朝　張作玉　周　二　張必發

向　喜　宋一賢　苟　傑　張文選　胡元愛
羅　貞　羅　愷　羅光升　羅開裕　賀開科
楊文龍　賀開元　王文榜　劉　椿　羅開成
余希禮　曾必貴　趙文友　董　梅　李朝云
郭文茂　廖昌虎　劉進成　張先文　羅升遠
羅成懿　羅成先　郭文貴　袁國才　陳天順
屈尚德　李尚年　裴大敏　傅朝國　孟法孔
熊步雲　黃子見　葉啟明　金必科　徐必學
陳洪榜　王　舉　李國明　龔全三
二年在縣屬苟家埡陣亡三十一名

武生羅開式　鄉勇陳　順　陳　祥　談隆英　劉　科
張作康　陳廷秀　陳　林　裴大敏　談尚德
劉成元　郭舒任　張應龍　張思賢　張國林
李金壽　陳應文　王正綱　鄭思孟　劉　杰
郭　相　陳志文　劉繼祖　熊先元　劉廷元
彭　林　許韶九　張元吉　童　舉　李儒林
夏明萬
二年在縣屬南襄城洋坪等處陣亡二百三十七名
武生熊占元　鄉勇楊元綱　楊士信　楊士學　楊昌成
楊禹文　楊昌虎　楊正奇　楊元友　楊昌富

楊禹相　楊元琹　楊禹芝　楊昌嗣　楊元乾
楊昌壽　楊元聘　楊元宗　楊昌盛　楊宇四
楊元保　楊元年　楊　申　廖應文　廖元慶
胡元海　談世紀　廖元功　張萬德　張仰聖
張仰高　張明祥　鄧尚友　鄧必樂　鄧尚遠
鄧尚彬　鄧尚茂　李天富　李天福　李天位
鄧必坤　高永祚　高開緒　黃維德　黃文賢
張元陶　李正祥　李宗義　酈國錦　鄧秉倫
劉希仕　劉正觀　劉舉哲　劉賢來　劉希魯
陳士聖　張士雲　劉舉才　鄧必翠　張宗林

溫洪思　楊友恭　陳士相　丁天仁　房正贊
楊昌明　吳廷光　胡朝虎　廖席虎　王　章
陳秉順　王　郁　杜仲富　周正洪　賈定邦
鄧國聘　汪體光　羅　文　余敬英　賈澤明
熊　惠　李宗仁　談尚吉　鄧　科　陳富祥
陳國受　李光序　楊啟鰲　楊允康　楊培順
徐　銘　盛大榮　陳　貴　謝正常　談正吉
談必受　鄒賢臣　楊立柱　楊　進　韓國治
尹世坤　胡大常　金開榜　余開選　劉正紀
任　禮　胡永華　游魯珍　胡啟宗　張希貴

胡宗典　陳世榮　胡永康　游助國　楊先堯
楊啟義　李明宜　方松文　劉世則　陳　明
朱玉華　談必登　談宗伊　李明榜　汪宗貴
尹朝臣　羅有光　徐可元　韓正宗　楊昌會
楊　崑　楊　經　韓士魯　楊士魁　陳玉言
韓元發　陳鼎豐　熊楚安　皮秉年　熊兆宗
林　容　熊哲宗　李　檀　楊作林　楊培升
李發科　胡啟洪　胡祖祥　張　玉　余開科
楊林貴　談尚友　李宗發　尚成範　李　進
馮　全　徐可才　楊　皓　陳進言　陳之綱

陳之從　李光福　熊效宗　陳明道　黃開祥
張延舉　望友元　望仲科　張敬明　汪德成
汪國棟　簡文秀　車　珩　張應兆　鍾廷玉
車應虎　夏朝玉　夏道中　齊學禮　徐　友
徐加瑞　劉世賢　李明悅　李必選　張啟賢
翟上苑　羅志成　鍾　谷　蕭紹春　董　愷
周士宗　易國南　孟自南　楊玉成　江顯公
王　治　馬光先　楊元信　談世溫　蕭紹柱
李天貴　鄧必貴　高開德　張元福　李正瑞
李宗禹　鄺占昆　劉舉第　劉舉道　劉希賢

李士相　張敬忠　楊登相　張朝相　吳正懷
田金俊　但開鈴　李國珍　黃尚賢　黃君賢
聶登第　黃章明　李光春　盤千文　謝　核
甘元盛　但學義　李先達　張君召　陽碧龍
袁仲魁　袁正一　嚴　林　湯明魁　湯應試
嚴尚義　嚴尚達
二年在縣屬五瓜砦陣亡鄉勇五名
李必貴　周　祿　蕭紹文　鄭　澍　鄭永枝
三年在縣屬南襄城陣亡鄉勇十名
周世富　望三謨　嚴士鳳　費德龍　聶希聖

張士立　望世進　洪迯傳　曹廷秀　熊銀宗
三年在縣屬老君廟陣亡鄉勇九名
韓士珍　陳廷珍　徐　振　雷遠方　張必學
楊之宏　陳之科　張忙生　熊大僕
三年在縣屬徐家棚陣亡鄉勇一百一十七名
李啟龍　郭仁富　郭天相　劉朝三　王世珍
牟　文　牟方弼　李正位　王林愷　范宗禮
段開心　李宗元　張正奉　張宗德　李樹芳
劉尚明　陳國佐　何生印　鄔之太　任仲魁
牟　悅　牟　愷　牟開榜　牟開朝　牟開書

覃　必　覃清和　高在立　田光緒　龔　印
朱世貴　苟正心　鄔之道　牟　易　牟正紀
楊　輝　楊濬龍　楊　紳　楊維信　楊維瓏
楊　經　陳明魁　陳明榜　陳聰言　陳友言
陳之湖　楊宰棟　楊邦棟　陳之葵　陳世貴
楊盛瓏　陳明艮　何維宗　易應太　盛朝榮
盛德隆　任國舉　任一祚　談世成　陳　全
程之都　程之京　楊允保　劉自明　楊國爭
楊培德　楊立傳　張自振　崔繼賢　殷天永
劉　高　劉　惠　程秀章　張　朝　張　棖

夏世龍　謝子儒　李　玉　謝祖貴　鄭可道
陳倫孝　陳登魏　夏宗德　姚奉章　蘇維桂
羅應宗　郭興賓　方讚禮　楊士林　楊士青
楊正仁　黃　言　黃雙年　楊　班　楊　受
陳才政　謝昌云　何仲元　陳　瑚　熊楚禹
袁正先　舒　言　楊茂坤　楊茂其　陳維德
陳世受　熊楚富　羅元堯　姚　四　萬受萬
夏思順　魏　學　夏思康　宋一進　謝予禮
謝世茂　陳士宏
咸豐元年以後出師陣亡員弁兵丁

外委周宏道　姚連升　姚占鰲
兵丁李晴嵐　蕭自新　周正心　陳作新　朱玉林
楊廷英　陳朝順　朱萬立　李昌受　黃尚富
楊正文　佟德入　張學貴　楊占先　楊允青
熊玉文
咸豐七年正月十四日在南漳文家埡陣亡首士一名鄉勇八名
首士吳尚棟　鄉勇陳永培　陳宗英　高宏德　曾永耀
袁大倫　談必純　談必恭　談必真

遠安縣志

孝義

士君子立身必以孝爲根本以義爲枝葉元遺山云義如泰山力莫勝惟其舉之孝也能旨哉其言之矣史官傳孝義自沈約始厥後遞相祖述浸淫及於志乘則人物內別立孝義一門由來舊矣遠安雖僻處深山而鄉黨自好之士亦或能勉於庸行彙而錄之各爲立傳俾敦行門內者不致湮没云志孝義

明

鄒宗孟字養醇邑諸生事繼母以孝稱愛弱弟祖產多義讓學憲兩舉優行庚子中副榜子毓祚歲薦

廖說字舉吾邑諸生昆弟三人事二親不委諸弟僮亂父年九十隨侍未敢輕離子明儒食餼孫國珍列庠

廖仲儒性孳厚家貧竭力養親母疾割股療之邑父王旌其孝月給粟以助養母

國朝

廖士宏事親色養備至常以不愧屋漏爲孝教人亦如之父卒哀毀踰禮廬墓疏食三年染疾不瘳以未終母養悲痛卒年三十四歲子宗乾歲薦選麻城司訓孫岳慶列庠鍾慶食餼雍正九年　旌

方雍璧字藍琳兄玉璧幼聰穎父母篤愛之無何溺水死雍璧日夜赴水次哀號會玉璧見夢於父母曰無令弟俱死乃強之歸未幾父病痿痹行止皆需人母亦旋卒一切賴雍璧調護晴日則負以出遊始終不倦鄰里以爲難

荀會鵬字扶南邑諸生白土舖柳林村人處世和

平與物無忤事親先意承志父卒後母覃氏亦漸老冬爲煖衣夏爲扇枕飲食必親供奉步履必親扶持二十餘年始終如一有古孝子風

李國槐什塚坪人幼失怙恃賴祖母翟氏撫養成人槐事之以孝冬月解衣臥被被溫乃請祖母即安晨起烘衣以待後因溫被受凉祖母止之猶着單衣臥被卒以此致疾不起里黨惜之

陳思聖什塚坪人居家孝友事親色養居喪哀毀踰禮塟後守墓百餘日不飲酒不茹葷並不食油鹽鄉黨稱爲純孝

柳大用性純孝自㓜喜聞古孝子事家貧入伍食糧以養親年十七母病甚醫藥罔效乃割股作湯以進母病遂瘳夏日袒衣母見其傷處始知後因公赴襄陽卒於旅邸邑人卹之

周繼燮前志載周姓義僕有傳

周明玉天性孝友父聯中病時初秋餘暑猶甚玉親侍湯藥寢食不離枕側累月不怠教弟明哲成立父歿竟以哀毀卒

楊致太邑監生天性純篤語言慷慨尤以孝聞父作樂有手疾飲食不能舉箸太朝夕反哺十餘

載不稍懈父母卒哀毀廬墓人皆稱之

王興琮南城內人生有至性咸豐七年正月二十七日襄匪陷城琮已故堂兄廪生興德之子被擄向賊再三哀求不允乃以已子易之賊北竄被擄者紛紛逃歸琮使人往尋不獲卒無怨悔鄧伯道棄兒存姪不得專美於前

庠生李中孚天性孝友品行端方兄嫂及三弟俱早逝遺姪八人均㓜而貧孚教養如子皆成立書曰惟孝友于兄弟惟孝故友此又由友而推之也遠近欽佩

鄧仲達佑元鄉里人㓜孤未學而事母質孝母好施予收恤親族達能體母心貧不能葬者為之營葬貸不能償者為之代償遇母小有不快則嬉笑作赤子狀以娛之必至顏霽而後已夫達一顓愚耳竟與老萊子舞衣事暗合由天性厚也其人早歿鄉黨猶嘖嘖稱之子家瑚家璉俱列職

高誼

志與史異褒而不譏美而不刺善善長而惡惡短近春秋之微旨亦風勵之先務也遠安前哲篤生其光前代而範後世者已次第志之矣若乃蹈道自守砥礪懿行任卹周於鄉曲之間嚮望孚於道路之口亦必詳稽而備採焉夫匹夫慕義何處不勉編氓之子得附士君子後殆亦所以進之歟志高誼

宋

張榮貴家團山數世同居積穀贍族人周貧乏邑人咸仰其義號團山居士贊曰趙宋之時有人如玉隱居團山義名遠布同居贍饑公藝同步

元

徹應辰善屬文尤長於吟咏才名特重不樂仕進自號臨沮散人

明

孫謳字九嶬別號長嘯道人棕笠蒲團往來山水間嘗製康節像自隨又云安樂子長子開祚膺恩貢孫惺膺歲貢愉列庠其自贊行樂圖云一

簞食一瓢飲人問誰氏之徒我拜康節之門獨寐寤歌兮永矢弗告悠悠蒼天此何人哉

向日紅字元池性孝友其父諱義有菡德邑侯蘇爲請冠帶於禮部諸子以貧辭獨紅毅然任之弟兄列庠者四家貧咸藉其資助有成甲戌賊變避鳳山惟紅捐資修關隘衆賴保聚莫不高其義今縣治二關遺跡尚存舍旁建長松軒日與諸子姪課文賦詩於其中時稱爲長松居士長子在中列庠次子闓中恩貢庠生大年其孫也

孫諳字九石尙信季子也髮未燥卽善屬文讀書目下兩行小試輒冠軍七戰棘闈竟蹶一第遂輕舉子業上究星瑶象數下搜黄輿山海感慨之懷寄於行吟年未强仕登歲薦嘗占星紀曰不出十年翼軫分次當有大變决意隱林壑作石室於絶壁爲避亂計著書立言未能行世病卒遠近憐其才

楊永貴白土舖民性剛直慷慨仗義素爲閭里所重嘉慶初教匪滋擾遠縣諭領鄉勇百人禦賊於馬頭河陣亡徐明楊培順二人卒能保障地

方前縣令石優賞七品軍功辭不受居家教子姪若孫耕讀孫青雲貲選曾孫映川列庠

周正仁郝梘鋪人庠生光行監生兆熊職員光霽之祖監生明玨之曾祖貌魁梧秉性方正嘉慶初蓮匪滋擾練勇堵禦適楊侯兵過境招爲鄉導奇其貌諭令隨營効用以母老辭侯嘉其孝給六品軍功職銜時良莠混淆奸民挾仇誣良仁爲分別眞僞所保救垂死甚多人以恩公呼之

周之先號覺寰性仁厚有德慧家小康好禮樂施

會歲饑土豪某某謀爲變刻期赴先家欲脅之先集佃人宰牲十餘頭設百席待之某衆至座不能滿飯畢謂某曰聞君欲圖大事而麾下尚不盈吾座天下大矣事胡濟某色沮徐曰承公諭吾且悔但衆由通衢官吏悉知騎虎不得下奈何先曰勿憂子聽吾吾能脫子貲衆以錢米四散之賂某百金促之逃所費纔千餘金難以平邑令聞之嘉甚召而優以禮舉鄉飲賓額其門曰達尊有二

王漣邑武生嘉慶元年練鄉勇追捕蓮匪餘黨挍六品軍功職銜閒靜少言勤儉好施年六十餘舉子武生開雲開烈躬稼終歲勤勞家小康蓄牛十餘頭與鄉里共中有不能糞田者資以糞宅左右多古墓歲時燃香燈祀之鳳山道觀盛香火道旁乞丐數百每年以稻菽二百束溫焉鄉有匪類頻以訟誣陷非惟不校時時以錢米惠之匪感悟對人泣頌其德子開緒讀書能文章仁厚亦如之

談世璽邑庠生性剛直好義任俠見市上無賴傾害人必痛詈甚至手批其頰羣小咸畏而避之

會有族父老勤於江岸柳陰下閒坐納涼避紛擾也適一後生垂釣璽呼問得魚否答以無怒曰爾後生不勤耕讀乃偷閒作老人事耶痛懲之其倘氣如此未幾卒村有死而復甦者云璽在冥府作司文郎語雖近幻觀其平生剛直亦莫須有事也

王中言號緘亭一號青峰子拔貢生王學峒之父也品行端方善畫竹蘭能堪輿著有啟蒙歸原稿存待梓

程魁選號鏡堂居貧守正儀型堪仰習青囊著有

山水眞種子稿存待梓

熊澤潤縣前鋪北城外人性正直言慷慨族黨有小忿經數語勸之輒化同里從無訟爭事教子弟尚勤儉戒蕩淫尤喜行善嘗建北門河橋梁數次往來稱便每歲出穀石貸鄉鄰不權子母開東莊坪河堰公費不給借錢至數百金以濟急需卒時命子應兆對衆焚券有昔賢樹義之風

僑寓

去故國而長謡托疎枝以暫蔭有美不言黯然一往斯千古傷心之致巳然而珠飛少海越境彌珍蘭號素馨移栽猶馥宜乎巖川之井借客星以名孟港之流因浩然爲姓也遠安僻處深山非通都大邑流寓絶少而旣有其人豈容略而不載乎蘇子瞻云瓦礫草木被其光澤圭璧之詠何忍忘之志僑寓

戰國

蘇秦洛陽人聞鬼谷子在雲夢山採藥得道乃從遊洞中師事三年以合從之説行相六國

張儀世居河東嘗與蘇秦同遊雲夢山學鬼谷之術後相秦遂破合從而連衡以事秦

孫臏與龐涓同師事鬼谷子於雲夢山學成龐涓先相魏孫臏就之龐涓害其能刖其足臏佯死齊使者竊載以歸後爲齊敗魏於馬陵殺涓併虜太子申今雲夢山側有孫臏岩乃其遺址猶存

漢

蔡邕字伯喈圉邑人建甯三年辟司徒喬元府召
爲郎中校書東觀遷議郎嘗至青溪訪鬼谷子
所居山有五曲因制五弄及淥水曲琴集琴曲
五弄游春淥水幽居坐愁秋思並宮調蔡邕所
作

梁

陸法和初隱居枝江百里洲號荊山居士有道行
能前知禍福後隱於遠安紫石山今鹿苑寺乃
其憩第也嘗在青谿與南郡朱元英論侯景告
降事未幾景果遣將任約擊湘東王於江陵法

和乃率蠻兵敗約擒之封江陵縣公法和處梁
室曰衰嘗大聚兵艦欲襲襄陽元帝使止之乃
還郢其城門麻衣葦坐及聞梁帝敗滅衰服終
身夫和値梁末方其棲隱鹿苑自號居士似無
意當世者及觀受鎮一面救湘東擒任約梁敗
衰服其才節豈方外石隱者流與

唐

李白字青蓮隴西人亦云山東任城人天寶初詔
供奉翰林放歸嘗因宗姪僧中孚至玉泉愛
青溪山水幽秀往來其間流連累月有青溪行
宿青溪主人淥水曲諸作詳載集中
按白至青溪他無所據以諸詩詳之他處即
有青溪而淥水曲則實爲遠安之青溪也白
族姪僧中孚在玉泉既至玉泉則與青溪密
邇其來遊亦事之所必有者

明

袁中道字小修公安人萬歷四十四年進士歷南
京吏部郎中著有珂雪齋集二十四卷未第時
嘗讀書玉泉之柴紫庵又最愛遠安青谿鳳山
鹿苑往來嘯吟留詩最多並有青谿記詳載集

中
譚元春字友夏竟陵人天啟丁卯解元著有嶽歸
堂集十卷少時聞朱風子名嘗至青溪訪焉愛
其山水幽秀來遊數次流連累月有青溪春雪
引諸詩詳載集中

國朝

葉奕焜江陵人乾隆辛卯解元未第時潛心讀書
慕遠安新城溝幽靜嘗築室移榻其間攻苦數
年獲售方歸今求聖宮旁無[illegible]基即其遺
址

宗聖曾子後裔自西漢末遷居江西於是有東支南支之別遠安曾家棚一支與湖南湘鄉縣一支又其由江西轉遷者其世譜每頁皆蓋有衍聖公五經博士印章及地方官印記並有公文移會遠安縣免其雜派差徭出示曉諭在案而世系一脈相承毫無紊亂實爲 宗聖裔伏思 宗聖獨傳聖道爲學校所自開今本邑亦有聖裔地方因以有光現今子孫蕃衍百餘人五世同居司訓周葆恩稱爲孝友世家將以
上聞

方外

方以類聚何獨外之外之者必其逃而君臣去而父子棄而夫婦離而昆弟絕而朋友也彼其雜心一往究元門之奥旨詎象教之波羅術不渝於左道禪不入於野狐亦非無異而有徵者正未可以遊於方外而不採輯之志方外

周

鬼谷子春秋晉平公時人姓王名詡居青谿之鬼谷洞嘗入雲夢山採藥得道顏如童子相傳蘇秦張儀來此問道師事三年辭去鬼谷子曰輕喬松之永壽貴一旦之浮雲惜哉鬼谷子處人間數百歲後不知其所之

晉

慧遠法師義熙初入青溪結庵居之宋記所云山自慧遠開其是也後居廬山東林寺與劉遺民等十八賢同修寺有白蓮池因號蓮社以書招陶淵明遠居寺垂三十年迹不出山送客不過溪過則虎輒鳴號一日與陶淵明陸靜修語道契合不覺踰之虎輒鳴號三人大笑而別

宋

法琳大師居靑谿山右石洞閒誦經有道行見一女日來獻食詰之曰汝何氏女對曰龍女也家居岷峨閒師誦經功大特來獻供師曰巖泉聒我女曰易爲耳遂辭去忽一日水從巖下流後人建龍女祠於旁歲旱禱雨輒應迄今石洞在法琳洞之左巖壁閒闊六尺許去地二丈水痕猶存

元

臥雲禪師姓陳名道安鑫吾郡人臥雲其別號也

至元丙子居嶧山法華院大德壬寅入青谿法琳洞居之有道行盡日一食窮冬一衲貌不加瘁神思安恬越八年至正乙酉右丞栢橘齋嘉之大書臥雲扁其巖

福海金川人居眞靜寺三十餘年專誦法華經能致羣猿獻果野鹿啣花後坐化事在至正七年碑碣猶存

明

千峯懷潭人嘗居定林寺有道術能前知禍福時朝廷聞其名賜象牙犀角拂箒袈裟金鉢等物天順間應詔至南畿圓寂侍讀周洪範贊其像曰這老和尙是活如來其身常居十種琉璃之境其心常懸九層明鏡之臺動時節神鰲負鼎靜時節枯木冷灰錢塘江上曾乘無底船賣風弄月少室山中却把無形杖擊電鞭雷

朱風子不知何許人類顚者問輒曰我天潢也因稱朱風子云天啟年閒居靑谿言人禍福多奇中時行乞有餘或給衆乞蓬首垢面人亦以此忽之或有飲酒者風子至命之坐卽坐而談笑自若或臥數日弗食亦無異也一日酣臥灘上

俄而水漲人以爲隨陽侯去矣水退而風子起衆益奇之竟陵譚元春聞之不遠百里來問前程風子以兩手圍而示之後譚中元一日風子謂土人曰吾且死幸瘞吾衆允之居歲餘復見風子荷擔而行大衆駭共發塚空穴而已

了機形類僧自云從終南山來初居崔家洞一年及遊鹿苑見招仙巖洞居之謂土人曰但爲我洞前搆半厦日給麻棗六七枚厦成於來路築一垣以絶往來曰予有願三年不言有訪緊不見儞公而可者訪之亦不見投以詩久之亦答

以詩卒不見如是居歲餘忽謂人曰吾閉關幸爲塞垣穴七七日土人如其言俄一朝巖草濃雲須臾關門洞開衆大駭乃相與攀巖間垣穴入洞視之不見了機惟蒲團草履存焉

補錄

晉

慧遠法師義熙初入靑溪愛其清淨足以棲禪結庵居之宋記所云山自慧遠開基是也後居廬山東林寺與劉遺民等十八賢同修淨土寺中有白蓮池因號蓮社以書招陶淵明遠居寺垂

三十年迹不出山送客不過溪過則虎輒鳴號一日與陶淵明道士陸靜修語道契合不覺踰之虎輒鳴號三人大笑而別

遠安縣志

寺觀

浮屠老子之教昌黎原道篇力詆之而其徒盈天下由於寺觀之多也世人不察猶勤勤焉曰興治而不已孰是人其人火其書若蕭梁時荊州一隅有寺百八僧尼三千二百象教流行相沿已久凡有係縣跡者雖廢必載也志寺觀

慶壽寺在南門外邑侯劉英建僧文印重修寺內有碑如鏡外有槐樹生蠟樹間人謂之蠟抱槐

清谿寺詳山川

太平寺詳山川

白岩寺在縣西南五十里

寶誌寺在縣西二十里甘霖洞旁宋龍興間建寺有八景邑侯金芝之潤有詩詳藝文

觀音寺在縣西十五里鳴鳳山後

石橋寺在石橋坪寺內十八羅漢缺一相傳走在羅漢峪半岩上餘十七皆走入寺爲張獻忠砍碎其首土人以泥續之

鹿苑寺在縣西北十五里鹿溪山宋寶慶元年建中有八景詳山川

眞靜寺在縣西北一百三十里元海爾禪師建

北溪寺在縣北七十里古名海會寺今廢

瀘溪寺在縣北四十五里蟠龍山下原名蟠龍寺元

至正間重修更今名丹墀內有桂樹二株高數

丈兩人合抱

定林寺在縣北一百二十里元至正間建千峯和尚

居此

紅岩寺在縣北四十五里

壽隆寺在縣東北三十里鳳凰山上元大德丁酉年

建明正統三年重修

福河寺在縣東北四十里宋泰定四年建

赤刹寺在縣南二十里月琴山

龍洞庵在縣東三十里雲門山下同治三年移於南

雲台觀在石管舖與擂鼓台相對

紫雲觀在縣東三十里

朝陽觀在竹塲區封過西山

白鶴觀在什塚坪白鶴山象形命名有石臼每晨米

滿足供一日之食即添客亦不至於不足乾隆

年間僧買一牛自知求多有借耕者如田一畝

止報九分即耕至九分而止

回龍觀在縣北四十里

龍華觀在徐家棚西二里建自後周

城隍廟向在舊縣北門外山麓邑侯周建今在縣治

東首旁爲龍神行宮邑令鄭燮林一折重修

火神廟在今治西城西廡爲造火藥處

馬王廟在火神廟東首道光三十年遊擊羅兆元守

備吳杰重修

土穀廟在舊縣北門外橋東即五土五穀之神

旗纛廟在千戶所後鄖陽千戶李正建今廢

泰山廟在東門外有記

元帝廟在鳳城山上分東西二宮道光三十年火毀

李侯蓀樹重修

漢高帝廟在縣北三十里白馬山同

向王廟在北門河山上及梘口各處

老君廟在縣北七十里

聖水庵在縣北四十五里洋坪市東內多井佛座下

一井尤靈異故名

百子庵在東門內北角

蓮渡庵在南門內西偏

觀音庵在西城內關廟旁

準提庵在北門外卽張海若藏書處今在東門內
無量庵在北城外西偏卽李右帆藏書處
寶蹟庵在縣東七十里
木瓜庵在縣西南二十里
石佛庵在舊縣市南山上
二賢祠祀唐邑侯韋皐元邑侯畢遜向在縣治儀門
內縣廢祠亦廢邑侯周卜築於新城南門山麓
今在縣治南門外塑有二賢像
龍女祠在青谿寺右有記
白馬祠在舊縣西一里白馬山下俗傳昔有白馬夜

食田禾莫能禁立廟祀之怪遂不作

遠安縣志

藝文志

文字者才人精神爲之也遠安鳳山鍾秀鹿苑
呈祥都人士以及官遊諸君子撫景興懷文章
詩賦自成一家而運會之隆風氣之盛山川之
靈秀政教之修舉咸於此見焉志藝文

藝文　文

梁文

元帝御譔清溪山館碑

原夫法象莫過於天地著明莫過於日月鼓之以雷

霆潤之以風雨咸秩無文所以名山致祭峻極於天
清溪山者荆南之中岳也隱隱干霄亭亭無際雲蓋
亘起影落照於陽溪清風遠至響猿鳴於巫峽西臨
百丈之穴南帶千仞之水洪源湛淡長波縈復

宋文

褒封龍女祠記　長林朱　震翰林學士

政和四年荆門大旱郡守李公遍禱羣祠弗應乃遺
僚屬請雨於昭靈祠迎像汲水設壇於蒙泉雨隨像
至屬縣露足公狀其事詔易廟曰靈貺是歲冬迄明

年三月不雨公再命當陽請雨於靈覎如初禮雲霧勃興象及邑雨如注公復請加神秩是秋又旱公再命禱之而雨不絶者二日公廉舉前奏至於再三有詔封通惠順濟夫人公謂震曰清溪龍女祠舊矣曩倅峽州行縣至遠安屢謁其祠見田旱乎默禱輒應因遣吏迎水膏澤沛然乃欲抗章請封是時神像服絳袍高冠劍佩如王者一日僧清皡自言兩夢女子靚粧麗服立方丈室前既覺猶記其目光如日清皡持戒嚴不妄語乎遂以龍女請焉此昭靈之初褒也詔既下寺以綵爲詔樓具鐃鼓前導奉安于州之東

山寺僧元皎復夢女子徘徊於樓下俄而風雷至有物飛去鱗鬣可指數於是州人以清皡之夢爲誠然而盡易舊像矣予其爲辭以記之震拱手起唯踰月而未及書他日公又謂震曰荆門自是或亦賜愆期禱祠莫聽彼神龍之宅不可以不祠乎所以供獻粢盛飭幣者蓋起來者祈禱之聽也震始朗然而悟曰吾侯愛民之心至矣愛之真則憂之深故越疆而祝折躬而請雖得於傳聞夢寐之際苟可以從民之欲者無不爲也無不至也是以事行而民悅氣和而雨降可不書之使吾侯之心昭然於後世乎

附勅文

勅曰靡神不宗有周所不廢不惟思所以慰民望亦可以見百神之受職與否也爾嘉惠正直惟人是依迺者農畝告病郡縣吏若民幸請命於神祚多降福有司多此靈施願益崇封朕惟縉紳大夫凡有功於民者雖高官大爵有所不吝而況於神乎哉可特封爲通惠順濟夫人神其嘉惠益懋厥施以福元元

明

劉侯順時創修縣志序　鄭繼緒

貴陽劉公棒檄令遠安之三年政通人和百廢俱興其駿績鴻猷斑斑刺人耳目已迺復謀及縣志而言曰志也者所以志一邑山川人物戶口賦役宦蹟賢良貢舉節孝傳往事以昭將來四海九州何郡邑無之今沮陽自漢開設來近千餘禩而志則闕如間有抄錄者亦十亡五六計自古迄今不將爲長夜乎余甚悼焉因搜羅舊牒詢諸故老摩倣府志凡例而編次焉志成剞劂屬敍不佞不佞竊惟古者列國有史若乘若檮杌若春秋可稽也自秦易封建而郡邑則守令即古有國之屬而志即史之遺意也曾史總記

二百四十二年之事經孔子筆削一字之褒榮於華袞一字之貶嚴於斧鉞萬世凛然有關於教化風俗者甚鉅而曰知我者惟春秋罪我者惟春秋蓋其慮遠其義微後之人童而習之猶不能窺其藩籬而得其萬一今觀公之纂是志也內秉諸鑑衡外參諸輿論無溢美無隱詞據事直書卽田畯之輩猶能誦而曉之此其砥世礪鈍有裨於教化風俗者又豈渺小哉語曰不習爲吏觀已成事又曰未有鼓之而不舞者也故人雖神聖一行作吏詎能徹與渫部屋而悉睹之人雖下愚未有不樂美名而忌泯滅者惟觸之

無其機耳今志俱在也凡官於斯者手是篇而目之覩戶口幾何賦役幾何必思所以撫字催科之術山川人物幾何必思所以保障興起之方覩宦蹟則瞿然曰某也良某也廉某也名宦有祠某也去思有碑某某徒具名銜而無可紀則必翻然省勃然思條其綱紀齊其法度懼有以滋淸議口恐無以當寸管書兢兢焉日夕乾惕不至聲流異代不已也其生於斯者手是篇而讀之見賦役有定規則後時以逃供上者易慮見節孝昭簡册則犯上以扞文網者改弦見科貢賢良則報然曰某某均若人也胡爲榮顯當今名垂後世某某均若士也胡爲行表閭閻崇祀學宮士則奮發於其身民則勸勉其子弟人懷長厚戶溢絃歌不至步武前賢不已也今而後循良繼起者皆公之芳躅此屋可封者皆公之化導志在一時功在一時志在萬世功在萬世卽所稱春秋者雖不無稍遜其褒貶而其功用豈不可以左券索哉不然徒曰紀時事已耳詎爵位已耳循循無所裨益是豈公纂刻之意抑豈善觀志者之所爲乎媿余不才忝司學政無能以教化佀斯邑今獲叙是志附驥不朽非厚幸也夫非厚幸也夫

重修縣治記　周洪謨

遠安在萬山間南距夷陵東接當陽西連三峽之境荒落尤甚蒞官巨人終歲不一至其地邑小民寡固不難治但以地多閒曠流逋日集嚚悍多訟爲奸爲宄而欲使之各得其所則亦不爲易爲余同郡友衛君磐之爲宰也甫及三年威恩並行主客之民既皆悅服而又脩敝政飭文治首學校次社稷壇壝次城隍諸祠既又飭其治所前則廳後則堂廳之前左右爲屋各十楹以爲諸吏分理案牘之所又其前爲麗譙功既畢其士庶父老介太學生周浩之來金陵索

余言鑱之石以識歲月余惟何君事神治民皆盡其道以至治所之葺豈徒爲自奉計蓋所以正其衣冠尊其瞻視修己以安百姓者將於是乎在也嘗見世之宰小邑者往往以無力爲辭而舍茀茨之下至於學校社稷之類傾圮不葺蕪穢不治何以施政而慰民望哉觀何君爲之有方咸著成蹟財出於公民不告勞誠可嘉也已故爲識其本末之大畧以爲記

重修儒學記　周洪謨

昔者言游以禮樂宰武城夫子悅之先儒疑武城爲巖險用武之地而子游能治以文余嘗過其故墟而

見其皆平原曠野非巖險用武而不可文治者也夷陵爲楚西塞在三峽之口歐陽子稽其地僻而貧至所領遠安縣又其北二百餘里大山長谷荒險尤甚其土著之民百室而河洛秦楚其流民之集殆倍蓰焉是以往往寇賊姦宄嚚悍難治眞巖險用武之地較之武城可用文治者固不同也吾同郡友何侯磐宰之三年乃能如言游以文治治焉以謂學乃禮樂敎化之所從出而廟以祀
先聖先師隘陋弗治何以妥
聖靈而美風敎於是捐俸鳩工伐材木陶瓦甓首葺正殿兩廡重門及明倫堂博文約禮二齋宏敞偉麗美於舊規以至倉庫庖膳之屋靡不畢脩朔望率諸生謁拜春秋丁祀益虔弗懈優禮諸生而飭之學是以鄉民知侯篤意學政有所向慕而士之游其間者亦加奮勵遂使遐陋閒寂之鄉皆知尚禮樂文物之懿侯可謂達其本者矣謂君子學道則愛人者侯其庶幾哉撫綏流民一視如子而爲興社學以訓其子弟使皆誦詩讀書而遵孝親弟長之義且擇其秀者以爲泮宮弟子則遠安學政細大畢舉又何頑之不可化陋之不可文學官歐陽渤多侯之功介貢生周

洪之復來南雍爲具其事之本末使求記於余余故嘉其所已能而推其所未至云

城隍廟記　周洪謨

城隍之制肇自神農黃帝而古禮載百神之祀則無其文自李唐以來始祀於吳越至宋則遍祀於天下入於
至聖廟凡天下屬祭必以城隍主之由是天下郡縣莫不皆有城隍祠也然則禮雖先王未之有而以義起者其城隍之祀乎或曰郡邑有城隍而祀之可也其無城隍而祀之者遵成制耳余曰不然城有因山

陵以爲城者隍有因江河以爲隍者其無山陵江河之險然後加築而鑿焉其依山陵江河以爲之者豈山陵江河之神之外又別有所謂城隍之神哉蓋雖無城隍而封疆之界足以域民山谿之險足以固國者亦城隍之謂也夷陵遠安之無城隍而祀城隍者是已祠在縣治南一里年久彌敝余同郡友何公磐之爲宰也百廢俱興乃重建城隍祠旣完且美乃遣人來金陵屬余筆其事於石載歸樹之祠下庶後之繼官茲土者嗣葺之使不壞嗚呼幽而事神明而治民有司職也神安其棲民安其所職斯舉也何公其

可謂無媿於此者祠成於天順六年冬十月而石鑱於明年之夏六月云

建守禦千戶所記　　劉英 知縣

武備所以保障國家安民禦患也其要在乎選將必其有文武才諳曉軍機者然後能統兵守禦以寧其地詩曰赳赳武夫公侯干城是已接荆襄與蜀接境遠安南漳竹房一帶西陵三峽皆深山叢林地多曠閑先是各處乾旱水溢流民於此就食又有竄逋盜賊藏匿其間蜂屯蟻聚在在有之成化二年石和尚盜起襄陽烏合之衆其應如響已而遂致劉千斤作亂大肆猖獗事聞皇上廼命太監唐公愼尚書白公圭撫寧伯朱公永將兵擊之斬獲渠魁獻俘於朝事寧班師大臣會議遠安路當衝要宜設兵備禦遂於荆州三衛分撥官軍蘇懋宋璽蔡溥鎭撫吳英龎清百戶胡俊游能杭懋傅通姜雄龍偉蕭綱李俊陶綱江禎常安張忠陸榮蘇縞一十九員旗軍七百名時參議寧僉事湯都指揮黃貴荆州府通判王儁相城於縣南名曰東莊坪開設守禦千戶所工力浩繁久未就緒巡撫都御史劉公來視而嘆曰此非細事匪才力超卓練達有爲之士曷克任其責耶乃詢於衆

得荆州衛副千戶朱綱薦之俾掌所事果能夙夜匪懈竭力經營修城鑿池創立所治城高一丈二尺周圍八百餘丈闢四門初則指揮李政張高許英戴昇共贊之城樓則遵奉欽定太監韋命令倣效均州體式其所治大門儀門正廳後堂東西兩廊及百戶所神廟營房次第俱備有局匠以造兵器有倉庫以藏弓甲外築長堤以防水患凡材木物料之費則巡撫都御史楊公發府庫餘積以充其用創始於成化丙戌畢功於己丑歲於是嚴號令操士卒振威揚武一方晏然規模氣象倍昔萬萬矣揆厥所自蓋由爲國

計者處置得宜爲備禦者官稱任使故也紀綱軍政者千戶宋鑑尤能恪恭職位修闕補畧乃謚於衆曰城完而守固矣可無言以紀其事乎來請於余爲直書其事俾刻於石庶後者有所考云

重修學宮記　薛綱　提學

遠安縣新遷百事草創廟與學皆自舊縣徙置其規模雖新材木則舊不三五年輒頹圮蓋由是時興作紛然才力不給以歷年舊物遷移改作勢必速敝無怪乎其然也成化十三年秋八月余督學至縣見其傾圮之甚乃嘆曰安得振拔有爲之士來宰是邑而

舉是廢墜乎越二年吾浙之會稽劉君英除知遠安縣事余喜曰事濟矣劉君與余爲同里才高而名著初爲浩州學人稱其爲蘇湖爲廣昌縣人稱其爲召杜以往者驗之知其濟事也必矣居無何果能以興舉廢墜爲心顧瞻廟學愀然興悲輒欲新之自度官無餘貲民無可斂逡巡未舉者三年迨縣治就緒奮然曰是不可以終止也乃商度財用命醫訓向學董其事一竹一木必曰某山可伐某商可易也一瓦一甓必曰某土可陶某匠可用也計力而償量值而給錙銖不爽怨讟不興由是庶民効力百藝勸工首葺

大成殿兩廡粧塑聖賢像鑄造爐瓶祭器次作櫺星戟門次明倫堂進德修業二齋以至泮亭射圃庖膳倉庫與學官廨舍循序而舉靡不堅良畢備是役也創始於成化甲辰冬十月落成於丙午冬十有二月而民不知勞官不知費一出於劉公經營措置也文廟舊秖行釋菜劉公以舊縣址給人佃種每歲納其租以供春秋二祭諸生學荒於嬉久乏科目公親督課業改授經義癸卯庠生蕭體高即以詩經中式鄉人謂之破天荒於戲劉公信有爲能濟事者非徒廟學由之而新凡祭祀科目亦賴之以始也但惜乎

邑小民貧勢難爲又值新遷草創之後時難爲時勢之難爲者能爲之況易爲者乎於戲枳棘非棲牛刀小試余雖有激揚之任而力不能薦也落成之日適余再至師生合辭以文請余特識其事之顛末以爲記諸生游其間者則李白袁州學記可規矣故不俟余之贅云

修縣治記　何史訓

語曰盤根錯節可別利器循政立事可知良吏夫大曰政小曰事爲政所當舉也苟有所遺缺非良吏爲之疇耶遠安荆屬邑僻在深山舊治亭子山下成化

丙戌石和尚劉千斤召釁朝廷徵兵討之尚書白圭等建議以不可無軍控禦具奏擇地縣之東莊築城鑿池創立守禦所遷縣治并居城內時人民避亂竄逃止餘里半既爲招集流民內附增爲八里久之所司因循舊者日就腐朽新者力不能致成化己亥冬會稽劉公英來知縣事召吏民諭之曰縣廳政令之所出六房簿書文案之所存儀門譙樓縣之壯觀又所以儆夜省衆吾今增修不費爾民財但用爾民力令爾民歡趨之於是伐木埴磚陶瓦丁善吏勤並手偕作不逾年工畢規模閎闊煥然一新吏舍倉庫亦

爲修治外則儒學祠寺察院布按分司又各新剏此事之立也且敎民樹畜力本自盡而衣食足摘發奸伏如神而爭訟息刑施凌暴之徒德薰鄙薄之俗而民翕然從治又作興文學勉勵生徒蕭公體高講經授題尤得其要旨遂登鄉試第舊學廟止行釋菜今則易以全祭此政之修也然則政事舉而道化行風俗易謂吏治之良也非與今以縣治落成吏民耆舊詣余徵言以紀德政余慕公之爲人樂其治行故不辭而與之言夫仁愛及民謂之德正已感物謂之政柳子曰賢者與之劉公宜乎當此矣遂敘之俾鐫石以爲繼公者勸且知縣治之新又自茲始也

劉邑宰修學宮記　鄭繼緒

昔吳公稱治平天下第一史著其薦洛陽一人賈生其他績不少概見豈作興人材爲吏道一義也矧乎學校人材所出能作興而培植之其聲稱又當何如哉遠安舊學在亭子山自成化年間遭寇變與縣治並易於此始面南隸以科第不茂改面西焉然歲久時移且屢經遷革故殿堂廡壁門墻之類或傾或腐頽然不足觀即官師朔望行香春秋釋奠亦凜然恐或墮而不敢久也其所謂敎諭廨舍說者謂廢之將

百年興僦居民舍云萬歷戊子劉侯來尹茲邑顧瞻徬徨慨然興聿修之心會司訓張公二和議欲募諸鄉縉紳先生與民之殷實者徙置於北角樓間侯不然曰修學有司職也奈何預民爲且此與彼地相若度之不過尺丈間豈有利有不利也卒寢焉明年八月不佞承乏邑博寓居社學中侯爲不佞言曰此非爾所居也余晝之素矣幸待之越明年侯下令曰某日修

文廟建廨舍某材木某山所取也某磚甓某工匠所埏埴也無一有擾於諸民民毋指余修建故漁獵於

鄉也乃鳩工聚材不一月而舊者新廢者舉凡殿堂廡壁門墻之類與啟聖諸祠併神之牌位無不一一鼎革而丹漆之其不佞之廨舍亦不終月而就居焉落成之日邑之父老子弟鄉之縉紳先生咸駭然曰何壯麗也何向之無而今之有也何有此興作而若輩罔聞也殆其神哉殆其神哉余竊謂物之廢者非一日而廢廢之傾者非一日而傾其所由來者漸矣自成化迄今尹茲邑者不知凡幾率傳舍其官幸得朝夕代去不以公事爲事至侯而始修建修建而民不知勞不知費侯

之政越度前人遠矣哉不寧惟是繕實館修城池開淤河增社塾善政纏纏未易殫述獨是修學之舉萃弟子朝夕課誨之有漢吳公薦賈生之風然作興人材不止於一人已也今諸弟子感恩思舊抱賈生材未可量而以劉侯之政之心信今之吳公無疑已劉侯爲誰諱驥昕號龍陽貴陽丙子科鄉進士也贊其事於始者司訓岳州張公二和司幕閩中林公鑄觀其成於終者司諭邵陽湯公聰司幕鄉邑夏公師且不佞繼紹實覆庇不淺也故樂而記之言俾游於斯與後之居於斯者知所感且有所考已

體察民隱說

明知縣程典　江津舉人

天下耳目之所未見者不獨一處爲然予初承命之遠安宿青谿寺後以公趨府州歲數十次皆館穀焉無異公署也然見其廊宇傾頹僧人鮮少田土荒蕪狀甚蕭條詢其故乃知寺爲衝途差賦煩重不惟供億官長抑且支應從者一或不饜欲呵叱加焉吏莫逃浸潤口予乃喟然嘆曰天下擾民者吏胥而殃民者官長吏胥敢於需索由於官長之好逢迎鄉人見公門中人加意奉承始則以爲人情供其乏困久則習爲定例不問有無寺何爲而不蕭然哉不知父母者

無不體恤其子者也有供甘旨之時有供菽水之時有併菽水不克供之時行李往來一飯一蔬足矣烏用費民費萬錢官止一飽何爲也者亟下令寬其賦役戢其侵奪嗣後過往僅資薪水有苛求者以枉法論不二年傾者葺逃者歸贖舊業種材木駸駸乎有方興之勢嗚乎知縣知一縣之事耳目之前而有所蔽何問其他是寺爲縣治咽喉職茲土者所當軫念然不獨一寺爲然公門內外所瞞者本官一人目之所未見者尚多也下情烏能上達向使予不問問之而不爲之所則是寺廢矣後之君子其留意乎

重建青谿寺碑記　任隅縣令李槩　貢生

遠安縣西南五十里許有山曰雲夢山之麓有穴穴之源出於岷峨悠然澄然一碧萬頃自古名爲青谿唐肇創寺於其左寺亦因溪得名陳子昂李白元稹高駢皆有題詠元至治重修迄我皇明萬歷御極幾三百禩梵宇圮頹幾成廢寺適江津程侯别號五江者來宰斯邑一日憩寺叩僧以弗葺之故僧對曰是寺東接當陽西去夷陵南逼襄鄧北達江陵官使絡繹供應浩繁兼以甲戸差繁僧衆流離曷克及此公歎曰天下擾民者吏胥而殃民者官長吏胥敢於需

索由於官長之好逢迎民費萬錢官止一飽何爲也者亟下令議寬其賦役戢其侵奪嗣後行李往來僅資薪水有苛求者以枉法論立碑示禁體察民隱遂先捐俸金爲紳民倡又命住持悟安可亮首僧洪哲鄉約傅鉞等勸募衆善士襄助捐有成數乃鳩工庀材諏吉興修正其傾者易其朽者黝堊而丹雘之未幾煥然一新矣僧弗敢沒衆人之善乞余言以誌久遠余曰自元壬戌迄今數百年又重修之倡於官募於僧助於衆行旅有賴猗與休哉是可紀矣爰叙其事而泐之碑焉

惠遠禪師開基繼爲卧雲祖師道場由晉歷隋唐至明中間千有餘年疊圮疊修其詳遠不可紀宏治七年寺僧了儀重振宗風寺遂以盛嘉隆以來賦役繁興甲戸派累官吏兵役需索繹騷如同傳舍僧力不能支半多雲散寺田日就荒蕪兼爲豪强侵占是時壁頹牆傾幾於香消煙冷矣萬歷五年邑侯程公滋任經寺中惻然動念謂高安六寺首列青谿名山勝蹟載在邑乘忍聽泯焉忽諸因招集僧衆清查田畝痛革雜徭嚴禁差擾復首捐廉俸命住持可亮悟林募衆重修寺賴以存復賴署縣熊公詳請道憲凡官

府經過不得派辦酒席兵役往來不許住宿僧舍勒石永禁使千百年清淨香火不至等於驛亭郵遞則二公大有造於兹寺也天啓七年寺僧洪定踵前人遺規更加式廓寺前谿環五曲橋列三渡寺中郛鑾豐融禱祝雲集固荆郡一大叢林也明末兵火屢驚村舍半爲坵墟而大殿獨巋然如魯靈光疑有神靈呵禁歷今百有四十餘年物久必敝禁遠則弛昔時舊規日漸陵夷乾隆丙子予自江蘇常郡得告歸里攜幼子光彝來寺覓静室爲讀書地見大殿有棟折榱崩之勢法像塵封令人惻惻心動其别院七處散

刻大殿前後左右參差不相聯屬且皆漫漶頹欹未堪駐足因擇地於青龍觀後別搆草堂數間主僧嵩岳晨夕晤會每嘆寺宇摧頹志在興修而艱其費予謂有志事竟成昔世尊嘗與大衆千二百五十人乞食於舍衛城中率皆沿門持鉢予當不吝一疏越二年予終養事畢遵例赴都奉發江蘇聯掌淮徐四歷寒暑始以老病乞休癸未季春收葬先恭人於茲山之中嚮時寺中土木之工已興而往返倉皇未暇叩其費所自出辛卯再至則輪奐璀璨法相莊嚴煥然重振矣大殿制仍其舊材易以新金碧輝煌巍巍大

觀也別院修飾補葺丹堊采繪亦皆燦然可觀週圍繚以垣墉與大殿聯爲一體而局勢益壯其頭門之天王殿大殿西隅之關廟則昔無而今有也予爲嵩岳賀曰此老僧募化力嵩合掌曰寺中諸佛菩薩實賴衆善重開生面十方功德敢忘所自至各殿之庀材鳩工樸斵丹雘之需除居士在寺時倡捐山松百餘株外止募附近鄉周羅材料三株耳未敢妄求佈施也予憬然異之據現在土木瓦石匠作食用諸費不下千餘金既不同海市蜃樓豈眞有鬼輸神運一旦成此空中樓閣耶嵩乃將積竇修理之由爲予覼

縷敘述始知寺故十房而絕其三彙遺產而輪管者舊矣歲約租三十金官府胥吏兵弁往來酒食支應約去十之六七餘則管年者留爲經理私院之用予初來寺適嵩值管年邑侯蘇公總戎喬公籍皆江蘇與予以名相知戒役卒勿輕入寺中而支應之費頓省是歲公費所餘贏前數倍繼有邑侯宋公總戎張公亦皆嚴飭役卒恪遵舊約以故所費益簡嵩素具幹畧善心計又躬自刻厲節衣縮食計母權子用能銖積累日增月益漸致盈餘出公費以濟公用守寺田以修寺廟一僧獨肩其任衆僧共襄其勞並不

擾累居民而關廟之創建且各罄私畜以觀厥成尤能補前人所未逮厥功亦何偉哉下視黃冠緇流藉修廟爲酒食資又或斂公物入私橐者賢不肖相去何如也然非本邑文武官僚培植保護公費亦隨時消磨耳無米之炊何從措手則茲四公者又可與程熊二公同稱此寺大護法并垂不朽功德也予昔閱故老言寺以谿著名其源發自岷江說雖無據但昔寺中興賴江津程公今寺復興遇夾江宋公豈興廢舉墜必待其人寺亦有數存乎其間歟抑發源岷江之說不盡荒唐乎是可並誌也

醒世好佛文　　提學薛綱

遠安有清溪寺寺之西有一洞洞之前有庵屋數楹宋之時僧法琳居之遂名法琳洞元之時卧雲居之遂名卧雲洞自後枯禪去衲往往有焉不能知其名也成化十三年冬十月有僧名祖遇來自金陵自稱慈海僧之徒入洞而禪跏趺而坐足跡未嘗及山下久服水齊不粒食如此者四十有九日每歲率以爲常十五年秋八月予督學至遠安宿清溪閒遊洞中祖遇出迎予問之曰洞岩僻寂非人所居何自苦如此祖遇曰不如此不能成覺予曰人七日不食則死

聞汝水齊四十九日何術致然祖遇曰吾傳吾師之教無他術也但先三五日爲饑火所燒體熱而倦力不能支越六七日後水透徹覺清爽如常予聞其言知心靜而元固得不死觀其形奄奄然若卧病之餘終非久生者十八年冬十月予再過焉祖遇尙無恙然庵之西楹爲岩之墜石所毀去禪所僅丈餘予詰之曰汝能先知岩石之墜而不懼乎曰不知也予復誡之曰石無慧眼汝非金身一夕再墜汝其齏粉矣乎聖賢有戒知命者不立乎巖墻之下汝其誡之愼之祖遇微笑而不答意有佛力護持未必然也至二十二年冬仲予又過而問焉祖遇亡久矣詢其故人云五月二日夜半雷雨大作巖石亂墜其聲震地僧然火往視之祖遇已在巖中左股糜爛矣急拙巖石出之舁至山下即死年纔四十嗚呼生而信佛未有如是之篤死而受禍未有如是之慘是蓋禪陷之也佛陷之也使其了悟禪機必能先知而預免矣使其迷惑稍淺移信佛之心信予之言切切乎聖賢岩墻之戒亦必知雷雨之至岩石必墜擇所處而避之矣安有覆壓之禍哉噫佛之教以慈悲救苦爲急世人然一香設供尙冀其慈悲救苦求種種福願於信佛

尤篤者獨吝慈悲坐視其苦嗇其福而豐其禍佛果足信乎信佛果有益乎慈悲救苦之力果足恃乎

清谿仙緣　　逸史

袁相公未達時偶過峻峯人跡罕到遇儒生與語曰此處有靈隱者否答曰有道者五六人每三兩日一至不知居處袁曰某來脩謁得見否曰彼惡人而好酒足下求美醞一榼就此宿候或得見也公去得酒伺之數夕果有五人鹿皮冠或紗帽藜杖草履臨澗濯足大笑儒生列席以待少頃盡入茅舍覩酒喜甚曰何處得此儒生曰某非能自致有客攜來願謁仙

兒乃導公出拜五人相顧失色怒曰不合引外人相擾儒生曰此人志誠可賞况是道流何傷乎五人意漸解命公坐再拜就席少頃注視公相謂曰此人大似西峰坐禪和尚良久云直是屈指數曰此僧亡來四十七年矣問袁公之歲正四十七相顧撫掌曰覓官職去福祿至矣已後極富貴遂言別公拜道流皆與握手過澗上山頂捫蘿跳躍有若飛鳥逡巡不見

遊青谿秀壁記

當陽知縣　陽懷瑞

臨沮西有青谿秀壁其地入遠安境去玉陽三十里每於城北延眺高峰插天翡翠一片若抛若注若竦

若踞不可方物幽異瑰瑋足令神往其於玉泉隴阜相接徑隧相屬探奇之士每窮究焉出玉陽泝沮西北爲乾谿白石齒齒皆枯磵也沿谿西行越小嶺出玉陽境則嵌崖疊嶂空翠點點常撲馬首忽如千層碧浪汨盪少海始信玉陽西北山谿別作世界路轉紆仄山轉幽峭行三里有石橋則青谿注沮東出也聲噴薄如雷聽泉數里凉沁神骨又數里入青谿古寺樅栝數十圍皆百年物佛廬東爲古方丈西有泉竇甚夥皆石壁下迸珠湧雪渤沸之勢何但萬斛水之色聲氣味與人相宜不知從何置品而袁小修游記以爲水色正碧凡水皆不得其形似纔見一端其味淡而不甘平而不洌蝘蜓不腥其泳潛鱗不混其氣四時皆秋或激石縱或迸沙礫跳波散沫恒高數尺渟碧十餘畝澎湃千狀袁志蓋未逮也又西龍女祠祠左方上爲卧雲洞即雲光法師寫經處又上有大士洞桃花洞循青谿西數麓更越高嶺從嶺下得幽磵蹴踏匼匝石稜每罥衣袂人行磵底望兩崖烟扉霧磴恠藤引蔓古木垂樛丹翠班駁乍開乍合真應接不暇左右多結道士精廬今惟雲鳥往返即野衲不可得曲折數里始達鬼谷洞扉戶丈許兩壁及洞

底恒作波浪紋洞口祀鬼谷子轉入百餘武苔衣滑滑凡十餘折約里許穹窿處時窺天一隙蝙蝠大如隹驚炬往來如織又折而入有石田石潭有方廣石如碁枰遊者或得黑白碁子是行也得青谿龍湫足消煩暑鄙地鮮嚴壑得石竇如甕牖纔容几案便詫奇絶或加椎鑿而鬼谷窈窕隱深鬼斧不施天巧自然沮接蝸緣杳冥無際百里內嵌空抗雲此爲冣儔宏之所記不我欺也

永濟渡記

何璋

遠安古臨沮也而沮水之源發自襄屬之南漳遷易

無時每春夏雨集石澗溪壑飛濤走浪一夕即至遂世爲民患焉舊治南設李家渡北設譚家渡獨邑治西灘瀉水急險恠尤甚前守是邑者往往泛不加意致往來之人冒險徒涉有陷溺而莫知拯拔者適龍泉常侯來令兹邑毅然以康濟斯民爲心以修舉廢墜爲任以興利除害爲急即如聿新學校文教振矣建立城樓武備肅矣展脩公署官箴飭矣諸凡事關國是動切民隱者悉矢心勵志次第振拔之獨邑西河公渡未涉爲闕典焉戊午冬應征力役始以其事建白郡守津南陳公呈請司院諭允乃編户設渡噫

嘻前此厲深濟盈民用咨嗟者吾不知其幾矣兹渡既設則履險若夷利涉若揭稱快便者亦不知其幾矣邑父老共詣余道盛美欲得一言以志之余惟芍陂之利孫叔敖開之恩江之橋曾德裕建之迄今思誦功德者不衰然則兹之制萬世利也侯之惠溥斯民名存後世與江流同其悠久而他日大川舟楫之濟此其基乎余故樂而記之且爲之歌曰瞻彼沮陽流澤洋洋濟通險阻德配無疆記之日嘉靖已未五月吉日也

新建尊經閣記

朱之蕃

世道人心所賴以長治久安不與風會茅靡波流者疇非經術之所維持哉明興二百餘禩揭聖經如日中天而異端曲學不得分道爭馳蓋獨秉一尊絜四方萬里之矩而率人共由仰副列聖之所培養以收得人致治之效古今罕儷已楚稱材藪其文章氣節彪炳煕明於海內不多讓遠安隸於荆州據漢沔上游宜才哲輩出乃科第獨稱寥寥鼓舞倡導之機似久有所待者予年友高醇孫君自强筮宰是邑毅然以興學作人爲己任相度地形學宮雖據一邑之勝而後基卑弱不足延納山川之秀俾有所歸宿凝注

乃創建崇閣名以尊經殆補邑庠所未備固形勢之必不可無非徒感慨激發於一人之見而以冥冥嘗試爲者閣甫建適值己酉秋闈登楚賢書者聯翩得兩生焉夫舉得其人則千里一士猶若比肩矧歷年久遠期匪先後而人傑地靈適與符會可不謂之奇遘盛事也哉孫令以蕃職在紀述緘書徵言以詔來哲蕃竊謂士非經術無以起家佐　聖天子任使非眞能尊經則始進雖正未免以不正繼之究且宛轉逢世弁髦故業惟撓是鬭惟華膴是干不惟仰負任使而身敗名辱皆異端曲學守其說於不變者之不

若也窮經致用之謂何而安取科目靑紫爲耶天意人事既已爭奘徵應於一時美彰盛傳猶冀標植景從於無斁孫令甫涖政而其爲一邑計久遠者不難慮始以勉圖終斷不以宦成而萌怠念邑之人士當文運阨塞之餘而一旦奪幟登壇倡前茅以需後勁將來文章氣節表著宇內而稽鄉井詢邑里以遠安爲楚材之藪詎不自今伊始也哉蕃少時侍嚴親仕於湘沅覩覽山川之雄麗洞庭元嶽之浩大奇特意肅皇帝中興盛治維楚肇祥材賢之鍾靈毓秀不啻取材酌水於元嶽洞庭之間靡有窮盡也蕃不佞竊

以眞能尊經者必且愼終如始必且端軌以身庶幾不愧師率而令與起者咸無邪慝歆以是爲孫令勗而并以勗邑之多士云

新建尊經閣記　　侯執躬

荆州古稱名郡郡之北鄙爲遠安去郡二百里而遥地臨四塞固全楚之上流而巴蜀之間道也其中沮江蜿蜒若紆帶嗚鳳諸峯層巒疊嶂聳峙其前顧儒學面西後勢坎窪來脈緜漫不足以挹納朝案環拱之秀以故文物遜偏人士之起家科第者落落如晨星邑令孫君深以爲慮欲起閣以振之具請於予予惟與起斯文良有司之職守也春秋重民力乃僭以頖宮之修不書謂義得爲耳今日之事予爲政夫得何讓遂鳩工備餼因築臺基埏埴梓材之徵靡不親董甫經始而玉燕呈祥靈符之示若有意焉閱歲而落成月集諸生講業其中供具不輟時加殿最拔其藝尤者付之剞劂多士皆鼓翼自奮已酉之秋聯袂而起者果有兩人蘭嵎朱君手額曰尊經夫經之尊也王文成之言備矣獨以經始于易庖羲氏以一畫開天歷數聖人而闡之爲經漫衍之爲六後人執經求聖是經非聖試思未有經時經從何傳且未有畫

前畫從何起令生乎百世上者設爲不必然之矩以繩將來之趨而百世之下望不欲就之途以勉承難竭之緒則先後數聖已自不能撰之而一何以使天下萬世有同然乎固知聖人常用不易之經即吾人常存不泯之心苞毓元始洞澈倫類在聖非增在愚非減作者非創述者非因直是人人圓滿脈脈靈通無壞無雜無有斷續生滅其表而著之爲經于義曰常先儒所謂東海西海南海北海有聖人出焉此心同此理同者諒不在帖括章句中求亦不向面質授受處得也今　聖天子申布功令廣勵學宮弟子一

時宇內向化罔不一意而習明經之業猶恐諸生之於是經也既其名不既其實童而誦讀羣而討論之人出一家言自號顓門不神理是探而徒工餖飣進藉爲羔雉已棄爲芻狗究有浮沉宦態逐羶嚇腐於生平所佔佯迴若兩人是褻經也抑尤有異焉聖人本庸常易簡之體垂詔來茲而老佛者流以其淑詭譎怪之幻說角衡爭勝當時賢智每樂而騖之薄六經爲詮腳視理解爲筌蹄初猶剿二氏之談作六經之旨是借二氏爲六經用也既且襲六經之詞飾二氏之旨是又驅六經爲二氏用也以六經用二氏聖

人之面目雖改而二氏未嘗伸以二氏用六經二氏之別趣轉新而聖人岌岌乎殆哉此今日所大可思也乎謂經之爲教如日中天有目共仰如水在地是處皆到大丈夫以天賦聰明從事正學奈何不定一依歸甘倒入室之戈爲異端右袒自悖其眞宗以至蔽陷離窮生心害政世道何賴焉遠安氣渾俗樸諸生皆彬彬質有其文毋梟爾聲毋載爾僞於以羽翼聖眞鼓吹休明其在斯乎吾將使有志經學者遵道而行自得本心動靜顯晦不失其常他日以經術經世務是所望於多士勞來勸相敦古教化黜百家尊孔氏諸不在六藝之科勿使並進是所望於賢師師孫君諱自疆高郵人其事學博德興祝以誠穀城張寵因併記之

壽隆寺僧普義常住碑記　東湖雷思霈太史

郡中有居士爲予言遠安縣壽隆寺僧普義者是末法中一大比邱也予異之已而其徒覺能至予問曰汝師以何因緣而稱比邱能乃具道行腳某年具某戒某年請某經某年造某懺施某刻鑄某像也予聞而欲吐是未脫木魚氣何至與予言大比邱爲復訊何往能曰師今以大士像詣補陀米數十斛飯諸眷

屬語某甲當棲其山作爨者數十年足矣是吾師少時所持行也予愕然曰寒山拾得予皆大士也方其供爨行吟人鮮知者及其身投石壁莫知所之人然後頂禮瞻呼謂非復火頭衲子也爾往作爨當更有向上事否能云師言有向上事便無爨可作此語於帝釋鼻孔稍稍磕著異日者義上人倘亦是石壁上人耶即其行腳所爲請經諸福德相皆無碍莊嚴也

遠安方輿書　雷思霈

遠安在彝陵之東北可二百里有奇古臨沮地也沮水出縣西內漳水又青谿水注之水出縣西青山山

之東有濫泉即青谿源也口徑數丈其深莫測其泉甚靈潔至於炎陽以穢物投之輒能暴雨其水導源東流以源出青山故以青谿爲名又尋源浮溪最爲深峭盛宏之云㭬木傍生凌空交合危樓傾岳恆有落勢風泉傳響於青林之下崖猿流聲於白雲之上遊者常若目不周玩情不給賞是以林徒棲託雲客宅心多結道士精廬焉唐田遊崖愛此山廬其側高宗親至門謂先生此佳否曰臣所謂泉石膏肓烟霞痼疾者也縣西南有青谿山一名雲夢山宋法琳大師居山洞中誦經一女頻來獻食詰之曰汝何女曰

我龍女也家岷峨聞師誦經功大故來供獻師曰崖泉甜我奈何女曰易爲耳遂辭去忽一日水從崖下流半里許方有聲後人建龍女祠於側其山之陰爲鬼谷洞春秋時鬼谷子遊此山中蝙蝠大者多倒懸得而服之使人神仙李白云余聞荊州竊近清谿諸山仙洞往往窟中玉泉交流有白蝙蝠如鴉千年之後身如白玉蓋飲乳泉而長生也北五里有亭子山又西北十五里有鹿溪山在鹿苑寺側山皆鹿曈梁陸法和曰吾看名山多無如此山者遂棲隱焉又北十五里有鳳凰山唐韋臯爲令下鳳於此又西十里有鳴鳳山峯巒秀麗相傳宋寶祐間有鳳鳴鼎新之讖山以此名矣又西五十里爲百井山極高峻登之可望江陵稍北則白馬山上有白石狀如馬故名崖一曰招仙崖峪二曰撞兒峪張果老尋兒處也曰羅漢峪洞凡十一曰甘霖洞崖穴深邃其泉不可測曰洪崖洞曰呼兒洞曰磨臍洞曰玉虛洞曰雲飛洞曰法琳洞曰老龍洞山高洞深內有石崖三門及龍床之異曰仙女洞曰觀音洞石壁聳峙峭拔可愛曰鬼谷洞春秋時鬼谷子遊此也坑一曰天坑周圍山聳中闊十里雖霖雨橫流須臾自消殆如天造焉溪三

曰青溪曰白龍溪曰靈水溪冬溫夏涼四時不竭湖二曰官湖曰香橋湖深不可測口一曰覓水口源出雞鳴山石孔中人以木竹爲梘引水以灌田灘一曰將灘井凡七曰西市井曰劉公井曰義井曰滌心井曰聖泉井曰東市井曰聖水井槽一曰石馬槽關公屯兵所鑿也窟一曰乳窟其中玉泉交流市凡二曰舊縣市曰洋坪市街凡七渡二曰談家渡曰李家渡堡一曰南襄堡其編戶凡八里東西廣一百一十五里南北袤一百八十里而疆域稍狹於長陽矣

國朝文

重修志書序（此稿未刻被水漂沒安公重纂）　周會隆

丁亥春不佞受遠安事時則逆孽耽耽風鶴草木日與邑人士共圖綢繆間有暇日相與遊詠登眺見夫山水秀曲人物彬雅有泱泱大國之風因詢訪邑志欲一披全概邑人士告予曰嗟嗟邑之有志舊矣一修於劉君順時再修於孫君自強兵燹以來俱付祖龍之餘焰矣繼起者易爲力創始者難爲功卽欲奮筆丹黄爲異日粉本而流風間如又安從得乎嗣是二志往來於予胸中者再易歲一日有持家藏劉君志一册見示者躍然曰先賢風流不墜其賴茲一線也乎反覆展玩分門標旨條理井然而褒予評騭皆合乎大道第間或搜羅未廣闡揚未備且劉志迄今數十年矣其間山水不改興廢頓異治績行業炳燿千古節義文章照人顏色及夫高人逸士遺世獨立竊聞下風猶增嚮往聽其久而淪落簡册無光是有司之罪也與二三知名士謀之皆著作巨手因析舊目毅然任之稽古道準輿情考証詳取材博立心恕持論嚴要一揆於聖人作春秋之旨期於久而可傳也稿成示予予間有商確遂登諸梓又歷歲始告竣

用心可謂勤矣因憶吾濮之志成於伯承李先生先生在明嘉靖朝以名進士任符鄉一時詩文聲滿海內自李于鱗王元美輩咸推轂之故其作志洋洋灑灑直欲自成一家言識者有龍門扶風之目今二三君子才蒸雲霞氣吞河漢將來文名固可媲美於吾伯承而不佞以固陋竊分其譽用弁數言俾後之覽者知茲志之成皆二三知名士功焉若夫勸戒之義則舊序詳之不待不佞之贅及也

重修縣志序　安可願

著述之道從古難已詞翰惟我所爲得失尚爾難掩矧夫筆削存於千禩褒貶聽於一言偶或失當動關風教非筆如董狐才若班馬何能勝任而愉快故雖以宣尼之聖而作春秋猶然罪我自任況其下焉者歟且修志既難於論古而尤難於衡今何也世風日卑保無私爲毀譽乎保無臆爲去取乎予未敢知而揆情察理要之不離乎古者近是不辭乎罪者近公遠安邑志前代無聞已考自明初邑令劉公英纂輯之繼而王公綍增補之皆未授之梓也至萬歷間劉公順時始彙成帖孫公自强廣搜博採較昔稱備二志俱經刊行明末兵火之後孫志散失獨一劉志僅

存向非周公會隆來宰是邑旁求遺志於殘缺之餘則縣志湮沒而無傳矣且周公當搶攘之秋外治武備內修文事可謂憂憂乎難之亡何甲午之水沒其藏板令周公數載苦心付之東流惜哉余自丁酉夏奉

命來邑詢知其故欲依原本鋟之奈邑甫經蹂躪創痍未起奸弊未清爰是謀與除圖修舉日不暇給有志而未逮者四年於茲矣幸今歲辛丑

督學王　下纂修之檄乃集紳士而議焉得操觚者數人共襄厥事一切以古本爲準惟冗者刪之淆者

序之缺者補之時異事殊者商確而辨論之大抵前志主壯麗而今志取簡當也若夫繼起之宦蹟行業節孝隱逸未經詳核者不敢稍有冒濫良以公道難泯而罪無容辭也則斯志之刪補序辨皆諸士功余何力之有不過贍筆札命剞劂已耳登梓日諸士請一言弁諸首故直書以自明非敢云史也

原跋　蕭貢

邑之有志如十五國之有風列代之有史其間徭賦戶口必志人物山川必志以及事蹟之奇異男女之貞烈必志則又如貢道之有書水經之有註山海之有經也但取乎不嚴考核未精猶非纂修至意邑侯安公來涖茲土渡沮水登亭子山望高安故址繼復遊鹿苑歷青谿訪鬼谷子讀易處麾蓋所臨胸中已成一部全書五閱歲去弊維新乃於聽政之暇搜舊志而筆削之憂憂乎一切繁言之務去采訪之必實志竣屬予弁數言予何能贊一詞昔歐陽文忠公編集歷代史累日去取不能決遂至夜分忘睡而所集竟以歐陽公傳今公閱數月而始布刊他日不至淪落如泰山碑廣陵散公之有功於文獻也豈淺鮮哉

儀秦來楚師事王詡論　安可願　知縣

世皆謂蘇秦張儀來楚師事鬼谷子三年辭去鬼谷子曰輕喬松之永壽重一旦之浮雲惜哉吾意蘇張未必來此夫鬼谷子蓋抱濟世之略而高隱不仕者也不然二子功名之士耳胡爲遠遊而師之按廣輿記載鬼谷子爲晉平公時人舊志以爲魯平公時人誤矣蓋廣輿載入河南與王子喬並傳當是時周晉密邇鬼谷子先儀秦而生其爲晉平公時人無疑又河南登封亦有鬼谷乃蘇秦受書處此鬼谷子所由名也青谿鬼谷又先生棲隱處乃因人名之耳吾意蘇張未必來此故附辨以俟知者

濂溪小島記

安可願 知縣

余雅慕周濂溪之爲人每於蓮獨契好志各有在也宰遠之三年化行民安遂於城東北隅署側搆一樓扁曰朝闕公餘讀書課子其上俯視溪水曲流碧潭澄徹錦鱗泳游一快事也其中竪一石高二丈許闊如之恠異特拔望之若龜踞乎城左當水暴漲輒作砥柱余深奇之己亥孟夏爰命鑿池栽蓮時正當炎蒸議者咸謂明年方花而是歲孟秋花發數莖矣邑人士莫不詫爲清廉所感舉呼爲蓮臺余因題曰濂溪小島慶志之有成也顧其臺有三層尚可植花卉

而邑當兵燹之餘又安從得乎忽有奇其臺而以牡丹進者亦衆情也又命植之其年亦花余乃憬然曰茲石也雄峙水中不知幾千萬載其與凡石何異一經開鑿便成勝覽且花卉亦若樂吾臺而慰吾志以此知花石皆以類應而立志之不可不篤也於是乎記

法華臺松風亭記

安可願

閩陸法和居士嘗稱鹿溪甚幽邃余偕冀一遊覽焉丁酉來遠安邑人亦盛道之越三年己亥春余勸農過之有孫公開祚率子惺愉偕庠生曾生宗孔輩遮言曰此鹿溪也盍少憩焉余曰唯唯披襟而前山色秀麗水勢瀠洄誠哉兩壁山爭翠一灣水競曲也行數里許有古刹曰鹿苑刹之右側一峯軒舉其狀若臺客曰此梁居士講法華處也余與客攝衣而上蒼松凌霄清風拂袖前眺石柱後瞻層峯左顧仙岩右盼錦屏花卉繽紛烟霞飛舞俯仰迴環應接不暇曩云幽邃其梗概耳余乃心曠神怡喟然嘆曰美哉松風云胡不亭客曰昔之盛時仙客騷人多遊於茲有亭曰松風袁小修輩嘗流連之邇者諸逆出沒久成畏途僕等托君侯之庇獲遊於此亦空谷足音也亭

於何存余於是毅然欲搆之庀材於是歲之冬落成於辛丑之春越月孟夏余復偕向子闊中輩登臨其上但見山水如故亭臺一新羣巒之草木蓊鬱溪田之麥秀偏反薰風徐來微涼漸生主客列坐塵襟悉滌於焉或說道德而精一之宗透或話治平而康衢之盛覩或論黃白而九轉還丹之旨明或談色空而萬法歸寂之妙見且也觀松而起赤松之思聽風而興長風之志出世入世惟我所欲則斯亭也地雖容膝別有世界快哉耶超然耶蘭亭耶不是過矣後之君子詎可忽覩乎哉余於此又有感焉己亥之遊時

則有若孫氏父子而今則宦遊矣今日者多士濟濟余附其中如逆旅之在傳舍耳古人秉燭夜遊良有謂與嗟嗟芳辰易邁盛會難期撫時興懷烏可以不記記之者誰愛蓮縣令安可願也同遊者誰先後姓字列左也

創建常平倉記　　李德裕

士嘗誦讀草茅結志自期僉曰苟以身許國須備悉民隱以慰蒼生之望至其執銅章綰黃綬敲撲喧囂犯其慮牒訴倥傯裝其懷一朝尊榮反覆見背比比然矣如我公則有異公自涖茲土也凡興除便民者

不一而足每嘆遠安僻處山隅歷經兵燹蹂躪無遺山之西北現爲諸寇蟠踞地瘠民疲室如懸磬又無長江巨流舟楫之通偶值歲歉展轉流離逆知不免吁嗟危矣哉於是涖政之三年卜地營倉於山之麓名曰常平隨捐俸勸諭積儲其中又合里社各建義倉輸穀實之以備水旱不數月乃告成而彼都人士遂欣然起色慶安全之有賴焉嗟乎世之都三公位享萬鍾祿其邸第之雄車輿之飾聲色之多妻孥之富止乎一己而已其爲小民謀及身家綢繆於未雨之先者詎有幾人若公之先勞在朝廷恩膏及編戶聲名播異世豈止詠一邑傳一時而已乎昔禹稷之饑溺由己范文正公先天下之憂而憂後天下之樂而樂悉此故也太史公曰倉廩實而知禮義衣食足而知榮辱公之舉庶其近之乎抑又思之莫爲之先雖以啟後繼起之績易於更始後之君子不沒公之功嗣而繼之斯三年九年之畜陳陳相因時凶固可恃此以不恐時隆殷富可甲諸邑矣千載而下重公之義須公之德寧有既乎余聆公之績樂其事之有成也因銘諸石以誌不朽云

蓮渡菴原叙　劉槩

遠邑固巖邑也羣峯環峙山高天小雖舊以臨沮得名僅繞城一流如線時涸時盈求一瀠洄委抱可以滌塵襟豁心目者絕不可得雖有山頂之奔泉幽巖之碧澗而籌書鞅掌者又以不能躋磴扳雲取供嘯咏爲恨維城之西隅有方塘盈畝水色漣漪羣峯倒其中環以隔岸疎籬相爲映帶竊意朝雲暮靄間必有奇趣可領而惜乎居民稠雜委諸雞鳴狗吠中使佳景湮沒未開生面或亦事之有待焉未可知也一日有上人一林手持一簿來謁予曰僧焚修關帝廟

多歷年所向欲持鉢他方苦心參學而戎鎮諸公及闔邑紳士留之至再今選城中西湖之間構一靜舍一茆亭行將廣募檀施其成斯舉乞授一言以爲好施者勸且升爲梵宇請爲名焉予初不知爲何地聞之則卽此城西方塘盈畝者也乃不禁忻然喜曰所謂事之有待者其在斯乎從來山水名勝之處往往多屬禪棲予欲創建於斯宜也顧天以數千百年之境而留以待予予將何以成之上人曰此中舊有土阜就其上卽爲基址周圍則加疏濬引水盡種蓮花後爲築小橋以通於岸岸旁有桃柳擇其流泒者補植之使春飛花雨秋引疎蟬立橋而望則鳴鳳鹿溪諸勝一覽無遺而俯眺之餘復有雲影天光徘徊一鑑是亦不過因景色之自然稍加點綴仍不失本來面目而已予聞之益不禁欣然鼓掌曰子誠非俗僧也約略數言而景物之槪儼然在目固不獨可寄梵修亦可爲滌塵襟豁心目供笑咏往來之地吾知布大地之金錢以勸盛舉者比比皆然行見一畝方塘日現蓮花世界矣因預名其菴曰蓮渡而卽以問答之言弁之簡端云

雲霞洞碑記　邑令　徐嘉楨

鳳山對峙有留一寨者以土人避亂其上獨能保全而得名也其西北麓懸岩峭壁中有一罅僅僅崚嶒高可倍尋廣不盈尺無論古遊人不經樵人不歷卽混沌以來千萬年未嘗有過而問焉者蓋天鍾秀於是必待其人而後興也武當道人常廢業貽食息服氣煉形足跡遍天下一旦雲遊此地仰眺俯觀扳藤躡險步山陬而登焉見綺縮繡錯蔚葱清幽諸山環拱排闥送青一水大懷瀠洄呈繞且上如雲蓋儒棋棲遲下若指禪僅可容膝其養靜之靈境乎道人蹤跡其上徘徊久之欲依此地爲修跡之所而歲徑蕭

係狹隘開拓者難之深以爲憂乃歸求山主廣化旃檀請命於予以求資助予曰崇表福區招致神靈予之事也予何敢辭幸鎮侯涂君都閫汪公亦樂與有成共襄厥美而營中諸弁仕人里閈紳衿士庶亦無不嘉與維新於是捐資募匠斬草披荆鑿石爲山鑿山成路水從石出樹且倒生舉昔之小有觀者今闢而爲一大洞天矣於中更塑一洞深可一丈廣可十尺道人身坐蒲團心遊廣漠白雲縹緲眾妙圓明功既成而自標之曰雲霞洞乞文於予以品題之予曰山川有眉目因人而發又無口借人而傳從來天地

精華未生賢哲即生山水　郎生山水既生賢哲大抵美不自美藉人而彰粤稽往蹟若龍虎之山天師演教西山之地許祖飛仙僊都之觀蔡眞人於焉尸解金庭之宮司馬氏於焉誦經以千百年未有之墟巘起而新之茲其地固不死之福鄉其人固歸眞之上品也吾知鄒老丹成玉局煥烟霞之彩步虛聲作瑤天發鸞鳳之音道人將與洞並垂不朽矣予固陋無文不書所作聊志盛跡鬱湮貽山靈之媿故誌之

招復慶壽寺僧豁免雜徭碑記　邑舉人　楊正芳

邑侯逵陽徐公天挺宏才出宰巖邑急時所重足國裕民其大較也禁遊手勸農桑僧亦督之耕及按僧籍南城外慶壽寺僧僅宗定一人貌古樸年七十有四餘寺竟有鐘鼓無聞者亦或有寥寥一二者稽昔人所施各寺義田悉就荒蕪錢糧重累里排隨准首僧慶隆詞稱昔時古刹一十三寺庵觀廟堂棋置僧眾頗多納賦尚易歷經變亂僧眾逃亡寺宇頹廢田地盡荒僅存一二老僧無力開墾衲雖認首僧一木難支亦遂潛形山林康熙九年十二月內聞大老爺涖任招撫殘弱衲扶杖疾回叩懇大施慈悲賞示招僧回寺豁免諸山雜徭庶香火得有崇祀正賦不致

虛懸等情批云雜徭一概豁免速宜招僧回寺焚修香火仍尋佃開種辦納正賦可也期年後僧漸歸田漸墾首僧復具呈叩謝豁免鴻恩乞賞文勒石以垂不朽又批云遠安凋瘵之餘不堪再困豁免雜徭原欲招僧回寺焚修香火開墾寺田以足國賦從之君子諒有同心自能傳遠不必勒石也首僧持批向余言曰豁免乃無量功德何可不竪碑僧懇天不允乞大檀越轉達以廣慈仁余謂天地無不持載無不覆幬亦何言哉爾欲行爾願第鐫其批詞於石以著於後自然恩光遠照奕世矣奚別用文爲首僧以余言

問之衆鄉紳僉曰唯唯問之黌宮士僉曰唯唯問之里民亦僉曰唯唯余於是爰筆而記其始末

節孝宗大母談氏碑記　　遊擊孫志高

從來忠孝節義多出於名門右族而名門右族多起於忠孝節義蓋正氣流行宇內在天爲星辰在地爲河嶽人稟之以生當知所以養之者養之者剛則不爲威屈不爲勢阻故在男子剖心可也隕首可也在婦人劓鼻可也斷臂可也而此氣終不可奪因是有取於吾宗談大母焉大母年十八喪夫撫遺腹子尚信苦節七十六載至九十四而卒非所謂浩然之氣

不可奪耶其子慷慨拔俗有韓休王祖之風母教之也厥孫五桂孫曾紹舊業光前烈而大其家聲爲國朝屏翰可成之也乃若王氏被掠不屈三溺三躍曾孫含身救母二出三沒一爲烈婦一爲孝子非大母正氣啟之乎若次孫愉以髫年冠軍雲孫秉貞以幼學列庠行將登賢書而題雁塔正未有艾非大母正氣積之乎一節之後而王氏之貞節繼焉慈孫之孝行昭焉孫氏之麟趾振振焉庭幃之螽斯詵詵焉而亦孰非大母之報耶而亦孰非正氣之所感耶昔于公治獄大興駟馬之門大母一門節孝前後相承其后裔之昌熾夫豈不可必乎今轉運使鹺君雖棄厥功名挂冠綠野然蒼生之屬望猶殷丹扆之詔書將至起先生爲舟楫霖雨知先生年彌高德彌邵所以銘鼎彝而昭先烈者又當何如耶大母曾以前明表坊今鹺君之子愉重新之一時賢卿大夫莫不闡幽光揚舊德而樂爲之碑予以一介武弁來鎮茲邑叙其世系謬附本支雖無風化之司猶有頌揚之意因紀其盛而爲之銘曰

山有喬松水有神龍淑人之德天地所鍾既壽其身又大而宗百世受福如崇如墉

愛菊堂詩序　　談經正

天地間山川風雨花鳥蟲魚以及遇合之通塞世事之治亂與一切可愕可喜之事苟觸於心必有所感所感既眞而悲歡憂樂動於中而不自已者發爲自然之音響節奏顧或了於心不了於口工於思不工於筆巧拙不一妍媸異致則又有不能強者其故何也蓋詩之爲道學不博則取材不富識不老則見理不精性不敏則賦物不靈才不充則遊思不遠去斯數者而運以匠心則可自命一家而附於作者之林矣雖然刻木肖物剪綺爲花雖工於形終失其眞何

則中無實物以運行其間則塊然頑然了無生氣故大河混茫終古不敝春工鑄物甲坼怒生者氣爲之也凡詩與文之可以千古者莫不皆然嘗以此論今之作者而未見其人乃於楊子之詩而獨有會焉楊子爲詩不爭奇字句不依傍戶牖獨抒己意渾灝孤行其爲一代作者無疑矣取於初以逸其氣凖於盛以老其格陶於中以暢其情極於晚以刻其思綜百家而妙衆體其足不朽無疑也獨惜其才老數奇不得已以名山之業自慰豈所謂詩能窮人窮而後工者與

山中吟詩序

譚尚箴

余自弱冠與談子同登賢書爲好友余少談子一歲兄事之每見其放懷高寄不可一世輒發之詩以自寫其性情後十年始復晤於　京師時談子不得志於春官倉卒南歸余適捧鷄澤之檄談子顧余笑曰子之出山我之入山也叩其詩不以示余固有以想其志矣嗣是余之困於吏者若而年困於銓曹者若而年就而去去而復就復去者又若而年萬狀艱難不堪告語至於今竟盈盈二十年乃忽於　京師復遇談子一見則示余以詩若干卷且曰此余二十年山中吟也噫奇矣哉余接而讀之數月於其淸空一氣不染纖塵可以知其性情之高潔也於其浩浩落落得喪齊觀可以知其性情之曠達也且時而聞鬼神之歌泣風雨之怒號則知其悲壯激烈此性情之哀也時而見風月之光霽鳶魚之飛躍則又知其悠然自得無所繫累與浮雲富貴春風沂水同一機局此性情之樂也談子之詩乃不可名言而談子之性情亦止可一二爲知者道也假余二十年前早從談子遊焉知文采風流不可相與頡頏縱不然亦未必狼藉韶光至而今若此之甚悔何及哉乃談子忽思

出山以爲文采風流表之爲著述者不如顯之爲行事必欲親見堯舜之君民乃快此不可謂非善能推廣其志而由其詩知其性情其高潔猶是其曠達猶是其如是之哀且樂者亦猶是而正以少一歲者將入山之口爲多一歲者方出山之口談子眞奇矣哉然而談子之力彌强氣彌壯精神更踴躍飛騰儼然有天下指掌之槩其遭逢設施必有大過人者孟子曰志者氣之帥氣者體之充余固拭目望之談子其勉之哉斯集也余將寶之山中日與揣摩必有所得以俟談子於二十年之後度兩人者皆禿然而髩矣

彼時余篋中必有所攜以就正於談子或相商以共
請問世則以爲兩奇人四十年先後山中岭也亦可

重修青谿寺碑　雍正己酉進士常州府知府宋楚望當陽人

青谿自惠遠禪師開基繼爲卧雲祖師道場由晉至明千有餘年疊圮疊修其詳遠不可紀宏治七年寺僧了儀重振宗風寺遂以盛嘉隆以來賦役繁興甲戶派累官吏兵役需索繹騷如同傳舍僧多雲散田疇荒蕪兼爲豪强侵冐壁頹牆傾幾於香消煙冷矣萬歷五年邑侯程公涖任經寺中惻然動念謂高安六寺首列青谿名山勝蹟載在邑乘忍聽泯焉忽諸因招集僧衆清查田畝痛革雜徭嚴禁差擾復首捐廉俸命住持可亮悟林募衆重修寺賴以存復賴署

縣熊公詳請道憲凡官府經過不得派辦酒席兵役往來不許住宿僧舍勒石永禁使千百年清淨香火不至等於驛亭郵遞則二公之大有造於兹寺也天啓七年寺僧洪定踵前人遺規更加式廓寺前谿環五曲橋列三渡寺中肸蠁豐融禱祀雲集明末兵火屢警村舍半爲坵墟而大殿獨巋然如魯靈光疑有神靈呵禁歷今百有四十餘年物久必敝禁遠則弛昔時舊規日漸陵夷丙子予自江蘇常郡得告歸里攜幼子光彝來寺覓靜室爲讀書地見大殿有棟折榱崩之勢法像塵封令人惻惻心動其别院七處散

列大殿前後左右參差不相聯屬且皆漫漶傾欹未堪駐足因擇地於青龍觀後別搆草堂數間主僧嵩岳晨夕晤會每嘆寺宇摧頹志在興修而難其費予謂有志事竟成昔世尊嘗與大衆千二百五十八乞食於舍衛城中卒皆治門持鉢予當不吝一疏越二年予終養事畢遵例赴都奉發江蘇鞅掌淮徐四歷寒暑始以老病乞休癸未季春改葬先恭人於茲山之中紫時寺中土木之工已興而往返倉皇未暇叩其費所自出辛卯再至則輪奐璀璨法相莊嚴煥然重振矣大殿制仍其舊材易以新金碧輝煌巍巍大

觀也別院修飾補葺丹堊采繪亦皆燦然可觀週圍繚以垣墉與大殿聯爲一體而局勢益壯其頭門之天王殿大殿西隅之關廟則昔無而今有也予爲嵩岳賀曰此老僧募化力嵩合掌曰寺中諸佛菩薩實賴衆善重開生面十方功德敢忘所自至各殿之庀材鳩工樸斲丹雘之需除居士在寺時倡捐山松百餘株外止募附近鄒周羅柱料三株耳未敢妄求佈施也予憬然異之據現在土木瓦石匠作食用諸費不下千餘金既不同海市蜃樓豈眞有鬼輸神運一旦成此空中樓閣耶嵩乃將積費修理之由爲予覼

縷敘述始知寺故十房而絕其三彙遺產而輪管者舊矣歲約租三十金官府胥吏兵弁往來酒食支應約去十之六七餘則管年者留爲經理私院之用予初來寺適嵩值管年邑侯蘇公總戎喬公籍皆江蘇與予以名相知戒役卒勿輕入寺中而支應之費頓省是歲公費所餘羸前數倍繼有邑侯宋公總戎張公亦皆嚴飭役卒恪遵舊約以故所費益簡嵩素具幹畧善心計又躬自刻勵節衣縮食計母權子用能銖積粟累日增月益漸致盈餘出公費以濟公用守寺田以修寺廟一僧獨肩其任衆僧共襄其勞並不

擾累居民而關廟之創建且各罄私畜以觀厥成尤能補前人所未逮厥功亦何偉哉下視黃冠緇流藉修廟爲酒食資又或斂公物入私橐者賢不肖相去何如也然非本邑文武官僚培植保護公費亦隨時消磨耳無米之炊何從措手則茲四公者又可與程熊二公同稱此寺大護法并垂不朽功德也予昔聞故老言寺以谿著名其源發自岷江說雖無據但昔寺中興賴江津程公令寺復興遇夾江宋公豈興廢舉墜必待其人寺亦有數存乎其間歟抑發源岷江之說不盡荒唐乎是可並誌也

砌字吟詩序　賀祉

余自戊午歷廿二載未赴鄂州巳卯重來登眺鶴樓雲樹烟波怡人心目更覺一番新趣時五華年世兄過寓次袖出師渤南姜先生詩稿言易簀時命其收藏五華凛遵遺訓付之剞劂索序於余并話其生平種種芳型品誼端方學業深邃因而識渤南爲臨沮博學士並嘉五華世兄妙齡醕厚相尙以道也江邑與臨沮同郡相距二百餘里地雖狹隘山川壯麗層巒疊翠蕭梁元帝謂清溪爲荆之巾岳以故鍾靈毓秀人文蔚起余披閱渤南登眺贈答諸作天眞爛熳

不事雕華字裏行間至性纏綿蓋其所植厚也詩道性情三百遺韻人所盡曉六朝之駢麗至唐極盛李杜光芒千門萬户他如長吉之光怪陸離西崑之沉鬱雄邁大約奇平高古體類不一總歸各適其性各舒其情而已余歷閱渤南諸作悲其時遇之不偶復幸其聲聞之能永當茲

聖天子賡歌喜起兩闈校士增以詩律以渤南俊逸之才弗能出其蘊蓄鼓吹休明遇之奇也幸而五華世兄以其所珍藏者壽之棗梨獲與箇張諸鄉先輩頡頏上下將見鳳鳴山頭龍女祠畔清韻逸響與夫高山流水相閒答不致湮鬱於草莽荆棘中也是爲序

邑令蘇汝礪行略　錄墓誌

商弼諱汝礪一字潄亭少敏異喜記覽二十三補博士弟子試輙高等尤受知副都雷公三校皆第一遂占拔萃科甲戌春　廷試引見以知縣試用湖北秋攝宜昌府倅冬知遠安縣事遠安古臨沮地俗愿樸少訐訟而未知向學君不鄙夷其民廣厲學舍召諸生講文字自爲師休勸之蓋君工詩文善書爲通材壹意蠲除刀筆筐篋俗吏之爲而油然以儒術導民

民亦喜得君之子諒豈弟而毋眾人也則競淬厲以徯應焉政成上官才之庚辰充同考官辛巳攝荆門州壬午兼枝江令旋移劇黄陂未赴而君疾不起矣其在荆門也會君生日故事吏人率稱觴合樂旨獻頌黟隤君揮去彊之至發怒迺罷君家故貧自爲諸生時筆耕而食遠安雖瘠士或猶有掊掘者而君惡衣粗食既不名一錢荆門肥矣染指者不無少色動且又非枉法財顧能壁立不墮崖隙如是君子以爲難至枝江有寒疾以勘重獄冒風雨渡江舟覆幾殆未浹旬疾加劇竟没遠安人扶老稚行哭曰公死誰

活我者蓋先是久旱禾盡稿君徒跣走禱赤日中歸途雨如注顧不沾鄰境也邑人驚感爲刊石龍神祠且刻主故云然其殮也民饋之櫬其櫬之歸也路祭者亘六里匍匐追送不肯休嗚呼君才固青雲器一麾山邑涸馬御窮至勤死死時無妻女視含飯又貧無以歸煢煢留楚地非其兄邦彥氏數千里往迎恐死生終旅泊耳此可爲痛哭者也然謳思在所部他日當有俎豆君者而士轍軻侘傺弁不獲留一迹於桐鄉之民即亦何嘗不死然則商弼猶未始爲甚不幸也君沒於乾隆二十七年九月八日年四十三配

金氏生二男殤以此懷子起隆爲嗣女二幼四月三日權厝其櫬於先塋時不利也所著詩名操縵集氣韻高秀似青邱生陳司業見復爲之序乾隆甲申春二月崇明同學弟二山何忠相拜譔

輓高廉鎮李大人 代守備作 周士巍

嗚呼伏波自誓裹馬革於疆場來帥嘱軍叱虎牙於宵夜蓋志在報國則殞身爲其所輕心專立功則蹈危亦復何懼繫維 大人巍科早掇忠孝副九重之求兵符屢膺恩威遍三軍之頌當扈從殿陛與呂伋而爲儔及專閫邊疆則方叔之是式吳江會奏偉績南海又觀大猷渤澥澄清魚龍屏伏是以象郡千里瞻戟影而共恬羊城一隅倚保障以爲恃偶因小醜跳梁於川楚遂統雄師移駐於沮漳鎮靜雍容羊叔子之高風如昨指揮顧盼杜征南之武庫可追乃逆匪以狡詐肆其猖狂致隸卒於倉卒疎夫捍衞五丈原内驚大星之下沉易水歌中咸怒髮之上指非元戎之阻遏其勢彈丸沮邑不免喋血於萬家幸官軍之遮蔽其鋒老幼生靈始得全軀於一旦焚香齊祝無由酬保護之施含淚共悲誰不抱寇仇之恨職分守茲土原同鄉薦帝都壯遊曾隨五花之馬荆岑徼

備得攬七宿之旗方倚熊虎爲聲援忽爲犬羊所玩弄守陴因之齒切執戟因之心酸然壯本朝之山河正氣自亘於不朽托天上之箕尾英靈堪永於無窮或如魏其追回蚡之魂或若老人亢杜回之力與古之厲鬼殺賊必不殊其赤忠作天之烈風助威立可消其雪燄茲者悼動黼座嘆受阨之平原詔頒綸扉比還葬之呂望霜寒江漢之野尚留肅威雲結滹沱之濱仍抱奇氣復青者萊公之竹道設祭以延緣來奠者高士之芻人如玉以比况 職 敬率僚屬虔具牲牢酒泪奠卮冀靈式鑒

楊貞女祠碑記　周士岸

人之足以窮天地亘萬世而不朽者惟視至性至情所凝結初不假里居以爲重也第奕禩而下聞風者慕其徃行因而考其遺跡訪其廬舍蕩然無復留餘則又不免咨嗟歎息以爲憾是以其人傳其事傳其里居亦必與俱傳吾邑貞女者系出楊氏聯婚劉姓甫九齡父母雙亡依叔撫養劉子客死成都叔欲更字他姓貞女痛哭奔尼庵欲祝髮爲尼叔知其志不可奪事遂中止厥後守貞苦志歷數十年如一日邑侯鄒以其事聞於

朝爲之

旌表建坊並歲給銀兩以爲衣食資其建坊之費類爲晉役鯨蝕貞女出所十指拮据者購成之雖屋僅數椽地僅敷弓而其辛苦蓄積蓋不知幾歷年所矣今貞女年已七十即以所居爲祠慮後有侵佔者以屬房約勒石浼予作文記之予曰人心之懿德同好三代之直道常存貞女之行萬古爲昭後之人考其遺跡訪其廬舍必且俎豆馨香以奉之人傳而事與里居亦與俱傳雖有彊梗忍侵佔乎哉

大紅崖修路碑　周士巍

自襄樊達荆境其道有二一東出荆門諸驛是也一西出大紅崖諸山是也大紅崖屬遠安北境在荆山以南考禹貢荆州以荆山得名而荆山實跨梁豫首陽岷山兩地俱載其綿亘不下數千里未可獨於得玉處專之大紅崖豈其支脈與殆不可考楚僻處荆山春秋時荆山以北爲羅與盧戎國至漢猶稱中盧其行李往來越荆山而南大紅崖實爲必由之路然皆深山窮谷非若康莊平坦明季流賊出没其間道路梗塞無怪此路猶荒蕪不治必擇然後可以投步也我　朝定鼎以來百年之間四海之內山高水清

窮鄉僻壤胥爲桑麻耕耘之地阡陌交通雞犬相聞而大紅崖顧屢經修治依然崎嶇不平行者苦之本邑紳士陳士琚令子登嶽募衆重修皆翕然應之功既竣負者歌於道行者頌於途亦不朽之盛舉也又不欲專功於己懼衆善之不克彰也爰勒諸石以誌之後之君子欲考禹跡之所經能繹之所造能勿思繼事之有人乎謹疏本末用質諸博雅者是爲記

可耐軒跋　宋楷

丙戌夏余奉

命來涖茲土閱其城無垣署無宇岌岌乎有刻不能

耐之勢竊思城以衛民所關綦鉅矧邑介萬山前明寇警屢至境內騷然今際承平當事者若罔 仍聽之不爲不虞之備緩急將焉恃賴爰檢舊卷有曩年估計案冊堪據因鋭意請

帑修建經始於戊子之冬八閱月而工竣報竣崇墉屹矣廨宇頹然奚堪託處但頻年軍興旁午匆遑是計洎甲午歲簿書稍暇甫得借廉修理自頭二門而大堂二堂三堂以訖居室等處次第聿新遍覽垣墉足資扞衛仰觀榱桷堪蔽風雨迴憶向之刻不能耐者玆又差覺可耐焉因顏丙署西軒而顏曰可耐弁

珥筆記之自時厥後保無有罅隙需補葺者乎是所望於後之君子

遠安縣修城碑記

宋楷

古者立國辨方正位必嚴捍衛之制雖高卑廣狹規制各殊然祟出治之所以護市廛之居非城莫由統也邑爲古臨沮漢建故城向在縣北羅漢峪口因地係沙磧建置非宜晉遷亭子山元時達魯花赤沙班遷於亭子山下尋爲兵燬明洪武初邑令大有修復天順七年邑令何盤重修成化二年石和尚劉千斤作亂命尚書白圭討平之爰徙治東莊坪今之北關舊土城其遺址也崇禎七年寇至城陷邑令王立德申請遷治未果十三年邑令周乃浹仍理前請遂移鳴鳳山之麓其時憑高爲險城堞未備闖賊陷之我

朝順治四年始經邑令周會隆修築因河爲池十一年爲水沖陷邑令盧運昌重築十五年大水復圮邑令安可願重修至康熙初年邑令宋繹乃因舊城南守禦之所修復即今治城址也百餘年來雨淋風蝕瓦碣無遺蓋邑非孔道當事者整飭未遑修之難而圮之易亦勢然也乾隆三十年欽奉　上諭楚北所在城垣頹壞者動帑興修余於三十一年履任邑在

急功之數爰具文請項一萬七千有奇鳩工庀材以三十四年二月興工其高長寬厚及磚瓦木石垛堞城樓俱因部式修砌至十月告竣邑地僻民貧楷夙夜躬親目營心揣亦幾告瘁矣夫事未成則創始難已成則補綴急今復欽奉　諭旨令承修之員保固三十年楷固不能辭其責尤冀後之涖茲土者於磚瓦脫落之處時加補葺則斯城可鞏固於億萬年也

東坪河水碑記

宋楷

縣屬白土上舖東坪一帶地方其原平其野濶素稱膏腴之壤但苦無水浸灌居民鮮利賴焉乾隆三年

前令吳奉　文興修水利爰自鄰梘鋪談家坪之五坊頭堰沮水以資灌溉因溝道所由經多有山溪間隔曩時所設梘磴未能因地制宜不閱歲漸次崩塌付數百金於一擲殊爲可惜數十年來無有以修廢請者迨乾隆三十三年士民楊聯陞黄珍等欲循舊跡公議重修具稟前來本縣備查前案隨卽親詣確勘念事惟由舊利則因民准其修復並諭溝道所經之地丈明水旱田畝若干照時給值其險隘處所務須妥協經理以期堅固久遠愼毋草率從事該堰衆姓俱各踴躍遂募匠興工其大溝自五坊頭至該鋪

之王鑾冲渡水處計丈五里自王鑾冲至該地之土門埡夯溝處計長六里面寬一丈一二尺及七八尺深一丈一二尺至四五尺不等其支溝自土門埡夯而爲二一蜿蜒而東達季家店一曲折而南達老關廟等處寬五尺至二三尺深三五尺不等經營幾及兩載始獲竣工計費金錢一千有奇計灌溉之田四百餘畝年來溝水暢達俱獲豐登匪直輸將裕如行看餘三餘九坐享盈寧之慶其燕詒於爾子若孫者甯有暨哉第滄海桑田變更難定惟冀爾士民恊力同心時加補葺歲以爲常則斯堰之流澤固將與沮水並長矣余愧不能文諸首人以記請余惟紀其實俾勒諸石以垂永久云

過山堰碑記　陳　楨鶴浦

開修水利一鄉之福命攸關其創之也自人其成之也在天非偶然也吾遠邑僻處山陬地瘠民貧而困憊者惟吾鄉最甚蓋他處間有源泉可資灌溉吾坪水田專望雨澤略遇亢暘坐視枯槁旱地種植雜糧男婦耘耔不間陰晴終歲勤勞收穫無幾常抱布出羅負粟百里之外非以不得水利之故乎

國朝軫念民依屢頒

諭旨勸民開修乾隆二年

里人黄開第與我先君等二十四人爲首稟請前縣主吳履勘自黄泥港隔山鑽洞引水灌田辛勤數載民窮財竭迄無成功至乾隆十年前後兩次復修終於廢弛自是鄉人益窘離鄉就食者過半矣余與曾子竊不自揣念前人開創之艱憫鄉人困苦之極審厥地勢志切修復商諸老成勸諭業戸奈鄉人懲前警後鮮不畏縮遍約里中僅三十八人捐石米千錢募匠開挖以引其端呈請縣主宋公親勘示定章程不許抗違乾隆三十年九月起工至次年春錢米俱罄坪中匱乏者多有力者又恐仍蹈覆轍此時萬難

措置矣幸得羅師聖兄弟仗義捐借錢一百餘千不敷又得匠首鄭中哲自墊食用錢百餘千黃姓捐助溝價棠宋主借給項五十餘兩給償至三十三年春溝道始通是年大旱賴以無飢士民歡騰宋主大悅命名曰過山堰據情詳報 上憲嘉之由是各鋪皆呈請開修而吾邑遂稱樂土則此堰之成非第一鄉之福實一邑之福也夫以艱難困窮之地修隔山跡鑿之功疑其不成者半懼其受累者半卽當事之人亦未免且疑且懼焉非適逢宋主之仁明與匠首聶氏之義氣安能相與以有成也豈非天乎天假之緣

人力不能爲也迄今二十餘年衆姓坐享豐盈不忍沒倡首之力請勒諸石以誌不忘予不敢貪天功以爲已力但序其始末俾後人知先代之窮苦開創之艱辛謹身節用以安享成業和衷修理以勿墜前功是則吾之所厚望也夫爰爲序

長豐堰碑記

陳楨

許家莊素稱樂土俗美風醇食舊德服先疇由來已久自鼎新以來生齒日繁農民間憂乏食從前所墾山田大抵皆爲磽确雖山下原有流泉灌救無多平坂田畝無水浸灌雨澤愆期卽成飢歲不得不思變通作改旱爲水之計乾隆三十一年宋主涖任以興利除害爲務首推吾黃泥港呈勸修者有成效各鋪遂蹶然而興許舊王君謀臣陳公世正世章余君世琴等首領二十四人同倡義舉邀各業戶議定合約赴縣具呈蒙宋主親勘酌定章程上自牟家莊馬家灘上開溝接水過乾河經老河口下由龍灣山脚鑿石劈岩至岩漲河出水分爲東西二溝灌田其西溝由後巷經公安廟前穿湖抬溝直至黃家堤出河東溝由東頭經河岸至黨坑邊店上出河一切支溝各從其便不得措勒照畝攤費無得推諉章程既定戮

力同心自乾隆三十五年十月朔日起工至三十七年春暮告竣然溝道猶未固也歷年修整人力幾疲始獲磐石之奠迄今三十五年首士淪落將盡矣衆業戶蒙利已久不忍沒宋主之恩與首士之勞丐余爲文誌之余不能文聊述大略如此

方孝子傳

安嘉綱 訓

孝子名雍魁字點琳遠安北城人也少有至性見父母疾病輒涕泣不食兄玉璧生而穎異父母命習儒業雍隨兄就塾師讀見父母勤勞跪而請曰父母生兒尚何事日營營耶父母慰而撫之稍長體其志命

經營家事無何玉溺水死雍赴水次晝夜號泣盡血出玉見夢於父母云弟哀號水次恐與兒俱死也父母驚覺欲往召適水次居人賈俊先扶雍至述夜夢相同共爲防範得不死然自是其父惘惘若有所失一切家事悉委之雍會陰雨城中米貴雍遠出糴至其處心忽動亟負米歸母驚問來何速雍曰兒在外心神不安慮家中有他急故速歸耳其姊從旁語曰弟出門時母呼弟與父共食其實食無餘母今尚未食也雍聞之慘然急炊飯進食自後必父母俱食方食其父後得痿痺疾不能動履雍日夜祈禱神

明走百里外求醫藥久之無效雍盡輟生產事一意服勤致力侍牀榻無須臾離凡溲溺必躬親扶掖問所欲則具以進偶不繼或貸以營甘旨雍夫婦所食惟粗糲或食不飽不令父母知也未幾其母亦遘重疾疾且死雍殯葬如禮其父年老喪偶意切愴惋雍苦塊之餘時兢兢護視勸慰得解哀思而飲食起坐康健竟如平常或時不耐牀褥則於門外設繩牀負父出門坐其上觀市中來往人與鄰叟笑語移日雍侍立無倦容或欲出望郊野則背負往遊以此頤養恬和凡抱疾十五年壽八十三而卒雍痛不欲生竭力殯葬廬墓三年始歸每歲時祭祀引領長號聲動鄰壁予初至遠安聞孝子名後見其人循循然言若不出口叩其平生孝行則避席不敢自居信爲天性純篤積於中而動於外者今夏闔邑人士舉其孝行上之　大吏以邀
旌揚邑人又豔傳其入山卻虎及廬墓時驅避蛟水二事至誠感格理宜有之茲不詳述述其平易爲人所難爲者以俟採風者擇焉

惠遠橋記

邑侯宋楷

邑南數里夏家店有河名石堰發源於東北之龍泉

張家夏家等冲與山澗小溪合流而滙於此其下爲堰兩嶄俱當孔道其南達當陽荊郡其北達南漳保康興房等縣傴僂負擔者日夜旁午靡至不絕也每春滛夏潦居民築堰其下眾流滙聚疏瀉不及停爲巨浸行者病之昨冬耆民目營心惻感以修橋爲請余深嘉其意捐俸爲之倡刻日而均工伐石累趾登憑未幾工竣余聞一介之士苟心存利物皆有所濟余來茲土五年有志於此嘗愧不逮耆老等亦喜余質拙相與有成誠可書也名曰惠遠並刻於石以永其傳云

建修文昌祠記　周德豐

歷象家言文昌照臨之方文風最盛占測推騐若合符節

國朝文治光華特頒文昌祠祀典春秋兩祭亞於聖廟凡童子入學釋菜祭先聖先師並隆其禮以祭文昌焉世傳張仲孝友歿而精氣託於文昌是或然與而清淨慈悲之說見於九十七化之篇者頗多然則文昌儒也而亦老亦佛故凡名勝之區往往與老子浮屠並祀吾邑若鳴鳳清谿俱有文昌祠福河古刹元太定時臥雲僧所建寺中供奉佛老諸神像更僕

難數而文昌獨缺吾友郭紫峯先生聚鄉子弟訓課其中見東厢所供諸像殊多不經爰遷置別所因舊宇易作文昌祠並塑像焉落成後囑予作記且曰文昌七曲普天照臨豈遺於山陬僻壤哉何獨吾鄉文學之士不數數覯耶予曰朱子嘗言後世神降於巫祇緣人心向他今君於文昌不啻鑄金以事行見文教昌明鄉子弟必有膺靈府而吐奇葩者蔚然興起宣揚

盛世鼓吹休明不負君之經營創造也而因以勸諸石俾奕世後知福河之有文昌自郭紫峯始爰爲之記

重建赤帝宮碑記　周德裕

古之火正或食於心或食於味其宿皆昏見於東南祝融之祀夔子主之則神之歆食於楚由來尚矣遠邑在楚本蕞爾微區故老相傳明末造邑於鳳山之麓常多火災因奉元武於巔以鎮定之洎乎承平移城茲土始依西垣爲赤帝宮而屋僅數椽閱歲既久塘水泛溢將就傾圮邑紳士朱翁濤南馬君荆山諸君子恐不足妥靈爽而迓休祥爰爲董其事而重建之基擴於舊材易以新內修臺廊以演劇外樹崇扁

以壯觀抑且塘水縈洄喬木蓊蔚與廟貌相掩映其足爲聲靈所憑依不大殊於昔歟於是融風不作譆出不聞皆熒星靈之賜必矣是役也所糜不下千餘金先時邑人有意修理因歲歉中止以故遷延日久闔邑紳民樂襄斯舉者年遠册失姓氏莫詳非敢沒人之善亦惟明神鑒之而已是爲記

重建城隍廟碑記　鍾應焻

說者謂城隍之制肇自神農黄帝而書鈇有閒靡得而詳郡縣之有城隍祠實始於宋至明洪武閒厥制更煥設座判事儼如長吏迄今守牧縣宰朔望必親

展謁雖禮不載於祀典而八蠟之祭有水庸則知禮以義起者居多遠邑城隍祠在縣署之左自新城還定以來百有餘歲其間圮而修修而圮者蓋已屢矣庚申秋余恭膺　簡命來涖茲土見廟宇傾頹難以妥神意欲新之因川匪不時寇邊方與僚屬修戰守之備爲保民之計以故逡巡未舉越辛酉賊勢漸平羣黎安堵余卽捐廉俸諏日時次第議行適有陳允清勉力輸貲願爲助勷乃於農隙之暇命書役董其事度材木陶瓦甓首葺正殿拜臺及兩廊十司又塑木像設儀仗以肅迎賽之觀甬道前建演劇臺以侑

神更充其外爲照壁他如寢宮僧房齋舍在在經營畢備殿後舊有大士閣蕩然無存亦從而鼎建之祠之右有居民開地買給住持耕種爲香火之需閱兩載而廢者舉故者新宏敞偉麗覺勝於舊規矣役既竣邑之士民僉請余記之余維遠邑之有城隍神也凡所晴禱雨求無弗應顯赫已彰而斗大山城孤懸萬疊之中復爲賊出入常川之路能卒保無虞者詎非神之呵護乎賊甫平衆既定於是謀所以式憑爲其有功於民而食饗以報之也豈敢上比古人先成民而後致力於神者之所謂耶抑余竊念民情不一

政教難周人謀鬼謀百姓與能維神聰明正直舉吾見所未及者倘期默爲之助神之格思不可度思何莫非所以事神者卽所以治民也夫余祇盡事神之心惟日孳孳求無負治民之術昔子產不毀鄉校卒成鄭治詩云高山仰止景行行止雖未能至心嚮往之而已今幸厥功告成不揣譾陋述之以泐於石

建立鬱興寶塔序　　邑副車　周德豐

遠安山水秀峙人才輩出而取科第者寥寥面山無峰也邑侯祝公以玉笥高班蒞任茲土保民造士靡不殫心如倉屋城樓火神廟先農壇諸要典既次第

修飭而於縣學宮前開明性地建雲路坊以壯觀瞻既而相視地形謂此山適當縣治巽位宜建寶塔與樓相對亦文風之一助也乃捐俸爲士民倡而闔邑欣然樂助擇首士焉岳嶠贊理其事閱三月而工竣顏之曰鬱興寶塔欲以抒發其鬱積也是塔也成吾知積久必通閟極必洩地效靈而人文蔚興擢高科登顯仕於是兆之此公之大有造於吾邑者也謹勒石以誌不朽

佳植紀年　　屈啓宇

詩曰如南山之壽卽繼之曰如松柏之茂松柏可與

南山媲美則其壽亦當與南山并永也矧托大聖
人之靈爽以垂諸千百世之後者乎予自嘉慶戊辰
冬司鐸遠邑愧於學校無所裨補歲丙子　固始祝
公孝憑宰是邑見廟前基址爲隘巷所迫慨然捐廉
購民舍開神道建雲路坊一座坊内梧桐二株即祝
公所命植也牆内槐二株則教諭張君載陽所植越
辛巳予亦植栢二株於大成殿前又植栢二株於啟
聖宫旁厥後殿角及櫺星門内各植栢二株明倫堂
前栢凡六株次第就植邑人士復於牆内植松三株
梧桐三株今皆青葱鬱茂森然可觀當不異於南山

之媲美者矣獨怪州志載唐菴古栢爲盛唐爲中唐
爲晚唐不可得而考也邑南青溪寺栢較唐菴尤古
相傳寺建自晉代爲東晉爲西晉亦不可得而考也
嗟呼後之視今將毋與今之視昔同予不敏爲之紀
其年並誌其所自植以告來兹而及時之培養灌溉
是又深望夫後之繼起者

懇詳前令朱楷入祀名宦呈　陳崇閣

竊以邑長膺司牧之權閭里咸依爲父毋
聖朝渥酬庸之典臣僚亦報以馨香凡有功烈於民
例享春秋之祀昔者胡烈刺襄灌畝仰築堤之策宫

[illegible]治鄂成城傳陶甓之方桑蔚崇邑懋哉張詠之功
鎮鑄荆門偉矣象山之績史傳所垂名難枚舉俱以
賢良報最血食於今事略往牒理印來蹤恭惟前邑
侯　宋明府本匡劉之經術爲卓魯之治功書清慎
勤以名齋綜猷爲守以勵志飲冰茹蘗遏絶苞苴勸
稼巡郊屏除傔從公餘四時訓課月旦親操化洽一
邑絃歌風聲遠播哀矜折獄入頌神君撫字心勞衆
稱慈毋凡其矢公矢慎者無一敢負
國負民也而立德立功卓然不朽尤莫如興水利建
城垣二事蕞爾遠邑僻處萬山雖有平田盡屬磽瘠

一遇乾旱輒嘆無年　明府下車伊始念切民依詢
汨汨沮流可引而灌也爰是單騎遠眺陟降歷乎巘
原短塵輕揮廣深劃爲溝洫酌規條以諭紳者捐廉
俸以勸經費溫語宜而父老協心嚴命下而悍頑屏
息或令穿山而潛流地中或令越澗而飛度梘内引
出幾灣綠縠食其福者八九區蒸來滿地黄雲均其
利者十三舖至今醉扶春社猶存此日口碑香刈秋
秔輒念當年手澤水利之霑被貽澤孔長矣再者遠
邑近接均房遠通巴蜀
國初以來爲流賊出没之所先是累土爲城短垣可

踰難設險防之營卡未固捍禦之藩籬　明府仰承
上旨盡易前基計日量功聞鼛鼓而踴躍均糧賑衆
荷畚鍤者讙呼料甓塼墻之工兼市木石人忘拮据
之瘁罔謳皙黔雉堞女牆從容告竣神祠官廨次第
圖成矗譙樓而四門有伉掘深塹而一水如環數十
稔頹垣斷瓦俄而改觀百餘里地邑民居恃以固圉
偶然小醜跳梁望壁壘而莫犯從此四民安堵捍萑
苻以無虞在昔小心謹慎保固僅計三十年於今勝
槩巍峩堅完已近六十載城垣之鞏固厥功不又懋
哉夫經世之猷養民與衛民並重報功之舉仁吏偕

能吏同登　明府涖任彈丸遭時孔棘値南征弗庭
之日餉運維艱撫中澤未定之形鮮烹匪易而乃籌
畫一心恩隆再造興函雲汗雨之謠固金城湯池之
勢綢構有方留貽無盡緬厥勳勞合列循良傳內思
其德政應躋名宦祠中　生等　素庇棠陰同沾黍雨或
目擊而銘膺或耳聆而感泣當日居官盡職本無干
譽之心後人飲水思源詎昧含醇之自雖絲繡衣裝
登豆間陳於蔀屋而杜父召母功勳宜達於
楓廷輿人之頌不若
綸音之褒野祭之儀何如廟祀之禮　憲臺保民如

子黙符前哲深仁有善必旌俯鑒羣倫懿好爲此公
懇　臺前賞准詳請　上憲據情
題奏入祀名宦祠內闔邑頂祝無旣矣

高祖正從公紀事本末　李超倫

公諱正從初姓方名勝由行伍從征李來亨以功拔
荆營把總康熙三年撥遠安防守是時遠邑城郭傾
圮烟火寥落公統率兵卒芟除草菅編立木城郎今
城基也十二年吳三桂反雲南公從征常德吳勢正
盛公首奪吳戰船七隻擢荆營千總仍令回遠安汛
遊擊孫志高以西山觀音砦爲荆襄咽喉欲簡能員

以防賊之出入撥兵五百命公往立柵住防數遇賊
首陳宗起戰於觀音堂通城河虛牛冲等處賊奔潰
又拒張自發王惠等於南漳十七年奉調征川巫[illegible]
途收復興山歸州巴東西壤諸境十八年補遠安守
備十二月調征巫山四路總鎮發給叅將委牌擢公
爲先鋒十九年正月同各路大兵抵漢平鋪遇賊楊
來嘉王鳳岐大戰賊敗走追至巫山城內賊走重慶
公領馬步兵一千追至涪州來嘉降五月內調興山
防守接奉綏遠將軍蔡牌調遠安守備一員領精壯
兵三百兼率荆城千總一員兵二百荆門營千總一

員兵一百軍前聽用閏八月十五抵沅州九月初一綏遠將軍各總鎮發給叅將劄付仍為先鋒進剿未半月破鎮遠平越二府十月至貴州息兵養馬二十年二月自貴州起馬赴安順府安南衛至臘雞坡遇線賊大戰總鎮陳提標後營遊擊林陣亡公截兵救援搶獲尸骸歸營初八日復戰線賊敗奉將軍令追至白水灘且催護四路糧米以應軍需又奉令修搭鐵鎖橋三日橋成大軍渡河赴平彝衛霑益州至虎牙關下營二月二十一日賊出城大戰金總督東路迎敵綏遠將軍中路迎敵公拔幟先登兩路接應敗賊

於歸化寺等處賊奔上銀錠山大兵週圍鑿濠賊奔去逼賊於雲南城內十二月初七日攻破重關得勝橋等處二十八日公請大將軍炮七尊上銀錠山向賊城攻打內不能支賊將郭壯圖先自縊賊王洪化亦自縊而吳逆遂剿平無餘矣二十一年回遠以功加左都督銜食左都督俸仍署遠安守備事二十七年夏逢龍反據武昌奉總鎮嚴檄令陸路進兵赴荊州府荊門州恢復應城德安麻城數縣又奉令星夜取黃陂至天明擒賊數人軍前梟斬嚴總鎮諭取漢口須用爾作先鋒公遂取漢口復漢陽徐提督與瓦將軍自荊口上屢戰大勝武昌城遂不攻自降夏逢龍在黃州被擒斬首餘賊悉平各路奏凱回營丁總督諭公且勿回帶兵札守漢口防賊餘燼十二月二十七日始回遠三十一年蒙　恩陞授彝陵營遊擊前後任遠二十八年所在奏績任遊擊八年仍食左都督俸協和文武撫綏兵民較之遠安多安戢苗蠻一事政事之暇遊峩眉山有住持僧守衡者募修大峩石大樓五間公親譔碑文載峩眉縣志中三十九年致仕蜀中士民製詩文屏帳為壽刊碑石傳頌德政依依不忍舍去時有僧一德者棄儒歸佛業岐黃

熟脉理願從歸遠公買余家冲田一分安置一德於觀音庵俾供二廟香火命伯祖長遂公從僧受醫學公之無疾坐逝僧皆能預斷之生曾祖兄弟三人長為楫以遠安籍列國學次為林三為梅俱列庠壽八十四歲

重修如意橋記

馬學珍

縣西南隅有石橋寺記總角時嘗遊其間道旁有尺碑並不載其始自何年創自何人但鐫曰如意橋竊心疑之意此道上通南保下接荊當往來行人經歷者眾修之者本其意之所如履之者莫不各如其意

斯橋之命名意在斯乎既而聞諸故老知爲鮑陳公明謨立願獨創適如其意之所期此橋之所由名也近因教匪滋擾鑿池保城高其隄防而橋勢低下歷年溪水漲漫折毀橋梁行者苦之其不如意者多矣今年春偶偕同鄉諸君子經過此間慨然而有復修之志相與捐資鳩工庀材不逾月而補葺完繕克復其舊未知人之過之者其亦如意焉否也事竣爲之記以著諸君子樂善之誠亦以存斯橋不朽之名云

覺貞姑墓誌　彭含章

考古漆寶瑟音娥碑皆奇香異馥光昭史冊不意吾

鄉亦有其人如覺貞姑也姑爲庠生思宣公女貌端凝性純一恪遵禮法父母常珍視焉幼受姚姓聘年十四姚生卒姑聞訃痛絕欲從夫地下既思父母在堂未忍以一死貽憂遂矢志不字時遠近聞姑賢爭相委禽父母亦婉導之姑力拒曰從一而終義也負義雖富貴奚益者誓以死乃從其志初姑欲往姚姓門守夫靈以終奈姚姓一貧如洗衣食不能供給乃依母家日事紡績親串里族不能識其面也事父母以孝聞曲意承順數十年如一日兄嫂亦得和諧而善過之無何父母尋卒姑號泣至血下哀毀太甚亦鬱積而終嗚呼以垂髫女大義凜然如此此足愧煞鬚眉者而膝下瞻依又復肫誠篤摯姑之貞孝殆成於天性者與姑歿時年四十五其兄等以請旌未果丙余筆以誌其墓余筆禿不能闡發幽光而姑之奇節爲所素曉義又不容以陋拙辭也爰叙其端末以鐫諸石

遊鹿苑記

貢生 王徵璠

鹿苑古刹高安勝地也人以其近而忽之予嘗往遊遥見兩山對闔上出雲霄其下狀如戶意卽古所謂雲門者尋溪口而南山環水曲異境叠開絕巖之下苦竹森森一峯特立有亭翼然臨於其上是爲松風下有錦屛匝地石柱沖天一水縈洄萬石森列一俯一仰而變態出焉由是登古臺歷仙洞覽斷碣見遺踪粱居士之講經依稀可聽宋了機之悟道髣髴其參差乎名山勝蹟何地蔑有在會心人自領之豈必蓬萊方丈始足窺天地之奇哉忽於耳目之前而莫如其妙所謂習焉不察也夫士不得志未有施爲隨寓而安莫非至理譬如一家之內父子兄弟夫婦皆耳目前之人父慈子孝兄友弟恭夫義婦從皆耳目前之事父父子子兄兄弟弟夫夫婦婦皆耳目前之境父之所以慈子之所以孝兄之所以友弟之所以恭夫之所以義婦之所以從則其由耳目前之境而高焉而深焉者也可以其近而忽之耶予遊是山而嘆人之遊如未遊不啻有父子兄弟夫婦而如未有父子兄弟夫婦也因援筆以誌感

泰山廟碑

貢生 李[illegible]

天地生物不測而代天地以生物者亦不測況巖巖泰山爲羣嶽之長生物之功尤著乎周禮職方氏於九州各詳其山鎭以其興雲雨利民物鎭安一州也泰山乃兗州山鎭昔人謂其雲起而雨遍天下以其澤無不被也聞泰山爲天帝孫主人魂魄且知人命修短又聞太昊爲青帝治東嶽主萬物發生考校生死神道大公不囿一隅則士民之立廟而拜禱也不亦宜乎遂邑東嶽廟在城東門外規模宏整境地幽閒創造而後歷年已多雖有好善者時加丹䕶而風雨剝蝕旣黯然而無光亦欹斜以將頹今住持僧募化重修功旣竣屬余書其事於石因得聞其詳焉蓋自嘉慶年間鳩工經營量力行之時而停止時而興作於今九年矣先易圮桶腐瓦以安正座金身後及兩廊山門與後堂各位神像罔不敬修益令人瞻仰而肅然敬起余嘉僧之虔心修理尤嘉諸君子之樂善而相與有成俾補偏救敝飛虬棟以騰輝革故鼎新駕虹樑而煥彩以傳爲盛事也自玆以往致敬者旣一心居歆者必千載豈不廣布好生之德常推仁育之恩以覆生靈以庇衆善而降以遐福維日不足哉

重建赤帝宮碑記　遠安訓導　周德裕

古之火正或食於心或食於咮其宿皆昏見於東南祝融之祀夔子主之則神之廟食於楚由來尚矣遠邑在楚本蕞爾微區故老相傳明末造邑於鳳山之麓常多火災因奉元武於巔以鎮定之洎乎承平移城茲土始依西垣爲赤帝宮而屋僅數椽閱歲既久塘水泛溢將就傾圮邑紳士朱翁濤南馬君荆山諸君子恐不足妥靈爽而迓休祥爰爲董其事而重建之基擴於舊材易以新内修臺廊以演劇外樹崇甬以壯觀抑且塘水潆洄喬木蓊蔚與廟貌相掩映其

足爲聲靈所憑依不大殊於昔與於是融風不作譆出不聞皆蒙星靈之賜必矣是役也所糜不下千餘金先時邑人有意修理因歲歉中止以故遷延日久闔邑紳民樂襄斯舉者年遠册失姓氏莫詳非敢没人之善亦惟神明鑒之而已是爲記

詠史詩百首自序　陳金鑾

余有詠史詩百首或問曰詩有別才非關書也詩有別趣非關理也而非多讀書多窮理詩究不足以致其極予不見夫古之作詩者乎其人皆有一番眞志向眞性情又遊歷通都大邑勝水名山博天下之壯觀極宇宙之美境以及於形形色色人人物物入耳而會心遇目而怵懷本其胸中之蘊作爲詩歌或古體或近體或五七言絕句不拘一格斯乃可以言作詩至於詠史之詩則更有難焉者自古及今史册浩繁帝王不下數百其間忠臣孝子名士賢人貞婦烈女難以殫述試問何者當詠何者不當詠予限以一百首是予之偏也是予之陋也予休矣無以此示人爲也余應之曰爾之言是也而亦未盡然余之才與趣固不逮古人遠甚足跡亦未遍天涯而自少而壯自壯迄今凡所遊覽之處會心怵懷非不可暢其志

趣抒其性情況先輩詩中不無詠古之作余雖不能經經緯史戛玉敲金力追乎古人而觀歷代史册亦時有所感發欲敷衍以識其人其事溯自秦漢以來帝王間有標題而有明十六帝均賦一詩取其近而易考也外此忠臣孝子名士賢人貞婦烈女有關世道人心者多取而賦之如謂堅一漏萬卽聰明才力高出尋常什伯者亦未必盡史之帝王人物而悉歸歌詠也且余素不知詩何敢云作是詩也謂之輯略也可謂之隨筆也可詩云乎哉或乃首肯者三謂如予所云云詠史詩一百首不多不少可以發其凡矣

李毅庵先生墓誌銘

大門歲貢歐陽標麥溪

李毅庵先生諱超倫字德先遠安人也以乾隆乙卯舉人赴嘉慶丁丑大挑列一等赴部自請改教戊寅補吾邑教諭適學使沈按臨安郡公在省領憑聞署東鄉侯公年逾七十四告假月餘以脩脯讓焉余心異其人恨相見之不早也抵任後榜其門曰自愧於文未廣敢云以教爲官及接見道貌溫潤吐茹淵涵知爲學邃養純之士經師人表兩無愧矣辛巳歲公兼理司訓有舉孝廉方正者賄囑多金公叱其冒濫辭金不允又屢賜寒生脩脯資以路費其廉介之見

於吾邑者如此公先世籍黃岡明初遠祖某公授江陵廣戍遂家焉嘉靖間太高祖良弼公宰四川富順縣復籍富順之鴻河鄉崇禎季年高祖正從公避張賊之亂回籍江陵　國初以討賊功授遠安守備陞四川戎邊營遊擊食左都督俸見遠安風俗淳樸遂籍焉曾祖爲梅公邑庠生弱冠棄世祖長青公邑庠生年不永尊人某明經嘉慶丁卯司鐸均州母葉孺人辛卯解元諱奕焜之姊生公早逝公弟四皆今胡孺人出尊人倣劉殷法各授以藝噫公誠遠安之望族也余詢公云鄉舉大挑常恐不列一等公胡告假爲公蹙然曰北堂親老遠省跋涉多起居之勞未若近地一席得以時通音問途中甘旨雖祿薄身安而初心稍遂因是知公爲純孝人也又詢公云寒氈送考他人奔趨尚恐不逮公胡告假爲公笑曰侯君老矣余猶有待也因是服公之廉先是遠邑侯石公嘗與闔邑紳士舉公孝廉而公力辭不就以視世之非孝非廉營營於仕進者薰蕕固迥別也如公者豈但經師人表也夫以公少噪譽庠壯登賢書公車七上而終老儒官遇亦嗇矣尊人卒均陽學署公以名孝廉扶櫬歸里猶費周章公卒天邑學署藐諸孤以

二千里買舟載柩倍極艱苦情尤慘矣韓子云所謂天者固不可測蓋如斯耶然而德行文章後之修家牒誌邑乘者必能備錄焉以待輶軒之採況次君前茅屢拔服闋後行將一日千里又何患報施之終爽耶公昆季五仲氏先其尊人逝慈帷逾八旬孝友之誼白首如故生丈夫子三長某不壽承重孫炳文幼次榮蜀季榮晉俱業儒孫炳翰幼公生於乾隆己卯十一月二十二日子時卒於道光三年四月二十一日丑時享年六十有五葬於本家莊阡作某山某向余過嗇於公而文尤拙次君以余與公相交深而相

知悉也又不欲假名於當代屬余紃公之實余不辭謭陋塞其請而爲之銘曰文粹行優高山仰止餘韻流風長思柘水

周德裕先生墓誌銘　　蜀戴星治

先生諱正恢字德裕別號構堂以明經授公安廣文我棫村夫子次五子也週歲失恃賴嫂氏胡育之棫村夫子家寠貧館於邑先生五六歲時受讀於長兄正暄日誦千言幾成童棫村夫子攜至館與四兄德豐共筆硯遇難解處一覽便悟苦乏膏火常燃香照讀輒至夜分弱冠入庠遂以舌代耕顧嗷口愈繁常

銘莫濟朝夕幸德配賢淑農桑嫁娶悉以身肩課勤懲惰皆有法度以佐家政先生乃得篤力於學先生性端慤簡古淡泊氣象雍容如春風扇物對之令人意移至其教人善談名理工開喻精講說得其解者自謂如夢初覺如遊知歸憾來遊之不早而以得侍函丈爲幸前後獲儁者三十餘人先生一應鄉試名心遂淡然科歲屢擢高等爲提學所賞比至公安甫入齋諸生喜曰先生之文吾誦法已久今何幸得瞻師範乎由是以詩文呈誨者堆積青氊丹黃甲乙無積時披閱既勞神思而學者又連被水淹濕氣浸膚夫人遂於前歲歸先先生卒先生亦竟以病卒於署齋世兄四人扶櫬歸里合葬焉嗟呼先生雖恬於進取使得大其用而鼓吹休明豈非吾道之幸乃遭逢不偶卒於斯極幸其試牘已登名選爲士林共知蓋由家學淵源棠棣競秀一門自相師友而又研儒先以取精鎔羣書而成采其文皆見道有以入古作者之室昔人謂今古功臣是兩韓爲足式衰起靡也今觀諸君子結隊連鑣烝烝日上多稱名手吾楚功臣將於是乎在當非謏爲諛墓也晚受業於棫材夫子兼承先生誨爰爲記而銘之

銘曰山斗之望雅正之遺蘇湖模範風月襟期鴻妻萊婦女宗母儀追配前烈光啟來茲

適可軒跋　　梁光釗

古人有言適可而止嘗變通其意不能自適輒一無所可理或然與予攝篆茲土地雖瘠苦俗尚安恬而且山水抱城烟霞繞郭簿書餘暇足資優游即此似無不適似無不可乃知琴鶴風流非關美缺也因編額並聯以識使飛鴻爪跡恬現雪泥庶不虛負所書云耳

修沮江書院碑記　　梁光釗

嘗聞西序東膠法制特詳於三代春干秋羽規模備列於四時凡以修明學校而鼓舞人材也方今

聖澤長遠　文治休明國學與鄉學俱隆大成與小成亟重用能統秀士頑民同歸於道抑且合澧蘭沅芷盡升諸庭所以碧桃當戶深柳垂堂半夜讀書三時請業課藝則宋郎清絕研經則蔡氏專精在通都大邑作育人材之所大抵皆然余嘗遊覽其閒輒低徊留之而不能去也維茲遠邑夙號名區鹿溪據北楚之雄沮水奪南漳之勝西望則峯巒挺秀日斜鳴鳳之山東瞻則巖谷幽奇雲擁老龍之洞地靈若此

人傑奚如乙巳之秋余攝篆茲土下車伊始覩山川之形勝匃動流連試學士之文材胥堪振作乃家自爲學人鮮相師書院之設刻不容緩因查道光五年前宰唐公曾倡舉其事規程議立礙未卒行二十年熊公又欲踵成之旋以升調去任事亦不果余乃繼二公之志決議與修黍之學師佐以捕廳遂集邑中諸賢紳殫籌勸捐僉謀悉協於是衆擎易舉指日鳩工越年餘而書院成夫興養立教有司之責也集思廣益學者之功也多士生逢　盛世合就甄陶今既設立講堂延師課讀絳帳萃鵝湖之美芸窗守鹿

洞之規歌風奏雅勝友如雲雕宰鑄顏化人如雨將見頻年攻苦磨鐵硯以將穿一管花生奪錦標而果得誠如是也不亦樂乎然而創始匪易繼美良難所有山長脩金生童膏火與鄉會試士子贐資現雖草率舉行日後捐資充盈其一切章程更當求諸美備惟期有加無已庶足歷久遠而厚栽培是在諸賢紳之善爲經理也是則余之深爲厚望也夫是爲序

建修沮江書院碑記　劉子垣

書院之名由來舊矣自省會以迄府州縣莫不有之凡以人材之興必由學校而學校所入惟茂才書院

則茂才與俊秀兼收其所成就尤多然必經費充盈束脩膏火有所出始能行之久而不廢遠邑縣治屢遷由羅漢峪而亭子山而東莊坪而鳴鳳山復由鳴鳳山而東莊坪其間學宮隨爲轉移而書院獨未聞豈以僻在山陬未遑於教乎抑地瘠民貧經費不足之故耳舊志李石帆先生傳稱其建書院以爲邑子弟課讀之所而此外不少概見未知其爲官爲私也并載儀社在舊城書院內書院內可爲儀社則書院之虛設可知　本朝康熙五年宋侯繹由新城復治今城建鳳山書院於小西門內亦祇傳收其租以賑

寒士未有議及書院者道光五年唐侯方旃涖遠始毅然有興修之舉捐買談宦東門街基地一所價半入而去任事遂中止二十五年熊侯實書至欲續成之適有職員傅亚操願捐經費田畝以足舊價議甫定而熊侯又去任事亦未果嶺南梁侯光釗踵其後乃集闔邑紳耆謀之皆踴躍從事勸有成數遂於丙午年興工至明年丁未落成以沮水經城西南流因名曰沮江書院佈置周密規模壯闊過者莫不以爲遠安之大觀矣是役也基址工料共費三千餘緡邑紳均與有力而董其事不避勞怨者武生陳國泰穆

現才監生王朝俊文生李中孚等也但工程浩大費無贏餘雖間有捐輸田畝經諸首士居積復有增益而所入無多每年月課數次膏火卽形不足而束脩又無論矣當事者慮之欲爲繼長增高之計以迫於時艱勢不得不從緩以待後之繼起者余東諸賢侯之義而樂諸賢紳之能襄厥成也爰爲之序

義僕記　周維翰

十世族祖諱之受三歲失怙繼母李犢愛其所攜前夫子女覗　公如贅疣悍畜之　公有姊五歲字豪門李溺諸溪水而以前夫女字焉家有老僕名繼娶知其謀不敢言一日自外歸見　公墜於塘李在岸若罔聞見者僕急呼奔救李始拯之起自此每甘言餌僕僕知其欲死公也陽順承而陰護之眠食與俱樵於山抱以負薪出汲手攜之以行犁田置隴上時目注之李有所親某居市上者來飯畢李送之門外予以錢耳語移時次日某復來少頃卽去僕覘之大疑午飯攜　公歸李以蒸餅出色異常知有變呼犬食之犬旋地嘷踰刻斃卽襁負　公持餅與犬詣之官　邑宰性明決逮李嚴械之吐實杖立斃獎僕再三帛書義僕二字旌焉後　公成立遇僕最厚而僕終身執下人禮不衰没葬南山之麓立石三尺題曰義僕之墓至今歲時　公子孫上冢集而拜者率常數十百人

嗟乎撫孤存孤古人難言之矣世有伯叔至親視其同胞子若孫顛連困苦若秦越人不相識友朋生而爲歡雖親兄弟不異及其死也寡婦孤兒登門求一綴粟吝弗與更或利其所有陽結之而陰中焉人臣高爵厚糈世受國恩托以藐諸孤而受其禪又有反顏事仇相與殄滅其舊君之子孫殆盡而毫無顧忌者比比也問彼蒼從何處得一副心肝造成此僕哉

余少聞父老縷述爲之墮淚者屢矣爰誌譜末切告後人年年除夜寒食愼勿忘墓前一瓣香也是所要囑

青谿寺叢林始末

青谿寺向無叢林有之自維靜和尚始靜法名如山本邑談氏子年十七受戒於武陵惺泰禪師矢志於本寺建道場沿門托鉢銖積寸累十餘年苦心經營丈室齋廚次第告竣嘉慶庚午給牒旋示寂玉泉僧慧證代建法幢證後本寺僧清澈繼之澈持戒律善拮据寺賴以興澈後爲清溪寺僧廣禪禪後無人院

以空慈雲寺僧續智惺泰後裔道風清潔寺衆迎師駐錫法炬重然今主錫者爲本寺僧海潤先是寺分七房多債累道光甲辰紳耆令僧同炊勸債主讓子錢債以清叢林初建時毘盧殿收租僅廿餘石大殿公項每年抽穀十石資之房既合濟衆之穀始裕迺立規條俾寺長合有謀分者逐出寺庶僧知所守而青谿叢林乃垂久云并附佃戶約於後

青谿寺佃戶約

青谿寺山田　國初皆荒地招佃開墾佃民斬荆棘鑿巨石於山腰橫砌爲隄形水瀉土淤每一砌得石田數弓後以次植桑果諸雜樹頗獲微利嘉慶初年寺僧議加租請於衆先文毅公曰佃戶涓滴之利皆其祖若父血汗所遺伊等衣敗絮食粗糲累旬日不食油鹽忍以加租苦之且寺山租錢二百千零水租穀二百石零僧不逾二十人量入爲出食用無不足否則租雖多適供遊蕩資耳又何加焉事遂寢道光初僧又以加租商衆以文毅公語語之近年寺內七房合炊住持文印海潤爲寺政頗有起色當無復以加租之議進者但恐數十年後後起不如前人混蕩蕭索租復議加必大致紛擾則主佃俱不安矣因邀

同紳耆書明永不加租原委刊志存証以免後擾惟佃人不法爲匪釀禍許僧逐佃另招佃人不得以先世開墾藉口霸佔是爲約

建修第五橋碑記

青谿流六七里與柳林澗水合山中適玉陽之通津也秋冬水落架木爲杠春夏山漲連日冒險涉或人畜淹斃迂道登足行者苦之先是乾隆庚戌歲里人趙世珍與某甲約於上流建谿澗二橋趙建谿橋時決水入澗便修築也後某甲爽約水不復故道谿橋遂成廢物趙氏破產無成績至今猶貲恨焉此地雖

廢橋數十武兩水既合一橋可渡余每與同人議之而計費千金畏難輒止客歲上巳諸友人修禊山寺同里監生丁禹門捐百金爲倡玉陽庠生李凌霄邑人職員喻碧峯一續捐百金一以募化百金自任於是接踵而起者同鄉庠生鄒省軒玉陽監生陳世秀職員陳世楷等捐資成勇集費鳩工凡九閱月而工告竣余嘉諸君子好善樂施芳名宜壽諸石又慨趙公之義弗彰而喜得終其志也爰敘端末以告後人至滄桑更移隨時保固是將來鄉望之責杞人所預禱也是役也禹門主計族弟靜夫督工殫心竭力厥

功甚鉅匠人葛佐學催收人陳開智孫義直勤勞亦足嘉云

重建寺塔記

此地向有石塔七層欹斜榛莽中問所建人與世寺僧沫之詳也戊申四月塔忽傾石罅內隱隱有字跡披而讀適我五世叔祖昱公所造時創修宗譜設局寺中而塔傾適與事會論者謂在天之靈告焉族弟明睿公遠孫也商諸同宗重建之鞏置南山之陽下增二級視前崒嵂尤可觀可謂善繼志矣考邑志谿之第三橋係公與徐氏同建是舉則專任之洵爲樂善不倦而到今三百餘載後裔繁衍逾百家有孫如許人尚克修復舊業以丕著前光報施固不爽耶是役也匠資出自宗人輩運堆砌諸費悉寺僧任之寺自嘉慶以來香火蕭索道光年間房之分者復合文印鐵舫兩住持少年恂謹爲寺政日漸豐饒以故諸廢咸次第就理云

月下見谿雲紀

道光癸卯與朱小松讀書谿源蘭若六月十五夜計月明可玩推窗視之谿上斜光數十縷如白練掛樹間煜爍射目急呼小松面窗外遙見四山白絮成團

如列萬幕長短方圓隨林木虧蔽眥隙成形小松曰此絕妙清境天欲爲我輩洗俗慮也時溼氣侵人攜尊酒且飲且行啟關則雲氣潮湧撲人襟袖間谿橋莫辨兩人對面不相識攜手學盲人行履石橋曳踵而前此身如入混沌中山月谿雲都無所見出入林陰時見白光明滅氣滃滃然上行半里許出雲外星月皎潔樓閣儼然回視所棲處忽成琉璃山一座可驚可喜之狀難以言喻小松曰此雲數見乎余曰未也常見谿岸白氣成縷人呼爲谿雲以今較之霧也此雲不晝出夜出無月不顯僧衆即見之亦不能言

以故住寺三十餘年今甫遇之轉盼間谿上俄然閃閃仰見空際浮雲一縷如彗橫亘銀河又知水雲魚鮮之說不盡然矣時小松與晝欲還而上方蒲牢已動乃沿谿聽鐘聲緩緩行時館童煎茶正熟隔谿呼飲歸視茶烟蒸蒸猶髣髴身在雲氣中也

遊陽洞記

少讀談復齋陽洞紀遊詩羨其佳勝思一往頻行不果月之廿八日宿王氏山莊銳意往主人曰巖際多樵客墜石驚人余曰勿恐也同里鄒古村山耆龎廷治弟子韓夢吉與俱遂行初入澗兩山足相倚如促

膝石礧礧上作菊花形稍前一峯摩天高不能以丈仞計絕壁石罅中古木如虬龍經霜映日五色斑斕折行百餘步始聞泉聲巖上滴如簷溜蓄匯而成流也走二三里兩山面向折其腰作兩人對語狀壁上懸溜彫鏤刻削皆神工鬼斧如乳如筍如瓶爐如肺肝如楊柳枝梧桐葉芙蓉花如馬上山獸入溪鳥赴巢以千百萬計種種駭人矯首左右盼項爲之勞中最奇者一人立具冠裳後隨一人微短小以傘蓋之又二石莖下垂張其末酷似軍中樂喇叭形龎翁曰此喇叭巖也再前澗愈仄陰崖對峙纔二三丈日月經年不照寒氣砭骨窺天得少許談詩所云天光一帶委折明似從隙裏矚朝是也洞在山之腰高敞如大廈面有石壘爲前人避兵處詩碣二一爲鄒建侯即古村遠祖也字跡半磨滅問其年約在談詩前洞內石柱二石鼓一映日作紺綠色滴水成潭澄清可鑑洞之上垂乳縷縷如冰箸謂是滴水凝結亦有下垂復上曲者造物奇詭殆不可解昔袁公安遊華山遇險絕處謂值一死余竊謂不是過也時日已銜山寒氣凜冽余方竭目力窮山趣而同人興闌欲返甫入澗前山墜一石斗大作雷聲役人大號余笑曰

茲山自談復齋後幾二百年而我輩始至山靈有知方笑領之不暇而肯虐我輩乎是小作遊戲試余膽氣耳余膽壯也同人聞之皆大笑

牧兒語序　劉子垣

牧兒其能以語傳乎哉牧兒有語不過其淺者而已近者而已語而繫以牧兒其語豈能傳乎哉然牧兒語之傳非眞牧兒能有是語也其人傳是語之先自謂其語之淺其語之近謙若出於牧兒耳而其實牧兒不能爲是語也牧兒不能爲是語而託之於牧兒使人之聞是語者謂牧兒亦有是語庶幾穆然思皇

然愧有以感發其善心懲創其佚志乎而牧兒語於是乎傳周子柳溪著有牧兒語一編余索而觀之類分十六自敦倫教家以迄待人接物其中千言萬語無非欲人遷善改過以自適於正猶詩三百篇可一言以蔽之曰思無邪也其溫厚而和平則出學士大夫之口其慈祥而惻怛則具天地萬物之心而謂牧兒能有是語哉牧兒有語不過其淺者而已近者而已抑又思之語亦未可忽以爲淺忽以爲近也苟有關於世道其語淺其義深也苟有裨於人心其語近其旨遠也舜好察邇言舜所以爲大知特患人之不

知所取耳奚問乎淺近哉古人垂教之語無取高深非好爲平易蓋淺則易入近則易從道固如是也柳溪之爲牧兒語亦欲人之易入易從而已矣而謂不足以傳乎哉或者曰牧之爲言教也柳溪牧兒語柳溪之教子語也余謂牧不專於教而養之義居多柳溪而徒以是語傳之家則謂牧兒語爲教子語也可柳溪而不徒以是語傳之家則將使人人知有是語而不敢以爲教也謙而託於牧兒雖自謂其語之淺其語之近而惓惓望人易入易從之心則與古人合焉是語而傳又將隱然有學問之意詩曰先民有言詢于芻蕘比物此志也夫爰因其命名之義而爲之序以還之

鳴鳳山記

劉子垣

鳴鳳山者遠安大觀也都人士謂余曰此山可比武當不可不遊余遂於丙午八月朔曉發出西門渡沮水過珠寶山途中所歷僕夫皆爲余告焉初入谷口指南山半岩曰此古烟霞洞騷人墨客過此多留題又指北岩曰此塵寰蓬島上有仙人遺靴記余方左右顧盼而路隨溪轉巳過多子岩矣又曲曲盤盤一折至沮江赤壁旁有白廟子久廢再折至普陀岩下

有觀音閣亦廢復數折至永聖宮宮後爲三清殿殿後有洞道人華正綱所鑿以棲隱處對山半岩間曰雲霞洞康熙初武當道人常甯居此邑令徐嘉禎有記其旁無量庵廢基爲江陵解元葉奕焜讀書處其右河邊砲臺石爲遠洋營教場渡河水中石突起三層曰濂溪小島島上有池可以栽蓮號蓮臺對河石門爲李石帆釣磯石上字猶隱隱可見北爲雲棲庵又北爲城隍廟抵山麓門前學宮明倫堂舊址杳不可得遂舍肩輿緣石蹬登頭天門舊爲新城東門其右半岩間有觀音閣舊火藥局設於此又下爲廳署

大白雲深處則安遠樓在焉後山北爲舊學署其下有牛城爲舊北門朝闕樓在其間折而南登長城岡瓦礫滿目縣署遺址猶存由岡上經靈官殿再上過武聖廟廼登二天門謁文昌宮宮旁右下卽岩溝萬仞爲南門處宮後爲儀鳳岡昔人題其處曰鸞鳳常鳴又南爲杉樹嶺由嶺折而北又折而南曰朝山門門之左拈香者號龍頭香霧雲洞在其下門之後曰轉身殿距門數武有石狀如龜蛇仰望金頂銅殿如在半天脚力倦坐石上稍憩復起挽兩旁鐵鍊從馬鬃嶺猿猱而上直至絕頂道人出迎遂入廟門至客

堂澣沐備香楮衣公服詣元帝位前行禮畢由玉皇閣三清觀轉至客堂更衣道人獻茶訪以明月閣淸風亭趙公臺和合石聚仙橋諸蹟悉與縣志合道人又導以觀東宮元鶴樓西宮長春樓併宮旁團圓會觀音洞八仙堂蓮花池香水池由八仙堂右下曰南天門望鳳鳴樓打鼓洞南岩宮皆歷歷在目宮旁有泉水其味甚甘天旱足資山用縣志稱山半有泉淸洌可愛疑卽此也山麓舊有五龍宮爲新城西門其太陽宮則今所新修者周覽旣久足盡茲山之大觀隨返客堂小坐遥見紫皇寶殿扁額旁記梁武帝年號似與縣志不符豈古爲他廟成化時因邑中火災而改建元帝廟與抑古有元帝廟成化時重建與亦猶茲山稱鳴鳳或謂因宋寶祐祡新而名或謂因侯令尹避亂而名也日暮由原路下一一識其處歸而誌之爲後來遊是山者導先路焉

重修慶壽寺碑記

周汝珩

天下事之難易不在乎事而在乎作事之心心期於必成雖事之極難措手者必思委折以求濟此儒者之恒德釋氏子所謂行念也邑之有慶壽寺自明成化始其後廢興不可考迄乎乾隆時復重建之寺爲

接詔宣諭之所每逢大典官紳於是萃焉洵重地也嘉慶以來殿漸傾圮近年則岌岌乎不可待矣駐錫僧文印毅然以改建爲任邑之諸君子更力贊其議且謂寺以慶壽名非一切菴觀比官諭民輸紳勸商助成功直轉瞬間事耳命持印簿散募各鄉一時好義急公者咸輸將恐後已諏吉動工有日矣適劇匪犯玉陽因中止厥後每議興作之期卽賊耗警急之會軍資粲輸相繼供億邑事日以多議遂久寢然僧之志不輟也嘗謂余曰茲寺傾敗已極今不修後更難爲力而兵歲兩荒動輒多阻吾惟以數年苦積之

穀爲經始費再催簿上所輸之錢源源以資接濟想夫牆圯垣毁阿羅露立佛面塵封仁人君子必有惻然動念而解囊相助者蓋意念迫切則胸中時懸一現存樓閣日冀如願以償時勢艱虞弗問年歲荒歉亦弗知也嗚乎僧之計可謂愚矣然愚而誠誠則人皆諒之以故諸君子憫僧之勞卒底其美鳩工庀材踴躍爭先竭數載之經營合一邑之全力凡五閱月而工告竣余嘉諸君子始終維持之心芳名宜壽諸石又竊喜僧之功與諸君子相得益彰也爰爲縷述端末且以見天下事有志竟成也

重修縣志序

趙廣恩

丙辰春奉檄來遠甫下車索縣志閱之乃順治辛丑安公可願舊刻也凡例周詳文詞簡潔猶見我朝鼎新風規計至今歷一百九十餘年亥豕魯魚傳訛不免鍾靈毓秀繼起良多而蹟制古今時經常變參差異同可編而紀者尤難更僕數也并重修焉何以傳久覽原序當時因板沒於水依存本重鋟刷印成帖賴邑誌紳士力克成厥功余擬有以開其先必有以繼其後可復與紳謀之既晤司鐸詹五先生談及焉乃告余曰重修志事成謀久矣課士之暇嘗於

舊志所載備加訂正其未及載者爲忠爲孝爲節採訪多方若科名若官守若藝文錄登以次分門別類踵舊增新手加刪定繕爲成書前欲付梓以經費有待未果也余即求新本覽之不覺色喜曰固知有以開其先必有以繼其後矣稿既定且佳余何敢贊一詞即付剞劂焉

編纂縣志

劉子瑄

江淹有云作史之難莫難於志非作志之難作志而有其才有其學有其識之難也何以言之志有其體無才則不闊深志有其辭無學則不華贍志有褒貶

無識則是非謬於聖人縣志亦志也豈易言作乎不知余之欲修遠安縣志非作也述也即間有增訂皆得諸史傳與父老之傳聞諸生之採訪亦猶然述也述則體沿於舊辭取其新不自爲褒貶何至是非謬於聖人也且遠安縣之宜修久矣自順治辛丑安侯可願重修以來垂百九十餘年其閒山川如故人事日新其有待於補輯者不可勝數而歷年既久文獻無徵即前梁侯鳳翔久經祀入名宦欲求其佚事不可得此外又無論矣余來遠之始披閱舊志而惜前百數十年事蹟之無傳也因於課讀之餘博採羣書

旁搜諸志苟有關於遠安者筆之於紙迄今十載纂輯遂多近復賴各鄉紳士採訪得收集思廣益之功合舊志編之分門別類繕寫成書得若干卷前祝仲申明府見之以爲遠安縣志久已當修得是編足爲善本二百年事可不湮沒如長夜也進邑人士商之將梓以續前志旋因去任未果丙辰春雒陽趙侯晉齋至索稿觀之亦以爲善促付剞劂氏垣俯而自思生平於文字無能爲役雖惓惓不忍前事就湮之心可質諸世而終不敢自以爲是也開雕之日復敦請邑之素有文名者同心參訂正其舛訛辨其疑似幸能匡所不逮俾無失乎傳信不傳疑之旨則述之中尤甚賴有將伯之助焉

遠安縣志跋　　朱錫綬

教諭劉君占五司鐸是邑垂十餘年汲汲以誘掖闡揚爲務邑人士翕然宗之初邑令安可願輯縣志規刺簡古爲時推許迄今二百年矣其間政事沿革人物振興數倍於疇昔得劉君扶幽闡潛閱一紀始付剞劂其慎重周至爲何如也余以咸豐七年夏奉檄攝縣事得與劉君朝夕過從上下其議論時刊志且竣亟索誦之朊然淵然如飲甘醴如聞陶匏余何間

乎顧遠安僻處萬山雖戶口既庶富教待興農勤服穡而高壤多瘠士敦古處而厚重少文商賈鮮逼科目未盛冠昏喪祭鄉飲諸禮節略而未覈此則有司之責也余之來也距襄陽土匪之擾纔三四月是時文廟燬於火縣署圮壞斷磚零甓不可終日既而文廟鳩工閱半載殿廡煥然則劉君之力爲多余亦因陋就簡營治縣署自儀門至大堂次第落成從劉君志也若夫振士風修農田舉廢興利蹕事增華俟有君子皆將於是志有取焉特書數言於簡末以期之

遊鶴山記　陳教培心農

白鶴山距城二十里狀類伏鶴平地聳峙高數十仞上累石爲城里人避兵處也山趾周里餘其西盡峭壁爲首爲喙北爲喉爲頷爲脊東南爲翼爲腹爲脛爲爪地勢平側有斜徑一線可沿而上漢季里人廟其巔曰白鶴觀香火最盛每春社禮佛者以千計觀左右冬青夾徑羃日蒼翠欲滴下有石床縱橫爲遊人憩息山之麓田疇行膏腴數千頃士民雜居風景悠然夫物莫不喜於環衛之多白鶴山東二里許一峰揷雲表如冠如冕者紗帽山也山下舊有水府廟廟後半壁一洞形似殘月曰月亮洞北去里許嶔崎蹲伏若躍若舞者曰麒麟山西折里許有高逾麒麟昂首張翼若飛若騰者曰鳳凰山又西折而北半里許爲鳳皇右翼古松一株大可三人圍幹下曲復上昂者以數十計狀如虬龍皮類龜甲濃陰羃地盈畝蓋數百年物也又北半里許爲黃泥崗山腹穿一穴深里餘引沮水入涓涓達平原溉田二千餘畝爲過山堰南折而西隆然高峙較麒麟鳳凰諸峰稍平者曰木魚山又西爲卧龍山自東北逶迤而來綿亘數里而達江隈際烟雨空濛若游龍在天半欲騰躍而

去者然東南爲龜山巋然峙江沚高不敵鶴山而奇特與埒對江爲蛇山蜿蜒里餘橫亘江干與卧龍頡頏而若動若搖又將溯江而上也諸峰環列皆距白鶴二里許肢趾盡促森肅如禮客狀拱侍如兒孫形家謂諸山悉白鶴扈從其信然耶山窮處即沮江由卧龍繞出西南五六里浸蛇山龜山趾彎環如帶談復齋詩云嶺如靜客環相對水似流年瀉未停似之矣余生長里中少時先君督課嚴不令外出咫尺山水未邀一盼焉壬子秋初偕堂兄弟凝之爽泉暨友人李朗軒翟垂菴窮遊諸勝既登白鶴峰巔俯睇萬隴黃雲秋色騰騰逼眼遠山遥瞻翠巘環踞如城雄者瘦者立者卧者人者獸者蒼者秀者來者排者窺者伏者殊形詭狀不可繩以目而環眺西南大江縈繞如白虹蠶卧時有估檣隨林烟出没目力竭處天光雲影水氣結撰一色遥睇小舟一葉浮天際隱現無端奇觀哉遊倦腹中汩汩訴饑僧炊胡麻飯客日窮宿焉夜半風聲樹聲泉聲濤聲紡聲織聲雜然煩響不減兩部鼓吹至清音繚繞高下相間則四面書聲也久之朦朧睡去既寤朗軒垂菴呼余起時朝暾已上照耀山水間紫霧混漾則非筆墨所能圖畫矣

重建鳴鳳山元帝廟碑記　劉子垣

鳴鳳山元帝廟舊志稱明成化時邑中多火災乃立元帝廟於西山上以鎮之灾始息而斷碣所傳則稱唐時所建從前紫皇寶殿匾額又旁列梁武帝年號總之斯廟之建其來已久不必問其始於何代也明末邑令周公乃洊遷縣治於山上號曰新城今之頭天門舊東門也憑高據險城堞略備康熙初邑令宋公繹復遷縣治於東莊坪山遂悉爲廟地廟前有玉皇閣三清殿住持皆道人分東西兩宮東宮有元鶴樓西宮有長春樓每年以八月初一日開山至次年

三月十五日封山凡荆沙東邑南邑及荆門各屬朝山者皆不遠數百里而來人稱爲小武當香火可云盛矣咸豐元年秋不戒於火廟遂焚釋氏以廟火爲洗殿此必有污穢之者道人汪雲山深以爲咎立心募化重修請於邑令李公公曰斯廟爲邑中鎮火灾而設是有功德於民者也禮有功德於民者則祀之非若一切佛寺不載祀典者可置其廢興於不問也締造經營誠有司責哉首捐廉俸相倡併發給印簿俾道人廣爲募化一時邑中及四方好義諸君子莫不解囊捐貲同結良緣遂於是年興工至次年告竣規矩治於其舊倍加輪奐焉嗟呼李公之治遠邑也補城垣濬城濠建四門城樓修西門河岸凡所經營無非爲民扞禦灾患而然斯廟之重修亦以其有功德於民所謂先成民而後致力於神者惟公有焉是不可以不誌

重修學宮記　劉子垣

學宮尊於二氏縣令主乎百爲締造經營將唯其所命矣遠安學宮自許公忠一遷於今址數十年來歸然如魯靈光殿咸豐七年毀於兵前令趙公對之惻然未及議修而去任接篆蔣公雖集紳士定議旋亦

卸事鎮洋朱公小雲來遠毅然引爲已任踵前議而舉行之奈地瘠民貧又廹兵燹之餘無米之炊爲難措置予見公焦勞不釋自念在遠十餘年頗重然諾可稱貸爲經始計私請嘗試公頷之時廩貢生熊應兆候司訓覃仙根俱有通融意遂搆木料陶瓦鳩刻日興工公喜指示規模益加董率不數旬而大局已定各鄉感悟亦源源輸納可望落成夫事每敗於因循非公興學情殷何以入人之深如此也附載志末俾後人知此次重修皆朱公力也而予實無所裨補云

肅筠朱公除完糧積弊碑　選拔朱承緒　月帆

催科與撫字兩事也故撫字必拙於催科其實今之撫字其民者果能不多取以爲虐則雖曰催科亦何至有妨於撫字何也古者取民以什一漢建武旣平天下遂定三十取一之法我
皇上加惠元元田賦之征更輕於漢而民未均沾實惠者推原其故始則因胥吏之貪污不惜結怨於民而苛索浮費相沿成習積弊遂深今年夏各憲定錢漕新章痛除包征包解積弊側聞他邑均有難色而　公適來吾邑開征之始遽裁

浮費不溢一絲串票一紙昔取二十四錢茲准士民呈請每紙准以十錢且向之包厘爲分包毫爲厘者一槪禁之親征親解終歲無追呼聲民感其仁莫不踴躍輸將且謳歌而頌禱者於巷於途焉　公愛民造士諸惠政指不勝屈而薄賦一節尤爲損上益下以撫字爲催科眞無忝於爲民父母矣里中紳耆議勒石以垂永久並冀他日官斯土者遵其法而不變則士民享利豈有量哉

石橋坪紀事　周葆恩　舉

天地之氣運有盛衰山川之精華有聚散方其盛則賢才輩出氣之聚也及其衰則風俗澆漓氣之散也世教不興而生民不知有德義人心叵測而鬼神必隱與維持遠邑西北有石橋坪坪有叢林曰石橋寺寺有白石羅漢十七則明初天外飛來者其一止白土鋪山峪即羅漢峪也明季獻賊毀寺並碎羅漢首僧續以泥惟峪中一尊獨完夫世人猶知趨吉避凶羅漢佛也豈彼一尊能知禍變於未然而此十七者不能先幾而覺之耶先幾而覺之則由天外飛來不

即可從天外飛去耶要之佛以空爲教本無身何有首本無首烏用續而其飛來不飛去者前則欲以神道設教俾世人知天下不可一日無神後則不欲數見怪異惑世誣民而示天下忠臣義士臨難不避也是或然與邑侯朱君秋圃過之見其山水迴抱聳翠流丹惜其橋之圮而氣之洩也命紳士李良才重修八字橋建鎮江王廟並於湖心修文峰以收風水漸有關鎖未幾湖心突出白石四堆象龜鱉黿蚌宛然如生此四者於說卦屬離文明之兆也意者剝極必復昔人必迴斯邑將興與是所望於諸生

同濟堂施茶搭橋記

附貢　傷臨春

施茶小惠也而行人利之如旱苗之得雨搭橋小功也而行人履之如絕地之逢生世人顧以爲小善而不爲至有大善而力又不能爲將終身不爲一善乎陰騭文曰衆善奉行一曰施茶水以解渴煩一曰造河橋以濟人渡曷爲乎取之取其一念之仁造福無窮也擴而充之則大旱之霖雨巨川之舟楫皆所優爲矣邑有鎮曰洋坪北通襄豫南達荆宜仰接紅崖俯臨沮水擔夫販豎往來浹背而汗流問渡迷津險阻傷心平路盡喚茶神而不應何殊涸轍之魚當水伯之作威難比破空之鳥義士胡君澤四皖江太學生也不吝兼金並營二事亭修山腳烹茶而不憚炎天橋建河心利涉而何憂大水紀其實則獨捐遊其名曰同濟而又恐其久而廢也復捐良田多畝期源遠而流長更增廣厦數間俾有基而勿壞慨然書據付與同人立柱完根以垂久遠噫胡君一過客耳而加惠吾鎮如此其待桑梓更何如耶吾蓋即小以見大矣

馬渡河義渡記

生員　陳東生

馬渡河者以神馬渡人得名也夫神馬渡人則其人必爲濟世之人其行必有濟人之事緩之須臾即於事無濟而神乃特顯靈異以玉成其美也不然行者衆矣馬得人人而濟之乎是河也上通房保下達荆沙夏則濁浪排空過涉既驚心滅頂冬則堅冰在水褰裳將墮指裂膚於是草草勞人不得橋梁而病涉招招舟子難填卯壑以居奇苦海無邊慈航安在窮途可憫義渡宜修則有耆民鄧紹彬陳登巍者同發善心共籌公項家非素裕願割地以倡捐行遍緣邨樂取人以爲善審高卑之形勢埠頭則募自曾家冀陰騭之久長水腳則施由衆姓既醵良田卅畝俾舟人以渡代耕更營小屋數間覓竈戶施茶解渴從此東西二埠有捨無歸無論寒暑四時逢人則渡議既定鳴諸官官爲之示禁勸措懲游惰如有仍前需索准其另募承充夫鈔不破人雖窮取之小惠而樑據自上實永世之良圖然則昔年渡以馬可偶而不可常今則渡以人可暫而即可久則不冀倖神力而實務人謀最可恃也且烏知彼神也者不又有然相其人者在乎爰書往事用勒來茲

凌雲塔記

周葆恩

風水之說不可惑而要不可不信惑則冀富貴於將來而不可必信則考興衰於已往而有可徵余查遠邑舊治亭子山又遷鳴鳳山其時鄉會兩闈捷音屢報迨遷今治則寥寥可數邑侯鄭介眉司馬曰此風水為之也邑在萬山之中山峰即文峰也砂飛水走則無以藏風聚氣岡巒起伏不為之用雖有若無矣今治東南方逼山不應近山又低培植文峰非建塔不可細詢之乃知其家傳堪輿法至今八代矣司馬乃捐廉俸助膏火集生童勤考課多士興業月異而

歲不同今二載餘文風蒸蒸月上元旦謂余曰本年大比諸生可中者將十八余曰然然不知縣運何如耳司馬曰予相度地宜已擇於城內東南隅建文峰塔當捐經費以為諸紳倡諏吉興工開工之日有五色雲結於巽方司馬曰此文昌宮也塔成必有興者遂命之曰凌雲按司馬躬行節儉心係閭閻教士如師愛民若子課農桑儆游惰戒博戲勸睦婣敬禮神明崇修廟宇勤平獄訟幾空闈扉仁政本之仁心學術發為治術者未可殫述附誌其大概於斯記之末俾士民不忘焉

重修名宦鄉賢孝子節婦四祠記

周葆恩

名宦鄉賢孝子節婦四祠咸豐年間熊君瑞堂捐修矣朱塗未久丹雘猶新官吏士民莫知大厦將傾也丙寅冬鄉賢祠忽坍塌數椽鳩工審視則蟲蛀蝕虧再察名宦孝子節婦三祠亦然余與邑侯鄭司馬召諸生謀所以繼之熊子增生汝鈺泫然曰此吾父未竟之功也當獨任之即日興工易其朽蠹補其缺漏閱二月而工畢捐貲甚廉也夫功無論乎鉅細費無論乎多寡

一視乎任事者之心而已熊子以衆人願修之祠為其父未竟之功慨然以其事為己事是見四祠而不見其父見四祠而又如見其父也是以忠孝節義祀四祠即以忠孝節義視其父也昔瑞堂惟能遵父命修閱梵務故義高梓里而名達

楓宸有子若此亦可謂能繼父志述父事矣是不可不記之以為後來勸

重修城隍廟記

周葆恩

陰與陽道通而化速，上與下志合而功成。治民事神宰官事也，顧有察其顯不能察其微者，政刑所不及糾之以神明，乃魄動而心驚，有勞其心不必勞其力者，經營所必到，將之以誠信，斯事半而功倍。遠邑自嘉慶六年鍾侯應焜重修城隍廟後，距今六十七載，正殿猶傾而僧房無論已，神像猶毀而齋供可知已。今邑侯鄭介眉司馬勵精圖治，緝暴安良，頓令風俗一新，仍恐世情百出，以爲城隍尊神顯於帝而無微不至，忠於民而有感斯通，教化著，生保障赤子，我與

神分幽明同功用焉。是以暘雨愆期，命爲民請；閭閻失德，罪在我躬。凡所曲致之民者，皆可昭告於神也。然既有以邀神鑒，尤思所以妥神靈，於是重修正殿，再建拜臺，作亭適接乎簷牙，俾春雨秋霜不致泥塗冠冕，繪采聿新。夫廟貌即功曹法像亦皆黝黝文章，外而戲樓，內而僧舍，蓋無不完美如初矣。住持文印到處以募修爲事，念既誠心復細，邑侯知其可任而任之，一年功畢，屬予記其事，鐫諸石。余以神不言而襄吏治，僧盡力以體官心，故曰陰陽道通而化速，上下志合而功成也云爾。

重建武廟記

周葆恩

天下事患力不到，實患心不到。居官者存五日京兆之心，而又無必爲之志，此所以轉相諉謝而一無所爲也，况興大役動大工乎。遠安廟宇傾圮待修者多，而武廟尤甚，棟折瓦疎，蕭然四壁，登庭享祀，共抱杞憂，於虞人不可暫立矣，而謂神可久居乎？前署邑侯文君小山名紳士募貲重修，將有成數，去任。張君仰垣代理，適江漢書院勸捐膏火，兩事並營，民力維艱，挹茲注彼，而廟不果修。今侯鄭介眉司馬綰篆，見廟心傷，毅然興復，謂故址太低，加填數尺；謂戲樓不敬，

改鑿類池；謂法身久享夫馨香，勿擅遷移而毀舊像；謂大木多生於邱壠，勿輕斫伐而損古塋。慘淡於前，慎重於後，急迫也而行以從容，小心也乃以善大事。平地起蓋，初無舊貫可因也；空手支撑，非有寸金之蓄也。而一人誠意，衆姓解囊，廣廈已成，金身復見，此可知心到者力亦到，無患工之鉅而費之繁也。故不曰重修而曰重建。夫聖神百世而不遷，工程十年則小變，嗣而葺之，乃可久也。後之視今，猶今之視昔。余多侯之有志竟成，故敘其事以告將來官斯土者。

碧澗寺不知其處論

周葆恩

夫比世遠年湮之事有不必曲爲之解者曲爲解之鮮不鑿矣舊志載碧澗寺今不知其處闕其疑可也而吾謂猶可以義斷夫碧之爲言青也澗之爲言谿也在唐人創寺於青谿不以青谿名寺者避俗也在後人以寺在青谿即以青谿名寺者從同也不特字義可解考荆州府志列碧澗於遠安寺觀中以唐元積詩序證之則碧澗之爲青谿明矣或曰别有碧澗寺近龍女祠今久廢矣顧曰久廢必有遺址既無遺址則一寺二名又何疑乎夫竹馬也而曰筱驂孔雀

也而曰聖禽古人立異好奇大率如此雖然易青爲碧易谿爲澗騷人詞客一望而知而遊是寺者不盡騷人詞客也必將舉命名之義遍執遊人而告之不亦勞乎夫知其名不知其處而置之猶可言也知其名必求知其處以實之將有身在碧澗而不知碧澗之即青谿者是猶口誦觀音而不知觀音之即吾心矣夫頭之言首脚之言足即身而具者也今舍頭而别求所謂首則頭上加頭舍脚而别求所謂足則足外添足求之不得則曰不知其處然則頭也脚也將於吾身之外求之乎抑將曰不知其處乎

仙居洞説

周葆恩

客有告余者曰天仙好樓居地仙好穴居鬼谷子地仙耳弗如純陽遠甚夫仙也而有天地之别乎哉吾觀洪荒之世夏居橧巢豈人人皆天仙冬居營窟豈人人皆地仙抑豈冬爲地仙夏則爲天仙夏爲天仙冬復爲地仙與是説也其亦不經之甚矣然則谷以鬼名者何也曰先生無累於忘世之心故不自命爲仙有超然拔俗之概又不混同於人非仙非人而姑託於鬼亦謂仙與鬼一而二鬼與人二而一者也生於戰國不欲以戰國視戰國而直以洪荒視戰國若

曰吾亦同爲無懷氏之民葛天氏之民而已矣明知縱横不可爲而士各有志何嘗拒儀秦之我師但知山水有可愛而苟非其人並不屑巢許爲吾友天下名山多矣未有若楚之青谿下深千尺其水靈異君此者人之遊名山者衆矣亦未有離離奇奇如遊山陰道上應接不暇若此者是以擇而居焉邑先輩談復齋孝廉至其地爲題八景曰卧雲古洞龍女遺蹤谿橋夜月烟寺晚鐘雙泉潑碧奔濤濺雪鬼谷幽棲雲夢晴嵐可知先生所居猶是人人可到之境而非等於絕人逃世者入山唯恐不深也要之青谿諸景

地之靈者鬼谷先生人之傑者有其人無其地則遺名士羞矣有其地無其人則爲山靈笑矣合地與人而二難並焉則人以地傳地亦以人傳不然何戰國以前有青谿而無青谿戰國以後無鬼谷而有鬼谷耶必别棲居爲天仙穴居爲地仙然則岳陽黄鶴樓之最著者吕仙居之不曰樓主而號洞賓則又何說也客不能對

附錄朱嘯筠明府更定八景曰楓林夕照柳岸晨曦東嶺古松西山微雪五曲鶯聲三橋驢背珠阜迎風泉岡聽雨

四言

祭宋公祠歌辭

陳文藻　廪生

嶽嶽宋公劍南世胄學裕經綸文成錦繡來牟山城牛刀小試愛民爲心澤期下究短馭雖傷長才不狹相視沮流民可使富親履阡陌勘明溝實鑿石穿渠人窮天湊四野環流源泉交逗旱不爲災豐年多又經歲連年郇膏猶憩在昔益州五袴歌奏人往風微其轍已舊在昔漁陽兩歧麥秀幾歷星霜民無補救孰若我公恩同高厚水利既興千秋福祐民不能忘樂利世守勞勤當年馨香毗后秋薦黃粱饗以聲臭神如享之來歆俎豆

藝文志

五言古

遊青谿寺　晉　郭璞

青谿千餘仞中有一道士雲生梁棟間風出窗戶裏
借問此阿誰云是鬼谷子翹跡企潁陽臨河思洗耳
閶闔自南來潛波渙鱗起靈妃顧我笑粲然啟玉齒
蹇修時不存要之將誰使

遊太平山　齊　孔稚圭

石險天貌分林交日容鉠陰澗落春榮寒岩留夏雪

望荊山　梁臨沮伯　江淹

奉義至江漢始知楚塞長南關繞桐柏西嶽出魯陽
寒郊無留影秋日懸清光悲風繞重林雲霞肅川漲
歲晏君如何零淚沾衣裳玉柱空掩露金樽坐含霜
一聞苦寒奏再使豔歌傷

感遇第十首　初唐　陳子昂

吾愛鬼谷子青谿無垢氛囊括經世道遺身在白雲
七雄方龍鬭天下無亂君浮雲不足貴遵養晦時文
舒之彌宇宙卷之不盈分豈徒山木壽空與麋鹿羣

歲初巡屬縣登高安南樓言懷　唐　張九齡

山城本孤峻憑高結層軒江氣偏宜早林英粲已繁

餘滋含宿霽衆妍在朝曦拂衣釋薄領伏檻遺紛喧
深俯東谿澳遠延南山樊歸雲納前嶺去鳥投遙村
日盡有餘意心惻不可諼揭來彭蠡澤載經敷淺原
春及但生思時哉無與言不才叨過舉唯力酬明恩
美化猶寂蔑迅節徒飛奔雖無成立效庶以去思論
行復狗孤迹亦云吾道存

清溪行　盛唐　李白

清溪清我心水色異諸水借問新安江見底何如此
人行明鏡中鳥度屏風裏向晚猩猩啼空悲遠遊子

宿清溪主人

夜到清溪宿主人碧巖裏簷楹掛星斗枕席響風水
月落西山時啾啾夜猿起

青谿　盛唐　王維

言入黃花川每逐青谿水隨山將萬轉趣途無百里
聲喧亂石中色靜深松裏漾漾汎菱荇澄澄映葭葦
我心素已閒清川淡如此請留磐石上垂釣將已矣

題簡生偓水石居　知縣　周會隆

五日畫一石十日畫一水誰知水石趣羅列在戶戺
泠泠雲罅中稜稜波光底珠疑入戶滅雲似觸衣起
日照石如雪風來水似綺訇陶水石間兀然一君子

宿龍女祠　東湖羅應箕 庠生

老僧留客宿蘿屋傍巖洞就枕不成眠泉聲繞幽夢

同周柳溪靜夫昆仲青谿寺夜話　羅應箕

夜靜泉更響燈殘翳復吐久別盡慇懃坦懷忘爾汝
寒雞若關情唱遠音何許野風打窗紙欠伸共延佇
缺月下西峯山影臥烟渚空濛淡靄間清景妙難語
團蒲坐睡人警起安禪侶

谿上懷羅夢生　周維翰 貢生

鯈魚躍清泉好鳥鳴深樹豐林擁危巒絕景斜陽暮

同心三五人谿上行且佳理詠參元微清言吐情愫
故人縈蘿村遠隔堆藍路何時策蹇來重話雲生處

鳴鳳山　詹應甲 知縣

羣山繞縣城閉門飽我目出城山轉迴入山溪愈曲
委蛇歷坡陀人如黏上竹懸崖夾洞門山勢卄就束
龕荒綉古苔一燈照寒綠蝙蝠如車輪張翅向人撲
若非轉羊腸幾欲陷魚腹凌空架石梁惜哉無飛瀑
碧虛禮元君傑閣何年築頗聞鳳凰鳴有聲協嶰谷
如何吏隱流山名從此屬周侯徙城隍安君力修復
懷古意蒼茫逝人不余告斜陽下蘿徑隔林見樵僕
歸來早放棹還夢西山麓

過新城　傅正操 職員

芒鞋踏春去春風吹我衣青山如舊識柳絮又晴飛
磬聲隱深巒塔影挂落暉古木橫春澗石壁生翠微
十年重過此境地今昔非欲問當年事瞻望倍依依

遊鹿苑寺　詹應甲

鹿車不可招鹿門尚可踐隔溪見鹿山入山尋鹿苑
溪灣山一曲山回溪北轉招提春雨餘燒艾兼煮荈
遐哉陸法和曾此遯軒冕苦竹與怪松遊人尚未遠
如何了機禪三年蠶脫繭試問山中僧無言指苔蘚

長嘯出禪關山雲自舒卷

秋日登雲門山訪陸法和棲隱處　李林楨 貢生

杳杳雲門山靄靄雲深護居士陸法和鄉根於茲住
棲隱鹿苑中心就烟霞趣先生梁末時炯然才節著
豈伊方外流潔身忘世路山高與水長人往風堪慕
我來訪遺跡蕭蕭秋風暮玉帶水七盤鹿溪石砥步
夾岸紅葉林霜染楓錦布古寺傍鹿疃山僧與鹿晤
不見講經人點頭石如故法華臺邊松亭荒風長謼
坐對錦屏峯仰觀冲霄柱安得仙可招言尋了機趣

盡日足徜徉苦竹蟬鳴樹幽溪眞怡情斯人不可遇
心逐倦鳥還桃深識歸渡迴首望層巒蒼茫隔烟霧

李申煊 貢生

聞說鹿苑幽匪伊朝夕故策蹇曾此遊果然傳非誤
昔有陸法和荆山標雅度著𨚗此山中躭幽遂僑寓
當其在山時疾果烟霞痼一遇朱元英慷慨談世務
率兵敗任約江陵登仕路縱思建奇勳梁室天不祚
昔是逍遥客後被軒冕錮咄咄陸法和徒惹山靈妬
其才雖可嘉其節不足慕達人元知幾興亡了不顧
誰請先生出誰敎先生住先生未出山梁已危若露

脫令長此終猶存居士墓胡爲棲隱名邯鄲失故步
至今雲門山白雲猶羞護

鹿苑寺題壁 陳埜 增生

載酒登雲門狂呼踪尋鹿鹿走不知處但見人驅犢
危岩欲招仙爾音闃空谷境幽物亦幽怪松與苦竹
遐哉陸法和踪跡難追逐錦屏蔽其前石柱巍然矗
山迴溪七曲山靜水自淥旁搜穹碑字漫滅不可讀
叩門呼老僧借問幽人宿老僧下階迎攜手一往復
指點雲深處可栖人五六長嘯出禪關來日同結屋

宿大士庵 傅青藜 廩生

迢迢夜不寐青燈虛幽夕素懷寄琴書欲拋空復惜
酣眠貪睡味清夢恣所適伏枕聽流泉寒蛩咽殘月
曉鐘傳秋響覺來窗戶白

泥水洞水碾 陳國佫 貢生

有水出茅泥涓涓渡原隰先民運巧思樞機發石碾
遏流下山渠引水入木筧以輪承其間水激輪自轉
輪貫軸團團軸露齒齱齴齒齒互擊撞源源相踏踐
踏踐如有循自然不由勉迅如轂轉車無煩馬力趁
旋如珠走盤不用僕夫遣因勢利導長薄技施輪扁
有因人不勞事事皆稱善天道寒暑因歲月催車輦

地道高下因江河就闢鍵豨膏不運方環轉圓如繭
輪圓自運旋軸圓自舒卷方寸木屑頭回首萬牛喘
大哉創物功資益良非淺

遊仙女洞 談修來 貢生

我遊仙女洞身在仙窩裏雲氣浮遠山泉聲沸流水
林疏雨過清谷暗烟橫紫桃花笑依然遊覽心自喜

茅坪道中 傅汝霖

崖行不知險逍遥恣娛目危磴叠流泉炊烟出林木
香吹蘭蕙風樵唱應幽谷春氣釀餘寒白雲低壓屋
空翠欲濕衣雨潤松花熟吾生愛清幽躡足空逐逐

春意不可知鳥鳴衆山綠

秋杪青谿晚步　傅青蔡

微雨晚復晴疎林淨如洗躡徑覓幽蹤人在滄浪裏
徘徊戀斜陽煙橫暮山紫落木吹野風山月澄秋水
日夕獨歸來行行復止止

韓石麓寫青谿　楊州彥

乘興寫青谿問似青谿否喚出老僧來老僧但拍手

秋夜偕周柳溪林湘卿入鹿苑　盛徵琪

名山如異書到眼朗於月亂山不知名天地此毫髮
楚以瀟湘稱南山在彼節靈均騷雅才足音此間絕

容從鹿苑來方隅咫與尺衣素未爲緇看朱已成碧
山靈豈好諛奇境爲臚列青谿有五曲下里無三疊
吾親攜具遊山因此証白惜哉陸法和鄭重黃金訣
參同問坎離牝牡認凹凸嬰女藥未成嶮巇景且沒
一笑賦歸來兩腰痛如折好山猶好色孱頑爲形役
蛾眉何處尋苦憶申江歇岱宗方其高白雪方其潔
酒因磈磊消法爲須彌說

秋夜偕周柳溪林湘卿入鹿苑　朱錫綬　小雲

然炬夜入山更深苦無月癡雲蔽星斗微見路如髮
中有溪水聲疾徐爭赴節入山未許看聽水已奇絕

投宿得僧房臥遊隔咫尺窗明雖呼晴筣破麂眼碧
出門一笑迎對面兩眉列天然作圖畫左右屏風疊
遠仿王右丞近撫董思白蒼莽一幅雲變化兩家訣
怪松攫巖凹瘦竹攢石凸十步五步間靈氣互出沒
憶余初入山長途幾迂折非無好山水觸熱苦行役
竭來訪野寺勞薪暫休歇塵海胡瀰漫山泉胡高潔
請擇斯二者佛言不可說

月琴山　增生傅濟川　守拙

山月照彈琴琴彈山月白胡爲月與琴名被山假借
古人不見今高山志寄昔風來疑有聲雨過潤無迹

憑眺幾徘徊長爲廢寺惜

輓周芭舫同寅　天門舉人大冶司訓劉人彥　保臣

客夏與君別攜手淚闌干後此恐難覯如面藉言傳
屈指星一周繞腸緒百端檢君前度書抵里報平安
我旋覓便羽努力勸加餐胡爲得茲耗摧絕心與肝
云君竟死矣其然豈其然神既與君往夢未到我前
憶我遇君初於今已六年君心如佛子君貌如枯禪
君言如金石君氣如蕙蘭對之竟昕夕欲去尚流連
倘教數日隔中心即不歡吾儕乏簿書亦殊饒簡編
曹倉與邊笥有叩必竭焉述我所素習追思更涕漣

貧無治生策家傳秖硯田一官飯不足安問買山錢
而爲老病迫屢屢欲舍旃我因嬖且維乃與共盤桓
不容吹壎篪聲和而節宜知我勝自知憐君實自憐
斯文等骨月況復同學官相期以頤養相勸以達觀
相助以長物相慰以文翰龐公有妻孥相慕以靜專
太邱有子孫相勖以孝賢如君乃明道相隨步前川
如君乃胡瑗相伴開講筵風景猶在目往跡成雲烟
於時際芳春草木含辛酸門墻桃李樹如雨淚不乾
赴輓路修阻奠不到九泉數行爲君誄臨穎發浩嘆

雪中望青谿　　張致青

索居憶舊遊青谿日在眼山城一夜雪白雲封絕巘
天低寒光凝雪與雲難辨古松自蒼蒼流水自涗涗
陰陰鬼谷洞心遊神獨遠

重建寺塔誌喜　　貢生　周朋修　靜夫

萬物囿於數大力不能爭息心參元妙數兼理以行
此塔三百年欲傾不遽傾豈風隨浩劫解脫悟無生
祖作孫爲述堂構曠世撑移之南山陽器局更恢宏
金谷成灰燼銅駝委榛荊樓臺倚宮闕禾黍一刻耕
俯仰弔興亡感慨無限情胡此區區者既毀旋復成
其中有靈爽此理甚分明善根不終壞萬古長崢嶸

待月樓春望　　喻慈昌　職員

瞥眼春欲暮未曾盡春趣雨後開新晴登樓遲四顧
山村少遊人桑麻急農務晴風烘春雲乾坤醉不寤
百花落更開羣鳥啼不住萬物爭春生憐人不如故
問天天無語無心因物付莫教自摧殘致此浮生誤
何以答蒼蒼悄然返吾素寄語箇中人珍重天所賦

香橋湖　　楊獻廷　庠生

太平山下路百井泉中水滙作香橋湖灌輸周迺理

覆船嶺　　郝延禧　庠生

山中不用船覆自何年始牛馬任人呼象形或如此

瀘溪寺　　徐甲陞　庠生

入山尋古寺出山心猶戀回頭見溪雲漫空拖匹練

訪鬼谷洞用王右丞青谿詩韻　　盛徵琪

碧雲思美人盈盈隔一水勝具作山遊緣谿四五里
一曲一佳處漸入翠微裏草木亦蒼生忠厚賦行葦
六國方紛爭七雄鬥如此具體有孫龐先生請休矣

前題　　朱錫綬　嘯筠

杖策經山蹊夕陽在秋水恍然憶昔游鹿柴而栗里
琴聲空澗中猿嘯危崖裏蝙蝠如車輪黃昏出藪葦
荆榛誰與芟縱橫已如此寄語洞中雲出山亦可矣

迴馬坡　翟承統 庠生

吳狗甘事曹粲犬多吠堯虎爲羣獸困策馬迴山坳
胡不肎鋒及聖人吳英豪龔窋吞吳身復荆報漢朝

登龜鶴亡山　戈必貴 庠生

神物避塵囂何年下兹土不飲亦不啄兩峰相對峙
草木被毳毛泉石飛白羽豈止壽千春乾坤與萬古
偶然一登臨低徊不能去九疇聖人瑞一品大夫侶
列宿在胸中書不赴隴圃感慨峴山碑年年飽風雨

藝文詩

七言古

青谿寺步虛詞　唐 高駢

青谿道士人不識上天下地鶴一隻洞門深鎖碧窗
寒滴露研朱點周易

青谿春雪引　明 解元 譚元春 友夏

入山看山養毛羽古泉飛作一潭雨曉起山靈幻巖
壑吹雨作雪融膏乳亂煙斜霧封羣岫添寒着艷心
如畫不知何峯有樵徑青帝縹緲龍女瘦萬白光中
分翠微其中新柳碧依依山家拄杖撥春麥田禽饑
出肩輿飛鬼谷相迎吾不往洞口雪花大如掌

將到青谿同周汝璞雨宿山家

行近青谿猶畏谿谿鳥出谿數里啼主人細雨自同
心濕雲下山松桂低雨不停綠嵐新飾瀧瀧怒增空
崖力明朝新霽猨出迎昨日緇流探消息

青谿詞　明 楊卿樹 布衣

湖南青谿水不濁湖北青谿水更綠兩谿相較此谿
幽繞郭無如在山谷能女時來照曉妝絕勝湘妃倚
江竹出雲鐘磬雜泉聲不比蘭舟鼓歌俗含烟似羅
覆青銅映月如盤載碧玉既以氣味洽幽人還將聲

色空禪宿秋山況復助清奇落苹飛嵐聚一凿我來頓覺肌骨涼愛向兇中獨彳亍楚中只此兩青谿惟此堪我結茆屋

登鳳山宿飲明月閣

鳳山秀聳侵碧落眾嶺連綿莫能學如無眾嶺獨高寒縱使淩空亦寂寞遊人領畧須細心佳處半在山之脚一灣流水一灣雲水雲瀰處孤亭着野風時掃翠微煙丹青畫出明月閣與君對酌候月來靜聽幽禽啼亂壑

濂溪小島　　知縣安可願

水陸草木花甚蕃人自愛花花不言愛蓮惟有周濂溪俯覗百花總眼低先生愛蓮實自愛我愛先生恨不逮蓮花亭亭出物表聊襲溪名名小島小島一且有蓮花花如人意愛不差忽然又見牡丹開俗人君子雜還來自古君子愛君子不數姚黃與魏紫姚黃魏紫夫何嫌但分汚濁與清廉二花殊質同氣味君子何必避富貴君不見原思清潔賜饒裕兩賢相逢豈陌路

正月九日同郭克振諸人登鳳山　　談經正　舉人

鳳山獨愛鳳山矯乘春結侶踏清曉開歲九日絳館朝鱗集士女羅雲表載酒狂客三五人或乘欵段或腰裹繫馬天門梯青冥拾級以足半指爪後人上承前人踵前者回見後者腦五步小立十步甜憑岩喘汗中如擣紫皇高居氣紛綸天際雲霞入縹緲眾嶺兒孫環且伏烟火一抨山郭小俯視鳳麓寸許人琳宮精舍肩相撓旁有道士小丹爐樓閣憑虛冠木杪窗開西嶺千里雲欲挾飛仙窺景倒下尋山腰得平臺酌酒與山恣兇詞傾壺倒甕盡讙呶酩然一笑逼[illegible][illegible]獨嫌酒信蠻聲頻顧盼坐使高陽惱

青樹洞口青石　　談經正

層巖列壁攝空杳如帶天光窺天小亂泉堆雪澗之陰冷冷幽咽發林表青嶂西峯常欲合橫霄白石落未落洞口奔濤截澗橫前溪迴湍勢廣却眾木陰森盡蟠曲柯與根株苔蘚絲怪石當流怒未平捲起驚濤瀉寒玉冷氣襲林木葉秋熱客過者寒起栗我迫人事西山路經留欵曲向日暮茫然塵沙喘汗容無端自許烟霞痼蒼山碧水兩無言漁人黯爾出桃源

斷江河　　談經正

西山亂泉奔不住曳雲委練拼溪去一壑風雷戰嘈

砢幽湟噴沫常合霧蜀江東下淼茫茫兩涘岸渚迷烟樹衝流直截大江橫碧痕剪斷洪濤怒怪石嵌空覆湫潭嘉魚纍纍穴底聚直欲突過鱘與鱸豈惟魴鯉及鯿鰣景斯幽壯物復絶泯没千載荒巖路泊予窮老萬山中翻得恣探幽鑿步徘徊孤嶼佇濠梁林屋杳冥鳴澌㵝渺然身世兩俱忘寂寞精神移形素長嘯空谷響互答緬彼滄洲咫尺遇野人不解余所以笑云余與石壁語

羅漢峪　詹應甲

長三十里壑有泉高八千丈洞有天巉巉之石矗兩

邊中央乃有驪龍淵怪藤絡石石倒懸大石小石落馬前石根齒齒啼血濺上峪下峪蛭脚緣入峪出峪魚腸穿行人接踵愁拍肩側身欲退不得旋是何尊者眉龐然舉手招我山之巔山靈雖怒我佛憐我當趺坐安枯禪

由羅漢峪三十里至香油坪　貢生　周維翰　柳溪

岷山之派分江底在山腹中行萬里裂腹瀉入羅漢峪穿萬山出入沮水峪口山連一片雲其上騈肩下連趾似爲水衝不得行退後一步峪門啟絶壁擲霄礴砌成亂峯摩雲鐵鍊起如飛如走如戰爭怪狀奇形極無理最佳勝處香水巖沿巖探穴築石壘穴中時聞鼓隆隆疑仙疑佛還疑鬼三十六曲淚沄沄二十四橋石齒齒藍輿半日峪中行風聲水聲沸人耳石徑稍平山忽開漸有田廬與山倚曖曖望見香油坪酒帘飄颺役人喜

臨沮故城　覃仙根　月舲

臨沮故城無遺址龐眉老人爲余指土中時有女墻磚耕者得從男畝裏吁嗟漢家西復東三分國鼎更梟雄按圖徵賦無虛日木落青山也若空今日青山猶在此舊城如斗知誰是劫成浩浩動屯雷火息炎

炎寒井水鳳笛龍笙總渺茫高陵深谷互滄桑清風不識劉郎沛明月尚過漢室壥萬里河山分蚌鷸地經遷改長蕭瑟從前雉堞列森森未幾鱗原開一一太息人間萬事非一天寒雨鷓鴣飛繁華消盡空塵土原上青青草自肥

回馬坡懷古　廩生　徐甲孚　蘊山

荆州破壞門戶棄臨沮江上困騏驥運蹇途窮可奈何臨風嘆下英雄淚慨自襄樊苦兵連輕吳計未策萬全忽聞江渡白衣櫓旋師空嗟馬腹鞭上庸望救徒翹企渭謂無翅飛難起遂令千古神聖人末路迹

逍一至此鋋如鹿走入蠶叢塵霧滿豁箖太空料識
前途行不得一鞭回首馬嘶風先矣請讀貫金石石
上深深留馬跡雨蝕風摧長不磨道旁流連動行客
我來弔古上層巒谷風淒淒澗水寒洞中似聞羅漢
語先生行矣毋長嘆

起鳳樓中秋玩月　庠生王殿英芴臣

一年容易又秋風秋到今宵月滿空料識樓臺先得
易三十里色望皆同鳳樓新跨沮江起王國羽儀從
此始有客登臨一捲簾長天萬里無渣滓峩峩西接
鳳山高城郭人民析秋毫月下羽衣誰奏曲鳳凰流

韻入檀槽當年鳳爲循良至此日樓成應鳳企藻耀
高翔筆預提前身明月猶心記我來恰見月當頭清
景無邊聚一樓安得飛騰同鳳起羽毛豐滿恣遨遊
嫦娥天上先嘉乃故向中秋放光彩不夜城開近此
間三人對影居然在天香雲外助清華丹桂初開第
一花幾度仰天攀欲上肯教秋思屬誰家徘徊四顧
金蟾吐老子流連餘興好繞遍欄杆發浩歌舉頭翻
覺乾坤小詩箋酒盞兩縱橫樓上鳳皇向月鳴鳴出
一腔春滿座栽培心事月分明夜深到處笙歌歇月
照鳳樓光發越借問建樓者阿誰宰官名播東西粤

龍女祠後古梅一株數百年物也祠僧伐以爲
薪書此誌恨　貢生周維翰

世間恨事那有此梅花何罪遭橫死措大聞之恨不
已欲搏禿奴截其指亡是公子爲余言先生休矣無
膠柱萬物榮枯數莫逃花數豈由人作主先生曰噫
了未知此花人驚絕世奇裂開峴壁根哭起斜倚危
簷枝倒垂老幹盤屈圓如蓋古色斑爛尤可愛每當
谿上花開時一片釀成香世界亡是公起笑啞啞請
爲先生進一說不聞尤物天妬之此花毋乃宜摧折
君不見金谷銅雀皆寒灰美人名士同塵埃燒琴煮

鶴冤多少追爲一花憐復哀又不見道人委蛻留元
神釋氏涅槃焚其身花魂直入眾香國皮骨何妨摧
爲薪頓聞此言首頻可化化生生悟尤駁陰陽爲炭
燹洪爐何止老梅死於火掀髯一笑認梅根孤幹劚
去旁枝存摩娑枿條喜林立從今遺下子若孫梅子
梅孫齒忒幼望山拜乞山靈佑飽霜飽雪五百年夭
嬌離奇復如舊

出山城入青谿　知縣朱錫綬

山城秋霽山翠浮官閒聊約山靈遊出郊山比民居
稠放迴欲距欲挽留不暇應接惟點頭一山當道盤

如虬人行虬脊風颱颱側出一山高無儔衆山從之如奔投縢薛爭長如尊周或如門闕如軒轎靜如鶴兮閒如鷗如溪飲馬陂臥牛如髻聳兮如眉修如美人兮堂高樓那尹避面如含羞如嗔如笑如迴眸按圖召幸爭先收豈無王嬙抱離憂畫工不向延壽求珊瑚鐵網誰能捜雲中雞犬仙去不古松鱗鬛亂濤聲遒琮琤忽發空際謳鬼谷已杳成連休歌碧玉兮麥秀猶月明何人蕩蓮舟一曲一詩心悠悠中郎倡者郄僧酬誰與畫此溪山秋摩詰粉本空雕鎪古來名士氷上鷗士花沒碣蕭梁愁不如飛錫遊神洲拍掌

一笑逢浮邱

登鳴鳳山　陳敦塏 舉人

蜀山東下萬餘里百折千迴肆奇詭直走沮江勢益雄嵯峨突見鳳山起其下羣山就地蹲小岑卑屈大高峘或前或後環相向肅如臣下朝至尊我來躡足淩峯午百里人烟同一俯山中儘有世外緣安得淩風生毛羽啉宮憇息窮眞宰青山蒼蒼長不改如何鳴鳥一來儀飛去動經千百載翩翩仙音不復作樓臺終古還嵬峩滿目梧葉與松花長嘯空中來遠鶴

起鳳樓中秋玩月　傅大闊 庠生

鳳樓拔地干霄起樓中月色清如水況當佳節分外明照見峯巒烟光紫五鳳樓手本殊衆修造成功開畫棟天敎佛現宰官身說法樓上來儀鳳鳳起高秋月滿樓風吹桂子天香稠有客就中頻勸酒長歌對月倒金甌酒罷依欄騰氣雄搔頭直欲探天宮聽唱霓裳羽衣曲梯雲步月月正中露凉漏永夜方秋秋天風景好勾留人生一年曾幾見我欲問月月知不羡他皎潔依樓玩掃几鋪箋同染翰憐才青眼屬誰人座上春風評月旦爾時再探銀蟾窟滿坐笙歌興不竭斗轉月移樓影斜醉狂欲掇天邊月

登鳴鳳山　荊州 畢秉鈞 副榜

鳴鳳山玉柱高聳空冥閒光彩閃爍倏忽變猿啼絕壁鶴守關中有勝境足怡悅時聞鐘磬聲徹清風亭上水潺湲明月閣前光皎潔群峰拱向蔚差峩風吹沮水生微波漁舟賈舶大點綴俯瞰都在山之阿眞君寶像雲霄裏我欲枉杖乘雲起千盤石磴強攀躋遍明殿上深仰止登臨動我懷古情寶祐鼎新靈鳳鳴太空遺響留不得賸有青山萬古名千里萍踪忽遨遊表表峰巒壓城樓日暮欲歸思未了更進絕品茶一甌

五言律

欲遊龍山鹿苑有作　唐 齊己 僧

龍山門不遠鹿苑路非遥合逐閒身去何須待客招
年華殘兩鬢筋骨倦長宵聞說峯前寺新修白石橋

誥封金紫大夫詔恩詩　宋 楊大異

峯峭瞻天近臣微感遇隆有山停紫誥無地報丹楓
帆掛三巴水旌搖萬里風玉門遥在望効死不言東

遠安舊城　明 顧祿 縣丞

孝山繞郭遠一徑小烟霞高阜通民舍平坡置吏衙

翠交千歲柏紅綴四時花老我神仙境何勞問及瓜

遊鳴鳳　明 歐陽明

澗水經三折石盤躋九迴馬鬃雲裏度鹿苑日邊開
臺閣懸如倚松杉低欲摧登臨欣自適南國有蓬萊

錦浪園賞菊　明 李友蘭

種菊多閑徑怡情興轉饒蕊因零露吐葉豈待霜凋
彩筆成孤曠白衣破寂寥東籬如有酒花下不須招

青谿秋夜　明 張斗樞

敢愛科頭出偏宜秉燭遊天開一鏡月雨送半窗秋
洗菊催花綻栽詩定酒籌衣深雙鶴下有字寄浮邱

遊青谿　公安 袁中道 禮部

且莫攀巖去拖藍十里泉流飛鳴古雪雲淨似秋天
秀媚依溪寺淋漓帶水田不圖鄉國內見此好山川

遊青谿寺　袁中道

初曦明嶺路草木有餘欣曲曲還秋水山山學夏雲
亂橋縈澗脈九子露峰紋已過緋桃洞仙凡自此分

又

儘有幽棲地堪怡草木年逢巖思結屋愛水欲求田
白氎石溪淨青螺壁影妍飛禽不到處猶自有樵烟

鬼谷洞　袁中道

巖洞異珠城重門取次行千年凝雪隱一炬煥霞明

溜乳盤空變冰蓮蹴地榮仙源知不遠流水隔蓬瀛

鳴鳳山　袁中道

繡嶺重重裂淙流曲曲環撲天沙翠色拔地鼎彝山
石上桃花麗壇邊鶴使閒鳩頭乘興往且住莫愁還

將往玉泉青谿別胡汝濟明府　明 譚元春

白雲君部內敢不告山行畫入宗生路琴分子賤聲
淙淙春谷大艷艷夜花明去與樵人揖閒談尹素清

分司有感　明 韋爾臣

一徑過雲窗孤城傍水隈山光排闥至草色過墻來

林曉幽禽沸峯晴積雪開及時冬雨露何地不春回

煙霞洞口　　明 楊瑯樹

尋山纔入境一口野風清流水聲中路白雲影裏行
鳥飛千壑響日照半山明緩步臨仙洞煙霞漸漸平

壽隆寺浴佛會

衆山圍一寺到寺覺山無過雨浴塵佛鳴鐘却野狐
香思南燭飯花想玉盤盂為問六窗裏獼猴呼未呼

遊青谿寺　　明 雷思沛 太史

十里青谿水一條碧玉東月光童子室西極化人宫
身似氷壺裏心如石鏡中朝朝騰白氣細細蓋長空

山城聞警　　周會隆 知縣

警音連夕報傍晚屯雲低于野棲鴻雁中宵聞鼓鼙
傳呼雲外響置堠望中迷遥憶西陵月空城衰草凄

又

蜀寇屯汀邊孤城抱月眠寶刀鳴夜壁畫角起遥天
青犢何時滅藤甲應不還風塵雙鬢改莫謾計歸年

庚子夏日侍安父師遊青谿　　李樹巽

暇日尋幽境澄清一水流人烟連霧遠山色出林浮
松老堪棲鶴潭深任隱鷗喜瞻仙嶠至是地擬丹邱

蓮臺　　安可頴 知縣

誰遣五丁劈中流似漸臺鑿池看鏡啟出水愛蓮開
十丈花香遠三層石級鬼謾云時好別是地即蓬萊

遊鳴鳳山 丹崖　　許忠一 知縣

爲探鳴鳳勝小憩在丹崖飛閣凌雲起長溪破石來
靈凝瓶柳潤香逐座蓮開即是菩陀境從斯人上台

其二 鳴鳳

地僻山逾峻尋奇直造巔憑高欣就日舉步欲登天
佛寺香烟緲人寰福澤綿我來閑眺望無處問神仙

亭子山　　朱攀桂 庠生

百尺亭臺聳巍巍鎮一方清泉環左右翠岫拱中央

自昔蜂衙鬧於今蟻市忙登高閒眺入不禁感滄桑

鳴鳳山　　傅作礪 庠生

峭壁中天峙凌空玉宇開清風生足底曉日出庭陔
似浪千峯湧如銀一水回誰云枳棘地未許鳳凰來

咏瀘溪寺雙桂　　楊繼房 增生

桂是何年植雙擎梵宇前陰濃分兩地幹老並參天
餐秀饒禪味聯芳結佛緣靈根從此護品軼界三千

過鹿溪嶺　　貢生 鄭之謐 東林

行行還度嶺小憩最高頭水忽隨山轉人都爲此留
溪旁無鹿迹樹杪有蟬謳石上當風坐清凉一片流

遠安道中　羅應箕 東湖

孤城勢鬱盤碧障地天寬路入秦關險山夷蜀道難
田腴河水溜村散樹林團古戍濃陰裏行人每解鞍

蓮渡庵納凉　李林禎

地靜凉歸早林深月到遲科頭團坐露促膝語移時
柳幄陰常護蓮塘氣暗滋堆盤檎果美更可助吟思

過定林寺　拔貢 王學峒

欲問香臺路紅塵處處遮小橋通竹徑流水見桃花
樹裏鐘聲婀天邊鴈影斜禪關幽且靜誰與品山茶

通城河舟行出峽口　楊夏林 庠生

萬山深峽裏石罅挽舟行水曲篙遥下崖懸樹倒生
急灘鳴日夜窄徑變陰晴暫爾平川入開篷見月明

雨中過桃李溪　周維翰

客久歸心急匆匆走雨中雲沈山入夢漲合水爭雄
仄徑顛防馬單衣瘦怯風到家差自慰扶杖候奚童

梘口

湍激沙坪怒山爭梘口雄飛泉晴作雨隘谷水鳴風
峯合遮天小巖穿入地空彎環行半日不識路西東

龍華觀　徐鴻元 庠生

林巒幽靄處古屋白雲封不見烟中寺惟聞樹外鐘
平橋通曲徑懸磴上層峯拄杖恣憑眺溪流又幾重

遊鹿苑寺　李甲焞 貢生

探奇來鹿苑入谷便清幽古洞紅塵隔仙源碧水流
鶴巢依定樹人語上危樓一醉流霞飲雲門去復留

磨臍洞　劉子垣 教諭

古洞天臍認頻經歲月磨圍如南極少結是白雲多
石轉難爲噬岩空好自摩山中來野麝香護日婆娑

鹿溪晚歸遇雨　陳教塏 舉人

鬱鬱暗晴暉天光蓋四圍風聲驅雨到雲勢挾山飛
浩瀚溪流合蒼茫樹色微行行開晚霽明月送人歸

雲飛洞　彭兆祥 廩生

洞在雲深處雲從洞口飛清風長石觸白日供山依
雨送千重出晴招一片歸窮歌棠澗客坐對少忘機

遊招仙洞　王旭林 廩生

峭壁人踪少攀巖入最幽山高紅樹老仙去白雲留
鳥道通金闕虹橋引玉樓招來誰作主不負片時遊

由羅漢峪至水石居途中即景　劉躍鯤 廩生

羅漢去不返幽棲聞妙香偶循蒼徑石深入白雲鄉
峭壁撐天起回溪汪壑長刻中山水似應接使人忙

信宿鹿苑寺　李象離 庠生

一水扃谿綠羣峯幕寺青月節高下樹雲護短長亭
猿鶴棲崖老鐘魚徹夢醒僧房連夜話塵世渾忘形

鹿苑雜詠

苦竹幽溪　孝廉方正 陳金鑾 載臣

竹向溪邊植溪因竹亦幽何妨存苦節相與對清流
夾水天無暑成陰地若秋此間堪避俗欲去復勾留

羅漢點頭

儘有天花落頑能化石頭法華前度講羅漢幾生修
禮佛知心轉參禪覺味留此身長不壞影逐鹿溪流

玉帶七曲　喻秀升

逝水盤山曲幽情繞澗深問誰登彼岸由此濯煩襟
石谷東西渡泉源左右尋無觴延客醉宛轉發清吟

法華古臺

我懷梁隱士古跡剩荒臺演法風流盡談經月照來
乾坤聊縱目塵刼幾飛灰好與熙熙衆同登亦快哉

石柱沖霄　喻秀鍇

一柱撐空起高聳入雲烟月掛峯巔小溪涵塔影圓
昂頭天尺五俯瞰界三千絕頂狂吟罷飄飄意欲仙

羅漢點頭

高僧妙說經頑石忽通靈一旦能聽法千秋此象形
霞蒸仙脚赤苔染佛頭青默契無言旨山花自在馨

危巖招仙

峻嶺插霄間嶔崎不可攀猨來窺古洞鶴唳響空山
瓊島高千仞溪雲護一灣陸公歸去後無復叩柴關

苦竹幽溪

瘦竹標清節憑誰別苦甘引風來曲院抱月隱荒庵
石氣生壺白鐘聲繞蔚藍禪機如許活好對此君參

招仙巖　徐占魁 庠生

危巖尋鹿苑到此好招仙溪轉疑無路峯開別有天
仰看紅日上遠在白雲邊問訊了機事悠悠二百年

千年艾　熊子飛 庠生

三年求不得況乃一千年怪此名留艾同他葉紀蓮
松齡須十倍桃實待參遷遺種今難覓空將八景傳

初至高安　詹應甲

雲白斜穿徑山青不入城韋皐虛綰印（邑志載唐韋皐曾宰遠安然考唐書乃韋丹非韋皐也）王詡侈談兵（傳鬼谷子洞在縣西相傳即王詡談兵之地）地控三巴遠天圍萬砦平年來鋒鏑靖當聽誦絃聲
入境投荒寺單車趁夕曛一龕懸木石半嶺嚙風雲
縣僻游民少村閒賽社勤山農無沃土須報長官聞
放衙先掃葉移榻免黏苔窗破風鳴紙庭虛月浸五

代庖分爨火講學闕蒿萊且喜無留牘賓僚緩緩來
壁壘雲屯處民孱士氣驕怒雷驅牧馬快雪壓盤雕
聚米移營近遠安扼楚蜀咽喉爲巖險用武之地戍兵四百餘游擊領之歲買穀於民以資兵食勞薪入市遥如何紓力役先要採風謠
儒冠義草笠賓館帶莎茨策杖巡鄉易推篷上水遲
種花官荷插磨墨吏求詩雅稱催科拙蒲鞭早倦施
寒泉羅漢峪苦竹法和庵遊屐何人到囊琴許我探
裝輕攜木皂飯熟就伽藍偏歷幽奇境尋山不厭貪
搓手黃柑熟抽牙白菜鮮城中多隙地爲果園蔬圃故白菜黃柑甲於他處
山鷄張獵網溪獺趁漁船溪深魚肥居人每網獺以取之女乏當窗

織農爭負郭田沮漳原楚望懷古溯長川
鄉國三千里風塵聚一堂傳家守清白入室話蒼黃
新債書焉券殘詩積宦囊荒園能寓鶴應免鴈書將

回馬坡

虎鬥龍爭日風雲特地收三分鼎折足千里馬回頭
汗血山花染蹄霜石蘚浮江東羣鼠伏何敢望驊騮

白土坪

坪小偶成市山低如避人居然見平楚從此接通津
燈聚魚喧夜缸浮酒釀春傍城三十里喜看麥苗新

觀音洞

路到雲根斷龍從樹杪懸潮音深入洞石氣遠浮天
佛壁疑無土僧廚不斷煙我來求法雨一勺飲龍泉

遊觀音洞　喻懿昌

鷲嶺濺清泉飛龍玉峽穿藤蘿梯石上樓閣入空懸
冷溜分香積寒烟鎖洞天何時塵事謝借此住年年

福霖井 在慶壽寺　唐方耀 知縣

梵宇何年闢龍蟠碧井陰一瓶分聖水三日霈甘霖
古澗風雲合神湫歲月深斯人同受福靈異紀新吟

洪恩寺　姜開齊 貢生

絕巖開一寺幽徑入雲深院靜風迴砌松高月掛岑

經聲縈曲檻客緒定圓心住老歸鐘磬飛柯莫浪禁

秋抄遊福河寺宿陳氏山莊　談經正

經留水石村木葉靜無言樹老山容醉溪寒石竇喧
菊尊消永夜藜火澹幽軒更有尋秋興招提約舊存

晚過慶壽寺　傅汝霖

中酒留僧榻纏綿夢不成寒蛩吟破屋饑鼠攪殘更
浥露花無語聽秋樹有聲寺鐘天欲曉殘月半窗橫

重過石馬槽道中口號　王中言 布衣

良朋凋謝盡撫景倍荒凉草覆兵殘血村餘燹後牆
曉犟鳴野樹贏馬嚙斜陽卅載重過此秋風感鬢霜

青谿寺雪中作

谿雲常不斷，雨雪自多端。收得聽泉意，分來衆嶺寒。
煙凝成秀壁，晴瀉作哀湍。貪就山房息，爐邊逢懶殘。

遊青谿寺觀濫泉上石洞，洞爲龍女聽法處

玉乳冬春一，濫泉流匪今。龜魚蒼蘚瘦，猿鳥碧雲森。
山色開宗炳，溪聲續法琳。杏花依洞發，意欲襯青林。

遊青谿寺 安可願

勝地青谿水，公餘作宦遊。沙明千澗月，鴈影一天秋。
舊跡人堪紀，喧歌鳥不休。仙源知不遠，歧路自回頭。

遊青谿寺因登山頂漫咏 當邑 郭孫俊 進士

荒村鬼谷路，雲木翳天昏。寸土近金闕，千章無一存。
浮溪馴鴨浴，嘯石對猿蹲。獨此留幽意，盤桓倒一尊。

次韻金邑侯宿青谿寺 談經正

風塵勞鞅掌，翻得快嘉遊。韻落楓梧冷，神凝水石秋。
江山開靜慧，風物驗時休。向夕先憂意，蒼生盼黑頭。

玉暘栗漢昆青谿採藥迷路喜遇胡山人和韻 姜開齊

久仰年深寺，清幽負水濱。無緣來聽梵，有客識逃秦。
谷發風悲虎，林驚雀噪人。遥知同小坐，香滿一谿茵。

龍女祠 魯應甲

古洞經聲寂，靈祠畫像留。山花穿石破，潭月入窗浮。
橋折分三板，亭虛借一舟。何當新雨後，洗耳聽龍湫。

青谿懷古 朱錫綬

道脈歸鄒嶧，先生合隱淪。元機比莊老，歧路惜儀秦。
點易山泉活，銜芝野鶴馴。白雲封洞口，不肯涸纖塵。

周鬼谷子王詡

死哭心難白，生還淚亦紅。傳經惟弱女，知己兩奸雄。
史筆千秋絶，琴聲五曲窮。至今谿上月，耿耿照孤衷。

漢司徒掾蔡邕

卓錫原無地，談經尚有堂。溪聲疑虎嘯，山意逗犀香。

西竺傳燈遠，東林付鉢凉。荆南此中岳，遺碣問蕭梁。

晉釋惠遠

邃谷蜀鵑愁，傷春復感秋。蕩舟人不見，掬水月常流。
身世楚狂隱，文章屈艷侔。青谿最佳處，擬爲築糟邱。

唐學士李白

前題 劉子垣

文章天下法，詩派竟陵開。自檜譏宗伯，擒王騟子才。
大江名士盡，勝國雅音來。溪上飛春雪，高吟亦壯哉。

明解元譚元春

斯人邑盛名，孤調莫爭鳴。七子頹波挽，千秋異議生。

文章追屈宋伯仲盡公卿結屋留溪上清吟舊有聲

明吏部郎中袁中道

龍女祠步詹邑侯韻　　李甲煊

愛此幽深處言歸暫逗留圍窗羣綠淨入座遠青浮
泉靜藏珠窟堂空坐芥舟雲房容我借長此聽龍湫

同友人遊青谿　　宜都李　倪廩生

無計覓神仙谿山結勝緣泉聲砭俗耳松翠落吟肩
冷澈三橋月青浮半壑煙叢林幽絕處開闢問何年

又

徑古堆黃葉谿寒瀉碧流山靈開畫本雲氣擁僧樓

指悟禪中偈心清笛裏秋僧文印善笛音調清絕此間風月好
十日足句留

送篆山和尚主席青谿　　羅應箕

杖錫名山去諸方衆口芬寸心千尺水兩屐萬峯雲
慧業資龍象宗風斷見聞願將鐵如意高舉示紛紛

又

絕勝青谿寺法琳舊道場移泉說龍女載鉢下岷陽
諦在無千古名存奉瓣香定知清磬裏頻祝大醫王

又

青山兮有託白色看重開此處多高士相逢老辯才
生涯商勝事世路間寒灰活活前溪水誰人吸盡來

又

影堂燈火夜紺宇廢興年莫以三元要同參五味禪
芋燒松下葉麻種石蹊田愧乏長康筆難捐百萬錢

青谿寺古柏

龍蟠依古寺飛響近諸天佛面寒清影山靈管記年
風霜餘浩刼日月了枯禪羨爾干霄勢雲中鶴不眠

龍女祠次詹明府韻

懸崖遺跡在香火落宮留月上三潭曉窗空一鏡浮
谿光圍野色客思淡虛舟想像安禪叟蒼龍話古湫

行青谿後山

行行怯客心匹馬半山陰鳥道窮泉竇人家見竹林
牛羊翠微小烟火白雲深路轉谿聲響飄然動遠吟

遊青谿　　當邑姚錦江明經

何須頻選勝此境最深幽山勢連雲起溪光帶月流
聽泉清入骨倚樹淡成秋坐久心俱寂鐘聲到上頭

遊龍女祠　　陳文蔚

谿谷深深裏神祠久著靈泉交三道碧山擁四圍青
座冷雲生袂窗虛月透櫺莫輕舒嘯詠潭下有龍聽

九日登雲夢山　　周維翰

扶筇時小憩半日到峯頭寺小崖爲壁鐘懸石作樓
雲開千疊翠雨洗萬山秋衣薄微寒中茱萸盡一甌

舌耕住寺三十餘年丙午解館丁未春復有生
徒三五人邀入寺中遂復家焉

未了谿山願寒還復在斯去來風月共臥起鳥魚知
近佛惟枯坐非僧却住持沙彌三五輩石上坐忘時

青谿寺古柏　　周汝珩

大可三人抱陰遮一畝圓與僧相庇蔭仗佛得生全
幹直宜爲棟心空定悟禪每當風雨夜龍嘯近諸天

秋夜宿青谿方丈寄鐵舫和尚　　朱承緒 廩生

爲愛禪房靜攜僧過二橋灘流寒月碎湖挾晚風驕
兀坐山俱瞑清談酒易消西林今夜宿一榻伴參寥

青谿夏日卽事　　介休 喬桓之 庠生

古寺人蹤少深山暑氣微讀書消永晝烹茗送斜暉
竹籟沿谿解松花撲面飛忽聞歌欸乃童子釣魚歸

遊青谿寺卽景　　李時彥

萬古芙蓉障環谿積翠重短橋流水抱古寺亂雲封
梅老曾棲鶴松高欲化龍上方清淨地明月冷疎鐘

又

石瘦穿林曲窗虛補竹陰落花驚幻夢流水悟禪心
弔古從横杳看山歲月深辦香私茂叔風月滌塵襟

青谿卽景　　介休 喬 鑰 官清軍府

萬壑空中落深春畫裏看峯頭朝雨潤驢背夕陽殘
泉雜鐘聲冷溪搖樹影寒前村邀我飲一醉海天寬

遊青谿寺　　喻承綱 庠生

行到溪深處靈祠俯碧泉疎林霏冷翠古壑貯寒烟
水曲三橋鎖崖斜一徑懸作歌聲莫放潭底有龍眠

青谿雜詠

臥雲古洞　　當邑 熊經璧 貢生

臥老禪心定雲停古洞閒梵聲沉絕壑水色冷空山

掛壁蘿衣亂侵門石髮斑此中眞可隱塵累幾時删

龍女遺蹤

雲嵐千尺雪一夜就平灘護法傳龍女遺蹤傍戒壇
水涵神力活巖嚙溜痕殘客到都翹首靈風撲面寒

谿橋夜月

月照谿光白橋浮石氣青珠翻隨浪碎雪濺隔松聽
湛湛清思滿勞勞俗夢醒驚看出雲鶴一翅掠瑶京

煙寺晚鐘

萬壑迷蒼靄叢林鎖暮煙晚鐘雲外落殘照嶺頭懸
獨石遲空響浮谿雜沸泉覲難窮起止妙諦總難傳

雙泉澄碧

萬里峨岷水潛行到横西雙泉穿碧嶂一色湛青谿
石上清堪拖松間翠欲齊鬚眉聊自鑑塵海愧長迷

奔濤濺雪

奔濤爭石罅繞砌濺飛泉小作三巴勢寒生六月天
銀花波際噴玉屑月中旋莫道炎威酷繁襟已灑然

鬼谷幽棲

六國成灰燼蒼茫古洞存幽棲餘道氣蝕壁上苔痕
石乳凝成筍山雲冷護門紛紛遊説客那解布衣尊

雲夢晴嵐

仙人曾棲處遺迹護晴嵐石古浮深碧峯高積蔚藍
我來憎雨集何日撥雲探懷古哦佳咏重遊意更酣

青谿雜詠　周維翰

半角懸丹嶂週圍障碧霄招提分七座楊柳擁三橋
雲氣朝垂幙灘聲夜涌潮棲幽無定所隨意坐僧寮

又

一徑沿巖上藤蘿半倒懸石皴皴古畫樹老立枯禪
壁裂山開闢龕凉蘚作氈瀑飛痕尚在靈異説當年

又

漫誇幽絶處佳趣久方知鐘磬風微好樓臺月淡宜
鑿空嘘籟爽山奥吐雲遲最勝惟清曉曦光映露時

又

記余剛四歲老僕抱中來見水心狂喜看山眼乍開
半生常住寺佳日必登臺淺草谿邊路行行日幾回

又

焚香偕妙友吹笛約山僧柳岸常孤往梅崖偶一登
聞鍾休住相坐月餉然燈悟到希夷處解人索未能

又

橋側容枯坐羣囂儘寂然琴聲枝上鳥禪意水中天
勝地能消福幽棲肯讓仙也知根太淺濟劍斬塵緣

青谿雜詠　周汝玠

橋鎖三泉合峯迴一面開看山穿竹樹浴水得亭臺
月下常孤往花時待客來安排邱壑老無用笑粗才

題鹿溪寺　談必顧

北嶺環南嶺前溪接後溪其間惟古刹以外盡荒畦
撲地塵埃淨參天柱柏齊盤龍寺在盤龍山下高卧處仰止得雲梯

春日遊觀音洞　易先登廪生

不記來時路行行到碧岑飛泉常聒耳古木半成陰
竹靜留遊客山空助隱心登臨堪覽勝回首白雲深

沮江晚眺　　覃蔚南 增生

薄暮江干望晴雲四面収氣清天在水心靜夏如秋
林鳥歸巢樂漁人帶醉謳呼童將秉燭一片月當頭

夏夜雨後　　吳光斗 通判

欲寫新晴景丹青與願違水高山漸小雲過月如飛
漁火明溪岸螢光上客衣鳳鳴天下曉氣象詎熹微

觀音洞避暑　　曾玉藻 廪生

消夏觀音洞遊心太古初客稀人轉倦僧俗寺無書
遠市沽村酒清泉煮活魚詩成誰與賞明月上階除

藝文詩

七言律

碧淵寺 並敘　　唐 元稹

八月六日與僧如展前松滋主簿韋戴同遊碧淵寺賦得扉字韻寺內有碧淵穿注兩廊又有龍女洞能興雲雨

空澗長江礙鐵圍高低行樹倚巖扉穿廊玉澗噴紅
旭湧塔金輪折翠微草引風輕馴虎睡洞驅雲入毒
龍歸他生莫望靈山到滿壁人名後會稀

青溪口送客歸岳州　　唐 劉長卿

洞庭何處雁南飛江菼蒼蒼客去稀帆帶夕陽千里
沒天連秋水一人歸黃花裛露開沙岸白鳥銜魚上
釣磯歧路相逢無可贈老年空有淚沾衣

鹿苑寺　　元 張翥

千古南朝幾刼灰蕭梁寺額獨崔嵬化蛇妬婦餘空
井刺虎將軍有舊臺江口山紅寒照沒石頭樹白暝
煙來滿衣落葉西風急更為憑高送一杯

青谿寺　　明 劉英 知縣

自是高安第一山重重臺閣翠微間樹同僧臘不知
老雲與禪關相對閑仙女移泉龍尚在道人委蛻鶴

忘還我來不藹登臨興惆悵浮名兩鬢斑

賀節墨陶邑侯監紀　明 張大受 舉人

神君此日向南征壯氣森森細柳營錦色製成銀鏡色琴鳴餘作角弓鳴丹山隊整旌旗畫綠樹陰濃劍戟明除暴治民無二法巨鯨化入小鮮烹

白馬洞懷青谿　明 方叔壯 漳邑人 嵊縣令

盤盤磴道草芊綿手版迎來丈室懸白馬經過來此地赤烏曾住是何年石嵌雪乳沾衣上鳥弄山花落座前因憶蘇門清嘯者洞靈千載藉丹鉛

九日登鳴鳳山遲王明府　明 簡而可 舉人

使君爲政足循良九日登高思鄉茫斗氣近占周柱石風流遠憶漢田郎下方谿犬富清夜絕頂山花薦異香若是接䍦仍倒著須知此地即襄陽

鹿苑道中聞門人登第志喜

分校陪京幾歲來後先竹箭上金臺而今走馬看朝報又喜登龍屬俊才九德升庸過強半千秋衡鑑共推開得人報國心無恨長嘯山林亦快哉

送李明府如王官寶應

送君捧檄莫淹留淮海分符擁上游製錦應知春色藹還珠可信夜光浮此時赤烏飛仙令異日黃麻寵

卓侯須念東南民力竭揚州想亦似荆州

聞李溟陽年兄曹南牡丹絕盛　明 張斗樞 吏部

使君春色萬人家種得河陽滿縣花可但圖金傳舊譜更同輝玉長新葩三千自是無顏色十里何妨幕絳紗爲問風流白太傅能無分艷到官衙

殿試志喜

御墨淋漓動紫宸鴛鴦亦復點冠紳摛彪愧說年來夢剖璞誰非席上珍雨露彌天眞浩蕩乾坤惟我自嶙峋開函尚有然藜草推轂何人引鳳麟

視南襄　明 鮑艮守 知縣

均田乘隙視南襄璟堵蕭疎武庫涼士卒漫勞樓野壑干城自足倚封疆風吹畫角披芳草雲帶旌旗捲夕陽最羨便宜充國策兵藏耒耜隱金湯

分司校士　明 張 勳

江城無暑秋初老庭院風清玉宇涼桃李已經春雨茂桂花猶待月華香奎星聯璧天邊燦彩鳳羣鳴雲外翔山水精靈回氣運會看英俊醉笙簧

節婦談氏建坊　明 李 槩 例貢

蓬首雪霜飛短髮積腸血淚染疏衣鏡分影落孤鴻冷機斷功深雨鳳飛幾度松筠寒晚節百年砧臬帶

遐暉勒銘已動如椽筆衮語還閶出帝畿

遊鹿溪寺　　明　楊瑯樹

野寺立雲露半肩杜門芳草遠芊芊鳥呼春去山山雨柳臥溪澗岸岸烟莫笑才人多負世正憐時事好逃禪逢僧一話幽懷曠徙石臨流看鹿眠

維揚高淳孫老師　　明　李如玉　舉人

十年姓字賦秋聲猶記蓬生有自萌楚國神君思召父吳門下吏拜康成天邊皓月江南映石上清霜淮北生茲日何緣親錦里幸航一葦奉籌觥

咏庭桂訓諸子　　明　孫尚信　貢生

森森庭桂著花蕊萬點香飄遞後先布葉深重疑世派分枝悠遠似瓜傳植同竇樹成丹粟攀向璚宮仰碧天繙史空慚竇氏訓月華勤采供芸編

辟寇山居寄長姪肇　　孫諧　貢生

驚傳賊焰蔽東籬蟋蟀瘦吟候已移獸走豈堪來曠野鸛鷗聊且擇叢枝雲生白日低窺戶山畜青天大似箕回首家園未致遠細論樽酒定何時

鹿苑　　孫惺

每到勝遊先問水但逢墨客與懸期澗深紫氣來騷與亭去薰風聽鼓吹鶯轉幽溪送曲譜霞飛丹嶂動旌旗仙僧欲識阿羅意聆取和公面壁時

怒飛軒示子　　孫諷　增生

風捲棠花慘淡歸孤芳憐爾自霏微百年鼎養難消恨三世綸封快振衣竹裹隨時飄冷韻窗前猶自愛餘暉旋看鼓翼乘風去莫效鷦鷯搶地飛

新城初建志喜　　孫開祚　貢生

嶙嶙雉堞壯峯巔願頌斯千祝萬年石氣騰空撐峭壁水聲就下瀉寒泉樓開日月光華近防設關河指指連從此狼烟都掃盡家家鐘鼎勒詩傳

遊青谿寺　　馬震

萬木叢中隱磬聲經過此地暫怡情溪泉流處波文細野鳥歌時絃管清碑碣尚遺前代蹟石橋猶記昔時名何年脫卻塵羈事幸與先生結舊盟

鳳山遠眺　　俞惺

斗大山城別有天巉巖險阻屬荊邊石田幾點如棋布峻嶺千層似浪連地僻惟知農事好景奇時有異人旋最憐瑞鳳曾經此常頌神明勝昔賢

遊青谿寺　　許英　知縣

可愛青谿古梵宮一灣流水數株松半巖晴日裁雲補十里山風送曉鐘道士昔乘天上鶴老僧曾留亢沐

中龍停驂半聽談元處香裊花飛燭影重

青谿　詹應甲 知縣

行到青谿谿幾重隔谿纔響午時鐘風窗四面難招鶴雪澗千尋尚挂龍醉倒花王欹石臥書成草聖借苔封禪心道味都虛寂我自張琴和古松

沮江別劉拙豹　蔣樹昌 知縣

曾從絳帳拜先生扳幟文壇舊有名座上詩書親弟子門前車馬薄公卿人沾雨化無遺憾我走風塵愧少成別後蘭臺方秉筆時修縣志同舟誼可憶環瀛

遠安官舍　朱錫綬 知縣

衙齋寂靜似禪房瓦破垣頹徑就荒蘚樹陰濃山鼯嘗短窗紙裂野蛾僵壁無畫本峯能補座有琴聲吏不妨贏得鳳凰鳴可聽吟鞭爭掛小樓旁

遊青谿洞　唐方耀 知縣

何處青山青更青谿谿上水泠泠偶尋王詡幽棲洞重問當年舊講經洛曲至今傳鬼谷沮江終古憶仙靈閒來蠟屐蒼苔畔一路松風正可聽

其二

雲夢山前遠樹齊法琳洞口夕陽低更無蝙蝠如鴉在惟見藤蘿入洞迷碧牖寒來留客坐白雲深處聽猿啼言歸不覺斜陽晚采藥還經舊澗西

青谿漫興　朱錫綬

未必青谿勝玉泉玉泉山峻此山妍四圍淺絳樵黃鶴一帶平岡噪暮蟬遺蛻法琳餘古洞高蹤鬼谷只荒煙客來莫問儀秦事巖樹縱橫別有天

蔚藍倒映碧溪深噴玉跳珠和短吟紅蓼蜻蜓秋寂寂綠楊魚虎晝沉沉飛泉淨滌三摩障明月孤懸五曲心我欲牽船依岸住蓬萊弱水孏重尋

自入深山樹更幽傍崖臨水綠迎眸短楓已著霜前色蘚篠偏分澗底秋一簇花開鐲忿好半林蔓引寄

生柔風流楊柳凋零易空惹寒天古柏愁

重巖複水寺門藏立馬斜陽問晉唐似有傳衣懷惠遠更無殘碣紀蕭梁畫山摩詰留詩癖嗜酒青蓮本楚狂終古溪流作琴語曉風還悼漢中郎

龍女祠前水一窩紆藍縈碧抱陂陀煙雲變幻山皆夢林壑蕭疏月有波入手楊枝參佛近出山泉水活人多辦香再向慈雲祝願滌牢愁起積痾

欲把谿山作畫圖苦無佳處試臨摹一卷忽向水光起列岫全教雲氣扶林隙人家添界畫溪均略彴襯菰蒲風前笑與山靈約擬結茅亭號巨瓠

中秋前一夕宿青谿寺翌日小雨遊山用小翠

韻寄周柳溪學博　　盛徵琪

玉泉勝境敵平泉紆道生憎觸熱天粉本宋元都入

妙美人環燕各爭妍淒迷山色雲如夢淸淺波光月

化煙此是高安最佳處筍輿一路聽寒蟬

新詩偶仿郄僧吟一曲貪緣五曲深疑有薄寒生半

臂莫教流水負初心濕螢見火星將起乾鵲無聲日

易沉擬傍隄邊栽碧藕試花時節好招尋

自昔禪房花木幽到門淸景豁雙眸未霜紅借新楓

色已雨青添苦竹秋古柏三生疑有舊女蘿半死誤

於柔飄零容易傷蒲柳但對貞心便不愁

四壁屏圍一徑藏招提古址訪初唐青山剷後埋詩

骨白社開時得酒狂鬼谷煙荒輸暖谷蕭梁碑斷歷

朱梁谿聲鳴咽焦桐破中散重來哭議郎

靈旗降兮小行窩龍女祠開近曼陀地脈有源通活

水芳心無語託微波似聞農事今年熟始借淸光此

夜多一白聽經成道後楊枝功德雪沉痾

薄醉看山拄杖扶楚材詩句輞川圖夕陽在樹疑黃

漢遠水侵雲作綠蕪拳石一區茅易結眉峯十樣筆

[illegible]閒瀨溪隱就菊重携患子匏

遊青谿洞　　楊繼煥

谿出青山共一青青谿之水獨淸泠到祠暫下僧人

榻入洞遙追佛子經遊遍天涯隨鶴意移開泉窟有

龍靈水聲淅淅樵烟起十里拖藍側耳聽

山峯高與白雲齊回首泉流勢漸低仙乳延齡源自

遠古籐滿目徑終迷懸巖鴉影猶看倒隔岸猿聲不

住啼應有詩人思結屋追尋何啻瀼東西

宿龍女祠步唐明府韻　　顧晉承 縣尉

一灣溪水數峯青努影尋源到胏泠水經注泠水問出浮胏山

課江村添畫史吟詩梵院補圖經花明對樹春爲主

寺占名山地有靈獨自憑欄無限意松風猶向六朝

聽

青谿寺　　常邑 楊州彥 進士

迴寺層巖六月寒芒鞵踏破石磐磐僧常聽鶴閒中

嘯山不嫌人靜裏看泉響入心翻寂寞鐘聲出谷料

艱難名根次第渾消盡此去逢人號雪灘

贈青谿周柳溪學博　　朱錫綬

野鶴閒雲絕一塵淸如茂叔即蓮花人餐乳穴泉宜

壽詩得山靈氣自華在昔名流消背指近今延攬到

蒹葭我來請割閒風月共長明留住水涯

青谿寺題壁　談經正

偶逃酷暑到禪關分得山僧數日閒一壑嵐光浮面碧中天明月徹谿寒涼生雨氣侵階濕泉似風聲入夢殘曉起細鱗纖可數坐臨烟火試綸竿

青谿寺納涼　李林楨

何處招涼酷暑平城南古刹愜幽情谿雲帶雨隨時遍泉水出山澈底清萬木叢中禪榻靜三橋石上月華明詩脾沁向冰壺裏更聽鐘撞夜半聲

同友人遊青谿　枝江王永彬貢生

谿聲引我入村煙紆曲幽蟠古洞天蒼石堆雲撑峭

壁碧濤濺雪擁飛泉煎茶小憩清涼界問柏能知魏晉年囑付同人歸去早此間住久恐成仙

青谿古柏　喻蔡昌

涵空翠鬱蔭僧房老幹扶疏閱晉唐黛色連天參古佛蒼顏歷劫飽寒霜階前影接谿雲合殿角風來柏子香鸛鶴久棲忘歲月人間爲問幾滄桑

青谿道中　羅應箕

危峯壁立白雲間雲去天青露翠鬟絲掛蒼藤團舊砦紅燒野火入荒山鐘魚徹耳遙知寺竹樹沿溪不記蠻蠶事初過農事起人家日午掩柴關

青谿方丈小坐

去住靈山近廿年棲心未許便安禪龍潭氣挾峯頭雨鬼谷雲封洞裏仙藏影溪流今古月留春樹老漢唐天空門寂寞風塵苦結想誰知各境牽

青谿　喬桓之

羣峰合沓綠陰屯一縣名山此獨尊老嫗銜雲樵響壑殘僧帶雨種芳園春風有信林花笑谿水無聲野鳥喧攜得蒲團鋪洞口臥觀壁上古詩痕

青谿寺　周明修

家近仙源路不迷閒邀風月共幽栖石稜倚樹猿爭

登嵐翠浮空冷一溪綠樹春交芳草岸丹楓秋老夕陽西畫工如寫龍眠意着我山窗聽鳥啼

遊青谿　官當邑教諭　涂鳳友竺嶺

遊罷名山思悄然看山恨少買山錢猖狂欲哭窮途裏險阻曾嘗宦海邊故國人愁歌楚調仙源客憶避秦年叢阿清福誰消受半屬閒雲半屬禪

和涂竺嶺遊青谿山韻　官監利主政　王柏心子壽

題詩卯壑意超然興發看山不用錢舊約同盟丹嶂外清遊獨踏白雲邊空思塵境逃名地未卜山靈識面年何日隨君償夙諾相攜登嶺問安禪

遊青谿　　當邑　簡德香　庠生

遠峯宛轉近峯懸到眼峯環第一泉詩滿僧牆吟更
好茶烹溪水色彌妍秀靈地合誇蓬島渾樸民宜號
葛天倘借毘盧容我住半逃烽燧半逃禪

遊青谿洞　　陳金鑾

面面峯嵐擁畫屏法琳去後洞常扃半窗雨過留苔
綠一壑雲濃罩樹青攬勝巖前招鶴下講經戶外許
龍聽浮榮不慕身常健嬴得喬松壽百齡

送楊總戎之青谿　　王殿英

書生豈必厠戎行暫蘀軺車到上方士卒如雲皆整

肅旌旗蔽日盡飛揚援琴曲訪中郎蔡講易機參鬼
谷王願挽青谿東去水烽烟淨洗落天狼

青谿寺呈周柳溪先生　　當邑庠生　朱世燿　小松

三橋彳亍抱孤琴閒裏光陰鬢雪侵心定未妨盟白
水家貧端不羨黃金青谿留客公爲主明月分光我
見心世事楸枰何足問欲隨杖履入山深

遊青谿寺　　杜志學

古剎荒祠逕欲迷名山畢竟讓青谿泉流汨汨龍穿
竇樹老森森鶴愛棲閒過三橋津自識貪看八景句
爭攜我來試訪蕭梁事斷碣何曾有字題

龍女祠　　當邑　張兆南　庠生

彷彿西池瀉混茫飛來仙女駕輕航藤蘿貼就靈巖
畫蘭芷披成水殿香入定僧應空色相臨軒客最愛
清涼題詩好爲丹霞祝古斷人間選佛塲

當邑　劉餘慶　庠生

青琳是否說神工占定名泉更不同寺址半鋪巖足
上禪堂全落水心中當年坐熟三橋雨此日吟生一
壑風幸遇高僧長對飲夕陽窗外下丹楓

傅丘操

幽祠探向石門西湛湛雙流瀉碧谿津問路通仙境

界靈昭封荷帝標題留將明月篩花徑駐有慈雲護
柳隄移去泉猶山下在跡同鴻爪印春泥

羅應箕

此處谿山甲玉泉荒寒奇秀少人傳青浮一壑窺天
小碧鎖雙流劃地偏對客枯僧持半偈著花老樹閱
千年心空梵貝參寥遠振耳龍湫少不絃

宿龍女祠晤周柳溪　　喻慈昌

幾回唱和到招提酒榼吟瓢手自攜近識遠公開白
社況逢茂叔住青谿潭心月照靈崖靜洞口泉翻亂
石低更愛斷橋無路處竹枇陰裏竹雞啼

鬼谷洞　　詹應甲

老莊之外有先生枉被人傳道士名大澤龍蛇騰卦
氣空山雷雨和經聲一燈照壁心神斂六國飛符口
舌爭可惜過門諸弟子誤將奇耦認縱橫

周維翰

巖棲不受俗塵侵嵌似梯雲上碧岑路轉陰崖懸石
乳人穿邃洞雜仙心蘇張竟去山靈笑猨鶴時來道
氣深我有草廬空谷外春風把臂共幽尋

臥雲古洞八景之一　陳敎培

妙峯飛錫下青谿終日法琳洞裏棲嶺上浮雲同臥

起崖前流水任東西蒼苔痕滿長遮徑老樹根懸不
着泥怪煞聽經龍女去人魚猶向夜深啼

法琳洞　劉子垣

遊人爭向法琳洞我亦法琳洞裏來座上天花曾墜
落巖邊泉水早移開樹陰畫合圍靑幛石徑秋深長
綠苔臥老宗風重振起瓣香猶有未寒灰

雲夢山

雲爲江北夢江南澤盡山橫疊疊嵐萬壑濤聲空際
落一天霽色望中含靑谿環繞如屏幹紫蓋縈延若
新曕滴露研朱東跡杳遊人幾度費追探

登雲夢山絕頂　李逢年

雲夢巍峩勢整齊登高翹首恨天低巖松假寒風雲
合洞水潆洄烟霧迷梅老夜聞孤鶴唳山深時聽斷
猿啼揮毫不覺憑臨久斜月依依下嶺西

前題步韻　貢生李元吉　謙六

崔巍直與白雲齊俯視衆山勢盡低峯頂攀蘿原可
上巖腰採藥不曾迷千年陳蹟徒猿叫一路清音只
鳥啼披讀殘碑歸去晚鐘鳴古寺夕陽西

靑谿雜詠　羅應箕

洞口藤蘿一徑斑觀心老衲幾時還人來可有猨投

果蛻去不須虎守關殘月空沉安隱座歸雲應戀舊
稚顏宗風浩刧殊難問乘願何妨住世間　臥雲古洞
護法神龍已證禪遺祠畫像尚飄然靈通百谷浮衣
鉢幻入三更下瀑泉淡淡春山留翠黛纖纖新月貌
嬋娟蒼茫落日喧雷雨又破浮空色界天　龍女遺蹤
寒光蕩漾三橋月素影蒼涼一鏡秋始悟虛靈無住
著誰窺須洞了浮漚空留老衲參圓相倒湧遙大漱
碧流隱約妙鬘雲蕩散中宵龍女煥珠遊　谿橋夜月
百八蒲牢叩夕暉遙遙遺韻響依稀遏雲繚　繞懸清
漢留月空明住翠微絕徑風高沉鶴唳回峯人語帶

樵歸山僧未識閒根斷不盡聲聲喚息機　烟寺晚鐘
終古雙泉流不盡仙源混混下峩眉一溪晴雪分山
勢萬里伏龍合水湄望去天空寒鬢影閒來雨過數
魚兒膏渟黛畜巖花落好是風清浪軟時　雙泉澄碧
滚滚寒濤訴不平炎天白雪一溪生潮響晴有風雷
氣石怒根翻灔澦聲冷逼鬢眉空色相痕流清淺話
蓬瀛只憐澎湃前崖下嗚咽難消萬古情　奔濤濺雪
先生一去空山冷古洞荒荒認舊蹤石室陰沉寒白
日蘿衣屈曲挂蒼龍泉宜洗藥烹來淡蝠不驚人睡
正濃只是紅塵仙骨少蘇張復遣出雲封　鬼谷幽棲

浮空蒼翠擁晴嵐望裏氤氳萬木參石徑蛇盤埋野
草松根雲去認荒庵濃陰彷彿層霄近黛色分明一
氣涵絕頂仙眞殘局在烟霞想像快清談　雲夢晴嵐

喻慈昌

爲訪仙蹤覓徑行參禪人去白雲橫半崖苔篆摛文
古一帶泉聲浣石清過客爭詢當日事談經還記舊
時名手披斷碣懷陳迹頓起遊人出世情　卧雲古洞
一從龍女叩禪宗萬丈飛泉下碧峯瀑布潛移靈鷲
靜洞雲長護古苔封藤成樵棧懸空際壁掛銀虹剩
舊蹤道法至今猶未替常將霖雨濟三農　龍女遺蹤

與僧谿上話秋宵皓月橫空夜寂寥一派清光篩古
柳千林紅葉幕山橋冰輪照澈金波碎銀漢倒涵雪
浪搖悟到空明忘色相此時不覺世緣消　谿橋夜月
蒲牢叩罷夕陽天聲壓谿濤傍晚傳近徹梵宮塵遠
谷遙從霜夜度清泉傍歸流水三橋月鶴唳空山半
壁烟若箇喚醒名利夢來參最上一乘禪　烟寺晚鐘
混混雙泉日夜鳴穿崖咽石雜經聲波心倒印連天
碧洞口分流澈玉清兩水月沉山色淨三橋柳拂鏡
光明偶來掬飲消詩渴便借潺湲濯素纓　雙泉澄碧
滚滚清泉瀉急湍響騰谿上走狂瀾濤聲濺石三更

壯水影翻空六月寒怒挾風雷疑灩澦爭看晴雪下
溪灘潆洄長此留清淨一入渾流本色難　奔濤濺雪
六國紛爭懶繫心蕭然世外憶仙岑山頭紅日沉溪
冷洞口白雲入座深野鶴孤鳴常對影神龍高卧未
爲霖蘇張自是無仙骨一卷陰符誤到今　鬼谷幽棲
烟沉霧淨蕩晴朝一片嵐光混碧寥欲擬畫花圍古
寺不隨野色下谿橋青浮嶺表離還合翠點天空近
忽遙堪笑白雲貪茗相窮形極態逐風飄　雲夢晴嵐

絕品茶　宋瑞　教諭

誰識雲門別有春金芽帶露摘來新鵶山人諳香難

並烏鵲虛名味敢倫數片漫煎消酒渴一甌輕泛沁
詩脾我來愛罷山僧供兩腋清風欲奮身

石柱山吟　薛東　知縣

根在乾坤未判前不施斧鑿自天然峯巔崒嵂孤擎
月山勢嵯峨半插天冬雪凝寒拼玉筍曉霞絢綵簇
金蓮可憐臺榭常興廢惟有茲山不紀年

遊雲夢山　鄧林

十載懷遊雲夢山輕車此日到山間聽僧漫說當年
事撫景俄成半日閒洞裏泉流龍出見巖前松偃鶴
飛還殘碑零落文磨滅老眼摩挲認蘚斑

觀音洞　貢生　黃蘊奇

訪得洞天近碧霄登高游亦賦逍遙聽來鳥語如聞
梵送到泉聲似落潮四壁慈雲生石竇頻年膏雨仰
禾苗振衣幾度恣吟賞掛御詩瓢換酒瓢

自省垣御寄劉拙翁仍用留別韻　蔣樹昌　知縣

拚把六經醉一生知君志不在功名師資規矩能爲
巧謙德大夫可讓卿玉樹幸依緣忽斷芳鄰欲接頤
難成丹旋似被罡風引回首仙居擬望瀛

冬日重過鹿苑寺　談經正　舉人

慙余塵土日營營落葉空山復此行總爲貧賤驅棘
道翻從水石得幽情庭前柏子香留鉢戶外竹聲寒
沸鐺去住茫茫覓未得細將清磬叩平生

春日遊鹿苑寺　廩貢　熊應兆　瑞堂

峯巒擁翠自西來步入鹿溪絕點埃三月地隨遲日
暖四圍山逐曉烟開爲聽禽語攀蘿葛欲訪仙蹤掃
蘚苔坐久更饒禪悅味松聲竹韻滿亭臺

鹿苑寺八景合詠　魯泮藻　貢生

玉帶縈洄繞碧流天開一幅錦屏幽溪邊竹葉雲垂
幙亭畔松蘿月挂鉤石柱果然千氣象華臺那復記

春秋峯前坐擁阿羅漢笑向招仙日點頭

春日懷鹿苑　陳敦培　庠生

半壁烟蘿屢夢吾寺中風景未模糊留賓榻設清涼
界獻佛花開富貴圖山上人隨天共小溪邊僧與月
同孤雲門春到饒佳興詩句籠紗問有無

遊鹿苑寺　翟廷魁　庠生

亂雲堆裏石門開爲訪幽棲載酒來貼地溪流殘月
冷摩天壁障晚風回荒亭剩瓦埋秋草古寺豐碑篆
綠苔嘹唳一聲仙鶴到蒼烟合處淨塵埃

鹿溪小隱圖　縣尉　錢康祖

官拙深慚俗未删頻年空負好溪山振衣鳴鳳青千
疊濯足臨沮綠一灣聽雨豪情今異昔乘風弱羽倦
思還披圖自問誠何補贏得頭顱取次斑
廿年江漢似乘槎清俸傾囊付酒家剩有蹇驢無可
賣偶逢山水便停車曾經南國浮滄海尚欲東籬種
菊花到處雪鴻歸未得故鄉遥望隔天涯
捧檄於今春復春山靈招手笑官貧謀生本自如鳩
拙作吏難求似蠖伸同輩幾人登顯要吾儕何處問
迷津煙霞痼疾林泉癖只合投閒託隱淪
琴書風月癖宜删况復躭幽性愛山賤子偶來沮水

曲舊交爲寫鹿溪灣此邦洵美非吾土故國能歸待
我還小隱圖成堪壽世不須惆悵鬢痕斑

絶品茶　劉爲鰲　貢生

品在旗槍龍井上名傳石柱鹿溪間春風擬訂無雙
譜穀雨收從第一山陸羽專經猶未載盧仝七椀鼓
相關飲酣睡味連宵破會見侯封不夜須

登鳳山　楊瑯樹

千仞峯頭坐曙輝遠山煙樹望霏微倚天嘯罷空彈
劍去國歸來始振衣石竇有泉龍尚在仙跡無竹鳳
何依當年景物今安是滿眼浮雲帶鳥飛

頌周父師德政　孫詒　增生

才堪治亂古今難善政酌施猛與寬去暴應如去莠
盡勸農秖是勸民安鐸申六諭吹仁藹風動八鄉頤
影寒城社不知何以浄珠明東海燦金盤

頌周父師下車課士　李本先　明經

十年虎帳纔征袤文社浮沉笑海鷗詞翰喜親陶令
案圖書還載米家舟爨材石室邀榮遇駿骨金臺賴
遠收繩襲應知勤問字龍門早已別薰蕕

周父師新春　張千英　庠生

東風散入霞城天細草霏霏承舊年素楊幾回閑蝶

夢蘤株此日聽鶯遷森森柳色縈芳佩馥馥梅花度
曉烟最喜蘭階愛日近春暉有意照青漣

庚子秋旱安父師禱雨有應　游應升　庠生

西疇枯稿殊燋悴霖雨隨車沛澤溶十里龜田潤藻
色一城蛙沼浴花容隨風似穀籠平野逐霧如絲過
遠峯自是陽春原有脚甘棠幾處快陰濃

三月三日登鳴鳳山　向儒道　貢生

三月山城花亂開同人攜我上仙臺凝眸遠覽乾坤
小索筆分題雅頌來紅樹枝頭懸日影碧沙洞裏隔
塵埃徘徊不盡登臨趣回首東風一快哉

秋日登鳴鳳山　姜開齊

雲滿秋山老石苔登臨恰喜曉晴開丹楓遍野千村絡碧幛連溪萬壑迴心徹閣同明月對身輕人似御風來凌虛嘯發琳宮下樸鼻香生茗一杯

登鳴鳳山　教諭 楊繼煥

結伴登山聽鳳鳴道人含笑下堦迎人過八秩如童子鳳去千秋有令名樓閣半空風鼓盪徑途一線草縱橫伊誰早遂歸田願玩月看雲了此生

鳴鳳山　縣尉 劉用達

重關當日扼山城鳳岫參差雉堞橫屯難避懷侯令

尹鼎新兆金宋昇平灾釀元帝燹炎火防設遠洋有鎮兵縣治屢遷何處問夕陽回影照東坪

登鳴鳳山　雒應貢

疊嶂重巒綺落霞孤峯聳翠勢嵯岈烟橫谷口千盤合路入山腰一綆斜採藥何年逢石菌驂龍有客覓仙槎懸崖撒手殊奇絕坐對危樓且品茶

九日偕學師登鳴鳳山　王殿英

龍山遠遠鳳山崇挈伴登高我與同芳擷黃花將進酒跡探丹穴試凌空談經糕字方疑僻作賦非才不自雄亦步亦趨師範在先求也似坐春風

鳴鳳山　熊汝鈺 庠生

寶祐鼎新四海平西山一帶鳳皇鳴前朝代謝餘陳蹟我輩登臨感盛名杉樹峯高雲亂起馬鬃嶺仄日孤擎何堪安遠樓邊望滿目荒烟沒舊城

九日登鳴鳳山　黃錫齡 庠生

登臨誰不羨名山冒雨乘風共仰攀此地曾傳丹鳳去遊人空對白雲閒平原城市江帆外幽壑樓臺水石間四顧蒼茫飛逸興黃花節後一開顏

過李石帆釣磯　喻慈昌

夢醒宦海謝朝衣錦浪圜中好息機鱸鱠竟如張翰

颿溪山即是子陵磯一竿風月隨緣度半壑烟波與世違遊客間尋垂釣處嘯風亂石想依依

烟霞洞口竟日

踏遍荒蹊訪洞天霞燃碧澗映清泉撐雲古樹交枝茂疊翠層峯到眼妍蘿掛危巖飛冷溜草生石竈煮寒烟煉丹道士歸何處想入非非我欲仙

福河寺　汴陵 合 李邦佐

卓錫何年住妙峯白雲深處緲仙蹤黃金勅賜山中額玉露香凝石上松五夜聽經聰有鶴六時說法缽降龍別來無限相思夢怪殺寒山月下鐘

福河道中　談經正

萬山秋色照人行一葉丹楓劃影明流水聲中伻語亂平沙道上馬蹄輕蒼松未識年光暮衰柳猶懷時序榮古寺向來經賞處不知雲物幾回更

宿福河寺

我欲偕僧着衲衣寒岩枯木兩忘機山中水落溪聲瘦松際雲來嵐色肥把酒爲神興落落剪秋得句情依依滄洲有約從吾好竹杖芒鞋願不違

郭中元武庠

爲愛幽閒客妙峯窅碑蕭寺列重重前朝勅賜餘陳

蹟老衲燈傳有正宗花徑屐痕紅印蘚雲巖濤韻翠迷松夜來深省憑何發皎月新殘數杵鐘

過福河寺　李申煊

壯歲東征過佛堂書生仗劍起寒光禪房下榻塵遊躅粉壁題詩吐繡腸繫馬松枝應更老留人桂樹可還香悠悠三十年前事話到滄桑半渺茫

同王子青慶壽寺納凉

呼朋何處好招凉一路尋幽入上方禪寂迎薰非有閣院深避暑可爲莊學仙酒喜王宏醉對客詩慚李白狂鐘後僧猶磬夕膳紗籠莫漫說題牆

九日同郭克振登文經山二首　談經正

與山題字榜文經更續參軍舊典型菊酒傳時眼自白天風吹處鬢誰青嶺如靜客環相對水似流年瀉未停摘得茱萸分別坐師生少長兩忘形

平原搖落柘桑寒攜手峯頭得縱觀碧巘如城烟火接黃雲列繡黍禾團東籬斗酒懷元亮秋水長天愛子安武緯山前亂石渡明年此日又追歡

寶華寺

萬派嵐深秪樹前幽尋恍似挾飛仙奔雷澒湧晴堆雪挂日峯寒峭割天碧巘低垂半壑雨青巒淡抹一

痕烟花源咫尺人蹤遠惟有閒雲將往還

傅正操

半壑晴嵐翠欲浮到來誰不羨淸幽瀑侵樓閣晴疑雨月挂藤蘿夏似秋梵宇年深存斷碣秪園兵後剩荒坵老僧執手殷勤問泡影回頭悟也不

登太平山　談經正

絕頂平天萬派青沮江一線破雲汀烟村歷落排沙鴈邱壑微茫疊浪萍蜀道連山歸指掌荊湖千里在門庭忽思高舉尋眞契欲喚飛仙借羽翎

太平山　貢生劉玉璟綸青

遥望峯巒西北橫白雲深處有蓬瀛三千五百丈量影七萬二千步紀程鐵瓦殿登天若近結庵門啟雨初晴邇來嘯聚無宵小古寺半山額太平

登百井山　貢生　杜志學敏之

縹緲峯高百仞間回頭一覽小羣山石盤界劃仙棋局鐵瓦痕留古蘚斑爲訪殘碑穿曲徑偶逢野老話禪關行行更欲攀巖上坐看烟雲四面環

果然百井不虛傳踏過一泉又一泉陰雨常占三日霧晨曦先照五更天荒唐舊事憑誰問頹廢遺基動客憐安得山靈終不昧重教香火續前緣

仙女洞　楊瑯樹

仙女驂鸞何處去仙巖空自倚雲開半山樹影寒成雨一洞桃花老作苔碧草恍留裙帶在香風疑送佩環來徘徊石上勞惆悵九子溪頭人未回

登三台山　姜開齊

撩衣攀草上層台縷縷情懷莫浪猜烈士暮時猶似昔壯心熄處未成灰清流遠逐三江瀉邃嶺幽同五嶽開差有高人眞見解獨搔華髮一徘徊

石橋坪　談經正

雲迴霞舉萬峯連一壑鳴泉一壑烟駭浪排溪走白雪長風吹壁立青天寒深家自衣松火歲儉人猶饜石田不是蠶叢闢往徑桑麻應共武陵傳

宿龍洞庵

泉聲脈脈故相催海勢江濤入夢猜誰駕石梁承佛剎我從流水想琴臺洪鐘韻度雲門去老樹青迷洞口來烟靄前山渾似幕憑君清句數行開

上十八灣

沿溪百渡溯潺湲徑逼危巖空翠懸絕巘只疑源盡處穿林忽有路登天足經鳥道前翻却人在羊腸往復還更是石橋橫絕壁淩虛恍擬挾飛仙

春日晚過茅坪即事

青青麥壟淡含烟笑樹桃花嬌欲然薄暮牛羊喧野渡比鄰雞犬認桑田流鶯細語開村酌春韭新炊佐客筵景物親人風土樸山谿靜話義皇年

白茅泥出九子溪

桑麻如繡自成村萬嶺重圍闢一門夾岸飛岑鉗碧落排溪寒水鋸雲根千年洞壑仍無恙九子姓名已不存嶺上白雲攜未得衣裾但染紫泥痕

定林寺書壁　庠生　傅日照

烟雲深處隱紅牆中有開元舊講堂剎落塵封金佛

相離奇樹蔭石禪床蓮燈寂滅曇花靜草徑縱橫夜月凉一片殘碑成沒字秋風落日感滄桑

秋日偕友人過黃泥岡問眺　許水山 庠生

同人緩步嵩亘安並立高岡放眼寬俯瞰沮流催雪浪回瞻鳳嶺擁雲巒霜侵楓葉千林晚風捲松濤萬壑寒景物好詩皆可入諸君莫作漫遊看

再過泉水庵和了悟和尚　傅書藜

吟風嘯月記當年躡屐重來謁洞天榻落松花春未老壁籠詩草字猶鮮脫離塵網方爲智畫破爐灰不是禪到此六根皆欲淨蒲團坐處聽流泉

泥水洞　望君猷 庠生

石竅玲瓏透碧流滔滔洗盡古今愁汙泥不染泉中水岩洞應爲地下虬春入桃花千樹笑雨過草色一灣浮杖藜訪得仙源跡歸去前溪月滿頭

陳國恪

路轉山坳更上躋遙遙古洞半峯西石巖有罅泉爭湧蝙蝠無巢翅倒棲舉步纔穿仙窟窈回頭欲問浩宮低傳聞水自漳溪至陰雨經旬濁似泥

陳文藻

洞口開張掛碧空潭穿洞裏恰當中石根下插將千尺風磴旁懸秪半弓足踏峭巖登鬼谷手捫絕壁看蛟宮怪來山骨驚分裂峽底潛流一片通

月夜由南樓至太平橋　李林禎

遊罷南樓未肯旋月明三五夜初圓光疑玉宇飛來鏡品似瓊樓降下仙抱閣迴溪流別澗環橋古木鬱輕烟太平樂地眞如意興極吟歸帶醉眠

春日獨遊如意橋

晴開春日正清和隨意橋邊偶一過霧擁高林如列嶂風吹細麥欲生波耘耔期到農人喜絃管聲傳野鳥歌莫向石磯西畔望年來只是獨遊多

九日登塔山

盤空百磴陟層臺佳會欣逢曙色開登嶂紛紛皆北向孤帆隱隱自西來凌虛儘有飛仙訣乘興詎無作賦才拚醉萸樽今日酒遙吟俯唱盡餘杯

過羅漢峪　漢川 陳相淮 職員

偶向蠶叢徑裏遊壑長卅里境清幽千重樹影排山出三股泉聲掛壁流嶺上雲生常滿眼天邊日到恰當頭引人步步好詩入攜得客囊一路收

遊香泉巖贈南池昆仲　舉人 周汝珩 石卿

遊倦人來[illegible]林巖深處話心靈文章訣向峯頭

悟書史聲從月下聽揀得新詩嵌石壁頻來舊雨上雲亭夜間疑有藜光照僧見芸窗字字青

簡子水石居　陳教壎 貢生

崎嶇谿路不容車中有高人舊隱居門外山皴千疊石窗前溪瀉一條渠春花艷發屏圍錦秋水清沉穴出魚松頂更巢雲裏鶴幾聲長唳徹空虛

徐金臺 庠生

水繞石間別有天幽居此際淡塵緣詩吟松牖人無俗酒酌琴亭地是仙紅杏亂飛三月雨綠楊深鎖一溪煙莫云山麓空陳迹布置於今尚宛然

覃作睿 庠生

峯巒競秀壑爭流不到幽溪不見幽入室周遭方若斗臨溪結搆小於舟靜聽泉韻無塵擾飽看山光勝卧遊過客何須頻問訊高人件此幾春秋

龍華觀　楊玉成 貢生

巋然一柱倚雲隈我愛名山著屐來嵐氣經風飄欲起烟痕鎮日捲難開探書如到嫏嬛境遊客多爲俊逸才福地幾生修始到盤桓借作小蓬萊

覃鯤化 庠生

黃冠果孰會龍華古觀留經幾歲差雨蝕穹碑成沒字春回老樹現曇花無關世事鐘聲靜將露禪機塔語譁前度種桃人不見名山多上是僧家

魚泉洞

西來汨汨勢縈紆洞口金鱗狀若鱸水到成渠鳴漱玉波回作浪媚懷珠流膏幾處滋香稻吹沫一灣長石蒲聽說眉山分派遠溯源直欲問三蘇

羅漢洞　覃應桂 庠生

陰陰洞啟蔚藍天羅漢跏趺擬坐禪風送殘聲疑梵響雲浮餘氣認爐烟嵯峨石壁誰通路開闢巖扉不計年靜夜依稀聞暮鼓欲聾雙耳斷塵緣

九日偕友人登迴龍觀　楊文淼 庠生

結伴登高紀勝遊烟光凝紫暮山秋日移峯影東西峙水送泉聲左右流古寺雲深眞僻靜茂林霜淺最清幽茱萸遍插羣英會晏罷歸來月一鈎

臨沮演武場　徐汝驊 廩生

數家烟火接蒼茫舊是臨沮演武場百步昔曾聞鼓角一村今已感滄桑城遷誰問高低堞廒廢猶呼前後倉欲向郊原尋往跡青山回首半斜陽

羅漢峪口尋花柳園故址　陳煥新 庠生

百年世事幾回更金谷址墟尚有名古柳又依新院

落開花未斷舊根莖紅樓綺閣關心說蔓草荒烟滿目生欲問主人無姓字憐他土木枉經營

謁宋公祠　楊臨春 庠生

藹然風度宛如生留有千秋不朽名曠野通渠稱沃野土城陶甓斂金城萬家士女呼爲佛百里馨香感以誠我與鄉人同一拜思公安得見於羹

局試文童得前列十人陳生文芳尤爲翹秀因作七律四首示之並以勉諸生焉　唐方耀

四月南薰拂水隈輶車初下正掄才喜看下吏飛符

去旋見羣英橐筆來（四月念二到任正值前縣趙雲衢兄考試頭場初畢諸童因新舊交卸多有歸家者急出榜招覆旋見源源而來）幾樹碧搖梧影合滿堂香動墨花開自慚學殖多荒落珍重楩楠楚有材

蜀江東下水蒼茫南郡風流憶漢唐況復沮漳爲楚望至今科第重韓當（元時人進士）武城久沐絃歌澤（趙公頭場題爲于之武城一句）文士從登翰墨場四十七人爭奏雅仙音真見詠霓裳（末覆取四十八人一名未到詩題爲衆仙同日詠霓裳故云）

玉樹臨風十七餘陳琳風格問疇如（陳生文芳年十八初應童試詩文卽超出儕輩矣）不因才大能爲檄誰信家貧好讀書（諸童試卷皆生而陳生作尤爲有筆有書）雁鶩豈緣求可售（有求拔取前列者陂絕之並出下叢）

驪珠今喜得非虛木天贊筆（棘插插搾驪等獎乃得且十如陳生諸人也）他年事早有光騰翼軫墟

十年鄂北宦遊勞今日臨沮得士豪自笑吏才輸畢遜（元時人知縣事有惠政）敢云文教步韋皐（唐時人有美政鳳皇來集後贈太師邑人立祠祀之）寒窗休訝然藜苦仙窟從看折桂高此後人才爭龍起新聲齊奏鬱輪袍

賀李峙亭明經舉鄉飲賓　陳若疇 知縣

昔年德望應賓興鄉飲西階列豆登窮後工詩梅聖俞老來作字李陽冰三篇策就才無愧二子名成福有徵司土欲求文獻備拳拳顧問得師承

祝李峙亭明經望八壽

近復吟哦興自饒後車滿擬載今朝天生日角宜稱壽我願龍鱗總不凋有老詩人斟律細得先鄉達挽時澆等身著作年供富猶信蘇韓似海潮

老輩尤於好學宜典型在望可言詩溯當太白論文日正是陽明作尉時閱世秖緣生我晚居邦已覺見君遲留心學古人難到韓孟雲龍志與期

疊前韻留別李峙亭明經

詞章溯自漢中興潔淨彝鐏遜瓦登學淺位除二字[illegible]官清銜署一條冰痴愚固可安王湛嫵媚何能效

魏徵我去有人來替代斯文宗派望相承

留別士民　劉鴻庚 知縣

劉寵何心選一錢樵蘇爭獲辦香虔玉壺謬荷聲名著錦幛重煩姓氏聯豹處霧中原小隱鴻飛雪裏有前緣山鄉風氣猶敦古樽酒徘徊餞別筵

和劉占五喜雪韻　顧美梅 知縣

認是珠塵散洛妃隨風飄灑逼簾幃白宜隴麥雙歧兆紅點庭梅六出霏瓊砌天寒蟲不語玉山徑冷鳥難飛閉門雖學袁安臥猶念茅檐凍與飢

贈李峻亭茂才　蔣樹昌 知縣

古人不盡達而賢稷契巢由各任天我爲浮名甘外吏君緣何福享高年詩書趣味閑中領花草謳吟醉裏編樂得一身歸放浪茶爐藥鼎自烹煎

少卿墓　周學濤 廩生

分職六官有少堂何人留此荷榮光名山難問千秋業孤塚空留二字香宅廢尚書猶識賈墓存果老吏呼張可憐兵燹重經後不見殘碑臥夕陽

楊貞女墓　李林禎

隴上陰雲接大荒墓門祭罷漫增傷貞操尚凜冰霜氣精魄應依日月光白骨雖枯名自在綠尊一奠慨猶長誰憐孤塚春城外習習東風弱夕陽

馬頭河弔熊丞占元　陳揚芳 廩生

背水陣開苦戰攻瀟瀟荒壘動悲風青衫堪作干城倚白髮能當虎豹雄臨難同心無去志捐生一死見精忠光爭邑乘勞搜採差慰當年報國衷

詠聶節婦望氏殉夫詞　黄正岳 庠生

好合夫妻比翼鶼偶然不比奮飛艱良人自願眉齊孟中道誰知命短顏誓設五貞將赴約期周一月忽投繯甘心從死歸泉壤完節長留宇宙間

送傅拙齋大令扶母柩還里　周明修 廩生

靈輀載道促歸程琴鶴蕭然出渭城但有一哀爲孝子更無餘事見門生山陰縱入他年夢河上難爲此日情料得輕舟扳不住送公約遍舊詩盟

留趙晉齋邑侯　周維翰

亭堠遙傳賈鄭賢隨車只帶舊蒲鞭明分才角如懸鏡窮到塵魚不要錢縱有頑民皆感悟更無奸吏敢因緣祝公安吉留公住長作山中百里天

題顧邑侯策騎夜巡圖　喻承禋

征雲冉冉夜漫漫雪劍霜駒絳燭寒百里烽烟迷皓月一腔忠胆壓金鼓聽殘刁斗聲猶壯踏遍沙場血

未乾他日應登麟閣上等閑休作畫圖看

輓前司訓族弟㢠　劉子坦

同譜諸昆最少年驚人才氣壓青蓮快心儘可消金穴捷足未由到木天桂苑秋風余落後杏壇泪水弟開先而今化鶴歸何處一讀雲章一涕漣

賀梁明府新建書院落成

龍頭屬老湖淵源牛耳主盟篤本根人爵得難天爵棄琴堂化在講堂存梧桐秋月龍雕檻桃李春風欵戟門君子愛人緣學道題觀風山城從此奉高軒

春日遊壽隆寺　王殿英

結伴尋春上講堂紅塵飛不到禪房三尊鐵佛緣誰古四壁山雲笑我忙貝葉翻時龍樹老天花墜處法幢香揭來悟得三摩諦蠟抱高槐午夢長

邑南橋古柳數百年物也今春兵燹後諸無頓遂施斧斤焉感而賦此　拔貢　李時彥　偉堂

承恩原不異靈和偏遇紅羊浩刼多甘露一盂誰活爾落花三月我憐佗顛狂不復隨飛絮戕賊何堪詠伐柯一縷情絲今已斷可憐辜負好鶯梭

盼到東風葉未新樓頭殘月倍傷情春深灞岸無消息客去章臺少送迎青眼空餘陶令宅黃金鎖盡亞夫營應教史策書年月大樹將軍竟殉城

數聲羌笛暗魂銷斷雨零煙夢六橋廉樣誰知遭俗妬馬蹄無復向人驕已教鬢下同焦尾不再風前笑折腰莫問漢家温室樹不堪回首是今朝

千古同傳九烈神刼灰偏失本來眞高枝曾荷東皇寵曲路誰尋漢苑春爲爾登樓空有夢望君彈指豈無人風流張緒關情甚莽絮還留未了因

二月侍安父師遊鬼谷洞　陳大年

碧水源西山徑開引人勝地更紆回尋溪疑是捕魚人泝谷渾同採藥來樹立山頭迎皂蓋花粘屐齒印

莓苔當年二士豈輕壽羞傍喬松隱異才

安遠樓　楊席桂　庠生

高樓列峙聳雲端山勢崔巍水勢湍乘月豈同庾亮興臨風常憶韋公歡西看氣盡遠狩虎東望祥開來鳳鸞莫道巉巖山邑小仝荆相頫與同安

蓮臺　張甫維　廩生

溪流如帶繞城邊石上鑿池愛種蓮假若常懸夏日永翠房每逐秋風圓香迎君子味偏淡花伴高人色更鮮讀想當年周茂叔賞心豈獨在顏妍

朝陽樓　游應捷　庠生

丹山如畫錦屏開水閣無塵絕世埃北望雲深鳳闕遠西瞻氣散虎卯嵬常思毓俊積書志還憶登高獻賦才最愛倚闌香氣馥荷花數朶聚蓮臺

朝闕樓　李觀生 庠生

登高身踞白雲隈萬里風生靜九垓頻倚南樓懷聖哲謾開東閣禮賢才水流似帶窗前繞山列如螺戶外堆更喜蓮臺花色艷清香時送入簾來

喜雨　朱錫綬 知縣

丁巳季夏攝篆高安會秋旱民艱播種遂以八月望禱雨於青谿之龍女祠是夕雨翌日又雨串過兩而止民以為未足也越七日望山默禱乃大雨三日吏民作歌紀之以詩

山田瘠薄水泉乾況值秋陽播種難一雨高原三日足連宵涼夜五更安論功已賴歸神女頌德能無愧好官最是煙蓑村舍景朝來贏得倚闌看

過南樓舊址懷張曲江　蕭德楷 庠生

當門楊柳絲垂垂兀坐秋窗有所思鄉舍築墻翁莫問桑陰徹土鳥先知洗兵及早消螢燹雨粟猶能救雀飢但得沾濡晴便好漫教甘雨賦潘尼

登臨幾輩奉冠裳長史風流在一方曳笏遷來山邑小南樓賦罷雅歌長沮江今日仍流水城郭蕭朝半夕陽覽古我從亭子過言懷空憶舊詩章

藍田洞　徐鴻元 庠生

藍田種玉未緣慳洞府開張窈窕間泉發遙聞流水下巖垂時見白雲還天生美婦空存廟夜獵將軍久賦閒贏得龍湫長不舍年年有澤被人寰

遊鹿苑寺　貢生 張珏

不借雙登到此間溪橋渡處水潺潺毬拋日月青獅嶺鼻捲風雲白象山着腳法和長沒沒點頭羅漢自閒閒我來欲問招仙事前路斜陽一片殷

將軍柴　孫國榮 庠生

寨上將軍去弗留巍然一柱傍沮流旌旗雲擁青龍嶺畫角風生白虎頭號令如山長不改鄣傳似水遠

能週此間烽火真堪避專閫威名控上游

謁宋公祠　談必顯

神君遺愛此甘棠鐫入穹碑字字詳渠繞三鄉追鄭白城環七里鞏金湯當年撫字勞心久此日膏腴被澤長遺像真堪生佛奉聊陳俎豆薦馨香

詠盧溪寺雙桂　廩生 楊文談

散步祇園興最饒階前雙桂聳青霄交垂金粟仙盤落互發天香梵宇飄兄弟花聯前院好鵲雄竹伴偏牆招[illegible]立碧玉枝連理不作龍蟠柱兩條

楊朝瑞庠生

一枝重占列堂東八樹兩稜到梵宮金粟交柯環左
右木樨連理溜峰雄分行香散蟠龍下對峙露零警
鶴中莫羨燕山曾植五慈雲雙樹倍青葱

水環似帶 藍溪八景之一　楊一枝庠生

幾人如帶響黃河古寺溪環亦足多碧逐灣灣流水
轉青隨曲曲遶山拖團來渾似公西東聽去兼饒蕭
子歌澗谷孰如幽邃好瀠洄氣本抱中和

遊觀音洞　邑侯方素恬

纖柳毿毿畫橋看山不惜馬蹄遥千層石磴排青

嶂一綫銀濤下碧霄幾對雪雲迷古洞盈階靈草吐
新苗老僧似解游人意自採園蔬佐酒甌

和方父師遊觀音洞原韻　竹谿訓導劉玉選

閒來聯步度溪橋渡入雲山不覺遥石徑盤旋通峭
壁梵音清朗徹重霄烟凝半嶺觀音柳雨潤中田召
伯苗好景一徑循吏眼便成雅頌助詩歌

春日登鳴鳳山　陳東生庠生

駐馬新城思豁然仙峯一筆倒書天水胎花色清山
腳雲擁鐘聲出岫巔亭月團圓懸玉鏡沼香馥郁種
金蓮丹梯踏盡頻回首落日煙霞萬壑連

遊觀音洞　李逢年庠生

雲霧蒸騰一石山層巒叠起擁千般水流瀑布龍潛
久路繞盤螺馬畏還空色兩忘深谷裡慈祥多出絕
峯間奇情妙景真難繪洗盡塵氛是聖顏

遊玉泉寺

遊從穴半數名寰惟有玉泉第一山馬踏珍珠龍半
臥塔橫樓閣鳥飛還大開寶殿招僧隱廣誘沙彌入
善班烟霧騰騰盤絕頂何人不道是仙顏

遊鹿苑寺　李逢盛庠生

古寺傍山山四圍泉流洗耳盡清巖招仙洞外點羅

漢苦竹谿幽望鹿歸獅象生來常拜佛臺屏長設不
關扉苑中勝境供欣賞何計斜陽落晚暉

重遊寶華寺　曹秀林庠生

二十餘年我又來江楓半落嶺梅開四圍僧舍連雲
起一帶人家傍水隈塵世奔勞慚我拙佛田廣置待
誰栽名山便是神仙路況有文章列上臺

隨朱父師遊雲門　曹潤之庠生

望裏烟霞物態殊溪重水複路盤紆深山木落人同
瘦古寺禪荒鳥自呼道味能參欣侍燕鄉心誰惹頓
忘機無邊風月多清淨好把雲門作畫圖

青谿懷古　曹雨田 庠生

訪道如逢周漢代流風空憶晉唐時經談惠遠希傳鉢路錯儀秦枉倍師逝與閒斟花下酒新思喜賦畫中詩溪聲欲爲司徒訴五曲鳴琴不勝悲

重遊寶華寺　王大糦 職員

又過叢林拜講堂紅塵飛不到禪房雲山似舊環三面僧舍重新列兩廊貝葉翻成經已古鑪灰撥盡芋猶香何緣受得清閒福天上人間共一鄉

詠瀘溪寺八景　楊繼溥 庠生

玉帶縈迴繞梵宮天開一幅錦屏風荆枝競秀環階

下桂樹聯芳護院中虎踞山巔威自壯龍蟠嶺上勢何雄祇園松柏青青在固蒂深根插碧空

鹿苑咏花王　陳教墀 庠生

不爭國色與天香冢卉推尊位晉王芍藥當階供使令梅花入閣贊陰陽青蓮學士文詞麗大樹將軍武備強更喜桃花開縣　縣乾坤一片錦霞光

花縣

河陽遍種碧桃鮮百里春光別有天片片丹霞來陌上紛紛紅雨落郊前尋芳輿致惟詩酒得意人家盡管絃爲問風流潘邑宰催科可取賣花錢

清風亭看風　楊映川 庠生

江天無際碧波寒朗朗風光最可觀簾角自飈驚戶啟燭心未盡覺膏殘凉生竹徑千竿舞雨過薇墻半院乾不待呵童花已埽黃埃揮去又漫漫

明月閣聽月　喻承綱 庠生

瓊樓漏滴夜三更忽聽嫦娥笑語聲玉珮鏘鏘來藥院冰輪轆轆上蓬瀛霓裳樂奏歌喉妙金粟香飄斧韻清何處敲鐘傳吉報蟾宮唱出榜中名

烟霞洞餐霞　熊汝鈺 增生

雲中烟景可療饑領取丹霞一味肥直與飲泉虹並

舉何來爭食鶩齊飛光明世界人知飽錦繡衷腸夜有輝綺散來成吞吐妙臨風咳唾落珠璣

雲棲菴登雲　李登瀛 增生

雲梯步步接虛清歷盡層巒更上行始信天衢直有路偶經海市轉嫌平芒鞋穩陟奇峰頂蕪句高題太極極不道此番空手去回來取得綺羅明

詠瀘溪寺 廻文　劉榮甲 廪生

霞烟鎖處一磴溪水護山深剎路迷斜徑曲尋芳嶺北曉嵐晴對畫橋西槎乘釣叟漁村近澗響流泉石眼低嘉植時香秋發早攀花卯月步雲梯

遊鳴鳳山　知縣　鄭燁林介眉

層巒高聳出雲巔莫道蓬萊別有天上挹星河千點露下凌城郭萬家烟人登峻極靈霄近神在虛空寶像懸忽憶西岐鳴鳳後化行南國幾經年

遊鳴鳳山　庠生　穆賡颺

聞說岐山鳳有聲何緣此地亦來鳴試從今日開襟勝便覺當年快得名極目烟霞同燦爛盈懷風月並澄清登臨攜吊千秋事無限幽思寄昔城

其二

仙峯勝境倍超[illegible]疊嶂千尋直聳天紆曲清泉環嶺側巍峩華蓋翠峯巔參禪那覺真詮妙觀化伏思吏治賢此日高人遙眺望登[illegible][illegible][illegible]幾流連

前題原韻

岐山別後久停聲靈鳥何年向爾鳴屢望仙巖尋勝跡細披邑乘識嘉名仙峯高聳摩巾秀泉水環流眼底清億萬生民全賴此至今猶聽話新城

其二

城西有地倍幽然山勢如龍倒插天路入烟霞盈洞口亭名風月挂巖顛登樓建閣徵前事鑿石栽花憶昔賢試向仙峯遊勝境無窮故蹟實流連

五言絶句

涤水曲　唐　李白

涤水明秋月南湖采白蘋荷花嬌欲語愁殺蕩舟人

石馬槽　明　劉英　知縣

秣馬提兵日長槽血汗汙至今風雨夜聲似嘯殘芻

青谿夏日雜詠　四首　羅應箕

雲沉谿壑樹晴響寺樓鐘越客來幺鳳穿林避蟄龍

招鶴窗三面遮天柳十圍生涯僧院靜閒話篆烟微

熱雲催急雨溝靄捲輕風數聲啼鳥亂滿澗落花紅

泉清魚可數石欹樹凝扶策杖人何在抱琴客未孤

迴馬坡　貢生　周明修

大義春秋凜臨危豈惜生要知迴馬意存漢在存荊

青谿　青邑　聶子英　庠生

徑僻麋遺角林深虎嘯風秖疑羣峭合都是亂流通

官湖　教諭　劉子垣

一水連亭子官塘儼鏡湖桑田今已復數里自爲區

珠寶山　訓導　黃庚　西垣

不向靈淵採山名自號珠寶從螺髻獻珍勝蚌胎輸

老龍洞　劉致炳

古洞龍歸久，龍湫洞口流。如斯長不舍，霖雨足西疇。

呼兒洞　郭鳳鳴 庠生

我過呼兒洞，不聞呼兒聲。青山終古在，坐看白雲生。

撞兒溝　楊汝梅 庠生

路似羊腸轉，人如蟻足穿。長溝十餘里，流水去悠然。

法華臺　談學粹 職員

朝上法華臺，臺下法華臺。臺存古人往，憑眺轉徘徊。

五爪砦 砦在許舊上，歸可容五千人，自明至今避難者皆獲保全　邊煥章 庠生

屹屹仙人掌，當關五爪擎。每憑操縱勢，遠近作干城。

苦竹幽溪　王旭林 廩生

豈肯棲幽谷，虛心是我師。飽餐君子味，終必有甘時。

訪周柳溪先輩過青谿河落水　曹潤之 庠生

雅愛清溪水，羞爲濁世人。馮夷非困我，藉此洗浮塵。

空山古刹　喻承纓 庠生

刹與山俱古，山因刹不空。野狐迷本性，佛在渺茫中。

松亭呼風　鄒日奎 庠生

有扇難揮暑，松亭令緊催。飛廉聞命下，頃刻送涼來。

羅漢點頭　陳教樾 庠生

獨睨紅羊刦，冰霜百鍊身。圓光開覺路，點醒世間人。

石馬槽　陳家鎔 庠生

千古稱天驥，高山口澤存。可憐銅雀瓦，不及石精魂。

鳳山晚眺　黃玉成 廩生

薄暮望天涯，天涯數點鴉。鴉飛將盡處，彷彿有人家。

求雨臺喜雨　田耕心 庠生

食不從耕得，歡然慶有秋。無田逢米賤，也是一般收。

李石帆先生錦浪圖　李登瀛 增生

分得青蓮豔，來稱第一家。錦江波浪闊，又見筆生花。

麻姑洞　田葆元 庠生

舉手功千倍，荒年不貫珠。及今惟擲米，利濟孰如姑。

千年艾　楊偉度 庠生

蓄得千年艾，何愁疾疢滋。治身如去病，切莫待臨時。

赤兎馬血跡　張運湖 庠生

血性於何見，蹄痕石上留。孫曹無此德，不及馬千秋。

絕品茶　徐步月 庠生

試院煎茶日，羞爲第二人。至今遊鹿苑，此品是前身。

斷江河　楊朝瑞 庠生

世上危微境，知分界限無。在山常不出，濁水豈能汚。

待月樓　翟春蘭 庠生

月下常分韻，無須太乙藜。一般三五夜，出海竟遲遲。

棲鳳樓（沮江書院本邑先輩談復齋先生藏書所梁邑侯改名起鳳樓）　曾述之　庠生

尋得藏書所樓高鳳可棲至今遺澤在試院借名題

十八灣　鄭徵揩　庠生

山水係人才瀛洲學士來此間齊吐秀盡是木天材

前題　洪光燕　貢生

九折坡堪畏臨淵險倍加一般忠義膽到此不迴槎

老龍洞　陳浩然　庠生

古洞龍棲隱神靈亦好修德潛功更大獲屈又何尤

鹿苑聽蟬琴　蔡大偉　庠生

多情淚不乾幽怨咽風寒不遇知音者高枝獨自彈

沮江水退　王掄元　庠生

灘聲疾似雷雲氣滿江隈不覺洪濤去垂楊出水來

蓮溪小島　周東寅　庠生

小島如蓬島蓮花異眾花本源何處起君子屬吾家

破鏡重圓劉茂才余戚也娶趙氏以小嫌大歸氏兄武生訟於學司諭泰壽彭夫子命余善勸之和好如初口占俚語以紀其事

勸小姑　陳東生　庠生

家家有小姑姑家亦有夫將人作己想姑可受人誣

勸劉生

萬古重輪好浮雲詎損明不聞逢月食紅日棄前盟

勸趙氏

詎許閨中有夫言貴勿違花嬌枝本弱南北任風吹

頌泰師

兒女閨中事何妨謝不知先生圓破鏡風化賴維持

玉帶七曲　焦含英　庠生

北斗近天河山谿玉帶花奎光雖未顯已聽好絃歌

前題　李文獻　庠生

七曲文明象昭昭水面環地靈人自傑維繫錦江山

天上天　李裕文　庠生

天高無底止共說抬頭是歷盡界三三依然雲霧裏

玉泉寺纖筆　馬興珏　藍田

纖而人間少鳥肅此筆爲將他書信史告與上天知

藝文 詩

七言絶句

龍女祠　明 楊瑯樹 布衣

龍宫仙子遠逃禪聽法曾移聒耳泉未斷巫山行雨夢依旬仍有澤敷天

其二

一從獻食禮瞿曇螺髻鮫綃半染嵐家在岷峨歸也未遺祠常傍臥雲奔

登魯姑洞感賦　明 張斗樞 吏部

倦來小試登山脚古柏蒼蒼蔭欲移輿到不須頻索

筆碧紗換盡幾人詩

陶庵　簡 惺 庠生

幾疊溪山圖畫開奇花古木映茅齋瑶琴彈罷香烟靄坐看青雲天外來

青谿有感　田 登 僉憲

禪房清碧枕驚濤秋盡天空萬木號吟罷晚鐘歸鳥寂一輪明月四山高

贈儒醫鄭仲極介者有感　安可願 知縣

愁心譏口繞餘生終日參苓計未成肘後方從君處得無官自古一身輕

濂溪小島　黄維清 庠生

濂溪島上鑿蓮池蓮發千層香倍奇下里巴人堪屬和廿棠詩後續蓮詩

玉帶七曲　曾宗孔 庠生

條遶西山七曲來山門玉帶水徘徊蘇公留鎮原如此碧色溶溶映水隈

松亭呼風　談繼孔 庠生

松門薜荔日陰陰巖畔空亭鎖茂林習靜深山風色冷此中無限梵王音

石柱冲霄　孫傳文 庠生

亭亭石柱插千山只去蒼穹咫尺間一日青雲生頂上天山相接許誰攀

危巖招仙　孫 愉 庠生

千巖萬壑護仙山山自白雲洞口還誰是主人招得至猶留樓閣在人間

羅漢點頭　談繼孔

片石嶙峋似面壁山中常共白雲浮禪心直指忘今古頓憶當年石點頭

法華古臺　張干英

瞿山翠擁是經臺傳自法和講法來臺上至今雲色

露晴光日月映蒼苔

錦屏一峯

天然一幅翠屏開面面仙峯凌上臺異草奇花凝五色清吟常待主人來

苦竹幽谿

竹溪幽邃絶逢迎勁節拂雲入眼青遥憐馬跡車塵地風清何如此味清

青谿懷古　盛徵琪

爲訪先生舊磵阿我來捫葛與攀蘿空山讀易成千古世上陰符一卷多鬼谷子

亂世生才亦大難琴心幽絶爲誰言可憐五曲青谿水不爲中郎一洗寃蔡中郎

殘碑猶話義熙年似爲泉明白社遷米汁未妨寛酒戒箇中三昧上乘禪釋慧遠

佛果三生慧業修菩提葉落不應愁葯爐經卷詩中畫但到名山屐便悄王右丞

谿上獨坐　喬桓之

漂泊楚江二十秋予生四月隨先君宦遊楚此今已二十年矣西風吹起故鄉愁寂然獨坐斜陽裏木葉蕭蕭落滿頭

寶華寺八景　金芝潤知縣

我來見山不見寺行行到寺只見山浮生十載空忙碌偷得忙中三度閒空山古刹

洞古山深水氣秋老龍潛處黑雲收自從澤被蒼生後霖雨恩膏萬古留甘霖龍洞

懸崖千尺薜蘿長翹首經過石影凉此處紅塵飛不到直如天際白雲鄉太白懸崖

山名美女自可人霧髻雲鬟影逼眞試向清宵明月下恍如仙子現全身仙巖聳翠

日落空山景色佳峯頭一片夕陽斜牧童歸去牛成陣驚起寒林萬點鴉孤峯晚照

山高月小片雲無一派清光勝五湖想像嫦娥凄楚甚廣寒空架鏡臺孤澄潭夜月

石鼎何年巧鑿成依稀猶有匠人名塵封細認前朝字成化鎸來記大明千年石鼎

萬壑噴泉遶寺門溪聲千古自朝昏老僧日日扶筇聽那有塵囂到耳根萬壑奔流

宿鹿苑寺　黄松齡庠生

五更殘月下雲門尚有詩魔繞夢魂一覺恐隨劉阮誤歸家不敢認兒孫

鹿苑雜詠　李逢年庠生

峭壁千尋石戶開不雕不鑿絕塵埃無人到此成仙隱幾度相招鶴不來 危巖招仙

山重水複護經臺此地昔曾講法來瑤草奇葩香不斷人間即此是蓬萊 法華古臺

熊應兆

一幅屏風似錦裁峯懸霄漢綉生苔天公欲闢清涼界故遣青山擁護來 錦屏一峯

汪超羣 廩生

招仙擬詠太沖詩把袖拍肩左右隨古洞長留人不見巖前日月自交馳 危巖招仙

沮江櫂歌十八首 詹應甲

沮江江水不生潮船在中流自擺搖昨夜鳳凰山下過櫂歌吹竹入雲霄

雙橋橫跨鏡當中江上花枝照水紅不泊城南泊城北要他香雨打船蓬

漁弟漁兄釣具拋得魚沽酒酒盈匏風潭百尺深無底不放鸕鷀下水貓

新城舊縣接龍灣昨日移家今日還爲趙洋坪香市近犂鋤買向夜紅山

青溪五曲港三叉雷打埡高傍水涯夏販林檎秋販橘果然山果勝山花

細雨斜風泊櫂回滄江昨夜起春雷朝來添得桃花漲好似園中錦浪堆

蠶市家家販屋連繅車低就樹陰圓新絲留與河溶客不織羅衣換木棉

一村鼓響一村鑼拔草分秧各唱歌拋却篝車無用處山田終比水田多

招仙洞口雲模糊雲門山入今有無山中白鹿不知處苦竹滿谿啼鷓鴣

香燈春賽二賢祠名宦風流或在茲錯認韋皐曾綰

印玉簫吹斷竟無詩

鳳岫高高鹿苑長採茶更比採桑忙畫眉枉笑提筐女不把雙蛾仔細量

火龍竹馬共喧闐腰鼓聲中看簸錢怪底山深如太古還將故事賀新年

一剪香風蕙草柔春來羅漢峪中收此花久已塵根斷故遣樵夫拄擔頭

洞門深鎖碧空虛鬼谷先生講易居中有千年白蝙蝠不容人世看奇書

茅坪石管路迴遭嶺勢崎嶇入覓槽爭似船如天上

坐掛帆直下萬山高
船頭船尾拜觀音不獨農夫望澤心山上白雲山下
雨第三潭裏水龍吟
江樹江雲夢幾重櫓枝無力水溶溶只愁風落寒塘
夜纜向城西聽打鐘
一葉篷推面面窗不勞打槳燕飛雙送君能載山頭
石壓倒波濤出大江

沮江雜詠　陳國樂

數家茅屋自成村美酒熟時各舉尊父老課畊兼課
讀半治經史半田園

小橋流水竹蕭疎燈火紙窗課讀書門外荷花堤外
樹輞川烟雨畫難如
春栢枝頭叫插禾春桑葉底看披簑閒情多是村家
老桑柘陰濃來聽歌
麥黃要刈又繅絲陰雨淒淒暗遠阜今日南山晴有
象樹頭擁出一輪高

沮江竹枝詞　陳文藻

水引長河漸到渠家人相戒治新畬夜來風雨知多
少固得堤防溝又淤
蠶家辛苦在三眠繅就新絲換木棉相勸栽桑栽滿
圃明年葉好勝今年
軋軋寒機徹夜鳴合家共就一燈明阿婆紡線阿翁
績為課兒書傍短檠
長短亭連長短橋鄉村風景畫難描角聲清越歌聲
緩半是牧童半採樵

沮江雜詠　陳文蔚

半住山隈半水隈水隨山轉向東來過山攜得新鵝
嘴受水渠多傍嶺開
舍北舍南春水生平疇遠近畫難成雨餘又聽田歌
起添得夕陽賽鼓聲

麰麥黃時聽囀鶯春蠶入簇吐絲清村中打麥聲初
過籬外繅車又送聲
沙棠舟與木蘭舟自在江心泛碧流昨夜不知何處
雨桃花漲裏櫓聲柔

秋日登鳴鳳山 集唐　徐甲冕 庠生

峯前峯後寺新秋賈島風物淒淒宿雨收韓翃月在上方
諸品靜郎士元前程惟有一登樓李端
林下水聲喧語笑王維心持半偈萬緣空郎士元爐煙乍
起開仙仗皇甫曾夜叩禪扉謁遠公郎士元

石帆釣磯　傅正操

危磯斜枕石門隈幾度烟雲掃不開釣得錦鱗人去
也年來春雨長莓苔

獨步蓮渡庵　姜開齊

獨步禪林一徑西慧風吹處醒塵迷箇中未得呵難
意老死蒲團亦帶泥

三寶山　王志宏 庠生

神山外又列三峯百寶精含品字濃鼎足扳來爭攬
勝無人知是抱珠龍

仙女洞　王東陽 監生

翠羽明璫下九重白雲深處寄仙蹤洞天開闢歸何

處惟有瑤臺月下逢

遊仙女洞　李中孚 庠生

深山何處覓仙蹤蘭若遙知在半峯行到人烟將斷
處隔林聞得數聲鐘

老龍洞　王若蘭 廩生

龍蟠古洞是何年想在元黃未戰前臥向山中鱗甲
老常爲霖雨潤敷天

沮江垂釣　談頌 增生

沮江水小漾微瀾兩岸漁人試釣竿帆影隨風看上
下終年兀坐傍沙灘

龍華觀晚眺　覃儁嶽 例貢

沮江一曲一重灘蕩漾輕舟上水難向晚河干爭欲
泊片帆收處夕陽殘

幾樹丹楓染絳霞經霜飽欲鬥春華行人不識秋風
早衹訝山深尚著花

香泉雜詠　覃仙根

門凌千仞石嵯峨鎖得深山翠靄多只有溪流關不
住漁郎認作武陵過　石門鎖翠

認是天然一錦屏輕雲過去影籠青山人最厭塵氛
擾恰好移來障戶庭　錦屏籠雲

題香泉巖集唐　徐文倜

窮得仙源訪隱淪朱灣也應花裏有秦人吳融干戈滿地
能高臥李咸用何異飄飄託此身杜甫
到君居處便開顏劉禹錫何用將金別買山朱慶餘此地
正安吟榻好僧齊已了然塵土不相關吳融

覃應松 庠生

石床溪水晝陰陰李端坐向松窗彈玉琴劉滄到此詩情
應更遠張籍過君始得一長吟李端
澹然空水帶斜暉溫庭筠薄暮垂鞭醉酒歸李白借問路
旁名利客崔顥不如巖下掩荊扉岑參

尋芝蘭洞　徐樹勳 庠生

洞在清溪何處邊攜筇荷藜因共過林煙谿路旁樵客無須問訊只箇逍遙是謫仙時歲

好山長在水長流時李細草春香小洞幽瓣此外俗塵都不染懈白雲千載空悠悠離

題楊貞女祠　李玠 知縣

作宰湖濱到此鄉貞珉知有女賢良鐵肝玉質松筠性一片冰心兩鬢霜

鏡鸞孤掩素帷寒夢覺殘更淚未乾若使玉樓人可返當剖心跡與郎看

遊春詞　喻慈昌

山前山後共徘徊十樹桃花九未開欲折一枝兩枝去同人促我下山來

其二

青帘遙掛野人家買醉偏教逸興賒柳醉春風儂醉酒狂吟那管夕陽斜

法琳洞　朱玉 千戶

老僧入定洞門幽巖上苔移水下流欲拭殘碑尋往事莓苔剝蝕幾千秋

谿上垂釣　貢生 周光祿 皖亭

一把綸竿事事休無風無浪坐磯頭而今世上多香餌莫似遊鱗誤上鈎

望青谿山　當邑 張致青 貢生

一望白雲西復西遙從天半認青谿不知古木森森處若箇幽人得所棲

懷青谿　長林 廩生 黎鳳誥 鐵愚

夢想高安十七年無人肯贈買山錢何時得遂烟霞癖願種青谿數畝田

法琳洞　周維翰

古木陰森洞壑間白雲相伴老僧閒老僧翻笑雲多事偶有風來便出山

石橋月下小飲定青谿八景　談經正

嶺上雲依老衲間朝朝洞口護禪關只今古德空陳迹猶有白雲自往還　臥雲古洞

飄然雲鬢與風鬟萬里峨嵋到楚山坐愛寒巖鐘磬冷水晶宮殿未曾還　龍女遺蹤

忘機石上坐潺湲把酒人當水月閒月色溪光長若此茫茫塵土幾人間　溪橋夜月

泠然數杵徹雲汀觸石浮溪久未停日落烟消羣籟寂聲聲散入萬峯青　烟寺晚鐘

分流夾岸瀲雲根一帶澄泓繞寺門藍翠染成溪色
淨碧天影落淡無痕 雙泉澄碧

混茫終古瀉重淵捲起千堆雪滿川六月寒生銀海
眩從伊熱客冷潺湲 奔濤濺雪

幽洞雲荒滿壑陰當年龍德退潛深儀秦底事耽遊
說不似先生高尚心 鬼谷幽棲

雙蹲石闕數峯西非霧非烟望轉迷石上仙人曾弈
處至今紫氣罨青谿 雲夢晴嵐

南山古塔　　郭文翰 職員

浮屠幾級峙沮江文筆峰高鼎可扛白虎回頭將隱

伏青龍對面亦奔降

鶴山晚眺　　吳祖祐

月光出海鏡新磨晚眺山亭快意多贈有白雲終古
在仙翁何日下卷阿

小漢口將軍柱　　邑庠 陳東生

地老天荒兩岫連冲霄一柱入雲烟巍然不負將軍
號撑起東南半壁天

鹿苑八景　　陳東生

地平山峭枕溪濱錦列屏風一座春大愛禪關清若
水好峰留與障紅塵 錦屏一峰

秀聳林巒絕俗塵帶飄七曲更怡人腰間豈必橫金
紫束佳仙卯萬古春 玉帶七曲

清絕一絃萬慮除入來亭畔聽松呼不知寺衆多塵
冐也藉濤聲一浣無 松亭呼風

鹿苑幽深景最清冲霄一柱石生成朝朝五色烟霞
起併作如來寶盋擎 石柱沖霄

招仙洞口意徬徨信是仙人舊日藏爲問了緣何處
所岩花山鳥兩茫茫 危岩招仙

說法梁僧遐也不深山何事入羈留落花流水禪機
好今古相參幾點頭 羅漢點頭

一臺突兀拱丹卯古撰殘碑攬勝來一白講經人去
後巖頭羅漢點頭不 法華古臺

蒼翠叢叢古苑西芳尋苦竹入幽谿穿來一徑雲深
處惟有時禽不住啼 苦竹幽谿

鹿苑聽蛙鼓　　遊擊 翟士彪 閩臣

怒目當襪發鼓鼙鬧聲早動武臣思昆蟲敢戰君王
敬況是將軍得勝時

天上天　　庠生 李逢年 力田

踏破紅塵到九天層層更上境無邊站高地步開心
眼低看星辰盡倒懸

泹江舟次　平慶甲　增生

曉掛輕帆過舊城雲中看樹不分明下流水急橋如馬但覺垂楊往上行

彷彿乘槎近斗牛澹烟漠漠水天浮有船對我來江上頭刻艪之在後頭

宿鹿苑見螢火　陳教堦　庠生

夜來古刹地幽深日月光輝不照臨一點流螢飛殿外借他見我暗中心

遊鳳山錯路　周葆恩　訓導

上下關頭要認真如何浪迹入風塵路逢錯處方知

轉悔不前途豫問人

勸農咏秧馬

踏遍春泥向大田雨中馳驟老農牽迴頭九陌多餘地退後功夫勝上前

戒舟子揚帆　翟春藻　廪生

半帆緩緩上泹河已比推移省力多事事過高都有險不如收斂少風波

讓人先到也無妨爲甚中流着意忙何事不因求速悮小心立脚免風張

玉泉鐵塔　李逢年

誰將鐵筆竪禪前下寫青疵上寫天只爲聖朝無闕事言官不用諫章傳

鬼谷洞　庠生　李逢盛

路險崎嶇古洞懸中藏蝙蝠幾千年石門深鎖碧窗冷滴露研硃點易篇